U0892588

天

Borderless

下

天下，在乎正义和你

天
Borderless
下

博
观

Reine Rechtslehre:
Mit einem Anhang:
Das Problem
der Gerechtigkeit
(2.Auflage)

纯粹法学说

（第二版）

[奥]汉斯·凯尔森　著
[德]马蒂亚斯·耶施泰特　编
雷　磊　译

法律出版社 LAW PRESS · CHINA

Reine Rechtslehre: Mit einem Anhang: Das Problem der Gerechtigkeit (2.Auflage)

By Hans Kelsen (author), Matthias Jestaedt (editor)

© 2017 Mohr Siebeck T ü bingen, Verlag Österreich Wien

All rights reserved. This translation published under license. No part of this book may be reproduced in any form without the written permission of the original copyrights holder.

Thanks to Hans-Kelsen-Institut for its translation permission.

原著著作权归属于Mohr Siebeck。

中文版由Mohr Siebeck授权法律出版社有限公司独家出版发行。未经原版权所有者的书面许可，不得以任何形式复制本书的任何部分。在此也感谢汉斯-凯尔森研究所的翻译许可。

版权所有，违者必究。

著作权合同登记号

图字：01-2021-0742

作者简介

汉斯·凯尔森 Hans Kelsen，1881~1973

二十世纪著名奥地利裔法学家和政治哲学家。“纯粹法学”维也纳学派的奠基人，奥地利宪法法院之父。凯尔森于 1881 年 10 月 11 日出生于奥匈帝国城市布拉格的一个犹太人家庭；1883 年举家自迁至维也纳；1901 年入维也纳大学攻读法律；1906 年取得博士学位；1909 年任维也纳商业学校讲师；1911 年起任教于维也纳大学，教授国家法与法哲学；1918 年受命为奥地利共和国起草新宪法（于 1920 年生效，经修改至今有效）；1921 年任奥地利宪法法院法官；1930 年任德国科隆大学国际公法教授；1933 年被纳粹解职，赴瑞士日内瓦国际关系从事教学和研究工作；1940 年赴美；1945 年任加州大学伯克利分校政治学系全职教授，直至 1952 年退休；1973 年5月19日逝世于伯克利。凯尔森一生著述甚丰，主题涉及法理论、国家（法）学、国际法学、政治学、社会学等诸多领域。主要著作包括《国家法学的主要问题》（1911 年）、《民主的本质与价值》（1920 年）、《主权问题与国际法理论》（1920 年）、《谁应成为宪法的守护者》（1931 年）、《一般国家学》（1925 年）、《纯粹法学说》（1934 年第 1 版，1960 年第 2 版）、《复仇与因果》（1941 年）、《法与国家的一般理论》（1945年）、《社会与自然》（1946年）、《联合国法》（1950 年）、《国际法原理》（1952 年）、《规范的一般理论》（1979 年）等。凯尔森与哈特（H.L.A.Hart）并列为二十世纪最有影响力的法律实证主义者。

编 者 简 介

马蒂亚斯．耶施泰特 Matthias Jestaedt

1961 年生，德国弗莱堡大学法学院公法与法理论教席教授。研究范围涉及宪法学、法理论、欧盟法、国家教会法、一般行政法、儿童和青少年救助法，著有《民主原则与共同管理》《基本权利在制定法中的展开》等。目前正在主持德语世界《凯尔森文集》的编辑出版工作。

译 者 简 介

雷　磊

中国政法大学“钱端升学者”、教授、博士生导师，入选国家“万人计划”青年拔尖人才（2019 年）。德国基尔大学（2008~2009 年）、海德堡大学（2015~2016 年）、瑞士弗里堡大学（2011 年）访问学者。主要研究方向为法哲学与法学方法论，先后在《法学研究》《中国法学》等刊物发表论文百余篇，独立出版专著四部，独著或合著教材三部，译著十三部。

学者推荐

二十世纪的法哲学不能缺乏凯尔森的"纯粹法学说"。否则，当代法的形而上学的天空将会暗淡不少，法理论将失去一抹明亮的色彩。至少在德语世界，如果说拉德布鲁赫是了解传统法哲学必须要趟过的一条河，那么凯尔森就是涉入法理论（一般法学说）时不得不翻越的一座山。拉德布鲁赫浸润着海德堡精神的浪漫和多彩，凯尔森则蕴涵着马尔堡气质的统一和纯粹。拉德布鲁赫徜徉于文化科学的迷宫，凯尔森则穿越在规范科学的林中路。拉德布鲁赫的文字隽永、优雅，充满了思辨的张力和平衡，凯尔森的思想清晰、透彻，凸显出逻辑的严密和犀利。任何一个当代法学研究者，如果不经受"凯尔森式"思维的洗礼，就很难说已经步入了法律科学理论的门廊。

——舒国滢（中国政法大学教授）

凯尔森一生研习政治学与法学，孜孜不倦，著作甚夥。他致力于"智性的科学""纯粹法学""基础规范"等课题的研究，形成了独特的见解。他的思想在世界上，尤其在欧洲，广为流传，对中国的法学理论和实践也影响不小。《纯粹法学说》被誉为现代法学史上的一座丰碑，开创了自成一系的法学流派。该书的增订扩展版，即第二版是研习法理学的必读书目。雷磊教授的新译积多年研究修养与学力而成，深得本书的真谛，是中文世界研习法律的学人应该收藏的重要参考。

——於兴中（康奈尔大学法学院教授）

译者说明

在本书编者耶施泰特于2017年编辑出版的《纯粹法学说》德语第二版（学生版）中，既有1960年德语版的脚注，也有自行添加的尾注。根据编者“导言”部分的交代，在本书1960年德语版于1965～1966年被译为意大利语出版时，凯尔森通过与意大利语译者洛萨诺的通信，修改了德语版的一些地方。耶施泰特在编辑时，在行文上保留了1960年版的原貌，但以尾注的形式将意大利文译本对于1960年德语版修正之处进行了说明（基本采用“‘×××’应被修正为‘×××’”这样的表述）。这些说明大多涉及表述和用语。

基于此，关于中译本的脚注标注方式说明如下：

1.“导言”和“附录（正义问题）”部分的脚注各自保留数字连续编号的方式。同时，按照“天下·博观译丛”的统一格式，给数字加上了六角括号。

2. 正文部分凯尔森本人所用的脚注标号保留原貌，即以“＊”标注。

3. 2017年版编者耶施泰特所加的尾注，在中文译本中统一调整为脚注，并按数字加六角括号的形式，在章内连续编号。这是为了便于读者将其与正文相关处相比对。

4. 中文译者所作的额外说明，采用“＊”标注，同时在破折号后标明“译者注”。

另外，为了查找和研究的方便，凡中文译本脚注中标明“参见第××页”或“参见本书第××页”时所指的页码，均已调整为中文译本相应页码，而非1960年版的页码或2017年版的页码（本译本的边码）。

特此说明。

雷　磊

北京，2020年6月5日

学生版前言

1934 年汉斯·凯尔森《纯粹法学说》第一版的学生版于 2008 年面世;[1]始料未及和令人振奋的是,它得到了广泛和善意的接纳。这尤其促使我,将第一版面世 26 年之后、在篇幅上是其 5 倍之巨的 1960 年第二版同样以学生版的形式编辑出版。如果我们将《纯粹法学说》第一版与第二版的学生版放在一起加以比较,既会发现它们在详尽性和复杂性方面不容忽视的差异,也会发现凯尔森的法学说在出发点与展开方式、观念和措辞方面的惊人一致。

眼前的学生版包括了维也纳弗朗茨·多伊蒂克出版社(Verlag Franz Deuticke, Wien)

---

[1] Hans Kelsen, Reine Rechtslehre, Einleitung in die rechtswissenschaftliche Problematik, Studienausgabe der 1. Auflage 1934, herausgegeben und eingeleitet von Matthias Jestaedt, Tübingen 2008(该书正文前共 66 页,正文共 181 页).

于1960年出版的本书原本以及当时所包含的附录《正义问题》;[2]只是原书中所含的(凯尔森的)著作目录由于陈旧在这里没有再次被刊印。《纯粹法学说》第二版在1965年和
X 1966年被翻译为意大利语时,作者曾作出一些修订,当前的版本也是第一次在以凯尔森的母语出版的著作中顾及了这些修正。因此,这本在20世纪法理论中除了赫伯特·哈特(Herbert Hart)的《法律的概念》(*The Concept of Law*,1961)外最为重要、讨论最广的著作,有了一个反映凯尔森研究之实时状态,从而便于研究、商榷和继续思考的版本。

这样一项任务需要许多人的协助,在此应当公开表达对他们的感谢:首先要感谢奥地利汉斯·凯尔森研究所(HKI)的两位所长,原行政法院院长、大学教授、多学科博士克莱门斯·雅布隆纳(Clemens Jabloner),以及大学教授托马斯·奥利乔夫斯基(Thomas Olechowski)博士,他们准允刊印本书,从而使本版本有机会出版;还有克劳斯·策勒尼(Klaus Zeleny)博士,当出现只能通过凯尔森研究所来解决的问题时,他总是能提供友好和令人信赖的帮助。尤其感谢米兰的教授、多学科博士马里奥·G. 洛萨诺(Mario G. Losano)先生,他友好地翻译了1956年至1966年,他在进行(《纯粹法学说》第二版的)意大利语翻译时与汉斯·凯尔森的来往信件。衷心感谢维也纳经济大学教授、宪法法院法官格奥尔格·利恩巴赫(George Linbach)博士,以及伟大的凯尔森专家(信徒)、圣保罗的加布里尔·诺盖拉·迪亚斯(Gabriel Nogueira Dias)博士,他们各自给予了客观

---

[2] Hans Kelsen, Reine Rechtslehre, Mit einem Anhang: Das Problem der Gerechtigkeit, 2. Auflage, Wien 1960(该书正文前共7页,正文共534页).

的经济资助,使眼前的这个版本在售价方面成为名副其实的学生版。我要对汉斯·凯尔森研究所和我弗莱堡教席上的各位同事表示大力感谢,他们以充沛的精力投入和专业的精准性分 XI
担了编辑工作。对于他们杰出的参与,这里只能以偏概全地以姓氏字母为序对他们表达谢忱:罗德里戈·卡多雷(Rodrigo Cadore)、雅各布·法格(Jakob Faig)、尼古拉斯·福施纳(Nikolaus Forschner)、大卫·弗罗伊登贝格(Dvid Freundenberg)、约根·卡默霍费尔(Jörg Kammerhofer)博士、阿扎马特·卡里莫夫(Azamat Karimov)、安吉拉·赖因塔尔(Angela Reinthal)博士、菲利普·伦宁格(Philipp Renninger)和皮亚·泽佐曼(Pia Sösemann)。最后,但并非不重要的,我要表示感谢之情的是,眼前的学生版是维也纳奥地利出版社(Verlag Österreich)与图宾根莫尔·西贝克出版社(Verlag Mohr Siebeck)通力合作的成果;维也纳出版社的双硕士芭芭拉·莱曼(Barbara Raimann)女士以及莫尔·西贝克出版社的弗朗茨-彼得·吉利希(Franz-Peter Gillig)博士和伊尔莎·科尼希(Ilse König)女士为奥地利和德国合作传播凯尔森的著作打通了道路,这一定会让作者本人感到欣慰。

我将此书献给弗朗茨-彼得·吉利希博士,他在多年执掌莫尔·西贝克出版社后告别了岗位——既作为我们之间亲密的个人关系的见证,也作为对他为德国(德语)法学尤其是汉斯·凯尔森学说的传播所作之巨大贡献的谢意。

马蒂亚斯·耶施泰特

弗莱堡,2017 年 6 月 1 日

第二版前言

我的《纯粹法学说》一书(它首次出版于1/4个世纪之前)的第二版是对第一版所处理之对象的全新修订,也是对其研究对象领域的极大扩展。如果说当时我满足于表述出纯粹法学说的特别独特之结论的话,那么现在我试图依据法律科学之方法纯粹性原则去解决一般法学说(allgemeine Rechtslehre)的最根本的问题,并相比于我从前所做更为准确地界定法律科学在科学体系中的位置。

不言而喻的是,一种理论——它的草案首次出现在我于1911年出版的《国家法学的主要问题》一书中——不可能经过如此长的时间而没有改变。有一些变动已在我的《法与国家的一般理论》[剑桥(马萨诸塞州),1945年]和《纯粹法学说》[亨利·泰弗纳(Henri Thévenaz)教授翻译的法文版,纳沙泰尔1953年]中可以发现。在眼前的这部著作中,我通过脚注注明了最重要的改变。它们主要涉及对原则更彻底的贯彻;它们在整体上(如我所愿的话)涉及这样一种发展的成果,它来自一种在根本上一以贯之之学说自身内部的
10 倾向。

在实在法秩序一再增长之内容多样性的发展过程中,一般法学说始终有这样一种危险,即无法用它所确定的基本法律概念来把握所有的法律现象。有一些这样的概念可能会被证明为过窄,而有一些则会被证明为过宽。我在进行目前的尝试时完全意识到了这一危险,因而对于从这一视角出发的一切批评都表示衷心的感谢。《纯粹法学说》的第二版同样不想展示出某种终局性的结论,而要被视为一项需要通过补充和其他改进来得以赓续的事业。如果这种——通过已处于其生命旅程之终点的作者之外的其他人来进行的——赓续被视为是值得尊重的,那么它也就达到了目的。

我将第一版的前言放在第二版的前面。因为它指明了纯粹法学说所面对的学术与政治处境(《纯粹法学说》出版于第一次世界大战及其引发的社会动荡时期),以及它当时在学界所引起的反响。在第二次世界大战及其引起的政治变革之后,这一境遇没有很大的改变。一种客观的、只对其对象进行描述的法律科学一如既往地遭到了所有这样一些人的反对,他们无视学术(科学)与政治之间的界限,以学术(科学)之名为法规定特定内容,相信能来确定什么是公正之法,从而能为实在法去确定价值标准。尤其是再次复苏的自然法学说(Natur-
11 rechtslehre)的形而上学,恰与法律实证主义(Rechtspositivismus)的这一主张相反。

由于作为价值问题的正义问题处于法理论(它限于对作为

法律现实的实在法进行分析)之外,而这一问题对于法政策学来说又具有决定性的意义,所以我试图在附录中阐明,从一种科学的立场出发对这一问题能说些什么,尤其是对自然法学说能说些什么。

鲁道夫·阿拉达尔·梅塔尔先生汇编了我论著的目录[1]并为我修正观点提供了富有价值的帮助,对此我表示感谢。

伯克利,加利福尼亚,1960 年 4 月

汉斯·凯尔森

〔1〕 在当前的学生版中未刊印。

第一版前言

我致力于提出一种纯粹法学说已有20年之久。这种学说意在剔除所有的政治意识形态与所有的自然科学要素，而对其基于对象之固有法则而具有的特质有着明确的意识。所以从一开始我的目标就是：将几乎——或公开或隐蔽地——完全献身于法政策考量的法学提升到一种真正的科学，一种精神科学的高度。因而需要去展开那种并非取向于法的塑造，而完全取向于法的认知的倾向，并使其结果趋近于一切科学的理想，即客观性和精确性，只要这是可能的。

现在我可以满意地认为，不仅只有我一个人走上了这条道路。在所有文明国家，在所有如此多样化的法律职业活动圈中，无论是在理论家还是在实务工作者那里，同样也在相邻科学的代表那里，我都发现了令人振奋的共鸣。有一个志同道合者的圈子彼此紧密

团结在一起,人们称为我的“学派”,这只是意味着,在这里每个
人都试图向他人学习,但又不放弃走他自己的路。这样一些人
也不在少数:他们并不公开信奉纯粹法学说,部分人根本不提
4 它,甚至直截了当、不那么友好地拒斥它,但却从它那里接纳了
根本性的结论。因为相比于最忠实的信徒,他们更好地证明了
我的学说的有用性,即便这有违他们的本意。

在认可和仿效之外,它也引发了反抗;对一种在法律科学
史上几乎史无前例之痛苦的反抗,这种反抗绝不能被说成是来
自随之出现的实质性对立。因为它部分基于看上去经常并不
完全是无心的误解;而当真的出现时,极少能为反对者的深层
怨恨进行辩护。因为这种被抗争的理论绝不是如此地闻所未
闻,与迄今为止所有的既有观点相抵牾。它可以被理解为对这
样一些范式的赓续,它们在 19 世纪的实证主义法学中就已经
得到了预告。但我的反对者同样发端于此。我并不想完全改
变今日之法学的方向,而只是想确定诸多方向(它在它们之间
来回摇摆)中的一种,没有那么多的新颖之处,毋宁说我学说
的结论引发了文献中的骚乱。仅凭这一点就可以猜想:在针对
纯粹法学说的斗争中,不仅有科学的动机,而且主要有政治的
故而极端受感情色彩影响的动机掺杂其间。自然科学还是精
神科学的问题并不会过度激怒我们的情绪,因为将其中一个与
另一个分开的做法几乎没有遇到什么阻力。这里涉及的只
是,让法律科学这一远离精神中心的领域(它总是习惯于跟在
5 精神进步的后面蹒跚前行)通过与一般科学理论发生直接联
系而动得更快一些。真正的争议涉及的并不是法学在科学中
的位置以及由此而产生的结果——虽然看上去是这样;而是法
律科学与政治的关系,是将两者更清晰地区分开来,是放弃那

种根深蒂固的习惯，即以法的科学之名(故而以客观的诉求)来主张政治立场(实际上，它们只能是高度主观性的，即便它们在最好的情形下是以某种宗教、阶层或阶层之理想的面目出现的)。

这就是对纯粹法学说近乎仇恨之反对的原因，这就是运用一切手段来与之相抗争的背景。因为它触及了社会最紧要的利益，从而也同样触及了法律人职业阶层的利益。法律人当然不乐意放弃去相信并使他人相信，他以其学问拥有对这一问题——如何“正确地”解决社会内部的利益冲突——的答案，他由于拥有法的知识而负有使命从内容上去塑造它，他在追求对法律创设施加影响时，相比于其他政治家预先拥有比社会中纯粹的技术人员更多的东西。

鉴于这里所主张的从政治中解脱出所意味着的(哪怕只是消极的)政治效应，鉴于法律科学的这种自我限制(一些人认
为这是放弃了自己的地位)，不言而喻的是，反对者们极少会 6
去公正地对待提出这类主张的理论。为了与之相抗争，就没法认识到它真正的本质。所以，被用来——并非反对纯粹法学说本身，而是——反对根据各个反对者的需要进行装扮之幻想的论据相互抵消，反驳它们几乎是多余的。有人轻蔑地认为，这种理论完全是没有内容的，是一场运用空心概念的空洞游戏；也有人警告说，由于其颠覆性的倾向，这种理论的内容对于既有的国家及其法来说是一种真正的威胁。因为纯粹法学说完全与一切政治保持距离，所以它远离了生活的脉动，因此在科学上没有价值；这是最频繁地针对它提出的一种反对意见。但这样的声音同样不绝于耳：纯粹法学说根本就不能满足其方法上的基本要求，它本身只是一种特定的政治价值立场的表达。

但是哪一种呢?法西斯主义者说它是民主自由主义,自由民主论者或社会民主论者认为它是法西斯主义的先锋。共产主义阵营说它是国家资本主义的意识形态,国家资本主义阵营一会儿说它是明显的布尔什维克主义,一会儿又说它是隐蔽的无政府主义。一些人信誓旦旦地保证,它的精神接近于天主教经院哲学,其他人则相信在它那里看到了清教徒的国家和法学说的典型特征。也不乏有人想要给它贴上无神论的标签。简言
7 之,就没有什么政治方向是纯粹法学说没有被怀疑过拥有的。但与其本身相比,这恰恰能更好地证明它的纯粹性。

如果终究还是存在法律科学这回事的话,以此为目标的方法预设就不能被认真地质疑。有疑问的只是,它能在何种程度上被满足。就此而言,人们不能忽视的是,恰恰在这一点上自然科学与社会科学之间存在十分显著的差别。这并不是说前者压根就不会有受到政治利益影响的危险。恰恰相反,历史已足够清晰地证明,甚至关于天体运行的真相也会被一种世界性的权力认为是对自己的威胁。如果说自然科学能尽可能地实现对政治的独立性的话,那么这是因为有一种更强的社会利益要求取得这场胜利,即技术进步的利益,只有自由研究能确保这种这种进步。但社会理论没有如此直接、如此便捷的洞见之路去导向一种可以保障无争议之利益的社会技术进步,就像物理学和化学可以导向机器建造和医药治疗的成就那样。对于社会科学而言,尚缺乏一种社会力量(很大程度上是因为其欠发达的状态)可以来抵制占优势的利益,这种利益使那些已经占据统治地位的人和仍渴求获得统治地位的人固执于一种满足他们愿望的理论,或者说社会意识形态。尤其是在我们这个经过了世界大战及其结果的摧残而真正陷入四分五裂之中的

时代,社会生活的基石被深深地撼动了,因而国家之间和国家 8
内部的对立也最大限度地被强化了。只有在形成社会均势的时代,一种关于法和国家之客观科学的理想才有获得普遍认可的希望。故而在今天,没有什么比一种想要确保其纯粹性的法学说更加不合时宜的了,如果它不能给其他人以权力(他们可能不乐意向它提供),如果人们不再怯于大声和公开地呼唤一种政治法学并主张用一种“纯粹的”名字来称呼它(故而视之为美德,这最多只会使他们因陷入最严重的个人危机而感到歉疚)。

尽管如此,我之所以此时敢于对我迄今为止关于法律问题的研究结果进行总结,是希望那些认为精神比权力更重要的人的数量变得比今天看上去更多;尤其是希望年轻一代在我们今日的喧嚣声中不会完全丧失对一种自由的法律科学的信仰,并确信它的成果不会辜负更好的明天。

日内瓦,1934 年 5 月

导言　法理论的经典之作

——1960 年的《纯粹法学说》[1]

[德] 马蒂亚斯·耶施泰特*

导言详目

---

〔1〕 为了避免重复，关于汉斯·凯尔森纯粹法学说的更为一般性的引介可参见《纯粹法学说》(第一版)学生版的“导读”：Matthias Jestaedt, Hans Kelsens Reine Recht-slehre. Eine Einführung, in: Hans Kelsen, Reine Rechtslehre. Einleitung in die rechtswis-senschaftliche Problematik, Studienausgabe der 1. Auflage 1934, herausgegeben und eingeleitet von Matthias, Jestaedt, Tübingen 2008, S. IX–LX。

* 马蒂亚斯·耶施泰特(Matthias Jestaedt, 1961 年出生)，德国弗莱堡大学法学院公法与法理论教席教授。研究范围涉及宪法学、法理论、欧盟法、国家教会法、一般行政法、儿童和青少年救助法，著有《民主原则与共同管理》《基本权利在制定法中的展开》等。目前正在主持《凯尔森文集》的编纂工作。——译者注

XV 没有一家重要的法学图书馆可以宣称自己藏书完整,除非收录了新版的凯尔森《纯粹法学说》,因为它代表着我们这个时代最独特和最杰出之法理学思想的顶峰。

——海伦 · 希尔文(Helen Silving)[2]

Ⅰ.一本不简单的书

《纯粹法学说》(其德语原本由维也纳弗朗茨·多伊蒂克出版社于 1960 年出版[3])是汉斯·凯尔森(1881—1973)成熟的晚年主要作品。它与一年后赫伯特·哈特(1907—1992)所写就的《法律的概念》[4]一起,被认为是 20 世纪在全球范围内传播最广、影响最大、最为重要的法理论专著。同样因为它(迄今为止)被翻译成了十多种语言,包括英语、法语、西班牙语、意大利语、葡萄牙语、日语、韩语和俄罗斯语,[5]以及因为 XVI 《纯粹法学说》在许多国家尤其是拉美国家至今仍被列为法学入门的必读书目,所以想要加入关于法及其运作方式之学术讨论中来的人,就必须要熟悉这本当代法理论的经典之作(即便它面世已经超过了半个世纪),同时也必须要知道它的核心命

[2] Helen Silving,[Besprechung von Hans Kelsen,Reine Rechtslehre,Mit einem Anhang:Das Problem der Gerechtigkeit,2. Auflage,Wien 1960(该书正文前 7 页,正文 534 页)] in:Revista Jurídica de le Universidad de puerto Rico 32 (1963),S. 105-111 (111).海伦·希尔文,出生名为亨达·希尔博芬尼克(Henda Silberpfennig),在移民前属于“维也纳学派”的一员。

[3] Hans Kelsen, Reine Rechtslehre, Mit einem Anhang: Das Problem der Gerechtigkeit,2. Auflage,Wien 1960(该书正文前 7 页,正文 534 页)(后文引证时将简称为:Kelsen,RR-2).

[4] H. L. A. Hart,The Concept of Law (1961),3. Aufl.[附有写于 1993/1994 年的“后记”以及莱斯利·格林(Leslie Green)所撰的“导言”],Oxford,2012; 德语版:H. L. A. Hart,Der Begriff des Rechts[附有 1994 年的“后记”以及克里斯托夫·默勒斯(Christoph Möllers)所撰的“跋”],Berlin 2011.

[5] 关于这些译本更详细的信息,参见下文Ⅴ.2,第 46 页及以下。

题与价值。

这当然并不意味着,凯尔森的这本最重要的著作在任何地方和任何时间都会得到同样的尊重——情况正好相反;对参考它的方式以及与它进行商榷的方式进行研究,也可以反映出各种法学文化、思维风格和本土特色的影响。这可以通过(战后)德国得到典型的说明:虽然凯尔森在20世纪30年代被迫离开德国(和奥地利),从1945年之后也没有返归故里的意向,(也)以母语"确定地表述了纯粹法学说"[6],但同时代联邦德国法学界对于《纯粹法学说》的接纳可以说过于冷淡乃至是拒斥性的,因而与它进行商榷要么兴趣不大、要么过于肤浅、要么/以及充满偏见。20世纪60年代联邦德国的国家法学
XVII 界,除了迪特里希·耶施(Dietrich Jesch, 1923—1963)与汉斯·海因里希·鲁普(Hans Heinrich Rupp, * 1926)的教授资格论文外,[7]几乎没有人注意到第二版的出版;在德国执教的国家法学者中,只有在一场车祸中不幸遇难的青年学者迪特里希·耶施和奥地利人汉斯·施潘纳(Hans Spanner, 1908—1991)分别在《公共行政》和《德国行政杂志》上撰写了书评;[8]在法学界,最实质性的两个批评意见来自跻身刑法学界的法哲学家卡尔·恩吉施(Karl Engisch, 1899—1990),以及托

〔6〕 Josef L. Kunz, Die definitive Formulierung der Reinen Rechtslehre, in: ÖZöR 11 (1961), S. 375-394.

〔7〕 对此更详尽的叙述参见 Friedrich Günter, "Jemand, der sich schon vor fünfzig Jahren selbst überholt hatte"。Die Nicht-Rezeption Hans Kelsens in der bundesdeutschen Staatsrechtslehre der 1950er und 1960er Jahre, in: Matthias Jestaedt (Hrsg.), Hans Kelsen und die deutsche Staatsrechtslehre. Stationen eines wechselvollen Verhältnisses, Tübingen 2013, S. 67-83 (80-83 bes. Mit Fußn. 51 und 52).

〔8〕 Dietrich Jesch, in: DÖV 1961, S. 435-437; Hans Spanner, in: DVBl 76 (1961), S. 753-754.

马斯·维滕贝格尔(Thomas Würtenberger,1907—1989)。[9] 但要在《法律人报》、《新法学周刊》、《公法论丛》或《国际法论丛》中去寻找同代人的评论却是徒劳的。[10][11] 在这片土地上,

[9] Karl Engisch, in: ZStW 75 (1963), S. 591 - 610; Thomas Würtenberger, in: Zeitschrift für vergleichende Rechtswissenschaft 67 (1965), S. 131-135.

[10] 但值得注意的是,约翰内斯·梅斯纳(Johannes Messner,1891—1984)和阿图尔-弗里多林·乌茨(Arthur-Fridolin Utz,1908—2001)这两位杰出的自然法学说的支持者写过书评:Johannes Messner, in: Wort und Wahrheit 17/2 (1962), S. 647-648; Arthur-Fridolin Utz, Die Gerechtigkeit, der Prüfstein naturrechtlichen Denkens, Zur neuesten Naturrechtskritik von Hans Kelsen, in: Die Neue Ordnung 15 (1961), S. 187-194。最早的书评人之一——尚刊载于《法兰克福汇报》上——应该是此前不久在弗莱堡以《魏玛共和国的反民主思想》一书获得教授资格的政治学者库尔特·松特海默尔(Kurt Sontheimer, 1928—2005): Kurt Sontheimer, in: Frankfurter Allgemeine Zeitung, vom 02. 09. 1960, S. 13。

[11] 如果不苛求完整性的话,我们可以将同代人的书评以作者姓氏字母为序列举如下(如果没有写明特别的标题,书评就是简单以第二版的书目名称开始的): Claus Anders, in: Zentralblatt für Sozialversicherung und Versorgung, 1961, S. 128; Wilhelm R. Beyer/ Eduard Rabofsky, Die Reine Rechtslehre. Kritische Bemerkungen zur zweiten Auflage des kelsen'schen Hauptwerkes, in: Tagebuch 16 (1961), Nr. 9 vom September 1961, S. 10; Wilhelm F. Czerny, Von Kündern und Leugnern des Naturrechts, in: Der Akademiker 9 (1961), S. 16. 17; Karl Engisch, in: ZStW 75 (1963), S. 591- 610; Felix Ermacora, in: JBl 83 (1961), S. 614; Hans - Ulrich Evers, Die reine Rechtslehre als individualistisches Extrem, in: Zeitschrift für Politik N. F. 9 (1962), S. 62-66; Rudolf Gewaltig, Staat und Recht. Zur Neuauflage von Kelsens"Reine Rechtslehre", in: Der junge Jurist 8 (1962), S. 3-4; Kurt Grönfors, in: Nordisk Tidsskrift for International Ret 31 (1961), S. 134-137; Jens Hacker, in: Pilitische Studien 12 (1961), S. 42-44; Erich Hula, in: American Journal of International Law 56 (1962), S. 235-236; Dietrich Jesch, in: DÖV 1961, S. 435-437; Manfred Kuhn, in: Schweizerische Juristen - Zeitung 57 (1961), S. 179 - 180; Josef L. Kuhz, Die definitive Formulierung der Reinen Rechtslehre, in: ÖZöR 11 (1961), S. 375-394; Otto Kunze, in: Schmollers Jahrbuch für Gesetzgebung, Verwaltung und Volkswirtschaft 82 (1962), S. 120-122; Wilhelm Machleid, in: Die Verwaltungspraxis 26 (1960), S. 287; René Marcic, Hans Kelsens Reine Rechtslehre, Gedanken zur Neuauflage neines Werkes des österreichischen Geistesriesen, in: Der Staatsbürger, 4. Jhg., 7. Folge, vom 28. 03. 1961, S. 1-3; Ernst Maste, in: Das Parlament 11 (1961), Heft 4 vom 25. 01. 1961, S. 8; Johannes Messner, in: Wort und Wahrheit 17/2 (1962), S. 647-648; Reginald Parker, The Pure Theory of Law, in: Vanderbilt Law Review 14 (1960/61), S. 211-219; Petermann, in: Der Deutsche Rechtspfleger 68 (1960), S. 381; J. Puente Edigo, in: Zeitschrift für ausländisches öffentliches Recht und Völkerrecht 22 (1962), S. 574-578; Alfred Reber, Reine Rechtslehre, Zur Neue Zürcher Nachrichten vom 06. 10. 1961; Jaime Santos Briz, in: Revista de Derecho Privado

XVIII 还需要经历 1/4 个世纪,德国国家法学者才会想起,并最终接受长久以来被拒绝接受的凯尔森的遗产。[12]

VIX 尽管意义非凡,《纯粹法学说》绝非一本简单易懂的、证实制度和确保思维习惯的书。应该说从一开始,按照其意图,它就是一本提出异议的、批判意识形态的、具有怀疑色彩的、在现代条件下争夺法学之科学性的书。这同样展现在它的语言和结构、风格和篇幅、体系的完整性和观念的殊异性上,这对(尚)不熟悉凯尔森思想的人来说是严峻的挑战和耗费心神的事(一些人会说是难以忍受的事)。1934 年的《纯粹法学说》第一版尚具有简单、浅显和优雅的特点(它的副标题之所以使

44(1960),S. 841-842; Egon Schneider, in: Studium und Praxis 5(1960), S. 287-288; Franz Schwankhart, in: Die Sozialgerichtsbarkeit 8(1961), S. 228; Franz Schwankhart, in: Die Kriegsopferversorgung 10(1961), Heft 4, S. 96; Helen Silving, in: Revista Jurídica de la Universidad de Puerto Rico 32(1963), S. 105-111; Wilhelm Sirp, in: Justizverwaltungsblatt 98(1962), S. 24; Kurt Sontheimer, in: Frankfurter Allgemeine Zeitung vom 02. 09, 1960, S. 13; Hans Spanner, in: DVBl. 76(1961), S. 753-754; Morris Stockhammer, in: Philosophischer Literaturanzeiger 14(1961), S. 247-251; Ilmar Tammelo, in: Journal of Legal Education 15(1962/63), S. 351-357; Arthur-Fridolin Utz, Die Gerechtigkeit, der Prüfstein naturrechtlichen Denkens, Zur neuesten Naturrechtskritik von Hans Kelsen, in: Die Neue Ordnung 15(1961), S. 187-194; Robert Walter, in: Österreichische Juristenzeitung 15(1960), S. 669-670; Hans Wehberg, in: Die Friedens-Warte 56(1961/66), S. 70; Jerzy Wróblewski, in: Państwo i Prawo 17(1962), S. 953-957; Thomas Würtenberger, in: Zeitschrift für vergleichende Rechtswissenschaft 67(1965), S. 131-135; 姓名不详, in: Arbeit und Sozialpolitik 14(1960), S. 278; 姓名不详, in: Die Welt der Bücher 2(1959/1963), S. 402-403; 姓名不详, in: DRiZ 38(1960), S. 451; 姓名不详, in: Literaturanzeiger für das Allgemeine Wissenschaftliche Schrifttum 10(1960), Nr. 6 vom 28. 11. 1960, S. 13; 姓名不详, in: Der Steuerzahler 1961, Nr. 7/8; 姓名不详, in: Wiener Zeitung Nr. 54 vom 05. 03. 1961, S. Ⅷ; 姓名不详, in: Berichte und Informationen 15(1960), Ausgabe vom 28. 10. 1960。

〔12〕 对此可以偏概全地参见 Horst Dreier, Die(Wieder-)Entdeckung Kelsens in den 1980er Jahren, Ein Rückblick(auch in eigener Sache), in: Matthias Jestaedt (Hrsg.), Hans Kelsen und die deutsche Staatsrechtslehre, Stationen eines wechselvollen Verhältnisses, Tübingen 2013, S. 175-191。

用“法律科学问题导论”的名称不是没有缘由的)，[13] 这些特点在 1960 年的第二版中消失了；如果说前者是第一次打出大 XX
旗[14] 对凯尔森的法理论进行了完整阐述的话，那么后者毋宁是对一项伟大的终身事业的总结。[15]

Ⅱ. 一本有反差的书

1960 年的《纯粹法学说》是一本形成鲜明对比的、有反差的书。它在许多方面都可以被认为是一个类似的、但同样有差别的第二版，它本身也反差明显。与第一版相比，它有五个方面的不同：首先，1960 年版的《纯粹法学说》标志着凯尔森大约从 1910 年就开始追寻、后来一再被阐明且多次被改进的“连贯的法实证主义”这一概念的晚近更精致和稳固的发展状态，[16]
故而作为法理论的系统规划，它只是多种意义上的“纯粹法学 XXI
说”中的一种(第Ⅲ部分)。其次，这本于 1934 年初版之著作的第二版在 1/4 个世纪(以及多次命运转折)之后在质和量上都以这样一种方式被更新和最新展现，以至于将其称为第二版

---

〔13〕 Hans Kelsen, Reine Rechtslehre, Einleitung in die rechtswissenschaftliche Problematik, Studienausgabe der 1. Auflage 1934(该书正文前 156 页，正文 236 页；1934 年第一版的学生版，由马蒂亚斯 · 耶施泰特编辑和撰写导言，图宾根 2008 年版，正文前 66 页加正文 181 页)——后文引证时将简称为：Kelsen, RR-1。

〔14〕 对纯粹法学说的第一次整体阐述(尚未使用这个名称)是尤里乌斯 · 施普林格(Julius Springer)出版社 1925 年出版的《一般国家学》：Hans Kelsen, Allgemeine Staatslehre, Berlin 1925(该书正文前 16 页，正文 433 页)。

〔15〕 对此的补充性阐述参见后文Ⅳ. 1，第 11 页及以下。

〔16〕 凯尔森本人多次这样来称呼他对于法实证主义的解读，例如参见 Kelsen, RR-1(Anm. 13), S. 127/136; Kelsen, RR-2(Anm. 3), S. 320/553。

是远远不足以表达这一点的(第Ⅳ部分)。再次,凯尔森在他固有的法理论之外,还添加上了一篇关于“正义问题”的长附录,这使这个以统一的称呼“纯粹法学说”来涵盖的复合词具有了独特的色调(第Ⅴ部分)。又次,凯尔森本人在20世纪60年代中期德语第二版被翻译成意大利语时,对德语文本作了一些澄清和补充,这自然无法(不再)体现在德语版中,而眼前的学生版第一次顾及了它们(第Ⅵ部分)。最后,凯尔森的《纯粹法学说》构成了对法实证主义的另一部差不多同时面世的代表作,即赫伯特·哈特写就的《法律的概念》的对比与补充;尽管在倾向和结论上有诸多共识,但它们在进路、(思维)风格与方法方面的显著差异却是不容忽视的(第Ⅶ部分)。

XXII

Ⅲ. 单数与复数意义上的“纯粹法学说”

正如在《纯粹法学说》第一版的学生版导论中已经强调的,〔17〕“纯粹法学说”这一术语是多义的:首先,它指的是凯尔森分别写于1934年和1960年的那两部已分别被译为数十种语言的主要德语著作;〔18〕其次,它被——主要用来但绝非唯一地——指称凯尔森在其整个研究生涯中细致勾勒和不断完善一种(对意识形态进行)批判的实证主义的思想产物;最后,它被特别用来标识在20世纪10年代至30年代环绕在凯尔森及其著作周围的青年法学家组成的圈子,他们同样以“法理论的

〔17〕 Vgl. Jestaedt, Kelsens Rechtslehre (Anm. 1), S. XVI ff.

〔18〕 Kelsen, RR-1 (Anm. 13); Kelsen, RR-2 (Anm. 3). 对此参见下文Ⅳ.,第11页及以下。

维也纳学派”(Wiener Schule der Rechtstheorie)或“青年奥地利法理论学派”(Jung-österreichische Schule der Rechtstheorie)来自称及称呼他们的法律实证主义风格。

凯尔森尽管终其一生“只”写过两版《纯粹法学说》,但他几乎从不间断地在其每一部(法理论)著作中——不仅是在如《一般国家学》(1925)、《法与国家的一般理论》(1945)中还是在法文版《纯粹法学说》(1953)这样的整体性阐述中——都对他的理论范式进行着更加连贯、体系上更加完整以及更有说服力的加工。〔19〕他为完善纯粹法学说进行的从不间断和从未止歇的努力,也清晰地表达在第二版的前言中。他表述道:“在 XXIII
眼前的这本著作中,我已在脚注中明确提醒(读者)注意最重要的变化。它主要涉及对原则更加连贯的贯彻;在整体上正如我所希望的那样涉及这样一种发展出来的成果,它来源于那种根本上未作改变之学说本身所固有的趋势……即便是《纯粹法学说》的第二版也不想被视为对一种终极结论的阐释,而想被视为一项需要通过补充和其他改进而继续前行的事业。如果它——被已然快处于其生命终点的作者之外的人认为——配得上这种继续前行,它就达到了目的。”〔20〕在同一段落中,凯尔森同时解释到,他不想将纯粹法学说视为某种孤立的个人研究的成果,不想它随着自己兴起和衰落。

即便1960年的《纯粹法学说》第二版同样没有展示出凯尔森学说的最终状态,它依然代表了其理论最后的完整版

〔19〕这一点尤其清晰地体现在,当年轻的马里奥·G. 洛萨诺(Mario G. Losano)于1965/1966年要将《纯粹法学说》的德语第二版翻译成意大利语时,凯尔森向他表达了予以订正的愿望。对此详见下文Ⅵ.,第57页及以下。

〔20〕Kelsen, RR-2(Anm. 3), Vorwort zur Zweiten Auflage, S. Ⅶ/ 9f.

XXIV 本,可谓最后一次整体阐释[21]——也因此在这位“世纪法学家”[22]的全部作品中享有特殊的地位。

Ⅳ.两版《纯粹法学说》的对比

1.《纯粹法学说》:1/4 个世纪之后

凯尔森第一次使用“纯粹法学说”之名对其关于法律科学的观念进行整体阐释[23]是在处于其创作高峰期的 1934 年,[24]这是幸运的一年,因为他在阿道夫·希特勒(Adolf Hitler,1889—1945)“篡权”后不久,也即 1933 年 4 月就不得不离开了纳粹德国。眼前的第二版是在 1/4 个世纪多之后出版的,即在 1960 年。标题相同的这两版著作之间不仅存在整整一代人的时间张力,而且无论从世界史还是个人史的视角看都经历了翻天覆地的变革,并且从作品史的角度看也发生了引人注目的发展:

如果说第一版尚反映出纳粹正处于上升期,而凯尔森结束了在科隆大学作为国家(和国际)法学者的“常态”学术生涯并

---

〔21〕 1979 年出版的《规范的一般理论》[在凯尔森去世后,受汉斯·凯尔森研究所委托,由库尔特·林霍费尔(Kurt Ringhofer)和罗伯特·瓦尔特(Robert Walter)从其遗著中选编出版,维也纳 1979 年版,包括前言共 374 页]不必然导向不同的判断。因为首先,它不是凯尔森生前出版的;其次,作者并没有使之达到编辑上成熟的程度;最后,它并非关于**法律**规范的特殊理论。

〔22〕 Norbert Leser, Hans Kelsen(1881-1973), in: Neue Österreichische Biographie XX (1979), S. 29-39.

〔23〕 第一次整体阐释(尽管没有以“纯粹法学说”为题)是凯尔森于 1925 年以《一般国家学》为题呈现的:参见脚注〔14〕。

〔24〕 参见脚注〔13〕。

开始被迫游历——最终流亡美国(离开科隆后,1933 年在维也纳和日内瓦,1936 年在布拉格,1940 年在哈佛,1942~1943 年在伯克利),在与其声望不相称的教职上从事了一系列有固定期限的、极度不确定的教学活动——的话,那么第二版则出版于第二次世界大战结束 15 年后,也即是在纳粹恐怖统治结束(以付出不少于大约 600 万名犹太人的生命为代价)15 年后,这时世界秩序(期间以冷战为特征)完全改变了,德国和奥地利已转变为自由民主国家,著名的魏玛(宪法)大讨论——与鲁道夫·斯门德(Rudolf Smend,1882—1975)、卡尔·施密特(Carl Schmitt,1888—1985)和赫尔曼·黑勒(Hermann Heller)(只需提一提"魏玛四重奏"的这其余三人就可以了)一道,凯尔森充满热情地参与其中的音调和内容已影响甚微。在正在形成的东西阵营对抗的阴影之中,在西方同盟国的保护之下,德国(在弱化的意义上也包括奥地利)正经历着一场自然法学的复兴运动,而随着 1945 年在旧金山国际联盟体制被更替,国际法也正在变成新的庞然大物。 XXV

从 20 年前开始凯尔森本人就待在了美国,那里从他的流亡地变成了故乡。他的学术生涯——从 1945 年开始他又重新获得了全职教授的席位,尽管是在政治学系而非在法学院或法律院校——终止于 1952 年,时年他 70 岁。故而第二版是这位退休者的(晚年)作品,此时他已经不是需要承担教学任务的 XXVI 学者了。1960 年时,凯尔森不仅从数年前开始远离了"活跃的"大学生涯,并从 1/4 个世纪多以前开始就远离了德国(德语)国家法学者的讨论,而且他或多或少是靠自己续写了他的纯粹法学说。"法理论的维也纳学派",这个年轻和以国际化为目标的、先锋派和意识形态批判的、在学术上富有创造力且在作品上多产的、主要由犹太(裔)法学家30多人(他们在20世纪10年代和20年代聚集在雄心勃勃的凯尔森周围)组成的圈子,从20世纪30年代末之后就已成为历史,由于纳粹对于犹太人的迫害,其成员四散飘零、旅居世界各地。位于离维也纳遥远的伯克利的凯尔森,以及位于维也纳的阿道夫·尤里乌斯·默克尔(Adolf Julius Merkl,1890—1970)和阿尔弗雷德·范德罗斯(Alfred Verdroß,1890—1980)不仅是"法理论的维也纳学派"的创立者和关键人物,而且在战后或多或少成为最后的三位为维护和续写纯粹法学说呕心沥血的遗老。尽管第二版《纯粹法学说》和第一版在同一家出版社以相同的语言(德语)出版,但阅读群体和所发表之见解的法学语境已大相径庭。但这两版的共性在于,它们都选择了糟糕的出版时机(如果可以这么草率地说的话):无论是在1934年即希特勒
XXVII "篡权"后不久,还是在1960年即处于(正在消退的)自然法复兴运动的高潮,德国(在弱化的意义上也同样包括奥地利)的讨论环境都不适合对凯尔森的那种既是实证主义的又是意识形态批判的、既是相对主义的又是多元主义的法理论开放。从德国法学界的观点来看,两版《纯粹法学说》都是真正意义上的不合时宜的书。

两版《纯粹法学说》——在下文进行比较时,分别简写为RR-1和RR-2——之间并不是惯常那种通常并不足道的前版与后版之间的关系(这在我们的历史上并不令人惊讶),其中后版具有双重意义,即使市面上可以再获此书,以及将自前版开始记录下的发展纳入讨论之中。凯尔森在RR-1和RR-2之间写就出版了其余两本进行整体阐释的书,它们标志着从第一版过渡到第二版的不同阶段,即1945年的《法与国家的一般

理论》[25]——借此凯尔森想要其国家学说与法学说为英美学界所知和理解，以及 1953 年法语版的《纯粹法学说》[26]——它顾及了凯尔森（对于）1934 年第一版的清晰的赓续。凯尔森本人将 RR-1 与 RR-2 的关系在第二版的前言中刻画为："我的《纯粹法学说》一书（它首次出版于 1/4 个世纪之前）的第二版是对第一版所处理之对象的全新修订，也是对其研究对象领域的极大扩展。"[27] XXVIII

RR-1 和 RR-2 之间关系的独特性还体现在，即便在第二版问世后，第一版也没有从市面——无论是出版市场还是学术讨论的市场——上消失，而是像从前那样存在。这也体现在，将《纯粹法学说》翻译成他国语言时，既有选择第一版的也有选择第二版的。故而 RR-2 既未消耗掉 RR-1 或重复它，也未使之变得多余；这并非出于凯尔森研究的观念史——档案学兴趣，而毋宁是因为 RR-1 被用于有别于 RR-2 的认知利益和信息需求。或许可以这样简单地来说：想要寻求一种对纯粹法学说之扎实而简明、透明但非分殊巨大，同时文风又简单易懂，不那么需要以基本知识为前提的陈述的人，他最好是去看 RR-1 而非 RR-2，后者相较而言构成了纯粹法学说的更为深刻、论述更广，在不少地方有所续写，处于战后的讨论环境之中，智识上要求更高的版本。或者简言之：就像其副标题"法律科学问题导论"所说明的，RR-1 是写给初学者的纯粹法学

---

〔25〕 Hans Kelsen, General Theory of Law and State, Übersetzt von Anders Wedberg, Cambridge/ Mass, 1945, XXXⅢ und 516 Seiten.

〔26〕 Hans Kelsen, Thérie pure de droit. Introduction à la science du droit, Mit einem Vorwort von Hans Kelsen, Übersetzt von Henri Thévenaz, Neuchâtel 1953, 205 Seiten.

〔27〕 Kelsen, RR-2 (Anm. 3), Vorwort zur zweiten Auflage, S. Ⅶ/9.

说,相反,RR-2 是写给法理论专家的。马里奥·G. 洛萨诺
XXIX (Mario G. Losano, * 1939)——没有人比他更熟悉凯尔森的著作,也就是那两版《纯粹法学说》了——曾给予这两本书一种简明扼要而又有些夸大其词的评价:如果说他称 RR-1 为“无可减损的文本”的话,那么 RR-2 就发挥了“对纯粹法学说之无可增益的阐述”的作用。[28]

2. 篇幅、结构与章节划分的比较

对两版德语之《纯粹法学说》(1934 年版与 1960 年版)作一外观上的比较——除了 RR-2 有一个附录而 RR-1 没有[29]之外——就可以发现两个相对立的现象:一方面两版在篇幅上差别很大,另一方面它们在篇章结构和思路方面却基本上没变。假如——不是借助诸如外观(比如书的厚度)或者初版的页数这类不精确的参数,而是借助字符数(包括空格在内)——来对比一下两版的篇幅,那么就可以发现,RR-2(包括附录在内)的篇幅大约是 RR-1 的 5 倍;如果不考虑附录,那么它的篇幅增长到了 1934 年初版篇幅的 4 倍。凯尔森于 1960
XXX 年加上的附录《正义问题》(大约 290,000 字符)本身就与 RR-1 全书的篇幅(大约 260,000 字符)相当(见表 1)。

---

〔28〕 Mario G. Losano, Il testo fondamentale della Dottrina pura del diritto, in: Nicoletta Bersier Ladavac (Hrsg.), Con esatezza kelseniana. Precisazioni sulla Dottrina pura de dirtto nelle lettere di Kelsen a Losano, Mailand 2003, S. 5 und 21.

〔29〕 对此进一步的阐述参见下文 V,第 44 页及以下。

表1　RR-1、RR-2与附录篇幅对比

	RR-1	RR-2	比例关系
全书(不包括一手文献与二手文献)	280,000	1,430,000	1∶5.11
全书(不包括索引)	260,000	1,370,000	1∶5.27
全书(不包括索引和附录)	260,000	1,080,000	1∶4.15
全书(不包括索引、附录和脚注)	260,000	1,075,000	1∶4.13
RR-2的附录	(260,000)	290,000	1∶1.12
RR-2的附录(不包括脚注)	(260,000)	270,000	1∶1.04

各种情况下的篇幅计算都是以整5000的字符(包括空格在内)为单位来进行的。

在此,RR-2在增添了大量的主要部分来对RR-1中已包含的内容进行探讨性的续写、细节上的具体化和进一步的精致化外,也将RR-1中没有包括的新主题和新视角包含了进来。这恰恰很直观地反映在了章的层面上——RR-1被分为9章,而RR-2被分为8章。主题的“迁移”以及结构的挪动与重构可以表格的方式被描绘出来(尽管这不可避免地具有粗糙性);在此,表1从RR-1的角度表明了内容的“迁移”,相反,表2显示在RR-2的哪些章节中可以找到RR-1已包含的阐述。

表2　RR-1和RR-2章节对比 XXXI

RR-1(1934)	RR-2(1960)
Ⅰ.法与自然	Ⅰ.法与自然
Ⅱ.法与道德	Ⅱ.法与道德
Ⅲ.法的概念与法律命题学说	(Ⅰ.法与自然　Ⅲ.法与科学)
Ⅳ.法学说的二元论及其超越	Ⅳ.法静态学
Ⅴ.法秩序及其阶层构造	Ⅴ.法动态学

续表

RR-1(1934)	RR-2(1960)
Ⅵ.解释	Ⅷ.解释
Ⅶ.法律创设的方法	Ⅵ.法与国家
Ⅷ.法与国家	Ⅵ.法与国家
Ⅸ.国家与国际法	Ⅶ.国家与国际法

凯尔森在第二版中基本上维持了章的层面上的划分(对于有待处理的内容来说大体而言也是如此)。RR-1 的 9 章标题中的 5 个(第Ⅰ、Ⅱ、Ⅵ、Ⅷ和Ⅸ章)同样也出现在了 RR-2 中,RR-1 的 9 章中的 6 章(第Ⅰ、Ⅱ、Ⅳ、Ⅴ、Ⅵ、Ⅸ章)在 RR-2 中复现(尽管部分内容得到了清晰得多的表达,部分章节被赋予了新的标题)。RR-1 的两章(第Ⅶ和Ⅷ章)被凯尔森在 RR-2 中合并了,这导致了两版章数上的差异(RR-1 共 9 章,RR-2 共 8 章)。RR-1 的一章(第Ⅲ章)在 RR-2 中丧失了独立地位,从根本上被分为了两章(第Ⅰ和Ⅲ章)。只有 RR-2 中篇幅不小的“法与科学”这一章(第Ⅲ章)在 RR-1 中没有对应的章节,可以被视为相对于前一版真正的更新,尽管 RR-1 中同样有多处包含着关于法与法律科学之关系的陈述(见表 3)。

XXXII **表 3 RR-2 和 RR-1 章节对比**

RR-2(1960)	RR-1(1934)
Ⅰ.法与自然	Ⅰ.法与自然
Ⅰ.法与自然	Ⅲ.法的概念与法律命题学说
Ⅱ.法与道德	Ⅱ.法与道德
Ⅳ.法与科学	—

续表

RR-2(1960)	RR-1(1934)
Ⅳ.法静态学	Ⅳ.法学说的二元论及其超越
Ⅴ.法动态学	Ⅴ.法秩序及其阶层构造
Ⅵ.法与国家	Ⅶ.法律创设的方法
Ⅵ.法与国家	Ⅷ.法与国家
Ⅶ.国家与国际法	Ⅸ.国家与国际法
Ⅷ.解释	Ⅵ.解释

有时凯尔森没有采纳第一版中的标题，而是在 RR-2 中相对于 RR-1 创设出了它们。RR-2 中最长的两章（分别约为 210,000 字符数和 225,000 字符数）——它们仿佛是现代实在法之功能分析的心脏——运用了贴切的简洁标题，它们将法律观察的两大坐标彼此对立起来："法静态学"（第Ⅳ章）和"法动态学"（第Ⅴ章）。

与 RR-2 大大扩张的篇幅相伴随的，是各个章节细致得多的划分。第一版包含 9 章和以 50 个阿拉伯数字来排序的节，其中又用 9 个拉丁小写字母进行了第三个层面的划分。尽管 RR-2 的 8 章只分为用 47 个阿拉伯数字来排序的节，但它们各自又以用更多的拉丁小写字母（14 次）和希腊小写字母（7 次）标识 XXXIII
的部分来有条不紊地展开。[30] 在其中的一处，[31] 凯尔森甚至

〔30〕 在进行四个层面的章节划分（标以希腊小写字母）时尽管（与整体上用序号来标识的文本章节划分）一样配有标题，但在初版的目录中它们却**没有**在恰当的位置运用序号。在目前的版本中，文本中出现的序号被增添在了目录之中。

〔31〕 即 41. b)γ)，S. 527-542。

运用在目录中未出现的第五个层面划分,它被用希腊小写字母和1组成的标题与序号(“α_1”和“β_1”)来标识。

出于将其迄今为止主要以碎片化的方式发表的学说以更加紧密和完整之方式展现出来的意图,凯尔森在RR-1中使文本自我言说,而没有加上任何脚注。与此相反,RR-2在主文本和附录中分别使用了182个和133个脚注;然而,主文本的182个脚注中有很大一部分是前后文的参见(102个脚注)以及这样的提示:相比于RR-1它在实质陈述上以什么方式作了何种改变(10个脚注)。与其他作者的理论范式在细节上的商榷(在RR-1中尚付阙如)主要也被放在了脚注之中;它们既对主文本起到了补充作用,又不会由于这种补充而妨碍或以任何方式影响主文本的流畅度。

3. 内容对比

XXXIV 就像已经说过的,RR-1与RR-2之间大部分内容上的差别不是由于凯尔森的思想发生改变造成的,而是因为(对前一版进行了)补充、调整、精确化和具体化——在RR-2的前言中他写道:“对第一(版)中所处理之对象的全新加工,以及对其对象域的极大扩展。”[32]不同于1934年的RR-1,1960年时的凯尔森并没有限于“将我迄今为止关于法律问题的研究结论予以归纳”[33],而是将这些结论贯彻到“一般法学说的问题”[34]中去。RR-1的表述几乎无例外地(有很大一部分甚至是逐字逐句地)被复述在了RR-2中;对RR-1中之陈述几乎原封不动地

---

〔32〕 Kelsen, RR-2(Anm. 3), Vorwort zur zweiten Auflage, S. Ⅶ/9.

〔33〕 Kelsen, RR-1(Anm. 13), Vorwort, S. Ⅷ/8.

〔34〕 Kelsen, RR-2(Anm. 3), Vorwort zur zweiten Auflage, S. Ⅶ/9.

照搬吻合了前文[35]提到过的马里奥·G.洛萨诺的评价,即第一版对纯粹法学说进行了这样的阐述,如非篡改它就无可减损。

但RR-2的确在细节陈述方面进行了(尽管不涉及法学说的核心命题,但在数量和分量方面的)重大改写。一些章节划分的重构[36]就可能导致对纯粹法学说阅读方式的改变了——只需举一个例子就够了:如果说在RR-1中凯尔森还偏爱基础 XXXV
规范学说胜过对法秩序统一性的原则性阐述的话,[37]那么他现在则将它置于对法动态学的一切观察之始,[38]从而赋予它在其法秩序观念中(更加)核心的位置。此外,有一些清晰可识的改变不仅是对RR-1中阐释的原理进行了细节化的处理,而且也表明了概念系统的发展或处理了其余新的问题。最后,还可以发现相对于RR-1的——少数几处——立场改变;这种内容上的修正数量相对很少,所以也可以理解,为什么用凯尔森自己的话来说,他的学说"从根本上未加改变过"[39]。

下文将根据RR-2的(章节)划分顺序,提示出(新版)相较于RR-1中之论述在纯粹法学说之思想构造中最为重要的内容—观念方面的改变(这里并不求全[40]);这同样也反向表明——而在此也恰恰应当特别强调的是——没有被提及的章节没有经受与纯粹法学说之观念或要点相关的改变,即便它们也被改变了,部分甚至被进行了十分清晰的文本扩张。

---

〔35〕 对此参见前文脚注〔28〕。

〔36〕 对此参见前文Ⅳ. 2. ,S. XXIXff。

〔37〕 参见 Kelsen,RR-1(Anm. 13),S. 62ff. / 73ff. 和 66ff. / 77ff。

〔38〕 参见 Kelsen,RR-2(Anm. 3),S. 196ff. / 346ff。

〔39〕 Kelsen,RR-2(Anm. 3),Vorwort zur zweiten Auflage,S. Ⅶ/10.

〔40〕 例如,下文并不打算举出所有凯尔森用脚注来标明的改变;关于它们可参见 Kelsen,RR-2(Anm. 3),7 * /31 * ,10 * /36 * ,16 * /47 * ,40 * /85 * ,83 * /157 * ,154 * /275 * ,208 * /367 * ,224 * * /393 * * * ,226 * /396 * ,295 * /512 * 。

XXXVI 下面的内容对比仅仅基于对 RR-1 和 RR-2 的比较之上。故而它并不意在(这也是要明确强调的)对凯尔森在 1934 年至 1960 年(各阶段)思想和阐述内容的改变作一充分的把握与描绘。RR-2 相对于 RR-1 的一些革新在凯尔森早先的著述中已经可以被找到了。

a)第 I 章:法与自然

两版纯粹法学说的相同之处在于它们都处于这样一种研究计划的上升期,它被刻画为有待建造之法(科学)理论纪念碑门廊上的这样一段格言:[41]“纯粹法学说是一种实在法理论……作为理论,它的**全部想法仅在于**认识其对象。它尝试去回答的是,法是什么及如何为法的问题,而非它应当是什么或应当如何成为法的问题……它之所以称自己为‘纯粹’法学说,是因为它只是确保一种对于法的认知,也因为出于这种认知它想要将一切不属于精确地作为法的对象都排除出去。这意味着,它想要

XXXVII 将法律科学从一切与之相异的要素中解放出来。”[42]对现代法之运作方式进行法理论上结构分析的任务与对方法论综合主义的斗争被清晰地拼接在了一起。

如果说在 RR-1 中第 I 章“法与自然”[43]只是奠定了接下去对“法”这一对象进行阐述的基础的话,那么凯尔森在 RR-2 中对这一章本身就进行了详细的处理。“法是什么”和**适用于**

---

〔41〕 阿尔夫·罗斯(Alf Ross,1899—1979)在一篇关于 RR-1 的(一开始在 1936 年以丹麦语发表的)书评中如此称呼:“尽管在这里被讨论的这本书出版了才两年,但一切迹象都显示出,它将为作者戴上桂冠并定义一个时代”[Alf Ross,The 25th Anniversary of the Pure Theory of Law(übersetzt von Henrik Palmer Olsen),in:Oxford Journal of Legal Studies 31(2011),S. 243-272(243)]。

〔42〕 Kelsen,RR-1(Anm. 13),S. 1/15;Kelsen,RR-2(Anm. 3),S. 1/21——文字加粗部分并非原文所有。

〔43〕 Kelsen,RR-1(Anm. 13),S. 1ff./15ff.

法律科学的法概念问题在第Ⅰ章中已然被澄清了。两相比较,它吸纳了RR-1中第Ⅲ章(其标题为“法概念与法律命题学说”[44])的一部分。在RR-2中,法概念是由第Ⅰ章第6节来处理的,其中法作为一种特殊的规范性法律科学的研究对象,借助重构式地接近既有的语言用法一步一步被分析确定为大体上具有实效的人类行为的规范性强制秩序。在第Ⅲ章中,法律命题学说被明确作为科学论问题来处理,在RR-1中尚付阙如的法律命题与法律规范间的区分在此被引入和阐述。[45]

在第2节“行为及其法律意义”中,尚作为RR-1之基础的[46]自然与社会的严格二分(“完全不同的对象”)被相对化 XXXVIII
了:“但自然与社会的这种对立并非毫无疑问是成立的,因为社会……作为生活的一部分毕竟也因此可以被设想为自然的组成部分。”[47]这一点与自然领域的因果原则之相对化有着紧密关联,或许恰恰可以追溯到凯尔森在《复仇与因果》[48]中关于因果思维之起源的研究。

第4节“规范”在RR-1中并不存在,它是在此对阐述进行核心重构的一个例子。在“4. a)作为解释图式的规范”中,凯尔森以与在RR-1中[49]类似的方式将纯粹法学说的核心(法律)规范命题呈现为解释图式或选择图式:当且仅当(也在此意义上)某个(法律)规范被赋予法律意义时,人类行为才会(也在此

---

〔44〕 Kelsen, RR-1(Anm. 13), S. 19ff./31ff.

〔45〕 参见下文第28页及以下。

〔46〕 Kelsen, RR-1(Anm. 13), S. 2/16.

〔47〕 Kelsen, RR-2(Anm. 3), S. 2/22.

〔48〕 参见 Hans Kelsen, Vergeltung und Kausalität. Eine soziologische Untersuchung, Den Haag und Chicago 1941(该书正文前12页、正文542页)。

〔49〕 一方面参见 Kelsen, RR-2(Anm. 3), S. 3f./25f.,另一方面参见 Kelsen, RR-1(Anm. 13), S. 4f./18f。

意义上)拥有法律上的重要性。“4. b)规范与规范创设”[50]这一小节来自 RR-1 的“作为行为与意义内涵的规范”[51]这一节,它描述了法律认知的对象:[52]法律规范——它一如既往地
XXXIX 被定义为“意志行为的客观意义”[53]。在 RR-1 中,凯尔森在这一章中尚未摆脱作为意义内涵的规范与作为事实过程的自然之间的区分。对于法律**规范**的种差:它意味着应然,只是随后在第Ⅲ章中才在“11. 作为法的范畴的‘应然’”这一标题下被凯尔森所阐明。[54]

RR-2 中的一个相对于 RR-1 之文本而言意蕴丰富的新引言是对法律应然之意义的有违直觉的扩充,在法理论中对于法律应然的理解有别于日常语言用法:“但这里的‘应然’指的是意图指向他人行为之行为的规范性意义。这种‘应然’同时包含着‘可以’和‘能够’。因为一个规范不仅能提出要求,而且也能表达允许,**尤其是**授权。”[55]纯粹法学说对法律应然的重构同时被用作对所谓强制假设的一种重读(此外它还导致了对“非独立规范”[56]这一概念的进一步全新的精致化处理),因为凯尔森通过拟就法律规范性之不同可能性针对还原论的批评提出了他的法律规范学说,并创设出了一种关于法动态学——对法秩序之阶层构造的分化重构——之结构化的基本范畴。通过将法律创设间的相互联系重构为授权链条,作为法律应然模态的

---

[50] Kelsen, RR-2(Anm. 3), S. 4ff. /26ff.

[51] Kelsen, RR-1(Anm. 13), S. 6f. /20f.

[52] 参见这一小节的引导语,它在很大程度上与我说的相同:Kelsen, RR-1(Anm. 13), S. 6/20 以及 Kelsen, RR-2(Anm. 3), S. 4/26。

[53] Kelsen, RR-2(Anm. 3), S. 8 Anm. */33 Anm. *.

[54] Kelsen, RR-1(Anm. 13), S. 20ff. / 32ff.

[55] Kelsen, RR-2(Anm. 3), S. 5/27——文字加粗部分并非原文所有。

[56] 参见下文第 27 页以及脚注[75]。

授权使我们能以优雅精熟的方式切入了自决意义上的——更准确地说：是在法律创设/法律适用的从未被充分决定的法律自我导控这一意义上——法的固有法则。法律授权意味着授予制定法律规范的权力。 XL

关于不同法律规范性功能的探讨在"4. d) 积极与消极的调整；命令、授权与允许"这一小节中得以继续。在那里被介绍的不同调整内涵/内容间的区别在 RR-1 中尚未出现。[57] 授权模态在此被进一步分化。在法律规范性的领域中，它可能意味着多重含义："当某人得到规范秩序的授权，通过特定行动引发这一秩序所规定的特定后果，尤其是——如果这一秩序调整着它自身的创设——创设规范或者参与对规范的创设；或者当某人得到通过强制行为确定之法秩序的授权，将这一强制行为置于被这一法秩序确定之前提之下。"[58] 抽象地说，对授权的这种构造可以被理解为**对法律创设的授权和对强加强制行为(纯粹的法律适用)的授权**，法律机关对它的使用本身反映为在每个法律创设阶段中都存在的最低限度的法律适用。[59] XLI

在接下去的小节"4. e) 规范与价值"中所作的对"价值"这一概念的进一步分析，即实然构成事实与某个规范之应然内涵的相符，也是 RR-2 的一个创新。但毕竟价值的概念以两种处理方式出现在 RR-1 中，[60] 只是它们只发挥着争论性的作

---

〔57〕 在一个修正性的脚注中，凯尔森提醒我们注意相对于他的《法与国家的一般理论》(1945)的一种意义变迁：Kelsen, RR-2(Anm. 3), S. 16, Anm. ＊/47 Anm. ＊，这里针对的是 Hans Kelsen, General Theory of Law and State. Übersetzt von Anders Wedberg, Cambridge(Mass.) 1945。

〔58〕 Kelsen, RR-2(Anm. 3), S. 15/44f.

〔59〕 "确定机关[即通过授权]构成了上位规范与下位规范之关系中必须被确定的最低条件"：Kelsen, RR-2(Anm. 3), S. 241/421。

〔60〕 Kelsen, RR-1(Anm. 13), S. 13/26 及 21/33。

用,并被贴上了如“绝对的”和“政策”这类标签。[61]

就如同在 RR-1 中一样,凯尔森也在“6. 法秩序”这一节中去追问法**秩序**的种差,在语言用法[62]中寻找它,并在强制——运用强制这一特殊的法律模态——中找到了它。如果说他在 RR-1 中联系“19 世纪实证主义法理论的传统”[63]只用了一页的篇幅来讨论了这一问题的话,那么他在 RR-2 中则明显对那些被称作法秩序的秩序进行了详尽得多的分析。[64] 联系到刚被引入的模态法律授权,凯尔森在 RR-2 中将纯粹法学说的研究对象确定为“人类行为的强制秩序”,这不外乎意味着授权法所确定的个人(法律机关)针对其他个人实施一种作为制裁的
XLII 强制行为。“法秩序所规定的制裁是……社会有组织的制裁。”[65]内在于法的运用强制的组织是对法律程序的这样一种结构化,它是通过连续的授权、赋予决定是否运用以及最终运用强制行为/制裁的权能来进行的。[66]

在 RR-2 中,制定行为(其客观意义就是法律规范)被描述为“意图指向他人之行为”[67]的行为,而 RR-1 并没有对制定行

---

〔61〕 例如:Kelsen, RR-1 (Anm. 13), S. 13ff./26ff., 20/31f., 21/33, 23/35, 28/40, 32/44, 34/46, 36/47, 39/51 等。

〔62〕 Kelsen, RR-2 (Anm. 3), S. 31f./71f.

〔63〕 Kelsen, RR-1 (Anm. 13), S. 25/37.

〔64〕 Kelsen, RR-2 (Anm. 3), S. 34ff./76ff.

〔65〕 Kelsen, RR-2 (Anm. 3), S. 35/77.

〔66〕 凯尔森进一步区分了两种类型的强制行为,其中:“(一种是)制裁,它是这样一种强制行为,后者被规定为针对某种法秩序所规定之作为或不作为所作的反应,例如针对盗窃制定的监禁刑;(另一种是)不具有这一特征的强制行为,例如对带有危害公众之疾病的个人,或者出于其种族、政治思想或宗教信念被认为有害的个人实施的强制拘留……”[Kelsen, RR-2 (Anm. 3), S. 114/208] RR-1 尚未作出这种明确的区分。

〔67〕 Kelsen, RR-2 (Anm. 3), S. 4/47.

为之目的提供只言片语,也并不限于人类行为。[68] 顺便提一下,(之所以在第二版中作出)这一限定完全是由于顾及了被确定为某一法律前提之后果的强制行为:“如果说法秩序所规定的强制行为总是某个特定之人的行为的话,那么它所联结的前提就不必是某人的特定行为,而同样可以是另一种——出于任意理由被视为具有社会危害性的——事实。”[69] 相反,被授权的 XLIII
只能是人类行为;与此不同,法律前提(一旦被满足则授权从法律上施加强制行为)同样可以是纯粹的事实状态。

针对与法律相关的人类行为,凯尔森作出了两个进一步的限定:(自然法则上)必然的和不可能的人类行为方式无法以有意义的方式成为某个规范的对象。[70] 正如最低限度的实效是法秩序有效的条件,效力与实效之间必须存在最低限度的张力,以使法的规范性不至于被消解在事实性之中;法以规范化的方式关注可能性,并通过归结创造出自身之可能性的前景。

在 RR-2 中还新增了对奥古斯丁(Augustinus)的“匪帮”的阐述,[71] 在此框架内凯尔森拒斥了以正义为标准来区分法秩序与法外秩序的做法。“匪帮”这一确切的例子取代了 RR-1 中出现的科佩尼克船长(der Hauptmann von Köpenick)这一人物形象[72](后者被用于直观地说明法律行为与表见行为之间的区别),并容许在 RR-2 的第 I 章中就进行了**动态**法律观察,[73] 因

---

[68] 关于这一点上其学说的改变参见凯尔森说明修正的脚注:Kelsen, RR-2 (Anm. 3), S. 7 Anm. * /31 Anm. * 和 Anm. * /36 Anm. * 。

[69] Kelsen, RR-2(Anm. 3), S. 35/77.

[70] Vgl. Kelsen, RR-2(Anm. 3), S. 10f. /37f.

[71] Kelsen, RR-2(Anm. 3), S. 45ff. /94ff.

[72] Kelsen, RR-1(Anm. 13), S. 4/18.

[73] 并非偶然的是,在很早的一处地方,作为前提的基础规范就与法的实证性问题一起被提及了:Kelsen, RR-2(Anm. 3), S. 8/33f。

XLIV 为法的个别化不再在孤立的规范与行为的层面上被澄清,而是在规范秩序的层面上被作为问题来讨论。同样新的还有在标题“6. d)不附制裁的法律义务?”〔74〕下对强制理论之批评的反批评,与此相关的是引入了“非独立法律规范”的概念,〔75〕这又通过将授权这一模态纳入法律应然之中使描述出一种相对于RR-1而言更为宽泛的法律规范运作程式成为可能。

具有社会学意味的小节“5. 社会秩序”处理的是取向于人类行为的诸规范秩序之间在内容上的区别。在此,RR-1中在标题“14. 作为社会技术的法”〔76〕之下所总结的阐述被明显扩展了,并被置于另一种语境之中。有别于RR-1(在那里,相应的阐述只是在讨论法概念时才被提及),这里涉及的是规范秩序的一般性效用。因此这里同样补入了更多关于作为行为诱因之酬劳的阐述,这在RR-1中并未出现,因为它对于澄清法
XLV 概念而言(看上去)并无必要。〔77〕之所以在此进行这种阐述,也是因为凯尔森如今将道德作为实在规范秩序来对待,并承认有这样来观察道德的可能。〔78〕与RR-1相反,凯尔森放弃了“次级规范”〔79〕这一概念与范畴,但却没有忽略相应的现象,即通过法律规范使服法者成为其受众这一现象。如果我们

---

〔74〕 Kelsen, RR-2(Anm. 3), S. 51ff./104ff.

〔75〕 Kelsen, RR-2(Anm. 3), S. 55ff./112ff. 非独立规范是这样一些规范,它们“本身并没有规定某种强制行为,因而并没有提出要求,而是授权或积极允许制定规范”。它们只能“与某个规定了某种强制行为的规范”一起适用[Kelsen, RR-2(Anm. 3), S. 59/117)]。

〔76〕 Kelsen, RR-1(Anm. 13), S. 28ff./40ff.

〔77〕 Kelsen, RR-2(Anm. 3), S. 35/77f.:“但这种(酬报)并非一切被称为法的社会秩序的共同点……”

〔78〕 Vgl. Kelsen, RR-2(Anm. 3), S. 28/65f.

〔79〕 Kelsen, RR-1(Anm. 13), S. 30/41.

将这一变化视作纯粹法学说之研究对象的扩展，那么这就与另一处的变化相关，例如与将遵守法律吸收进法的功能的范围有关：通过放弃初级规范与次级规范这两个范畴，法的功能之间被呈现的相关区别或许被相对化了。[80]

b)第Ⅱ章：法与道德

即便**第Ⅱ章“法与道德”**的标题也来自RR-1，所处理的问题依旧是不一样的。在RR-1中，凯尔森仅仅处理了实在法秩序与被奉为绝对之道德秩序之间的关系，后者等于“正义”这一概念；[81]故而在那里只处理了“法与道德”诸问题中的一个，而这些问题在RR-2中被广泛地考虑到了。[82] 就正义（某种绝对的道德价值）与法之间的关系而言，无法找出任何确定方式上的差异；然而在RR-2中，凯尔森清楚地认识到了相对的道德标准的可能，并将道德描述为有别于法的实在[83]规范秩序。有别于RR-1中的争辩式修辞，他甚至承认有可能对道德进行科学研究。[84] 对法与正义之关系（作为法与道德之关系的特殊情形）进一步的研究被凯尔森放在了附录之中。[85] 由于在RR-1中只涉及法与正义的关系，而没有涉及原本意义上的法与道德的关系，所以在这里不存在公然的对立；将道德作为实在规范秩序来对待已显示出凯尔森理论作品的缝隙，以及1960年时已经流行起来的关于规范的一般理论的发展。 XLVI

---

〔80〕 对此参见下文Ⅳ.3.e)，S. LⅦ。

〔81〕 Kelsen, RR-1(Anm. 13), S. 13/25f.

〔82〕 Vgl. Kelsen, RR-2(Anm. 3), S. 60ff./119ff.

〔83〕 Vgl. Kelsen, RR-2(Anm. 3), S. 64/126 und Ⅸ./14.

〔84〕 Vgl. Kelsen, RR-2(Anm. 3), S. 60/119.

〔85〕 Vgl. Kelsen, RR-2(Anm. 3), S. 61 Anm. */120 Anm. *.

c)第Ⅲ章:法与科学

RR-2 的第Ⅲ章以“法与科学”[86]为题,打眼看上去它吸纳了 RR-1 的第Ⅲ章“法概念与法律命题学说”[87]的许多要
XLVII 素,尤其是归结原则——它提供了规范科学与因果科学之间的分界线。在讨论作为法律前提与法律后果之间固有的法律(科学)系词的归结时,再一次回溯到了在 RR-2 中被引入的关于法律规范性功能的扩张理解上:“人们通常用‘应当’来表达命令的思想,而不包括授权和允许。法律上的应当,即在法律命题中联系条件与后果的系词,包括了所有这三种意义:一种是对后果的命令、一种是对后果的授权、一种是对后果的(积极)允许。这意味着:法律命题所表达的‘应当’被用来指称所有这三种规范性功能。”[88]通过不断返回到早先的基石上去来进行持续的论据建构,标示出了 RR-2 卓越的统一性,这也是为什么它的篇幅 5 倍于 RR-1 的一个原因。

然而,只有借助**法律命题**与**法律规范**这一核心的区分(这可能是 RR-2 中最重要的概念工具的改进:“法律科学用以描述这些关系的语句,必须作为法律**命题**与法律**规范**区分开来,后者由法律机关创设,被它们适用并被法律主体所遵守”[89]),对法与(法律)科学之间关系的研究才会在一般意义

---

[86] Kelsen, RR-2(Anm. 3), S. 72ff./139ff.

[87] Kelsen, RR-1(Anm. 13), S. 19ff./31ff.

[88] Kelsen, RR-2(Anm. 3), S. 81/154.

[89] Kelsen, RR-2(Anm. 3), S. 73/141——字体加粗为原文所有。

上变得明显可能。凯尔森明确指出这里存在学说的改变;〔90〕虽然有疑问的是,这一改变能否仅仅依照其自身的分析被限定 XLVIII 为"术语上的"改变。这里显现出的阐述上的差异与关于实然与应然之关系阐述的改变有直接关系,这已然导致了可以说在凯尔森的学说上存在一个早期的建构主义和超验哲学的阶段,以及一个晚期的规范现实主义阶段,RR-2 就属于后一个阶段。但我们不能就此忽略了,凯尔森在 RR-1 中就已经对法律(创设)与法律科学作了十分清晰的区分。〔91〕 这里,在多大程度上发生了理论的变迁——从超验哲学阶段到规范现实主义阶段,或者从规范性的假设确定到规范性的仿佛确定〔92〕——或者,是否 RR-2 相较 RR-1 只是在术语使用上更加连贯,在确定法律命题和法律规范的概念时对于法与(法 XLIX 律)科学间关系的研究而言更加合乎目的,可以在这里存疑。

---

〔90〕 Kelsen,RR-2(Anm. 3),S. 83 Anm. */ 157 Anm. *. 他在那里只说是"术语的"差异。凯尔森究竟从何时开始——这意味着是在 RR-2 出版之前——完全察觉到区分法律**命题**与法律**规范**的必要性,这并非很容易就可以确定的事。参见 Hans Kelsen,The Pure Theory of Law and Analytical Jurisptudence,in:Harvard Law Review 55(1941),S. 44-70(51f.),目前看来是这篇论文第一次作了这一区分;dens.,The General Theory of Law and State, Übersetzt von Anders Wedberg, Cambridge/ Mass. 1945, S. 45f. 和 163f.; dens.,Was ist die Reine Rechtslehre?, in:Demokratie und Rechtsstaat. Festgabe zum 60, Geburtstag von Zaccaria Giacometti,Zürich 1953,S. 143-162(144);dens.,Reine Rechtslehre und Egologische Theorie,in:ÖZöR 5(1953),S. 449-482(472)。

〔91〕 Vgl. Kelsen,RR-1(Anm. 13),S. 9/23.

〔92〕 对此参见卡斯滕·海德曼(Carsten Heidemann)与斯坦利·鲍尔森(Stanley Paulson)关于纯粹法学说之阶段划分的争论:Carsten Heidemann, Die Norm als Tatsache,Zur Normentheorie Hans Kelsens, Baden-Baden 1997; Stanley L. Paulson, Four Phases in Hans Kelsen's Legal Theory? Reflections on a Periodization,in:Oxford Journal of Legal Studies 18(1998),S. 153-166; Carsten Heidemann, Norms, Facts, and Judgments, A Replay to Stanley L. Paulson, S. 345-350; Stanley L. Paulson, Arriving at a Defensible Periodization of Hans Kelsen's Legal Theory, in: Oxford Journal of Legal Studies 19(1999),S. 351-364。

在这一章中被明确引入的法静态学与法动态学之间的区分虽然在 RR-2 中才第一次用了单独的一小节(它也清晰使用了标题“15. 静态的法理论与动态的法理论”[93])去处理,但这一区分同样构成了 RR-1 的基础,正如第Ⅴ章第一小节所体现的那样。[94]

此外,RR-1 中关于因果法则与规范判断间区分的阐述(在 RR-2 中)被吸收了进来,并通过对归结原则之产生(源于凯尔森的著作《复仇与因果》)和对意志自由的阐述进行了详尽的补充。通过相对 RR-1 而言是新的且篇幅上更大的关于因果原则与作为“人类思维之秩序原则”[95]的归结原则之间相似与差别的讨论,凯尔森尝试将法律科学从对其常见的污名化——赤裸裸的意识形态或纯粹的幻象(无论是通过社会学导向的理论还是通过法律现实主义导向的理论)——中拯救出来,并在科学谱系中将其定位为一种特殊的规范科学。从而他提供了他在 RR-2 的前言中宣告过的东西,即法律科学在科学体系中的精确定位。此外,通过关于意志自由问题的商讨(这在 RR-1 中尚且缺乏),凯尔森成功地说明,归结与因果并非必然地相互排斥——毋宁说,归结将因果预设为依照规范观念来行动之可能的前提,并且,法通过归结广泛地创设出了其自身的现实性与可能性。在某种意义上,法律上的应然以事实上的能够为前提。但同时,法律上的应然也一并塑造着事实上

〔93〕 Kelsen, RR-2 (Anm. 3), S. 72f. /140f.

〔94〕 参见 Kelsen, RR-1 (Anm. 13), S. 62ff. /73ff. 以及 Kelsen, RR-2 (Anm. 3), S. 198/349。在 RR-1 中更清晰地区分静态法律视角与动态法律视角之处是第Ⅶ章的段落“43. 法律形式与国体”(S. 107f. / 117f.)。

〔95〕 Kelsen, RR-2 (Anm. 3), S. 110/202.

的能够。凯尔森一语中的地指出:“不是自由即意志的因果非决定性,恰恰相反,是意志的因果决定性使归结成为可能。并非因为人是自由的所以他才被归结,而是因为人被归结所以他才是自由的。”〔96〕

最后一部分逐字逐句地归纳总结了 RR-1 第Ⅲ章的最后几部分。

d)第Ⅳ章:法静态学

以“法静态学”〔97〕命名的第Ⅳ章修改了 RR-1 的第Ⅳ章,后者的标题为“法学说的二元论及其超越”〔98〕。法静态学与法动态学的区分并不意味着内容上的变化;只是 RR-1 中这 LI
一章的标题中所蕴含的挑衅性不再得到那么强烈的宣称。RR-1 中被置于篇首的关于“客观法与主观法之二元论的自然法起源”〔99〕的明确阐述(在 RR-2 中)也找不到了。在关于法静态学的这一章中,纯粹法学说特别清晰地呈现了一种法学相对论的面貌。凯尔森式的幻象破灭术的去本体论化和去实质主义化效果在此采用了这样一种形式,它消解了惯常的、在“通说”中一再可以被找到的二分法或使之相对化了,这种二分法在此被构造(解构)为内在于法和偶然的分殊,而非具有法律本质性的绝对的区分。

这一章加上了关于不法概念(作为法的特殊反应——而非否定——的条件〔100〕)的讨论,它大大扩张并呼应了 RR-1 中与

〔96〕 Kelsen, RR-2(Anm. 3), S. 102/189.

〔97〕 Kelsen, RR-2(Anm. 3), S. 114ff./208ff.

〔98〕 Kelsen, RR-1(Anm. 13), S. 39ff./51ff.

〔99〕 Kelsen, RR-1(Anm. 13), S. 39f./51f. 在第Ⅲ章已经作过相关阐述了:Kelsen, RR-1(Anm. 13), S. 19ff./31ff。

〔100〕 Kelsen, RR-2(Anm. 3), S. 114ff., 208ff.

不法概念相关的阐述。[101] 由于它暗示着对于纯粹法学说而言
(总是)核心性的——但基于上面所说的对不同的法律规范性
功能(尤其是授权)的引入,不再像在 RR-1 中那样对于确定
法的固有法则而言具有决定性的——“法律义务”这一范
畴,它的位置的移动是合理的。凯尔森不以挑衅主观法与客观
LII 法这一区分的意图为开端,他强调了围绕主观法之相关争论中
更为重要的[102]概念“法律义务”,并在阐述这一问题时相比于
RR-1 更为清晰地界分了主观法的不同型式:法律义务、权利、
法律主体。[103]

上述论述与“次级规范”这一概念的任务相联结,显现了
术语上更大的开放性,后者毋宁不仅能排除掉传统概念,而且
能将它们整合进纯粹法学说的概念之中。作者随后将法律遵
守纳入法的功能的范畴之中的做法正说明了这一点。上述印
象由此得到了强化:凯尔森在 RR-2 中将反射权利的概念(作
为权利的主观法)——作为辅助性概念,但它对于从法律科学
上对法律事实进行精确描述的立场而言是多余的[104]——置于
其讨论的中心。[105] 这一术语——不同于 RR-1 中限于法律义
LIII 务之概念的做法——使我们有可能对主观法的解释溢出权利

---

〔101〕 Kelsen, RR-1(Anm. 13), S. 26ff. /38ff.

〔102〕 在第一版中他就已经这么做了:Kelsen, RR-1(Anm. 13), S. 47/59。

〔103〕 直观地看,通过比较第一版第Ⅳ章第 19~25 小节与第二版的第Ⅳ章第 28~33 小节的标题就可明了。法律义务、权利和法律主体的三分法在第一版中就有:Kelsen, RR-1(Anm. 13), S. 60/71。

〔104〕 Kelsen, RR-2(Anm. 3), S. 133/240.

〔105〕 在 RR-1 中,“反射”这一概念毋宁只是顺带被提到了一次:Kelsen, RR-1(Anm. 13), S. 46/58——但是关于作为对某种法律义务之反射的主观法的概念,凯尔森早在其教授资格论文中就已经处理过了:Hans Kelsen, Hauptprobleme der Staatsrechtslehre entwickelt aus der Lehre vom Rechtssatz(1911), in: HKW 2, 21-878(842ff.)。

描述之外，即对主观法的实质理解被整合起来了。这种反射权利现在被区分于“技术意义上的主观法”[106]，后者借助有别于RR-1中——在那里并没有出现这一概念范畴，但以一种本质上相同的意向被塑造为通过诉讼授权参与法律创设——的概念将主观法与客观法的二元论回溯至实在法。现在，在这种可能——但非必要——的法律情状，即特殊的技术意义上的主观法之中，法律授权的概念范畴在法律义务的概念范畴之外成为必要，为的是能够描述出整个法律状况的复杂性，这有别于纯粹反射权利（权利）的情形，因为在后一种情形中法律状况完全可以通过法律义务的概念范畴来考虑。

此外，这一章的阐述相较RR-1而言明显更加具体，但在转换和概念变化方面与前者相比没有根本性断裂。被特别补充上的是关于行为能力[107]与权利能力[108]的细致阐述。于此可以——这里仅仅是术语性的——澄清：为了避免误解，在RR-1中仍被使用的关于“核心归结”与“边缘归结”的区分——前者指涉“某个构成事实与秩序整体间的关系”[109]，后 LIV
者指涉“两个构成事实的规范性联结”[110]——被凯尔森代之以更清晰的术语区分，即“归属”（Zuschreibung）与“归结”（Zurechnung）。[111]

e）第Ⅴ章：法动态学

第34节“规范秩序的效力基础”的第二和第三小节从根

---

[106] Kelsen, RR-2（Anm. 3），S. 141/253.

[107] Kelsen, RR-2（Anm. 3），S. 150ff. /268ff.

[108] Kelsen, RR-2（Anm. 3），S. 162ff. /288ff.

[109] Kelsen, RR-1（Anm. 13），S. 57/68.

[110] Kelsen, RR-2（Anm. 3），S. 154 Anm. */275 Anm. *.

[111] Kelsen, RR-2（Anm. 3），S. 154 及 Anm. */275Anm. *.

本上取自 RR-1。这里再次被明确讨论的关于法静态学与法动态学之间的区分在 RR-1 中已经存在了。[112] 这一章作为一般性引言的其余部分仅仅是扩展了基础规范理论。凯尔森使用了关于基础规范的不同表述,这也导致了对基础规范学说的诸多理解(误解)。与 RR-1 不同,在 RR-2 中,基础规范不再仅仅被泛泛而言,而是经常与具体的实在法秩序相联系来表述,由此实效或强制的要求被包含进了这种表述之中。这里需要说明的是,章节划分和标题的改动同样可能导致误解:如凯尔森在 RR-1 中在标题“30. 具体国家法秩序的基础规范”[113] 和“30. a) 基础规范的内涵”[114] 之下处理了效力与实效的关系,而在 RR-2 中所有的探讨都被归拢到了直截了当的标题
LV “34. 规范秩序的效力基础:基础规范”[115] 之下。由于实效的要素只适用于特殊的(法秩序)国家秩序,而不适用于如道德规范等秩序,所以它极容易被忽视或误解。尽管如此,在这两种情形中,基础规范的功能与提出却是一样的。[116] 将基础规范刻画为“先验逻辑预设”的做法同样可以在 RR-2 中被发现。[117]

“34. e) 法秩序的逻辑统一性;规范冲突”这一小节在 RR-1 中没有对应物;新法优于旧法原则在第一版中也没有被提及。标题“34. f) 合法性与效率”下的阐述对应于在 RR-1

---

[112] Vgl. Kelsen, RR-1(Anm. 13), S. 62ff. /73ff.

[113] Kelsen, RR-1(Anm. 13), S. 67ff. /78ff.

[114] Kelsen, RR-1(Anm. 13), S. 67ff. /78ff.

[115] Kelsen, RR-2(Anm. 3), S. 196ff. /346ff.

[116] 一方面参见 Kelsen, RR-1(Anm. 13), S. 67/78;另一方面参见 Kelsen, RR-2(Anm. 3), S. 209/367。

[117] Kelsen, RR-2(Anm. 3), S. 204/359 以及 Kelsen, RR-1(Anm. 13), S. 67/78(这里被称为“先验逻辑条件”).

的标题“30. a) 基础规范的内涵”[118] 下阐述的内容;在这里人们同样可以说,RR-1 的编排方式更少引起误解,因为它将效力与实效间的关系归为基础规范的内容问题,而不是本质问题。[119] 事实上,“34. g) 效力与实效”的关系涉及作为整体的法秩序——通过关于阿尔夫·罗斯(Alf Ross)的理论以及法律现实主义之概说的大量脚注得以补充[120]——就像 RR-1 所确定的那样。但与 RR-1 明显不同的是,实效的相关性被扩张到 LVI 了**具体**规范那里:“事实上,法律规范会因长久未被适用或遵守,也即通过所谓的**废弃**,丧失其有效性。**废弃**就好比是一种消极的习惯,它的根本功能在于废止某个既有的规范的效力。……如果上文所提出之意义上的实效不仅构成作为整体之法秩序的效力条件,而且也构成具体法律规范的效力条件,那么至少当考虑到**废弃**的消极功能时,习惯创设法的功能就不能被立法排除掉。”[121] 鉴于这种清晰的断裂及其影响范围,令人惊讶的并对纯粹法学说的科学继受而言令人感到遗憾的是,凯尔森在这里并没有对这种改变作出任何评论。

在下一章的“34. i) 基础规范理论与自然法学说”这一小节中引入的对基础规范与自然法学说之关系的详述对基础规范学说进行了辩护,故而并没有被包含在 RR-1 中;这一详述有可能取代了 RR-1 中更具挑衅性的争论。

“35. 法秩序的阶层构造”这一节只是对 RR-1 中论述的

---

[118] Kelsen, RR-1(Anm. 13), S. 67ff. /78ff.

[119] Kelsen, RR-2(Anm. 3), S. 209/367f.

[120] Kelsen, RR-2(Anm. 3), S. 215ff. Anm. * /378ff. Anm. *.

[121] Kelsen, RR-2(Anm. 3), S. 220/385 ——字体加粗为原文所有。

具体化(包括马上要提及的例外)。这里同样处理了习惯法[122](这一点在一开始时已经提示过了),详述了实质意义上的宪法与形式意义上的宪法之间的区别,[123]展开了实质法与形式
LVII 法之间的差异,[124]专门用了一节的篇幅来处理法规,[125]并进一步澄清了法源的概念。[126] 新增的是法律遵守,它被包含进了法的功能的范围之内[在"35. f)法律创设、法律适用与法律遵守"这一小节之中]。[127] 然而,凯尔森在 RR-2 中同样区分了广义与狭义上的法的功能;进而,属于狭义法的功能的只有法律创设与法律适用。[128] 在处理司法之前来处理法的功能在此考虑到了条理清晰的要求。关于"司法裁判的构成性"[35. g)α)]的阐述(在后者中出现的范围内)继受自 RR-1,并通过从认知论角度对司法裁判之构成事实效果这一现象以及事实确认问题的论述来加以补充。这一阐述与引入"非独立规范"[129]的做法密切相关,就此而言也构成了相对于 RR-1 而言的一种更新。"35. g)β)司法裁判与待适用之一般法律规范
LVIII 的关系"这一小小节并未以这种形式出现在 RR-1 中,它引入了"漏洞问题",并含蓄地为此进行了辩护,即将这一问题从

[122] Kelsen, RR-2(Anm. 3), S. 230ff. / 403ff.

[123] Kelsen, RR-2(Anm. 3), S. 228ff. / 398ff. 这一区分在第一版中同样已经存在,参见 Kelsen, RR-1(Anm. 13), S. 73ff. / 84ff。

[124] Kelsen, RR-2(Anm. 3), S. 236ff. / 412ff. 关于第一版参见 Kelsen, RR-1(Anm. 13), S. 76/ 86f。

[125] Kelsen, RR-2(Anm. 3), S. 235f. / 411. 这一点在第一版中同样只是被提到了一下。参见 Kelsen, RR-1(Anm. 13), S. 78/ 88f。

[126] Kelsen, RR-2(Anm. 3), S. 238f. / 417f. 以及 Kelsen, RR-1(Anm. 13), S. 78/ 88f。

[127] Kelsen, RR-2(Anm. 3), S. 239ff. / 418ff.

[128] Kelsen, RR-2(Anm. 3), S. 242/ 423.

[129] Vgl. Kelsen, RR-2(Anm. 3), S. 55ff. / 112ff.

“解释”这一章移到了关于法动态学或法律创设这一章。随后关于漏洞问题的阐释“35. g)γ)所谓法中的‘漏洞’”基本上在许多部分甚至逐字逐句地对应于 RR-1 的相应之处;但是,特别是在出现“拟制”[130]漏洞时授权法院依据“立法者的漏洞理论”[131]去制定一般规范的问题上,论述得到了补强。[132]

对于“35. h) 私法行为”这一小节而言基本上也是如此:相较于 RR-1 细节化的处理更多,除了一个例外,那就是在 RR-2 中并没有处理实施行为;[133]但这是合理的,因为实施行为涉及的是纯粹的现实行为,而不涉及法律创设的构成事实。实施行为固有的问题——也就是:它在法律上如何评价——在 RR-2 中被凯尔森放在了“4. e) 规范与价值”的标题下来处理,这类问题——正如所描绘的——在 RR-1 中并没有被处理。

在“35. j) 不同阶层之规范间的冲突”这一小节中所处理的选择性授权学说[“调整立法的宪法规定具有选择性规定(二选一规定)的性质”[134]]已经被凯尔森放在了 RR-1 中。[135] LIX
除了 RR-1 中关于这一学说的阐述外,他还在 RR-2 中导出了它的结论:首先,通过一般规范只能在“极其有限的”[136]程度上来规定未来的规范制定行为;其次,(纯粹的非法律)行为与法律行为之间的抉择无法通过法来决定,而“处于……法律领域

[130] Vgl. Kelsen, RR-2(Anm. 3), S. 106/ 115f.

[131] Vgl. Kelsen, RR-2(Anm. 3), S. 104/ 114.

[132] Vgl. Kelsen, RR-2(Anm. 3), S. 255ff. /445ff.

[133] Kelsen, RR-1(Anm. 13), S. 82/ 92.

[134] Kelsen, RR-2(Anm. 3), S. 277/ 482.

[135] Kelsen, RR-2(Anm. 3), S. 88/ 97f.

[136] Kelsen, RR-2(Anm. 3), S. 274/ 478.

之外"〔137〕。在 RR-1 中并不存在,但从 1925 年的《一般国家学》〔138〕开始被提出、并被整合进 RR-2 之中的那个隐喻,即将法视为米达斯王(König Midas)*,同样提示了这一点,〔139〕即从法或法律适用的立场出发无法区分法与非法:"法秩序无法规定这样的条件,借此某物能宣称自己成为法律规范,并必然**先验地**无效而非作为规范——这一规范要在某个法秩序所确定之程序中被废止——有效。"〔140〕这里,法遭遇了其规范化可能的界限。所谓的法的向下界限无法被法自身确定,为此可能有必要"跳出体系",这是法无法实现的。法自身所涉及的一切
LX 事物都具有法律上的相关性。法只能区分"合法"与"违法",而无法区分具有法律性的与不具有法律性的。用卢曼式的话语来说:在法中,只能通过法来交流法。翻译成——凯尔森没有运用的概念——"错误演算"〔141〕的语言就是:在法秩序内部不可能存在无效这样的东西,属于某个法秩序的法律规范不可能是无效的,而只可能是可废止的。

关于法动态学的大量具体化、精确化和宣称既持续不断又令人印象深刻地证明了凯尔森的努力,它吻合了法的复杂运

---

〔137〕 Kelsen, RR-2(Anm. 3), S. 281/ 490.

〔138〕 Kelsen, Staatslehre(Anm. 14), S. 44. 但引文的语境在那里却有所不同:它涉及的是国家与法的同一性。

* 米达斯是希腊神话中的佛律癸亚国王,贪恋财富,求神赐给他点物成金的法术,狄俄尼索斯神满足了他的愿望。最后连他的爱女和食物也都因被他手指点到而变成金子。——译者注

〔139〕 Kelsen, RR-2(Anm. 3), S. 282/ 490.

〔140〕 Kelsen, RR-2(Anm. 3), S. 282/ 490. —— 字体加粗为原文所有。

〔141〕 关于法的这一经典特征,参见 Adolf Julius Merkl, Die Lehre vom der Rechtskraft, Tübingen 1923, S. 275ff. 293ff.; ders., Prolegomena einer Theorie des rechtlichen Stufenbaues, in: Alfred Verdroß(Hrsg.), Festschrift für Hans Kelsen, Wien 1931, S. 252-294 (292ff.)。

作——他称为“法的固有法则”和调整“它自身的创设与适用”的“最重要的特性”[142]。对法的动态观察不外乎是这样一种冒险，即从法理论的角度来对法律创设和废止的时间性，从而对法律变迁的发展历程进行结构化处理。

f)第Ⅵ章：法与国家

第Ⅵ章“法与国家”的前三节综合了 RR-1 的第Ⅶ章“法律创设的方法”[143]所包含的内容。这里唯一添加的内容是在对比法律形式与经济秩序时的分殊，[144]但它——它提示去参见《一般国家学》[145]——同样不构成真正的更新。在其他方面同样不存在根本上的改变。尽管如此，关于“作为法秩序之国家”[41. a)]的阐述进行了明显的扩充，也即详尽地从细节上处理了三要素学说。[146] 而与第Ⅳ章法静态学类似，对“作为法人的国家”[41. b)]的考量通过被扩展了的概念对子——如今包括了“反射权利”[147]和“法律遵守的功能”[148]这些概念——得到了扩充。新增添的是关于代表的专门论述，[149]得到极大扩充且被聚焦的是关于法治国概念[150]和集权[151]的阐述，它们在 RR-1 中至多只是在讨论国家概念时被提到了一下。正如 LXI

[142] Kelsen, RR-2(Anm. 3), S. 71/ 140.

[143] Kelsen, RR-1(Anm. 13), S. 107ff. / 117ff.

[144] Kelsen, RR-2(Anm. 3), S. 287/ 497f. und Kelsen, RR-1(Anm. 13), S. 114/ 123f.

[145] Kelsen, RR-2(Anm. 3), S. 287, Anm. ＊＊/ 499 Anm. ＊＊.

[146] 参见 Kelsen, RR-2(Anm. 3), S. 290ff. / 503ff.，以及 Kelsen, RR-1(Anm. 13), S. 117ff. / 127ff。

[147] Vgl. Kelsen, RR-2(Anm. 3), S. S. 310/ 537.

[148] Kelsen, RR-2(Anm. 3), S. 296/ 514.

[149] Kelsen, RR-2(Anm. 3), S. 301ff. / 522ff.

[150] Kelsen, RR-2(Anm. 3), S. 314f. / 543f. 在第一版中同样被提及了：Kelsen, RR-1(Anm. 13), S. 126f. / 136。

[151] Kelsen, RR-2(Anm. 3), S. 315ff. / 544ff.

凯尔森在 RR-2 的脚注中所证明的,[152] 这里涉及源于凯尔森的(早于 1934 年的)国家理论著述的立场,从而是以一种一般国家学的要素来对纯粹法学说进行了补充。

LXII g)第Ⅶ章:国家与国际法

在第Ⅶ章“国家与国际法”中,对这一主题的理论阐述与 RR-1 中的几乎一致。尽管如此,这里可以透射出凯尔森的那种改变了的,被唤醒了的个人政治态度:在 RR-1 中,国家秩序的优先性命题仍然被认为只有追溯到某种“拟制”[153] 时才是站得住脚的,并否认它能够澄清国家法的效力范围界限[154] 并从一般意义上承认大多数国家;[155] 最终采纳国家法的优先性立场必然会导向“对国际法的否定”[156]。然而在 RR-2 中(在这里与在第一版中一样严厉拒绝了二元论[157]),凯尔森认为:“两种(一元论的)体系都是正确的”[158],并通过详尽的阐述来证明了两种视角的可能性。[159] 有别于 RR-2[在其中选择何种理论(或理论家)事实上“完全是无所谓的”[160]],凯尔森在 RR-1 中仍然为了支持纯粹法学说而明确主张去创设“一种针对某个集权式的世界法秩序之组织统一性的并非无足轻重的

---

[152] 例如参见 Kelsen,RR-2(Anm. 3),S. 287 Anm. ∗/ 498 Anm. ∗,291 Anm. ∗/ 505 Anm. ∗,315 Anm. ∗/ 544 Anm. ∗,319 Anm. ∗/ 551 Anm. ∗。

[153] Kelsen,RR-1(Anm. 13),S. 140/ 148.

[154] Kelsen,RR-1(Anm. 13),S. 147/ 155.

[155] Kelsen,RR-1(Anm. 13),S. 142f./ 151.

[156] Kelsen,RR-1(Anm. 13),S. 142ff./ 150ff.

[157] Vgl. Kelsen,RR-1(Anm. 13),S. 138/ 146f.,und Kelsen,RR-2(Anm. 3),S. 329/ 567f.

[158] Kelsen,RR-2(Anm. 3),S. 345/ 594.

[159] Kelsen,RR-2(Anm. 3),S. 333ff./ 574ff.

[160] Kelsen,RR-2(Anm. 3),S. 345/ 595.

前提”〔161〕。有别于 RR-2,他不仅提供了这两种立场以供——法理论无法决定的——选择,而且也作出了一种决定,但它必须要被称作是一种政治性的选择,在第一版中同样只能作此理解。〔162〕 如此它本来就位于纯粹法学说之外。因而,凯尔森在 RR-2 中所表达的立场看上去是对其自身范式更连贯的执行。 LXIII

h)第Ⅷ章:解释

最后一章,即第Ⅷ章“解释”的阐述基本上来自 RR-1 的第Ⅵ章“解释”〔163〕,当然对于制定法漏洞的叙述减少了。〔164〕 但这里补充了一个区分。有别于 RR-1,凯尔森在更为强调对象领域与理论领域间区别〔165〕的前提下,在此区分了“真意”解释与“非真意”解释。如今凯尔森将真意解释理解为法律创设或法律适用功能框架内的解释。〔166〕 其实他在这里预设了这样一个前提,那就是这里通常存在两种行为,一种是对规范内容的认知,另一种是制定某个新的规范,只有通常先于制定行为的认知才是解释。〔167〕 将法律创设者的“解释”称为“真意”解释是否正确,这里暂且不论。无论如何,这一区分——有别于 RR-1——在这里被采纳了,并因此加了一节来论述“法学解释”(47.)〔168〕。由此再次明显证明,将漏洞这一主题移到法动态学这一章中是合理的。〔169〕 LXIV

〔161〕 Kelsen,RR-1(Anm. 13),S. 154/ 162.

〔162〕 Vgl. Kelsen,RR-1(Anm. 13),S. 153f. / 161f.

〔163〕 Kelsen,RR-1(Anm. 13),S. 90ff. / 100ff.

〔164〕 对此参见前文Ⅳ. 3. e),第 38 页。

〔165〕 对此尤其是参见第Ⅲ章“法与科学”:Kelsen,RR-2(Anm. 3),S. 72ff. / 139ff。

〔166〕 Vgl. Kelsen,RR-2(Anm. 3),S. 351f. / 604ff.

〔167〕 Vgl. Kelsen,RR-2(Anm. 3),S. 351f. / 604ff.

〔168〕 Vgl. Kelsen,RR-2(Anm. 3),S. 352ff. / 607ff.

〔169〕 Vgl. Kelsen,RR-2(Anm. 3),S. 353/ 608.

i)关于内容更新的小结

RR-2 相对于 RR-1 最重要的内容更新可以被归纳为:

—— 自然与社会、因果与归结之二分法的相对化;

—— 实然与应然之二元论的语境化(而非片面强调二者的分离);

—— 放弃了“次级规范”的概念;

—— 扩展了法律功能的范围,重新解释了法律应然;

——(因而同时)清晰地强调授权属于法律规范性模态,以及一切动态法秩序的结构性特征;

—— 处理了法律评价的问题;

—— 引入了“非独立法律规范”的概念;

LXV —— 将道德作为实在规范秩序,处理了“道德”与“正义”之间的差别;

—— 区分了“法律命题”与“法律规范”;

—— 进一步分析了主观法这一法教义学范畴,并从法理论上将它重构为反射权利(权利),它有时与参与法律创设的授权相关;

—— 将“核心归结”改称为“归属”;

—— 在确定具体规范之效力与实效的关系时态度发生了一百八十度大转弯;

—— 更加连贯地塑造了一元论的选择假设;

—— 明确区分了真意解释与法学解释;

——(在主文本中)删除了与自然法学说的争论。

从以上列举可以反向推知数十年来凯尔森的学说在整体上具有高度的融贯性、连贯性和连续性;他在很多地方进行了改动、调整、补充和扩展,但这种学说标志性的核心内容(它同时决定了独此一家的特色和可识别性）并没有被触及。换言之，RR-1 和 RR-2 在观点呈现和处理方式方面彼此相差不小，但它们的目标和纲领却是相同的。

关于法与逻辑之关系的观点转折（它给凯尔森晚年的作品打下了烙印）只是在 20 世纪 60 年代初才发生，因而在 1960 年 LXVI
RR-2 的初版出版时尚没有被顾及。但凯尔森认为它是如此之重要，以至于他在第二版被翻译成意大利文时请求译者马里奥·G. 洛萨诺，在意大利文本中加上了相关脚注作为提示。[170]

Ⅴ. 主文本与附录《正义问题》

第一版和第二版《纯粹法学说》之间的一个尤其一目了然的差别在于，后者附有一个附录，而在第一版中则没有对应内容。这个以《正义问题》为标题的附录的篇幅甚至要比第一版的总篇幅还要稍多。[171]

1. 为何要添加附录？

如果我们去追问，为什么凯尔森要在他这部主要著作的第二版中添加上这个附录，那么就会发现“第二版前言”的末尾 LXVII
处有一个说明。在那里凯尔森作了如下表述：

---

〔170〕　参见第 97 页，脚注〔1〕。

〔171〕　对此参见前文Ⅳ. 2，第 16 页——这份未标明日期的原始打字稿被认为是凯尔森的学术遗嘱，被收藏于汉斯·凯尔森研究所，总共有 150 页（主文本 115 页，脚注文本 35 页），每页有以 Courier 体打下的 28~30 行字。这份打字稿包括大量的机打或手写的补充与修真；所有手写的添加来自凯尔森，他随后在打字稿中对（未加标题的）段落进行了编号。

一种客观的、只对其对象进行描述的法律科学一如既往地遭到了所有这样一些人的反对,他们无视学术(科学)与政治之间的界限,以学术(科学)之名为法规定特定内容,相信能来确定什么是公正之法,从而能为实在法去确定价值标准。尤其是再次复苏的自然法学说的形而上学,恰与法律实证主义的这一主张相反对。

由于作为价值问题的正义问题处于法理论(它限于对作为法律现实的实在法进行分析)之外,而这一问题对于法政策学来说又具有决定性的意义,所以我试图在附录中阐明,从一种科学的立场出发对这一问题能说些什么,尤其是对自然法学说能说些什么。[172]

故而增添关于正义的附录显然被用来填补一个对于规范法律实证主义的批评者而言非常关键的(从凯尔森的观点来看)、仅仅是臆测的漏洞,并对这样一个问题作出回答。这个问题对于当时主流思潮的鼓吹者来说扮演着核心的角色,但却被纯粹法学说视为外在于对“法律现实”作严格科学分析的法学而未得到回答。因而草率地说,这个附录同时也是“纯粹法学说”的添加物和卖点:它以这样的方式对主文本进行了减负、完善、强化和宣传,即两者虽然共享了一个封面,但几乎在
LXVIII 所有其他方面都可以被分开。[173] 主文本对附录、附录对主文

---

〔172〕 Kelsen, RR-2(Anm. 3), Vorwort zur zweiten Auflage, S. VIII/ 10f.

〔173〕 对此进一步的详述参见下文V.3,第52页及以下。

本的参引都非常少,[174]这是两个彼此独立但——出于更好地继受凯尔森的主要观点的目的——以共同编排的方式被绑定在一起的文本。“正义问题”否认、同时也最持久地确认了与“纯粹法学说”之间的关联。

2. 为何要去掉附录?

《纯粹法学说》(第二版)与“正义问题”之间关系的模糊性,也体现在对第二版后续的继受史之中。凯尔森在德语原版中合在一起的东西,在对这本著作几乎所有随后的编辑中又再次被分开了。无论是对于德语的版本还是对于非德语的版本来说皆是如此。

如果说维也纳弗朗茨·多伊提克出版社(Verlag Franz Deutike)进行的三次重印(1967 年、1976 年和 1983 年)还是确保了 1960 年德语原版的完整性的话,[175]那么汉斯·凯尔森研究所负责的重印,即 1992 年的第 4 次重印[维也纳奥地利国家 LXIX 出版社(Österreichische Staatsdeuckerei)]和 2000 年的第 5 次重印(维也纳奥地利出版社)就没再刊印这个篇幅巨大的附录,理由在于“这一主题在凯尔森其余可以被轻易找到的著作中被深入处理过了”[176]。

同样的情形也出现在对 1960 年第二版的翻译过程中。虽然迄今为止已有 15 种语言的译本,但其中只有一种——1999

---

〔174〕 总体来说,有五处主文本对附录参引(S. 18 Anm. */49 Anm. *, S. 50 Anm. ***/103 Anm. ***, S. 61 Anm. */120 Anm. *, S. 226 Anm. */396 Anm. * 以及 S. 258 Anm. */450 Anm. *),以及三处反向的参引(S. 364 Anm. 3/625 Anm. 3, S. 380 Anm. 25a/651 Anm. 25a 以及 S. 394 Anm. 37/674 Anm. 37)。

〔175〕 除了这一点外:1976 年和 1983 年重印时没有顾及梅塔尔(Métall)为原版所添加的“汉斯·凯尔森编年史著述目录”(原版第 499~534 页)。

〔176〕 Hans Kelsen, 4. und 5. [unvollständiger] Nachdruck der 2. Auflage 1960, Wien 1992, S. Ⅷ.

年的韩语版——能够被称作名副其实的完整翻译。所有其余译本都略去了附录,只涉及《纯粹法学说》的主文本——个别译本中连脚注也只是被部分地翻译出来,尤其是马克斯·奈特[Max Knight,又名马克斯·欧根·库奈尔(Max Eugen Kühnel)]于1967年完成的英译本(见表4和表5)。

表4 《纯粹法学说》(第二版)的译本目录(重印本不算在内)

	序号	年份	语种	版本
	1	1962	法语	Théorie pure du droit.(Charles Eisenmann译,巴黎Dalloz出版社1962年版,前言15页、正文496页)
	2	1962	葡萄牙语	Teoría pura do direito. 2. a. edição.(João Baptista Machado译,科英布拉Arménio Amado出版社1962年版,第Ⅰ卷:前言16页、正文366页;第Ⅱ卷:307页)
	3	1966	意大利语	La dottrina pura del diritto.(Mario G. Losano译并作序,都灵Giolio Einaudi出版社1966年版,前言103页、正文418页)
LXX	4	1966	西班牙语	Teoría pura del Derecho.(F. Nibbe译,布宜诺斯艾利斯Eudeba出版社1966年版,248页)
	5	1967	英语	Pure Theory of Law.(Max Knight译,伯克利和旧金山University of California Press出版社1967年版,前言10页、正文356页)
	6	1968	芬兰语	Puhdas Oikeusoppi.(Olli Nikkola译,波尔沃和赫尔辛基Werner Söderström Osakeyhtiö出版社1968年版,前言16页、正文378页)
	7	1979	西班牙语	Teoría pura del derecho.(Roberto J. Vernengo译,Rolando Tamyo y Salmoran作序,墨西哥城Universidad Nacional Autónoma de México出版社1979年版,364页)

续表

序号	年份	语种	版本
8	1987	俄语	Чистое учение о праве Ганса Кельзена: Сборник переводов (Cistoe ucenie o prave Gansa Kelzena: Sbornik perevodov),[莫斯科 Akademie der Wissenschaften der UdSSR 出版社,第 I 卷(1987 年):195 页;第 II 卷(1988 年):214 页]
9	1999	韩语	순 수 법 학(Soonsoobeobhak)(Jong-Pil Byun 和 Hee-Su Choi 译,首尔 Kilansa 出版社 1999 年版,659 页)
10	2000	罗马尼亚语	Doctrina Pură a Dreptului. (Ioana Constantin 译,布加勒斯特 Humanitas 出版社 2000 年版,420 页)
11	2000	塞尔维亚-克罗地亚语	Čista Teorija Prava. (Danilo N. Basta 译,贝尔格莱德 Gutenbergova galaksija 出版社 2000 年版,284 页)
12	2008	瑞典语	Den rena rättsäran. (Uta Bindreiter 译,斯德哥尔摩 Thales 出版社 2008 年版,431 页)
13	2001	西班牙语	Teoría pura del derecho. (Fernanda Aren, Natalia Dassieu 和 Silvina Rotemberg 译, Jose Juan Moreso 和 Pablo E. Navarro 作序,布宜诺斯艾利斯 Ediciones Colihue 出版社 2011 年版,382 页)
14	2014	日语	純粋法学(Junsui hōgaku)(Ryuichi Nagao 译,东京 Iwanami Shoten 出版社 2014 年版,349 页) LXXI
15	2015	俄语	Чистое учение о праве(2-е издание, 1960) [Cistoe ucenie o prave(2-ye izdaniye, 1960)] (M. V. Antonov 和 S. V. Lozov 译,圣彼得堡 Alef-Press 出版社 2015 年版,540 页)

表 5　附录《正义问题》译本

序号	年份	语种	版本
1	1959	法语	Justice et Droit naturel. [Étienne Mazingue 译,载于 Annales de philosophie politique 3 (1959),S. 1-123.]
2	1963	葡萄牙语	A justiça e o direito natural. (João Baptista Machado 译,科英布拉 Arménio Amado 出版社 1962 年版,前言 51 页、正文 175 页)
3	1966	西班牙语	Justicia y derecho natural. (Elias Diaz 翻译和作序,载《自然法学批判》,马德里 Taurus 出版社 1966 年版,第 29~163 页)
4	1975	意大利语	Il problema della giustizia. (Mario G. Losano 翻译和作序,都灵 Einaudi 出版社 1975 年版,前言 39 页、正文 133 页)
5	1991	葡萄牙/巴西语	O problema da justiça. (João Baptista Machado 译,Maria Cecília Vannucchi 校,圣保罗 Martins Fontes 出版社 1991 年版,前言 33 页、正文 149 页)

LXXII 值得注意的是,这种对主文本与附录的分开处理没有考虑,这些译本是在凯尔森活着的时候在他的帮助下甚或就是在他的努力下(如英文本的翻译就是如此)出版的,还是在没有他的协助下甚至是在他于 1973 年去世后面世的。就目前可见的而言,这些译本中没有一个——除了马上要讲到的一个例外——说明,为什么凯尔森在德语原版中十分有意识地加上的附录要被去掉;查理·艾森曼(Charles Eisenmann)的法语译本毕竟提示读者去阅读由艾蒂安·马辛格(Étienne Mazingue,1931—1986)翻译的,于原版出版前一年翻译的附录《正义与自然法》(Justice et Droit naturel,1959)。而约翰·巴普蒂斯

塔·马查多(João Baptista Machado,1927—1989)和马里奥·G.洛萨诺这两位译者既将《纯粹法学说》第二版(不带附录:葡萄牙语译本出版于1962年,意大利语译本出版于1966年),又将附录作为单独的专著(葡萄牙语译本出版于1963年,意大利语译本出版于1975年)翻译成了他们各自的母语。

意大利译本的翻译在所有其他对第二版的译本中最为突出,因为凯尔森通过与年轻的马里奥·G.洛萨诺的通信往来对德语文本进行了一系列的改变。就这一译本而言,两个文本部分*的相近之处和不同之处要再一次以凹透镜的方式来澄清:一方面,这两个部分作为各自独立之专著出版的时间相距差不多有9年(1966年和1975年);另一方面,它们被洛萨诺在1961/1962年至1965年一次性译出,凯尔森在从1965年至1966年的同一时期通信中表达出他改变的希望,[177]也由同一 LXXIII
家出版社即艾瑙迪出版社(都灵)出版。根据洛萨诺的说法,将附录从《纯粹法学说》第二版的主文本中分开并非出于凯尔森的愿望或来自他的提议(甚或是译者自作主张的决定),而是出于出版的原因,更准确地说是出于市场营销技术的原因:1965年,朱利奥·艾瑙迪(Giulio Einaudi)出版社在诺伯特·博比奥(Roberto Bobbio,1909—2004)的全力协助下启动了一套新丛书,标题为"艾瑙迪新科学图书馆丛书"(Nuova biblioteca scientifica Einaudi),它致力于为"形成一种新的统一的文化视野"做出贡献;在这套丛书中从一开始就同样包括法

---

* 指的是主文本与附录。——译者注

〔177〕 对此参见本书第Ⅵ部分,第57页及以下(尤其是脚注〔186〕)("本书"所指均为中文译本,而非德语原著[德语原著区分了supra(前文)与infra(后文),根据中文习惯统一译为"本书"];所引页码与脚注均为中文译本页码与脚注。——译者注)。

学家的代表作,其中就有赫伯特·哈特《法律的概念》(Il concetto di diritto,Bd. 1,1965)、阿尔夫·罗斯《法律与正义》(Dirtto e giustizia,Bd. 8,1965),也包括汉斯·凯尔森《纯粹法学说》(La dottrina pura del diritto,Bd. 12,1966)。为了使凯尔森相较于其他两位法学家卷(分别为 312 页和 368 页的篇幅)不会在篇幅上超出太多——《纯粹法学说》的主文本已有 418 页(另外洛萨诺作的序言还占了 103 页),出版社与凯尔森商定,将附录在随后分开出版。[178] 对于将凯尔森在德语原版中合起来的东西分开来而言,其他的原因尤其是内容方面的原因似乎不是主要的。

LXXIV 就目前可见的而言,凯尔森自己未曾说明过,为什么在他活着的时候译出的、他——至少可以这么说——知道的译本至少有六种语言(1962 年,法语和意大利语;1966 年,意大利语和西班牙语;1967 年,英语;1968 年,芬兰语)只是涉及了《纯粹法学说》,而没有涉及《正义问题》。[179] 可以猜想,凯尔森之所以要在德语版中加上一个——对于其他语种和地区而言并无必要的——附录,是因为他相信,必须要对第二次世界大战结束后不久,尤其是在德语讨论中(再次)强势的自然法思维作出回应——在他看来,将这一回应放在其他地方可能是不必要的,甚或是没什么助益的。但这只是一个猜想。

---

[178] 对此参见 Mario G. Losano, Introduzione, in: Hans Kelsen, Il problema della giustizia, Übersetzt und eingeleitet von Mario G. Losano, Turin 1975, S. IX–XXXVI(IX); ders., Il testo fondamentale della Dottrina pura del dirtto, in: Nicoletta Bersier Ladavac (Hrsg.), Con esatezza kelseniana. Precisazioni sulla Dottrina pura del diritto nelle lettere di Kelsen a Losano, Mailand 2003, S. 1–31(27–30)。

[179] 就此而言,法语译本(1962 年)构成了一个异数:德语原版的附录于 1959 年——也即德语第二版出版一年**前**——就已经被译为法语(标题为《正义与自然法》)出版了。

3. 主文本与附录呈现方式的差异

关于《正义问题》之阐述在《纯粹法学说》第二版框架中的特殊地位同样可以从这两个文本的不同呈现方式中解读出来。除了这一点，即《正义问题》明确地甚至已经在扉页上被称作是“附录”外，还选择了不同的呈现方式和证明技巧。这一点在对文本进行篇章划分和注释运用方式方面体现得尤其明显。

如果说大约 600 页（原版大约 350 页）* 的《纯粹法学说》 LXXV
被划分为 8 个部分各 4 个层次（有单独一处被划分为 5 个层次）、47 个连续编号的段落和总共 153（155）[180] 个标题，那么从表面看附录就只有两个标题——也就是对书中的文本进行了二分。但假如进一步去看的话，就会发现大约 150 页（原版大约 90 页）的《正义问题》有 3 个划分层次，目录中只是呈现了最高一级的标题；此外，附录——就此而言与《纯粹法学说》完全不相似——被划分为 52 个连续编号的段落（没有标题），它们几乎以相同的篇幅被分配到那两部分文本之中（第Ⅰ部分：1～27，第 613～686 页；第Ⅱ部分：28～52，第 687～754 页）；四个段落（16、19、24 和 50）借助小写字母进行了第三层次的划分。不清楚的是，为什么凯尔森不愿在德语原版中采用在一年前这一文本的法文译本中的做法，即在每个篇章划分点上都出现标题，直至最高划分层次的那两个标题。[181]

就注释的运用方式而言，《纯粹法学说》与《正义问题》看

---

* 由于学生版采用了小开本，所以比原版多出不少页码。——译者注

[180] 如果附加算上那第五个层次，即 41. b）γ）α1）（第 371 页）以及 β1）（第 378 页）的两个标题——它们在原版的内容目录中没有被标识出来，那么就有 155 个标题。

[181] 法语译本中的标题在眼前的学生版中被翻译了出来，并被合成为一个内容目录，被添加在了第 755 页到第 757 页上（参见本书第 437～440 页）。这对于这个确实很长的文本来说能够促成更大的清晰性和更好的理解。

上去也像不同时间出版的两本专著:在主文本中,凯尔森对脚
LXXVI 注的运用相对比较节省,他相信要用长篇和特殊符号(星号)来标识;在总共 182 个脚注中,有 102 个是前后参引,其余 21 个注释主要是(其中有 17 个专门是)对自己的著作的参引,有 10 个是对相对于第一版的变化的说明;他人的文献极少被引证。与此不同,附录(它的篇幅基本上是主文本的 1/4)有 133 个连续编号的脚注,它的注释密度显然更高;运用指涉他人文献的 98 个注释,通过引证建立起来的与学术讨论之间的关联性显然要比在主文本那里更强。除了圣经的段落(《福音书》《使徒信经》)外和自然法学说的经典作家,如亚里士多德(Aristoteles)、西塞罗(Cicero)、托马斯 · 冯 · 阿奎那(Thomas von Aquin)和伊曼努尔 · 康德(Immanuel Kant)外,尤其还有同时代参与自然法之争的作者,如亚历山德罗 · 帕瑟林 · 登特列夫(Alessandro Passerin d'Entrèves,1902—1985)、阿图尔-弗里多林 · 乌兹(Arthur-Fridolin Utz,1908—2001)以及赫尔穆特 · 科殷(Helmut Coing,1912—2000),凯尔森与他们进行了商榷。

4. 凯尔森关于正义的著述

凯尔森在其著作中一再直接和明确地对正义问题进行了商榷。引人注目的是,其最重要的贡献来自"二战"结束后的前两个十年,更准确地说是 1949 年至 1963 年。尤其是在 1952 年退休之后,他更多和更集中地论述了这一主题。大多数时候
LXXVII 关注的重心在于与自然法学说(与自然法学说的各种不同类型)的商榷。就此而言,他坚持认为(在《正义问题》中也一样),真正的、"绝对的正义"是一种"非理性的理想";作为人类的、世俗的正义,它只能是相对的,"可以在每个实在法秩序和

它所或多或少地确保了的正义和安全状态中被瞥见”(第 686 页)。

这里不求全求备,仅列举出如下这些著述(见表 6):

表 6　附录《正义问题》译本

年份	标题	版本/期卷
1913	《书评:阿道夫·门策尔:〈自然法与社会学〉,维也纳/莱比锡 1912 年》	载《社会主义与劳工运动史论丛》第 5 卷(1913 年),第 225~229 页(= HKW 3,S. 533-514.)。
1922/1923	《上帝与国家》	载《罗各斯》第 11 卷(1922~1923 年),第 261~284 页。
1927/1928	《自然法的观念》	载《公法杂志》第 7 卷(1927~1928 年),第 221~250 页。
1927/1928	《自然法与实在法:相互关系研究》	载《国际法理论杂志》第 2 卷(1927~1928 年),第 71~94 页。
1928	《自然法学说与法律实证主义的哲学基础》	(柏林)夏洛滕堡罗尔夫·海泽·潘出版社 1928 年版(78 页)。
1933	《柏拉图的正义论》	载《康德研究》第 38 卷(1933 年),第 91~117 页。
1933	《柏拉图的观念》	载《意向》第 19 卷(1933 年),第 34~98、225~255 页。
1936	《心灵与法律》	载《法律、道德与习惯(国际法哲学与法社会学协会年刊)》,巴黎 1935/1936 年,第 60~82 页。
1941	《报应与因果:社会学研究》	海牙 W. P. 范·斯多库姆出版社,芝加哥大学出版社 1941 年版(前言 7 页、正文 542 页)。 LXXVIII
1943	《社会与自然:社会学探究》	芝加哥大学出版社 1943 年版(前言 8 页、正文 391 页)。

续表

年份	标题	版本/期卷
1949	《科学法庭上的自然法学说》	载《西方政治学季刊》第 2 卷(1949 年),第 481~513 页。
1952/1953	《圣经中的正义观念》	载《波多黎各大学法律评论》第 22 卷(1952~1953 年),第 1~63 页。
1953	《什么是纯粹法学说?》	载《民主与法治国:扎卡利亚·贾科梅利祝寿文集》,苏黎世复印行业出版社 1953 年版,第 143~162 页。
1953	《什么是正义?》(1953 年 2 月 11 日于维也纳法学会的演讲)	载《法学报》第 75 期(1953 年),第 180~183 页。
1953	《什么是正义?》	维也纳弗朗茨·多伊提克出版社 1953 年版(47 页)。
1953	《基督教神学学说中的正义观念:对埃米尔·布鲁纳〈正义〉的批判性分析》	载《哲学研究》第 13 卷(1953 年),第 157~200 页。
LXXIX 1956	《自然法的"动态"理论》	载《路易斯安那法律评论》第 16 卷(1956 年),第 597~620 页。
1957	《什么是正义?科学之境中的正义、法律与政治》(论文集)	伯克利与旧金山加利福尼亚大学出版社 1957 年版(前言 8 页、正文 397 页)。
1957	《柏拉图与自然法学说》	载《奥地利公法杂志》第 8 卷(1957 年),第 1~43 页。
1959	《正义与自然法》(艾蒂安·马琴古埃译)	载《政治哲学年刊》第 3 卷(1959 年),第 1~123 页。

续表

年份	标题	版本/期卷
1960	《纯粹法学说(附录:正义问题)》	第2版,维也纳弗朗茨·多伊提克出版社1960年版(前言12页、正文534页,其中"附录"从355页至444页)。
1961	《自然法学说与法律实证主义》(欧根尼奥·布柳金译)	载《布宜诺斯艾利斯法律评论》第4辑,第8~45页。
1962	《自然法学说的基础》	载《新秩序》第16卷(1962年),第321~327页。
1963	《自然法学说的基础》	载《政治理论中的自然法》(萨尔茨堡科学基本问题国际研究中心,第一次研究对话),弗朗茨·马丁·施莫尔兹编,维也纳施普林格出版社1963年版,专题报告,第1~37页;《奥地利公法杂志》第13卷(1963年),第1~37页。
1985	《正义的幻象:柏拉图社会哲学的批判性研究》(库尔特·林霍费尔与罗伯特·瓦尔特编)	维也纳曼兹出版社1985年版(前言15页、正文458页)。

《纯粹法学说》第二版中的"附录"基本上与德语原稿一 LXXX
致,它被艾蒂安·马琴古埃(Étienne Mazingue)以《正义与自然法》为名翻译成法语,并于1959年就已发表在《政治哲学年刊》第3卷(1959年),第1~123页上了。两者的区别,一方面就像已经揭明的那样,在于法语文本相对于"附录"其标题被

划分为第二和第三个层次;另一方面则在于,凯尔森作了点小的改述与文本删略。[182]

Ⅵ. 第二版与凯尔森的修正(1965/1966 年)

《纯粹法学说》第二版是凯尔森自己所认可的、对一种凯尔森式"连贯的法律实证主义"学说最终的完整展示。当然,这是就对 1960 年德语原本作出保留后而言的。因为凯尔森借德语第二版被翻译为意大利语之机对德语文本作了改
LXXXI 动,这些改动是借马里奥·G. 洛萨诺之手来进行的,[183] 而 1960 年的原版(包括所有的重印版)都未作变动。在眼前的学生版中,凯尔森在 1965/1966 年间修改(原版)的愿望被体现在了尾注之中;这里为了确保 1960 年版的可信度并没有对原始文本动(进一步的)手术[184]——无论是替换原始文本的相关各处,还是补充原本中并未包含的脚注,从而改动脚注。[185]

在马里奥·G. 洛萨诺——他在都灵朱利奥·艾瑙迪出版

〔182〕 例如,凯尔森在德语附录的印刷版中省略掉了一个序数——它在原始打字稿(对此参见前文脚注〔171〕)和法语译本中都出现,并在那里被标识为 24. d);这一段落提出了"一切正义规范"[Kelsen, RR-2(Anm. 3), S. 395/675],在法语译本中被"法律面前的平等和法律中的平等"覆盖了。在德语印刷版中以序数 24. d)标号的段落在上面提及的两个文本中都被标为序数 24. e)。

〔183〕 Hans Kelsen, La dottrina pura del diritto, Saggio introduttivo e traduzione di Mario G. Losano, Turin 1966.

〔184〕 为了更容易找到文本中的脚注符号,脚注文本前都放上了相应的页码指示。

〔185〕 在 1966 年的意大利语译本中添入了凯尔森所希望的修正;洛萨诺这样来提醒注意这些改动,即他在各个相关的地方都加上了一个脚注;译者的这些脚注可以被轻松地辨识出来,因为它们以"Ed. [代表 edizinone] 1960"开始,以"[N. d. T.]"[代表 nota del traduttore]结束。

社和诺伯特·博比奥(1909—2004)的建议下在1961年就已决定做这项翻译——将已完成的译稿草稿寄给凯尔森之后,随后他们之间就进行了活跃的通信往来。仅从1965年6月到1966年2月凯尔森就此事便写了9封信给洛萨诺;[186] 9封信中有4封[187]表达了他关于修改或补充的愿望——这一愿望包括附在写于1965年7月20日的一封信后的多页的修改清单。[188]

修改的愿望同时涉及(即便不涉及相同的部分)主文本《纯粹法学说》和附录《正义问题》。根据其方式,这里总共被编排为82个尾注——其中49个涉及《纯粹法学说》、33个涉及《正义问题》——的修改既有正字法的订正、语言风格的改进和证明技术的转换,也有内容上的补充、改变和精确化。很多修正可以被认为在实质上是微不足道的;只要对(较少见的)文字订正和(更常见的)内容精确化各举两例就足矣:凯尔 LXXXII
森将"行为"一词前显然不正确的形容词"gegenteilige"(相对立的)替换为"gegenseitige"(相互的)[189],并用"von ihnen konstituierten Gemeinschaften"(它们所构成之共同体)来替换

---

[186] 正文提到的凯尔森写给洛萨诺的9封信(原件被都灵国立档案馆作为艾瑙迪出版社档案的一部分留存)写就的日期分别为1965年6月17日、1965年7月20日、1965年7月21日、1965年7月30日、1965年8月17日、1965年8月27日、1965年10月9日、1965年11月17日以及1966年2月23日。

[187] 这些信分别写于1965年7月20日、1965年8月17日、1965年8月27日以及1966年2月23日。

[188] 对凯尔森与洛萨诺之间的通信(从中撷取了大量段落)的展示以及对凯尔森修改愿望的汇总可参见 Ruth Erne, Eine letzte authentische Revision der Reinen Rechtslehre, in: Werner Krawietz/ Helmut Schelsky (Hrsg.), Rechtssystem und gesellschaftliche Wirklichkeit bei Hans Kelsen, Rechtstheorie Beiheft 5, 1984, S. 35-62(重刊和被翻译成意大利文,载于 Nicoletta Bersier Ladavac [Hrsg.], Con esatezza kelseniana. Precisazioni sulla Dottrina pura del diritto nelle lettere di Kelsen a Losano, Mailand 2003, S. 33-89)。

[189] 参见第61页,脚注[7]。

“von ihnen konstruierten Gemeinschaften”(它们所建构之共同体)〔190〕;他针对“意志行为”以精确的方式来谈论“现实的意志行为”〔191〕,针对“故而他的判决是违法的”以精确的方式来谈
LXXXIII 论“故而只要仍不具备既判力,他的判决就是违法的”〔192〕。这些修正是值得一提的,因为它们证明,当时已近 85 岁的凯尔森依然苦苦思索着他的文本,他并没有“我已功成”的自傲,而总是一再对其写出来的东西进行新的检验。

除了这些在某种程度上已成为凯尔森之习惯的,因而是“常态化的”对自己所写的文本的修正外,有一个在多处修正中都出现的改变尤为值得强调:〔193〕凯尔森规范理论的或许最重要的后续发展恰恰出现在德语《纯粹法学说》第二版完成和出版**后**不久;这里指的是凯尔森关于逻辑对于法与法律科学之作用的观念变迁,这主要可以归因于 20 世纪 50 年代末至 60 年代初与乌尔里希·克卢格(Ulrich Klug,1913—1993)之间的
LXXXIV 通信。〔194〕 反映出他的这种方向性改变的著述尤其可见写于

〔190〕 参见第 69 页,脚注〔12〕。

〔191〕 参见第 30 页,脚注〔3〕。

〔192〕 参见第 489 页,脚注〔55〕。

〔193〕 同样指明这一点的参见 Nicoletta Bersier Ladavac, Introduzione, in: dies. (Hrsg.), Con esatezza kelseniana, Precisazioni sulla Dottrina pura del diritto nelle lettere di Kelsen a Losano, Mailand 2003, S. Ⅶ – XIV (Ⅷ f.); Losano, Testo fondamentale (Anm. 178), S. 27-30。

〔194〕 这场通信始于凯尔森于 1959 年 3 月 6 日写的一封信,终于他于 1965 年 7 月 28 日写的一封信(正是在距凯尔森于 1965 年 7 月 20 日给洛萨诺写了那封包含了他大部分修正之处的信件的一周之后),它被汇编为:Hans Kelsen/ Ulrich Klug, Rechtsnormen und logische Analyse, Ein Briefwechsel 1959 bis 1965, Wien 1981(102 页)。在通信中出现了对法律规范的功能、法律应然的扩展,出现了授权和允许或者说能够和可以(参见凯尔森于 1959 年 7 月 28 日写给克卢格的信,同上引,第 38 页:“规范不仅是命令,也是允许和授权。命令、允许、授权是三种规范功能”)。作为这一思想交流的成果,法律规范的功能在 20 世纪 60 年代被扩展为第四种,即损毁(对此参见凯尔森于 1960 年 7 月 4 日写给克卢格的信,同上引,第 44 页)。

1962年的论文《毁损》[195]，以及1965年的论文《法与逻辑》。[196] 凯尔森一方面感到有必要在意大利文版的《纯粹法学说》中揭示出当时已发生的观点变化，另一方面则强调，考虑到改动文本的篇幅会过大，所以不打算通过改写《纯粹法学说》的文本来展现观点的改变，他在1965年7月20日的信中请求洛萨诺（又在1966年2月23日的信中补充）在《纯粹法学说》准确的改动之处[197]加上"译者的脚注"（！），提示读者去看前述1962年和1965年的两篇论文中的变化；故而相关的译者注释在内容和措辞上都不能追溯到马里奥·G.洛萨诺身上，而是要追溯到作者自己身上。

就附录《正义问题》而言，凯尔森显然不认为其由《逻辑与法》引发的思想变化效果有那么大，以至于他不想通过修正文本本身或在文本中作出修正说明来体现它们。故而附录中绝 LXXXV
大多数修改的愿望（23处）涉及这样的表述，其中关于逻辑的指涉或暗示尤其是矛盾律被删除和替代了。凯尔森使用了"不相吻合"或"相冲突"来取代"矛盾"，[198]并删除了用来描述规范关系的词"逻辑的"。[199] 这里记录了避免将"逻辑的"和

---

〔195〕 Hans Kelsen, Derogation, in: Ralph A. Newman (Hrsg.), Essays in Jurisprudence in Honor of Roscoe Pound, Indianapolis and New York 1962, S. 339-355.

〔196〕 Hans Kelsen, Recht und Logik, in: Forum 12 (Heft 142, Oktober 1965), S. 421-425, 12 (Heft 143, November 1965), S. 195-500 und 12 (Heft 144, Dezember 1965), S. 579.

〔197〕 参见第97页，脚注〔1〕。在意大利版（脚注183）中，这些"译者的脚注"出现于第91页［以及关于洛萨诺的"导论"，同书，第XIII-LVII页（LII页及以下）］。

〔198〕 参见第441页脚注〔2〕，第445页脚注〔4〕，第445页〔5〕，第445页〔6〕，第446页脚注〔7〕，第446页〔8〕，第449页脚注〔9〕，第507页脚注〔14〕，第529页脚注〔58〕，第529页脚注〔59〕，第529页脚注〔60〕，第531页脚注〔62〕，第533页脚注〔64〕，第537页脚注〔72〕，第543页脚注〔77〕，第543页脚注〔82〕，第5414页脚注〔83〕，第544页脚注〔85〕，第545页脚注〔88〕，第547页脚注〔94〕，第548页脚注〔95〕，第545页脚注〔96〕，第548页脚注〔97〕。

〔199〕 参见第449页，脚注〔10〕。

“矛盾的”用作法律建构与法律关系之谓词的努力。此外,凯尔森在附录中无例外地用“正义**原则**”和“报应原则”来替代了“正义**规范**”或“报应规范”(或类似的表述)。

Ⅶ. 凯尔森的《纯粹法学说》与哈特的《法律的概念》

在相距一年的时间里,学界出版了 20 世纪全球范围内最有影响力的两本法理论著作——也是当代法律实证主义的两
LXXXVI 套最重要的整体性方案。但如果说两位作者之一、年近 80 岁的汉斯·凯尔森从半个世纪前就已经开始发表学术著作,且这些作品无论从量上还是质上都蔚为可观,并可被算作国际性的业内巨著的话,那么另一位作者、刚刚年过 50 岁的赫伯特·哈特出任教授还不到 10 年,最活跃的学术创作期才刚开始。凯尔森 1960 年的《纯粹法学说》标志着这样一种漫长而曲折之努力的成熟且复杂的汇总,即要对其一开始就规划好的规范主义—实证主义计划进行最佳阐释,[200] 而哈特的那本篇幅短小得多的《法律的概念》——与 1934 年《纯粹法学说》的第一版可谓十分相似——则具有法理论导论的性质。

1. 共同点与不同点

如果将哲学—方法论出发点和建构—概念上的细节[201] 都放在一边,凯尔森和哈特——作为法律实证主义者——的一致

---

[200] 对此的详述参见 Gabriel Nogueira Dias, Rechtspositivismus und Rechtstheorie. Das Verhältnis beider im Werke Hans Kelsens, Tübingen 2005。

[201] 对此深入的讨论参见 Michael Pawlik, Die Reine Rechtslehre und die Rechtstheorie H. L. Harts. Ein kritischer Vergleich, Berlin 1993。

点在于:(1)法是一种不可还原的,即既不可被还原为道德也不可被还原为事实的现象;(2)一切法都是实证的,也就是人类所制定的(规定的)法;(3)"制定"这一人类行为并非因其自身而只有根据某个法律规范——凯尔森将规范称为"解释图式"[202],哈特在此关心的是"次级规则"[203]——才能获得创 LXXXVII 设法律的性质;(4)真正的效力证立只能在法(秩序)内部进行,也就是必须要放弃所谓的终极证立;(5)要将关于法的观念定位于作为整体之规范**复合体**(规范秩序、体系)的层面上,而不能仅以**具体**规范为视角。[204] 然而凯尔森和哈特的立场广泛被认为是彼此排斥与不兼容的。故而对于普通法背景下的法学家而言,哈特的《法律的概念》超越了凯尔森的《纯粹法学说》,或者说在**黑格尔的**意义上扬弃了后者。相反,来自民法传统的法学家们则将哈特的观念在很大程度上看作为适合盎格鲁氛围而对凯尔森的范式的成功翻译(同时是调适、简化和大众化)。对于前一批人来说,《纯粹法学说》是《法律的概念》的先驱和领路者,在今天毋宁只有出于观念史的原因才会对它感兴趣;而对于后一批人来说,它则是原本的和完满的原创作品,如果人们要寻找对当代法律实证主义之最精细和最讲究的说明,就必须要回到它那里去。

在这两种范式之间,当然可以找出很多内容和实质上的差 LXXXVIII

---

[202] 如不求全仅参见此即可:Kelsen,RR-2(Anm. 3),S. 3f. /25f。

[203] vgl. Hart,Concept(Anm. 4),S. 94-99.

[204] 对此参见 Jörg Kammerhofer,Positivistische Normbgründung,in:Eric Hilgendorf/Jan C. Joerdan(Hrsg.),Handbuch Rechtsphilosophie,Stuttgart 2017,S. 200-208。当人们读到罗纳德·德沃金(Ronald Dworkin,1931—2013)对哈特之观念的批评时,就会清楚两者在立场上彼此间有多接近了:德沃金对于哈特提出的几乎所有反对意见都可以适用于凯尔森。

异;但这两种影响最广泛的实证主义学说之间的差别,不仅在于它们的前提预设和立场,还在于它们的法律文化色彩,也即是它们由于社会文化的不同而导致的不同思维风格和叙述风格,它们属于不同的思想传统和群体。由此出现了这样一种倾向,即过少地强调两者在内容和实质方面的共同点,而过多地强调了不同点。在进行恰当的简化后,可以将凯尔森和哈特的不同做法刻画如下:如果说哈特十分地"英国",他以诱人的举动俘获了读者并将其置于股掌之间,通过直观而易懂好记的例子(有不少涉及"游戏"这一隐喻)开拓了新的领地,并在很大程度上确认了读者们常识意义上的前提预设,而没有去苛求他们有深入的方法论推理的话,那么凯尔森就完全是"德国式的",没有体谅读者的感受。中肯地说,他对意识形态狂怒的批判——他针对拟人论、本体论主义和方法综合主义的斗争——致力于使读者们变得不确定,并使他们在各不相同的时候——带着解构主义的意图——意识到,他既不能信赖表象和日常理论,也不能信赖其直觉和思维惯习。与哈特确保法的日常观念不同,凯尔森相反进行了"祛魅"〔205〕。语言—风格方面
LXXXIX 的展示方式与内容方面的理解是相关的:凯尔森在用典型的(法律)学术德语写作;他用带有大量插入语的多段落语句来呈现其被划分为多层次的阶梯式瀑布思维。他在1960年《纯粹法学说》中惯用的风格并非主要想诱人去读和便于理解,而是在于精确性和差别性;它更多的是所谓由对象塑造的,而非读者导向的。从哈特的笔端流淌出的英语则完全不同,它优

〔205〕 关于"世界祛魅"的引领性著作参见 Max Weber, Wissenschaft als Beruf, München 1919。

雅、易懂和轻松。它完全给人以这样一种印象,即它不想要表达什么深刻而复杂的思想。

2. 以法秩序之存在为例

关于(两本著作在)进入方式、展示方式和内容方面如何区分的问题,可以通过范式性的方式来得到说明,即对于法律效力在体系之内如何得以证立这一(任何非还原式的法律实证主义都要提出的)问题,凯尔森和哈特作出了什么样的回答。[206] 哈特区分了具体法律规范的效力(validity)与法秩序整体的存在(existence);如果说前者要借助"承认规则"来确认,从而是法律规范的体系属性(体系**中的**效力)的话,那么后者(体系**的**"效力")就是个"事实问题",它处于效力的层面之外。就法律规范——直至"历史上第一部宪法"为止——的效力而言,凯尔森的回答接近于哈特的回答。但就"历史上第一部宪法"[毕竟只有它才能证立法秩序(的统一性)]而言,则大 XC
相径庭了:因为对于凯尔森来说,一方面不能够将效力追溯到道德、理性或上帝那里去,另一方面也不能将它追溯到纯粹的实然——哈特意义上的"事实"——上去,所以他将基础规范预设为对法秩序具有构成性的"历史上第一部宪法"之效力的认知前提。如此,就可能会反对哈特的解决办法,即将法秩序的存在视为是纯粹的实然事实而不看作是应然的问题,认为它太简单、太肤浅、不是终局性的。换言之,认为它与这里隐藏的问题并不对路。但不能忽视的是,尽管凯尔森的解决办法看上去在雄心、细微程度、连贯性和激进性方面都要大得多,但它在

[206] 对此及以下内容一方面参见 Kelsen, RR-2(Anm. 3), S. 196ff./346ff.;另一方面参见 Hart, Concept(Anm. 4), S. 60f., 110-117(以及 294f.)。

很大程度上被认为是一种过高的要求,而面临着来自几乎一切论证途径的激烈反对。尖锐地说:哈特对于相关法秩序之[极少(!)被要求的]存在证明的回应可能——温和地说——不那么复杂,但这无损于其学说的继受。相反,凯尔森的回答尽管在学术上更加深刻,但却使许多人惶恐不安,以至于继受其学说的意愿由此受到减损。

我们不去对法律实证主义的这两本经典之作进行内容上的对比,并将它们的主张作为是替代性的,而是可以这样来使用它们,即将它们说成是对当代法律实证主义的两种互补性的、针对不同的法律圈子——染上不同文化色彩之法律科学上
XCI 的"语言游戏"[207]——来构思的解读方式:如果说凯尔森的《纯粹法学说》从民法法系的视角(针对中欧、东欧和南欧、拉美和东亚)出发表达了现代法律的语法,那么哈特的《法律的概念》则是从普通法法系的视角出发(尤其是针对英语圈国家,包含斯堪的纳维亚国家在内)来这么做的。

Ⅷ. 关于眼前的版本

1. 结构与内容

眼前的学生版在结构、内容和正字法方面都以《纯粹法学说》第二版的原本——由维也纳弗朗茨·多伊提克出版社于1960年出版——为准。故而运用的是旧的、1998年拼写改革

[207] Vgl. Ludwig Wittgenstein, Philosophische Untersuchungen (1953). Kritisch-genetische Edition, herausgegeben vom Joachim Schulte, Frankfurt a. M. 2001, § 7.

之前有效的拼写方法(包括音节划分)。原始的编页和原始的换页可以参看文本中包含的分页线以及页边栏标注出的原始页码。*

但与原版不同的是,这里没有刊印凯尔森的学生、助手、朋友和传记作者鲁道夫·阿拉达尔·梅塔尔(Rudolf Aladár Métall,1903—1975)编制的“汉斯·凯尔森著述的编年体目录”(原版第499~534页);当时的这一抓拍[208]在这期间被不断更新,在编年史和主题上都被归类整理的凯尔森的著述(维 XCII
也纳的汉斯·凯尔森研究所负责整理)所超越。因此读者们可以去看这一归类整理;电子版可以从汉斯·凯尔森研究所的主页上获取:http://www.univie.ac.at/staatsrecht-kelsen/litverz/。

有别于奥地利国家出版社(维也纳)和奥地利出版社(维也纳)从20世纪90年代开始的重印本书以及本书的各种外文译本(对此参见前文V.2,第46页及以下),这里的版本——遵从凯尔森在第二版前言中强调的意图——包括了附录《正义问题》。

在1960年原版之外,眼前的学生版还包括:

——一份分层的**附录内容目录**(第755~758页);在1960年原版中附录的内容目录仅限于告知两个文本标题(最高一级的章节层次);为了使这一确实很长的文本具备更强直观性

* 中译本并未相应标注出这些分页线和原始页码。——译者注

[208] 在维也纳弗朗茨·多伊提克出版社自己于1976年和1983年进行“未做变更的重印”时,就没有再刊印“汉斯·凯尔森著述的编年体目录”(原版第499~534页);因而凯尔森在世时已经完成的对第二版的(第一次)重印(1967年)是唯一与1960年的原版在内容和页数上完全一致的版本。

和更好的使用性,这里编制了一份内容目录,它与附录的法语
XCIII 译本(它包含了所有三级标题[209])是一致的;

—— **德语的修订**,即汉斯·凯尔森于 1965/1966 年间在德语第二版被译为意大利文之际写给译者马里奥·G. 洛萨诺的多封信件中所告知的修订("第二版的 2.0 版");为了不改动 1960 年原始文本本身,它们以 82 个尾注的形式(49 个是《纯粹法学说》的,33 个是附录的),并添加使用了缩写符号 K*(第 759~771 页;对此进一步参见前文Ⅵ,第 LXXX 页);

—— 对附录《正义问题》中所包含的 31 处拉丁语引文的德语**翻译**;它们与前面提到的凯尔森的修订一起被放在尾注之中(第 759~771 页);

—— 最后还有编纂者所写的一个关于《纯粹法学说》第二版的**导言**,它提示出了该版的特殊之处(第 XⅢ-XCV 页)。

2. 编纂者的加工

在保留结构、内容和正字法的同时,凯尔森的文本被以符合现代的理解与良好的可读性为目标的重排版来呈现。这一重排版在错误订正、编页、排版方式以及内容索引方面都引人注目:

—— 为了标识出编纂者对凯尔森文本的加工将使用方括
XCIV 号"[ ]";圆括号"( )"和弧形括号"{ }"来自凯尔森。*
较少的一些语词错误或拼写错误被标注出来,并在尾注中得以

---

[209] Hans Kelsen, Justice et Droit naturel. Übersetzt von Étienne Mazingue, in: Annales de philosophie politique 3(1959), S. 1-123.

* 译者在翻译过程中,保留编者对凯尔森原文的加工,即以方括号表示;对圆括号的使用,在尊重凯尔森的表达方式的基础上,视中文表达情况予以调整;此外,方括号在与圆括号联合使用时,发挥中括号的功能,而并非指示编者的加工。——译者注

纠正。明显的排字错误——总共有 101 处——或页码倒转将径行予以纠正。

—— 重排版导致了重新编页。然而正如所说的,原始的编页和原始的换页可以从印刷图中简单和精确地获悉;故而 1960 年第二版这一原始版可以借助于学生版被引用。编页转换——除了文本本身和内容目录外——也涉及凯尔森自己加上的文内前后参引以及(肇因于)凯尔森完成的内容索引和人名索引。在凯尔森清晰地只指涉某个注释之处,(纯粹)指示页码的文内参引在指明页码外还指明了相关的脚注(例如,第 105 页脚注 * 和第 180 页脚注 *);在一处(第 118 页脚注 *),明显错误的参引,即第 42 页及以下/第 90 页及以下被改成了第 73 页及以下/第 141 页及以下。凯尔森通过“ff.”来指涉随后页的做法并没有被取消。

—— 改变排版所针对的对象包括标题和栏名。如果说标题仅仅是被进行了更为现代的排版塑造的话,那么栏名尽管原则上保留了原版的做法,也就是对于反面页上的栏复述出了章节标题,对于右侧栏复述出了段落标题,但有别于原版的是,为 XCV
了更好地导引,在全部文本中为章节和段落都添上了序数。为了避免与编纂者为标识出对文本的加工而使用的直角括号相混淆,凯尔森所使用的直角括号“[　]”被改变为弧形括号“{　}”。在内容目录中,第四层次的标题被补充上了在文本中被用作序号的希腊小写字母。在一处(第 527~542 页),凯尔森将文本划分为第五个层次;在文本中出现的标题在原版的内容目录中是没有的;这里,这两级标题都被径直加进了内容目录之中。

—— 内容索引和人名索引(第 773~826 页)——在将原

版的篇页转为重排版的编页时——原则上未作变更地被保留了下来。尽管指明了关键词所在页码,但在另一个上位关键词下重复相同的关键词时却没有指明所在页码,页码将在检验出处后被各自添加上。关键词的原初顺序没有被编纂者所改变(例外:“恶”与“血亲复仇”被互换了顺序)。同一个关键词中两次出现的分项将被综合为一个分项。在将原始页码陈述转为新的编页时,陈述原始参考之处的明显排字错误(66 而非 60、6 而非 0,但也有 0 而非 6、8 而非 6、41 而非 241 等情形)将不加指明地予以纠正;总体来说这里涉及近 20 处纠正。

目录

Ⅰ.法与自然

1.“纯粹性”

纯粹法学说是一种实在法——就是实在法本身,而非某个特殊的法秩序——的理论。它是一般法学说,而非对特定的国内法律规范或国际法律规范的解释。但它包含一种解释理论。

作为理论,它只想对其对象进行认知而已。它试图去回答“法是什么以及如何”的问题,而不去回答“它应当如何或如何被塑造”的问题。它是法律科学,而非法政策学。

它之所以称自己为“纯粹的”法学说,是因为它只是想确保一种对于法的认知,也因为它想要将一切并非确切地属于法这一特定对象的东西都排除于这种认知之外。这意味着:它想要将法律科学从一切异质的要素中解放出来。这就是它方法上的基本原则。这看上去是理所当然的。但只要看一看在19世纪和20世纪发展起来的传统法律科学,就会明白它离纯粹性的要求还有多远。法学未经任何批判地与心理学、社会学、伦理学和政治理
22 论混淆在一起。之所以会产生这种混淆,是因为这些学科涉及的对象无疑与法之间有着紧密的关联。纯粹法学说之所以要将对法的认知与这些学科区分开来,不是因为它忽略甚至否认这种关联,而是因为它试图要避免方法上的综合主义,这种综合主义使法律科学的本质晦涩不明,并模糊了通过其对象的本质而划定的界限。

2. 行为及其法律意义

如果以自然科学与社会科学的区分,以及作为这两类科学彼此不同之研究对象的自然与社会间的区别为出发点的话,那么首先产生的问题就是:法律科学究竟是一门自然科学抑或社会科学,法究竟是一种自然现象还是社会现象?但自然与社会之间的这种对立并不是当然成立的,因为当社会被理解为人类事实上的共同生活时,它就可以想象为一般意义上的生活(生命)的组成部分,故而被想象为自然的一部分;也因为法——或者人们一开始习惯于这么称呼的东西——至少有一部分本质位于自然的领域,看上去有一种十分自然的存在方式。如果对任何被诠释为法或与法之间有着任何关联的构成要件——
23 如议会决议、行政行为、司法判决、私法行为(Rechtsgeschäft)、违法行为——进行分析的话,那么就可以区分出两种要素:一种是在时空中发生并可以在感官上被察知的行为,或者这类行

为的序列,即一种人类行为的外在过程;另一种是它的法律意义,即法赋予这一行为的意义。人们在一个大厅中集会、交谈,一部分人举手,另一部分人不举手;这是外在过程。它的意义是,通过了一部制定法,创设了法。这里出现了对于法律人而言十分熟悉的区分,即立法程序及其产物(制定法)之间的区分。另一个例子:一个穿着长袍的人从一个高高的席位上对一个站在他面前的人说出特定的话语。这一外在的过程在法律上意味着作出了一个司法判决。一位商人给另一人写了一份具有特定内容的信,后者写了一份回信;这意味着从法的角度看他们订立了一份合同。某人通过任一行动促使他人死亡;这在法律上意味着谋杀。

3.行为的主观意义与客观意义;它的自我诠释

人们并非能毫无疑问地从(作为一种外在构成要件的)行为中看出或听出这种法律意义,就像察知某个对象的自然属性,如颜色、硬度、重量那样。尽管合乎理性的行动者、采取行为的人将其行为与某种特定的意义(它以任意方式被表述出 24
来,并为他人所理解)绑定在 起,然而这种主观意义可以但非必然与这一行为根据法律而拥有的客观意义同时发生。例如,某人在其去世前以书面的方式处分其财产。这一行为的主观意义是一份遗嘱,但它在客观上,即根据法律——由于某种形式上的瑕疵——却不是。当某个秘密组织意图将祖国从一群祸国者手中解放出来,将他们中的一个作为叛国者判处死刑,并将这一他们主观上认为并称为是死刑判决的行为交由一位代理人去执行时,这一行为在客观上,即根据法律并不是对死刑判决的执行,而是一次政治谋杀,虽然它在外在构成要件上与执行死刑判决没有什么区别。一个行为甚至可以自己说出它的法律意义是什么,只要它以口头或书面的话语来表达。这里存在一种法律认知所要面对之质料的固有法则。植物无法向对它进行科学定性的自然科学研究者告知自身的信息,它没法尝试在自然科学上进行自我澄清。但某个人类活动的行为完全可以进行法律上的自我诠释,即提出关于自己在法律上意味着什么的陈述。集合为议会的人可以明确说他们通过了一部制定法;一个人可以将表达其最终意愿的指示明确称作遗嘱;两个人可以说他们在从事私法行为。对法进行认知时有时
25 会面对质料在法律上的自我诠释,它抢在了法律认知所提供的诠释之前。

4. 规范

a) 作为诠释图式的规范

外部构成要件[根据其客观意义是一种法律行为(Rechtsakt)*或不法行为]在所有情形中(因为是一种在时空中流淌、可在感官上被察知的现象)都是自然的组成部分,并由此可以通过因果法则来确定。只是这种现象本身,作为自然

---

* Rechtsakt 和 Rechtsgeschäft 一般都被译为"法律行为",但后者指的是民法上的意思表示行为,前者是指具有法律意义的行为(其客观意义为法律规范),显然外延比后者大,是后者的上位概念。为了区分两者,本译稿将 Rechtsakt 译为"法律行为",而将 Rechtsgeschäft 译为"私法行为"。——译者注

系统的要素,并不是特殊的法律认知的对象,故而终究不是具有法律属性之物。使这种构成要件成为一种法律(或不法)行为的,既不是其事实性,也不是其自然的即通过因果法则来确定的、在自然系统中被决定的实然,而是与这一行为绑定在一起的客观意义,即它所拥有的含义。相关构成要件是通过某个规范(这一规范及其内容指涉这种构成要件,它赋予构成要件以法律含义,故而这一行为可以依据这一规范来诠释)来获得特殊的法律意义,即它独特的法律含义的。规范发挥着诠释图式的功能。换言之,某个在时空中确定之人类活动的行为是一种法律(或非法)行为,这一判断是一种特殊的即规范性诠释的结论。而这种直观——它是一种自然现象——只能表达出特定的、与规范性不同的即因果的诠释。赋予某个法律(或不 26
法)行为以含义的规范本身是通过某个法律行为被创设的,后者本身又从另一个规范那里获得其法律含义。某个构成要件是对死刑判决的合法执行而非谋杀,这种——无法从感官上察知的——性质判断只能来自某种思维过程:从与刑法典和刑诉法规的对质中而来。前面提及的信件交换在法律上意味着签订合同,是因为这一事实落入了民法典的特定条款之下。一份文件不仅据其主观意义而且据其客观意义是有效的遗嘱,是因为它符合依据这部法典的规定能成为有效遗嘱的条件。一群人的集会是议会,它活动的结果在法律上是一部有拘束力的制定法(换言之,这一过程拥有此种含义),说的不外乎是全部构成要件都符合宪法规范。这意味着,某种事实现象的内容与某个被认为有效之规范的内容相吻合。

b)规范与规范创设

法律认知指向的就是这样的规范,它们拥有法律规范的性质,并赋予某些构成要件以法律(或不法)行为的性质。因为法(它构成了这种认知的对象)是一种人类行为的规范秩
27 序,即调整人类行为之规范的体系。人们用“规范”来指:某事**应当***是或**应当**发生,尤其是某人**应当**以特定方式来行为。这就是某些有意指向他人行为的人类行为所拥有的意义。它们有意指向他人的行为,因为它们据其意义要求(去做)这一行为(命令),但也可能是允许尤其可能是授权——授予他人某种权力,尤其是自己去制定规范的权力——(去做)这一行为。它们属于——在此意义上被理解的——意志行为(Willensakt)。如果某人通过任意行为表述出这种意志,即他人要以特定的方式来行为,如果他要求、允许或授权(去做)这一行为,那么就不能用“那人会如此行为”这样的陈述,而只能用“那人应当如此行为”来描述其行为的意义。那些下命令[1]或作出授权的人,想要那些命令所指向、允许或授权所赋予的人应当(如此这般)。在这里,“应当”(sollen)一词是在一种比通常含义更宽泛的意义上来使用的。根据通常的语言用法,只有命令才对应于“应当”,允许对应的是“可以”(Dürfen),授权对应的是“能够”(Können)。但这里用“应当”来称呼某种有意指向他人行为之行为的规范性意义。这种“应当”同时包含了“可以”和“能够”。因为规范不仅可以下命令,而且也可以作出允许,尤其是可以进行授权。当被命令或允许采取特定行

* 全书黑体部分为原版作者所加。——译者注

[1] “下命令”应被修正为“下命令、允许”。

为的人,或被授权采取特定行为的人想要去追问这种命令、允
许或授权的理由(而非去追问被命令、允许或授权之行为的原 28
因)时,他只能问:为什么我应当(或者用通常的语言用法来
说:可以、能够)如此行为?“规范”是行为的意义,通过它某种
行为才会被命令或允许,尤其是被授权。这里要注意的是,作
为某种有意指向他人行为之行为的特殊意义的规范,有别于其
内容为这一规范的意志行为。因为规范是一种应然,而其内容
为这一规范的意志行为是一种实然。因而在这类行为的情形
中出现的事实必须要用这样的陈述来描述:某人想要他人应当
以特定方式来行为。这前半部分涉及一种实然,即意志行为的
实然事实,而后半部分涉及一种应然,即作为这一行为之意义
的规范。因此这一陈述(它一再被主张)就是不对的:某人应
当做某事,不外乎意味着另外一人想要(他)做某事,也即可以
将应然陈述还原为实然陈述。

实然与应然的区别无法在这里作进一步的澄清。它是直
接给定在我们的意识之中的。* 没有人能否认,“某事是什么”
的陈述(这种陈述被用以描述实然事实)在根本上有别于“某 29
事应当是什么”的陈述(这种陈述被用以描述规范);从某事是
什么无法推出某事应当是什么,就像从某事应当是什么无法推

---

* 应然的概念,就如同乔治·爱德华·摩尔(George Edward Moore, Principia Ethica, Cambridge, 1922, S. 7ff.)对于“好的”这一概念所说的:“‘好的’是一种简单的观念,就像‘黄色’是一种简单的观念那样。”简单概念是不可界定的,这也就是说,它是不可分析的。为了避免误解,必须要强调的是,实然与应然的差别直接给定在我们的意识之中,根本不意味着,应然的内容(应当去做且在此意义上是“好的”之事)可以直接通过某种特殊的精神能力去认识到,或者对于善和恶存在一种特殊的“直观”(Vgl. Karl Menger, Moral, Wille und Weltgestaltung, Grundlegung zur Logik der Sitten, Wien, 1934, S. 28)。应然的内容,即规定了某种实在的道德秩序或法秩序的东西,被意志行为所确定,并因此被确定而被认知。

出某事是什么那样。*

然而,实然与应然的二元论并不意味着,实然与应然就毫无关系。人们说,实然可以与应然相符,即某事可以如此这般,就像它应当如此这般;人们也说,应然“指向”实然,某事应当“如此”(是)。实然与应然相符,这一表述并不完全正确;因为并不是实然与应然相符,而是有时“是”(如此)的“某事”与有时“应当是”的“某事”相符,这可以被形象地称作实然的内容或应然的内容。人们同样可以这样来表述这一点,即特定的某事尤其是特定的行为既可以拥有“是”的属性,也可以拥有“应当是”的属性。在这两个陈述——“门被关上了”和“门应当被关上”——中,“关门”有时被说成是实然的,有时被说成是“应当的”。实然的行为与应当做的行为并不等同;但应当做的行为与实然的行为相像,除了这一状况(模态)——其中一个是实然的,而另一个是应当的。因此,在某个规范中被规
30 定为应当的行为必须与事实上相应的行为区分开来。但在规范中被规定为规范之内容,即被规定为应当的行为可以与事实上的行为相比较,因而被判断为与规范(规范的内容)相符或不相符。但作为规范的内容应当去做的行为并不是事实上与规范相符的行为。

但是,人们也将这种与规范相符的、实然的行为称为应当做的行为;从而认为,它就像它应当那般那样。“应当做的行为”这一表述具有两层含义。它可以用来称呼在规范中、被规定为规范之内容的应当去做的行为,即便这种应当做的行为并

* Arthur N. Prior, Logic and the Basis of Ethics, Oxford, 1944, S. 18. 用这样的语句来表达这一思想:“不可能从完全非伦理的前提中推衍出某个伦理结论。”

没有成为现实;但它也可以来称呼事实上存在的、与规范的内容相符的行为。当人们说,应然“指向”实然,规范“指向”事实上的行为时,他们想的是与规范的内容相符的事实上的行为(实然的内容与应然的内容相符),想的是实然的行为——它与规范规定应当做的行为相像,但与后者——由于模态的不同:一种情形中是实然,另一种情形中是应然——并不等同。

行为(其意义为某个规范)可以不同的方式被实施。比如通过某种姿势:交警通过其手臂的特定运动命令人们应当站住,通过另一种运动命令人们应当继续前进。通过其他符号:红色交通信号灯意味着命令汽车司机应当停车,绿色交通信号灯意味着命令他应当继续行驶。通过说出或写下的语词:一个命令可以命令句的语言形式被给出,如“闭嘴”!但也可以陈 31
述句的形式被给出,如“我命令你闭嘴”。允许或授权也可以这种形式被给出。它们是关于那类其意义为命令、允许、授权的行为的陈述;但这些语句的意义不是关于某种实然事实的陈述,而是应然规范,即命令、允许、授权。一部刑法可能包含这样的语句:盗窃者,处监禁。这一语句的意义并不像它的条文看上去那样是关于某个事实现象的陈述,而是一个规范:一个用监禁来对盗窃进行刑罚的命令或授权。立法过程是一系列行为,它们在总体上具有规范的意义。当人们说,借助于上述行为之一或通过立法过程的诸行为*“创设”或“制定”了某个

---

* 我不再坚持以前所主张的观点,即构成多数决的投票行为(借此某部制定法得以生效)不必然是意志行为,因为许多投票者对于他们所赞成的制定法的内容并不知晓,或只能十分不充分地知晓,而意愿的内容必须要为意愿者所意识到。如果某位议会成员赞成了某部他不知其内容的制定法,那么其意志的内容就是某种授权。投票者想要让他所赞成的制定法草案所包含的内容成为制定法。

规范时,那么这只是对于这一点的形象表达,即这一行为或构成立法过程的这些行为,其意义或含义是一个规范。但这里必须要区分主观意义与客观意义。“应当”是每一个意图指向他人行为之人的意志行为的主观意义,但并非每一个此类行为同
32 时在客观上也具有这种意义。只有当它同时具有应当的客观意义时,人们才称这种应当为“规范”。“应当”同时也是行为的客观意义,这一点表明,(上述意志行为所指向的)行为不仅从实施行为的个人,而且从不参与行为的第三方的立场出发都被视作是应当的;即便当那种意愿(它的主观意义是应当)事实上不再存在也同样如此,因为意义和应当并非同时随着意志一起消失;在意愿终止之后,应当依然“有效”——甚至当个人(根据意志行为的主观意义,他的行为是应当的)压根就不知道这一行为及其意义时它也依然有效,这个人被视为负有义务或享有权利去采取合乎应当的行为。如此,作为“客观的”应当,就成为“有效的”、拘束受众的“规范”。当意志行为(其主观意义是一种应当)被某个规范赋予这种客观意义时,当这一行为得到了某个规范(由此作为“更高的”规范而有效)的授权时,就是如此。一个劫匪的命令——“交出钱来”——与一位税务官的命令具有相同的主观意义,即命令所指向的个人应当交出一笔特定的钱。但只有税务官的命令而非劫匪的命令才具有这样的意义,即它是一个有效的、能对受众施加义务的规范。只有前者而非后者才是一种规范制定行为:因为税务官的行为得到了某部税法的授权,而劫匪的行为不以任何此类对他

进行授权的规范为基础。* 主观上具有应当之意义的立法行 33
为在客观上同样有此意义,即有效之规范的意义,这是因为宪
法赋予了立法行为以这种客观意义。假如预设这一前提,即人
们应当像立宪者规定的那样行为,那么立宪行为就不仅在主观
上而且也在客观上具有规范性意义。身处困境中的人向他人
请求帮助,其请求的主观意义在于,他人应当帮助他。但只有
当[例如由某个宗教创始人制定的关于邻人之爱(“爱你的邻
居”)的]一般性规范有效时,一条客观上有效的、对他人施加
义务的规范才会在此情形中出现;而只有当预设这一前提,即
人们应当像宗教创始人所命令的那样去行为时,这条一般性规 34
范才会作为客观上有拘束力的规范而有效。这种证立客观效
力的前提预设在此可以被称为基础规范(Grundnorm)。** 故而
不是某个指向他人特定行为之意志行为的实然事实,而只能又
是某个应然规范,从中——在客观意义上——可以推出这样一
个规范的效力:这个他人应当采取与这一意志行为之主观意义
相符的行为。

---

* 参见本书第 50 页。Ernst Mally, Grundgezetz des Sollens, Elemente der Logik des Willens, Graz, 1926. 这本书将“应当”刻画为意愿的意义(第 10 页)。这里所区分的作为意志行为之主观意义的“应当”与客观意义的“应当”,在马利那里就是“应当”与“事实上的”应当之间的区分。在马利看来,当引入“权利”的概念时,“事实上的”应当就出现了。某事应当去做,不代表“某事事实上应当去做。与此相关联是所有的权利。某个要求——即便是在这个词的主观意义上——是合理的,显然本身在某种方式上就是合乎要求的,是与某个应当相符的;只有当这一应当事实上存在时,它才可能在事实上是合理的……**(至少)存在一种事实上应当如此的事实**”(第 18 页)。我称某个行为之客观意义为应当,而马利称为“事实上的”应当。但这一表述是自相矛盾的,假如“事实”被理解为一种存在者的话。如果不外乎在前文中所称呼的意义上来理解规范的“客观”效力,那么罗斯的评论就是不对的(Alf Ross, “Imperatives and Logic”, Philosophy of Science, Vol. II, 1944, S. 36:“对客观效力的信仰只能在堆满宗教—道德形而上学的杂物间中拥有一席之地”)。

** 参见本书第 240~242 页。

规范(通过它某个行为被确定为是应当做的)同样可以通过构成习惯事实的行为被制定。如果在社会中共同生活的人们在经过一段时间后在某些相同的条件下以某种相同的方式来行为,那么对于个人而言就会形成这样一种意志,即像共同体成员习惯上所做的那样去行为。这些行为(它们构成了习惯的事实)的主观意义首先并不是应当。只有当这些行为经过一段时间后被遵守时,对于个人而言才会形成这样的观念,即应当像共同体成员惯常行为的那样去行为,以及这样的意志,即其他共同体成员同样应当如此来行为。如果某个共同体成员不像共同体成员惯常行为的那样来行为,那么他的行为就会为其他人所反对,因为他没有如这些人所意愿的那样去行为。故而习惯的事实就变成了某种集体的意志,它的主观意义
35 是一种应当。但只有当习惯被某个更高的规范指定为创设规范的构成要件时,构成习惯之行为的主观意义才能被诠释为客观上有效的规范。因为习惯的事实是由人类活动的行为构成的,所以通过习惯被创设的规范同样是通过人类活动的行为被制定的,故而是像作为立法行为之主观意义的规范那样的**被制定的**规范,即**实在的**规范。通过习惯既能创设道德规范,也能创设法律规范。假如共同体的宪法将习惯(具有特定资格的习惯)指定为创设法的构成要件,那么法律规范就是通过习惯被创设的规范。

最后要注意的是,规范不仅可以是意志行为的意义,也可能——作为意义内涵——是思维行为的内容。规范不仅可以被意愿,而且可以只是被想象而未被意愿的。这样一来,它就不是被制定的规范、不是实在规范了。这意味着:规范不必须

是被制定的，它可以只是在思维中被预设为前提。*〔2〕

c）规范的效力与效力范围

我们用“效力”（Geltung）一词来指规范的特殊存在。当我们来描述某个规范制定行为的意义或含义时，我们说：通过这一行为，任一人类行为被命令、指示、规定、要求、禁止，或容许、允许、授权。如果我们像先前所建议的那般，在一种包含所有这些含义的意义上来使用“应当”一词，我们就可以这样来表达某个规范的效力，即我们说：某事应当或不应当如此，或者应当或不应当去做。如果规范的特殊存在被称为它的“效力”，那么就由此表达出了它被给定的特殊方式（有别于自然事实的存在）。实在规范的“存在”，即它的效力，与意志行为（它的客观意义是这一规范）的存在是不同的。规范可以有效，即便意志行为（它的意义是这一规范）不再存在。甚至可以说，只有当意志行为（它的意义是这一规范）不再存在时，规范才开始有效。通过其有意指向他人之行为的行为来创设法律规范的个人，不必继续去意愿这一行为，从而使规范（它是他的行为的意义）有效。当作为立法机关来运作的人决议通过了一部规范特定情形的制定法，并使之生效时，他们通过决议致力于对其他对象予以规范；通过他们生效的制定法可以是 36

* 参见本书第29~30页。

〔2〕“最后……”这一段应被修正为“最后要强调的是，规范不仅可以是实际上被实施之意志行为的意义。如果规范只是在我们的思维中被预设为前提，如前面已经提到的基础规范，那么就是如此。因为在某个规范的应当与某个意愿（其意义为这个规范）之间存在关联，所以当在我们的思维中某个规范（它并非某个现实之意志行为的意义）被预设为前提时，同时被设想的就还有某个想象出来的意志行为（其意义是这一纯粹被设想出来的规范）。因此这一纯粹被设想出来的规范不是**实在的**规范，即不是通过某个**现实的**意志行为被指定的规范，而仅仅是一种被预设为前提的规范。”

有效的,即便这些人已经过世许久,也就是根本不可能再意愿什么了。将一般意义上的规范与特殊意义上的法律规范刻画为——立法者或国家的——“意志”或“命令”是不正确的,假如“意志”或“命令”被理解为心理上的意志行为的话。*

37 由于规范的效力是应然而非实然,所以规范的效力(Geltung)也必须要与它的实效(Wirksamkeit)——它是这样一种实然事实,即它事实上被适用与遵守,某种与规范相符的人类行为事实上发生了——区分开来。规范有效有别于它事实上被适用与遵守,即便效力与实效之间存在某种关联。只有当某个法律规范所调整的人类行为与它在事实上相符,或至少是在某种程度上相符时,这一法律规范才会被视为是客观上有效的。在任何时候、任何地方都不被适用和遵守的规范,即不具有(就像人们所常说的那样)哪怕是最低限度之实效的规范,不会被视作是有效的法律规范。所谓最低限度的实效构成了其效力的一个条件。但必然有可能存在与规范不相符之行为。一个规定某件人们从一开始就知道依据自然法则在各时各地都必然会发生之事应当发生的规范,与一个规定某件人们从一开始就知道依据自然法则终归不可能发生之事应当发生的规范一样,都是没有意义的。法律规范的效力和实效在时间上同样不会同时发生。法律规范在它具有实效,即被遵守和适用之前就已然生效了;在某部制定法颁布不久之后(因而尚无

---

* 参见 General Theory of Law and State, S. 29ff.。如果——像在文中那样——规范被标识为意志行为之意义,那么这本书中所提出的学说,即规范的效力并非一种心理学事实,因此也不是一种(作为心理上的意志行为的)命令,并且规范的效力必须要与规范的实效相区分,就会十分清晰。

实效之时)将它适用于具体个案的法院,适用的是有效的法律规范。但当法律规范长久没有实效之后,它就不会再被视为是有效的。就此而言,实效是效力的条件,因为实效必然加入法 38
律规范的制定,从而使法律规范不会丧失其效力。这里要注意的是,法律规范的实效(它将作为后果的制裁联结于作为条件的特定行为,故而将作为这种制裁之条件的行为定性为违法行为)不仅要被理解为,这一规范被法律机关尤其是法院所适用了,也就是说,制裁在具体案件中被命令和实施了,而且要被理解为,这一规范被服从法秩序的主体所遵守,即显现出这样一种行为,借此制裁得以避免。只要制定制裁的目的在于阻止(预防)作为制裁之条件的行为(违法行为),那么假如这种制裁终归没有适用的话,就会出现法律规范之效力的理想情形,因为关于在违法情形中所实施之制裁的想象会在服从法秩序之主体那里产生不去做违法行为的动机。如此一来,法律规范的实效就限于对它的遵守了。但遵守法律规范同样可能由其他动机引发,以至于有"实效的"并不固然是法律规范的观念,而是某种宗教规范或道德规范的观念。关于法律规范的效力与所谓实效之间的这种十分重要的关系,我们随后还会来谈。*

想一想这一表述:规范指涉特定的行为(这一行为构成了 39

---

* 参见本书第 263 页及以下。从只有在某种程度上有实效的规范才是有效的,推出效力和实效相等同,与从这一假设——"快乐"且只有"快乐"是"好的"——出发,推出"好的"与"快乐"相等同,犯了同样的逻辑错误。摩尔(Moore,op. cit,S. 10)称这种逻辑错误为"自然主义谬误"。"这可能是真的:一切好的事物**同样**也是某种其他事物(如有快乐的)……但有太多的哲学家们曾认为,当他们指明这些其他属性时,就实际上是在定义'好的';事实上,这些属性根本就不是'其他',而绝对和完全与'好'相等同。我所建议的这一观点被称为'自然主义谬误'……"

规范的内容),那么规范就同样可以指涉人类行为之外的其他事实,但只在此范围内指涉这些事实,即它们构成了人类行为的条件或效果。某个法律规范可能规定,在发生自然灾害的情况下,非直接相关者有义务尽可能向相关者提供帮助。当某个法律规范将谋杀置于死刑之下时,不法构成要件以及不法后果不仅存在于某种特定的即指向他人之死亡的人类行为之中,而且也存在于这一行为的特定效果之中:人的死亡。它是一种生理学过程,而非人类行动。因为人类行为及其条件和效果在时空中发生,所以这种空间和时间——规范所确定的构成事实在其中延展——就必须在规范的内容中被确定。一般意义上的调整人类行为之规范的效力、特殊意义上的法律规范的效力都是一种时空中的效力,只要这些规范以时空中的过程作为内
40 容。规范有效,总是意味着它对于任意空间和任意时间都是有效的;这意味着,它指涉的是某种只能在某时某地发生(即便也许事实上并未发生)之行为。

规范与空间和时间的关系就是规范的时空效力范围。这一效力范围可以是受限的,但也可以是不受限的。规范可以只是相对于某个确定的——也就是为它或其他更高位阶的规范所确定的——空间和确定的时间有效,即只调整确定的空间和确定的时间之内的事件。但它也可以——根据其意义——随时随地有效,即指涉无论在任何地点和任何时间都可能发生之事件。当它不包含任何特别的时空规定时,它的意义就是如此,假如没有其他更高位阶的规范限定了它的时空效力范围的话。这并不是说它没有时间和空间的效力范围,而只是说:并非相对于确定的空间和确定的时间(有效);它的时空效力范围是不受限的。规范的效力范围是其内容的一个要素,正如我

们还将要看到的那样,这种内容是被另一个位阶更高的规范在某种程度上预先决定了的。*

就实在规范的时间效力范围而言,必须要区分规范制定后和制定前的时间。一般来说,规范只涉及未来的行为,但它们也能指涉过去的行为。例如,一条将特定行为前提与作为制裁 41
之强制行为联系起来的法律规范规定,不是在此法律规范制定后而是制定前实施特定行为的人应当受到刑罚处罚;由此这一行为被定性为不法行为。** 如此一来就可以说规范具有一种溯及既往的力量。但就被它规定为后果的强制行为而言,法律规范也可能不仅涉及未来,而且涉及过去。它不仅可以规定,在它被制定前出现的某些条件下应当——在未来——确立某种强制行为,而且可以规定,某个在过去事实上被实施了的(但当时没有被认为是应当的即不具有制裁性质的)强制行为应当在过去被确立,以至于它现在作为应当的即作为制裁而有效。以此方式,如在纳粹德国的统治之下,某些构成法律上之谋杀的强制行为(因为它们被实施了)嗣后溯及既往地作为制裁被正当化了,而已作为它们之条件的行为嗣后则被定性为违法行为。一个法律规范可以溯及既往地废止一个在它制定前颁布之法律规范的效力,所以在过去之规范下作为制裁来实施的强制行为嗣后会被剥夺其作为刑罚(Strafe)或强制执行(Zwangsvollstreckung)的性质,而作为它们之条件的构成要件(人类行为)嗣后也会被剥夺其作为违法行为的性质。借助这种溯及既往的力量,例如,一个通过革命攫取统治的政府可以

---

* 参见本书第277页及以下。

** 参见本书第144页及以下。

42 通过制定法来废止先前政府所颁布的一部制定法,根据后者,革命党成员实施的某些行动会被作为政治犯罪来处罚。尽管已经发生之事不能变成未发生之事,但对长久以前发生之事所作的规范性诠释可以基于(在有待诠释之事件之后制定的)规范嗣后发生改变。

除了空间和时间的效力范围之外,还可以区分出规范之属人的和属事的(或内容的)效力范围。因为被规范所调整之行为是人类行为,是人的行为,所以在每个规范所确定的行为中,都可以区分出属人的要素和内容的要素,即应当以特定方式来行为的人,以及他应当如何行为的方式方法。这两个要素是彼此不可分地联结在一起的。这里要注意,规范所考虑的、服从于规范的并不是人本身,而始终只是人的特定行为。属人效力范围涉及规范所确定之行为的属人要素。这一效力范围同样既可以是有限的,也可以是无限的。一个道德秩序可以主张对所有人都有效,即这一秩序之规范所确定的行为是每个人的行为,而不仅是这一秩序中具备特定资格的人的行为。人们通常这样来表达这一点:人们说,这一秩序面向所有的人。某
43 个国家法秩序的规范所确定的行为,只是那些生活在这个国家领土上的人或——如果在其他地方——这个国家之公民的行为。人们说,国家法秩序只调整以此方式来确定的人的行为,只有这些人才是服从于这一国家法秩序的人,也就是说,属人效力范围限于这些人。只要看到要被规范之人类行为的不同方向:如经济的、宗教的、政治的行为等,就可以谈论一种属事的(内容的)效力范围。对于确定人的经济行为的规范,可以说它调整着经济;对于确定宗教行为的规范,可以说它调整着宗教;等等。人们谈论调整的不同对象,从而考虑的是这些

规范所确定之行为的不同方向。某个秩序之规范所调整的始终是人类的行为；只有人类的行为才是可以通过规范来调整的。人类行为以外的其他构成要件，只有在与人类行为相关联时，如前文所说的，只有在作为人类行为之条件或效果时，才能成为规范的内容。属事效力范围的概念可以通过举例来说明，例如，适用于这样的情形：一个整体法秩序——如在一个联邦制国家中——被划分为多个部分法秩序，它们的效力范围相对于它们所调整的对象来说是彼此界分的；例如，当成员国的法秩序只能调整十分特定的、在宪法中被列举出的对象，或者——就像我们通常所说的那样——只有对这些对象的调整才落入成员国的权能（管辖权）范围内，而对所有其他对象的调整却保留给联邦核心的法秩序（它同样只是部分法秩序）时，或者说落入联邦核心的权能范围内时，就是如此。但某个 44
整体法秩序的对事效力范围总是无限的，只要这个法秩序据其本质可以对服从于它的人的行为从每一方向上都加以调整。

d）积极与消极的调整；命令、授权与允许

通过规范秩序来调整之人类行为要么是这一秩序所确定的行动，要么是对这一行动的不作为。通过规范秩序对人类行为的调整是以积极的和消极的方式来进行的。首先，当某人被要求去实施特定的行动或对这一行动的不作为（如果被要求对某个行动保持不作为，那么这一行动就是被禁止的）时，人类行为就以积极的方式通过规范秩序得到了调整。某人的行为在某个客观有效的规范中被要求，等于说，此人有义务去实施这一行为。此人通过如规范所要求的那般去行为，就履行了他的义务，他就遵守了这一规范；如果实施了相对立的行为，他

就“违反”了这一规范,或者说“违反”了他的义务。当出现如
下情形时,人类行为同样在积极的意义上得到了调整:某人被
规范秩序授权通过特定行动去引发这一秩序所规定的特定后
45 果,尤其是——如果这一秩序调整着其自身的创设——创设规
范或参与规范的创设;或者通过规定强制行为的法秩序,某人
被授权在这一法秩序所规定的条件下去确立这一强制行为;或
者某个规范允许某人去实施特定的,否则要被禁止的行为,借
此禁止这一行为之规范的效力范围受到了限制。例如,通过某
个规范,某人被禁止针对他人去一般性地使用暴力,但根据某
个特殊的规范,在正当防卫的情形中这却是被允许的。通过如
同被某个规范授权去行动那样去行动,或者如同某个规范积极
地允许他所做的那样去行为,某人就适用了这一规范。由于被
某部制定法(一般规范)授权去裁判具体案件,法官通过其构
成个别规范的裁判将这部制定法适用于某个具体案件;由于被
某个司法裁判授权去实施特定的刑罚,执行机关适用了司法裁
判这一个别规范。在践行正当防卫时,人们适用了积极允许使
用暴力的规范。但对规范的适用同样出现在这样的判断之
中,即某人如同他被某个规范所要求或积极允许去做的那样去
行为了或没有那样去行为,或者他如同被某个规范授权去行动
的那样去行动了或没有那样去行动。

在最宽泛的意义上,每个人类行为(它在某个规范秩序中
被确定为前提或后果)都可以获得这一秩序的授权,并在此意
46 义上得到积极的调整。当出现如下情形时,人类行为就以消极
的方式得到了某个规范秩序的调整:这一行为没有被这一秩序
所禁止,没有得到对某个禁止性规范的效力范围进行限制之规
范的积极允许,因此只是在一种消极意义上被允许。允许的这

种纯粹消极的功能必须与允许的积极功能(因为它存在于一种积极的行为之中)相区分。当对禁止某个特定行为之规范通过这样一条规范来限制,它在这一条件——这些允许被赋予了获得此项授权的共同体机关——下允许否则要被禁止之行为时,允许的积极性质就体现得尤其明显。故而允许的——消极的以及积极的——功能在根本上与命令(要求)的功能相关。只有在一个命令(要求)实施特定人类行为的规范秩序中,特定的人类行为才会被允许。

“允许”一词同样在“授予权利”的意义上被使用。如果在 A 与 B 的关系之中,A 被要求容忍 B 以特定的方式来行为,那么就可以说,B 就被允许(这意味着,他有权)以这种方式来行为。而如果 A 被要求向 B 为特定之给付,那么就可以说,B 被允许(这意味着,他有权)来获得 A 的特定给付。如此一来,在前一种情形中,说 B 被允许以特定方式来行为,就不外乎是说,A 被要求容忍 B 以特定的方式来行为;而在第二种情形中,说 B 被允许获得 A 的特定给付,不外乎是说,A 被要求向 B
为特定之给付。B 的行为“被允许”只是对 A 的行为被命令之反 47
射而已。这种“允许”并不是有别于“命令”的规范秩序功能。*

e)规范与价值

如果某个规范将特定行为规定为应当(在“命令”的意义上),那么事实上的行为就可能与规范相符,也可能不相符。

---

* 就这一“允许”(在“授予权利”的意义上)而言,我以前曾拒绝命令性法(*imperative law*)与允许性法(*permissive law*)的区分。但就“允许”这个词的其他含义而言,这一区分必须得以维系;尤其是当“允许”也被理解为“授权”时就更是如此了。参见本书第 72~73 页。

当它如同规范规定应当如此这般地如此时,它就与规范相符;当它并非如同规范规定应当如此这般地如此(因为它与符合规范之行为正相对立)时,它就与规范相矛盾。某个事实上的行为如同某个客观上有效之规范所规定应当如此这般如此,这一判断是一种价值判断,并且是一种积极的价值判断。它意味着,这一事实上的行为是“好的”。某个事实上的行为并非某个客观上有效之规范所规定应当如此这般如此(因为它与符合规范之行为正相对立),这一判断是一种消极的价值判断。它意味着,这一事实上的行为是“坏的”“糟糕的”。客观上有效的规范(它将特定行为设定为应当的)构成了积极的或消极的价值。与规范相符的行为具有积极的价值,与规范相矛盾的行为具有消极的价值。被视为客观有效的规范作为事实上之
48 行为的价值标准起作用。陈述出这一点——事实上之行为与某个被视为客观有效之规范相符并在此意义上是好的(是有价值的),或者与这样一个规范相矛盾并在此意义上是坏的(糟糕的,即是没有价值的)——的价值判断必须要与现实判断区分开来,后者在不涉及某个被视为客观有效之规范(这意味着最终不涉及某个被预设为前提之基础规范)的前提下陈述出,某事是什么,以及它以何种方式存在。*

---

* 逻辑实证主义哲学学派的创立者莫里茨·石里克(Moritz Schlick)在其专著《伦理学问题》(Moritz Schlick, Fragen der Ethik. Schriften zur wissenschaftlichen Weltauffassung, Bd. 4, Wien, 1930, S. 11)中声称,规范(在他眼中尤其是道德规范)“完全不外乎是对现实之**事实上**的纯粹复述,也就是说,它只是陈述出这样的情况,在其中某个行动、意识或特征事实上被称为是‘好的’,即被评价为合乎道德的。创造规范只不过是在确定好的概念,伦理学所从事的就是去认识这一概念。”因此,根据他的说法,陈述出某个行为与某个规范相符的判断就是一种事实判断。这是不对的,因为道德评价(某个行为是好的这一判断)的意义并不是对现实之事实上的主张,不是一种实然的主张,而是一种应然的主张。当规范陈述出这样的情况,在其中某个行为是好的时候,它并不是在确定某个行为事

事实上的行为(它被价值判断所指涉,构成了评价的对 49
象,具有一种积极的或消极的价值)是一种在时空中存在的实然事实,是现实的一部分。(与规范相比)只有一种实然事实才能被判断为有价值的或没有价值的,才能具有一种积极的或消极的价值。被评价的是现实。* 只要构成价值判断之基础的规范是通过人类的意志行为而非超人类的意志行为来制定的,由它们所构成的价值就是任意的。通过其他的人类意志行为可以创设出与前述规范相矛盾之其他规范,它们构成了与前述价值相对立之其他价值。根据它们是好的事物,可能依据前者是糟糕的。因此,由人类而非某个超人类权威所制定之规范只构成相对的价值。这意味着:这样一个将特定行为设立为应当之规范有效,并不排除这样的可能,即一个将与此相对立之行为设立为应当、构成某种相对立之价值的规范也有效。例如,在一切情形中都禁止自杀或说谎的规范,与在某些情形中
允许甚至要求自杀或说谎的规范同等有效,不可能有什么理性 50
的方式来证明,只有这一个而非另一个规范可以被视作是有效

实上如何,而是它应当如何。规范并不是概念,或如同石里克所说的定义。关于某物的概念说的是,如果某物拥有概念之定义中所确定的性质,那么它就落入了这一概念之中,也就是说它就**是**概念所指称的事物;而如果它不拥有这些性质,那么它就不会落入这一概念之中,也就是说它就不是概念所指称的事物。概念说的并不是,某物**应当**拥有定义所确定的性质。善行(好的行为)的概念是:与某个规范相符的行为。这一概念包含三个要素:"规范"、"行为"以及作为"规范"与"行为"之间关系的"相符"。这一概念并没有说,某个行为**应当**与某个规范相符,而只是说,如果它与某个规范不符,它就不会落入善行这一概念之中,故而不**是**一种善行。行为**应当**与规范相符,是"规范"的意义,它与"行为"和"相符"一样都是善行这一概念的要素,而非这一概念的意义。行为之所以是好的,并不是因为它与概念相符,而是因为它与规范相符。它可以违反规范,但不可以违反概念。

* 关于这一问题——规范能否成为通过规范来评价之对象,尤其是这一问题——实在法如何能够被评价为公正的或不公正的,参见附录,第 442 页及以下。

的。人们可以将这一个或另一个规范(但不能同时将它们)视作是有效的。

但如果构成价值、规定特定行为的规范被想象成是从某个超人类权威、上帝或上帝所创造之自然出发的,那么它就会提出这样的主张,即排除规定与此相对立之行为的规范有效的可能。人们将通过此类规范构成的价值称作是绝对的;这与通过人类意志行为制定之规范所构成的价值正好相反。但对于一种科学价值论而言,只考虑通过人类意志行为制定的规范及其构成的价值。

如果价值由某个客观有效之规范构成,那么这样一种判断,也就是某种现实事物、某个事实上的人类行为是"好的"(有价值的)或"糟糕的"(无价值的),就表达出这样的意思:它与某个客观上有效之规范相符即应当如此(如它所是),或者它与某个客观上有效之规范相矛盾即不应当如此(如它所是),作为应然的价值就与作为实然的现实相对立,价值和现实——如应然和实然——就落入了两个不同的领域。*

---

* Alf Ross, Towards a Realistic Jurisprudence, Copenhagen, 1946, S. 42f. 针对我所主张的逻辑二元论,即实然与应然、现实与价值、实然事实与应然规范提出反对意见认为,这种二元论与对事实的规范性诠释,与对现实的评价不相容。"假如法理学对于规范体系兴趣寥寥,那么这一定是因为它必须以这种或那种方式被用来解释社会现实,这就是说,来确定后者与规范体系一致或不一致……"但如果实然与应然构成了两个不同的领域,那么说某个实然事实与某个应然规范相符或不相符的观点就是不可能的。这一反对意见是不对的。关于某事是什么的陈述与关于某事应当是什么的陈述具有完全不同的意义,从某事是什么推导不出某事应当或不应当是什么,就如从某事应当是什么也推导不出某事是或不是什么——这里就存在实然与应然的逻辑二元论——,这一点与此并不是不相容的,即——就像前面已然强调过的(第 8 页以下)——两者之间存在某种关系。因此,某事可以如其应当所是那般,某种现实可以是有价值的,这引起了,如是的"某事物"

如果将这一陈述——某个人类行为与某个客观上有效之规范相符或相矛盾——称为价值判断,那么就必须将这种价值判断与构成价值的规范相区分。作为判断,它可以是真的或假的,因为它指涉某个有效之秩序中的规范。如果有效的基督教 51
道德要求不仅要爱你的朋友,而且也要爱你的敌人,那么这一判断——依据基督教道德,爱你的朋友且恨你的敌人是好的——就是假的。如果依据现行法,小偷只应当被处以剥夺自由而非剥夺生命的刑罚,那么这一判断——判处一个小偷死刑是合法的——就是假的。相反,规范既非真,也非假,而只是有效或无效的。 52

所谓的司法"判决"(Urteil)* 与通过它来适用的制定法一样都不是什么逻辑意义上的"判断",而是规范,即个别的、其效力限于具体案件的规范,有别于被称作"制定法"的一般规范。

由被视为客观上有效之规范构成的价值,必须要与这种价值区分开来,它并非与某个这类规范之间存在关系,而是存在于某个客体与某人甚或许多人指向此的愿望或意志间的关系之中。依据这一客体是符合还是违背这种愿望或意志,它就具

(尤其是某个事实上的行为)可以等同于应当如是的"某事物"(尤其是某个被某规范规定为应当的行为)——除了模态之外,它在一种情形中是"是",而在另一种情形中是"应当"。为了想象一种与某应然相符之实然,一种有价值的现实,无须持这样的假定,即应然要被还原为特殊的实然,或者价值内在于现实。罗斯认为,如果可以确定在实然和应然之间存在相符或不相符(一致或不一致),就必然需要"这两个体系是可比较的,因而可能具有某些共同之处"。它们的共同之处,就是这"某事物",它应当如是、同时可以如是或并非如是。正如在关于某事是什么的陈述中,必须区分如是的"某事物"和对其进行叙说的"是"那样,也必须要在关于某事应当是什么的陈述中,区分应当如是的"某事物"和对其进行叙说的"应当是"。参见本书第 8 页以下。

* "Urteil"一词在德语中既有"判断"的意思,也有"判决"的意思。——译者注

有一种积极的或消极的价值，它就是“好的”或“糟糕的”。如果将这种判断（借此，某个客体与某人甚或许多人指向此的愿望或意志间的关系得以确定）称为价值判断，当它与这种愿望或意志相符时称这种客体为好的，当它与这种愿望或意志相矛盾时称这种客体为糟糕的，那么这种价值判断就与一种现实判断没什么区别；因为它只是确定了两个实然事实之间的关系，而非一个实然事实与一个客观上有效之应然规范之间的关系。它只是一种特别的现实判断而已。

53 如果某人关于某事是好的或糟糕的意见只是直接表达出了，**他**希望这件事发生（或相反），那么这一意见就不是什么价值“判断”，因为它并非认知的功能，而是意识的一种情绪要素；并且，如果它指向另一人的行为，那么它就是情绪上的赞成或不赞成的表达，如同“好！”或“呸！”这样的呼喊一样。

存在于某个客体，尤其是某个人类行为与某人甚或许多人指向此的愿望或意志间的关系之中的价值，可以被称为主观价值，以区分于存在于某个行为与某个客观上有效之规范间的关系之中的价值，后者可以被称为客观价值。如果特定人类行为是好的这一判断只是说它被另一人或其他许多人所希望或意愿，某个人类行为是糟糕的这一判断只是说相反的行为被另一人或其他许多人所希望或意愿，那么“好的”这一价值与“糟糕的”这一反面价值就只是对于希望或意愿这一行为或其对立行为的那个人或那些人才是成立的，而对于其行为被希望或意愿的那个人或那些人来说却是不成立的。如果特定人类行为是好的这一判断说的是它与某个客观上有效之规范相符，特定人类行为是糟糕的这一判断说的是它与某个客观上有效之规范相矛盾，那么“好的”这一价值或“糟糕的”这一反面价值就既适用于其行为被如此判断的人,也适用于其行为被客观有效之规范确定为应当的所有人,而这与他们本人是希望或意愿这一行为还是其对立行为无关。他们的行为具有一种积极的或消极的价值,这并非因为它——或其对立行为——被希望或意愿,而是因为它与某个规范相符或相矛盾。这里并不存在意志行为(其客观意义为规范)。 54

主观意义上的价值,即存在于某个客体与人类愿望或意志间关系之中的价值,与客观意义上的价值——存在于某个行为与某个客观上有效之规范间关系之中的价值——之间的区别同样在于,前者可能具有不同的程度;因为人类的愿望或意志具有不同的浓度,而对客观意义上的价值进行度量化则是不可能的,因为行为只能与规范相符或不相符、矛盾或不矛盾,而不能或多或少地相符或相矛盾。*

---

* 如果某个规范规定了某个在现实中能以不同程度被实现的行为,那么看上去就好像这一规范能以不同的程度也即或多或少地来相符。但这是一种幻觉。当某个规范规定谋杀应被处以 20 年监禁,而一家法院判处谋杀者终生监禁、另一家法院则判处谋杀者 10 年监禁时,这并不是说前一个判决"更多"而后一个判决"更少"地与被适用之规范相符,而只能说两者都与它不相符;只有判处谋杀者 20 年监禁的判决才与这一规范相符。即便某个规范只是规定谋杀应被处以剥夺自由的刑罚,而没有确定剥夺自由的程度,判处谋杀者终生监禁的判决也没有更多地与待适用之规范相符,判处谋杀者 20 年或 10 年监禁的判决也没有更少地与待适用之规范相符,而是所有这三份判决都以完全相同的程度与它相符,因为这一规范将剥夺自由程度的确定留给了法院。这种或多或少涉及的并不是相符,而是刑罚(它可以有不同的程度),而待适用之规范具有这样一种内容,它的刑罚以相等的程度与不同的措施相符。当某个规范规定借款要被偿还,而一位债务人获得了 1000 马克的借款但却只偿还了 900 马克时,他并不比当他偿还 1000 马克时与待遵守之规范"更少"相符,而是与待遵守之规范不相符,他没有履行其将收到的借款予以偿还的义务。"更少"的并不是这种相符,而是金钱的数量;他偿还的比之应当偿还的要来得少。而当债务人偿还了 1000 马克时,他并不比当他偿还 900 马克时与待遵守之规范"更多"相符;而是,当且仅当他偿还 1000 马克时,他才与这一规范相符,他才履行了其义务。即便当债务人出于错误或任意其他原因偿还了 1100 马克时,他也不比当他偿还 1000 马克时与待遵守之规范"更多"相符。因为随着他多付了 100 马克,他的行动已超出了待遵守之规范的领域之外。"更多"的并不是这种相符,而是被支付之金钱的数量。将这种或多或少和与规范相符扯上关系是一种逻辑错误。

55 如果将陈述出某种客观价值的价值判断称为客观价值判断,而将陈述出某种主观价值的价值判断称为主观价值判断,那么要注意,“客观的”和“主观的”这两个谓词涉及的是被陈述出的价值,而不是作为认知功能的判断。作为认知的功能,判断永远是客观的;这意味着,它必须是在不考虑判断者之愿望和意愿的前提下作出的。这完全是有可能的。人们可以确认特定人类行为与某个规范秩序之间的关系,也即是陈述出这一行为与这一秩序相符或不相符,而自己不对这一规范秩序
56 采取情感上的立场,也即是赞成还是不赞成。依据基督教道德爱你的敌人是否是好的,对这一问题的回答及由此给出的价值判断可以也必须要在不考虑这一点的前提下作出,即那些不得不回答这一问题及由此给出价值判断的人是赞成还是不赞成对敌人的爱。依据现行法谋杀者是否应被处以死刑,因而针对谋杀的死刑在这一法的意义上是否是有价值的,对这一问题的回答可以也必须要在不考虑这一点的前提下作出,即那些不得不回答这一问题的人是赞成还是不赞成死刑。当且仅当如此时,这种价值判断才是客观的。

当判断陈述出了某个客体尤其是人类行为与指向它的某人甚或许多人之愿望或意志之间的关系,也即某种主观价值时,只要它是判断者在不考虑这一点——他本人是希望或想要这一客体还是它的对立物,是赞成还是不赞成这一行为——的前提下,径直确认这一事实——某人甚或许多人希望或意愿某个客体或其对立物,尤其是赞成或不赞成特定行为——来作出的,这种价值判断就是客观的。

针对这里所作的两种价值判断——一种陈述出了客观价值(它确认了人类行为与被视为客观上有效之规范之间的关

系,因此与现实判断有着根本区别),另一种陈述出了主观价值(它确认了某个客体尤其是人类行为与这一事实间的关系,即某人甚或许多人希望或意愿这一客体或其对立物,尤其 57
是赞成或不赞成特定人类行为,因此只是特殊的现实判断)——之间的区分,有人可能会提出反对意见,认为即便是前一种价值判断也同样是现实判断。因为构成价值判断之基础的规范被认为是由某个人类的命令行为制定,或通过习惯——通过经验现实中的事实——来创设的。因而事实尤其是事实上的行为与规范之间的关系被认为同样只是经验现实中之事实之间的关系。这一反对意见忽视了,命令行为或习惯的事实与通过这些事实被创设的规范是两件不同的事:一个是事实,另一个是意义内涵。因此,事实上的行为与规范之间的关系,和这一行为与实然事实(其意义为这一规范)之间的关系,是两种不同的关系。我们完全有可能在不考虑命令行为或习惯之事实(规范通过此被创设)的前提下,陈述出某个行为与将这一行为设定为应当的规范之间的关系。当涉及这类规范时,情形十分显然就是如此:有些规范是在很久以前被制定的,它们由早已故去且被遗忘了的人所创设。尤其是,有些规范由过去一代人的习惯所形成,故而现在它们只被这些人(它们调整着他们的行为)意识到为意义内涵。如果特定行为被判断为道德上好的或糟糕的——因为与某个客观上有效之规范相符或相矛盾,那么可以说大多数时候人们压根就没有意识 58
到那种习惯——借此,构成这一判断之基础的道德规范得以创设——的存在。但首先要注意的是,从法律认知的角度来说,终归只有当行为(借此法律规范得以创设)通过法律规范被确定时,它才会被考虑到;而构成这些规范之终极效力基础的基础规范终归不是通过某个意志行为[3]被制定的,而是在法律思维中被预设的。*

客体,尤其是人类行为与目的之间的关系也被称为价值。合乎目的是积极的价值,而违背目的是消极的价值。"目的"既可以被理解为客观目的,也可以被理解为主观目的。客观目的是一种**应当**被实现的,也即被某个被视为客观上有效之规范所规定的目的。它是一种由某个超自然或超人类的权威为一般意义上的自然或特殊意义上的人类所设定的目的。主观目的是某人自己设定的目的,也即他希望实现的目的。因此,存在于目的—相符(关系)中的价值,与存在于规范—相符(关系)或希望—相符(关系)中的价值是等同的。

如果忽略这一点(构成目的之事或被企图之事是客观上应当去做的或主观上被希望去做的),那么手段与目的之间的关系就是原因与效果之间的关系。某事合乎目的,意味着它适合
59 于实现这一目的,也即是适合于作为原因引发作为效果的构成目的之事。某事合乎目的这一判断既可以是一种主观价值判断,也可以是一种客观价值判断,端视目的具有主观性还是客观性。但这类价值判断只有基于对因果关系(它存在于被当作手段的事实与被当作目的的事实之间)的洞见才是可能的。只有当人们认识到,A 和 B 之间存在原因和效果的关系,A 是作为效果之 B 的原因时,人们才能得出这种(主观的或客观的)价值判断:当作为目的的 B 被希望或被某个规范规定应当(去实现)时,A 就是合乎目的的。这种涉及 A 和 B 之间关系

[3] "某个意志行为"应被修正为"某种现实的意志行为"。

* 关于规范之制定与预设之间的区别,参见本书第 58~59、242 页及以下。

的判断之所以是(主观的或客观的)价值判断,只是因B被预设为主观的或客观的——被希望的或被某个规范规定应当(去实现)的——目的。*

5. 社会秩序 60

a)规定制裁的社会秩序

一个人的行为可以——但不必然——与一个或多个他人形成关系,这意味着某人可以相对于另一人以特定方式来行为;但人的行为也可以相对于人以外的其他客体,相对于动物、

---

* 有时手段与目的之间的关系会被展示为一种"应当"。西季威克(Henry Sidgwick, *The Methods of Ethics*, Sixth Edition, London, 1901, S. 37)说,"'应当'这一观念……属于'假定命令句',后者规定了最适合实现任何我们可能决定去瞄准之目的的手段。当(例如)一位医生说,'假如你想要健康,你就应当早起',这跟说'早起是获得健康的必不可少的条件'不是一回事。后面这个命题表达出了前者所立基的生理事实之间的关系;当'应当'一词所意味的并不仅仅是事实之间的这种关系;它同样意味着,接纳某个目的但却拒绝接纳获得其必不可少的手段是不合理的。"在被西季威克引为例证的语句中,"应当"一词与这种"应当"——某个道德规范规定特定行为为应当——的意义并不等同。英语"应当"(ought)同样在"必须"的意义上被使用。在德语中,人们说(这是更准确地):谁想要目的,就必须要手段。这种"必须"表达出了手段(作为原因)与目的(作为效果)之间的因果必然性。西季威克的主张,即这一语句:如果你想要健康,你就"应当"(更正确的说法是:"必须")早起,其意义有别于这一语句:"早起是健康必不可少的条件",这是不对的。前一个语句中的"应当"同样没有表达出想要健康但又拒绝早起之人的行为的非理性,也没有表达出如果想要健康就同样想要早起之人的行为的理性。只有当从人们想要将某事作为目的会合乎逻辑地推导出人们想要合适的手段时,才会是如此。但这是谬论。从人们想要某个目的既不能推出人们想要合适的手段,也不能推出人们应当想要这种手段。这一规范(人们应当想要这种手段)无法从这一实然事实(人们想要这种目的)中推导出来,而只能从这一规范(人们应当想要这一目的)中推导出来。西季威克将道德上的应当如是等同于理性上如是;他认为,采取道德上好的行动等义于理性的行动,采取道德上糟糕的行动等义于非理性的行动。他谈及"我们判断为对的行动,和应当作为'合理的'去做之事",并说"错误的行为在本质上是非理性的。"这种等同是他所接受的实践理性(它规定我们应当如何行动)概念的结果(同上引,第23页及以下)。关于这种实践理性概念的不可靠,参见本书第513页及以下。

植物和无生命的对象以特定方式来行为。一个人与一个或多个他人之间的关系既可以是直接的,也可以仅是间接的。谋杀是谋杀者相对于被谋杀者的行为。它是一种人对人的直接关
61 系。谁要是毁灭掉某个有价值的对象,他的行动就是直接地相对于某个物,间接地相对于一个或多个他人(他们对此物拥有利益,尤其是它是他们的财产)的。调整与他人之间具有直接或间接之关系的人类行为的规范秩序,是一种社会秩序(Gesellschaftsordnung)。道德和法就是这类社会秩序。逻辑的对象是一种不具有社会属性的规范秩序。因为这类秩序的规范所调整的是人类的思考行为,它们不涉及他人;人们并不“相对于”他人来思考,就像人们要相对于他人来行动那样。某人相对于一个或多个他人所实施的行为,可能对于这个或这些他人来说是有害的或有益的。从一种心理学—社会学的立场出发来看,每一种社会秩序的功能都在于:引发服从于这一秩序之特定的人类行为,促使这些人不去实施某些出于任何原因对于社会——也即对他人——有害的行动,而去实施特定的对于社会有益的行动。提供这一动机性功能的是要求或禁止特定人类行动的规范观念。

依据人类行动被要求或禁止的方式方法,可以区分出不同的类型(理想类型而非平均类型)。社会秩序可以要求某种特
62 定的人类行为,而不将任一后果联结于对这一命令的遵守或不遵守。但它也可以要求某种特定的人类行为,同时将对某种利益、回报的确保联结于这一行为,或将某种不利、惩罚(在这一

语词的最广泛的意义上使用)*联结于相对立之行为。以回报或惩罚来回应特定人类行为,这一原则就是报应原则(Prinzip der Vergeltung)。回报和惩罚可以用制裁(Sanktion)的概念来概括。但通常情况下,只有惩罚,即特定行为所遭受之恶的结果(剥夺某些利益,如生命、健康、荣誉、经济价值)而非报答才被称为制裁。

最后,社会秩序可以直接这样来要求特定行为(法秩序就是如此):它将某种不利,即对上述利益的剥夺(这是最广义上的惩罚)联结于相对立之行为,以至于只有当相对立之行为构成了某种(狭义上之)制裁的条件时,特定行为在这一社会秩序的意义才可以被视为是被要求的,也即在法秩序的情形中才可以被视为是在法律上被要求的。如果某个社会秩序,如法秩序,这样来要求某种行为,即它针对相对立之行为情形规定应当施加某种制裁,那么就可以用这一语句来描述这一事实情境:在特定行为情形中,应当出现某种特定的制裁。由此就已然说出,作为制裁之条件的行为是被禁止的,与其相对的行为是被要求的。制裁的应当包含了对行为(它是制裁的特殊条件)的禁止,以及对相对立之行为的要求。这里要注意的 63
是,特定行为"被要求"或"被禁止"并不意味着这一行为或与其相对立之行为是应当的,而是这一行为的后果即制裁是应当的。被要求的行为并不等同于应当的行为;应当的是制裁。如果不实施制裁被作为某种制裁的条件,那么实施制裁就是被要求的,其内容就是一种义务。假如并非如此,它就只能作为被

* 此处德语原文为"Strafe",在法律语境中一般指"刑罚",但此处指的是一般意义上的"惩罚",所以作者说是在这一语词最广泛的意义上使用。——译者注

授权而非被要求的。因为它不能是无限递归的,所以在这一序列中终极的制裁只能是被授权的,而非被要求的。

由此可知,在这样一个规范秩序中,同一个行为在此意义上可以同时“被要求”和“被禁止”,而这一情形可以没有任何逻辑矛盾地被描述出来。这两个语句:A 应当如是,和 A 不应当如是,彼此相互排斥;它们所描述的规范只能有一个有效。两者不能同时被遵守或被适用。但这两个语句:如果[4]有 A 则应当有 X,和如果有非 A(没有 A)则应当有 X,彼此之间并不相互排斥,两个由此被描述的规范[5]可以同时有效;在某个法秩序中可能存在这样一种情形(事实上也存在这种情形,就如我们还将要看到的那样),其中特定人类行为和与其相对立之行为同时以某种制裁为后果。这两个——将制裁设定为应当的——规范可以各自有效,并在事实上被适用,因为它们并

64 不相互矛盾,这意味着,它们可以没有任何逻辑矛盾地被描述出来。但在这两个规范中表达出了两种彼此对立的政治倾向,尽管不是逻辑矛盾,但却是一种目的论冲突。这一情形是可能的,但它在政治上是不令人满意的。因此,法秩序通常包含着这样的规定,据此两个规范中的一个可以变为无效或被废止。

只要作为制裁起作用的恶(最广泛意义上的惩罚)以违背相关者之意志的方式,并在遇到反抗时通过运用外在暴力来实

---

〔4〕“这两个语句……如果”应被修正为“如果特定行为和与其相对立的行为同时被当作某种制裁的条件,就出现了这种情形。这两个规范:‘A 应当如是’与‘A 不应当如是’彼此相互排斥,只要两者无法为同一个体同时遵守或适用。只有一个规范能有效。但这两个规范:如果”。

〔5〕“两个由此被描述的规范”应被修正为“两个规范”。

施,那么这种制裁就具有强制行为(Zwangsakt)的性质。将强制行为规定为制裁,即针对特定人类行为之反应的规范秩序,是一种强制秩序(Zwangsordnung)。但强制行为不仅可以被规定为制裁(正如我们将要看到的,法秩序就涉及这种情形),即被规定为针对特定人类行为的反应,而且也可以被规定为针对不被社会所期待之构成要件的反应,后者并非展现为某种特定的人类行为,因此也不被视为是被禁止的。

从一种心理学—社会学的立场来看,规定回报或惩罚是为了使对回报的希望和对惩罚的畏惧成为社会所期待之行为的动机。但这一行为事实上可能会由其他动机所引发,而非对秩序所规定之回报的希望和对秩序所规定之惩罚的畏惧;而根据其固有的意义,秩序可能会在规定其制裁的同时没有顾及这样的动机,它们事实上在具体情形中导向了以它们为条件的行 65
为。秩序的意义被复述在这一陈述之中:在特定行为情形——无论出于何种动机,它事实上都会出现——中应当出现某种制裁(广义上的制裁,包括回报和惩罚)。是的,某个秩序只想将回报联结于某一行为,如果它并未被对回报之希望所激发的话。例如,当依据某个道德秩序,荣誉居然给予那些只为自身的利益而不为荣誉去行事的人时,就是如此。因为前文也谈及了某个秩序的“实效”,所以这里要强调的是,“有实效的”一词在原本意义上只适用于规定回报或惩罚的秩序,只要在因果关系上,构成这一制裁之条件的行为是被对回报的希望所引发,或相对立之行为是被对惩罚的畏惧所引发的。但当人类行为大体上符合某个秩序时,人们也可以说这个秩序是“有实效的”,而无须考虑它是由何种动机所引起的。实效的概念在此具有一种规范性的而非因果性的意义。

b)存在不含制裁的社会秩序吗?

与规定制裁(广义)之社会秩序形成鲜明对立的,是对特定行为作出要求,但却没有将这一行为联结于报偿或将相对立之行为联结于惩罚的社会秩序。在这种社会秩序中,报应原则并不适用。这样一类社会秩序主要是道德,恰恰由此它就与作
66 为规定制裁之秩序的法区分开来。耶稣的《登山宝训》就旨在建立一种不规定制裁的道德秩序,在其中他十分坚决地拒绝了旧约的报应原则(以恶偿恶、以善报善)。"你们听见有人说,以眼还眼,以牙还牙。只是我告诉你们,你们不当与恶作对"(这意味着,你们不应当用恶去对抗恶)。"你们听见有人说,当爱你的邻人(这是爱你的人),恨你的仇敌(这是恨你的人)。只是我告诉你们:去爱你们的仇敌……"(这意味着,不要以恶去报复恶,而要善待对你做恶的人)。"你们若单爱那爱你们的人(这意味着,如果你们只用善去回报善),你们又能有什么回报呢?就是税吏不也是这样做的吗?"* 耶稣在这里所指的显然是神的回报。即便是在这种高度早熟的道德体系中,报应原则也没有完全被排除在外,尽管不是尘世的而是神的回报。这种回报让那些在尘世中放弃运用它,即不以恶报恶、不仅以善报善的人看到了希望。而即便是天国的惩罚也属于这一体系(它拒绝尘世间的惩罚)。它是一种超验的、规定制裁的,[6] 且在此意义上宗教性的、并非不含制裁的道德秩序。

---

* Matthäus, V, 38, ff.

[6] "超验的、规定制裁的"应被修正为"规定超验制裁的"。

为了判断一种不含制裁之道德秩序可能与否,必须要注意到,当某个道德秩序要求特定行为时,它同时也要求某一主体被要求之行为要为其他主体所赞成,而相对立之行为则要为其他主体所不赞成。谁要是不赞成被要求之行为,或赞成相对立 67
之行为,就采取了不道德的行为,他本身就会在道德上被不赞成。伙伴们的赞成和不赞成也会被感受为回报和惩罚,因此可以被诠释为制裁。有时它们相比于其他形式的回报和惩罚来说是更有实效的制裁,因为它们满足或违背了人的认同渴望,而这是自我保存本能最重要的要素之一。这里要注意,要求特定行为的道德规范,与规定不赞成某个违反它的行为的道德规范之间存在一种根本性的联系,它们在效力上构成了一个整体。因此有疑问的是,区分包含制裁的社会秩序与不含制裁的社会秩序究竟是否可能。社会秩序唯一值得考虑的区分并不在于有的规定了制裁,而有的没有规定制裁,而在于不同类型的制裁。

c)超验的和社会固有的制裁

在某个社会秩序中被规定的制裁要么具有超验的性质,要么具有社会固有的性质。依照服从于秩序之人的信仰,超验制裁是从超人类的层级发出的。这种信仰构成了原始人心态的一种特殊要素。原始人依据报应原则来诠释直接涉及其利益
的自然过程:对其有利的结果被视为是对遵守既有社会秩序的 68
回报,而对其不利的结果被视为是对不遵守既有社会秩序的惩罚。* 依照早期人类的宗教观念,(最初大概是)亡者的灵魂用

* 参见本书第 107 页及以下。

狩猎成功、庄稼丰收、战争胜利、健康、多子多孙、长寿来酬报被社会认为是好的行为,用相反的手段,尤其是用疾病和死亡来惩罚被社会认为是糟糕的行为。这种对自然的社会诠释让自然看上去像是规范性的、规定制裁的社会秩序。这一秩序完全具有一种宗教的性质。但即便是在高度发达的宗教的层面,例如犹太—基督教,对自然的规范诠释也扮演着一种不容小觑的角色。当今日之文明开化了的人遭遇不幸时,他会本能地去追问:我犯了什么过错,以至于要遭受这样的惩罚,并倾向于将他的幸运视为对认真履行上帝之命令的回报。就这一角度而言,高度发达的宗教与原始宗教的区分只在于,它们在尘世中自我实现之制裁之外还加上了那些只能在天国中——不是被亡者的灵魂,而是——被上帝所施加的惩罚。这些制裁是超验的,不仅因为它们从某个超人类的,因而是超越社会的层级出发,而且因为它们在社会之外甚至在此在的世界之外,在某个超验的领域中实现。*

69 与超验制裁完全不同的是这类制裁,它们不仅在尘世、在社会中自我运作,而且也被人即社会成员所实施,故而可以被称为社会固有的制裁。它们可能存在于伙伴们以任意方式表达出来的单纯的赞成或不赞成之中,或存在于特殊的、由秩序来进一步确定的行为之中,这些行为通过某些被社会秩序所确

---

* 旧约的“十诫”所建立的宗教社会秩序(2. Moses,XX)是被某个超验的权威,即上帝耶和华直接颁布的。构成这一秩序之规范的语词作为上帝自己说出的被展示为:“而上帝说过所有这些话……”但这一立法行为是在尘世中进行的,因为耶和华在西奈山顶上达成了这一目的。这一社会秩序规定了制裁,既包括惩罚也包括回报。耶和华说:“我是位狂热的神,恨我的,我必追讨他的罪,自父及子,直到三四代;爱我、守我诫命的,我必向他们发慈爱,直到千代。”“不可妄称耶和华—你的神之名;因为妄称他之名的,耶和华必不以他为无罪。”“你应当孝敬父母,使你的日子在耶和华—你的神所赐你的地上得以长久。”

定的个人,在这一秩序所调整的一种程序中被设定。如此一来,人们就可以称为社会有组织的制裁。最古老的这类制裁是原始社会中被践行的血亲复仇。这一制裁是原始社会秩序对于谋杀的回应,它是某个由血缘共同体构成之群体(或窄或宽的家族)的成员对另一个群体的成员(以自然的或神秘的方式)所做的。群体内的谋杀一开始只能通过从被谋杀者之灵魂出发的复仇来施加超验的制裁。但因为亡者的灵魂只在其 70
本身的群体中才拥有力量,所以另一个群体的成员所犯的谋杀只有通过受害者亲属的行为来报复。只有不履行复仇义务才处于被谋杀者灵魂之复仇的超验制裁之下。这里值得注意的是,这种最古老的社会有组织的制裁最初具有群体间的性质。只有当社会共同体包括更多以血缘共同体为基础的群体时,也即是超越了家族共同体时,它才会成为一种群体内的制裁。

从社会学的立场来看,宗教在发展过程中有三个要素尤为突出:超人类层次的集权、这一层次权力的增长以及这一层次与人类之间距离的同步增长。从许多的亡灵变成了少数的神,最终变成唯一的一位全知全能、被迁移到天国的上帝。报应这一社会思想是如何支配这一发展过程的,尤其明显地体现在:人类相信,除了此在的世界外还要加上一个彼在的世界,与回报和惩罚的原则相应,后面这个世界自身被分为两半,即善的天堂和恶的地狱。

值得一提的是,就与报复观念相符的两种制裁即回报和惩罚而言,后者在社会现实中相比于前者扮演着重要得多的角色。这不仅体现在,最为重要的社会秩序即法从根本上使用这种制裁,而且尤其清晰地体现在当社会秩序仍然具有一种纯宗 71
教性质的时候,也即是被超验制裁所确保的时候。原始人合乎秩序的行为,尤其是对大量禁令的遵守(所谓的禁忌)主要通过对严重的恶的担忧——借此超人类之层级(亡灵)对于违反传统秩序的行为进行了回应——来确定。对回报的渴望相比于支配原始人之生命的担忧只具有一种从属性的意义。而即便是在文明人的宗教信仰——依此,神的报应没有或不仅在尘世中被实施,而且实现于天国之中——中,担忧首先针对的也是可预料到的死后之惩罚。关于地狱作为惩罚之场所的观念,要比大多数时候很模糊的那幅画面(人们使自己存活于天堂之中,这就是对于虔敬的回报)要鲜活得多。即便满足希望的幻想没有被设定任何门槛,但它只能产生一种超验的秩序,它与原始社会的秩序没有根本的差别。

6. 法秩序

a)法:人类行为秩序

法的理论必须首先从概念上确定其研究对象。为了能获
72 得关于法的定义,有必要首先从语言用法出发,即确认德语中"法"这个词以及在其他语言中之对照物(law,droit,dirtto等)所具有的含义。要确认的是,用这个词来称呼的社会现象是否显现出共同的特征,由此它们能与其他类似的现象区分开来;以及这些特征是否足够重要,以至于可以被用作社会科学知识的概念要素。这一研究的结果完全可能是,"法"这个词及其他语言中的对照物被用于指称如此不同之对象,以至于无法用任何共同的概念来概括它们。但对于这一语词及其对照物的使用而言,这并不正确。因为如果我们对不同民族和不同时代

称为“法”的对象进行比较,就马上会发现,它们全都被展示为人类行为秩序。“秩序”是规范的体系,它的统一性由此构成,即它们都拥有相同的效力基础;而规范秩序的效力基础——正如我们将会看到的——在于基础规范,从中可推导出所有属于这一秩序的规范的效力。只要一个具体的规范属于特定法秩序,它就是法律规范;而如果它的效力建立在这一秩序之基础规范的基础上,它就属于特定法秩序。

法秩序的规范调整着人类行为。看起来它只涉及文明民族的社会秩序,因为在原始社会中,动物、植物甚至无生命之事 73
物的行为也同样被法秩序以与对待人类相同的方式来调整。例如,我们可以在《圣经》中读到,* 一头杀死了某个人的公牛——显然要被惩罚——应被处死。在古代雅典有一家特殊的法庭,一块石头、一柄标枪或其他某个对象在庭上被提起诉讼,可能是因为借由它们某个人被(也许是无意地)杀死了。** 在中世纪,仍有可能针对动物(如一头造成某人死亡的公牛)或针对毁灭了庄稼的蝗虫提起诉讼。被起诉的动物以合法形式被判决和处以死刑,完全就像一个人类犯罪者那般。*** 假如法秩序所规定的制裁不仅针对人类,而且针对动物,那么这就意味着,不仅人类的行为而且动物的行为都为法所要求;但这

---

* 2. Moses, XXI ,24ff. 这里说道:“如果一头公牛撞了一个男人或女人,他(她)死了,就当用石砸死这头公牛而不吃它的肉;这样公牛的主人就是无罪的。但如果这头公牛不久前还爱用角顶人,并且它的主人已被告知这件事,但没有看管好它,而它杀死了一个男人或女人,那么就当用石砸死这头公牛,并当处死它的主人。”这段话与关于杀人和伤害身体的刑罚规定相关,它位于这段话之后数行:“以眼还眼、以牙还牙、以手还手、以脚还脚”,这是《圣经》对报应原则的表述。

** 参见 Demosthenes, *Rede gegen Aristokrates*, 76; Platon, *Gesetze*, 873; 以及 Aristoteles, *Verfassung der Athener*, Kap. 57。

*** 参见 Karl v. Amira, *Tierstrafen und Tierprozesse*, Innsbruck, 1891。

意味着,当法所要求之事被视为某种法律义务(Rechtspflicht)
74 之内容时,[*]不仅人类,而且动物都被视为在法律上负有实施
特定行为之义务。这种从我们今日之观点看来很荒谬的法律
内容可以追溯到这样一种万物有灵论的观念:不仅人类,而且
动物和无生命的对象都有“灵魂”,因而它们与人类之间不存
在根本差异。所以,规定制裁以及相应法律义务的规范既可以
适用于前者,也可以适用于后者。现代法秩序只调整人类行
为,不调整动物、植物和无生命之对象的行为,因为它们只针对
前者而不针对后者施加制裁。但这一点不能排除,这些法秩序
不仅针对人类,而且针对动物、植物和无生命之对象去规定某
种特定的人类行为。例如,杀死某些动物在一般意义上或在某
些时代、损坏某些类型的植物或具有历史价值的建筑物会被以
刑罚来禁止。但是,通过这类法律规范调整的并不是被如此保
护的动物、植物和无生命之对象,而是刑罚威胁所指向的人类
行为。

这种行为可以是一种积极的作为或消极的不作为。但只
要法秩序是一种社会秩序,它就在此意义上以积极的方式[**]调
整着人类行为,即这种行为——直接或间接地——指涉他人。
它是某个人相对于其他一个、多个或所有人的行为;是人们之
75 间的相互行为(这构成了这一规整的对象)。某人与其他一个
或多个人之间的关系可以是一种个人关系,如这些规范所涉及
的情形:每个人都有义务不杀害他人;或债务人有义务支付给
债权人特定的金钱;或所有人都有义务尊重他人的财产。但这
种关系也可以具有集体性。由某个将服兵役规定为义务的规

---

* 关于法律义务的概念,参见本书第 149 页及以下。

** 参见本书第 19 页及以下。

范所调整的行为不是某个人相对于其他特定个人的行为，就像禁止谋杀之规范的情形那样，而是相对于法律共同体，也即是相对于所有服从法秩序的人、属于法律共同体的人的行为。当自杀未遂被处以刑罚时，情形也是一样的。在此意义上，前面提及的关于动物、植物和无生命之对象的规范也可以被诠释为社会规范。只有当法律权威——正确或不正确地——认为特定人类行为对于人类法律共同体有价值时，他才会要求这一行为。这种与法律共同体的关系最终对这类人类行为——它涉及与某个特定他人之间的个人关系——的法律调整也具有决定性。通过对债务人施加义务之法律规范来保护的不仅仅是甚或更多不是具体债权人的利益；而是法律权威所假定的法律共同体的利益，即维系特定经济体系。

b）法：一种强制秩序 76

被称为法的社会秩序的另一个共同特征在于，它属于这种意义上的强制秩序，即以某种强制行为，即某种恶——如剥夺生命、健康、自由、经济利益和其他利益，这种恶有违与此相关者自己的意志，有必要时通过外在暴力的运用即以强制的方式来施加——来回应被认为不受期待的、具有社会危害性的特定情境，尤其是这类人类行为。通过作为制裁起作用的强制行为对与此相关者施加恶，这要被理解为，这一行为通常被与此相关者感受为恶。但有时可能会有例外情形出现，也就是并非如此。例如，某人犯罪之后，出于懊悔希望自己遭受法秩序所规定的惩罚，因而认为这种惩罚是好的；或者某人之所以为不法之事就是为了享受为此设定的监禁刑，因为这能保障他的食宿。但正如已说的，这只是例外。对于作为制裁起作用的强制行为可以假定认为,它通常会被与此相关者感受为恶。在此意义上,被称为法的社会秩序是人类行为的强制秩序。它们要求特定的人类行为,因为它们将强制行为联结于相对立之行为,这种强制行为是针对如此行为之人(或其亲属)的。这意
77 味着,它们授权特定的个人,针对另一个人去实施某种作为制裁的强制行为。被某个法秩序所规定的制裁是——有别于超验的——社会固有的和——有别于以单纯的赞成和不赞成来体现的——社会有组织的制裁。但借助于它们所规定的强制行为,法秩序不仅可以对特定人类行为作出回应,也可以(正如还将要进一步说明的)对其他危害社会的构成要件作出回应。换言之,如果说法秩序所规范的强制秩序始终是特定人类行为的话,那么它所联结的条件就不必然是某人的特定行为,而也可以是另一种——出于任意原因被视为对社会有危害的——事实。法秩序所规范的强制行为可以——如我们后面还将要看到的那样——被指涉法秩序的统一性,可以被归属于由法秩序所构成之法律共同体,可以被诠释为法律共同体对某个被视为具有社会危害性之事实的反应——如果这一事实是个特定人类行为的话,可以被诠释为制裁。法是一种强制秩序,这意味着它的规范规定了可归属于法律共同体的强制行为。这并不意味着,在任何时候被实施时都要使用外在的暴力。只有当这种实施遇到抵抗时这才会发生,但通常情况下不会如此。

现代法秩序有时还会包含这样的规范,它们会规定对于某些成就予以奖励,如授予头衔和勋章。但这并不是一切被称为
78 法的社会秩序的共同特征,也不是标示这类社会秩序之本质功能的特征。它们在这种作为强制秩序起作用的体系中只扮演

着一种完全是次要的角色。此外,与授予头衔和勋章相关的规范和规定制裁的规范之间存在根本性的联系。因为获得头衔或勋章(这是一种标记,其主观意义是一种表彰)要么在法律上不被禁止——也即不是某种制裁的条件,故而以消极的方式被允许;要么——这是通常情形——它在法律上被积极允许,即当没有明确通过授予(头衔或勋章)来允许时要禁止,要作为制裁的条件。如此,这一法律状况就只能被描述为通过某个规范来实现对规定制裁之禁止规范的效力的限制,故而与这样一个强制规范相关。

作为强制秩序,法有别于其他社会秩序。强制要素指的是这种情形:被秩序规定为某种被视为具有社会危害性之事实的后果的行为,同样要以违背与此相关者之意志的方式,且通过——在遇到反抗时——运用外在暴力来实施。它是决定性标准。

α)法秩序所规定的强制行为:制裁

一旦法秩序所规定的强制行为作为对法秩序所确定的人类行为之回应出现,那么这种强制行为就具有制裁的性质,而 79
强制行为所针对的这种人类行为就具有了被禁止之违法行为、不法或非法的性质;这与这样的行为正相对立,后者被视为被要求的或合法的,这种行为是要避免运用制裁的。法是一种强制秩序,并不意味着——就像这一点有时会被主张的——"强迫"实施合法的、为法秩序所要求的行为就属于法的本质。这一行为并不会通过设定强制行为被强迫实施,因为恰恰并非当被要求之行为实现时,而只有当被禁止的、违法的行为实现时,强制行为才会被设定。甚至作为制裁起作用的强制行为恰恰就是针对这种情形的规定。考虑到这一有问题的主张——

法通过规定制裁促使人们去实施被要求之行为,因为避免制裁的愿望会引发这一行为的动机,这能够以此来反驳:激发这种动机只是法的一种可能的而非必要的功能,合法的即被要求的行为同样可以由其他动机来引发,并十分频繁地由其他动机,如宗教的或道德的观念所引发。激发动机的强制是一种心理的强制;这种强制(法的观念,尤其是它所规定的制裁对服从法律的主体践行着它,因为它成为被要求的合法行为的动机)不得与对强制行为的规定相混淆。每个在某种程度上都
80 有实效的社会秩序都践行着心理强制,有一些——例如宗教的社会秩序——甚至在比法秩序更高的程度上这样做。这种心理强制并非法区分于其他社会秩序的特征。法是一种强制秩序,并不是说它——或更正确的说法是,它的观念——践行着心理强制;而是说,它将强制行为,即强制剥夺生命、自由、经济利益和其他利益规定为它所确定之条件的后果。这些条件首先——但正如我们已经说过的且还将进一步看到的,不仅仅——是特定人类行为,这些行为由此——它们被当作某种强制行为的条件,这种强制行为指向如此行为的人(或其亲属)——被禁止,成为违法行为,并这样被阻止,而相对立的、对社会有利的、被期待的、合法的行为则应当被引发。

β)法律共同体对强制的垄断

如果说不同法秩序在由它们所规定的、可归属于法律共同体之强制行为(它们总是体现为对前述利益的强制剥夺)方面大体上是一致的话,那么它们在这些强制行为所联结的条件,尤其是人类行为(与之对立的行为应当通过规定制裁被引发)方面就大相径庭了。这涉及通过法秩序来确保的、社会所期待的状态(它体现在合法行为之中),涉及由法律规范所构

成的**法律价值**(*Rechtswert*)。如果将法从其原始阶段直至现代 81
国家法阶段的发展历程都考虑在内,就可以在有待实现之法律价值方面确认某种发展到更高阶段之法秩序所共同的趋势。它是这样一种趋势,它——在发展过程中日趋增强——禁止践行外在暴力,禁止个人对个人使用暴力。因为这是以此方式发生的:这类暴力的运用被当作制裁的条件,但制裁本身却又是一种强制行为即暴力的运用,所以对暴力运用的禁止只能是一种有限的禁止,必须要始终区分被禁止的暴力运用与被允许的暴力运用,也就是被授权作为对社会不期待的事实作出回应的暴力运用,尤其是被授权作为对具有社会危害性之人类行为作出回应(作为制裁)的、可被归属于法律共同体的暴力运用。但这一区分并不意味着,没有被法秩序授权作为可被归属于法律共同体之对被视为具有社会危害性之事实作出回应的暴力运用,必须要被这一秩序所禁止,即这类行为必然是违法的,是不法的或非法的。在原始法秩序中,尚未完全禁止运用不具有这种性质的暴力,即可被归属于法律共同体之对被视为具有社会危害性之事实作出回应的暴力;甚至杀人也只是在有限的范围内被禁止。只有杀死同族的自由人而非杀死外邦人和奴隶
才被视为不法。只要不被禁止,杀死外邦人和奴隶就在这种消 82
极的意义上是被允许的;但没有被授权为制裁。然而,慢慢地这一原则得到了贯彻:对外在暴力的一切运用都要被禁止,如果它没有——作为对这一原则的限制——被特别授权为可被归属于法律共同体之对被视为具有社会危害性之事实作出的回应的话。如此一来,法秩序就以穷尽的方式确定了行使外在强制力的条件和个人。因为被法秩序授权行使强制的个人可以被视为法秩序的机关或——这说的是一个意思——由法秩

序所构成的共同体,所以强制行为的行使可以通过这些个人被归属于由法秩序所构成的共同体。* 继而,在此意义上就出现了法律共同体对强制的垄断。如果出现如下情形,这种对强制的垄断就是分权式的:被授权实施法秩序所规定之强制行为的个人不具有特殊的、分工运作之机关的性质,而是由法秩序授权相信自己受到他人之违法行为侵害的个人针对他人去运用暴力,也即是尚存在自力救济原则(Prinzip der Selbsthilfe)。

83 γ)法秩序与集体安全**

当法秩序确定了行使外在暴力的条件和个人时,它就保护了那些服从它的人免遭来自他人的暴力运用。如果这种保护达到了某种最低的限度,就可以称为集体的——因为由作为社会秩序之法秩序来确保的——安全。当法秩序建立了垄断强制的制度时,即便只是一种分散的对强制的垄断,故而即便是自力救济原则尚存时,也可以假定这种针对暴力运用之最低限度的保护实现了。人们可以在这类状况中看到最低程度的集体安全。但人们也可以对集体安全的概念作严格理解,即只有当法律共同体对强制的垄断达到最低限度的集中,以至于自力救济至少在原则上被排除在外时,才去谈论集体安全。当发生如下情形时,它就出现了:至少对这一问题——在具体情形中是否存在违法行为,谁要对这种违法行为负责——的决定权被从直接参与冲突的主体那里剥夺,并被转移给一个特殊的、分工运作的机关,即一家独立的法院;这一问题——一种暴力的

---

* 关于这一问题,即在哪些条件下一个由特定个人所实施的行为可以被归属于法律共同体,参见本书第 189 页及以下。

** 参见 Kelsen: Collective Security under International Law, U. S. Naval War College. International Law Studies, Washington, 1957。

运用是不法行为还是可归属于共同体的行动,尤其是一种制裁——可以客观方式被决定。故而集体安全可以有不同的程度,它主要依赖于这一程序(通过它来确认具体情形中是否存 84
在制裁这一强制行为所联结的条件,并通过它来实施这一强制行为)被集权化的程度。当法秩序为此目的设置了具有义务性权能和核心执行机关的法院(它们可以在如此程度上使用必要的强制手段,以至于反抗通常显得没有希望)时,集体安全就达到了最高程度。在现代国家中就是如此,它是一种最高程度集权化的法秩序。

集体安全致力于和平。因为和平是外在暴力运用的缺位。法秩序确定了运用暴力的条件和个人,它建立了法律共同体垄断强制的制度,从而使这一由它构成之共同体实现了和平。但法的和平是一种相对的而非绝对的和平。因为法并不排斥暴力的运用,即人对人的外在强制。它并非无强制的秩序,就如种乌托邦式的无政府主义所要求的那样。法是一种强制秩序,而作为强制秩序又是一种——在其发展后——安全秩序,也即是和平秩序。但正如人们从严来把握集体安全的概念,并且只有当共同体对强制之垄断出现某种集权倾向时才能假定存在集体安全,人们也可以假定,只有在法律发展的某个更高阶段,即至少在原则上禁止自力救济,因而出现狭义上的集体安全的阶段,才会带来法律共同体的和平。事实上,在法 85
律发展的原始阶段,严格说来即便是法律共同体的相对和平也谈不上有。只要不存在法院以客观的方式来确认被禁止的暴力运用是否出现,每个相信自己的权利被他人侵害的人便都被授权去运用作为制裁(作为对被体验到的不法的回应)的暴力,而这一暴力运用所针对的个人同样被授权用一种暴力运用

(它可以被证成为制裁,即作为对被体验到之不法的回应)去回应这种暴力运用,只要血亲复仇是一种法律制度,决斗便在法律上被允许甚至受到法律的调整,只要只有杀死同族人而非杀死奴隶和外邦人才被认为是不法,只要在国家间的关系中战争不被国际法禁止,就不能很好地主张:这种法律状态必然是一种和平状态,对安全的保障就是法的一项根本的功能。* 人们只能够主张,法的发展具有这种趋势。故而即便将和平视为一种绝对的道德价值或一切实在道德秩序所共有的价值(事实上并非如此,正如我们随后将会看到的那样),对安全的保障、为法律共同体带来和平也不可能被称为对于一切法秩序而
86 言具有根本性的道德价值,或一切法所共有的"最低限度的道德"。

对一切暴力运用的禁止表达出了这样的趋势,即扩展被法秩序当作强制行为之条件的事实的范围;而这种趋势在发展过程中远远超越了这种禁止,因为不仅暴力的运用,还有不具有这种性质的行动以及纯粹的不作为都被联结于作为后果的强制行为。如果法秩序所规定的、作为对社会具有危害之人类行为的特定回应的强制行为出现了,而规定它的功能在于阻止这类行为(个别的或一般的预防),它就具有特殊和严格意义上的制裁的性质;特定人类行为在这一意义上被当作某种制裁之条件,这一状况与此具有相同意义,即这一行为在法律上被禁止,也就是说是一种不法行为、一种违法行为。这种制裁的概念与不法的概念处于关联之中。制裁是不法的后果;不法(或

---

* 这是对我在《法与国家的一般理论》(第22页以下)中阐述的关于法与和平之关系的观点的一种并非无足轻重的修正。

违法)是制裁的条件。根据原始法秩序,制裁对于不法构成要件的回应完全是分散的。它被交给了因不法而利益受侵害的个人。这些人被授权在具体情形中去确认被法秩序一般性地确定的不法构成要件,并去实施法秩序所确定的制裁。这里占支配地位的是自力救济原则。在发展过程中,制裁对于不法构
成要件的这种回应越来越集权化,因为不仅对于不法构成要件 87
的回应,而且对制裁的实施都被保留给了分工运作的机关,即法院和执行机构。自力救济原则被尽可能地限制了。它不能被完全排除掉。即便在现代国家(在其中制裁对于不法构成要件之回应的集权化达到了最高程度),仍然留有最低限度的自力救济。这就是正当防卫(Notwehr)的情形。但在现代高度集权化的法秩序中,还有一些其他几乎未被法理论所注意到的情形,在其中(即便只是在有限程度上)对外在强制的运用并未被保留给特殊的机关,而是留给了直接利益攸关的个人。这就是现代法秩序也会承认的父母在教育子女时所享有的惩戒权(Züchtigungsrecht)。就此而言它是有限的,因为运用它时不得损害子女的健康,不得进行虐待。但是对于这一问题的决定,即子女的何种行为可以被视为施加体罚的条件——这也就意味着这些行为被视为是教育学和社会所不期待的,原则上留给了父母,他们可以将这一权利转让给职业教育工作者。

δ)不具有制裁性质的强制行为

在——尤其是从司法国家到行政国家的*——发展过程
中,被当作强制行为之条件的构成要件的范围也被扩大为,不 88
仅包括不受社会期待的人类作为与不作为,也包括其他不具有

---

* 参见本书第366页及以下。

不法构成要件性质的构成要件。属于此的主要有这样一些规范,它们授权特定的、被定性为警察局的共同体机关去剥夺那些被怀疑犯法之个人的自由,以确保针对其提起司法诉讼,因为首先要确认的是,他们是否干了被怀疑的违法行为。剥夺自由的条件并不是相关个人的某种特定行为,而是对这种行为的怀疑。警察机关可能被法秩序授权对个人采取所谓的预防性拘留,也即是为了保护他们免受违法侵害(他们被威胁受这种侵害)而剥夺他们的自由。现代法秩序规定将具有公共危害性的精神病人强制隔离在收容所中,将携带传染病的人强制隔离于医院之中。同一类型的还有出于公共利益的要求强制没收财产,当携带传染病时强制消灭家畜,有倒塌的危险时或为了制止火势蔓延而强制拆毁建筑。依据专制国家的法,政府被授权将拥有不受欢迎之思想、宗教或种族的人关进集中营,强迫他们从事任意劳动,甚至杀死他们。人们可能会将这类措施判断为道德上最恶劣的,但人们不能将它们视为是处于这些国
89 家的法秩序之外的。从其外在的构成要件看,所有这些行为都展示出与死刑、自由刑和民事强制执行一样的对生命、自由、财产的强制剥夺。正如已经提及的,它们与这些制裁的区别只在于,这些强制行为没有作为后果被联结于特定人所实施的法律上被确认的、不受社会期待的特定的作为或不作为,它们的条件不是特定人所做的法律上被确认的不法行为或违法行为。不法行为或违法行为是特定的人类行动或对这类行动的不作为,由于不受社会期待,它通过此方式被禁止,即它——或更正确的说法是,在某种法律确定之程序中对它进行的确认——被联结于某种强制行为,它被法秩序当作这种被规定的强制行为的条件之一。而这种强制行为作为制裁(在不法后果的意义

上）只能由此与其他由法秩序所规定的强制行为相区分，即构成这一强制行为之条件的构成要件是一种由法秩序确定的、法律上被确认的、不受社会期待的作为或不作为，而不被定性为不法后果意义上之制裁的强制行为则以其他构成要件为条件。* 这些强制行为当然能被诠释为制裁，如果人们不将这一概念限于对特定人类行为（其存在已在法律上被确认）进行回应的情形，而是扩张至这些情形：强制行为尽管作为对特定人类行为即违法行为的回应出现，但它针对的特定之人所行使的 90
违法行为尚未在法律上得到确认，就像警察强制剥夺犯罪嫌疑人之自由的情形那样；强制行为作为对某个压根还没有被犯下，但可预料在未来可能发生的违法行为之回应出现就像将危害社会的精神病人强制隔离于收容所，或具有不受期待之思想、宗教或种族的人强制隔离于集中营，只要这种隔离是为了制止他们去从事某种危害社会的行为（法律权威认为——不管对不对——他们有能力去从事这一行为）。这一动机显然是这类限制自由之措施的基础，当爆发战争时，这些措施被一个国家用于控制那些生活在这个国家的领土上的敌对国的成员。如果制裁的概念被扩张至这一意义，那么它就不再与不法后果的概念相重合。这种广义上的制裁不必然跟随在不法行为之后，它可以在不法行为之前出现。最后，制裁的概念可以被扩展至一切被法秩序规定的强制行为，如果人们不外乎想要用它来表达出，法秩序通过这一行为对某种不受社会期待的事实作出了回应，并通过这一回应表达出了这一事实的不受期待性。事实上，这是一切被法秩序规定的强制行为的共同特征。

---

* 不法及不法后果（制裁）的概念将在本书第 141 页及以下被讨论。

如果采取这种最广泛意义上的制裁概念,那么就可以用这种二选一的方式表述出法律共同体对强制的垄断:人对人的强制要
91 么是不法行为,要么是制裁(但在这里,制裁不仅要被理解为对不法行为,即特定人类行为的回应,而且要被理解为对其他不受社会期待之事实的回应)。

ε)最低限度的自由

作为规定制裁之社会秩序,法不仅在积极的意义上调整着人类行为,即以这样的方式来要求这类行为:它将某种强制行为作为制裁联结于相对立之行为,从而禁止这一相对立之行为,而且也在消极的意义上调整着人类行为,即它不将任何强制行为联结于特定行为,故而这一行为不被禁止,而相对立之行为也不被要求。法律上不被禁止之行为——在这种消极的意义上——就是法律上被允许的。因为特定人类行为要么被禁止、要么不被禁止,并且因为不被禁止就被法秩序视为是被允许的,所以法秩序中的人所实施的任何一种行为都可以被视为受到这一法秩序(在积极的或消极的意义上)的调整。只要人的行为被法秩序——在消极的意义上——所允许,也就是它不被法秩序所禁止,这个人在法律上就是自由的。

法秩序径直借此——法秩序不禁止此人从事特定行为——消极地赋予此人的自由,必须与这种自由区分开来,后
92 者是法秩序积极地保障此人所享有的。人的自由(它体现在,他被允许从事特定行为,因为没有被禁止这样做)只是在此范围内得到法秩序的保障,即这一法秩序要求他人尊重这种自由,禁止他们侵入这一自由的领域,也即禁止这种行为——借此某人被阻止去从事他不被禁止、在此意义上被允许的行为。只有这样,这种不被禁止并在此消极意义上被允许的行为

才是正当的,也即作为某项权利(它是对某项相对应之义务的反射*)的内容起作用。只是并非每个——在不被禁止这种消极的意义上——被允许的行为都通过对他人阻碍这一行为的、与之相对立的行为的禁止来保障,也并非相对于某人的每个这类被允许之行为都有相对应的他人之义务。某人的特定行为可能不被法秩序所禁止并在此意义上是被允许的,同时他人的与此行为相对立的行为也不被法秩序所禁止,以至于这一行为同样是被允许的。因而某人的特定行为可能不会被禁止,因为他与他人之间不存在关系,甚或他不会给他人带来损害。但也并不是某人的每个会给他人带来损害的行为都会被禁止。例如,某座房屋的所有人在紧挨着他地产边界的那堵墙上打了一
个洞,安装了一架风扇,就不会被禁止。这也同样不会被禁止: 93
邻地的所有人在其土地上建了一座房屋,它的一堵墙紧挨着邻居家房屋的那堵装了通风口的墙,以至于那架风扇无法被使用。继而,一个人被允许去阻止另一人被允许去做的事,即通过风扇将空气导入他房屋的房间之内。如果某个人的行为不被禁止(并在此意义上被允许),它又与他人不被禁止(并在此意义上被允许)的行为相对立,那么就可能发生冲突,对此法秩序没有做任何预防措施。它并不寻求像避免其他冲突那样去避免这种冲突,即对某人的与他人之行为相对立的行为加以禁止,或者换言之,禁止实现某人的与他人之利益相对立的利益。法秩序压根就不可能去阻止一切可能的冲突。被现代法秩序毫无例外地予以禁止的,是通过运用外在暴力去阻止他人的不被禁止的行为。因为运用外在暴力,即实施强制行为,在

---

* 参见本书第165页以下。

原则上是被禁止的——只要它并不被积极地允许由特定人去做,只要没有特定人被授权这样去做。

因为法秩序——就像所有规范性社会秩序那样——只能要求完全确定的作为和不作为,所以人就绝不可能被法秩序限制作为其全部存在(其外在和内在行为、行动、意愿、思维和感
94 受整体)的自由。法秩序可以或多或少地限制人的自由,因为它可以或多或少地对他提出要求。但最低限度的自由,即不受法律的拘束性(一种没有任何命令或禁止能侵入的人类存在的领域),始终是要被确保的。即便是在一个如此专制的法秩序中尚有像不可转让之自由这回事;不是作为一种人类与生俱来的自然权利,而是作为对人类行为之积极调整的技术性限制的可能。但正如已强调的,只有当法秩序禁止侵入这一自由领域时,它才能被视为得到了法律保障。就这一角度而言,所谓受宪法保障的自由权具有特殊的政治意义。在此它涉及这类宪法规定,通过它们立法机关的权能被限制在,要么根本不被授权,要么只在增加难度的条件下被授权去制定要求或禁止人们从事特定类型之行为(如宗教活动、思想表达)的规范。*

c)作为规范性强制秩序的法;法律共同体与"匪帮"

人们有时习惯于以这样的方式将法刻画为强制秩序,也就是说,法通过强制行为的"威胁"——某些恶,如剥夺生命、自
95 由、财产等——来要求实施特定人类行为。但这一表述忽略了法秩序规定一般的强制行为以及特殊的制裁的规范性意义。威胁的意义在于,在特定条件下会遭受某种恶;法秩序的意义

---

* 参见本书第179页及以下。

在于，在某些条件下**应当**会遭受某种恶，更一般地说就是，在特定条件下**应当**实施特定强制行为。这不仅是制定法之行为的主观意义，而且也是它的客观意义。恰恰因为这被诠释为它的客观意义，所以它被认可为法律制定行为、规范创设行为或规范执行行为。路匪的行为，* 即以任意的恶为威胁命令某人将钱交给他，具有——正如前文已经强调过的——应然的主观意义。如果以这种方式来展示这一命令所创设的境况，即人们说：某个人表述了一种针对另一个人之行为的意志，那么人们由此就只是将前者的行为描述为一种事实上发生的实然过程。但另一人的行为（它为前一人的意志行为所意图）不能被描述为一种实然的过程，因为这另一人还未采取行动，他也许根本就不会以被意图的方式来行为。他**应当**只是——按照前者的意图——如此来行为。他的行为不能被描述为一种实然的行为，它只能被描述为一种应当的行为——如果要去把握这一命 96
令行为的主观意义的话。每种这样的情境——在其中某个人表达了指向另一个人之行为的意志——都必须这样来描述。就这一角度而言，也就是只要只考虑相关行为之主观意义，对路匪之命令的描述与对法律机关之命令的描述就没有区别。只有当不仅某个人指向他人之命令的主观意义，而且它的客观意义也被描述时，区别才会显现出来。继而，我们赋予法律机关的命令而非路匪的命令以一种能拘束受众之规范的客观意义。这意味着，我们将其中一者的命令而非另一者的命令诠释为一种客观上有效的规范。如此一来，对于不履行命令与某种

---

* 作为法律共同体之国家与匪帮之间的区分问题是由奥古斯丁（Augustinus）在他的《上帝之城》中抛出的（Augustinus，Civitas Dei，IV，4，auf.）。

强制行为间的关联,我们在其中一种情形中看到的是赤裸裸的“威胁”,即这样一种陈述:**会**遭受某种恶;而我们在另一种情形中则将这种关联诠释为,**应当**遭受某种恶。故而我们将事实上遭受的恶在后面提及的情形中诠释为对某个规定强制行为、客观上有效之规范的适用或施行,而在前一种情形中诠释为——只要我们终归在进行规范性诠释——违法行为,因为我们用规范——我们将这些规范视为某些行为(恰恰因此,我们将其诠释为法律行为)的客观意义——来指涉这一强制行为。

但为什么我们在一种情形中将这一行为的主观意义同样诠释为其客观意义,而在另一种情形中则不这么做呢?对于一种**不预设前提的**观察来说,法律制定行为同样只具有应然的主观意义。
97 为什么我们假定,在两个都具有应然之主观意义的行为中,只有一个能创设出客观上有效的即具有拘束力的规范呢?或者换言之,我们视之为这一行为之客观意义的规范,其效力基础何在?这是个关键问题。

对这种判断——其中我们将这些行为诠释为法律行为,即其客观意义为规范的行为——进行分析后可以得出答案;它指出了使这一诠释成为可能的**前提预设**。

让我们从前面已经提到过的这种判断的情形出发,借助这种判断我们将一人杀死另一人诠释为执行死刑判决,而非谋杀。这一判断的基础在于,我们认可这种杀人行为是对法院裁判的执行,这一裁判将这种杀人规定为刑罚;这意味着,我们给法院的行为附加上了一种个别规范的客观意义,并将实施这一行为的人诠释为法院。我们之所以这样做,是因为我们认可法院的这种行为是对制定法,即规定强制行为之一般规范的施行,我们不仅将其视为特定人(恰恰因为如此,我们将这些人诠释为立法机关)所实施之行为的主观意义,而且将其视为它的客观意义。我们之所以这样做,是因为我们将立法行为视为对宪法,即这类一般规范——据其主观意义,恰恰这些人被授权去制定规定强制行为的一般规范——的施行。故而我们将这些人诠释为立法机关。通过这样做——我们不仅将对这一立法机关予以授权的规范视为特定人所实施之行为的主观意义,而且视为其客观意义,我们就将这些规范诠释为宪法。如 98
果涉及的是历史上第一部宪法,那么只有当我们**预设了**人们会采取与这一行为之主观意义相符的行为,也就是人们**应当**在被诠释为宪法规范所确定的条件下,以宪法规范所确定的方式去实施强制行为,即只有当我们预设了一个规范,据此要被诠释为立宪的行为应被视为一种制定客观上有效之规范的行为,且实施这一行为的人应被视为立宪的权威时,这才有可能。

这一规范——我们随后还会作进一步的阐述*——就是某个国家法秩序的基础规范。它并非是由某个实在的法律行为来制定的,而是——正如对我们的法律判断之分析所说明的——被预设的,**如果**相关的行为被诠释为立宪行为并且根据这部宪法所实施的行为被诠释为法律行为的话。确认这一前提预设,属于法律科学的一种根本功能。在这一前提预设中存在法秩序最终的,但据其本质仅是有条件的且在此意义上假设性的效力基础。

由此,我们就在这一情境中看到了一种仅仅是国家的或民族的法秩序,也即是一种限于其特定空间(所谓国土)之领土效力范围的法秩序。国际法秩序的效力基础(它的领土效力

---

* 参见本书第240页及以下。

99 范围没有如此限制),以及国际法秩序与国家法秩序之间的关系这里先不予考虑。*

在前文的语境中已经提到,规范的效力(人们应当如同规范所规定的那般去行为)与规范的实效(人们事实上如此行为)不能混淆,但这两者之间可能存在一种根本性的关系:只有当构成法的强制秩序大体上具有实效时,它才会被视为有效的。这意味着,构成某个法秩序之效力基础的基础规范只涉及作为某个有实效之强制秩序的宪法。只有当人类事实上的行为大体上与指向这一行为之行为的主观意义相符时,这一主观意义才会同样被认可为它的客观意义,这些行为才被诠释为法律行为。

现在我们可以来回答那个问题了:为什么我们不赋予路匪下达的那个以死亡相威胁的命令以这种客观意义,即它是一个对受众有拘束力的也即是有效的规范?为什么我们不将这一行为诠释为法律行为?为什么我们将对这一威胁的实现诠释为违法行为,而不是对某个制裁的施行?

如果涉及的是个别人的个别行为,那么之所以它不能被视为法律行为,它的意义不能被视为某个法律规范,是因为法——就如强调的那样——不是单个的规范,而是规范的体
100 系,是一种社会秩序,而只有当特殊的规范属于这样一种秩序时,它才能被视为法律规范。或许当涉及一个有组织的帮派——它使特定地域由此变得不安全了,即它以恶相威胁去强迫生活在那里的人交出他们的钱和值钱的东西——的体系性活动时,才堪与法秩序相比。如此一来,调整这一被定性为

* 参见本书第 270 页及以下、第 407 页及以下。

“匪帮”之团体的成员之相对立[7]行为的秩序,就要与外部秩序,也就是这一帮派之成员或机关以恶相威胁指向外部人的命令区分开来。因为只有针对外部人时,这一团体才被确认为“匪”帮。假如匪徒之间的抢劫和谋杀行为不被禁止,就仍没有出现任何共同体,任何匪“帮”。尽管如此,即便是这一帮派的内部秩序也会经常与被视为法秩序之强制秩序(匪帮的活动落入了它的领土效力范围之中)发生冲突。之所以构成这一共同体的、包含着内在和外部秩序的强制秩序不被诠释为法秩序,之所以它的主观意义(人们应当采取与之相符的行为)不被诠释为它的客观意义,是因为没有预设任何这类基础规范,即据此人们应当采取合乎这一秩序的行为,也就是应当在这一秩序所确定的条件下、以它所确定的方式来践行强制。但——这是关键问题——为什么不预设这样一个基础规范呢?它没有被预设,是因为——或更正确地说——如果这一秩序不具有那种持久的实效,没有这种实效就无法预设任何涉及它 101
的、证立它的客观效力的基础规范。当规定制裁之法秩序(匪帮的活动落入了它的领土效力范围内)的规范被适用于这一活动,就像适用于违法行为一样时,当匪帮成员的自由甚至生命被诠释为自由刑或死刑的行为所强制剥夺时,它就显然不具有这种实效。这意味着,此时被视为法秩序的强制秩序要比构成匪帮的强制秩序更有实效。

如果这一强制秩序的领土效力范围限于特定地域,并在这一地域内以此方式具有实效,即任何其他这类强制秩序的效力都被排除掉了,那么它就可以被视为法秩序,而由它构成的共

[7] “相对立”应被修正为“相互”。

同体就完全可以被视为"国家",即便从外部——根据实在国际法——来看它在从事犯罪活动。这证明了非洲西北沿海的所谓海盗国家(阿尔及尔、突尼斯、的黎波里)*的存在,它们的船队从16世纪到19世纪初从事着海盗活动,使地中海变得不安全。** 有鉴于这些共同体对其他国家的船队运用违反国际法的暴力,所以它们只能被定性为"海盗"。依据它们的内部秩序,相互间暴力的运用在这样一种程度上有实效地被禁止,即那种最低限度的集体安全得到了保障,这是构成共同体
102 之法秩序具有一种相对持久之实效的条件。〔8〕

集体安全或和平是这样一种功能,它——正如已经确认的——是被称为法的强制秩序在其发展的某个阶段事实上(即便以不同的程度)所拥有的。这一功能是一种可以从客观上加以确认的事实。法律科学上的确认,即法秩序使由它构成的法律共同体实现了和平,不包含任何价值判断;它尤其不意味着承认某种正义价值,由此它绝不能被提升为法概念的一个要素,因而也不能被用作区分法律共同体和匪帮的标准,就像奥古斯丁的神学所做的那样。他在《上帝之城》中抛出了这一区分的问题,并表述道:"没有正义,帝国岂非如同巨大的匪帮?匪帮岂非如同小号的帝国?"***一个国家——对奥古斯丁来说这是一个法律共同体——离开正义就无法存在。因为"真正的正义不存在的地方,法就无法存在。合法发生之事,事

---

* 严格谈来,凯尔森此处所列举的阿尔及尔和的黎波里都不是国家,而分别是阿尔及利亚和利比亚的首都,此处应该是用首都来指代国家——译者注。

** 参见 Wörterbuch des Völkerrechts und der Diplomatie,2. Bd.,S. 270。

〔8〕"构成共同体之法秩序具有一种相对持久之实效的条件"应被修正为"由某种规范性秩序构成之共同体的持久存在的条件"。

*** Op. Cit. XIX,22.(这里应被修正为"Agustinus,Civitas Dei,XIX,21.")

实上就公正地发生;以不公正之方式被做之事,无法根据法来发生"。但什么是正义?"正义就是使每个人各得其所(分配给每个人其所应得)的美德(Justitia porro ea virtus est,quae sua cuique distribuit)。那么人类的正义如何使人类摆脱真神的影响,而使之屈服于不纯的魔鬼呢?这意味着分配给每个人其所应得的吗?或者,从卖方那里拿走一块地产转交给对此不拥有权利的 103
人,这是不公正的吗?而摆脱其主宰(人类是被他创造出来的)的影响,并服务于意志邪恶的鬼神,这是公正的吗?"*

根据作为这一推理基础的观点,法是一种公正的强制秩序,故而因其内容的正义区别于匪帮的强制秩序。

正义不可能是法区别于其他强制秩序的特征,这一点来自这一价值判断——即某个社会秩序是公正的——的相对性。** 因为奥古斯丁只愿将一种保证每个人各得其所的秩序视为公正而有效,并且他以这种方式来运用这一内容空洞的公式,即只有当它向真神——对他来说,这指的是犹太—基督教的神,但非罗马人的诸神——确保他也只有他应得之物,即相应的荣耀(它被表达在祭祀之中)时,他才让某种秩序因为公正而有效;与这一要求不符的秩序不是法,由它所构成的共同体也不是国家,而只能是匪帮。因而罗马法被剥夺了法的性质。如果正义被假定为被称作法之规范秩序的标准,那么西方资本主义的强制秩序从共产主义的正义观念来看,以及苏联共产主义的强制秩序从资本主义的正义观念来看都不是法。从一种 104
实证主义的法律科学出发,导致这种后果的法概念无法被接

---

* Augustinus, Civitas Dei, IV, 4.(此处应被修正为"op. Cit., XIX, 21.")

** 参见附录,第452页以下。

受。某个法秩序从特定正义规范的立场出发可能会被判断为是不公正的。但某个有实效之强制秩序的内容可能被判断为不公正,这一事实无论如何都不是不让这一强制秩序成为法秩序的理由。在18世纪末法国大革命胜利后,以及在20世纪初俄国革命胜利后,在其他国家中存在一种清晰的倾向,即不将通过革命建立的强制秩序诠释为法秩序,不将因革命掌权的政府的行为诠释为法律行为;前者是因为违反了君主合法性原则,后者是因为废除了生产工具的私有制。基于后面这个理由,美国的法院甚至拒绝承认因革命建立的俄国政府的行为是法律行为,其证立方式为:它们不是一个国家的行为,而是匪帮的行为。但只要因革命建立的强制秩序被证明具有持久的实效,它就要被承认为法秩序,由它构成的共同体就要被承认为国家政府,它的行为就要被承认为国家行为,故而也是法律行为。

d)不附制裁的法律义务?

如果法被理解为一种强制秩序,用以展示国家法秩序之基础规范的公式说的就是:人对人的强制应当以历史上第一部宪
105 法所规定的方式、在它所规定的条件下来实施。基础规范委托历史上第一部宪法去确定规定强制行为之规范的制定程序。未能在客观上被诠释为法律规范,一个规范必须是某个在此——符合基础规范之——程序中被实施之行为的主观意义,它也必须要规定某种强制行为,或与这样一个规范处于根本性的联系之中。故而基础规范中预设了它所包含的法的定

义〔9〕,即强制规范。* 随着基础规范被预设之法的定义导致了这样的结果,即只有当相对立之行为被规定为某种强制行为(它指向如此行为的人或他的亲属)之条件时,某个行为才能被视为在法律上被要求的,或者作为某项法律义务之内容。然而要注意的是,这一强制行为本身并没有必然在此意义上被要求,所以规定与实施它可以只是被授权了的。

可能有人会反对将法定义为强制秩序,也即是反对将强制的要素吸纳进法概念之中,并主张历史上存在之法秩序实际上包含着这样的规范,它们没有规定任何强制行为,它们只是允许某个行为或授权去实施某个行为;但也有这样的规范,它们要求实施某个行为,施加了实施某个行为的义务,但并没有将某种强制行为作为后果联结于作为条件的相对立行为;尤其是,未适用规定强制行为之规范经常并不被当作作为制裁起作 106
用之强制行为的条件。

最后提到的这个反对意见是不对的,因为将法定义为强制秩序的做法是可以得到维系的,即便规定某种强制行为的规范本身没再与这样一个规范——它将某种制裁联结于未规定或未实施强制行为的具体情形——处于根本性联系之中,也即是对〔10〕强制行为的一般规定在法律上〔11〕(也就是在客观上)不被诠释为被要求的,而只是被授权的或被积极允许的[即便这一行为(借此强制行为被一般性地规定)的主观意义是一种命

〔9〕“它所包含的法的定义”应被修正为“法的定义”。

* 但基础规范与它所包含的定义并不等同。作为规范,它不是概念。关于规范与概念的关系参见本书第22页以下,脚注 *。

〔10〕“也即是对”应被修正为“也即是这样的行为,其主观意义是对”。

〔11〕“一般规定在法律上”应被修正为“一般规范,在法律上”。

令]。将法定义为强制秩序的做法对于这类规范同样可以成立,它们授权去实施某个不具有强制行为性质的行为,或者积极地允许去实施这样一个行为。就此而言,这些规范属于非独立规范(unselbständige Normen),因为[它们]与规定强制行为之规范之间处于根本性联系之中。这类规范(它们被引作反对将强制的要素纳入法概念之中的论据)的一个典型例子,是宪法规范。宪法规范——有人如此论证道——调整的是立法程序,它们并没有针对它们未被遵守的情形规定任何制裁。但进一步的分析表明,它们属于非独立的规范,它们只是确定了由其他规范所规定之强制行为被规定和实施的条件之一。*
107 这些规范授权立法机关去创设规范,而非要求它去创设规范;就此而言这里终归不会出现制裁。如果宪法的规定没有得到遵守,就不会产生任何有效的法律规范,被如此创设的规范就是无效的或可废止的,这意味着,不合宪法,因而不合基础规范之行为的主观意义不会被诠释为它的客观意义,或者说这种——暂时的——诠释会再次被废止。**

在现代法秩序之实务上最有意义的情形(在其中传统法学假定有一种不附制裁但却构成法律义务的规范),是所谓自然债务的情形。它被概括为一种给付义务,它不能通过诉讼来主张履行,当它未被履行时也不构成民事强制执行的条件。尽管如此,之所以说还是存在一种给付的法律义务,根本上是因为已完成之给付不能基于不当得利被要求返还。但这不外乎意味着有这样一个一般规范,它规定,如果某项给付(为给付者

---

* 参见本书第 69 页及以下。

** 参见本书第 331 页及以下、第 335 页及以下。

没有法律义务去为这项给付)的接收者不返还被给付之物,就应当基于诉讼对其财产进行民事强制执行,而这个规定了强制行为之规范的效力要受到某些法秩序所确定之情形的限制。故而以上事实可以在不假定某个不附制裁、构成某项给付义务之规范的前提下,被展示为对某个规定制裁之规范的效力的纯 108
粹限制。

当然,不能否认的是,立法者——这意味着通过某种合乎基础规范的程序——可以实施这样一种行为,其主观意义是一个要求实施特定人类行为的规范,而不去实施这样一种行为,其主观意义是一个针对相对立之行为情形将某个强制行为规定为制裁的规范,同时也不像自然债务的情形那样可以将这一事实描述为对某个规定强制行为之规范的效力的限制。如此一来,如果被预设之基础规范被表述为规定强制行为之规范,相关行为的主观意义就不能被诠释为它的客观意义,作为其主观意义的规范就不能被诠释为法律规范,而必须被视为是法律上不相关的。因为这样一种行为的主观意义终究可以是某种不具有对人类行为进行命令、允许或授权之规范的性质。一部产生程序完全合宪的制定法可以拥有某种内容,它并非规范,而是表达出了某种宗教或政治理论,如这个语句:法起源于上帝,或者,这部制定法是公正的或实现了整个民族的利益。国民对于国家元首的美好祝福可以通过合乎宪法产生之制定法的形式来献上,为的只是给予这种祝福以特别庄重的形式。 109
只要合乎宪法产生的行为以语词表达出来,它们就可能具有任意意义,也即是展现出一种绝非只能以规范为内容的形式。只要法终究要被定义为规范,那么法律科学就没法离开与法律无关之内容这一概念。

因为法调整着自我创设的程序,所以很容易理解,这种由法所调整的程序(作为法的形式)要与由这种程序所创设的内容(作为法的内容)区分开来,并可以谈论一种与法律无关的法律内容。在传统法学中,这种想法在某种程度上被表述为形式意义上的制定法(Gesetz im formellen Sinn)与实质意义上的制定法(Gesetz im materiellen Sinn)之间的区分。这一区分考虑的事实为,通过制定法的形式,不仅可以产生调整人类行为的一般规范,而且也可以产生行政决定,如授予特定个人国民资格,或批准国家预算,甚或作出刑事判决——如果立法机关在某些情形中也可以扮演法院的角色的话。但可能更正确的做法,不是说形式意义和实质意义的制定法,而是制定法的形式与制定法的内容。然而,法的形式和法的内容这两个术语在某种意义上是不准确甚至具有误导性的,因为为了在客观上被诠释为法律行为,不仅行为有必要在特定程序中被实施,而且行为有必要具有特定的主观意义。具有何种意义,取决于通过基础规范被预设之法的概念。如果法不被定义为强制秩序,而
110 只被定义为以合乎基础规范的方式被制定的秩序,从而基础规范被表述为人们应当在历史上第一部宪法所确定的条件下以历史上第一部宪法所确定的方式来行为,那么就可能存在不附制裁的法律规范,也就是这样一些法律规范,它们在特定条件下要求实施特定人类行为,但没有规范针对不遵守前者的行为去规定制裁。如此一来,某个以合乎基础规范的方式被实施的行为(它不是规范,也无法与任何规范形成关系)之主观意义就可能是与法律无关的。继而,合宪的立法者所制定的规范(它要求实施特定人类行为,但未将某种强制行为作为制裁联结于相对立之行为)就只能通过其起源来与道德规范相区

分,而通过习惯被创设的法律规范与——同样通过习惯被创设的——道德规范压根就没法区分开来。如果习惯是被宪法所指定的创设法律规范之构成要件,那么全部道德就构成了法秩序的组成部分,只要它的规范实际上是通过习惯来创设的。

因此,一种不将法确定为强制秩序的法的定义要被拒绝。主要是因为,只有通过将强制要素纳入法的概念之中才能将它与其他社会秩序清晰地区分开来,只有借助强制要素才能为认识社会关系提出特别有意义的要素、为被称作"法"的社会秩序提出高度典型的要素来作为标准;但尤其是因为,由此将会考虑到这样一种联系(在对于认识法来说最有意义的情形即 111
现代国家法的情形中,它存在于法与国家之间),它在根本上是强制秩序,即一种集权化的且受其领土效力范围限制的强制秩序。*

作为立法行为之主观意义、要求实施特定行为且不将相对立之行为当作某种作为制裁之强制行为的条件的规范,在现代法秩序中是十分罕见的。但如果被称作法的社会秩序实际上在很大范围内包含着与将强制行为规定为制裁之规范不存在根本联系的命令规范(现实并非如此),那么将法定义为强制秩序的做法就可能成问题了;而如果强制要素(作为废除生产资料私有制之结果)从现有的被称作法的社会秩序中消失了(如马克思式的社会主义所预言的),那么这些社会秩序就将完全改变其性质。它们将——在这里被接受之法的定义的意义上——丧失其法的性质,而由它们所建构之[12]共同体也将

---

* 参见本书第 353 页及以下。

〔12〕"所建构之"应被修正为"所构成之"。

丧失其国家的性质,用马克思的术语来说,国家——同样还有伴随国家的法——就将“消亡”了。

112 e)非独立的法律规范

在其他情境中已经提示过,如果某个规范要求实施特定行为,另一个规范对于不遵守前者的行为规定了制裁,那么两者就彼此根本性地联系在一起。尤其是当出现如下情形时更是如此:某个规范性秩序——如法秩序——恰以此来要求实施特定行为,即它将某种强制行为作为制裁联结于相对立之行为,以至于在这一秩序的意义上——在法秩序的情形中即在法律上——只有当相对立之行为构成了某种制裁的条件时,某个行为才能被视为被要求的。如果有某个法秩序(如一部由议会通过的制定法),其中一个规范规定了特定行为,另一个规范将某种制裁联结于不遵守前者的情形,前者就不是独立的规范,而与后者之间存在根本性的联系;它只——消极地——规定了第二个规范联结起制裁的条件;而如果第二个规范积极地规定了它联结起制裁的条件,第一个规范从立法技术的角度来看就是多余的。例如,如果一部民法典包含着这样一条规范——债务人应当依照合同将得到的借款归还给债权人,以及另一条规范——如果债务人没有按照合同将得到的借款归还给债权人,就应当根据债权人之诉对债务人的财产进行民事强制执行,故而第一个规范所确定之事都被第二个规范以消极的方式包含为前提了。一部现代的刑法典很多时候根本就不包
113 含任何禁止谋杀、通奸或其他犯罪行为的规范(就像“十诫”那样),而限于将刑事制裁联结于特定构成要件。这里清晰地说明了,如果“杀人者,应处刑罚”这个规范有效,那么像“你不应

当杀人”这样的规范就是多余的;法秩序恰恰由此来禁止特定行为,即它将某种制裁联结于这一行为,或者通过将某种制裁联结于相对立之行为来要求实施特定行为。非独立的法律规范也包括那些积极地允许特定行为的法律规范。因为它们只是限制了这样一个法律规范的效力范围,后者通过将某种制裁联结于相对立之行为来禁止这一行为。* 正当防卫涉及的就是允许性的规范。这两类相关规范之间的联系特别清晰地出现在《**联合国**宪章》之中,它的第 2 条第 4 款由此禁止所有的成员使用暴力,即它将第 39 条规定的制裁联结于这种暴力的运用;而在第 51 条中由此允许出于个别或集体的自卫使用暴力,即它限制了第 2 条第 4 款(对暴力运用)的一般性禁止。这些被引用的条款构成了一个整体。宪章原本可以包含一个单独的条款,由此来禁止成员使用作为个别或集体自卫以外的暴力,即将作了如此限制的暴力运用当作某种制裁的条件。另一个例子是:某个规范禁止销售酒精饮料,也即将之置于刑罚之下;但这一禁令受到另一个规范的限制,据此销售酒精饮料如果获得官方许可时就不被禁止,也即是不受刑罚处罚。限制 114
了第一个规范之效力范围的第二个规范是一种非独立规范。后者只有与前者相联系才有意义。这两个规范构成了一个整体。它们的内容可以用一个规范来表达:如果某人在没有取得官方许可的情况下销售酒精饮品,他就应当受到处罚。对于这种纯粹消极的允许(其功能在于法秩序不禁止特定行为)在此不作进一步的考虑,因为这种允许在此并不是通过某个实在规

* 此处疑似表述有误,探其意思,应为“后者通过将某种制裁联结于这一行为来禁止它”。——译者注

范来进行的。

正如某个法律规范可以限制另一个法律规范的效力范围,它也可以完全废除另一个法律规范的效力。这类毁损性规范(derogierende Normen)同样是非独立的规范,只有与其他规定强制行为之规范相联系才能来理解它们。

授权实施特定行为的法律规范也是非独立的规范,只要将“授权”理解为:赋予某人以某项法律权力(Rechtsmacht),即赋予创设法律规范的权力。因为它们只是确定了——在某个独立规范中——联结起强制行为的条件。它们是授权创设一般法律规范的规范,是调整立法或将习惯指定为创设法律之构成要件的宪法规范;以及由此来调整司法程序和行政程序的规范,即由获得此授权的司法机关和行政机关将这些通过制定法或习惯被创设之一般规范适用于由这些机关所创设的个别规范。[13] 举一个例子可以来说明这一点。让我们来观察这一事
115 实:在某个特定国家法秩序中,盗窃在制定法上通过监禁刑被禁止。被规定之刑罚的条件绝非只是这一事实,即某人从事了盗窃行为。盗窃必须由法秩序之规范所授权的法院通过这些规范确定的程序来确认,接着由这一法院去判处被制定法或习惯法所确定的刑罚,并由另一个机关来执行。法院被授权通过特定程序对盗窃者判处某种刑罚,只有通过某种合宪的程序才会创设出将特定刑罚联结于盗窃的一般规范。授权创设这一一般规范的宪法规范确定了联结起制裁的条件。描述这一事实的法律命题说的是:如果被授权立法的个人已制定一条一般规范,据此从事盗窃行为者应当以特定方式被处罚,且如果获

[13] 作者在这里只是调整了原先有误的定冠词,即将“dem”修正为“den”。

得刑事诉讼法规之授权的法院已通过刑事诉讼法规确定的程序确认,特定人从事了盗窃活动,且如果这家法院已判处制定法确定的刑罚,那么就应当由一个特定的机关来执行这一刑罚。描述法之法律命题的这种表述说明,宪法规范(它们由此授权创设一般规范,即它们调整着立法的组织和程序)和刑事 116
诉讼法规的规范(它们由此授权创设刑事裁判这类个别规范,即它们调整着刑事法庭的组织和程序)都是非独立的规范,因为它们只是确定了执行刑事制裁的条件。对某个法秩序所规定之一切强制行为(也包括那些并非通过司法程序而是通过行政程序来下达之强制行为,以及那些不具有制裁性质的强制行为)的执行,在此意义上都是有条件的。对有待法律适用机关适用之一般规范的合宪性创设,以及对个别规范(这些机关通过它们适用了一般规范)的合乎制定法的创设,都是执行强制行为的条件,就跟对盗窃之构成要件或其他情境的确认(它们在法律规范中被当作强制行为的条件,这些强制行为不具有制裁的性质)是一样的。但一般规范(它在所有这些条件之下规定了强制行为)是一种独立的法律规范,即便没有任何强制行为被要求,因为并没有进一步的强制行为被联结于它不被执行的情形。当人们说这一强制行为是被授权的时候,是在宽泛意义上来使用“授权”这个词的。它不仅被用来指称授予某种法律权力,即创设法律规范的能力,而且被用来指称授予实施法律规范所规定之强制行为的能力。如果将这种能力也视为一种“权力”,那么这种能力就也可以被称为一种宽泛意义上的法律权力。

最后,属于非独立之规范的还有那些以此来进一步确定其他规范之意义的规范,比如它们给另一个规范的表述中所使用

117 之概念下定义,或以其他方式对某个规范进行真意解释。例如,一部刑法典可能包含这样一个条款,它规定:“谋杀是指某人的任何这样一种行为,借此他有意地造成他人的死亡。”这一条款是对谋杀的定义;它只有在与其他条款相关联时才具有规范的性质,后者规定,“如果某人谋杀了他人,就应当由为此获得授权的法院对他判处死刑”;而这一条款又与第三个条款处于不可分割的关联之中,后者规定,“死刑通过绞刑来实施”。

从上可知,虽然并非所有规范都规定强制行为,法秩序仍然可以在此范围内被标识为强制秩序,即所有自身并不规定强制行为(因而也不要而只是授权或积极允许制定规范)的规范都是非独立的规范,因为它们只有与规定强制行为之规范相联系时才能被适用。但也并非所有规定强制行为的规范,而只有那些将强制行为规定为对于特定人类行为之回应,也即规定为制裁的规范才要求实施某种特定的也即是相对立之行为。因此,出于这一原因,* 法也并非完全具有要求或命令的性质。因为法是一种在刚才所确定之意义上的强制秩序,所以它就可以用这样的语句来表述:应当在特定的即由法秩序所确定的条
118 件下实施特定的即由法秩序所确定的强制行为。某个法秩序之法律规范所给定的全部材料[14]是与这种法律科学所表述之法律命题(Rechtssatz)的模式相称的,它要与法律权威所制定的法律规范(Rechtsnorm)区分开来。**

* 参见本书第 20~21 页。

〔14〕“给定的全部材料”应被修正为“给定的全部与法律有关的材料”。

** 参见本书第 92 页及以下。

Ⅱ. 法与道德

7. 作为社会规范的道德规范

由于法被确定为规范(只要它构成一种特殊的法律科学的研究对象),法就相对于自然,法律科学就相对于自然科学被界分开来。但除了法律规范之外,还有其他调整人类相互行为的社会规范,因而法律科学并非唯一致力于对社会规范进行认知和描述的学科。这些其他社会规范在称呼上可以被概括为道德(Moral),致力于对它进行认知和描述的学科可以被称为伦理学(Ethik)。* 只要正义是

---

* 由于石里克(Schlick)将规范曲解为仅仅是“对某种现实中之事实的复述”(参见本书第 22 页脚注 *),所以他声称(Schlick op. cit. S. 14f.),伦理学是一门事实科学,即便它“可能是一门规范科学”,它可能不止于“是一门关于**事实**的科学。它完全与**现实**相关”。他以如下主张来支持这一观点:“最终的评价是存在于人类意识之现实中的事实……”“评价”,即借此某个行为被判断为与某个规范相符或相矛盾的行为,以及借此构成价值的规范被制定的行为,属于实然事实,这是对的。但通过这些行为被制定并通过评价行为被适用的规范并不是实然事实,而是意义内涵,也即是制定规范之行为的意义。这种意义是一种应然。伦理学以及法律科学都是规范科学,因为它们以作为意义内涵之应然规范

一种道德要求,正义与法的关系就被囊括在道德与法的关系之
120 中。* 这里要注意的是,在语言习惯中,就像法与法律科学经常
被混同,道德也十分频繁地被与伦理学混在一起,针对后者所
说的其实只能针对前者:它调整着人类行为,它规定了义务和
权利,即制定了权威的规范,而伦理学只能对由某个道德权威
制定或通过习惯形成的道德规范进行认知和描述。法律科学
121 的方法纯粹性不仅会由此受到威胁,即它与自然科学相分的界
限没有被遵守,而且——毋宁更有可能——会由此受到威
胁,即它没有或没有足够地与伦理学相分割,法与道德没有被
清晰区分开来。

有时道德的社会性会被质疑,因为在规定人们相对于他人之行为的道德规范之外,似乎还存在规定人们针对自己之行为的规范,如禁止自杀的规范,或要求表现勇气或保持贞洁的规范。但这些规范同样只出现于生活在社会中的人的意识之中。它们所确定之人类行为尽管直接指向的只是这些人,但却间接

而非存在于因果联系中之实然行为(其意义为规范)为对象。这完全不意味着,像在康德的伦理学所认为的(Schlick op. cit. S. 8)那样,规范是缺乏命令者的命令,缺乏要求者的要求,即缺乏规范制定行为的规范。这意味着,伦理学的研究对象——与法律科学一样——是规范,而规范制定行为只有在此范围内才会成为其研究对象,即它们构成了规范的内容,即由规范来调整。将伦理学曲解为事实科学,认为伦理学只是心理学和社会学的一个分支的观点(参见 Alfred J. Ayer, Language, Truth and Logic, London, 1936, S. 168:"那么,看起来伦理学作为知识的分支就不外乎是心理学和社会学的一个部门"),其根基在于没有区分规范制定行为与作为这一行为之意义的被制定的规范。

道德的一项逻辑实证主义的努力,即将伦理学展示为经验性的事实科学,显然来自这种完全正当的倾向,即将它排除于形而上学省思的领域之外。但当规范(它构成了伦理学的研究对象)被认可为经验性的、人类在现实世界中设定之事实的意义内涵,而非超验本质的命令时,就能满足这一倾向了。如果道德规范以及实在法规范都是经验性事实的意义,那么伦理学就能像法律科学一样被称为经验科学(与形而上学省思相对),即便它不是以事实,而是以规范为研究对象。

* 关于正义问题的研究参见附录。

地指向共同体的其他成员。因为只是由于这一行为对于共同体的影响,它才会在共同体成员的意识中成为一个道德规范。所谓人类对于自己的义务同样属于社会义务。对于一个孤立生活的个人来说,它可能是没有意义的。

8. 作为对内部行为之调整的道德

道德与法的区别并不在于是否调整行为,这两套社会秩序的规范都使人类负担行为义务。自杀不仅可能被道德,而且也可能被法所禁止;勇气和贞洁不仅可以是道德义务,而且也可以是法律义务。这一常见的观点,即法规定外部行为,而道德 122
规定内部行为,同样是不对的。两种秩序的规范都确定着这两类行为。勇气这种道德上的美德不仅存在于无畏的心灵状态之中,而且也存在于受这一条件限制的外部行为之中。当某个法秩序禁止谋杀时,它不仅禁止某人通过外部行为引起另一人的死亡,而且也禁止内部行为,即引起这样一种结果的意图。这种"内部"行为——依照一些道德哲学家的观点,这是道德区别于法所要求的——体现为,(为了合乎道德)必须采取违背天性*或——这是一样的——违背利己之利益的行为。只要这不外乎说的是,某个道德规范规定的对于特定行为之义务存在,也即是说这一规范是有效的,即便天性或利己之利益与这一被要求之行为相对立,那么这就同样适用于法律规范所规定

---

* 众所周知,这是康德的伦理学说。参见 Grundlegung zur Metaphysik der Sitten. Kants gesammelte Schriften, herausgegeben von der Königlich Akademie der Wissenschaften, Band IV, S. 397 ff。

的义务。某个社会秩序规定行为(它可能违背个人的任意天性或利己之利益,而这一秩序又调整着此人的行为),这是不可避免的。只规定与规范服从者之一切天性或利己之利益相
123 符的行为是多余的,因为即便当不存在相关义务时,人类也会去遵从他们的天性或去尝试实现他们利己的利益。只有当应当存在有别于这种状态——它来自对每种天性的遵从或实现利己之利益的尝试——的另一种状态时,也就是说,当人类同样应当采取违背这种天性或利己之利益的行为时,某个社会秩序(它是规定特定人类行为的规范)才是有意义的。这里要注意的是,当服从于这一社会秩序的个人实际上采取了与这一秩序之规范相符的行为时,这也有可能只是因为这一行为吻合了他们的天性或利己之利益,这种天性或利己之利益被这一社会秩序所唤起,而可能——但不必然——与这一社会秩序未介入之情况下单独存在的天性或利己之利益相对。人可能拥有相互矛盾的天性或利益。继而,他事实上的行为取决于,何种天性更强烈,哪种利益更大。没有任何社会秩序能够消除人类的天性,消除作为其作为和不作为之动机的利己利益。如果它想要有实效,它就只能创设出这样的天性或利益,即采取与社会秩序相符的行为,并反对离开它也存在的天性或利己之利益。

但前面提及的伦理学说有时会被理解为,只有违背天性或
124 利己之利益的行为才拥有道德价值。* 由于“拥有道德价值”不外乎意味着与某个道德规范相符,人们必须随着这一学说的思路去主张,道德所规定的不外乎是,人们要通过其行为压抑

* Kant, po. cit. S. 398:“但我主张,在此情形中同样的行动(如果它来自天性)尽管如此合乎义务,也如此亲切,但它不具有任何真正的道德价值……”

他的天性，不去实现他的利己利益，而应当出于其他动机去行动。这意味着，道德规范只涉及行为的动机，抛开这一点——出于天性或利己之利益之外的其他动机去行动，满足这一要求在心理学上是不可能的——不论，某个道德(它的规范只涉及行为动机)要以另一个规定外部行为之社会秩序为前提。只涉及外部行为之动机的道德规范是不完整的；它只有与规定外部行为之规范一起才能有效，而这些规范也必须是道德规范。并非每个任意的行为，只因为它违背天性或利己之利益，就可以是合乎道德的。如果某人遵从另一人的命令去谋杀他人，那么他的行动就不具有任何道德价值，即便它违背了他的天性或利己之利益，只要谋杀被预设为有效之前提的社会秩序所禁止，也就是有违价值的。只有当不仅行为的动机，而且行为本身与某个道德规范相符时，这一行为才会拥有道德价值。在道德判断中，动机与道德行为是不可分离的。同样出于这一理 125
由，道德的概念不能被限于这一规范：压抑你的天性，不去实现你的利己利益。但只有当这一概念被如此限制时，道德与法才能以此方式被区分开来，即道德只涉及内部行为，而法同样规定外部行为。*

---

* 康德也认为，为了拥有道德价值，即在道德上是善的，某个行动不仅要“出于义务”去实施，而且也要“合乎义务”，也就是与道德法则相符。故而，不要出于天性而要“出于义务”去行动，这一道德规范以将特定行为规定为义务之其他道德规范为前提。他伦理学的一个最根本的立场在于，“善和恶的概念必然不能在道德法则之前……而只能……根据道德法则、通过道德法则来确定”(*Kritik der praktischen Vernunft*. Akademie-Ausgabe, V, S. 62/3)。在康德看来，谁“在此找到了内心的满足”谁就是“出于天性”去行动，故而是像他行动的那样去行动(*Grundlegung zur Metaphysik der Sitten*, S. 398.)。但谁“出于义务”也就是“出于对法则的尊重”去行动，谁就同样是出于天性去行动；因为他之所以如此行动，是因为他在遵守这一法则的方面找到了内心的满足，因为对他来说，合乎

126 ## 9. 作为无强制性之实在秩序的道德

法与道德同样无法在其规范之创设或适用方面被区分开来。例如,就像法律规范一样,道德规范同样可以通过习惯和有意识的制定(如借助于先知或宗教创始人,如耶稣)来创设。在此意义上,道德与法一样是实在的,也只有实在道德才会被科学伦理学所考虑,就像只有实在法才会被科学的法学说所考虑一样。尽管这是对的:道德秩序没有为其规范的适用规定任何分工运作的也即是核心的机关,这种适用存在于他人对(这一秩序所调整之)行为的道德判断之中,但原始法秩序同样是完全分散的,在这一角度下它与道德秩序无法被区分开来。十分典型的是,有时人们只想让完全分散式的一般国际**法**作为国际**道德**起作用。

法与道德的区别不在于,这两种社会秩序所要求或禁止的

法则、合乎义务地去行动这一意识提供了"内心的满足";故而也就是出于合乎义务去行动的天性。从一种心理学的立场来看,这是无可争议的;而某人出于何种动机去行动这一问题是一个心理学问题。

康德将作为对外部行为之调整的法区分于作为对内部行为(行为动机)之调整的道德。据此,他将"合法性"与"道德性"相对立。他说(Die Metaphysik der Sitten, Akademie-Ausgabe, VI, S. 214):"自由法则有别于自然法则,它是**道德性的**。只要它们只涉及外部行动及其合乎法则性,它就是**法律性的**;但如果它们同样要求,这(法则)本身应当是行动的确立基础,那么它们就是**伦理性的**;继而人们说,与前者相符的是行动的**合法性**,与后者相符的是行动的**道德性**。"这意味着,法律规范同样是道德规范;道德规范同样涉及外部行动;只有一个道德规范规定了,人们不应当出于天性,而应当出于对法则的尊重去行动。当康德说,只有当某个行动与这一规范相符时它才拥有道德价值时,他其实区分了一种特殊的、狭义上的道德价值,即与这一特殊的道德规范相符,以及一种广义上的道德价值,即与其他道德规范相符。合法性同样是一种道德价值;因为它是与"道德"规范相符的。

是什么，而只在于，它们**是如何**要求或禁止特定的人类行为的。 127
只有——正如前文所说的——当人们将法理解为强制秩序，即一种试图由此——它将某种社会有组织的强制行为联结于相对立之行为——来引发特定人类行为的规范秩序，而道德是一种没有规定此类制裁的社会秩序（它的制裁只在于对与规范相符之行为的赞成和对与规范相矛盾之行为的不赞成，因此运用外在暴力根本不在考虑之列）时，法才能与道德从根本上被区分开来。

10. 作为道德组成部分的法

如果法与道德被认为是不同类型的规范体系，那么就会出现法与道德之关系的问题。这个问题具有双重意义。人们通过它可能想的是，法与道德之间事实上的关系**是**什么；但也可能想的是，两者之间的关系**应当**为何。这两个问题彼此混合在一起，这会导致误解。对于前一个问题的回答有时是这样的： 128
法据其本质是道德性的，也就是说，法律规范所要求或禁止的行为同样被道德规范所要求或禁止；如果某个社会秩序要求道德所禁止的行为，或者禁止道德所要求的行为，那么它就不是法，因为它不公正。但这个问题同样可能被以此来回答，即法可能但不必然（在上面所确定的公正的意义上）是道德性的；某个不道德（不公正）的社会秩序也可能是法——即便承认这样的要求，即法应当是道德的、公正的。

如果人们将法与道德之关系的问题理解为一个有关法的内容的问题，而非有关其形式的问题，如果人们主张，法据其本质具有一种道德内容或构成了一种道德价值,那么人们就由此主张,法内在于道德领域起作用,法秩序是道德秩序的组成部分,法是道德性的,即据其本质是公正的。只要这样一种主张的目标在于对法进行证成——而这是其固有的意义,那么它就必须预设:只存在**一种**唯一有效的即绝对的道德,一种绝对的道德价值,只有与这种绝对道德相符,因而构成绝对道德价值的规范才能被视为"法"。这意味着,人们的出发点在于这样一种法的定义,即它将法确定为道德的一部分,并将法与正义相等同。

11. 道德价值的相对性

但如果从一种科学认识的立场出发拒绝一般意义上之绝对价值和特殊意义上之绝对道德价值的假定,因为绝对价值只
129 能基于对绝对和超验之神的权威的宗教信仰才能被假定,因而必须承认,从这一立场出发,一种绝对的即唯一有效的、排除其余道德效力之可能的道德并不存在;如果否认,依据某个道德秩序是好的或公正的在所有情况下都是好的或公正的,依据这一道德秩序是坏的在所有情况下都是坏的;如果承认,在不同的时代对于不同的民族,甚至在同一民族不同的阶层、阶级、职业之间存在大相径庭和彼此矛盾的道德体系,在不同情况下对于好坏、公正和不公正的认识可能是不同的,且没有什么是在所有情况下都必须被认为是好的或坏的、公正的或不公正的,只存在相对的道德价值,那么这种主张——社会规范必须拥有道德内容,必须是公正的,才能被视为法——就只能意味

着,这些规范必须包含某些对于一切可能作为正义体系的道德体系来说共同的东西。但鉴于不同时代和不同地方的人事实上对于好坏、公正和不公正的观点极尽不同,我们无法从不同道德秩序的内容中确认任何共同的要素。有人曾主张,一切道德体系所共同的要求是:信守和平、勿用暴力。但赫拉克利特(Heraklit)早就告诫过,战争不仅是"父",即一切事物的肇因,而且也是"王",即最高的规范制定权威,最高的价值即善,法就是争议,因而争议是公正的。* 耶稣甚至说:"我来不 130
是为尘世带来和平,而是争执",** 从而宣称,至少对于这个世界的道德秩序而言,绝非将和平作为最高价值。人们能否认,今天按照许多人的确信战争同样具有道德价值,因为它使美德的确认和理想的实现(它们比和平的价值要来得高)成为可能吗?例如和平主义的道德就没有争议吗?自由主义的生活哲学,即竞争和竞赛保障了社会最好的状态,与和平的理想相吻合吗?这绝非在一切道德体系中都构成最高价值,在一些道德体系中根本就没有任何价值。即便可以从一切迄今为止

---

* 这就是53,80,112(Diels)这一片段的意义。"战争(πόλεμος)首先是父(πατήρ),首先是王(βασιλεύς)。有人被它证明为诸神,其他人被它证明为人;它使有人成为奴隶,有人成为自由民。"在战争中,胜者变成诸神或自由民,被战胜者变成人或奴隶,这是公正的。因为:"人们应当知道,战争是一个一般性原则(ξυνόν),而法是一种争议(δίκηνέριν),一切都基于争议和必要性而发生(κατ'έριν καὶ Χρεώμενα)。"赫拉克利特的伦理学是一种自然法学说:"本质在于,说出真理并依照倾听它的自然去行动(ποιείν κατά' φύσινέπαίοντας)。"从战争和争议之本质的现实被证明为一种一般性现象,可推知,战争和争议是公正的。

** Lukas, XII, 51."因为从今开始,一座屋子里的五个人将意见不一;三个反对两个,两个反对三个。父亲将会反对儿子,儿子也将会反对父亲;母亲会反对女儿,女儿也会反对母亲;公婆会反对儿媳,儿媳会反对公婆。"Lukas, XII, 52, 53. 耶稣当然也说过:"有福的是爱好和平的人,因为它们会被称为神的孩子"(Matthäus, V, 9);但其他在福音书中归属于他的格言彼此也处于矛盾之中。参见 Kelsen, *What is Justice*? Berkeley, 1957, S. 25ff。

131 有效之道德体系中确认某种共同的要素,也可能没有充足的理由,将不包含这一要素的强制秩序——它要求实施某个迄今为止在任何共同体中都不被认为是好的或公正的行为,并禁止某个迄今为止尚未在任何社会中被认为是坏的或不公正的行为——视为是“不道德的”或“不公正的”,因而不视为法。因为如果不预设任何**先验**存在的即绝对的道德价值,就没有可能来确定,什么是必须在所有情况下都要被认为是好的或坏的、公正的或不公正的。如此一来,就不能否认,为我们谈论之强制秩序所要求的同样可以被认为是好的或公正的,而它所禁止的同样可以被认为是坏的或不公正的;故而它同样——相对——是道德的或公正的。一切可能之道德体系所必然共有的东西,不外乎在于它们都是社会规范,即对人——直接或间接地——相对于他人之特定行为予以规定(设定为应当)的规范。一切可能之道德体系所共有的,是它们的形式,是应当,是规范的性质。与规定特定人类行为之社会规范相符的,在道德上就是好的;与这样一个规范相矛盾的,在道德上就是坏的。这种相对的道德价值由将特定人类行为设定为应当的社会规范构成。规范和价值是相互关联的概念。

在这些前提下,法在本质上是道德性的这一主张并不意味着它有某种特定的内容,而是它是规范,也就是一种将特定人类行为设定为应当的社会规范。如此一来,在这种相对的意义
132 上,每种法就都是道德性的,每种法都构成一种——相对的——道德价值。但这意味着,法与道德之关系的问题不是关于法的内容的问题,而是关于其形式的问题。继而,人们就不能说(就像偶尔会有人说的那样),法不仅是规范(或命令),而且也构成或耦合了一种价值(这种主张只有在预设某种绝对

神圣之价值的前提下才有意义)。因为法恰恰由此构成一种价值,即它是规范:它构成了**法律**价值,这同时是一种——相对的——道德价值;但这不外乎是说,法是规范。

因此,我们不能由此就接受这一理论,即法在本质上构成了最低限度的道德,某种强制秩序为了能被视为是法必须满足最低限度的道德要求。因为通过这一主张,我们就将某种绝对的、内容上确定的道德甚或某种一切实在道德体系所共有的内容(大多数时候是和平的理想)预设为某种绝对道德的要求,或预设为一切实在道德体系所共有的内容了。从上所说可知,这里称作法律价值的东西并非这一意义上之最低限度的道德,尤其是和平的价值并不构成法概念的根本要素。

12. 法与道德的分离

假定法据其本质**是**道德性的,那么在预设某种绝对道德价
值的前提下提出这样的要求,即法**应当**是道德性的,就没有任 133
何意义。只有当承认存在某种不道德的、道德上糟糕的法的可能时,故而当不将某种道德内容的要素纳入法的定义之中时,这种要求才是有意义的,在此被预设的道德也才构成法的价值标准。如果一种实在法理论提出这样的要求,即要将法与一般意义上的道德、法与特殊意义上的正义彼此区分开来,而非相互混在一起,那么它就与传统的、被大多数法律人认为理所当然的观点——它预设,只存在**一种唯一有效的**,也即是**绝对的**道德,故而只存在一种绝对的正义——相对立。法与道德、法与正义相分离的要求意味着,某个实在法秩序的效力独

立于这样一个唯一有效的、绝对的道德,独立于“这种”道德,独立于**最好的**道德(Moral *par excellence*)。如果只预设相对的道德价值,那么法**应当**是道德的(公正的)这一要求就只能意味着,塑造实在法时应当与许多可能之道德体系中**特定的一个**相符。但由此并没有排除这一要求的可能:塑造实在法时应当与另一个道德体系相符,并有可能真的与之相符,而与另一个与之相异的道德体系相矛盾。如果在纯粹相对价值的前提预设下提出这一要求,即法要与一般意义上的道德以及法要与特殊意义上的正义相分离,那么这一要求就并非——例如——
134 意味着,法与道德、法与正义无关,法的概念不会落入善的概念之下。因为“善”的概念只能被确定为“应当之事”,即与某个规范相符之事;而如果将法定义为规范,那么这就暗示,合法的就是善。在相对主义价值论的前提预设下提出这一主张,即法要与道德从而与正义相分离,只是意味着,当某个法秩序被评价为道德的或不道德的、公正的或不公正的时,由此只是表达出法秩序与许多可能之道德体系中的一个而非与“这种”道德之间的关系,从而只是作出了一种相对的而非绝对的价值判断;而某个实在法秩序的效力和它是否与任意道德体系相符没有关系。

相对主义的价值论并不意味着(就像很多时候被误解的那样)不存在任何价值,尤其是不存在什么正义,而只是意味着,不存在绝对的价值,只存在相对的价值,不存在绝对的正义,只存在相对的正义;对于我们通过制定规范之行为所构成、并作为我们价值判断之基础的价值,不能提出排除相对立之价值可能的诉求。

不言而喻的是,一种纯粹相对的道德没法满足这种——有意或无意——被要求之功能，即为评价某个实在法秩序提供一套绝对的标准。这类标准恰恰不是通过科学认识所能找到的。但这并不意味着根本不存在任何标准。每个道德体系都可以被用作这样一种标准。但当人们对塑造实在法秩序（的活动） 135
进行“道德”判断，评价为好的或糟糕的、公正的或不公正的*时，人们必须意识到，这种标准是相对的，不排除可以基于另一个道德体系进行另一种评价；当某个法秩序用某个道德体系的标准来衡量，被判断为不公正时，它也可以用另外一个道德体系来衡量，被判断为公正。

13. 通过道德来证成法

只有当道德规范与法律规范之间存在对立，当有可能存在道德上善的和道德上糟糕的法时，才能通过道德来证成法。如果某个道德秩序［例如保罗（Paulus）在他的《罗马书》中所宣告的］**规定，要在所有情况下都遵守法律权威所制定的规范，故而从一开始就排除了自己与实在法之间的一切矛盾，那么它就无法实现其意图，即通过赋予道德价值来正当化实在法。因为如果每一种实在法，由于为上帝所意愿都是公正的，就如一切存在的东西由于为上帝所意愿都是好的，那么就没有什么实在法是不公正的，就如没有什么存在的东西可能是

---

* 由于被评价的是现实，对实在法的道德评价直接涉及的是制定规范的行为，而只是间接涉及通过这一行为被制定之规范。参见本书第 21 页以下，以及后文第 440~442 页。

** 参见本书第 496 页。

136 糟糕的,如果法与正义、实然与应然被等同,那么正义的概念以及善的概念就已失去其意义。如果不存在什么糟糕的东西(不公正的东西),那么就不可能有什么善的东西(公正的东西)。区分法与道德以及法律科学与伦理学这一要求意味着,从一种对实在法之科学认识的立场出发,通过某个与法秩序相异之道德秩序来对其止当化是不相关的,因为法律科学既不需要对其研究对象表示赞成,也不需要表示反对,而只需要进行认知和描述。尽管法律规范作为应然条款构成了价值,但法律科学的功能绝不在于价值判断或评价,而在于对其研究对象进行价值中立的描述。法律科学家并不需要固执于任何法律价值,哪怕是他所描述的法律价值。

如果道德秩序未规定在所有情况下都要去服从实在法秩序,也即存在道德与法秩序相矛盾之可能,那么使法与道德、法律科学与伦理学相分离的要求就意味着,实在法律规范的效力并不依赖于它与道德秩序相符,从对实在法进行认知的立场出发,某个法律规范就可以被视为是有效的,即便它与道德秩序相矛盾。

但关键首先在于——正如必须一再被强调,但强调得还不够的——这一观点,即存在的不是唯一的道德、“这种”道德,而是许多彼此大相径庭、很多时候相互矛盾的道德体系,一
137 个实在法秩序十分有可能——大体上——与服从它的人口中的特定群体尤其是主流群体或阶层的道德观点相符,事实上通常也相符,但同时与另一群体或阶层的道德观点相矛盾;但主要是,关于什么是道德上好的或坏的、什么是道德上可证成的和不可证成的(就像法一样)会遭受恒常的变迁,一个法秩序或它的某些规范,在它有效时可能与当时的道德诉求相符,但

今天可能会被判断为极端不道德。但是，为纯粹法学说所拒斥却在传统法学中广为流传的命题，即法据其本质必然是道德性的，不道德的社会秩序不是法，却以一种绝对的即对于一切时代和所有地方都有效的道德为前提。否则它就无法达成其目的，即在社会秩序之上安放一个固定的、独立于时空情境的关于什么是法和非法的标准。

法据其本质是道德性的，即只有一种道德的社会秩序才是法，这一命题不仅因此被纯粹法学说所拒绝，即这一命题预设了某种绝对的价值，而且也因此被拒绝，即它在被实际运用时，通过在特定法律共同体中占支配地位的法学导向了一种对构成这一共同体之国家强制秩序的不加批判的正当化。因为自己国家的强制秩序是法这一点会被不言自明地预设。只有 138
其他国家的强制秩序才会被按上绝对道德这一成问题的标准；只有这些其他国家的强制秩序才会被贬低为不道德的，因而会被认为不是法，如果它们不符合某些要求（自己的强制秩序符合这些要求），例如，当它们认可或不认可私有财产、具有民主或不民主的性质的话。但由于自己的强制秩序是法，依据这一命题，它必然也是道德的。对实在法的这种正当化可能会很好地服务于政治，尽管逻辑上无法成立。从法律科学的角度看，这是不允许的。因为法律科学不需要对法进行正当化，根本无须对规范秩序——既不需要通过一种绝对的道德，也不需要通过一种相对的道德——进行证成，而只需对它进行认知和描述。

139

Ⅲ. 法与科学

14. 作为法律科学之研究对象的法律规范

法律科学的研究对象是法，在这一理所当然的主张中包含了这样一个——不那么理所当然的——主张：法律科学的研究对象是法律规范，但只有在此范围内才将人类行为包含进来，即当它被确定为法律规范的条件或后果，或者换言之，作为法律规范之内容时。如果说人际关系能作为法律科学的研究对象的话，那么这也只是作为法律关系成为法律认知的客体，也即作为由法律规范构成的法律关系。[*] 法律科学“以法的方式”寻找其研究对象，也就是从法的立场出发去理解。但以法的方式去理解某事不外乎意味着，将某事理解为法，理解为法律规范或法律规范的

* 关于法律关系的概念参见本书第206页及以下。

内容,或者理解为由法律规范确定之事。*

15. 静态的法理论与动态的法理论 140

依照重心是落在这一选择中的哪个要素上——是调整人类行为的规范还是通过规范来调整的人类行为,认知是取向于通过人类活动的行为来创设、适用或遵守的法律规范还是通过法律规范来确定的创设、适用或遵守的行为——可以区分出一种静态的法理论(statische Theorie des Rechts)和一种动态的法理论(dynamische Theorie des Rechts)。** 前者以作为有效之规范体系的法,以静态的法为研究对象,而后者以法被创设和适用的法律程序,以运动中的法为研究对象。但在这里要注意,这一程序本身又是由法来调整的。因为法的最独特之处在于,它调整着自身的创设和适用。一般法律规范的创设(立法的程序)由宪法调整,而形式或程序制定法则调整着法院和行政机关对实质制定法的适用。因此,展现为法律程序之法律创设和法律适用(正如我们将要看到的,它本身也是法律创设)***行为对于法律认知而言只在此范围内被考虑,即它们构成了法律规范的内容,通过法律规范来确定;故而即便是动态 141

---

* 这就是纯粹法学说的立场,它与所谓的"自我论"法理论相对,后者主张法学的研究对象不是规范,而是人类行为;它也与马克思主义理论相对,后者将法视为经济关系的总和。参见 Kelsen,"Reine Rechtslehre und Egologische Theorie",Österreichische Zeitschrift für Öffentliches Recht, 5. Bd., 1953, S. 450 – 482,以及 Kelsen, The Communist Theory of Law, New York, 1955。

** 参见本书第 141 页及以下、第 240 页及以下。

*** 参见本书第 292 页及以下。

法理论也取向于法律规范,取向于那些调整着法的创设与适用的法律规范。

16. 法律规范与法律命题

由于法律科学只在此范围内——它构成了法律规范的内容,也即被法律规范所确定——去把握人类行为,所以它是对这些构成要件的一种规范性诠释。它对那些通过人类活动行为来创设并通过这类行为被适用和遵守的法律规范进行描述,从而也对由这些法律规范构成的(它们所确定之构成要件之间的)关系进行描述。法律科学用以描述这些关系的语句,必须作为法律**命题**(Rechts*sätze*)* 与法律**规范**(Rechts*normen*)区分开来,后者由法律机关创设,被它们适用并被法律主体所遵守。法律**命题**是这种假言判断,它们陈述出,在一种——国家的或国际的——向法律认知给定之法秩序的意义上,在由这一法秩序所确定的某些条件下,应当出现这一法秩序所确定的某些后果。法律**规范**不是判断,不是关于某个向认知给定之对象的陈述。根据其意义,它们是命令(Gebote),本身是指令(Befehle)、命令句(Imperative);但不仅是命令,也是允许(Erlaubnisse)和授权(Ermächtigungen);但无论如何不是——就像有时将法与法律科学相等同时所会主张

---

* "Rechtssatz"在今天一般被译作"法律条文"或"法条"。但"法律条文"或"法条"一般指的是法律规范的语句表达,与法律规范之间是形式与内容的关系。凯尔森显然不是在这一意义上来使用"Rechtssatz"的。为了避免误解,在本书中将之翻译为"法律命题"。——译者注

的那样——教导(Belehrung)。法命令、允许、授权,但它不“教导”。但只要法律规范是语言性的,也即要用语词和语句来表 142
达,它们就可以陈述的形式来显现,事实借此得以确认。盗窃应处刑罚这一规范经常被立法者以这样的语句来表述——盗窃者,处以监禁;授权国家元首缔结国际条约的规范以此形式来表述——国家元首缔结国际条约。但关键的不是语言形式,而是创设法、制定规范之行为的意义。而这种行为的意义不同于描述法的法律命题的意义。法律命题与法律规范的区分表达出了另一个区分,即法律认知的功能和与之完全不同的法律权威(它由法律共同体之机关来代表)的功能之间的区分。[*] 法律科学要对法——仿佛从外部过来——进行认知,并给予对它的认知进行描述。首先要有法律机关——作为法律权威——对法进行创设,继而它才可能被法律科学所认知和描述。适用法的机关首先也要对它们所适用的法——仿佛从内 143
部过来——进行认知,这是对的。通过其程序适用宪法的立法者应当熟悉宪法,适用制定法的法官应当熟悉制定法。但这种认知不是根本性的,只是对其功能的预备,其功能(正如还将要说明的)在于——不仅在立法者的情形中,而且也在法官的情形中——法律创设,即(通过立法者)制定一般法律规范或者(通过法官)制定个别法律规范。[**]

---

* 然而,在传统德国法学的术语中,“法律规范”与“法律命题”(法条)这两个表述是被同义使用的。与此紧密相关的是,这种法学混淆了法律权威的规范性功能与法律科学的认知功能。在这一关系上很有特色的是,或许在一般法学说领域最有代表性的作者阿道夫·默克尔(Adolf Merkel)在他十分有影响力的著作《法学百科全书》(*Juristische Encyclopädie*,2. Aufl.,1900)的第 12 节中,明确将“法律规范”与“法律命题”的概念相等同,并在第 22 节称“法为学说和权力”。“作为学说,是因为它告知了有关人类权力领域的界限应当如何确定。作为权力,是因为它要求并保证对这些界限的尊重。”

** 参见本书第 295 页及以下。

在康德认识论的意义上,法律科学作为法的知识如同一切知识那样具有构成性,因此在此范围内"创设"出了它的研究对象,即它将研究对象理解为一个充满意义的整体。故而就像对混沌之意义的察知只有通过科学的有序认知才能变成宇宙,即变成作为整体系统的自然,法律机关制定的大量的一般和个别法律规范(这是向法律科学给定的材料)也只有通过法律科学的认知才能变成一个统一而无矛盾的体系,变成法秩序。但这种"创设"具有纯粹的认知理论的性质。它完全不同于人类活动对对象的创设,或法律权威对法的创设。

144 法律科学的功能与法律权威的功能之间的差别,也就是两者的产物之间的差别,经常被忽视,如在语言习惯中,法与法律科学常作为同义的表达出现。* 例如,人们谈论"经典国际法"但指的却是一种特定的国际法理论;甚或持有这样的观点,即法律科学是一种法源,在这样的意义上,即可以期待从中获得关于某个法律问题之有拘束力的决定。但法律科学只能**描述**法,它不能**规定**某事,就像法律权威(通过一般和个别的规范)

---

* 就如法与描述它的法律科学被等同一样,在语言习惯中,道德这种规范秩序也与伦理科学被等同。伦理学描述特定道德的规范,它教导我们,我们应当采取什么样的行为才是符合这一道德的,但作为科学它不规定,我们应当如何行为。伦理学家并不是制定规范的道德权威,他只是用应然语句来描述它们。但有可能,有时也事实如此的是,伦理学者在其著作中表述的某个应然语句,依据这位学者的意图具有的不是描述的意义,而是规定的意义;这意味着,这位伦理学家自己妄称制定规范和道德条款的权威了。如此一来,他就逾越了他作为科学代表之权能并面对这样一个问题的质疑,即是谁授权他去制定道德规范的;对这个问题他几乎无法给出一种充分的回答。回答说,是伦理科学授权他这么做的,他以这种科学之名制定道德规范,无论如何都是错的。因为科学是认知的功能与描述,而非意志的功能与规定。十分典型地混同了道德与伦理学的是 L. Stevenson, *Ethics and Language*, New Haven, Yale University Press, 1944。他声称:"规范伦理学不仅仅是一门科学"(S. Ⅶ),并针对"伦理学陈述与科学陈述之区别何在"这一问题回答道:"伦理学陈述具有一种近乎(并部分地是)命令句的意义"(S. 26)。"命令句"是道德规范。伦理学的语句只是描述性的。

那样去创设法。* 没有法律人能否认一部在官方法律公报中 145
公布之制定法与对这部制定法的法学评注之间的差别，否认刑法典与刑法教科书之间的差别。差别体现在，法律科学所表述、对法进行描述、不使任何人对任何事承担义务和享有权利的应然语句可以是真的或假的，而法律权威所制定——使法律主体承担义务、享有权利——的应然规范既不是真的也不是假的，而只能是有效或无效的；因而就像实然事实同样既非真也非假，而只能存在或不存在，只有关于事实的陈述（命题）才能是真的或假的。某部民法教科书中的语句：（依照国法——它构成了教科书的对象）未履行已作出之结婚承诺的人，必须对由此造成的损害进行赔偿，否则就应当对其财产进行强制执行，是假的，如果国法（它构成了对这一法进行描述之教科书的对象）并没有规定这种义务，因为并没有规定这类强制执行
措施的话。对这一问题——这样一个法律规范在特定法律秩 146
序中是否有效——的回答是（尽管不是直接的而是间接的）可证伪的，因为这样一个规范必须——为了有效——要由某个经验上可确认之行为来创设。但法律权威所规定的规范（它规定了对损害的赔偿以及被违反时的强制执行措施）不可能是真的或假的，因为它不是命题，不是对某个客体的**描述**，而是一种**规定**，其本身是要被——法律科学——**描述**的客体。立法者所规定的规范（它规定了对此人之财产的执行措施，他没有对

---

* 法律科学是对法的认知而非塑造。但在传统法学中流行着这样的观点，即法律科学同样可以且应该塑造法。典型持这一观点的参见 Karl Engisch, *Einführung in das juristische Denken*, Stuttgart, 1956, S. 8："这……几乎是法律科学在所有文化科学中的独一无二的优势：不是在法的身侧和背后相伴前行，而是能在法之内、之中去共同塑造法本身和生活。"此处就存在法律科学与法政策学的混同。

由于他未履行结婚承诺而造成之损害进行赔偿),与法律科学所表述的、对这一规范进行描述的语句(如果某人未对由某个未履行之结婚承诺所引起的损害进行赔偿,就应当对其财产进行强制执行)之间在逻辑上具有不同的性质。故而同样有必要从术语上将这两种表述区分为法律规范与法律命题。因此,法律科学所表述的法律命题并不是对法律权威所制定之法律规范的简单复述。但这种反对意见,即它是多余的,并不是那么显然地没有道理,就像认为在自然之外自然科学是多余的那样。因为不像法,自然不通过被说出和被写下的语词来彰显自己。对于这种反对意见——在被法律科学所描述的、由法律权威制定的法律规范之外,法律科学所表述的法律命题是多余
147 的,只能以此提示来加以反对,即这会导致,在一部刑法典之外对它的法学阐释变得多余,或者说,在法之外的法律科学变得多余。

由于法律规范作为规定,即作为命令、允许、授权既不可能是真的也不可能是假的,就产生了这样的问题:逻辑原则,尤其是矛盾律(Satz vom Widerspruch)和推论规则(Regeln der Schlußfolgerung)如何能适用于法律规范之间的关系(就像纯粹法学说一直以来所做的那样),如果像传统观点所认为的那样,这些原则只能适用于具有真假的命题的话。对这一问题的回答是:只要逻辑原则能适用于对法律规范进行描述的法律命题(它们有真有假),它们就能被适用于法律规范,即便这种适用不是直接的而是间接的。如果对两个法律规范进行描述的两个法律命题彼此矛盾,这两个法律规范就彼此矛盾,并因而不能同时被主张为有效;如果对某个法律规范进行描述的法律命题能够进入逻辑三段论,这个法律规范就能从另一个法律规

范中推导出来。

这[1]并不妨碍,这些语句是应然语句同时也必须是应然语句,因为它们描述应然规范。对某个刑法规范(它针对盗窃规定了监禁)之效力进行描述的语句可能是假的,如果它说的是,根据这一规范盗窃会被处以监禁刑;因为在一些情形中,尽管这一规范是有效的,但盗窃事实上未被处罚,例如因为窃贼自己逃避了刑罚。描述这一刑法规范的法律命题说的只能是: 148
如果某人犯了盗窃罪,他就应当受到处罚。但与法律规范的应当不同,法律命题的应当不具有规定性的意义,而具有描述性的意义。如果将应然语句与命令句相等同,"应当"一词的这种双重意义就会被忽视。*

---

〔1〕 这里要作两处修正:一是将此段与上一段合并,也即是将本句跟在上一段的最后一句之后;二是在上一句末尾处添加一个(意大利译本的)译者注:关于逻辑原则尤其是排除矛盾律对于法律规范的可适用性,可参见凯尔森的《毁损》("Derogation")一文,这是在其著作《纯粹法学说》(1960年第2版)出版两年以后,在《罗斯科·庞德法理学纪念文集》(*Essays in Jurisprudence in Honour of Roscoe Pound*, The Bobbs - Merrellho, Indianapolis, New York 1962, S. 339ff.)中发表的。关于推论规则的可适用性参见凯尔森的论文《法与逻辑》("Recht und Logik" in Forum, XII, Jahr, Wien, Oktober 1965, Heft 142, S. 421-425; November 1965, Heft 143, S. 495-500.)。

* Christoph Sigwart, *Logik*, 3. Aufl., Tübingen, 1904, S. 17ff. 区分了并非意愿为真而是意愿被遵守,因而既非真也非假的命令句,与作为陈述语句或主张语句意愿为真,因而可以或真或假的判断。在这些判断之下,他强调了关于命令句的陈述。他阐述道:"命令句……并不要求相信它是真的,而要求服从……即便命令句以某种一般性法则的形式出现,对于命令句作为特定个体意愿之表达这种最接近和惯常的意义来说也不会有根本的改变。由于立法者以某个命令句来面对国民或教友,他与他们的关系就如同个人对个人的关系;他发声不是为了告知应被相信的真相,而是为了发布应被遵守的命令;无论下命令者作为实际上的个人还是集体出现,无论被预设之服从的动机在于顺从人格化的权威还是非人格化的国家秩序——被说出的内容不是告知某个真理,而是让某人作为、某人不作为的要求。即便是'你应当'这一形式(像'十诫'这类命令就以这种形式出现)最初也没有表达出什么不一样的东西。应当是与意愿相关联的……但现在在这种'你应当'之中却存在一种双重意义,它在简单的命令句中是不存在的。因为'应当'也有一种某个陈述(它想要是真的)中固有之谓词的意义;它意味着有义务、受拘束——一个模态谓词,它说出了个人主观意愿与某种命令权或客观规范之间的既有关系。最初的命令句现

149 17. 因果科学与规范科学

通过将法确定为规范(更准确地说:作为规范体系、作为
规范秩序),将法律科学限于对法律规范及由其构成之(它们
所确定的)构成要件之间关系的认知与描述,就将法与自然、
作为规范科学的法律科学与所有其他旨在对事实过程进行因果
150 关系之认知的科学区分开来。由此才获得一个确定的标准,据
此社会与自然、社会科学与自然科学可以清晰地分割开来。

根据对这一对象之众多定义中的一个,自然是一种事物的特定秩序,或一个彼此间作为原因和结果(依据被称作因果的

在被扔进了谓词的这种意义之中……而这一主张——我有义务(这意味着,我应当以特定方式来行为),基于某个被预设之法律或道德秩序可以或真或假……最后,这种双重意义同样适用于显现出简单陈述之语法形式的语句。刑法典的条款:谁要是作了这样那样的事,将被处以这样那样的刑罚——并不是想要告知事实上发生了什么,就像某个自然法则的公式那样,而是想要给出一个规定;但同一语句包含着一个现实的陈述,如果这部制定法有实效并被描绘出来的话;它现在说的是,在特定国家内部通常会发生什么。"依循传统法学,西格瓦尔特将效力与实效相等同。由于法律科学描绘了某个法秩序的效力,所以它说的并不是通常会发生什么,而是依据特定法秩序应当发生什么。关键在于,在西格瓦尔特看来这种应然语句是可以或真或假的判断。因而将特定行为规定为应当的规范(它既非真也非假,而只能有效或无效),不仅可以与某个描述事实行为的实然判断相对立,也可以与某个描述规范的应然规范相对立,后者与实然判断一样可以是或真或假的。

哈罗德·霍夫斯塔特(Harold Ofstad,"The descriptive definition of the concept of 'legal norm' proposed by Hans Kelsen",Theoria,Vol. XVI,2,1950,p. 118ff.)批评我说,我所作的关于法律权威所制定的法律规范与法律科学用以描述这些规范的法律命题(我为了区别于法律规范称之为"法律命题")之间的区分是不清晰的。他在第132页评论道:"按照凯尔森的观点,法律科学的表述同时是应然描述和描述性表述。如果他能更精确地澄清它们的描述意义与规范性意义,将是件有趣的事。"我相信在文本中已经这么做了,并提示霍夫斯塔特特别要去看上面所引的西格瓦尔特的有关应当之双重意义的那部分阐述。

原则)联结起来的要素体系。所谓自然法则——借此科学得以描述这些研究对象,如这个语句:当金属被加热时它就会膨胀——就是对这一原则的运用。热与膨胀之间的关系是原因与结果的关系。

如果社会科学有别于自然科学,那么它就必须要按照有别于因果的原则来描述其研究对象。作为这样一门有别于自然科学之科学的研究对象,社会是一种人类行为的规范秩序。但没什么充分的理由,不将人类行为同样理解为自然的要素,也即是通过因果原则来确定它。换言之,就像将自然事实说明为原因和后果那样来说明它。这样的说明——至少在某种程度上——是可能的并且事实上实现了,对此没有疑问。只要一门科学以此方式来描述和说明人类行为,并因为它以人类的相互行为为研究对象所以被定性为社会科学,这样一种社会科学就无法以本质上有别于自然科学的方式存在。 151

但如果对我们关于人类行为的陈述进行分析,就会发现,我们并不只是根据因果原则(原因和后果),而且也根据另一个原则来联结人类活动中的彼此行为及其他要素,这种原则完全不同于因果,它在科学中尚未得到被普遍认可的名字。只有当我们能够证明,这样一种原则在我们的思维中的确存在并被科学所适用,它将人类相互行为视为被规范确定的也即以确定行为之规范为研究对象,那么我们就有权将社会作为一种与自然不同的秩序,将这种不同的秩序原则运用于对其研究对象之描述的科学作为本质上不同的科学区别于自然科学。只有当社会被理解为一种关于人类相互行为的规范秩序时,它才能被把握为一种与自然这种因果法则秩序不同的对象,社会科学也才能与自然科学相对立。只有当法是一种关于人类相互行为的规范秩序时,它才能作为社会现象区别于自然,法律科学也才能作为一门社会科学与自然科学相分离。

152 18. 因果与归结;自然法则与法律法则

在对关于人类相互行为之规范秩序进行描述时,运用的是不同于因果的秩序原则,它可以被称为**归结**(*Zurechnung*)。通过分析法律思维可以发现,事实上被运用于法律命题——它们是这样一些语句,法律科学通过它们来描述其对象,即法(无论是国内法还是国际法)——之中的这样一个原则,它与因果尽管相似,但却以独有的方式区别于后者。相似性在于,我们所谈论的这个原则在法律命题中发挥着一种与因果原则在自然法则(借此自然科学得以描述其对象)中十分类似的作用。法律命题例如是这类语句:如果某人犯了罪,就应当对他判处刑罚;或者,如果某人没有偿还他的债务,就应当对其财产进行强制执行;或者,如果某人得了传染病,他就应当被隔离于为此设立的场所内。一般性地表述就是:在特定的即法秩序所确定的条件下,应当实施特定的即法秩序所确定的强制行为。这就是前文已说明过的法律命题的基本形式。完全如同自然法则那般,一个法律命题也相互联结起两个要素。但在法律命题中表达出来的这种联系具有完全不同于描述自然法则之联系
153 (因果)的意义。很明显,犯罪与刑罚、民事违法行为与强制执行、传染病与对疾病的隔离,并不是作为原因与其结果被联结起来的。法律命题不像自然法则那样说的是,如果有 A 则有 B,而是如果有 A 则应当有 B,即便 B 或许事实上并没有出现。

法律命题中之要素的联系的意义有别于自然法则中之要素的联系的意义，这可以回溯到，法律命题中的联系是通过由法律权威即某种意志行为所制定之规范来建立的，而自然法则中被说出之因果联系独立于这样一种干预。

这一区别在一种宗教—形而上学的世界观框架中消失了。因为根据这一世界观，因果联系是通过神圣造物主的意志来建立的。因此，自然法则同样描述表达神意的规范，即为自然规定特定行为的规范。也因此，一种形而上学的法学说相信在自然中能找到自然法。然而在一种科学世界观的框架（在其中只有一种实证主义的法学说才能找到位置）中，必须十分明确地维系自然法则与法律命题之间的区分。当这里的法律命题被表述为，在特定条件下**应当**出现特定后果，即当通过某个法律规范建立的、被确定为条件和后果之构成要件间的联系在法律命题中通过系词“应当”来表达时，就像先前已经说过*并且 154
必须重点强调的，这个词并不是在通常意义上来使用的。通常来说，“应当”表达出的是命令的思想，而不包括授权和允许。法律上的“应当”，即在法律命题中联系条件与后果的系词，包括了所有这三种意义：一是对后果的命令、二是对后果的授权、三是对后果的（积极）允许；这意味着，法律命题所表达的“应当”被用来指称所有这三种规范性功能。这种“应当”只是表达出了这样的特殊意义，即两个构成要件通过一个法律规范（在一个法律规范中）彼此联结在一起。法律科学只能通过系词“应当”来表达这种通过法律规范建立的联系，尤其是不法行为与不法后果之间的关系。为了复述出这种（法律规范要

* 参见本书第 6 页以下。

施加于法律机关和法律主体的)特殊意义,它只能将法律命题表述为这样一个语句:根据特定实在法秩序,在一定条件下应当出现特定后果。当有人主张,法律科学说的不外乎是,某个法律规范在特定法秩序中在特定时间"生效"或"有效"时,也即说的——为了有别于法律规范——不是"应当"而是一种实然时,这是不对的。因为某个规范[它要求、授权或(积极)允
155 许特定行为]"生效"或"有效",这一陈述的意思不是这一行为事实上发生了,而只能是这一行为应当发生。* 法律科学尤其

---

* 安德斯·维德贝格(Anders Wedberg,"Some Problems in the logical Analysis of legal Science",Theoria,vol. XⅦ,Stockholm,1951,S. 246ff.)区分了"两种类型的法律语句",即"内部语句与外部语句"。他将"内部语句"理解为"陈述(法律)规则本身的语句",即对法律规范的展示;将"外部语句"理解为"陈述某个既定规则在既定社会和既定时间里有效(或无效)的语句"(S. 252/3),即这样一个陈述:某个法律规范在特定实在法秩序中"有效"或"无效"。维德贝格同样区分了"事实语句与规范语句",他将"事实语句"理解为实然语句,将"规范语句"理解为"规定、禁止和允许",即应然规范或应然语句(S. 251)。他没有区分应然规范和描述或展示它的应然语句。被他称作"内部的"语句是"规范语句"、应然语句;被称作"外部的"语句是"事实语句"。故而按照其观点,某个法律规范"有效"这一陈述是一种实然陈述,是关于这个实然事实的陈述:这个法律规范通过立法者的行为或通过习惯被制定或具有实效。在这些事实中,他看到了"法律科学的事实基础"(S. 247/8)。他声称,法律科学的陈述只能具有这种实然陈述的性质:"理性重构之法律科学的断言应当主要是外部语句的断言。表达法律规则的内部语句不应当被不加区别地主张……除非(i)它们是事实性的;(ii)它们的真值可以从经验上加以确定"(S. 261)。

针对维德贝格关于法律科学之本质的这种观点,可以指出,就像在本书中已经详细阐明的,如果法律科学的研究对象是法,而法——如维德贝格所承认的——是规范(S. 246),那么法律科学的陈述(这门科学借助这些陈述对法进行描述)就不可能是实然陈述,而必然是应然陈述;特定法律规范"有效"("in force")这一陈述的意思与此相同:特定法律规范有效(in Geltung stehen),而这又不外乎意味着,人们应当如同法律规范规定的那样去行为。某个法律规范事实上被制定,这一陈述不是对法律规范的描述或展示,而一种其意义为法律规范之事实的描述或展示;故而这一陈述涉及有别于法的另一类对象。维德贝格假定法律科学的陈述必然是实然陈述,因为他假定,法律科学作为"客观的"经验科学只能作出关于"可观察之事实"的陈述,即实然陈述(S. 247),而只有实然陈述可以是真的。"假如某个法律科学家只**主张**外部语句,那么他所说的一切都很有可能是真的,他的目标和方法与许多其他科学活动也就没什么本质上的差别。外部语句的科学地位完全独立于内部语句(法律规则本身)的科学地位"(S. 260)。他忽视了,不仅实然陈述,而且描述应然规范的应然陈述也可能是真的,因为规范的"应当"与描述它的命

不能说,根据特定法秩序,在发生不法行为的条件下某种不法 156
后果事实上出现了。通过这种陈述它将陷入现实矛盾之中,因为十分常见的是,某个不法行为被犯下,法秩序规定的不法后果却没有出现;这种现实并不是法律科学要描述的对象。这并不影响这一点:只有当法秩序之规范所确定的行为事实上在某种程度上与法秩序相符时,法律科学所要描述的这一法秩序的规范才会有效,也就是说,它们所确定的行为才是在客观意义上应当去做的。法秩序的这种实效只是——正如必须被一再强调的——效力的条件,而非效力本身。如果法律科学要表达出法秩序之效力,也即法秩序施加于服从它的个人的特殊意义的话,它就只能说,根据特定法秩序,在这一条件下——法秩序所确定的不法行为被犯下了——应当出现法秩序确定的不法后果;这里,"应当"既涵盖了这种情形[对不法后果的执行只是被授权或被(积极)允许的],也涵盖了那种情形(它是被要求的)。有待法律科学表述的法律命题只能是应然命题。但——这是在展示这一事实时存在的逻辑困难——通过使用"应当"一词,法律科学所表述的法律命题并没有具备它所描述之法律规范的那种权威意义;法律命题中的"应当"只具有一种纯粹的描述性。但从法律命题描述某事无法推出,被描述的就是 种实然事实。因为不仅实然事实而且应然规范都可
以被描述。法律命题尤其不是命令句,它是一种判断,是关于 157

题的"应当"具有不同的逻辑性质。只要法律科学只以通过人类行为制定之规范为研究对象,而不涉及从超人类的超验层级出发的规范,也就是只要它排除掉一切形而上学的省思,它就依然处于经验的界限之内。对此参见本书第 263 页及以下。

向认知给定的某种对象的陈述。* 它也没有暗含对它所描述
158 之法律规范的赞成。对法进行描述的科学法律人不需要认同
制定法律规范的法律权威。法律命题依然是客观的描述;它不
会变成规定。就像自然法则一样,它只是说出了两个构成要件
之间的联系,说出了一种功能性关联。

虽然法律科学以法律规范以及由它们构成之法律价值为
研究对象,但它的法律命题——就如自然科学的自然法则一
样——是对其研究对象之价值中立的描述。这意味着,这种描
159 述并不涉及任何元法律价值,也不涉及任何情感上的赞成或不
赞成。谁如果从法律科学的立场出发在对某个实在法秩序进
行描述时说,在这一法秩序所确定的某个特定条件下应当实施
某个这一法秩序确定的强制行为,那么即便他认为将这一强制

---

* 这就是我在我的著作《国家法学的主要问题:以法律命题学说为出发点》(1911年)中所主张之命题的意义。但我未曾足够清晰地澄清这种意义,因为我当时还没有从术语上表达出法律命题和法律规范之间的区别。在目前这部著作的第一版中,尽管最着重地强调了法律权威之法律规范创设功能与表述法律命题之法律科学之间的对立,但法律规范与法律命题的分别在术语上也还没有得到连贯地贯彻。组成法的规范不是命令句而是假言判断,这一命题最先是由恩斯特·齐特尔曼主张的(Ernst Zitelmann, *Irrtum und Rechtsgeschäft*,Leipzig,1879,S. 200,222/3)。法律规范或——这在齐特尔曼看来是一样的——法律命题就像自然法则那样主张"特定事实与(某人承担之义务意义上的)某个应当之间的因果联系"(op. cit. S. 222)。但"自然法则确定的是某个事实应当具有的结果是什么,自然法则给出了法则"(op. cit. S. 205)。齐特尔曼将在这种被称为法律规范之法律命题中主张的因果关系称为"法律因果关系"。他将它与"自然因果关系"相对比。在这里齐特尔曼意识到,"法律的"因果关系与"自然的"因果关系是不同的,这里只是存在一种类似性。他认为:"我们给它(在法律规范中所主张之关系)法律因果关系之名,我们谈论法律上的因和果,可能会有人对此进行谴责,认为完全可以选择更好的表达:存在一种独有的法律类型的必然联系,这一事实并不由此被干扰"(op. cit. S. 225)。齐特尔曼已经很接近于(法律命题之)要素之间存在一种特殊规范性的、类似于因果关系之联系的认识。但他在根本上没有达到这种认识,因为依循传统法学,他并没有区分作为创设法之权威的一种功能的法律规范,与作为描述法之法律科学的一种功能的法律命题,也因为他没有看到,这种要素间的联系不仅在对法进行描述时,而且在对一切规范体系进行表述时都要被展示。同样可见 Kelsen,*Hauptprobleme der Staatsrechtslehre*,S. 255ff.。

行为归结于其条件是不公正的，因此不赞成这种归结，他也说出了这一点。构成法律价值的规范必须要与那些据以对法的塑造进行评价的规范相区分。只要法律科学终归要回答这一问题——某个具体的行为是合法的还是违法的，对它的回答就只能是一个关于这一点的陈述，即这一行为在被它所描述的法秩序中是被要求还是不被要求、被授权还是未被授权、被允许还是不被允许，这不依赖于，这一行为被陈述者认为在道德上是好的还是糟糕的、被他赞成还是不赞成。

因为法律命题如自然法则一样揭示出了一种功能性关联，它也可以——按照与自然法则的类比——被称为法律法则（Rechtsgesetz）。正如已说过的也正如必须重点强调的，它用“应当”一词只是表达出这种特殊的意义，即条件与后果尤其是不法行为与不法后果通过法律规范被彼此联结在一起；在此，这种用法律法则来表述的联系与自然法则表达出的因果联系尽管相似，但却与它不同。

正如自然法则是对自然的一种描述性陈述，而非有待描述的对象，法律法则（它是描述法的陈述，即法律科学所表述的 160
法律命题）不是有待描述的对象，后者是法，是法律规范。法（法律规范）不是——虽然它因具有一般性被称为“法则”——法则，也即不是某种因与自然法则具有相似性而可以被称为“法则”的东西。因为它不是这样一种陈述，借此来描述构成要件之间的联系、一种功能性关联。它压根就不是陈述，而是某种行为的意义，借此某事被规定，故而构成要件之间的联系、功能性关联才得以建立，它被作为法律法则的法律命题所描述。

这里要注意的是，被展示为法律法则的法律命题——正如自然法则一样——具有一般性,即它描述的是法秩序的一般规范以及由它们构成的关系。法律科学以类似于自然科学通过回顾某种自然法则(它彰显在这一法则[2]之中)描述某种具体实验的方式,来描述通过司法裁判和行政决定被制定的个别法律规范。例如,一本物理学教科书会包含如下段落:因为根据自然法则,金属体被加热时会膨胀,所以被特定物理学家使用的金属球,在加热前可以通过一个木环,在加热后不再能通过这个环。一本德国刑法学教科书则会说:因为根据参考德国法
161 来表述之法律法则,个人犯盗窃罪时应当被法院处以监禁刑,所以法院 X 在案件 Y 中确认 A 犯了盗窃罪之后规定,A 应当被强制拘禁于监狱 Z 一年。通过这一语句——犯了特定盗窃罪的 A 应当被强制拘禁于监狱 Z 一年——法院 X 在案件 Y 中制定的个别规范得到了描述。

如果在法律命题中用"应当"一词表达出的条件和后果的联系被称为"归结",那么并没有由此将一个新词汇引入一门长久以来一直以"归结能力"(Zurechnungsfähigkeit)的概念来运作的学科。谁要是由于其行为被处以刑罚,谁就具有归结能力,也就是能够为此承担责任;而那些由于某个相同的行为——例如因为未成年或有精神疾病——没有被处以刑罚的人就没有归结能力,即不能够为此承担责任。人们虽然说,某人犯下的作为或不作为被归结于他,另一人没有,但这里谈及的作为或不作为只有借此被归结或不被归结,即在一种情形中行为与某种不法后果相联系,故而被定性为不法行为,而在另一种情形中这没有发生,因而无归结能力者无法犯下不法行

[2] "法则"应被修正为"实验"。

为。但这就意味着,归结仅仅存在于不法行为与不法后果的这种联结之中。因而通过归结能力的概念来表达的归结不是——像传统理论所假定的那样——特定行为与如此行为之人之间的联系;为此本就不需要任何通过某个法律规范的联 162
系,因为行为与如此行为之人根本就是不可分的;无归结能力者的行为同样是他的行为,他的作为或不作为,即便不是可归结的不法行为。通过归结能力的概念来表达的归结是特定行为(不法行为)与某种不法后果的联结。因此人们可以说:不法后果被归结于不法行为,但它不是由不法行为——作为其原因——引起的。法律科学的目的完全不在于对不法行为与不法后果这些法律现象作因果式的说明,这是不言而喻的。它在法律命题(它通过它们来描述这些现象)中运用的不是因果原则,而是人们——正如这里的分析所说明的——可称为归结的原则。

19. 原始思维中的归结原则

对原始社会和原始精神特质的研究表明,原始人以同一个原则为诠释自然的基础。* 很有可能原始人尚未根据因果关系来说明自然现象。这一原则作为自然科学的基本原则,正如自然科学本身一样,都是相对发达之文明的成就。早期人类是 163
根据与确定他与其同伴之关系相同的原则,即根据社会规范来

---

* 参见 Kelsen, *Vergeltung und Kausalität*, Den Haag, 1941, S. 1ff., 以及 *Society and Nature*, Chicago, 1943, S. 1ff。

诠释他用感官察知的事实的。

这是一个基本事实:当人们过着群居生活时,在其意识中会形成这样的观念,即特定行为是正当的或好的,另一种行为是不正当的或糟糕的;换言之,群体成员应当在特定条件下以特定方式来行为,且这是在一种客观意义上而言的,以至于希望在具体情形中采取相反行为并事实上据其意愿来行为的个人会意识到不应当这样做,也会意识到应当如何做。这意味着,在过社会生活之人的意识中存在对他们的相互行为进行调整、对个体进行拘束之规范的观念。这同样是一个事实:过群居生活的人根据事实上通过习惯形成的规范来判断他们彼此的行为,如果这些规范也被诠释为一种超人类权威之命令的话。人类最古老的规范可能是那些旨在限制性欲和侵略欲的规范。乱伦与谋杀是最古老的犯罪,而放逐刑(排斥于群体之外)和血亲复仇是最古老的社会有组织的制裁。它们以一个支配原始人之全部社会生活的规则为基础,即报应规则(Regel der Vergeltung)。它将惩罚理解为回报。例如,它可以此方式被表述:如果你正当地行为,你就应当获得回报,即你就应当被
164 给予某些利益;如果你采取糟糕的行为,你就应当被惩罚,即你就应当被给予某些坏处。在这一基本规则中,条件和后果之间并非根据因果原则,而是根据归结原则被联系在一起的。只要在原始人的意识中终归存在说明这些现象的需要,它就是根据报应原则来进行的。当某事被认为是坏事时,它就被诠释为对一个恶行即不法行为的惩罚;当它被认为是善事时,它就被诠释为对善行的酬报。换言之,不幸,即不利之事,如庄稼欠收、狩猎无果、战争失败、疾病、死亡被作为惩罚归结于群体成员违反规范的行为;有利的结果,如庄稼丰收、狩猎成功、战争胜利、

健康、长寿被作为酬报归结于群体成员合乎规范的行为。当某个事件出现时(它在原始人的意识中是需要说明的——这只是直接触及他们利益的事件),他们追问的不是它的原因是什么,而是谁要为此负责。这不是对自然的因果诠释,而是一种规范性诠释;由于报应规范(这种诠释据此来进行)是一种特殊的社会原则,即调整人类相互行为的原则,所以人们可以将对自然的这种诠释称为对自然的社会规范解释。

原始人的所谓万物有灵论,他们的观点:不仅人类有灵魂,而且一切事物包括——按照我们的观点——无生命之事物也有灵魂,在事物中或其背后存在看不见但有强有力的精灵——但这也就意味着,一切事物都是人或类人的存在,都有 165
人格,这一观点基于这种信念之上,即事物对人就像人和人彼此行为那样行为——但这也就意味着,根据报应原则,即惩罚和回报原则来行为。在原始人的信仰中,正是这些灵魂或精灵将人类的不幸作为惩罚,将他们的幸运作为回报。如果说在原始人的信仰中,一方面人类的恶行与其不幸(作为惩罚)之间,另一方面善行与幸运(作为回报)之间存在关联,那么这是因为他们相信,强有力之超人类的但却具有人格的存在物在此意义上——即根据报应原则——操控着自然。万物有灵论的本质是对自然的一种人格主义的即一种社会规范诠释,这种诠释不是根据因果法则而是根据归结原则来进行的。

因而,在原始人的意识中,根本就没有什么现代科学意义上之自然——这是一种根据因果原则彼此联结的要素秩序——之类的东西。从现代科学的立场来看是自然的东西,对于原始人来说是其社会的一部分,是一种规范秩序,它的要素彼此间是根据归结原则来联结的。作为因果秩序之自然与作

为规范秩序之社会的二元论，两种将既有要素彼此联结起来之不同方法的二元论，对于原始人的意识来说是完全陌生的。这
166 种二元论在文明人的思维中存在，是一种智力发展的产物，它导致了人类与其他存在物、人类与事物或人与物之间的区分，这种区分不为原始人所知，而对事物之间关系的因果说明也与对人和人之间关系的规范诠释脱离开来。现代自然科学是从对自然的社会诠释中，即从万物有灵论中解放出来的产物。用一个多少有些自相矛盾的公式来说：在发展的初期即人类的万物有灵论阶段只存在（作为规范秩序的）社会，而作为因果秩序的自然只有当科学从万物有灵论中解放出来之后才被创造出来。这种解放的工具就是因果原则。

20. 因果原则脱胎于报应原则

因果法则很有可能脱胎于报应规范。[*] 这是归结原则——据此，在报应规范中，不正当的行为与惩罚、正当的行为与酬报相联系——转变的产物。这一转变的过程始于古希腊自然哲学。极有特色的是，代表“原因”的希腊词汇αἰτία最初的含义
167 与过错是一样的：原因是对结果的过错，要对结果负责，结果要归结于原因，就像惩罚归结于不法行为那样。对因果法则最开始的表述之一是赫拉克利特著名的一段话：“如果太阳没有遵照为它规定好的轨道，厄里倪厄斯（Erinnyen）[**]这些正义的助

---

* Vgl. Kelsen, Vergeltung und Kausalität, S. 259ff.，以及 Society and Nature, S. 249ff.

** 厄里倪厄斯是希腊神话中的三位复仇女神。——译者注

手就会斥责它。"这里,自然法则仍是以法律命题的面目出现的:太阳不能离开为它规定好的轨道,因为如果它这么做,法律机关就会来干预它。在这种从对自然的规范性诠释过渡到因果诠释之过程中关键的一步在于,人类意识到,事物之间的关系——有别于人和人之间的关系——独立于人类或超人类的意志,或者用意思相同的话来说就是,不由规范来决定;事物的行为不是被任何权威所规定或容许的。将因果原则中的一切万物有灵论思维或者说人格主义思维的要素都充分清除掉,将因果确定为与归结不同的原则,只能一步一步来完成。故而,例如因果是一种关于原因和结果之间绝对必然之关系的观念(这种观念直到20世纪初还占据统治地位),无疑是这种观点的结论:是一个绝对而无所不能的,因而是超验的、超出人类经验范围之外存在的权威的意志,建立了原因和结果之间的联
系。如果这种观点被放弃,就可以毫不费力地从因果概念中消 168
除掉必然性这一要素,并代之以纯粹可能性的要素。但如果必然性这一要素被保留,就必须经历意义变迁,必须从神的意志(它表达在原因和结果的关系之中)的绝对必然性变为一种人类思维的必然性,即这种人类认识的假定具有无例外的效力。

21.因果性社会科学与规范性社会科学

一旦因果原则被认可,那么它就同样能适用于人类行为。心理学、人种学、历史学、社会学就是研究通过因果法则来确定(在自然或自然现实领域内进行)之人类行为的学科。如果一门科学被称为社会科学是因为它指向人类的相互行为,那么正

如已经强调过的,只要这种社会科学尝试因果式地去说明人类行为,它就与物理学、生物学或生理学这些自然科学没有本质区别。在何种程度上对人类行为的这种因果说明是可行的,则是另一个问题。在此视角下,上述提及的这些社会科学与自然科学之间的差异无论如何都只是一种程度性的而非原则性的
169 差异。本质性差异只存在于自然科学与这种社会科学之间,后者并不根据因果原则而是根据归结原则来诠释人类相互行为,这种科学并不描述由因果法则确定之人类行为在自然现实的领域中是如何进行的,而是描述由实在规范即通过人类行为制定之规范所确定的人类行为应当如何进行。如果这里被观察之领域作为价值领域与自然现实相对,那么要注意的是,它涉及的是由实在规范构成的价值,即由在时空中被人类行为所制定之规范构成的价值;因此,这种社会科学的研究对象并不是不现实的,它也要被归属于某种现实,只是它恰恰是一种有别于自然现实的现实,即社会现实(soziale Realität)。这类社会科学包括伦理学(道德的科学)和法学(法的科学)。如果它们被称为规范科学,那么这并不意味着,它们为人类行为制定规范,故而对特定人类行为进行规定、授权或积极的允许,而意味着它们对通过人类行为制定之规范及通过这些规范创设之人类关系进行描述。作为道德理论家或法理论家的社会理论家并不是社会权威。他的任务不在于治理人类社会,而在于认识和理解人类社会。社会作为一种规范性社会科学的研究对象是一种关于人类相互行为的规范秩序。只要这些人的行为
170 受这样一种秩序的调整,被这样一种秩序所规定、授权或积极允许,这些人就属于一个社会。当人们说,特定社会由一种规范性的、调整许多人之相互行为的秩序构成时,就必须意识

到,秩序与社会不是两种彼此不同的事物,而是同一个事物,社会不外乎存在于这一秩序之中,当社会被称为共同体时,从根本上说调整人类相互行为的秩序对于这些人来说就是共同的东西。

这一点尤其明显地体现在这样一种法秩序或由其构成之法律共同体的情形中,拥有不同语言、种族、宗教、世界观的人,尤其是属于不同且彼此敌对之利益集团的人都可能属于这一法律共同体。他们所有人组成了一个法律共同体,只要他们服从于同一个法秩序,即只要他们间的相互行为受同一个法秩序的调整。只有当某个规范秩序大体上具有实效时人们才将它视为有效的,这是对的;而当某个规范秩序尤其是某个法秩序有实效时,即当它所调整的人类行为大体上与之相符时,人们就可以主张,如果在这一社会秩序之规范中被规定之条件也在事实上出现,那么在这些规范中被联结于这些条件的后果就很有可能会出现;或者在某个有实效之法秩序的情形中,人们可以主张,如果法秩序所确定的某个不法行为被犯下,那么这 171 一法秩序规定的不法后果就可能会出现。假定因果关系不是一种绝对的必然性关系,而仅仅是一种可能性关系,而因果的本质在于预测未来之结果的可能性,那么看起来法律法则就终究无法与因果法则区分开来,因而它也要被表述为实然语句而非应然语句。就像因果法则预测自然在未来会如何行为,法律法则预测社会(或国家)在未来会如何行为。一个自然法则说,如果金属体被加热它就会膨胀;一个法律法则说,如果某人盗窃他就会被法院处以刑罚。从这一假定出发,所谓美国"现实主义"法学的杰出代表声称,法(the law)不外乎是对法院将如何裁判的预测,法是一种预言科学。* 与此相反,必须首先确认的是,法律法则与自然法则一样是关于未来发生之事的陈述,这一主张并不可能涉及法律权威所制定的规范,既不可能涉及立法者规定的一般法律规范,也不可能涉及法院通过其裁判制定的个别法律规范,而只可能涉及法律科学所表述的、对法进行描述的法律命题。就像已经强调过的,法律规范不是陈
172 述——既不是关于未来之事件,也不是关于过去之事件的陈述。它们尽管通常涉及未来的人类行为,但它并不对此说出什么,而是对它进行规定、授权或允许。与此相反,法律科学所表述的法律命题确实是陈述,但不是关于某事将发生的陈述(就像自然法则那样),而是关于某事依据有待法律科学所表述的法应当发生的陈述[因为它们所描述的法律规范规定、授权或(积极地)允许]。只有当法律规范具有实效时,它们才会被法律科学说成是有效的,当法律命题只描述有实效之法律规范时,它们就是关于事实发生之事的陈述,这一反对意见是不对的。因为正如说过的,效力与实效并不等同。并非只有当某个法律规范完全具有实效时它才有效,而是当它在一定程度上具有实效也即被适用和遵守时它就有效。它无实效,也即它在具体情形中不被适用与遵守的可能必然始终存在。恰恰在这一点上显现出法律法则与自然法则的差异。如果能找到与某个自然法则相矛盾之事实,那么这一自然法则就必须被科学作为错误的而放弃,并代之以另一个与此事实相符的自然法则。但违反法律规范的行为(当其发生频率没有逾越一定程度时)对于法律科学来说并不是将被此行为违反的法律规范视为无

* Vgl. Kelsen, General Theory of Law and State, S. 165f.

效,因此用其他法律命题来代替它描述这一法之法律命题的动因。自然科学所表述的自然法则必须要按照事实去校准,但人 173
类的作为与不作为的事实应当按照有待法律科学描述之法律规范去校准。因而描述法的法律命题必然是应然陈述。

在所谓“现实主义法学”中呈现的法与法律科学的混同十分有特点,它清晰地说明了将法律规范的概念与法律命题的概念相分离的必要性,后者是与自然法则类似但与之毕竟有异的法律法则。此外可能有疑问的是,自然法则是否是关于未来事件的预测。如果能在某个因果式自然法则的基础上预测未来的事件,它就经受住了考验。但它第一位的作用在于将某个已经发生之事件说明为它所给出之原因的结果,只要它涉及过去。自然法则基于我们的经验,而我们的经验存在于过去,而非未来之中。作为对未来之预测的自然法则只有在此成问题的前提下才能适用,即过去会在未来复现。但对于这一问题在此留而不论。无论如何,法律科学的任务不在于预测法院的裁判。它首先并不取向对法院制定之个别法律规范的认知,而取向对由立法机关和习惯所创设之一般法律规范的认知,对于后者而言预测几无可能,因为宪法在通常情况下只预先规定立法的程序,而非制定法的内容。[*] 而从根本上说,对司法裁判的 174
预测建立在这一事实的基础上:法院惯常会大体上去适用由立法机关或习惯创设的一般法律规范,故而根本上不外乎存在于这一陈述之中,即法院会如它们应当根据有效之一般法律规范裁判的那样去裁判。现实主义法学的预测只在此方面区别于规范法律科学的法律命题,即它们是实然陈述而非应然陈

---

* 参见本书第 278 页及以下。

述,但作为实然陈述并非复述法的特殊意义。只要法院会通过其裁判创设出新法,那么就像几乎不可能对通过立法机关创设之一般规范进行预测那样去预测前者。但这些法律规范构成了最大部分的法(它是法律科学的研究对象)。但如果说预测还是可能的,那么这也不是关于法的科学的任务,因为只有当法院所创设的个别法律规范以及立法机关和习惯所创设的一般法律规范开始有效后,它才能去描述它们。对未来法院裁判的预设可能属于从事实务的、向其顾客提供咨询建议的律师的事。但法律认知不能与法律咨询混淆。即便某个大体上具有实效之法秩序可以用这样的语句来描述,它们像自然法则那样
175 说:在一定条件下事实上发生了一定的后果,当某事(根据这一法秩序,它被法律适用机关定性为不法行为)发生时出现了法秩序所确定的不法后果,这也还不是致力于作这类描述的法律科学。因为借由它所表述的法律命题,它并不想指明其研究对象之要素之间的因果联系,而是它们之间的归结联系。

22. 因果原则与归结原则的差异

因果原则与归结原则共享的语言形式是假言判断,借此特定条件与特定后果被联结在一起。但这种联结的意义——正如我们已经看到的——在两种情形中是不同的。因果原则说的是,如果 A 存在,那么 B 存在(或者会存在)。归结原则说的是,如果 A 存在,那么 B 应当存在。将因果原则运用于具体自然法则的例子是那个已经提过的法则,它描述了金属加热后的结果。将归结原则运用于规范社会科学的例子有:如果某人对

你做了好事，你就应当向他表示感谢；如果某人为祖国献出了生命，那他就应当获得纪念和尊重；如果某人有了罪孽，他就应当忏悔。这些都是道德或道德法则的语句，借此实在的也即是 176
通过某个宗教领袖之命令或通过习惯制定的规范得以展示。法律命题或法律法则（借此实在的、由立法者或通过习惯制定的法律规范得以展示）有：如果某人犯了罪，他就应当被处以刑罚；如果某人没有偿还他的债务，就应当对其财产进行强制执行。因果与归结的差异在于——就如已经提到过的——在自然法则中被说出的作为原因的条件与作为结果的后果之间的关系，不像在某个道德或法律法则中被展示出的条件和后果之间的关系那样要通过人类制定的规范来建立，而是独立于这类干预之外的。由于这种行为（借此，条件与后果间的关系通过某个道德或法律法则被建立）的特殊意义是一条规范，所以就可以称为规范关系（有别于因果关系）。“归结”指称的是一种规范关系。这种关系——而不是别的什么——被“应当”一词表达出来，只要它在道德或法律法则中被使用。

因果与归结的另一个差异在于，每一个具体的原因都必须被视为另一个原因的后果，而每一个具体的后果都必须被视为另一个后果的原因，以至于因果的链条——与因果的本质相应——在两个方向上都是无穷尽的。此外，每个具体的事件都是原则上数量无限之因果序列的交点。在归结的场合情形完全不同。要通过道德或法律法则来归结后果的条件，如为祖国 177
献身（被归结尊重和纪念）、善举（被归结感谢）、罪孽（被归结忏悔）、犯罪（被归结刑罚），所有这些条件都不必然同时是必须要被归结于其他条件的后果。而后果，如尊重和纪念（被归结于为祖国献身）、感谢（被归结于善举）、忏悔（被归结于罪孽)、刑罚(被归结于犯罪),不必然同时是要被归结其他后果的条件。归结序列之成员的数量不像因果序列之成员的数量那样是无限的,而是有限的。存在归结的终点。但在因果序列中不存在像终点这类东西。对**第一原因**(*prima causa*)的假设,即与归结之终点的类似物,与因果的观念是不相容的;至少与在经典物理学法则中表达出的因果观念是不相容的。关于第一原因的观念(它作为上帝的造物主意志或人类的自由意志在宗教形而上学中扮演着关键角色)同样是原始思维的残余,在其中因果原则尚未从归结原则中解放出来。

23. 意志自由问题

正是在归结与因果的这种基本差异,在这一事实——归结
178 有终点而因果无终点——的基础上,存在在自然中占支配地位的必然性(Notwendigkeit)与在社会中存在且对人类的规范关系而言具有根本性的自由(Freiheit)之间的对立。人类作为自然的一部分是不自由的,这意味着,他的行为(被视为自然事实)要遵循自然法则,必须被视为由其他事实引起的,即必须被视为这一事实的结果,因此被视为通过它来确定。但人类作为道德或法律的人格体是"自由的"且因此负责的,这具有一种完全不同的含义。当某人在道德上或法律上被认为要在一种赞成或不赞成的意义上对其道德或不道德的、合法或违法的行为负责时,也即是当人类行为根据某个道德或法律法则被诠释为功绩、罪孽或不法行为,且功绩被归结回报、罪孽被归结忏悔、不法行为被归结不法后果(广义上的刑罚)时,这种归结就

在被诠释为功绩、罪孽或不法行为的人类行为中找到了它的终点。尽管人们通常说,功绩、罪孽或不法行为归结于对被如此刻画之行为负责的主体,但这一陈述的本来意义却是(如前文所述):主体对其功绩得到了回报,或者更精确地说,这一主体的功绩应当获得其回报;主体对其罪孽忏悔了,更精确地说,这一主体的罪孽应当获得忏悔;犯罪者被处以刑罚,更精确地说,他的犯罪行为应当获得恰当的刑罚。并非被定性为功绩、罪孽和不法的行为要被归结于如此行为的主体——这种归结 179 或许是多余的,因为,正如强调过的,特定的人类行为根本就无法与如此行为的人分割开来。如果当某人做了件有功绩的事、造了罪孽或犯了罪,出现了归结问题时,问题不在于,谁做了这件有功绩的事、造了罪孽或犯了罪——这属于事实问题;归结的道德或法律问题在于,谁要对相关的行为负责?而这一问题意味着,谁应当为此获得回报?谁应当为此忏悔?谁应当为此被处以刑罚?是这种回报、忏悔和刑罚被作为某个特殊条件之特殊后果来归结。而这种条件就是构成功绩、罪孽或犯罪的行为。将回报归结于功绩、忏悔归结于罪孽、刑罚归结于犯罪,将在通常的语言习惯中单独出现的对主体的归结包含了进来。

道德或法律责任的问题在根本上与报应问题联系在一起,而报应就是将回报归结于功绩、忏悔归结于罪孽、刑罚归结于犯罪。如果报应原则将合乎规范的行为与回报、将违反规范的行为与忏悔或刑罚相联系,并将这样一个规范预设为前提,即它要求或禁止这一行为,或者是一个恰恰通过将某种刑罚联结于这种行为来禁止后者的规范;如果构成回报、忏悔或

刑罚之直接条件的行为本身又在某种[3]特定条件下被要求或
180 禁止,那么——如果将归结理解为人类行为与这种条件的任何联系,即在它得到满足时这一行为被某个规范要求或禁止*——这一行为(回报、忏悔或刑罚被归结于作为直接条件的行为)同样可以被归结于它被要求或禁止时要满足的条件。例如,道德要求:如果某人身处危难之中,人们就应当向他提供帮助;如果某人遵从了这一命令,他的行为就应当得到赞成,如果他没有遵从它,他的行为就应当不被赞成。赞成或不赞成这些制裁被归结于它们的直接条件:被要求的提供帮助和被禁止的不提供帮助;被要求的提供帮助被归结于它直接限定的事实,即某人身处困境之中。这一事实是作为制裁起作用的对提供帮助的赞成和对不提供帮助的不赞成的间接条件。法要求:如果某人收到借款但没有偿还,那么就应当强制执行其财产以作为制裁。强制执行这一制裁被归结于被定性为不法的不偿还借款行为(作为其直接的条件);被要求的偿还借款被归结于其直接条件——收到借款。这一事实是强制执行这一制裁的间接条件。超出制裁的这一间接条件就不发生任何归结。但回报、忏悔、(广义上的)刑罚不被归结于它们的间接条
181 件,而被归结于它们的直接条件,即功绩、罪孽、不法行为。并非特定行为作为功绩被要求、作为罪孽或不法行为被禁止所要满足的条件被酬报、忏悔或处以刑罚,而是合乎命令或违背命令来行为的人,更准确地说,是他合乎命令的行为被酬报,他违背命令的行为被忏悔或被处以刑罚。在他的这种行为中,归结

〔3〕“又在某种……”应修正为“又作为某种……的后果”。

* 参见本书第 129 页及以下、第 190 页脚注 *。

(这构成了他的道德或法律责任)找到了它的终点。但如果特定事件是某个原因的结果,而这一原因(如总是发生的那样)本身又有一个原因,那么后者——作为**远因**(*causa remota*)——同样是我们所讨论的这个事件的原因。这不仅涉及它的直接原因,也涉及它所有的间接原因,会被诠释为构成这一无穷尽之序列的一切原因的后果。关键在于,构成归结(它被展示为仅根据某种道德或法秩序存在的责任)之终点的行为,根据自然秩序的因果性,既非作为原因也非作为结果是一个终点,而只是一个无穷尽之序列的成员。

这才是这种观念的真正含义:人作为道德或法秩序的主体,即作为社会成员,作为道德或法律人格体是“自由的”。服从于某个道德或法秩序的人是“自由的”,意味着,他构成了某个仅根据这一规范秩序才可能之归结的终点。然而,依照通行的观点,自由被理解为因果确定性的对立面。不服从于因果法则的才被认为是自由的。人们通常说,因为人是自由的或具有自由意志(也就是说,根据通常的观点,他在此范围内不服从 182
确定其行为的因果法则,即他的意志尽管构成后果的原因,但本身并非原因的后果),所以他有责任,即有进行道德或法律归结的能力。只有因为人是自由的,人们才能让他对其行为负责,他才能因其行为被酬报,人们才能期待他为其罪孽忏悔,人们才能针对他的犯罪行为施加刑罚。但是,只有人的自由即这一事实——他不服从于因果法则——才使责任即归结成为可能,这一假定与社会生活的事实显然是矛盾的。建立一种规范性的、调整人类行为的秩序(基于此归结才可能进行)恰恰以此为前提:行为受到调整之人的意志在因果上是可确定的,故而是不自由的。因为这种秩序之无可置疑的功能在于,促使人们去做被这一秩序所要求的行为,使要求特定行为之规范成为可能,使与规范相符之行为的特定动机成为人类意志;但这就意味着,关于要求特定行为之规范的观念变成了某个与此规范相符之行为的原因。只有当作为人类观念之内容的规范秩序(它调整着这些人的行为)掺入到因果过程和因果之流中去,这一秩序才能满足它的社会功能。而只有基于这种将其因
183 果性(指涉服从于它的人类意志)预设为前提的规范秩序,才能进行归结。

前文*提到过,一个规定某事应当发生,但人们事先就知道根据因果法则它必然时时处处会发生的规范,可能是毫无意义的。因而人们看起来就不得不承认,规范性与因果性是相互排斥的。但实情并非如此。"人们应当说真话"这一规范并不是毫无意义的,因为我们没有理由假定这样一个因果法则,据此人类必然时时处处说真话,而我们知道,人类有时说真话、有时却撒谎。但如果某人说了真话或撒了谎,那他的行为在这两种情形中就都是因果性的,这意味着通过因果法则来确定;但不是通过这样一个因果法则,据此人们时时处处会必然说真话或时时处处必然撒谎,而是通过另一个自然法则,例如这样一个,据此此人要去从事那种他保证能获得更大利益的行为。关于人们应当说真话这一规范的观念,可以——与这一自然法则相协调——是与规范相符之行为的一种有实效的动机。一个规定人不应当死的规范可能是毫无意义的,因为我们从一开始就知道,依据自然法则所有人都必然会死。关于这样一个规范的观念不可能是与这一规范相符但违背自然法则之行为的有

---

* 参见本书第 14 页。

实效的动机。恰恰由于缺乏这种因果性效果的可能，所以它作 184
为规范是无意义的。

有时人们虽然不否认，人的意志像所有现象那样事实上是由因果决定的，但却主张，为了使道德—法律归结成为可能，必须将人视为仿佛他的意志是自由的；这意味着，人们相信意志自由，它的因果非决定性必须要作为一种必要的拟制得以维系。* 然而，只要当归结被认为是与因果不同但与它并不矛盾之构成要件间的联系时，它就不需要这种拟制。它被证明为是完全多余的。

由于意志依照因果法则的客观确定性不容否定，所以一些学者相信，可以将归结的可能建立在这一主观事实的基础上，即人虽然不是自由的，但要认为自己是自由的，哪怕这是错
的。** (人认为自己是自由的，这一点是从此推出来的：当他做 185
了道德上或法律上的不公或不法行为时，他会感到懊悔和良心不安。***)但这是不对的。并非所有人都会感到作为所犯之不公或不法行为之心灵后果的懊悔和良心不安。但首先，许多人压根就不会认为，按照他们所生活于其中的任一道德秩序或任

---

* 这是康德的立场。他在《道德形而上学基础》(S. 448)中说："现在我主张：每一个不外乎可以**秉持自由观念**来行动的存在，恰恰因此从实践的角度看真的是自由的，即，对他来说适用一切与自由密不可分地联系在一起的法则，恰**似**他的意志也能自我说明，并在理论哲学上能被有效地说明为自由。"这意味着，从理论认知的立场出发，人们在实践哲学、在伦理学中必须相信和假定的意志自由只是一种为了使道德归结成为可能的拟制。人的意志被如此观察，仿佛它不由因果决定那般，虽然它在现实中就是由因果决定的。——Op. cit. S. 455："因此自由只是一种理性的观念，它的客观实际是自我存疑的。"——Op. cit. S. 459："但自由是一种纯粹的观念……之所以如此，是因为从不能为它依照任意类比配上一个实例，从不能理解它，甚或只是看清它。"

** F. A. Lange, *Geschichte des Materialismus*, 8. Aufl., 1908, II, S. 404："在作为主观意识形式的自由与客观研究事实的必然性之间几乎不存在矛盾，就像颜色和声音之间就不存在矛盾那样。"

*** Vgl. Hans Vaihinger, *Die Philosophie des Als Ob*, 2. Aufl., Berlin, 1913, S. 573.

一法秩序来说是不公或不法的行为是不公或不法的;而这根据不同的道德和法秩序是完全不同的。人们感到懊悔和良心不安,即便他们意识到,某个被他们自身认为是不公或不法的行为被某种动机的渴望所驱使,这种渴望要强于那种迫使他们不去做这一行为的渴望。当一位坚定的决定论者做了他认为不公或不法之事时,他也可能会感到懊悔和良心不安;就像一位坚定的决定论者也完全不会从他的观点中推出这样的结论,即一个被道德或法所禁止的行为不会被反对或不会被处以刑罚,不会发生任何归结。归结既不以自由不由因果决定这一事实或拟制,也不以人认为自己是自由的这一主观错误为前提。

一些学者相信,作为归结的一种必不可少之前提预设的意志自由与决定一切现象之因果原则之间的冲突问题可以如下

186 方式来解决:某人在道德或法律上要对某个现象负责,如果这一现象是由他的意志行为引起或由此引起,即他没有去做某个阻碍这一现象的意志行为。他不用对某个现象负责,如果这一现象显然不是由他的意志行为或对妨碍这一现象之意志行为的不作为所引起的。在他们看来,人是自由的,不外乎意味着他的这种意识:可以如他想要(或所希望)的那样去行动。* 这一事实与严格的决定论完全是相容的,因为我们正讨论的意志行为或对它的不作为被假定为是由因果决定的。由此去挽救自由的尝试,即将它诠释为如人们想要那样去行动的可能,是失败的。因为可以如人们想要的那样去行动的意识是这样一种意识:我们的行动由我们的意志引发。但问题不在于,我们的行动是否是由我们的意志所引发的——非决定论者并不否

---

* 这种观点例如参见 Schlick, op. cit. S. 114。

认这一点;而在于,意志是否是由因果决定的。如果上面谈论的这种尝试并不意味着简单地去否认意志自由,而是在维系这一假定的前提下去解决问题——只有在意志自由的条件下才可能有责任,那么就不外乎是在转移问题。* 要用我们所谈论的那个问题来证明的只是,道德—法律归结在意志由因果决定的情形中是可能的,事实上也在进行。 187

很多时候这一主张和假定是必要的,即人拥有自由的即不由因果决定的意志,这是为了说明,为什么只有人而非无生命的事物、自然现象或动物要负道德—法律上的责任,为什么只对人进行归结。但只对人进行归结,是因为也只因为道德秩序和法秩序只对人类行为作出要求;而它们之所以只对人类行为作出要求,是因为人们假定,他们的规范观念只会对人引发意志行为,这些意志行为又会引发被要求之行为。故而这说明的不是自由,而相反是人类行为的因果决定性。

另一个支持意志自由之教条的论据是揭示这一事实:现代法秩序将某些情形排除于责任即排除于归结之外,因为正如人们说的,在这些情形中不可能假定有一种自由的意志决定。因此儿童与精神病人无须对他们的行为及其后果负责,精神健康的成年人同样如此,如果他们处于一种“不可抗力”(unwiderstehlicher Zwang)之下的话。对前两种情形**可以这样来说明:人们假定,由于他们的意识状况,儿童与精神病人无法或无法充分地由关于法律规范的观念引发被要求之行为,其他动机通

---

* 正确地作出如此评论的观点参见 Isaiah Berlin, Historical Inevitability, Auguste Comte Memorial Trust Lecture, No. 1, London, 1954, S. 26。柏林本人假定,只有在不由因果决定之意志自由那里才有责任的可能。

** 即儿童与精神病人。——译者注

常要强于这些观念,尤其是这些个人大多时候根本就没有意识
188 到这些法律规范。但对于成年人和精神健全者来说却可以假定,关于法律规范及其(当被违反时所引发的)惯常后果的观念通常是一种比导向某种违法行为的动机更强的动机。成年人和精神健康者的违法行为动机自然也可能更强,但这只是例外情形。现代法秩序预设了平均类型的人和平均类型的外部情形(在其中人们以由因果决定的方式来行动)。如果拥有一般资质之人在平均类型的情形中以由因果决定的方式实施某一行为,而这一行为为法秩序所禁止,那么他——根据这一法秩序——就要为其行为及其结果负责。如果他在法秩序预设之平均类型的情形之外的其他特定情形中,以由因果决定的方式实施了某一被法秩序所禁止的行为,那么人们就会说,他的行为是出于不可抗力;虽然这种强力(在其下人们一定会这样行为)始终是不可抗拒的。因为因果据其本质就是不可抗力。在法学术语中被称为不可抗力者只是不可抗力的一种特殊情形,也即是这种:当它出现时法秩序不对某个行为——当这种行为由其他原因引发时,因果上以如此方式被决定的行动者是要负责的——规定任何责任。如果要进行归结,就总是会出现不可抗力。但并非在每种不可抗力的情形中都会发生归结。

189 最后还必须提及这种观点,即只有借助这一事实,决定论才能与道德—法律责任相容:我们关于因果对于人类行为之决定性的知识是不充分的,我们没有或没有充分认识到决定人类行为的原因。如果我们清楚认识到了这些原因,那么我们或许就不再能使某人对他的行为及其结果负责了。因而有此谚语:理解一切就意味着宽恕一切。理解某人的行为就意味着认识

到它的原因；宽恕它就意味着放弃让他为此行为承担责任、对他进行谴责或惩罚，放弃将他的行为与某种不法后果相联结，也即进行归结。但在很多情形中（在其中人们很好地认识到了他行为的原因，故而也理解了它）绝没有放弃归结，这一行为完全没有被宽恕。这一谚语的错误之处就在于认为因果排斥归结。

从上所说可知，不是自由即意志的因果非决定性，恰恰相反，是意志的因果决定性使归结成为可能。并非因为人是自由的所以他才被归结，而是因为人被归结所以他才是自由的。事实上，归结与自由在根本上彼此联结在一起。但这一自由不可能排除因果；而事实上它压根也没有排除掉因果。如果这一主张——人作为道德或法律人格体是自由的——应该具有任何可能之意义，那么这种道德或法律自由就必须与其行为的因果法则决定性相容。人是自由的，因为——也只要——回报、忏悔或惩罚作为后果被归结于作为其前提的特定人类行为；不是因为这一行为无法由因果决定，而是尽管它由因果决定（也同样可以进行这种归结），甚至可以说恰恰是因为它由因果决定（所以可以进行这种归结）。人是自由的，因为他的这一行为构成了归结的一个终点。而它可以成为归结的一个终点，即便它由因果决定。因此，自然秩序的因果性与道德和法秩序之下的自由之间不存在任何矛盾；正如自然秩序与道德和法秩序之间不存在任何矛盾，也不可能存在任何矛盾，因为前者是一种实然秩序，后者是一种应然秩序，而只有实然与实然或应然与应然，而非实然与应然——作为陈述的对象——之间才可能存 190

在逻辑矛盾。*

---

* 关于意志自由的问题及其与因果法则之关系的进一步阐述参见 Kelsen,“Kausalität und Zurechnung”,Österreichische Zeitschrift für Öffentliches Recht,6. Bd. ,1954,S. 137ff。这里所建议的解决自然的因果性与规范性归结的自由之间冲突问题的方式接近于康德所尝试的解决办法,因为他同样假定有两种不同的秩序(Kritik der reinen Vernunft, Akademie-Ausgabe,Ⅲ,S. 373,Grundlegung zur Metaphysik der Sitten,IV,S. 458),一种是因果的、构成自然必然性的秩序,另一种是规范的或道德的、构成应然之必然性的秩序,在此基础上将自由预设为前提的归结得以进行。但由于他是在一种无由引起的原因,即这样一种状态——在其中这样一种法则不起作用,据此每个原因都必然有结果,而每个结果也都必然有原因——之中看到了自由,但他也必须承认,这一法则在经验世界、感官或现象世界中无例外地起作用,所以他不得不将自由——从而也从根本上将规范秩序以及建立在此基础上的归结——搬到了另一个世界(物自体的世界,被他称为智识世界)之中。他说(Kritik der praktischen Vernunft,Akademie-Ausgabe,V,S. 95):“但由于这一法则(因果法则)不可避免地涉及一切事物的因果性,只要它的存在可以在时间中被确定(这意味着经验世界中的一切事物)”,故而假如人们“还想挽救自由,那么除了这么做就没有别的出路了:事物的存在(只要它可以在时间中被确定),因而还有因果性根据**自然的必然性法则**被赋予**纯粹的现象**,但**自由**却恰恰被赋予**物自体的存在本身**。”只有作为物自体、作为智识存在者的人,因而也只有智识意志才能被视为是自由的,作为现象的经验的人,因而也包括他的经验意志必须被视为由因果决定的。康德将意志与实践理性相等同,并主张这种理性必须“作为实践理性或理性存在者之意志必须被其本身视为是自由的”(Grundlegung zur Metaphysik der Sitten,S. 448)。由于实践理性是自由的意志,而道德法则由这种意志制定,这种意志作为自由意志只可能是一种智识意志,所以——如果将康德式的建构推展到底的话——道德法则同样存在于智识世界。通过将因果性关联于经验世界,将自由关联于智识世界,康德相信可以避免因果与自由之间的矛盾。但事实上,归结正是基于一种对经验之人的行为进行调整、在经验世界中有效的规范秩序来进行的。只有经验的人才会被归结。康德明确说(Kritik der reinen Vernunft,S. 372-73):“我们的归结只可能涉及经验的人。”但也说:“就这种经验的人而言……不存在自由。”康德相信,可以由此来挽救经验之人(涉及的只是这类人)的自由,他假定,经验的人(作为现象的人、作为物自体的人、智识人)是同一个存在者。但按照康德自己对现象与物自体之间关系的阐述,这是不可能的。因为物自体是现象的原因或理由,因此就不可能与现象相等同。因果与自由之间的矛盾恰恰在于,对于同一个事物可以主张,它由因果决定的同时也是自由的,也即不由因果决定。康德唯有以此方式才能避免矛盾,即他不将因果和自由联系于同一个事物,而是将因果联系于作为现象的事物,将自由联系于物自体,故而恰恰是以此方式:他并没有将作为现象的人与作为物自体的人预设为同一个存在者。

此外,物自体在康德哲学中扮演着一种十分成问题的角色。在其哲学方面最具有代表性的著作《纯粹理性批判》中,他说(S. 65):“对象本身的、隔离于我们感官的……一切感受之外的状况可能是什么样的,对我们来说完全是未知的”;且说(S. 224):“物自体可能是什么,我不知道,也无需知道,因为对我来说事物除了在现象中出现外不可能存在。”如此一来,人们也不可能知道,人作为物自体是自由的,他具有这种状况而不是别的状况,继而就不能在此主张的基础上来建立对于康德伦理学而言具有关键意义的归结了。

24. 除人类行为外的其他事实;社会规范的内容 191

归结原则——在其原初的意义上——将人类活动的两个行为相互联结在一起:一个人的行为与另一个人的行为,例如 192
道德法则中的酬报与成就,或法律命题中的刑罚与犯罪;或者 193

在第449页,康德这样说物自体:"这种理性存在(ens rationis ratiocinatae)现在是一种纯粹的观念,故而不被绝对地假定为**自身**是现实的东西,而只是有问题地被作为基础(因为我们无法通过任何知性概念去触及它),这是为了将感官世界中之事物的所有联系都看作,**仿佛**它们在这种理性存在中拥有其根据……"在此,物自体——以及在前面所引之处由它带出的自由——是一种虚构。但不应否认,与这里所引之处相矛盾的是,康德为了维系意志自由(它构成了其伦理学的基础),必然将这种物自体,或更准确地说将物自体视为以超主观的方式存在而非纯粹的虚构,并且正如可以从其他表述中推知的,事实上已将其视为是存在的。对两种不同之秩序(现象据此被诠释)的提示可以在《纯粹理性批判》第372~373页中被找到:"故而就这种经验的人而言不存在任何自由,据此我们就只能去关注人,如果我们仅仅进行**观察**,并如同人类学所做的那样愿意从生理学上去研究他行动之动因的话。如果我们恰恰联系这种理性——并非纯理论理性(以便根据其起源来**说明**它),而完全只是去**创设**它本身(只要理性构成了原因)——来考量这类行动;总之,如果我们将它与具有**实践**意图的理性相比较[这意味着我们从实践理性(它规定了道德法则)的立场来观察人],那么我们就会找到一种完全不同的规则和秩序,即自然秩序"。而从这一立场出发或在这种秩序下来观察,人作为物自体就被认为是自由的。但这一问题——经验的人、他的经验意志以及(遵循他的这种意志)在经验世界中发生的行动是否由因果来决定——与这个问题是相同的,即人、他的意志及其行动(如果被归结的话)是否不由因果来决定,也即在康德的意义上是自由的。而这一问题(无论它如今是在积极的还是消极的意义上被提出的)只能通过对事实作相同的"观察",即通过自然科学(人类学)的知识,在康德的意义上即通过理论理性来回答。实践理性(康德在此把它当作了避难所,且他将意志功能归属于作为立法理性的它)无法**认识**,人——作为现象或物自体——是否是自由的;它只能要求,他应当是自由的,虽然他在理论理性面前不是自由的,也不可能是自由的。康德完全正确地确认了:如果涉及归结,我们就会撞见一种完全不同于"自然秩序"的秩序,而我们将人视为是"自由的",只要我们根据这另一种秩序来诠释其行为。但为了能将他看作是自由的,我们不需要将人或与其面目相似(这是有疑问的)者迁移至一个我们的认知不可及的智识世界,即这样一个事物的世界,对此我们一无所知,也不需要知晓任何东西。因为事实上与归结在本质上相联系的自由并不意味着,要像康德在意志自由的神学教

是一个人的行为与同一个人的其他行为,例如宗教—道德法则
194 中的忏悔与罪孽。在所有这些情形中,某个规范所规定的人类行为都受到其他人类行为的限定。这种限定条件与后果一样都是一种人类活动的行为。但某个社会秩序的规范必然不仅涉及人类行为,而且也能涉及其他事实。规范——正如在其他地方已经强调过的——可以禁止具有某种完全确定之效果的特定人类行为(如禁止谋杀),也可以要求特定人类行为——它不仅受到他人之行为的限定,也受到不同于人类行为的其他事实限定,如邻人之爱这一道德规范,即如果某人遭受痛苦,你就应当努力帮助他从痛苦中解脱出来;或者这个法律规范,即如果某人因精神疾病而具有公共危险性,他就应当被强制隔
195 离。基于报应原则产生且构成道德和法律责任的归结只是广义上的归结——它将某一人类行为与这样的条件相联结,根据某个规范,这一行为在这一条件下被要求——的一种特殊情形,尽管是最有意义的情形。一切报应都是归结,但并非一切归结都是报应。进而要注意的是,规范可以涉及个人但却不涉及其行为。例如,为他人的不法行为承担责任的情形,尤其是集体责任的情形就是如此。*

如果在这一判断——在特定条件下应当发生特定人类行

义影响下所假定的那样抛弃因果法则,即依据上帝的相貌被创设出的人的意志——如同上帝的意志一般——构成后果之原因的同时却不成为某个原因的后果;而是意味着,人,更准确地说是特定的,也即由道德或法秩序确定之行为构成了(根据这一规范秩序来进行的、对这一秩序所确定的另一个人类行为进行)归结的终点。

但这种观点被这一错误的假定妨碍了:只有在此前提预设之下对人的归结才有可能,即在涉及人类意志时因果性被抛弃甚或在此范围内受到了限制——它尽管可以是结果的原因,但却不可能是某个原因的结果。

* 参见本书第 156~158 页。

为——中,条件并非或不仅是某个人类行为,而且即便在这一情形中限定性事实与被限定的人类行为之间的联系被称作归结,那么这一概念就是在一种比原初意义更宽泛的意义上被使用的。因为后果不仅被归结于某个人类行为,或者——用惯常的术语来表述的话——后果不仅被归结于某个人,而且也被归结于事实或外部环境。但被归结的却终归只是人类行为。

25. 绝对规范

看起来甚至还存在这样一些规范,它们无条件地或者说在一切情形中都规定了特定的人类行为,并在此意义上是——与假言规范(hypothetische Normen)相对的——绝对规范 196
(kategorische Normen)。例如某些不作为规范,如你不应当杀人,你不应当盗窃,你不应当撒谎。如果这些规范真的具有绝对规范的性质,那么就不可能用某个陈述(它将两个要素彼此联结为条件与后果)去对由这类规范创设的社会情境进行规范性诠释;如此一来,归结原则似乎就无法适用了。但即便是规定纯粹不作为的规范也不可能是绝对规范。一种积极的行动不可能以无条件的方式被规定,因为这样一种行动只有在特定条件下才有可能,这是不言而喻的。但不作为同样不能被绝对地规定;否则相关规范就能被无条件地遵守或违反了。不作为同样只有在十分特定的条件下才有可能。一个人不可能在所有情形中,而只有在十分特定的条件下才会杀人、盗窃或撒谎,因而也只有在这些条件下才可能不去杀人、盗窃或撒谎。如果规定不作为的道德规范强加了无条件的即绝对的、时时处处要被满足的义务,那么人们即便在睡梦中也要去满足这些义务,而睡梦或许在道德上就是一种理想的状态。规定特定行动之不作为的条件是这样一些情形的总体,在其中这一行为是可能的。此外,在某个经验社会中不可能存在不容许任何例外的
197 规定(即便是不作为规定)。即便是最根本的禁令,如不得杀人、不得不经他人同意或不被其知晓的情况下剥夺属于他的利益,不得撒谎,也只有附加上某些限制才是有效的。实在社会秩序终归必须去规定不禁止杀人、剥夺财产、撒谎的条件。这一点同样说明,某个经验社会秩序的所有一般规范,即便是一般性不作为规范,都只能在十分特定的条件下去规定特定行为,因而每个一般规范都建立起了两个构成要件间的关系,它可以用这一陈述来描述:在特定条件下某个特定后果应当发生。正如所指明的,这就是归结原则的语言表述,它有别于因
198 果原则的语言表述。* 只有个别规范才可能在此意义上是绝对的,即它们规定、授权或积极地允许特定个人的特定行为,并不将它与特定的条件相联系,例如,当法院作出如下裁判时就是如此:特定机关必须对特定财产实施特定的强制执行行为,或者特定机关应当在特定时间内将特定被告送入监狱。但

---

* Schlick, op. cit. S. 108. 区分了自然法则,即作为"描述某事事实上如何之公式"的因果法则,以及作为"某事应当如何之规定"的道德或法律法则,并评论道:"这两类'法则'只有一个共同点,那就是两者都惯于用某个**公式**来表达。否则它们就真的彼此没有任何关系了,而十分令人惋惜的是,人们使用相同的语词来指称两个如此不同的事物……"只有当我们用道德或法律法则来称呼道德或法律规范,而不是用它们来称呼描述道德或法的伦理学和法律科学陈述时,这才是对的。在第二种情形中,自然法则与道德和法律法则的共同之处在于,两者都陈述出了事实间的联系;出于这一原因,两者都被正确地称作"法则"。石里克忽视了,道德和法律"法则"同样是被对道德和法律规范进行描述的科学所表述出来的,正如自然法则是被对自然进行描述的自然科学所表述出来的那样,只有被前者所描述的规范而非描述它们的"法则"才是"规定"。参见本书第 104~105 页。

个别规范同样可以是假设性的,也就是说,特定个人的特定行为只是有条件地被设定为应当。例如,法院规定只有在此条件下才能对迟延履行债务人的财产进行强制执行,即该债务人在特定期限内没有清偿所欠的债款;或者法院规定只有在此条件下才能执行特定个人被判处的刑罚,即这个人在特定期限内再次犯下了可惩罚的犯罪行为。

26. 对应然的否定;作为"意识形态"的法

一种规范性的,即将法描述为规范体系的法律科学的可能性,有时会因这种论据遭受质疑,即应然的概念(它的表述是规范)是没有意义的或纯粹的意识形态幻觉。* 由此可知,根本就不可能有一种规范性的即取向于规范认知的法律科学,法 199
律科学只可能是法社会学。法社会学并不使它所把握的实然构成要件与有效的规范发生关联,而是使它与其他实然构成要件之间作为原因和结果发生关联。比如它会追问,出于什么原因,立法者恰恰颁布了这些规范而非其他规范,以及他的规定具有什么样的结果。它追问,经济要素、宗教观念通过什么方式在事实上影响着立法者和法院的活动,出于什么动机人们使

* 马克思主义社会理论的一个典型要素在于,它以此方式取消了将统治阶级向被统治阶级强加的法展示为规范体系的资格,即将这种展示标识为一种出于统治阶级之利益对现实进行歪曲的意识形态。对于一种非意识形态的观察而言,法不是一种规范的体系,而是经济关系的总和,通过它们统治阶级对被统治阶级的剥夺得以实现。作为一种剥削的体系,它必然具有强制性;这意味着,它必然从本质上与国家的强制机制强联系。因而没有阶级、没有剥削的共产主义社会是一种没有国家和法的社会。参见 Kelsen, *The Communist Theory of Law*, S. 2f。

其行为与法秩序相符或不相符。故而,其实不是法本身构成了这种认知的对象,而是某些相对应的自然现象。就像研究在什么样的化学或物理变化条件下或随着它们会出现某些感受的生理学家,把握的并不是这些感受本身,因为它们——作为心理现象——既不能从化学上也不能从物理上被把握。正如所指明的,纯粹法学说——作为特殊的法律科学——将注意力聚焦于法律规范:不是实然事实,也即不是关于法律规范的意愿
200 或观念,而是作为——被意愿或被想象之——意义内涵的法律规范。而只有当任何构成要件均被确定为法律规范的内容,也即被法律规范所确定时,纯粹法学说才会来把握它们。它的问题在于某种意义领域之特殊的固有法则。

如果应然的概念因为无意义而被拒绝,那么人们就只能将制定法律的行为认可为引入特定人类行为(这些行为指向他们)的手段,也即作为特定结果的原因。继而,人们就相信,法秩序只能在某种人类行为过程之规律性中来把握。人们有意忽略了与这些行为相伴出现的规范性意义,因为人们不相信能够假定一种有别于实然之应然的意义。但如此一来,某个行为(借此,法律权威对特定人类行为进行要求、授权或积极的允许)的意义在科学上就只能被描述为一种对人产生这些特定观念之努力,通过它们的动机力促使他们去采取特定行为。这一法律判决——人们“应当”惩罚小偷或人们不“应当”盗窃——就会被还原为对这一事实的确认:一个人试图使另一个人不去盗窃或去惩罚小偷,人们通常不会去盗窃,以及如果在例外情形中盗窃发生了就去惩罚小偷。人们将法——作为制定法律者与实施法律者之间的关系——视为是一种与例如猎人所做的同类活动,后者给野兽下诱饵,为的是诱使它落入圈

套。这一比较是正确的,不仅因为这两种活动在动机关系这一 201
点上是共同的,而且因为根据这里所刻画的法律观察方式,将法展示为规范(通过立法者或法学)发生了一种幻觉。从这一立场出发,根本就不"存在"任何"规范",这一主张——这或那"应当"——不具有任何——包括任何与道德意义有别的特殊的——实在法意义。从这一立场出发,只存在自然现象,即处于某种因果关联之中的现象,法律行为只具有事实性,而不具有特殊的、伴随其一起出现的意义内涵。这种应然——这只是按照社会学观察——作为意识形态幻觉不能出现在对法的科学描述之中。

如果通过法律应然主张一种道德上绝对的价值,那么在事实上就存在这样一种幻觉。但如果只是给予描述法之法律命题中的应然以一种纯粹的特殊功能性关联的意义,就不能称为意识形态幻觉。前文已经说明,这样一种特殊的、与因果关联有别的功能性关联存在于回报对于成就、刑罚对于犯罪、赎罪对于罪孽的归结之中,它不具有因果的性质,并在人类思维尤其是法律思维中扮演着重要角色。社会学法学说(soziologische Rechtslehre)所描述的因果关联,一方面存在——假如它终究存在的话——于任意经济的或政治的事实与制定法的行为之
间,另一方面也存在于这些行为与它们所瞄准的人类活动之 202
间。而只有当这一活动事实上由关于这一行为之意图的观念所激发时,它才存在于后一种情形中;但这绝非总是如此,因为合法行为经常由其他动机所引发。但首先要注意,法律归结会将两种其他构成要件彼此联结在一起:不是法律创设行为与合法行为,而是被法秩序确定为条件的构成要件与被它所确定的后果。归结与因果一样属于人类思维的一种秩序原则,因而与

后者一样是一种幻想或意识形态,它——用休谟(Hume)或康德的话来说——也只是一种思维习惯或思维范畴。

法律制定行为的主观意义是一种应然,这一点无法被严肃地否认,如果这一行为据其意义被视为命令行为或命令的话。* 有疑问的只是,它是否同样能被诠释为其客观意义,这种应然(作为法律制定行为的主观意义)是否能被视为客观上有效的、赋予人类义务和权利的规范。问题在于,法律制定行为何以有别于其他命令行为(如劫匪的命令)。前文指明了相关诠释得以可能的条件:预设基础规范。

203 如果人们认为对于被视为客观有效之规范(借此归结关系得以建立)而言,表述出这种关系的"应然"不具有任何意义,那么这些主张可能就没有任何意义:这是法律所允许的,那是法律所禁止的;这属于我,那属于你;X 有权做某事,Y 有义务做某事。简言之,用以日常表达法律生活的不计其数的陈述都可能是没有意义的。但这就与这一不容否认的事实相矛盾:任何人都毫无疑问地理解,当人们说 A 有法律义务支付给 B 1000 元,和当人们说有某种机会 A 会支付给 B 1000 元,这是不同的。而当人们说这种行为是——在制定法(一般法律规范)的意义上——违法行为并应当——根据这一制定法——被惩罚,和当人们说做了这件事的人很有可能被惩罚,这完全是两件不同的事。用关于某种未来行为之可能走向的陈述无法来把握立法者指向法律适用机关、这一机关——通过法院判决和行政行为——指向法律主体、这一法律主体——通过法律行为——指向其他法律主体之固有意义。这类陈述遵从一种超

---

* 参见本书第 8 页及以下。

越法的立场。它回答的不是这一特殊的法律问题,即根据法应当发生什么,而是这个元法律问题,即事实上发生了什么、可能会发生什么。这一法律判断——它陈述出,人们应当以特定方式来行为——不能被还原为关于今天或明天之实然事实的陈述,因为它们指涉的压根就不是这类事实,同样也不指涉这个实然事实,即某人想要人们应当以特定的方式来行为。它们指 204
涉的是这类意志行为的实然事实所拥有的特殊意义;而应然或者说规范,就是这一意义,它与这一意志事实的实然是不同的。只有当"意识形态"被理解为关于实然事实之现实的对立物,也就是当意识形态被理解为一切不由因果法则确定的现实或对这一现实的描述时,法作为规范,即作为与由因果确定之实然行为有别的这些行为的意义,才是一种意识形态。而如此一来,一种不描述这些与其他实然事实之间具有由因果法则确定之联系的行为,而只描述规范(它们是这些行为的意义)——更确切地说,是通过这类法律命题或者说法则来描述,它们不像自然法则那样主张一种因果联系,而是主张一种归结联系——的法学说,就取向于一种意识形态的固有法则了。继而,纯粹法学说就开创了通往这种立场的道路,从此出发,法可以在此意义上——作为一种有别于自然的体系性联系——被理解为一种意识形态。

这样一种取向于作为规范性意义内涵之法的学科,其可能性和必要性已经由千年以来对法律科学的追寻所证明,这门科学——只要存在法——作为教义法学(dogmatische Jurisprudenz)服务于法律研究的智识需求。没有理由不去满足这种完全正当的需求,并放弃这种法律科学。用法社会学来替代它是不可能的,因为后者提出的是完全不同于前者的问题。例 205

如,就像只要存在宗教,就必然存在一种教义神学,它无法被宗教心理学或宗教社会学所替代,故而也会——只要存在法——存在一种规范性法学说。它在整个科学体系中的位序是另一个问题,也是次要的问题。急需要做的,不是否弃这种法律科学以及应然或规范的范畴,而是将它限于其对象,并对其方法进行批判性说明。

但如果人们并不将"意识形态"理解为所有不属于自然现实的东西或对它的描述,而是理解为一种非客观的、受主观价值判断影响的、遮蔽了认识的对象以及对这一对象予以美化或扭曲的展示,而且被称为"现实"的不仅有作为自然科学之研究对象的自然现实,还包括每一种认识的对象——也包括法律科学的研究对象,即作为法律现实的实在法,那么对实在法的展示也必须与(第二种意义上的)* 意识形态保持距离。如果将实在法视为相对于这一事实现象——依据实在法的主张,这种事实现象应当与之相符(虽然它并非总是与之相符)——之现实的规范性秩序,那么就可以将它定性为(第一种意义上的)**"意识形态"。如果相对于一种"更高的"秩序——它提出了成为"理想的""正确的"法的主张——来观察实在法,并要求实在法应当与之相符,例如相对于自然法或某种——以任何其方式被想象出的——正义,那么实在的即由人类行为制定的、有效的、大体上被适用和遵守的法就构成了"现实的"
206 法,进而一种实在法理论——它将实在法与自然或其他类型的

---

* 第二种意义上的意识形态指的是"非客观的、受主观价值判断影响的、遮蔽了认识的对象"。——译者注

** 第一种意义上的意识形态指的是"不属于自然现实的东西或对它的描述"。——译者注

正义混合在一起,意在用后者来为前者辩护,或证明前者不具
备法的资格——就必须要作为(第二种意义上的)意识形态被
拒绝。在此意义上,纯粹法学说具有一种明确的反意识形态的
倾向。它以此来确保这一倾向,即它在展示实在法时竭力不与
“理想的”或“正确的”法相混同。它想要如其所是地去展示
法,而非如其应当如何地去展示它:它追问的是现实的和可能
的法,而非“理想的”“正确的”法。在此意义上,它是一种激进
的现实主义法理论(realistische Rechtstheorie),即一种法律实证
主义理论。它拒绝对实在法进行评价。作为科学,它认为自己
除了去把握实在法的本质并通过分析其结构去理解它之外,没
有任何别的义务。它尤其拒绝由此来服务于任何政治利益,即
为它们提供这样的“意识形态”,借此既有的社会秩序被正当
化或被认为是不合格的。例如,它制止以法律科学的名义,通
过将实在法与一种理想的、正确的法相等同来赋予前者一种相
比于这一法事实上所有的更高的价值;或者由于它与一种理想
的、正确的法相矛盾而一概否认其具有任何价值和效力。由
此,它就与传统的法律科学形成了最尖锐的对立,后者——有
意或无意、时而多些时而少些——在刚才提出的意义上具有一
种“意识形态”的性质。恰恰通过它的这种反意识形态倾 207
向,纯粹法学说被证明是真正的法律科学。因为科学作为知识
具有揭示其研究对象的固有追求,但“意识形态”通过扭曲现
实——意在对现实进行保留、辩护、美化,或意在对现实进行抨
击、毁灭并用其他现实来替代它——来遮蔽了现实。这种意识
形态的根源在于意愿而非认知,其源于某些利益,或更正确地
说,源于有别于揭示真相的利益;在此对于这些其他利益的价
值或尊严自然不应当说些什么。创设法,并因而试图保存法的

权威,也许会问自己,一种对其产品的免于意识形态的认知是否有益;而想要摧毁既有秩序并替之以另一种被认为更好的秩序的力量,也许无法从这种法律认知中获得多少知识来作为出发点。但法的科学既不关心前者,也不关心后者。纯粹法学说想要成为的就是这种法的科学。

Ⅳ. 法静态学 208

27. 制裁:不法行为与不法后果

a) 国内法与国际法上的制裁

如果法被理解为一种强制秩序,即一种规定强制行为的秩序,那么描述法的法律命题看起来就是这样的陈述:在特定的也即由法秩序所确定的条件下,某个由法秩序所确定的强制行为应当被设定。强制行为是这样的行为,即便有违相关者的意志,在遭遇反抗的情况下它们也要通过运用外在强制力得以实施。正如从前文可知,必须要区分出两种类型的强制行为:

一种是制裁(Sanktion),这种强制行为被规定为对由法秩序所确定之作为或不作为的回应,例如针对盗窃所设定的监禁刑;另一种是不具有这种性质的强制行为,例如对患有公共危害性疾病的人,或因其种族、政治思想

或宗教信仰被认为有害的人进行强制隔离,或者为了公共利益
209 强制毁灭或剥夺财产。在这些情形中,法秩序所规定的特定条件下不存在任何由法秩序所确定的特定之人的作为或不作为。

特殊意义上的制裁——在国家法秩序之内——以两种不同的形式出现:(狭义上)制裁与执行[(Exekution)强制执行]。这两类制裁都强制施加了某种恶或——从反面来说——强制剥夺了某种善,如在死刑的情形中是剥夺生命,在以前常见的肉刑的情形(如灼瞎、断手、挖舌)中则是剥夺某个身体器官的功能;或者是处罚,即施加痛苦;在监禁刑的情形中即剥夺自由;在财产刑的情形中是剥夺财产价值,尤其是产权。但剥夺其他权利同样也可以被宣告为惩罚,如免职或丧失政治权利。执行同样是强制施加某种恶。但它与惩罚的区别在于,它——就像人们通常说的那样——是为了补偿不法,这种不法存在于以制裁为其回应的行为之中。所谓对不法的补偿在于,终止经由违法行为产生的(并在此意义上是违法的)状态,并建立一种与法相符的状态。这种状态可能与通过违法者的合法行为应当会建立的那种状态相同;但如果建立这种状态不可能,它
210 也可能是另一种替代的状态。前一种情形的例子是:A 未能履行其义务,即将他所占有的某物交付给 B。由这一义务构成之执行的制裁在于,此物要被从 A 那里强制剥夺并交付给 B;或者,A 未能履行其在法庭上作为证人出庭的义务,由这一义务构成之执行的制裁在于,A 要被强制带到法庭,这意味着,他要被剥夺为此目的的自由。后一种情形的例子是:A 未能履行其义务,即将并不为他所占有的某物交付给 B 或为 B 履行特定的工作。由这一义务构成之执行的制裁在于,A 要被剥夺与所欠物或工作相应之财产价值的价值,并将通过强制变卖所得的

价款交付给B。如果违法行为(如第一个和最后一个例子中的那样)在于对他人施加了损害,那么执行的制裁就是对违法所施加之损害的补偿。如此一来,在财产刑与执行之间就具有了某种相似性。两者都是对财产的强制执行。它们之间的区别在于,在财产刑的情形中,被强制剥夺的财产价值(通常是钱)要流入公共基金(国库或乡镇基金)之中,而在执行的情形中,为了补偿物质或道德的损害,它要被交付给违法行为的受害者;由此表达出一种法秩序所确定的目的,而这在惩罚的情形中并不存在。几乎不可能按照其目的来确定惩罚的概念,因 211
为惩罚的目的并不来自——或者不直接来自——法秩序的内容。其目的在于通过恐吓来预防遭受惩罚之作为或不作为之发生,这种诠释相对于这样的刑法规定同样可能,即它的实现并没有被预防的观念有意识地确定,而只是简单地由以恶报恶这一原则所确定。无论规定它们的目的在不在于预防,死刑还是死刑,自由刑也还是自由刑。在这种关系中,惩罚与执行之间没有本质区别,因为后者作为一种为相关者所感受到的恶同样具有预防效果,以至于在这里补偿的目的与预防的目的可以联结在一起。惩罚与执行这两类制裁要被司法机关和行政机关规定在为此设立的程序之中。据此,人们必须区分出司法惩罚(由刑事法庭规定)和行政惩罚(由行政机关规定)、司法执行[由民事法庭规定(民事执行)]和行政执行(由行政机关规定)。人们也必须将借此规定惩罚或执行之制裁的行为与这类行为区别开来:借此,对通过前一行为所设定的规范之实行(惩罚或执行)得以实施,制裁这一强制行为得以设定。这一行为总是由某个行政机关来设定的。

一般国际法的制裁,即报复和战争——对此我们将在后面

再谈——尽管既不被定性为惩罚,也不被定性为民事执行,但
212 它们与这两类制裁一样构成了对利益的强制剥夺,或者说构成了由法秩序所规定的一个国家对另一个国家通常被保护之利益的侵害。如果假定,根据现行国际法,只有当一个国家拒绝对它违法施加的损害予以补偿时,另一个国家才能对它采取报复或发动战争,且这些强制行为只能出于获得这种补偿的目的才能被实施,那么一般国际法的制裁与民法的强制执行之间就具有了某种亲缘性。然而,报复和战争究竟能否被诠释为国际法上的制裁,因而国际法能否被视为法秩序,是一个争议很大的问题。*

b)不法(违法)行为不是对法的否定,而是法的条件

从上所述可见,法秩序所确定的作为或不作为(它们构成了法秩序所规定之强制行为的条件)构成了被称为不法或违法行为的构成要件,而被规定为后果的强制行为则构成了不法后果或制裁。被法秩序所确定之作为或不作为,只有通过被确立为法秩序所规定之强制行为的条件,它才能被定性为不法或违法行为;强制行为,只有被法秩序规定为它所确定之作为或
213 不作为的后果,才具有制裁或不法后果的性质。正如前文所强调的,被法秩序规定为其他构成要件之后果的强制行为并非特殊的不法后果意义上的“制裁”;而作为其条件的构成要件也不具有不法或违法的性质,因为它们不是由法秩序所确定的特定人的作为或不作为。

故而不法行为和不法后果之间的关系不在于——就像传

---

* 参见本书第391页及以下。

统法学所假定的那样——由于某个作为或不作为构成了不法或违法行为,所以它被联结于某个作为不法后果的强制行为,而在于,因为某个作为或不作为被联结于某个作为其后果的强制行为,所以它是一种不法或违法行为。并非任何固有的品质,也并非与某个元法律的、自然的或上帝的规范之间存在关系(也即是与某个超越实在法的世界之间存在关系),使特定人类行为必然成为不法或违法行为;这完全只是在于,它被实在法秩序当作了某个强制行为即制裁的条件。*

在传统法学中占主流地位的学说,即不法行为与不法后果 214
的概念内含道德评价要素,不法行为必然是某种不道德的行为,惩罚必然意味着某种贬低,(出于相关价值判断之高度相对性就已经)是站不住脚的。或许正确的是,依据某些圈子的观点来看,在某个法秩序中被确定为强制行为之条件的作为和不作为是不道德的,但不能否认的是,依照其他圈子的观点可能就未必如此了。一个杀死对婚姻不忠之妻子及其情夫的男人,依照大多数现行法秩序都是罪犯,但他的行为也许并非不为许多人所赞成,甚至会被赞许为是对一种自然法的践行,即捍卫其婚姻。招致惩罚的决斗不仅不被社会的特定阶层视作

---

* 如果将法理解为强制秩序,并只考虑这样一些规范,它们将制裁即强制行为规定为对于某个由此被定性为不法行为之行为的回应,那么法就是对于这种不法行为的回应;如此一来,就像阿奎纳(Thomas von Aquino, *Summa theologica*, I-II, 96, Art. 5)所说的,只有恶而非善才听命于法秩序:"与此相反,某人只能说是以次要的方式服从于制定法,就像被迫者服从于强迫者那样。如此,就不是美德与公正而只是恶服从于制定法了。因为被压迫和被用暴力逼取者与这种意志是矛盾的。而善的意志与制定法是相和谐的,恶的意志则与之相背离。所以以此方式,没有善而只有恶处在制定法之下"[Thomas von Aquino, *Summa theologica*. Die deutsche Thomas-Ausgabe, Bd. 13: Das Gesetz, Heidelberg u. a. 1977, I-II, q. 96 a. 5(S. 124)]。——该段引语原为拉丁文,学生版通过脚注 21 译为了德语。——译者注

是不道德的,而且被视为是道德义务,而由此被判处的自由刑并不被认为有损名誉。本质上是道德性的对不法的定性学说对于民事不法行为以及与此相关的不法后果(民事执行)根本就无法得以维系。从一种实在法理论的立场出发,并不存在任何自身就是不法或违法行为的构成要件,也即脱离由法秩序所规定之后果的构成要件。并没有什么**自然犯**(*mala in se*),而只有**法定犯**(*mala prohibita*)。此外,这只是在刑法中被普遍认
215 可的**罪刑法定**(*nullum crimen sine lege*,*nulla poena sine lege*)原则之推论;而这一原则——它不仅适用于刑法和犯罪行为,而且适用于所有违法行为,不仅适用于刑罚,而且适用于任何制裁——只是法律实证主义的推论。同一个构成要件,依照某个法秩序是不法或违法行为(因为这一法秩序将某种制裁联结于它),而依照另一个法秩序则不是(因为它没有规定这种后果)。不言而喻,特定的人类作为或不作为被法秩序当作某种强制行为的条件,是因为这一作为或不作为是法律权威所不希望的,因为它被视为具有社会危害性。但从一种取向于法秩序之固有意义的观察立场出发,这种情况对于不法的概念来说毫不相关。如果法秩序所确定的某个作为或不作为被当作某种强制行为的条件,那么它就要被视为是不法行为,即便某个法律人认为它完全是无害的,甚至也许是有益的;反之亦然。不法构成要件(因为依照实在法它是可罚的)与可罚的构成要件(因为它是不法行为)之间的区分建立在自然法的观念之上。它预设了,不法这种消极价值固有地存在于某些构成要件之中,并要求实在法进行惩罚。通过拒绝基于自然法学说的假定,即价值与无价值内在于现实,这一区分就不复存在。

“不”法、“违”法、“背”法、“害”法这些称呼表达出了一种

对法的否定的思想和关于某事的观念,它外在于法和相对于法而存在,它会威胁、中断甚或废止法的存在。这种观念具有误 216 导性。它带来了这样的结果,即将要求实施特定行为的规范和与此要求相反之事实行为之间的关系诠释为逻辑矛盾。但逻辑矛盾只可能存在于这样两个语句之间,其中一个说A存在,而另一个说A不存在,或者其中一个说A应当存在,而另一个说A应当不存在。这两类语句不可能并立存在,因为只有其中一个可以为真。在描述某个规范的语句"某人**应当**以特定方式行为"与这一语句"他**事实上**并没有如此行为,而是采取了相反的行为"之间,不存在任何逻辑矛盾。这两个语句可以并立存在,同时为真。要求实施特定行为之规范的存在或效力不会被相反的行为所"打断(违反)"——就像绑住某人的链条被打断那样;法的链条同样绑住了"打断(违反)"法的人;规范不会像某人可以被针对他的强制行为所侵害(也即可以损害他的存在)那样被"侵害"。如果某个规范秩序只能由此来要求实施特定行为,即它将某种制裁联结于相反的行为,那么这一基本事实就完全可以用这样一个假言判断来描述:如果特定行为出现,就应当实施特定强制行为。在这一语句中,不法行为构成了法的条件,而非对法的否定;如此一来就说明,不法行为不是一种外在于法和相对于法的构成要件,而是一种内 217 在于法、由法来确定的构成要件,法据其本质恰恰指涉它,也完全特别要指涉它。就像所有的法那样,不—法(Un-Recht)在法学上同样只能被理解为法。当我们谈论"违"法行为时,指的是构成强制行为之条件的行为,而当我们谈论"合"法行为时,指的是避免强制行为的行为。

通过将在幼稚的前科学思维中被想象为对法之否定和不

法的违法行为重新解释为法的条件,法律科学所进行的程序就类似于神学针对神义论的问题(在一个至善和全知全能的上帝所创造的世界中的恶的问题)所进行的程序。因为一切存在都必然为上帝所意愿和理解,所以就出现了这一问题:恶如何能为善的上帝所意愿和理解呢?一种连贯的神学的回答在于:恶要被诠释为实现善的一种必要条件。恶不是上帝的造物,而是与上帝相悖的,是魔鬼的造物,这种假设与一神论假说是不相容的,因为它包含了某种反上帝(Gegengott)和非上帝(Un-Gott)的观念。

因为违法行为(法秩序所确定的人类的作为或不作为)并非法秩序联结制裁的唯一条件(因为作为条件的构成要件——如我们将会看到的——可以由极尽不同的成分组合而
218 成,其中也包括其他不能被定性为违法行为的人类行为,例如创设确定违法行为构成要件的一般规范的立法行为,以及确认存在具体违法行为构成要件的司法行为),所以就出现了这个问题:被定性为违法行为的行为如何区分于其他条件,尤其是其他人类行为(它们作为构成条件之构成要件的成分出现)?违法行为通常是那些人——作为制裁起作用的强制行为(作为他们行为的后果)针对他们实施——的行为。但只有当制裁针对违法者,即针对那些通过其行为犯下违法行为的人时,对违法行为的这种概念确定才是正确的。这是后文还将要分析的为自己的行为承担责任的情形。但制裁不必然总是针对违法者或只针对违法者,而是也可以针对其他的一个或多个人。继而就出现了为他人行为承担的责任。这样一来,法秩序就必须要确定违法者与为其违法行为担责之人(一个或多个)之间的关系。法秩序可以让违法者的父亲、配偶或其他家庭成员,或一个违法者所属的大团体中的成员来承担责任。如果出于语言简化方面的原因,将与违法者之间具有某种由法秩序所确定之关系、为其违法行为担责的个人称作他的“成员”[(Angehörige)家族成员、部落成员、国家成员(国民)],那么违法行为就可以被确定为那些人——作为后果的制裁针对他或他的成员来实施——的行为。

28. 法律义务与责任 219

a)法律义务与制裁

某个社会秩序所要求的个人行为是这一个人对此负有义务的行为。换言之,个人有义务以特定方式去行为,如果这一行为为社会秩序所要求的话。某个行为被要求、某人对这一行为负有义务、如此行为是他的义务,这些都是同义语。因为法秩序是一种社会秩序,所以某人有法律上的义务去采取的行为就是一种——直接或间接地——相对于另外一人所发生的行为。如果法被理解为强制秩序,那么只有当某个法律规范将某种强制行为作为制裁联结于相对立之行为时,某个行为才能被视为客观上为法律所要求的,进而被视为某项法律义务(Rechtspflicht)的内容。尽管人们习惯于区分法律规范与法律义务,并说一个法律规范规定了一项法律义务,但对于特定行为的法律义务并不是有别于要求此一行为之法律规范的事实;它就是这一法律规范本身。这一陈述——某人在法律上对某个特定行为负有义务——与另一陈述——某个法律规范要求某人(采取)特定行为——是同一的;而某个法秩序要求特定行为的方式就是,将某种强制行为作为制裁联结于相对立之行为。

220 法律义务和与之同一的法律规范一样可以具有一般性,也可以具有个别性。要求对他人施加之损害进行补偿的法律规范规定了——或者更准确地说,是——一种一般性的法律义务。这——司法裁判——在具体案件中作此规定的个别法律规范:特定个人 A 要通过将特定数额的金钱给付给另一特定个人 B 来补偿他给 B 施加的损害——规定了——或者更准确地说,是——A 的个别法律义务;但这里只是说,A 向 B 为特定数额之金钱的给付构成了一个个别法律规范的内容。大多数时候,只有当出现某个个别法律规范时,人们才会谈及法律义务,且因为传统理论只考虑一般法律规范而忽略个别法律规范的存在,所以法律规范与法律义务的同一性就被忽略了,而法律义务也就被视为与法律规范不同——即便与后者存在某种联系——的法律认知的对象。

以这种方式来确定法律义务的努力是误入歧途的。例如这样一些假定:法律义务是一种内在于人的动力,是一种他觉得必做之行为的渴求,它的拘束力来自对于这一行为而言与生俱来的、自然的或上帝的规范(实在法只有通过规定制裁才能确保对它的遵守)。但它不外乎是这样一类实在法律规范,它由此来要求这一个人的行为,即它将某种制裁联结于相对立之
221 行为。而这一个人在法律上对被如此要求之行为负有义务,即便关于这一法律规范的观念对他而言并不会激发出任何动力去实施被要求之行为,甚至他就压根没有任何关于让他承担义务之法律规范的观念,只要这一实在法原则有效:不知法不能免予法所规定的制裁。

由此,法律义务的概念就得以确定。它与制裁的概念之间具有一种本质性联系。在法律上负有义务的个人,是通过其行为犯了不法(违法行为)并可能招致制裁即不法后果的人,即潜在的违法者,或者是通过相对立之行为可以避免制裁的人。在前一种情形中,人们称为违反义务;在后一种情形中,人们称为履行义务。履行了某个法律规范强加给他之义务的个人遵守了这一法律规范;在违反法律的情形中执行了法律规范所规定之制裁的人适用了这一法律规范。无论是对法律规范的遵守还是对它的适用都构成与法律规范相符的行为。如果将法秩序的实效理解为人们——这一秩序由此来调整他们的行为,即它将某个它所确定的强制行为作为制裁联结于某个它所确定的行为——采取了与这一秩序之规范相符的行为,那么法秩序的实效就既表达在对法律规范事实上的遵守(履行它们所规定的法律义务)之中,也表达在对法律规范的适用(执行它们所规定的制裁)之中。

某项法律义务的内容通常只是某一个人的行为,但它也可 222
以是两个或多个个人的行为。以下情形就是如此:义务既可以由这个人也可以由那个人(二选一式地)来履行,且当它没有被任何人履行时就被违反;或者义务只能通过所有人的协力即合作来履行,且当这种合作没有进行时就被违反。

传统理论在法律义务的概念之外还会运用义务主体的概念来作为其"承担者",就像在主观法(subjektives Recht)的概念之外还会使用权利主体* 的概念来作为其承担者那样。两

* 在本书中,"subjektives Recht"既包括狭义上的"权利"(Berechtigung),也包括"授权"(Ermächtigung)等。这里只能译为"权利主体"。——译者注

者被联合在作为法秩序所规定之义务和权利之承担者的法律主体概念之中。其行为构成义务之内容的个人,通常被称为义务的主体或承担者。但个人并非“承担”着作为有别于他之对象的义务的实体。根本就不是个人自身(他在法律义务所构成的事实中被考虑到),而只是个人的特定行为和这一行为的主体要素,与内容要素密不可分地一起构成了法律义务的内容。只有在此意义上,义务主体的概念才被容许。某项法律义务的主体是这样的个人,他的行为构成了这类条件,作为这一行为的后果,某种针对此个人(或其成员)的制裁[1]被联结于它*。正是这类个人,可以通过其行为违反义务,也即招致制
223 裁,因而也是他,可以通过其行为履行义务,也即避免制裁。

b)法律义务与应当

在德语中——尤其是按照自康德以来的伦理学——“义务”一词含有某种绝对道德价值的观念。人始终应当履行其“义务”(Pflicht)或其“诸义务”(Pflichten),这一原则显然以此为前提,即存在绝对的、每个人都洞悉的义务。否则,这就意味着:假如人们承认,不存在**一种**绝对的道德,而只存在多种大相径庭、要求彼此相矛盾之行为的道德秩序,那么上述被引的语句(它是康德伦理学的基本命题)就会陷入这样一种同义反复:人始终应当做根据各自的道德被要求做之事,也就是说,他应当做他应当做之事。法律义务的概念只涉及某个实在法秩序,而没有任何道德意蕴。某项法律义务可能但不必然以任一

[1] 编辑者在这里将原文的“Sanktionen”(复数)改成了“Sanktion”(单数)。

* 此处的“它”指的是“这类条件”。——译者注

道德体系所要求的行为为内容,它也可以以相对立的行为为内容,以至于——正如人们在这样一种情形中惯于假定的那样——在法律义务与道德义务之间存在冲突。为了避免发生这种冲突,甚至有人主张,义务压根就不是什么法律概念,只有道德而非法才会施加义务,法的特殊功能——有别于道德——在于赋予权利。但如果认识到,有义务实施某个行为不外乎意味着,这一行为被某个规范所要求,且不能否认,法秩序——如同每一种规范秩序——要求特定的人类行为,那么义务就必须 224
要被视为法的根本功能,甚至——正如后文对于权利功能的分析所说明的——相对于此*义务要被视为首要的功能。

由于规范不仅要求(或禁止)实施特定行为,而且可以授权实施特定行为,因而强调这一点并非多余:当某人被授权实施特定行为时,他就必然没有义务去实施这一行为。只要在某个法秩序中"授权"恰好意味着一种法律权力(Rechtsmacht),即赋予创设法的资格,那么只有积极的作为而非不作为才能成为授权的对象,而一项命令既可以指涉作为,也可以指涉不作为。因而人们可能在法律上有义务去做某事或不做某事,但只能被授权去做某事。但人们可能在法律上有义务去运用某个授权;一种作为(个人被法律秩序授权实施它)可以同时被要求,即被当作其义务的内容。法官被授权(他拥有法秩序赋予他而非他人的法律权力),在特定条件下宣告某个惩罚。他可以但非同时必须宣告这一惩罚;而他在法律上有义务这么做,假如不这么做被法律秩序置于制裁之下的话。如果特定行为被积极地允许(通过某个对这一行为的一般性禁令予

---

* 此处的"此"指的是"权利"。——译者注

225 以限制的规范),也同样如此。法秩序可以但非必须将对这种允许的运用规定为义务。

在这里还要再一次提醒注意,当法律命题被表述为:在特定条件下应当设定特定强制行为时,“应当”一词并没有说出,对这种强制行为的设定是一项法律义务,是一项积极的允许抑或是一项授权;它毋宁涵盖了所有这三种情形。如果“应当”一词被用来称呼一切规范——不仅包括要求实施特定行为的规范,而且也包括积极地允许特定行为的规范和授权实施特定行为的规范——的意义,也就是说,如果人们“应当”以特定方式来行为这一点只是意味着这一行为被某个规范所规定,那么法律义务就是那种构成了某种强制行为——它被要求(不执行它本身又是某种强制行为的条件),或者被授权或被积极地允许——之条件的行为的对立物。就像先前已经谈到的,*法律义务不是或不直接是应当去做的行为。应当去做的只是作为制裁起作用的强制行为。当人们说,谁在法律上有义务实施特定的行为,他就“应当”出于法律这样去做时,它说的是,应当去做的——这意味着积极允许、授权或要求去做

226 的——是被规定为相对立之行为后果、作为制裁起作用的强制行为。**

---

* 参见本书第 33 页以下。

** Alf Ross, op. cit. S. 75. 对纯粹法学说提出了这样的反对意见:它对法律义务概念的确定会导致无穷递归。实施特定行为的法律义务由这样一个规范构成,它让某个法律机关负有义务在出现相对立之行为时用某种惩罚予以回应。但这一机关的这种义务只能再次由这样一个规范构成,它让另一个机关负有义务在第一个机关未能履行其义务时用某种惩罚予以回应,“如此无休无止”。但从本书中所述可知,实施特定行为的法律义务可以由这样一个规范来构成,它只是授权某个法律机关(而非让它负有义务),在出现相对立之行为时用某种惩罚予以回应;而当这一机关有义务用某种制裁予以回应时,这一义务最终只能由这样一个规范来构成,它授权另一个机关(而非让它负有义务)用某种制

c)责任

与法律义务的概念具有根本性联系,但又与之有别的概念是责任[(Haftung)或法律上负责(rechtliche Verantwortlichkeit)]。一个人在法律上有义务实施特定行为,如果与之相对立的行为被当作某种强制行为(作为制裁)的条件的话。但这种强制行为(它是作为不法后果的制裁)并非必须——正如已经提及过的——针对负有义务的个人,即其行为构成这一强制行为之条件的个人,针对违法者,而也可以针对其他与前者 227
之间存在法秩序所确定之关系的人来实施。不法后果所针对的个人对于不法行为**负有责任**,为此要在法律上**负责**。在前一种情形中是为自己的不法行为负责:这里,负有义务的个人与负有责任的个人是同一个。承担责任的(负责的)是潜在的违法者。在后一种情形中,个人为他人犯下的违法行为负责:负有义务的个人与负责的个人不是同一个。人们有义务实施某种合法的行为,但要为某种违法的行为承担责任。负有义务的个人可以通过其行为来招致或避免制裁。只是为他人不履行义务的行为(为他人所犯下的不法行为)承担责任的个人,既无法通过其行为来招致制裁,也无法通过其行为来避免制裁。这一点在为他人的违法行为承担刑事责任的情形(在制裁具有刑罚性质的情形)中很明显。但对于为他人的违法行为承担民事责任的情形(此时制裁具有民事执行的性质)而言同样

裁予以回应。这一规范同样可以用这样一个法律命题来描述:在特定条件下应当实施某个强制行为,因为“应当”不仅意味着“要求”,也意味着“授权”和“积极允许”,而法律义务的概念与应当的概念并不等同。参见本书第 6 页以下。

228 如此。如果法秩序规定,如果 A 没有给付 B 1000 元,就要对 A 的财产或 C 的财产进行强制执行,那么 A 就有义务给付 B 1000 元。在后一种情形中,C 为 A 未能履行给付 B 1000 元的义务承担了责任。并非是 C 通过其行为招致了制裁,因为制裁的条件是 A 的行为,而非 C 的行为。C 也无法通过其行为来避免制裁,如果他只是为 A 的民事违法行为承担责任的话。当法秩序规定,如果 A 没有给付 B 1000 元,制裁就要针对 C 实施(即便 C 给付了 B 1000 元)时,也即是,当法秩序不允许由 C(作为代理人)来履行 A 的义务时,情形可能就是如此。但 C 不仅可以在 A 未能履行给付 B 1000 元之义务的情况下为此承担责任,而且他也可以在 A 没有履行其义务的情况下负有给付 B 1000 元的义务。当法秩序——通常而言会如此——规定,如果 A 或者 C 未能给付 B 1000 元,C 的财产就要被强制执行时,就是如此。如此一来,C——作为给付 B 1000 元之义务的主体——就能通过其行为来招致或避免制裁。假如存在针对法律义务未能履行的责任(它由对财产的强制执行构成),就必须要区分这两种情形:一种是强制执行的财产是强制行为所针对之人自己的财产;另一种是它是此人可支配的他人的财产。在前一种情形中,此人以其人格和财产来承担责任;在后一种情形中,由两个人承担责任,一个是对财产有支配权的人,另一个是财产所构成之权利的主体。前者只以其人格承担责任,后者则以其财产承担责任。

在为他人的不法行为承担责任的情形中,构成制裁之条件的行为不是制裁所针对的个人的特定行为,而是他人的行为。为他人的不法行为承担责任的个人,不是法秩序确定为不法后
229 果之条件的行为的主体;他只是法秩序确定为后果之行为,即

制裁这种强制行为的客体。在这一视角中，这一事实与另外一种事实之间存在某种相似性：当法秩序规定了前面提及的不具有制裁性质的强制行为时，就会出现后一种事实。在这些情形中，强制行为所针对的个人同样不是由法秩序确定为强制行为之条件的行为的主体，而只是法秩序确定为后果之行为的客体，即针对此人施加之强制行为的客体。但两者的区别在于，在为他人的不法行为承担责任的情形中，在强制行为的条件下出现了法秩序所确定之特定之人的某个行为，而在不具有制裁性质的强制行为的情形中，在强制行为的条件下并不存在此类行为。

d）个人责任与集体责任

义务与责任之间的区别在语言上也表达得很清楚。人们**对**（*zu*）特定的（总是只对自己的）行为承担义务；人们不能对他人的行为承担义务。人们**为**（*für*）自身的特定行为负责，但也为他人的行为负责。只有当两者之间存在这样一种关系——可以期待，有义务之人，即潜在的违法者，即便在此时也觉得执行制裁是一种恶：当它针对其他作为责任对象的个人来实施时，当这个其他人例如是其自己的家族、其部落或国 230
家——也即这种团体，其成员彼此或多或少相互认同——的成员时，当有义务之人和负责之人属于同一个集体性团体时——时，对他人实施的违法行为所肩负的责任——这一情形：制裁针对违法者以外的人来实施——才具有预防效果。当法秩序规定了为他人的不法行为所承担的责任时，它通常就确定了这样一种关系。在此意义上，为他人的不法行为所承担的责任可以被称作集体责任（Kollektivhaftung）。但也只有当不法后果不是针对某个具体的个人,而是针对特定团体(违法者属于这一团体)的许多或所有成员来实施时,才能称为集体责任。例如在血亲复仇的情形中,它可以针对谋杀者所属之家族的所有成员来实施;或者在国际法上之制裁的情形中,报复和战争针对(其机关实施了国际法上之违法行为的)国家成员来实施。

集体责任是原始法秩序的一种典型性要素,与原始人的认同性思维与感受之间存在紧密关联。原始人缺乏足够的自我意识,他们觉得与其团体的成员之间是如此一体,以至于他将团体成员的任何一个值得一提的行为都诠释为团体的行为(诠释为“我们”做下的行为);因而他们也会主张将回报归属
231 于团体,正如将惩罚容忍为是整个团体所应得的。与此相反,当制裁仅仅针对违法者,即那些通过其行为做了违法之事的人来实施时,就出现了个人责任(Individualhaftung)。

e)过错责任与结果责任

通常我们会区分两类责任:过错责任(Schuldhaftung)与结果责任(Erfolgshaftung)。只要法秩序将特定作为或不作为——借此,某个不被希望的事件(如某人的死亡)被引发或未被阻止——当作某个不法后果之条件,就可以区分出:这一事件是被个人(被考虑的是他的行为)所意图或预见的,还是在没有任何意图或预见的情况下——就像人们通常说的“偶然”——发生的。前一种情形被称为过错责任,后一种情形被称为结果责任。如果在法秩序的意义上不被希望的事件是被意图的,那么就可以区分出,究竟个人(被考虑的是他的行为)的意图在主观上是一种“恶”,也即引发或不阻止这一事件的

意图是有害的,还是说相反这种意图是有益的,例如,医生造成了一位遭受治愈无望之病痛折磨的病人的死亡,为的是结束他的痛苦。被称为“过错”的要素是不法构成要件的特殊组成部分:它体现为违法者内在的心灵活动与通过其外在行为所引发或未能阻止的事件之间的一种特定的积极关系,在他的预见或指向此的意图之中。当不存在这种关系时,并且当这一事件既 232
没有被预见到、也没有被意图时,就出现了结果责任。

过错责任通常也包括所谓过失(Fahrlässigkeit)的情形。这一情形出现在下述时候:引发或不阻止某个在法秩序意义上不被希望之事件被禁止,虽然这一事件既没有被个人(其行为引发或未阻止这一事件)所预见到,也没有被他所意图,但通常来说他是能够并且应当预见到这一事件的,因此能够并且应当不引发或阻止它发生。这意味着,法秩序要求预见到特定不被希望的事件(它作为特定行为的后果通常是能够被预见的),因而要求不去引发这类事件,或者阻止它的发生。过失体现为没有预见法秩序要求预见的事件,体现为缺乏被要求之预见。它不是——像预见或意图那样——违反者的内心与通过其外在行为引发或未阻止之不被希望的事件之间的一种积极关系。它体现为缺乏这样一种法秩序所要求的关系。在此意义上,过失犯是一种不作为犯,结果责任就是为犯下它而规定的。

f)补偿义务

个人的这种法律义务,即对他或他人所造成的物质或道德
损害进行补偿,经常被诠释为制裁,因而这种义务也被称为责 233
任。这一建构融合了义务、责任与制裁这三个概念。制裁本身

并非义务——它可以但并非必须被如此规定——而是某个规范联结于特定行为(与之相反的行为由此被法律所禁止,即成为一项法律义务的内容)的强制行为。人们同样可以这样来表达这一点:制裁是构成法律义务的强制行为。责任同样——正如所说明的——不是义务,而是强制行为所针对之个人与他或他人所实施之不法行为之间的关系。义务是个人(他的行为构成了不法行为)对不法行为的不作为。法秩序可以让个人承担不给他人造成损害的义务,但同时不规定对违反义务所造成之损害进行补偿的责任。只有不仅当损害的造成,而且当对违法造成的损害不予补偿都被当作某个制裁的条件时,这种补偿义务才会存在。法秩序规定对损害进行再补偿这一事实可以用如下法律命题来正确地描述:如果某人给他人造成了损害且这一损害没有被补偿,那么就应当针对某人的财产实施强制行为来作为制裁,也即强制剥夺某人的财产并交付给受损害之个人以作为对损害的补偿。个人可能——正如所述的——
234 有义务不给他人造成损害,但同时没有义务对违反义务造成的损害进行补偿。当通过补偿损害无法避免制裁时,或许就是这样的情形。但根据实在法,制裁——在通常情况下——可以通过补偿损害来避免。这意味着,人们不仅有义务不通过行为给他人造成损害,而且有义务当通过其违反义务的行为给他人造成损害时,对这一损害进行补偿。民事执行的制裁构成了两种义务:不造成损害的义务[作为主义务(Hauptpflicht)],以及对违反义务造成的损害进行补偿的义务[作为在被侵害之主义务的位置上出现的赔偿义务(Ersatzpflicht)]。补偿损害的义务不是制裁,而是这种赔偿义务。只有当这一义务未被履行时,执行的制裁,即通过法律适用机关来进行的强制性损害补偿才会发生。如果民事执行的制裁针对的是个人(他通过其行为造成了损害,且并未对此进行补偿)的财产,那么这个人就要为他自己的违法行为(没有对他造成的损害进行补偿)负责。但对于这一违法行为,即对于未对他造成的损害进行补偿,同样可以由他人来负责;当民事执行的制裁针对其他个人的财产来实施(如果前者没有履行其补偿义务)时,就是如此。只有当后者即便对由前者造成的损害进行补偿也无法避免制裁时,后者才需承担责任。但在通常情况下,根据实在法他可以由此来避免制裁。因为通常情况下,他不仅要为——首先——有义务进行补偿之个人未对损害进行再补偿的行为负 235
责,而且——其次——也有义务对由前者造成之损害进行补偿,如果他没有补偿损害的话。只有作为这一义务的主体而非作为责任的客体,他才能通过其行为来避免制裁。但是此外,他不仅要为(对其造成之损害以违反义务的方式未予补偿的)个人未补偿损害的行为负责,也要为他自己未补偿这一损害的行为负责。他的这种补偿损害的义务,以及他为履行他的这一义务所承担的责任都不是制裁。只有当造成损害之人和有义务进行替代补偿之人都没有对损害进行补偿时,才会出现制裁。

g)作为结果责任的集体责任

如果制裁并非针对违法者,而是——正如在集体责任的情形中那样——针对与违法者处于由法秩序所确定的关系之中的他人来实施时,这种责任就总是具有结果责任的性质。因为在为不法行为负责的个人与通过他人的行为所引发或未阻止的、不被法秩序所希望的事件之间不存在任何内在的关系。责

任主体必然既没有预见到也没有意图这一事件。但法秩序完全有可能规定,只有当不法行为由违法者因过错而实施时,他
236 人才需为其实施的不法行为承担责任。如此一来,这一责任就具有了双重性质:就违法者而言是过错责任,而就责任主体而言则是结果责任。

29. 主观法:权利与授权

a)权利与义务

人们通常将作为主观法(subjektives Recht)* 的权利(Berechtigung)与法律义务相对,并将它置于首要的位置。人们在法律领域中谈论权利与义务,而非像在道德领域中那样谈论义务与(在 Berechtigung 之意义上的)权利,在道德领域中更多地强调前者而非后者。在阐释法时权利具有如此突出的位置,以至于义务几乎消失在它的背后,甚至——在德国与法国的法律语言中——权利与构成法秩序之规范体系都用同一个词来称呼:“Recht”或“droit”。为了与之区分,必须将作为“主观”法的权利,也即特定主体的法,与作为“客观”法的法秩序区分开来。在英国法律语言中,如果想要来称呼权利,也即特定主体的法,以区分于法秩序或客观法,即“law”的话,当然可以用“right”一词。

---

* subjektives Recht 目前一般被译作“主观权利”,但是该译法有叠床架屋之嫌。由于“Recht”一词在德语中的多义性,为了澄清其精确的含义,会在它的前面加上限定语,如 objektives 和 subjektives。“objektives Recht”被译为“客观法”,指的就是实在法;“subjektives Recht”则应相应被译为“主观法”,它指的主要就是(广义上的)“权利”,包括了狭义上的“权利”与“授权”等。——译者注

对于(在权利意义上之)主观法的洞察会由此变得艰难,即这个词被用来称呼多种彼此间大相径庭的事实。一方 237
面,某人拥有权利,这一陈述本身以特定的方式指涉行为。它所指的可能不外乎是这一否定性事实:对于这个人来说,相关行为在法律上不被禁止,对他来说这在消极的意义上是被允许的,即他有采取或不采取特定行动的自由。但这一陈述也可以指的是,特定个人在法律上有义务——甚或所有个人在法律上都有义务——直接相对于其他特定的拥有权利的个人以特定方式来行为。个人直接相对于他人有义务实施之行为既可以是积极的行为,也可以是消极的行为,也即特定的作为或不作为。作为体现在负有义务之人对他人所为之给付。给付的对象是特定的物或特定的劳务(实物给付或劳务给付)。个人相对于他人有义务实施之不作为,可以是负有义务之人对特定行动的不作为,如不杀害他人的义务;或者对阻碍或以其他方式损害他人之特定行为的不作为;这里所考虑的尤其是这种个人义务,即不阻碍他人涉及特定物之行为,或不以其他方式损害这一行为。如果出现了个人的这种义务,即不阻碍或不以其他
方式损害他人的特定行为,那么这就是他人对某人之行为的容 238
忍,而容忍义务(Duldungspflicht)是与给付义务(Leistungspflicht)相对的。

某人相对于他人有义务实施之行为对应于这一他人的特定行为。这一他人可以向前者主张前者相对于他有义务去实施的行为。在给付义务的情形中,他可以领受实物给付或劳务给付。在容忍义务的情形中,与义务性行为相对应的行为体现为有待容忍的行为;当涉及的是与特定物相关之行为的容忍时,体现为对物的利用;当涉及食物时,体现为对这种食物的消

耗;最后,甚至体现为对物的毁灭。

在一种或多或少连贯的语言用法中,与某人的义务性行为相对应的他人行为被称为“权利”的内容,或与义务相对应之“请求权”(Anspruch)的对象。与某人的义务性行为相对应的他人行为,尤其是对义务性行为的主张,被称为对权利的行使。然而在对特定行动负有不作为之义务的场合,例如,在禁止谋杀或盗窃之义务的情形中,人们并不习惯于称为不被谋杀、不被盗窃等的权利或请求权。在容忍义务的情形中,与某人之义务性行为相对应的他人行为被称为对权利的“享有”。当涉及
239 他人要以合乎义务的方式去容忍的对特定物的使用、消耗或需被容忍的毁灭时,就尤其涉及享有权利这一说法。

但这种被称为某人的“权利”或“请求权”的事实不外乎是其他一人或多人的义务。如果在这一情形中人们谈论某人的主观法或请求权,就好像这种权利或请求权是某种有别于其他一人或多人的义务一般,那么就产生了这样一个表象,即它们是两种在法律上无关的事实,但实际上只有一个。与此相关的事实可以用某一(或某些)个人的这一义务来穷尽式地描述,即相对于他人以特定方式来行为。某人有义务实施特定行为,意味着在发生相对立之行为时应当施加某种制裁;他的义务是这样一个规范,即它通过将某种制裁联结于相对立之行为来要求这种行为。当某人有义务向他人为特定给付时,是这一由他人领受的给付构成了义务的内容;人们只能向他人给付他人能领受的东西。而当某人相对于他人负有容忍这一他人之特定行为的义务时,恰恰是对这种行为的容忍构成了义务的内容。这意味着,与此一义务性行为相对应的个人(相对于他存在义务)的行为在构成义务之内容的行为中就已经被同时决

定了。如果将某人(他人相对于他负有义务实施特定行为)与这一他人之间的关系称为“权利”,那么这种权利就只是对这 240
种义务的反射(Reflex)。

这里要注意,这种关系中的“主体”只是负有义务的个人,也即通过其行为可以违反或履行义务的个人;拥有权利的个人,即相对其发生这一行为的人,只是这一行为的客体,作为与义务性行为相对应的行为在此行为中被同时决定。主观法这一概念(它只是法律义务的纯粹反射)作为辅助概念能使对法律事实的阐释更容易;但从一种对法律事实进行精确的科学描述的立场出发,它是多余的。这已经体现在,人们绝非在某项法律义务的所有情形中都会假定存在一项主观的反射权利(Reflexrecht)。如果某人的义务性行为不涉及以个别方式确定的其他个体,也即不必相对于以个别方式确定的其他个体发生,*而只是针对法律共同体本身提出的要求,那么尽管人们
有时也称为共同体(尤其是国家)对于负有义务之个人的这一 241
行为的权利(如在服兵役的情形中就是如此),但在其他情形中人们完全可以在脱离与之相对应之反射权利的情况下假定存在一项法律义务;如在这一情形中就是如此,即某些法律规范以惩罚相威胁的方式规定了人类相对于某些动物、植物和无生命之对象的特定行为。例如,法律禁止在某些时候或任何时

---

* 不言而喻的是,个人的行为相对于以个别方式确定的其他个体同样发生于这样的情形,即当这一其他个体(无论出于何种理由)尚有待确定时;例如当 A 和 B 之间存在法律争议(两人对于 C 负有给付特定物的义务),而只有通过司法裁判才能来确定,谁相对于 C 负有给付义务时,就是如此。也可能存在这样的情形:根据现行法存在一项针对特定行为的义务,但必须实施这一行为的人类个体还有待确定;例如当某块地的各个所有人都有义务容许他人使用穿过这块地的道路时。也可参见本书(第 204 页以下,脚注 *)所讨论的中止继承案。

候杀害动物,或者采摘某些花,砍伐某些树木或摧毁某些重要的历史性建筑或古迹。这些就是——间接地——相对于对这些对象感兴趣的法律共同体存在的义务。但我们无法假定动物、植物和无生命的对象(相对于它们这些义务直接存在)拥有反射权利。受到如此保护的动物、植物、无生命的对象并不是反射权利的主体,因为这些客体不是“人”(Pcrsonen),这一论据是不正确的。因为正如我们还将要看到的,“人”意味着法律主体;如果某项反射权利的主体是人类(相对于他,对此负有义务之个人的行为得以发生),那么动物、植物和无生命的对象(相对于它们人类负有义务)就将以与对于这一行为之权利“主体”相同意义上的特定方式来行为,就像债权(它体现为债务人相对于他所负有的义务)的主体那样。但正如已经述及的,如果某个人有义务相对于他人以特定方式来行为,那么只有前者而非后者才是这一“主体”,即某项义务的主体。
242 由于反射权利与法律义务是一回事,相对于其存在义务的个人在法律上就不被认为是“主体”,因为他不是这一义务的主体。相对于其发生合乎义务之行为的人,如同动物、植物或无生命的对象(相对于它,人类有义务以特定方式来行为)一样只是这一行为的客体。这一论据同样是无效的:动物、植物或无生命的对象不能提出一项与这一义务相对应之“请求权”。因为,一项对于义务性行为的请求权被提出,这对于反射权利的存在而言并不重要。一项请求权出于任何理由没有被提出或没有能被提出,这一事实改变不了法律状况。

只有当未履行义务的行为被提起诉讼时,一项通过法律行为来提出的“请求权”才存在。但这样一来,就出现了与纯粹的反射权利完全不同的事实。对此我们在后文中还将谈到。

无论如何,反射权利无法脱离相对应之法律义务而存在。只有当某个人有法律上的义务去实施相对于他人的特定行为时,后者相对于前者才拥有对于这一行为的"权利"。是的,某人的反射权利只体现为他人的义务。

传统的观点,即权利是与义务不同的法律认知的对象,它甚至相对于义务具有优先性,恰可追溯到自然法学说。这源于自然权利即人与生俱来之权利的假定,这些权利被认为存在于任何实在法秩序之前;而在其中,个人财产权扮演着主要角色。243
按照这一观点,终结自然状态之(国家)实在法秩序的功能在于,通过规定相对应之义务来保障自然权利。但这种观点同样影响了历史法学派的代表,这一学派不仅揭开了 19 世纪法律实证主义的序幕,而且从根本上决定了一般法学说的概念构造。例如,我们可以在登伯格(Dernburg)那里读到:"在一种自我意识到的国家秩序出现之前,主观意义上的法在历史上就长久存在了。它们根植于个人的人格和这种尊重之中,这种尊重为他们的人和利益而获得它们,并有意地强迫获得它们。只有抽象化,人们才逐渐从既有的主观法的观点中获得法秩序的概念。因而这是一种非历史的和不正确的观点:主观意义上的法不外乎是客观意义上的法的后果。"* 如果人们拒绝自然权利的假定,并且只承认由实在法秩序所规定的权利,那么就会发现,在上面所谈论之意义上的主观法要以相对应之法律义务为前提,甚至就是这种法律义务。

---

* Heinrich Dernburg, System des Römischen Rechts (der Pandekten achte, umgearbeitete Auflage), Erster Teil, 1911, S. 65.

244 b)人身权与物权

在古罗马法学的影响下,人们习惯于区分对物权(*jus in rem*)[2]与对人权(*jus in personam*)。这一区分是具有误导性的。对物权同样是一种相对于人的权利。如果为了维系物权与人身权之间的区分,将前者定义为个人以特定方式支配特定物的权利,那么就忽视了,这项权利只体现为,其他人有法律义务去容忍这种支配,也即不去阻止或以其他方式去损害这种支配;故而**对物权**[3]至少同样是一种**对人权**。具有首要意义的是这样一种人际关系,它在所谓物权情形中同样存在于相对于特定他人实施特定行为的义务之中。与物之间的关系具有次要意义,因为它只被用于对首要关系进行进一步的确定。它涉及某人关涉特定之物的行为,其他所有人都有义务相对于前者来容忍这种行为。

245 最典型的物权(整个区分都据此来量身定做)是所有权。在传统法学中,它被定义为某人对于某物的排他性支配,恰恰由此与只能证立人身法律关系的债权区分开来。这种对于民法体系学而言十分重要的区分明显具有意识形态的性质。

由于法作为社会秩序直接或间接地调整着人们关涉他人的行为,*所有权在法律上同样只能体现为某人相对于他人的特定关系,即体现为后者的这种义务:不阻止前者对于特定之物的支配,也不以其他方式去损害这种支配。被称为某人对于某物之排他性支配的,是法秩序的一种排除性规定,它排除了

---

〔2〕 “*jus in rem*”应被修正为“jus ad rem”。

〔3〕 此处的原文“*jus in rem*”应被修正为“jus ad rem”。

* 参见本书第 31 页及以下、第 42 页以下。

其他所有人对此物的支配。某人的“支配”在法律上只是对他人之排除的反射。它是后者与前者之间的一种关系,故而用惯常的术语来说,是一种人际关系;只有在次要的意义上才是对于某物的关系,也即是后者相对于此物的关系,由此促成了它与前者的关系。假如人们还是坚守传统定义,即将所有权定义为某人对于某物的排他性支配,从而忽略法律上的根本关系,那么显然这是因为,将所有权确定为人和物的关系可以掩盖其在社会经济学上的决定性功能:这种功能(只要它涉及对产生资料的所有权)被社会主义理论——这正确与否另当别论——称为“剥削”,这种功能恰恰存在于所有者与所有其他主体——他们被排除对前者之物的取得,客观法让他们负有尊重所有者之排他性支配权的义务——之间的关系之中。可是传统的法学说最坚定地对抗将主观法(某人的权利)仅仅视为 246
他人之法律义务的反射的观点,因为它(这也只是出于意识形态的原因)相信应当强调权利的首要性。

更正确的做法(因为不带任何意识形态倾向)是,将传统法学概括为人身权关系和物权关系的这两类事实区分为相对反射权利与绝对反射权利。相对于另一个特定的人以特定方式去行为,可以成为某个特定之人的义务,例如,债务人和债权人之间的关系就是如此,因为这里只有债务人有义务向债权人偿还特定的给付,因而只有债权人才有对于这一给付的反射权利。故而就像债务人的义务一样,债权人的反射权利只能相对于某个特定的人存在,在此意义上它只是一种相对权。但如果行为涉及的是某个特定的物,所有其他个人的义务就可能是,以特定方式相对于某个特定之人来行为。所有权的情形就是如此。因为这里所有其他人都有义务不去阻止特定人对于特定物的支配,或不以其他方式去损害这种支配。反射权利(它体现为这些其他人的义务)指向所有其他人,在此意义上它是一种绝对权。在术语上,相对反射权利与绝对反射权利的
247 区分并非十分合适,因为即便是所谓的“绝对”权也只是相对的,因为它们只体现在许多人与一个人的关系之中。所有者的反射权利原本并非一种绝对权;它是对不特定数量的个人相对于同一个人涉及同一个物的多种义务的反射,因而有别于债权,即只是对特定个人相对于其他特定个人之义务的反射。然而,与特定物的次要关系决不限于所谓的物权,而也可以在所谓债权或人身权的情形中出现。故而在债务人有义务向债权人给付某个以个别方式予以确定之对象的情形中就是如此,例如某人负有合同义务,向他人转移某个完全确定之动产或不动产的所有权。在此情形中,债权人的权利与物权的区别在于,与作为权利人的他相对的,只是某个特定主体的义务。

上述分析只考虑了反射权利。它在传统法学中扮演着关键角色,尽管某人的这种“权利”不外乎是其他一人或多人相对于前者以特定方式来行为的义务。但如果所有权被标识为所有者的这样一种法律上的权力(rechtliche Macht),即排除所有其他人对特定物的支配,那么起作用的就不只是纯粹的反射权利了。只有当法秩序授权个人,可以通过司法诉讼去主张(他人)违反了这一义务——不妨碍他对特定物的支配——
248 时,他才拥有这种权力。我们将随后再来讨论这一意义上的主观法。

c)作为受法律保护之利益的主观法

与某人的主观法(它只是对他人之法律义务的反射)相关

的是在传统法学中被一再主张的定义,据此,主观法要被确定为受法律保护的利益。这种定义尤其清晰地表达出了对于传统法学而言十分典型的二元论,即将主观意义上的法与客观意义上的法相对立。这一二元论包含了某种无法化解的矛盾。如果客观意义上的法是规范或规范体系,是一种规范秩序,而主观意义上的法是与之完全不同的东西,即利益,那么客观法与主观法就无法被涵摄于同一个上位概念之下了。这种矛盾同样没法由此被消除,即在客观法与主观法之间添加上一种关系,将后者确定为受前者保护的利益。但从一种将法视为规范或规范体系的观察立场出发,主观法不可能是一种——通过法来保护的——利益,而只可能是存在于客观法之中的对这种利益的保护。而这种保护体现为,法秩序将某种制裁联结于对这一利益的侵害,但这就意味着规定了一项不侵害这一利益的法律义务,例如,债务人向债权人归还所借款项的法律义务。债
权人的权利——根据利益论(Interessentheorie)——是他通过 249
债务人的法律义务被保护的对于归还借款的利益。但他的权利——作为反射权利——不外乎是债务人的这项法律义务。

从利益论的立场出发,如果某人相对于他人有义务实施之行为,体现为对这一他人施加某种恶,那么看起来就不可能假定存在某项反射权利。当这一行为具有法秩序所规定的制裁的性质,而对制裁的规定及其执行在具体情形中被当作法律适用机关的职责时,就是如此。对于遭受某种恶——通常情况下——无人会拥有某种利益。当某种利益受到这里所出现之义务的保护时,它不可能是制裁所针对之人的利益;在前面提及的例子中,它不可能是债务人的利益,故而也不是他的权利;债权人的利益以及权利通过债务人的这种法律义务得以保

护,即向他归还借款。在刑事制裁的情形中,受到惩罚不可能是犯罪分子的一项通过法律适用机关的义务得到保护的利益,故而也不是他的一项权利。但如果人们假定——就像有时会做的那样——存在这样一项权利,如果人们说,犯罪分子有受到惩罚的权利,他有一项对于法律规定之刑罚的请求权、对于履行惩罚他之义务的请求权,那么这是因为,人们将共同体对于以制裁来回应不法行为的利益诠释为了违法者的利益
250 (作为"被正确理解的"利益)。然而,共同体的这种利益,或更准确地说,通过法律适用机关的职责对这种利益的保护,通常不被称为反射权利;这里要记得,在通常的语言用法中,并非在所有情形中都可以谈论与某项法律义务相对应的反射权利。

d)作为法律权力的主观法

在传统法学中,与利益论相对的是所谓意志论(Willenstheorie)。据此,主观法是一种由法秩序赋予的意志权力(Willensmacht)。但由此被界定的是一种有别于利益论所指涉的对象,即一种授权(Ermächtigung),另一种由法秩序赋予个人的法律权力(Rechtsmacht)。当在构成某项法律义务之制裁的条件下,某个涉及其执行的、以诉讼的形式指向法律适用机关的行动(通常是义务所相对之个人的行动)被采纳时,它就出现了。继而,这一机关只能去适用有待它适用的一般法律规范,这意味着去制定这样一个个别法律规范:它将某种具体的不法后果联结于具体的、由这机关所确认的不法构成要件,如果获得此授权的个人(起诉人)提出了针对此的诉讼请求,借此法律适用机关的程序尤其是法院的诉讼程序首先被启动的话。如此一来,法(有待法律机关适用的一般法律规范)就可

供特定个人——通常是其他个人相对于其有义务实施特定行 251
为的那个人——所用:在此意义上,(客观)法事实上就是他的法(权利)。如果在阐释这一事实时运用反射权利这一辅助概念,那么就可以说,权利——它只是对某项法律义务的反射——被配之以权利人的这一法律权力,即通过诉讼来主张这项反射权利,也即义务(对它的反射就是这项权利)未得到履行。

上述事实无法用对个人的这项义务——相对于他人以特定方式来行为——的阐述来予以穷尽式的描述。因为根本性的要素在于法秩序赋予后者的这项法律权力,即通过诉讼主张前者未履行义务。只有这项法律权力才是一种与通过行使它被主张之法律义务有别的事实;只有通过行使这一法律权力,个人才成为有别于法律义务之权利的“主体”。只有当法秩序赋予这样一项法律权力时,才会出现一种有别于法律义务的主观意义上的法,一种技术意义上的主观法,它是为主张法律义务之未履行所赋予的法律权力。行使这种法律权力是原本意义上的权利行使。这种权利行使并非由构成这种义务之内容的行为同时决定,即不履行它可以通过行使这一法律权力来主张。但正如已然提及的,在传统语言用法中,个人(法律
义务相对于他存在)的另一类行为也被称作权利行使,即与义 252
务性行为相对应并在这一行为中已被同时决定之行为。它是对反射权利的行使。

按照传统理论,个人的每一主观法中都包含一种对其他个人之行为的“请求权”,即对这一其他个人相对于前者有义务去实施之行为——也即构成与反射权利等同之法律义务的内容的行为——的请求权。但一种与法律相关之意义上的“请

求权”只能在行使法律权力时被提出,反射权利必须要被配备这种法律权力,才能成为技术意义上的主观法。如果个人(其他个人对他负有实施特定行为的义务)没有法律权力通过诉讼来主张义务未被履行,那么主张履行义务的行为就不具有任何特殊的法律效果,这一行为——除了它不被法律所禁止外——在法律上就是不相关的。因此,只有当这样一种技术意义上的主观法——可以通过诉讼来主张某项相对于他存在的法律义务未被履行——也即个人的法律权力存在时,一项“请求权”才会作为具有法律实效的行为出现。

这种主观法与法律义务一样,并非与——客观——法不同和相对立之事。就像法律义务那样,它是一种赋予某项特殊的法律权力、对特定个人进行授权的法律规范。这一个人“拥
253 有”一种主观法,也即一项特定的法律权力,只是意味着某个法律规范将某个由它确定的这一个人的行为当作了特定后果的条件。当传统理论将主观法刻画为一种由法秩序赋予的意志权力时,它考虑的是在司法诉讼中被行使的法律权力。但主观法不仅要被理解为这种法律权力本身,而且要被理解为与这种反射权利——可以通过行使这一法律权力来主张其未被履行的义务。换言之,被配备了这种法律权力的反射权利——相联系的法律权力。在此,重点在于反射权利。但正如前文所说明的,主观法(它不止是对法律义务的纯粹反射)的本质在于,某个法律规范赋予某人这样的法律权力,即通过诉讼来主张某项法律义务未被履行。当在下文中——按照传统术语——用技术意义上的主观法来指称赋予某人的法律权力时,指的就是这种法律规范。

规定这种技术意义上的主观法并非——就像规定法律义

务那样——客观法的本质功能。它只是展示了客观法的一种可能但非必要的内容塑造，一种法可以利用但完全不是必须利用的特殊技术。它是资本主义法秩序的特殊技术，只要它保障私有财产制度，因而尤其顾及个人利益。此外，这种技术从来都不能支配资本主义法秩序的所有部分，而只是在所谓私法领 254
域和行政法的某些部分以高度发达的形式出现。现代刑法并不或只是以例外的方式利用它。不仅在谋杀和杀人的情形中——在此，刑法禁止的行为所针对的个人不再存活，因而无法提起诉讼——如此，而且在刑法禁止的行为发生的大多数其他情形中，国家机关都替代了这种个人，前者作为依职权起诉人来启动导致执行制裁的程序。故而对于私法来说很典型的特殊技术意义上的主观法只体现为，法秩序赋予某个不被定性为共同体"机关"的、在传统理论中被称为"私人"（Privatperson）的个人（通常是他人有义务相对其实施特定行为的个人）这一法律权力，即通过诉讼来主张这一义务未被履行，也即启动将导致确立司法裁判（它将某个具体的制裁规定为对违法义务行为的回应）的程序。

如同义务的主体一样，技术意义上之权利的主体同样不仅可以是**一个**个人，而且也可以是同一项权利的两个或多个个别的主体。如果与反射权利相等同的义务包含了相对于两个或多个个人的行为，且如果通过诉讼来主张这一义务未被履行的法律权力可以被这些个人中的这个人**或**那个人——故而是可 255
选的——或者只能通过所有这些个人的共同行为来行使，那么技术意义上之权利的主体就是两个或多个个人。

这种给予个人的法律权力通常包含这一授权，即基于这一理由——与法不符——在所谓的上诉审程序中对某个对其不利的司法裁判提出上诉,并通过这一行为引入一项程序,它能够导致废止被反对之裁判,并代之以另一个裁判。这样一种法律权力不仅被授予相对于其存在所声称的义务的个人,而且也被授予被声称的法律义务的主体。根据现代诉讼法的规定,原告和被告都可以对其不利的裁判提出上诉。然而,行使这一法律权力不仅可以用来主张某项法律义务(的存在),而且相反,也可以用来阻止主张某项被声称的,但按照被告的观点并不存在或并不在被声称的范围内存在的法律义务。由于这种法律权力与反射权利无关,因而——根据惯常的语言用法——也不存在任何主观法。

根据现代行政法,这样的个人——一项在他看来没有法律根据的行政命令,也即一个由行政机关制定的个别规范(它规定个人要实施特定行为)指向他——应当得到类似的法律权力。所涉及的个人被授权针对这一行政命令提出被称为申诉
256 (Beschwerde)或其他方式的法律救济途径,因而引入一项程序,它能够导致制定另一个个别规范,由此来废止或修订前一个个别规范。在此情形中,人们在习惯上同样不称为主观法。

e)作为积极的(官方)允许的主观法

某人有权以特定方式来行为,尤其是有权从事某种特定的活动,不仅可以指法律不禁止这个人去从事这项活动,或其他人有义务不去阻止这项活动,或对于这项活动拥有权利之人有法律权力,在相应义务被违反的情况下启动法律程序来引发制裁。而且被称为权利或主观法的事实也可以体现为,法秩序将特定活动(如从事特定职业)与某种被称为"特许"(Konzession)或"许可"(Lizenz)的允许——它要由特定共同体机关即

“主管部门”在法秩序所确定的前提下，或根据主管机关的自由裁量来授予——之条件相联系。在没有取得官方允许的情况下，从事上述活动是被禁止的，即会遭受制裁。这种允许不体现为不禁止这一纯粹消极的事实，而体现为某个共同体机关的积极行为。它在现代行政法中扮演着重要角色。基于这种
积极的、官方的即由某个共同体机关授予之允许的权利不是反 257
射权利；它不是某项相对应之义务的功能。就此而言它包含着某项法律权力，即它与从事某些私法行为的授权联结在一起，例如，获得官方许可或特许去销售酒精饮料或包含某些有毒物质的药品。

f) 政治权利

一种特殊的类型是所谓的“政治”权利。人们习惯于将它界定为影响国家意志之形成——但这就意味着直接或间接地参与法秩序（在其中表达出了“国家意志”）之创设——的权限。但在这里——就像大多数情形中那样，当涉及被人格化为“国家意志”的法秩序时——只是考虑了构成这一秩序之法律规范的一般表现形式，即制定法（Gesetze）。规范服从者对于立法（一般法律规范之创设）的参与，是民主国体有别于专制国体的根本特征；在专制国体中，臣民被禁止参与国家意志的形成，不享有任何政治权利。民主立法可以直接通过“民众”即规范服从者来进行；与此相应的——在所谓的直接民主制中——是个人参与国民立法大会并发表意见和投票的权利。
又或者民众只能间接参与立法，这意味着通过一个由民众选举 258
出来的议会来行使立法权。如此一来，国家意志形成（一般法律创设）的过程就被分解成了两个阶段：选举议会和由被选举

出的议会成员通过制定法。在这一情形中,相应存在(构成一个或大或小之圈子的)选举人的权利,即所谓的选举权;以及(相对来说人数较少的)被选举人的权利,即成为议会成员的权利和在此发表意见和投票的权利。这就是政治权利。

如果它们被刻画为,它们能保障权利人参与国家意志之形成,即参与法律规范的创设,那么私权利同样是一种政治权利;因为私权利也可以让权利人参与国家意志的形成。对于这一点,司法判决这种个别规范表达得一点也不比制定法这种一般规范要少。

除了议会选举权之外,被认为属于政治权利的还有其他类型的选举权。根据民主宪法,立法机关、政府(行政机关)和司法机关都可以通过选举来产生。只要这些机关的功能属于法律创设功能,这些选举权就像议会选举权那样是这种法律权力:尽管无法直接地,但也间接地参与这些机关被授权去创设之规范的创设。

如果技术意义上的私权利——那种被授予来主张某项法律义务未被履行的法律权力——要与所谓政治权利(它同样
259 是一种法律权力)被整合进同一个主观法的概念之中,那么只有此时才有可能,即两者表达出相同的法律功能:法律服从者参与法律创设和法律创设功能。但人们必须意识到,就像已经强调过的,技术意义上的私权利同样可由此与所谓政治权利区分开来,即在前者那里是法秩序授予某个人参与法的创设的法律权力或权能,它被用于相对于此人或他人主张存在某项法律义务,而在主观政治权利的情形中并非如此。债权人被法秩序授权(他有法律权力),通过提起诉讼来参与创设司法裁判这种个别法律规范,以便由此主张债务人的法律义务——向他偿还特定的给付——未被履行。政治权利的主体,如选举人,被授权(他有法律权力)去参与创设一般法律规范;但这种法律权力并不被用来主张其他主体相对于他存在某项法律义务。对这种法律权力的行使可以但不必须通过向其他个人施加的法律义务来确保,就像对某项授权的行使可以成为被授权者的某项法律义务的内容,但不必须如此。法官可能有义务受理债权人之诉,而当他拒绝受理这一诉讼被视为违反职责并要遭受 260
纪律处分时,他就对此具有了法律义务。但赋予债权人的法律权力(它属于主观法)不被用于主张这种职责未被履行,而是债务人的义务未被履行。选举机关可能有义务对选举权人的投票予以接收、清点等;而当不履行这种或那种职务活动会导致制裁时,它就有义务这么做。但政治权利这种法律权力不被用于主张这种职责未被履行。有别于构成私权利的法律权力,它根本就不被用于主张个人的某项法律义务未被履行,而是——间接地——参与一般法律规范(由此规定法律义务)的创设。

被算作政治权利的还有所谓的基本权利与自由权,它们是现代国家的宪法所规定的,因为这些宪法保障法律面前人人平等、财产自由(不可侵犯)、人身自由、思想表达自由,尤其是出版自由、包括宗教信仰自由在内的良心自由、结社和集会自由等。这种宪法上的保障本身并不构成主观法,它们既非纯粹的反射权利也不是技术意义上的私权利。虽然它们展现为对受制定法(或替代制定法的法规)保障之平等和自由的侵害(废止或限制)的禁止,但这种“禁令”主要不体现为向立法机关强加不颁布这类制定法的法律义务,而体现为,如果这类制定法 261

生效，那么可以基于“违宪”*的理由，通过某种特别的、为此目的规定的程序来废除它们。对基本权利与自由权的合宪性保障属于宪法的这样一些规定，借此制定法的内容以消极的方式被确定，并规定这样一种程序，通过它可以来废除这些与规定不符的制定法。虽然所谓的基本权利与自由权不仅可能被制定法（以及替代制定法的法规）所侵害，也可能被实施制定法的法规、行政行为或司法裁判所侵害——这意味着，除了以制定法（或替代制定法的法规）的形式出现的规范，别的规范同样可能具有违宪的内容，并基于这一理由被废除，但即便当它们不是基于违宪的制定法，而是在没有任何制定法基础的前提下被制定的，出于这一形式理由它们也可能被废止，而不仅是因为它们的内容与宪法的实质性“禁令”相矛盾，也即是一种被宪法所“禁止的”内容。

受宪法保障的服从于法秩序之个人间的平等，并不意味着，他们在基于宪法制定的规范中，尤其是在制定法中就应当被平等对待。我们无法想象（因为这可能是荒谬的），在不作
262 任何区分的前提下，在例如儿童与成年人、精神健康者与精神病患者、男人和女人之间创设这种平等，对所有人施加同等的义务并赋予同等的权利。只要涉及制定法**中**的平等（Gleichheit *im* Gesetz），对它的保障就只能以这种方式来进行，即宪法就十分确定的差异（如种族、宗教、阶层或财产之间的差异）规定，它们不得被制定法所创设，也就是说，创设这类差异的制定法可以视为违宪从而被废除。如果宪法没有规定十分确定的差异（它们不得被制定法针对个人来创设），且宪

* 参见本书第335页及以下。

法包含宣告个人平等的措辞,那么这种得到宪法保障的平等几乎就意味着制定法**面前**的平等(Gleichheit *vor* Gesetz)。但对制定法**面前**之平等的保障只是规定,适用法律的机关只能考虑那些在待适用之制定法本身之中被创设的差异。但由此被规定的就只是一般意义上一切法所内含的法律适用的合法性原则,以及一切法所内含的制定法适用的合制定法原则,故而只是规定,规范要以合乎规范的方式被适用。但这不啻于只是说出了法律规范所固有的意义。这样一个司法裁判——只是因 263
为这一点,它才没有对某个人判处待适用之制定法所规定的刑罚:因为违法者是白人而不是黑人,是基督徒而不是犹太教徒,虽然制定法在对不法构成要件进行规定时并没有考虑违法者的种族或宗教信仰——可以基于与这样的司法裁判——它对这样一个人判处刑罚,他并没有实施由制定法确定并经法院确认的违法行为,或者它对一个实施了这类违法行为的人判处制定法未曾规定的刑罚——同样的理由因违法而被撤销。如此一来,裁判的违宪性就具有了与违法性一样的撤销理由和废止理由。

一个规定财产不容侵犯的宪法条款可能只是意味着,授权政府以违背所有者之意志的方式剥夺其财产且不对其进行补偿的制定法——除了作为制裁来实施的剥夺财产这一情形之外——可以因"违宪"而被废止。这样一种宪法条款本身并不是对财产征收的禁止。它只涉及无补偿的财产征收,并没有规定立法机关有法律义务不去颁布这类制定法。"违宪的"制定法直到被废止——要么是个别性的即限于在某种具体情形中的废止,要么是一般性的废止——之前都是有效的制定法。它并不是无效的,而只是可废止的。* 类似的情形是宪法对于信念自由与良心自由的保障。这样一种保障意味着,禁止践行特定宗教信仰(对其施加刑罚威胁)的制定法可以因违宪而被废止。

264 只有当确保基本权利与自由权的宪法不能以普通立法的方式而只能通过特殊程序——它与通常的立法程序的区别在于,只有在难度更大的条件下它才能被启动;集体立法机关的特定多数而非简单多数、多次决议而非单次决议对此是必要的**——来修正时,对这种所谓基本权利与自由权的切实保障才有可能。因为如果宪法可以被普通法律所修正,那么就没有任何制定法,因而也没有任何基于制定法作出的司法裁判以及基于制定法作出的行政决定可以因"违宪"而被废止了,因为就其效力领域而言,宪法被普通法律所废止了。因此,甚至当只有在难度更大的条件下才能被修正的宪法只在此范围内确保了"法",即它受制定法限制时,也就是说,当宪法委托普通立法去规定不予补偿的财产征收时,在强加义务和保障权利时作出宪法所禁止的区别对待或限制某些自由时,就还没有出现对所谓基本权利与自由权的现实保障。例如,当宪法规定"保障财产不受侵犯。为了公共利益去征收财产并不予补偿,只能依照法律来进行",或者"每个人都有权在法律限度内自由表
265 达其思想",或者"一切公民都有权集会和结社。对这一权利的行使要得到法律的调整"时,这种虚假的保障就出现了。

只要对基本权利与自由权的宪法保障指的不外乎是这里

---

* 参见本书第 342 页及以下。

** 参见本书第 279~281 页。

所称的对这些“权利”之制定法限制难度的加大，那么就不会出现任何主观意义上的权利。这里没有反射权利，因为对限制性立法的“禁止”并没有规定任何法律义务；因而也没有技术意义上的主观法，只要这种权利被理解为通过诉讼主张某项法律义务未被履行的法律权力。当法秩序赋予违宪之制定法所涉及的个人这样一种法律权力，即通过申请来启动将导致废止违宪制定法的程序时，基本权利或自由权就构成了法律权力意义上的主观法——尽管不是对某项法律义务未被履行的主张。由于废止某个规范之行为的意义本身是一个规范，所以自由权就体现为参与这些规范之创设的法律权力。例如，如果对某部限制宗教自由之制定法的废止可以由每个与此相关的个人通过**群众诉讼**(*actio popularis*)来引发时，受宪法保障的宗教自由权就构成了主观法。然而，这种权利作为政治权利(如政治选举权)与技术意义上的主观法(它属于私权利)的区别在于，它不能被用于主张某项相对于权利人的法律义务未被履行。集 266
体立法机关在法律上有义务不进行违宪的立法，出于技术的原因就基本不可能，事实上也没有实现过。但有可能也在事实上发生的是，批准或颁布议会之法律决议的国家元首，以及对国家元首的公文副署签名的内阁成员，要对被他们所批准、颁布或签名副署的制定法之合宪性负责，这意味着，他们可以被特殊法院判处特定的惩罚，如撤职、剥夺政治权利。如此一来，就在法律上出现了一项对这些机关有拘束力的禁令，即禁止从事这类行为，也就是参与颁布违宪的制定法。然而，引发导致执行这种制裁之程序的法律权力，通常情况下也没有被给予违宪之制定法所涉及的个人。如果出现某个侵害受宪法保障之平等或自由的行政决定或这样一个司法裁判，也即出现这样一个个别规范——它根据某部违宪的制定法被制定,而只有这一个别规范直接涉及的个人才有法律权力,通过诉愿或上诉来引发导致废止这一个别规范的程序——那么上述基本权利和自由权就此而言就是这一个人的主观法,即对这一个别规范的废止
267 蕴含在具体情形中对违宪之制定法的废止,或者与以任意方式对违宪之制定法的一般性废止相关。如果侵害受宪法保障之基本权利和自由权的个别规范(行政行为或司法行为)并非根据某部违宪的制定法制定,而是缺乏任何制定法基础,那么个人的主观法(它引起废止这一个别规范的法律权力)就无以区别于任何这样的主观法,它体现为引起行政行为或司法行为因其违法性被废止的法律权力。通过个人的诉愿或上诉被引发的程序不会导致对某部违宪之制定法的个别或一般的废止,而只会导致对违法之个别规范的废止。只有当个人拥有法律权力去引起对某部制定法(它的内容侵害了受宪法保障的平等或自由)的个别或一般的废止时,所谓的基本权利和自由权才构成个人的主观法。

归纳而言,个人的主观法或者是一种纯粹的反射权利,即对相对于此人存在之法律义务的反射;或者是一种技术意义上的主观私权利,即给予某人的这种法律权力——通过司法诉讼来主张某项相对他存在的法律义务未被履行,也即是参与个别规范(借此与不履行义务相联结之制裁得以规定)之创设的法
268 律权力;或者是一种政治权利,即给予个人的这样一种法律权力,要么作为民众立法会议成员直接参与创设被称为制定法的一般法律规范,要么作为议会或行政机关选举权的主体间接参与法律规范(被选举出的机关被授权去创设它们)的创设;或者作为受宪法保障的基本权利和自由权,参与这类规范的创

设——由此，违宪侵害受保障之平等或自由的制定法的效力要么一般性地（对于所有情形都）被废止，要么只是个别性地（只针对具体情形）被废止。最后，可以被称为主观法的还有积极的官方允许。

30. 行为能力；权能；机关

a）行为能力（Handlungsfähigkeit）

前文中被阐释为主观——私人的或政治的——法的法律权力只是在这里被称作“授权”的法秩序功能的特殊情形。从一种用法律命题对法秩序进行描述之法律科学的立场出发，法秩序的功能在于，将某个法秩序所确定之强制行为作为后果联结于特定的即由法秩序所确定之条件。这一强制行为是典型后果。尽管在其条件之下包括那些本身以法秩序所确定之其他构成要件为条件且在此意义上是相对的后果。例如，当法秩 269
序规定，如果某人将某个拾得物据为己有，且没有向特定机关报告或交存这一拾得物，那么他就应当被惩罚时，将被拾得之对象据为己有这一构成要件就构成了不报告或不交存这一构成要件的条件，后者本身又与它的条件一起构成了强制行为的条件。只有强制行为才是后果，它本身并非条件。它是最终的后果，即法律的后果（Rechts-Folge）；如果强制行为是一种制裁，因为是对法秩序所确定之个人行为的回应，那么法律后果就是一种不法的后果（Unrechts-Folge）。通过作为强制秩序的法将强制行为（人类活动的某种行为）设定为应当，它就被证明为规范，它的功能就是规范化。

被称作授权的这一法秩序的功能仅涉及人类行为。只有某个人的行为才会被法秩序所授权。在最宽泛的意义上,特定个人的特定行为得到法秩序授权的情形,不仅指这个人由此被赋予法律权力,即创设法律规范之能力,而且也一般性地指这个人的行为被直接或间接地作为法律后果——被设定为应当的强制行为——的条件,或者这一行为就是展现为强制行为的活动本身。其余被法秩序确定为条件的构成要件不被视为“被授权的”。当法秩序规定,如果某人身染传染病就应当被
270 隔离于医院时,法秩序就授权特定个人去采取隔离这一强制行为;但它并没有授权去生病。在这个词的这种最宽泛的意义上,任何人类行为——但也只有人类行为——只要被法秩序确定为条件或后果,就被视为得到了法秩序的“授权”。能够实施这类行为的人被法秩序赋予了如此行为的资格。他拥有了一种法秩序赋予他的能力。如果说法秩序对这种资格的赋予被称为授权的话,那么这一表述并没有隐含赞成的意思。即便是所谓的不法能力(Deliktsfähigkeit)也是一种只有具备特定资格之人才被法秩序所赋予的能力,这类人通过其行为实施不法行为,也即是创设出一种作为制裁起作用之强制行为的条件,这种强制行为作为其行为的后果是针对他们(或他们的亲属)的。这些被法秩序赋予资格的人能够并且也只有他们能够实施不法行为,也即是被法秩序授予这种能力。但这种构成不法的行为恰恰由此被法秩序所禁止,即它被作为一个针对违法者(或其亲属)之制裁的条件,并且因为“被禁止”而不被赞成。只要将“授权”这一表述与“赞成”这一附带意义绑定在一起,它就是在一种狭隘的即不包含不法能力的意义上被使用的。传统理论就是在这种意义上来谈论行为能力,以有别于不

法能力的;行为能力被定义为某人的这种能力,即通过其行为 271
来引发法律效果。由于它不能被理解为因果意义上的“效果”,所以行为能力就体现为法秩序赋予某人的这种能力:通过其行为来引发法律后果,即法秩序联结于这一行为的后果。但这些法律后果并不被理解为这样的制裁,它们作为某个行为的后果针对如此行为者(或其亲属)来施加。这种能够通过其行为来引发某种制裁——它作为这一行为的后果针对如此行为者(或其亲属)来施加——的能力被视为不法能力,区别于行为能力。依照传统学说,能够被称作行为能力者所引发的法律后果在根本上是义务和权利,它们通过私法行为被创设。行为能力首先是(民事)行为能力(Geschäftsfähigkeit)。但它同样包括通过起诉和上诉来影响诉讼程序的能力[诉讼能力(Prozeßfähigkeit)]。

正如前文所述,最后提到的这种能力是一种由法秩序所赋予的权力,即参与个别法律规范(它们通过司法裁判被制定)的创设。它是一种法律权力,而法秩序对它的赋予是最狭隘和特定意义上的“授权”。但这种法律权力同样展现为作为创设义务和权利之能力的(民事)行为能力。因为法律义务和权利由法律规范规定,而这些规范被私法行为所创设。对典型的私
法行为即合同的分析将马上说明这一点。合同规定,缔约双方 272
相互之间应当以特定的方式来行为。例如,买卖合同规定,卖方应当交付给买方某个特定的物,而买方应当给付给卖方一笔特定的钱。合同是这样一种行为,其主观意义是一种应当。法秩序通过一般规范授权个人订立合同,它就将这一私法行为的主观意义提升为一种客观意义。如果说合同为缔约双方创设出了义务的话,那么这是因为法秩序将某种制裁联结于违反合

同的行为,即联结于与通过合同产生的规范相对立的行为。在此意义上,通过私法行为创设的规范是一种非独立规范。如果说合同为缔约双方创设出了权利的话,那么这是因为法秩序通过授权个人签订合同,赋予缔约双方以这种法律权力,即通过起诉来主张合同规范所规定的义务未被履行,也就是通过合同被创设的法律规范被违反了,以此参与构成一条个别法律规范之司法裁判的创设。(民事)行为能力是由法秩序赋予个人的这样一种能力,即基于通过立法或习惯所创设的一般法律规范创设出更低位阶的法律规范,并参与通过法院创设之个别法规范的创设。它是一种真正的法律权力。

如果人们将行为能力理解为通过其行为引发法律后果的
273 能力,并将通过这一行为创设出的法律义务(某个个别规范生效)视为某个私法行为的后果,那么人们就同样可以将履行法律义务的能力,即通过其自身的行为来避免制裁的能力,理解为[(民事)行为能力意义上的]行为能力。这里体现出了履行义务这一(消极的)法律后果。

b)权能(Kompetenz)

很容易看到,对这一法律权力的行使是这样的法律功能,它在根本上就如同获得法秩序相关授权的立法机关创设一般法律规范的功能,以及获得法秩序相关授权的司法和行政机关通过运用一般法律规范创设个别法律规范的功能。在所有这些情形中(就如同在所谓行为能力的情形中那样),都存在一种创设法律规范的授权;在所有这些情形中,法秩序都赋予特定个人一种法律权力。但并非在所有赋予法律权力(最狭义上的授权)的情形中,传统理论都称为行为能力。相反,在某些情形中,首先是在涉及某些共同体机关(尤其是法院和行政机关)的功能时,传统理论称为它们的"管辖权"(Zuständigkeit)或"权能"。赋予"私人"的法律权力,即通过实施私法行为创设法律规范,或通过起诉、上诉、诉愿,通过行使选举权 274
来参与法律规范的创设,也即他们的技术意义上的权利,并不被称为他们的管辖权或权能。

只要考虑体现为行使法秩序所赋予之法律权力的功能,对权能概念作这种限制就是不合理的。某个个人的(民事)行为能力和主观的——私人的或政治的——权利在与此相同的意义上就是他的"管辖权"或"权能",即特定个人拥有通过制定法、作出司法裁判或颁布行政决定的能力。传统术语遮掩了在所有行使这一法律权力之功能之间存在的本质相似性,而没有将它清晰地表达出来。当从事某种私法行为的个人,当在司法程序或行政程序中提起诉讼、提出上诉或诉愿的当事人被视为是"私人"而非法律共同体的"机关"时,且出于这一理由,赋予他们的法律权力不被称为他们的管辖权或权能时,这一点无关乎他们之功能的内容。因为在两种情形中功能的内容是相同的,即创设法律规范。这里要注意的是,通过获得相关授权之"私人"的私法行为,不仅可以创设出个别法律规范,而且也可以创设出一般法律规范,而通过合同——它们被获得一般国际法之相关授权的国家在这一构成国际法共同体的法秩序之内签订——来创设一般规范扮演着十分重要的角色。尽管如此,国家在行使这一功能时,就如同获得国家法的相关授权去 275
从事私法行为的个人那样,几乎不会被称为法律共同体的"机关",因此赋予它们的法律权力也不被称为它们的权能或管辖权。如果在这些情形中,行使这一功能的私人不被称为法律共同体的机关,那么原因就只是在于,对于这里所使用的机关这一概念而言,关键性的是这一功能之内容以外的东西。

c)机关(Organschaft)

共同体的机关是一个个人,只要他践行一项可**归属**(**Zuschreibung**)*于共同体的功能,对于这项功能,人们可以说,被设想为主体的共同体通过作为其机关起作用的个人践行着它。这里存在一种拟制,因为践行这一功能的并不是共同体,而是一个有肉身的个人。共同体体现为调整着大多数个人之行为的规范秩序。尽管人们说秩序构成了共同体,但秩序和
276 共同体并不是两个不同的对象。个人的功能共同体,也即对于这些个人来说共同的东西,只体现为那种调整他们行为的秩序。只有当某个人的行为在某个规范秩序中被规定为条件或后果时,这一行为才能被归属于由这一规范秩序构成的共同体——如果不用拟制,那么就可以说,涉及构成共同体的规范秩序。通过将个人的行为归属于共同体,诠释为共同体的行动,共同体就被展现为一个行动主体和人,这意味着将某个人所实施的、被某个规范秩序确定的功能归属于由这一秩序构成的共同体暗示着它的拟人化;然而这种拟人化的归属**表达的不外乎是,归属于共同体的行为由构成共同体的规范秩序确定,并在此最宽泛的意义上被它所授权。人类活动的某一行为

---

* 在以前的著述中,我曾将先相关思维程式称为“归结”(Zurechnung)。但由于这个词主要标识着两个构成要件之间类似于因果联系的规范性联系,我就不得不将某种功能对于某个共同体的归结(作为“核心”归结)区别于两个构成要件之间的规范性联系(作为“边缘”归结)。这一术语不那么令人满意,且会导致误解。因此我现今限于将“归结”一词用于两个构成要件之间的规范性联系。

** 关于法人之概念的详述,参见本书第 219 页及以下。

被归属于共同体,不外乎意味着将这一行为与构成共同体的秩序相联系,将它理解为被这一(在最宽泛的意义上之)规范秩序所授权的行为。因此,每一被规范秩序所确定并在此最宽泛的意义上被授权的个人行为对于由这一规范秩序所构成之共同体的归属,都可以被诠释为这一共同体的功能,每个个体(他的行为由这一规范秩序所确定)都在此意义上得到了它的授权,而这意味着,由这一秩序所构成之共同体的每个成员都 277
可以被视为这一共同体的机关。某个人是一个共同体的机关,当且仅当他实施了某个可归属于这一共同体的行为;而当某个行为被构成这一共同体的规范秩序确定为条件或后果时,它就可被归属于这一共同体。这就是原初的、基本的机关功能(Organfunktion)的概念,而且是最宽泛意义上的机关功能。而正是机关功能的概念,而非机关的概念,(尤其对于法律科学的领域而言)抓住了本质性的事实。社团的概念表达了这一功能的主体或“载体”,也即是行为的属人要素,它展现了这样的功能。如同每种人类行为那样,这种功能由一个属人要素和一个内容要素组成,* 故而将属人要素包括在内。作为(有别于这一载体之功能的)载体之机关的概念是一种实质概念,并由此在这种意识上被使用,即从科学认知的立场出发,实质要被还原为功能。在作为功能之载体的机关概念中,属人要素与内容要素相脱离并独立出来,虽然两者是不可分离地相联系的。只有做这种保留之后,机关的概念才能被用作一个使对事实的展现更为容易的辅助概念。

然而,在(在此角度下摇摆不定的)法学语言习惯中使用 278

---

* 参见本书第 18 页以下、第 152 页。

的机关功能的概念,其意义要比这里作为原初的或基本的概念来指称的机关功能概念来得窄。由于后者指的是一切被规范秩序所确定的行为,所以(只要涉及的是法秩序所确定的行为,因而涉及法律共同体的功能)这种行为也属于这一概念:它作为法秩序所规定之制裁的条件被法律所禁止。但人们通常不将不法行为归属于法律共同体。这一命题——法律共同体干了不法行为——与这一观点——据此,被禁止的行为是不法行为,也即是对法的否定——相抵触。存在这样一种趋势,即只将某个人的这种行为归属于法律共同体,它由构成这一共同体的秩序所确定,但不是被确定为违法行为,也即不被禁止。* 如果我们不仅在最狭窄的意义上——授予法律权力,也就是创设和适用法律规范的资格——来使用"授权"一词,而且也在广义上,也即包含"命令"和"积极允许"的意义上来使用它,那么就可以说存在这样一种趋势,即只将某个人的这样一种行为归属于法律共同体:这个人在此(不包含法秩序所确定之不法行为的)意义上获得了对于这一行为的"授
279 权",以至于只有借此创设和适用法律规范的行为,以及被命令而非被禁止的行为和被积极允许的行为才被归属于法律共同体,只有当个体实施了某个在此意义上获得法秩序之"授权"的行为时,他才被视为法律共同体的机关。然而正如我们将会看到的,这一语言用法在此角度下是不连贯的。人们偶尔也会将某个不法行为归属于法律共同体,尤其是当人们将共同体视为义务的主体时,因为承担义务的能力预设了不法行为能

---

* 如何将被定性为违法行为的制裁条件与其他制裁条件相区分,参见本书第 148 页以下。

力。* 但是,法律共同体不能从事不法行为,这一命题蕴含了:能被归属于法律共同体的只限于这种人类行为,它在刚才被指称的意义上被构成法律共同体之法秩序所"授权";不法构成要件尽管被法秩序所确定,但因为并非在此狭义上被"授权",所以不被归属于由法秩序所构成之共同体。如果将对于法律共同体的归属限于这一意义,那么只要个人设定了不法构成要件从而实施了某个没有"被授权的"行为,故而逾越其授权(逾越其权能)来行为,他就不能被诠释为共同体机关,他的行为也不能被诠释为机关功能。如此一来,被归属于法律共同体的只有那类行为,即(不包含不法行为能力的)行为能力的概念所涉及的行为。**

如果将设定不法构成要件排除于可归属于法律共同体之功能的概念之外,那么每种由构成共同体之法秩序所确定的行 280
为——它不体现为设定不法构成要件,即不仅包括人们可以在狭窄和特殊的意义上所指称为法律功能的行为,即对法律规范的创设和适用,包括通过司法诉讼、上诉、诉愿(对技术意义上之主观法的行使)以及实施法秩序规定的强制行为来参与法律规范的创设与适用,这是法律创设和法律适用的功能;也包括履行法律义务、行使反射权利和体现为积极允许的权利,这是一种人们可以称为法律遵守功能的功能——就都可以被视为法律共同体的功能,并在此(广泛的)意义上被视为法律功能。如此一来,每个发挥某种狭义或广义上之法律功能的人看起来就都是法律机关,也即法律共同体的机关。因此,行使赋

---

* 关于构成法人之团体的不法行为能力的详述,参见本书第 227 页及以下。

** 参见本书第 371 页及以下关于国家不法行为的论述。

予他之法律权力的个人,由于提起司法诉讼或从事某一私法行为,就可以被称为法律机关,而赋予他的法律权力就可以被称为他的权能或管辖权——这是在与此相同的意义上而言的,即立法者、法官或行政官员被称为机关,而赋予他们的法律权力被称为其权能。甚至履行其法律义务、行使某种反射权利或利用某项积极允许的个人也可以被视为法律机关。这种机关功
281 能的概念所表达的,恰恰不外乎是这一功能与确定它的、构成共同体之规范秩序之间的关系。

然而,在法学语言习惯中,机关的概念是在一种比刚才所说还要狭窄的意义上来使用的。并非一切被法秩序所确定但非被定性为不法行为的行为都被归属于法律共同体,都被诠释为法律共同体的功能;并非一切发挥这一功能的个人都被称为这种狭义上的"机关"。只有当个人具备特定的资质时,他的行为才会被归属于法律共同体来作为其功能,发挥这一功能的这个人才会被称为"机关"。

如果被某个规范秩序所确定的功能,依照这一秩序并不能被任意服从于这一秩序的个人而只能由具备特定资质的个人所发挥时,就出现了功能上的分工。只有分工后的也即是被具备特定资质的个人所发挥的、被法秩序所确定的功能才会被归属于法律共同体,只有分工行使职责的也即具备特定资质的个人才会被称作这种狭义上的"机关"。人们将拥有"机关"的共同体称作"有社团的"共同体,而"有社团的"共同体被理解为拥有分工行使职责之机关的共同体。但每个共同体都必然拥有机关(即便不是分工行使职责的机关),因为共同体只有通
282 过它的机关,也即通过被构成共同体之规范秩序所确定的个人才能运作。如果某个规范秩序确定,某些它所规定的功能在它

所确定的条件下可以由服从于这一秩序的任意个人来发挥,那么行使这一功能的任何人(他被授权这样做)都可以被视为机关,这一功能可以被归属于由这一秩序构成的共同体,尽管不存在任何分工,这一秩序所规定的功能是以非分工的方式来发挥的。但在主流语言用法中,以非分工的方式来发挥功能的个人不被称作"机关",他们的非以分工的方式来发挥的功能不被归属于共同体。

在法学语言习惯中,被称作法律共同体之"机关"的个人的资质条件具有不同的确定方式。如果法秩序规定,某些功能只能由男人或女人,或者达到特定年龄、精神或身体健康或具有——在继承机关职位的情况下——特定出身的人来发挥时,资质条件就是依据自然标准来确定的。但法秩序也可以将个人的某种道德品质、特殊的知识或才能作为让其承担功能的条件。具有特殊意义的是这样的资质条件,它体现为,被称作"机关"的个人必须要被委任以法秩序所确定的方式来发挥法秩序所确定的功能。这种委任既可以是直接的,也可以是间接的。当宪法、某部制定法或某个习惯法规范描述某个以个别的方式被确定的人,并规定,某项特定的功能要由这个人且只能 283
由这个人来发挥时,委任就是直接的。当例如历史上第一部宪法规定国家元首应当是 N. N. ,或者立法团体应当是在特定的日子、特定的地点集结起来并决议通过这部宪法的人群集会时,就是如此。当某个由宪法、制定法或习惯法确定的行为,如提名、选举或抽签——由此调整委任程序的一般性规范被个别化,某个以个别的方式被确定的个人被法秩序所确定的其他人作为相关的机关,这一机关以此方式来创建——是必要的时候,委任就是间接的。然而,即便是在直接委任的情形中,也存在机关的创设。通过N.N.承担国家元首的职位,他合乎宪法地将自身建立为宪法所规定的机关;通过宪法所描述的集会决议通过这部宪法,它就将自身建立为这部宪法所规定的立宪团体。直接委任蕴含着机关的自我创设。

当秩序——例如一个原始的法秩序——规定,某些功能,如对不法构成要件的确认以及对被规定的不法后果的执行不应由任何服从于这一秩序的个人而只应当由达到特定年龄的男人来发挥时;或者当依照现行法,某个创设法的习惯并非
284 只能由所有服从于法秩序之个人的行为才能构成,而是由具有行为能力的多数人就可以构成时;或者当依照现行法,只有达到特定年龄且精神正常的人才能通过其私法行为来调整他们相互间的经济关系时,最低限度的分工就出现了。但这类最低限度的分工(没有任何法秩序甚至即便是最原始的法秩序也不能放弃它),(依照法学语言习惯)不足以将获得此功能授权的个人称为"机关",将他们的功能归属于共同体。如果人们去研究这种语言习惯并去追问,依据何种标准——在这一语言习惯中——某项功能会作为机关功能被归属于法律共同体,那么就会呈现这种趋势:只有当个人被——直接或间接地——委任去发挥某种功能时,这种功能才能被归属于共同体,发挥这种功能的个人才能被称作共同体的"机关"。

如果某个技术上处于原始阶段的法秩序的一般规范并非通过立法机关而是以习惯的方式被创设,并非被法院而是被权利受侵害之个人本人来适用,那么——就像已经提及的——通过其行为构成创设法之习惯并适用习惯法规范的个人并不会被视为"机关",他们的功能也不会被归属于法律共同体。人们会说,法被服从于法秩序的个人自己所创设和适用。只有当

某个人或人群集会被委任去立法时,当特定个人被委任为司法机关去适用法时,人们才称为一般性的法律创设“机关”和法律适用“机关”。在这两种情形中,法律创设和法律适用的功 285
能是一样的。但只有在后一种情形中,发挥这些功能的个人才被委任通过特殊的行为去发挥他们的功能。法学语言习惯尤其清晰地体现在某个在技术上高度发达的法秩序中存在某个民选的议会或民选的国家元首的情形中。宪法可能会规定,每个精神健康且未受过刑事处罚的男性公民都有选举权。对议会或国家元首的选举作为对法律创设机关的创制构成了某个法律创设程序的根本组成部分,故而也构成了一种狭义上的卓越的法律功能。尽管如此,是被选出的议会和被选出的国家元首而非选民被称为国家机关,是被选出之议会以及被选出之国家元首的功能而非选民的功能,是对这两类国家机关的选举被称为国家功能。虽然人们会说国家——通过议会——颁布了制定法,即国家的制定法,国家——通过国家元首——颁布了法规;但人们不会说国家选举了议会,尽管以法秩序所确定之功能的内容来观之,相比于被选民选出的议会或被他们所选出的国家元首,选民更有资格被视为国家机关;尽管法秩序所确定的选民的功能如同法秩序所确定的法律共同体的议会或国家元首的功能一样,都能够被归属于国家。选民的功能与被选出之机关的功能之间的差别在于,作为议会成员或国家元首来 286
发挥功能的个人不仅——如选民那样——必须满足某些自然条件,如性别、年龄、精神健康状况,还必须通过特殊行为被委任去发挥其功能。这一理由也显然说明了:为什么人们并不将获得相关授权的个人所从事的私法行为,也即通过私法行为创设的个别的和一般的法律规范视为是法律共同体制定的,而是假定,发挥这些功能的个人是作为“私人”来活动的,尽管人们倾向于将一切法(除了国际法)都作为国家的法,因而必须前后一贯地将从事私法行为的个人也视为国家机关;为什么当司法诉讼必然要由某个以此为目标的行为来启动时,在一类案件中称为自诉人的行为,但在另一类案件中则称为公诉人的行为,即国家机关的行为或检察官的行为,尽管两者的功能在根本上是一样的;为什么人们并不将通过国家习惯和国家条约创设的国际法描述为国际法共同体创造的法,而只是将其描述为由服从于国际法秩序的主体,即成员国创造的法,而这些国家就其创设法和适用法的功能而言并不被视为国际法共同体的机关。

除了机关的这种概念——它的标准除某些被一般性地要求的自然资质,如年龄、性别或身体健康状况外,还有直接或间
287 接地被委任去发挥法秩序所确定的功能——外,在传统术语中,机关的概念还在这种意义上被使用,它的标准在这些品质外还附加上了发挥各个功能之个人的人身地位。具备如此资质的个人被称为“官员”;这一特殊的资质、“官员”的这种人格地位体现在哪里,我们将随后进行研究。* 据此,有被任命为公职的国家机关,也有未被任命为公职的国家机关。某个立法团体的被选出的成员是国家机关,但他们并非国家官员。不仅狭义上的法律功能即法律创设与法律适用的功能,而且法律遵守的功能(只要它们被具有国家官员资质的个人所发挥)都要被归属于国家,都要被称为国家功能。构成强加于这些人之职责内容的,是不同类型的功能。它们在被称为国家行政的国家

---

* 参见本书第 365 页以下。

功能内部扮演着重要的角色。*

只要分工意味着,某些功能不能由任意的也即并非由所有服从于规范秩序的个人所发挥,而只能由特定的、以特定方式被这一秩序限定资格的个人所发挥,而这一功能恰恰在此情形中又被相对集权化了,那么分工与相对的集权就合流了。** 在
语言习惯中,只有相对集权化的功能才会被归属于共同体,只 288
有相对核心的机关才被称为共同体机关,只有相对集权化的共同体才被称为"有社团的"共同体。

在关于一般意义上的共同体机关和特殊意义上的国家机关的问题上,必须一再强调的是,大多数的时候它涉及的是一个语言习惯的问题,而这种语言习惯是不连贯的。这主要是因为,将某种法秩序所确定的功能归属于法秩序所构成的共同体,只是一种可能的而非必要的思维操作方法。发挥这一功能的个人可以但非必须被视为法律共同体的"机关",这意味着他的功能可以但非必须被归属于共同体。我们可以在不用这种思维操作方法辅助的前提下对这一法律事实进行描述。就对法的科学认知而言,关键在于洞察将这一功能归属于法律共同体的本质,从而洞察机关的本质。

31. 权利能力;代理

传统理论用权利能力(Rechtsfähigkeit)来指称人拥有权利

---

* 参见本书第 325 页及以下。

** 关于集权和分权的问题参见本书第 384 页及以下。

与法律义务的资格,或作为权利与义务之主体的资格。按照现代法,每个人类个体都能够成为权利与义务的主体。在现代法
289 上不再有无权利能力人,如奴隶。但并非每个人都有行为能力。儿童与精神病人不具有行为能力。因此按照现代法,他们拥有法定代理人,后者必须为他们行使其权利,履行其义务,并为他们通过私法行为创设义务与权利。依照这一理论,权利能力与行为能力并不同时发生。它经不起批判性分析。当——如前文所假定的——某人负有实施特定行为的法律义务时,当他的相反行为构成某个针对他(或他的亲属)实施的制裁的条件时,也即当他可以通过其行为招致某种制裁,即某种法律后果时,他就必然具有行为能力,更确切地说是不法行为能力,以便能够承担责任。但儿童和精神病人不具有不法行为能力,因此也不具有责任能力。他们的行为并不是某种制裁的条件。如果某个儿童或精神病人的行为造成了他人的死亡,那么无论是行为人还是其他人都不会"因为"这一行为(即便这一行为是出于故意的)受到惩罚。儿童、精神病人或者其他人都不需要对此行为负责。例如,如果在儿童的情形中父亲遭受了惩罚,那么可罚的不法行为并不是杀人行为,而是对其作为父亲的这一义务的违背,即监护好孩子并阻止孩子实施危害社会的行为。儿童或精神病人的行为(它如果作为某个有行为能力人的行为就构成谋杀罪)并不被作为儿童或精神病人的行为。儿童和精神病人没有由刑事制裁构成的法律义务,因为他们的
290 行为并不构成这一刑事制裁的条件:他们的行为无法招致某种刑事制裁,因为他们不具有不法行为能力,并在此意义上不具有行为能力。

然而,这一点对于由罚金或民事强制执行构成的不法行为

而言看起来不能成立。因为这些制裁体现为对财产价值尤其是对所有权的强制剥夺;而无行为能力人——按照传统理论——是可以拥有财产权尤其是所有权的。尽管他没有行为能力,但他具有权利能力。故而依照这一理论,儿童或精神病人可以是某个房屋以及位于屋内的设施,如家具、油画、银餐具等的所有人;如果土地税未被缴纳,就可以对处于无行为能力人所有权支配下的财产进行强制执行。由此可知,如果无行为能力人可以成为财产权的主体,他也就是缴纳土地税的义务的主体。运用相同的论证可知,如果无行为能力人可以在一般意义上成为财产权的主体,他也就要被视为所有由民事强制执行构成之法律义务的主体。只是如果某项法律义务的主体只是可以通过其行为履行或违反义务的个人的话,且如果这里所考虑的义务只会被法定代理人所履行或违反的话,那么义务的主体就是法定代理人,而不是无行为能力人。无行为能力人可以成为财产权的主体,从这一点只能推出,他要为违反财产法义务的行为负责,并且,只要法定代理人可以支配其财产,他就只 291
能以其财产而非其人格来承担责任。假定某人无行为能力就不能成为某项法律义务的主体,并且再假定,如果某个人必须以其自身的财产来履行某项财产法义务而不是以他人的财产来履行这项义务,这个人就是这一义务的主体,那么这就相当于拒绝将代理人视为被考虑之义务的主体,因为他并不是以其财产而是(按照传统理论来说是)以他所代理之无行为能力人的财产来履行这项义务(作为财产法义务),故而就出现了一项无主体的义务,对于其未被履行,法定代理人(他可以支配这一财产,因而强制行为也是针对他实施的)只以其人格而非以其财产来承担责任。传统理论拒绝将代理人视为义务的主体,他必须以无行为能力人的财产来履行这一义务,这一义务也可以通过不履行被违反。另一方面,它又试图避免接受一种无主体的义务。* 它将无行为能力人视为相关义务的主体,也即将它这一义务归属于无行为能力人。这一义务(其内容是代理人的行为)被归属于他所代理的无行为能力人,因为依照传统理论,它(作为财产法义务)是通过无行为能力人的财产而非其代理人的财产得到履行的,也因为在未被履行时的制裁
292 是针对这一财产发生的。这意味着,代理人——前提为相关财产被诠释为无行为能力人的财产——必须为无行为能力人,也即为了无行为能力人的利益去履行相关义务;因为代理人通过履行这一义务就避免了对无行为能力人之财产所有权的强制剥夺。故而将这一义务视为无行为能力人之义务的可能性,存在于将无行为能力人视为权利主体之可能性的基础上。

如果主观法被理解为这样一种法律权力,或者说法秩序赋予个人的这样一种能力,即通过起诉去主张其他个人对于他的某项法律义务未被履行,那么无行为能力人就不可能拥有任何主观法,因为他不具有这种行为能力。只有他的法定代理人才拥有这一能力。法秩序赋予了他而非儿童或精神病人这一法律权力。但他有义务为他所代理的无行为能力人去行使这一法律权力。如果涉及的是所有权,那么义务(法定代理人可以通过起诉来主张它们被违反)就是针对法定代理人的义务,后者可以支配处于所有权支配下的物。所有其他人都有义务去容忍这种支配,也就是不去妨碍或以其他方式损害这种支配。

---

* 在传统理论中,只会一般性地探讨这一问题,即能否存在无主体的权利。参见本书第 203~205 页。

但法定代理人有义务只为他所代理的无行为能力人的利益去
支配这一物，这尤其意味着，要放任无行为能力人去使用和消 293
费此物（只要后者能够这么做）。如果存在一项作为给付义务之反射的债权，那么这就是对于法定代理人来给付的，但后者有义务让这一给付使他所代理的无行为能力人受益。这种对法定代理人强加的限制，就是为什么传统理论不让他作为相关权利的主体，而将这些权利归属于无行为能力人的理由。但如果我们不将主观法的概念定义为法律权力，而是定义为法律所保护的利益，那么就可以在不进行任何拟制性归属的前提下，将无行为能力人（法定代理人是为了他们的利益在行使被授予的法律权力）视为权利的主体，故而视为是具有权利能力的。但是，出于本书已给出的理由，将主观法定义为法律所保护的利益这一观念的前提是站不住脚的。

如果人们坚持认为，有法律义务实施特定行为的只能是这样的个人，他可以通过自己相反的行为违反义务，并通过自己相符的行为履行义务，因此必然具有行为能力，进而坚持认为，作为特殊的法律权力的主观法只能由有行为能力人享有，那么在不进行任何拟制性归属的前提下，就只能以这种方式来阐释前述事实：人们要将相关义务和权利诠释为法定代理人的义务和权利，他必须为了他所代理的无行为能力人的利益去履行或行使它们。对于由通过法定代理人所从事的私法行为（他运用赋予他的法律权力，为了他所代理的无行为能力人去从事这种私法行为）所创设的义务和权利而言也是一样的。如果这里所考虑的义务和权利由于对法定代理人所强加的限制（为了他所代理的无行为能力人的利益去履行或行使它
们），不被诠释为他的义务和权利，那么它们就只能被当作无 294

295 主体的义务和权利。* 恰恰是为了避免这一结果,传统理论才将它们归属于无行为能力人。将法定代理人履行的义务和行使的权利归属于无行为能力人(这种归属决定了法定代理的本质),体现了这样一种思维操作方法,它类似于将法秩序所确定的由某个人所发挥的功能归属于这一法秩序所构成的法律共同体。它们之间的差别在于,后者是相对于——借此人格化的——共同体来发生的,而前者是相对于另一个个人来发生的。法定代理和机关是相近的概念。某个特定之人被视为一个共同体的机关,是因为人们这样来阐释这一事实,**就好像**共同体将通过这个人的行为来发挥事实上由这个人所发挥的功能。某个特定之人被视为无行为能力人的代理人,是因为人们这样来阐释既定事实,**就好像**是无行为能力人(尽管不是由自己,但)通过这个人来履行了义务,也就是能够实施某个行为,与之相反的行为构成了某种强制行为的条件(它作为制裁针对以他为法律主体的财产来实施);**就好像**他(尽管不是由

---

* 无主体权利的问题尤其产生于所谓休眠继承(ruhende Erbschaft)的情形。根据罗马法,构成被继承人之财产的权利只有在遗嘱继承人对此发表意思表示后才能被归属于后者。"休眠继承"(hereditas jacens),也即被继承人死亡后至继承人发表意思表示之间阶段的财产权,被一些人视为无主权利,也就是无主体的权利。为了维系不可能存在任何无主体权利的假定,人们将这一情况诠释为,遗产本身承载着被继承人的人格(hereditas personam defuncti sustinet)(Dernburg, *Pandekten*, Ⅲ, Paragraph 61)。这意味着,构成遗产之财产权的主体是——不再存在的——被继承人。这是法学理论的一种典型的拟制。这里出现的原本就不是什么无主体的权利,而只是这样的权利,它们的主体不是某个已经被确定的个人,而是尚待确定的个人(相对于他存在与反射权利相等同的义务),他拥有法律权力通过起诉去主张这些义务未被履行。即便是被继承人之归属于继承人的财产法义务,在中间阶段也不是无主体的义务,而是某个尚待确定之个人的义务。这个人究竟已经被确定还是尚待确定,对于这一关键性的问题来说没有差别:它涉及的是不是相对于某个以个别的方式被确定之人的义务,某个特定之人的义务以及由特定之人行使的法律权力。无论如何,这个人将由法秩序来确定。只有当实质要素被确定之后,构成义务或权利之内容的行为的属人要素才被确定,这一点与此问题无关,即这些义务和权利是否拥有"主体"。

自己,但)通过获得相关授权的个人能够来行使这种法律权力,即借此来主张(与构成这一财产之反射权利相等同的)义务未被履行;**就好像**他(尽管不是由自己,但)通过法定代理人能够从事借此创设出义务和权利(这是他的义务和权利)的私 296
法行为。对这一事实的这种阐释(它表达出了法定代理的本质)就像对机关情形中之事实的阐释一样,都基于一种拟制之上:归属的拟制。因为就像不是共同体而是被称为机关的个人一样,不是无行为能力人而是他的法定代理人实施了具有法律相关性的行为。只有借助于这种拟制,共同体才能被视为行动的主体,无行为能力人才能被视为具有行为能力,从而也具有权利能力,也即被视为义务和权利的主体。

除了对无行为能力人的法定代理之外,还有一种对有行为能力之个人的私法行为代理(rechtsgeschäftliche Stellvertretung)。后者与前者的区别在于,它在具体情形中不是义务性的,不是直接根据制定法产生的——就像在法定代理的情形中(在其中,儿童的父亲或某个被官方指定的监护人必须为无行为能力人发挥被称为代理的功能)那般——而是任意通过某个私法行为建立的,在其中某个具有行为能力的个人授权(授予全权)另一人为自己履行某些义务,行使某些权利,尤其是通过特定私法行为去创造义务和权利。根据私法行为的实施方式,有时人们区分出间接代理与直接代理。当被授予全权者所从事的私法行为以此方式来进行,即通过这一私法行为创设出的义务和权利首先成为被授予全权者的义务和权利,继而再通过其他私法行为被归属于授予全权者时,人们就称为间接代 297
理。然而,这里存在并不是特殊意义上的代理,因为这里没有发生任何归属,既没有私法行为的归属,也没有通过这一行为创设的义务和权利的归属。私法行为被视为是由被授予全权者而非由授予全权者实施的,通过这一行为创设的义务和权利并不以拟制的方式被归属于授予全权者,而是实际上归属于他。当根据现行法,基于某一全权来实施的私法行为对授予全权者具有直接法律效果,以至于通过这一私法行为被创设之义务只能由授予全权者来履行或违反,或者通过这一私法行为被创设之权利只能通过授予全权者被行使时,人们就称为直接代理。在此,只有当人们这样来阐释这一事实,就好像授予全权者通过被授予全权者来行为时,才存在特殊意义上的代理。假如人们因为其拟制性而拒绝进行这种归属,那么人们也就不应当再称为代理,而只能称为一种私法行为,尤其是一种为他人带来负担或利益的合同。为他人带来负担或利益的私法行为是这样一种私法行为,借此,他人的义务和权利被作为从事这一私法行为之人的义务和权利创设出来;在此,这个他人必须具有行为能力,以便能成为这些义务和权利的主体。因此,没
298 有必要为了归属去区别于法定代理的情形(在此发生着对于无行为能力人的拟制性归属),以便让无行为能力人尽管没有行为能力但却看起来具有权利能力。

32. 法律关系

依据传统观念,与法律义务和权利存在紧密关联的是法律关系(Rechtsverhältness)的概念。它被定义为法律主体之间的关系,也即某项法律义务的主体与相应之权利的主体之间的关系或者——这并不等同于——某项法律义务与相应的权利之

间的关系(在此,"义务"和"权利"这两个词是在传统意义上被理解的)。义务和权利相互对应,意味着权利是义务的反射,意味着存在这样两个个人之间的关系,其中一人有义务相对于另一人实施特定行为。在这两种情形中它都是一种由法秩序构成的关系。如果它被理解为个人间的关系,那么传统的定义就过窄了。因为法秩序所设立的关系不仅存在于(传统意义上的)法律主体,也即对特定行为负有义务之人与相对于其有义务实施这一行为之人之间,而且也存在于被授权创设某个规范的个人与被授权适用这一规范的个人之间,以及存在于
被授权创设或适用某个规范的个人与被这一规范施加义务或 299
赋予权利的个人之间。这类关系如存在于被授权创设一般规范的个人与被授权适用这些规范的个人之间,就像立法机关与法院或行政机关之间那样;但也存在于这些机关与被它们所创
设和适用之法律规范施加义务或赋予权利的主体[4]之间;同 300
样存在于被授权实施强制行为的个人与针对其实施强制行为的个人之间。当传统法学区分私法关系与公法关系,并认为两者的区别在于前者是平等主体之间的关系而后者是不平等主体之间(因为是国家与臣民之间)的关系时,它显然看到的是这样一种差别:前者涉及的是某项法律义务之主体与相应权利之主体间的关系,而后者涉及的则是被授权创设或适用某个法律规范的个人与被这一法律规范施加义务或赋予权利的个人间的关系。当被授权创设或适用法律规范的个人负有行使这一授权的法律义务,从而同样成为(传统意义上的)法律主体

---

〔4〕"被它们所创设和适用之法律规范施加义务或赋予权利的主体"应被修正为"被立法机关所创设和被法院或行政机关所适用的法律规范施加义务或赋予权利的主体"。

时(并非必然如此,在立法机关的情形中绝非如此),这些个人与被他们所创设或适用之规范施加义务或赋予权利的个人间的关系尽管也是法律主体间的关系,但它首先是义务主体间的关系,即有义务创设或适用法律规范的主体与被这些规范规定之义务的主体间的关系,其次才是有义务创设或适用法律规范的主体与被这些规范所规定之权利的主体间的关系;这些权利并非这些义务——那些机关创设或适用法律规范的义务——的反射,而是被这些规范所规定之义务的反射。即便在这种情形中也谈不上是一种不平等关系,因为创设或适用法律规范的个人,作为有义务创设或适用法律规范的主体,与被这些规范所规定之义务或权利的主体处于同样的地位。当涉及这类关系——在其中,(通常会如此表述)国家作为某一私法行为的主体,如作为买方或卖方与某个私人相对——时,当从事私法行为的双方当事人之一的私法行为活动,以及通过这一私法行为被创设出的义务或反射权利出于任意理由被归属于作为法人的国家时,就尤其如此。只有在行使某项法律权力,也即创设或适用规范时,个人才能被视为高于那些人,他们被前者所创设或适用的规范施加了义务或赋予了权利。但“高于”被这
301 些法律规范施加义务或赋予权利之个人的只是规定这些义务和权利的规范,而不是创设或适用这些规范的个人,因为这些人本身也低于(从属于)法秩序,也即授予他们发挥其功能的法律规范。这里需要注意的是,当人们将个人描述成“低于”(从属于)法秩序的规范,将法秩序的规范描述成“高于”个人时,人们使用了一种空间比喻,它说的不外乎是,法秩序的规范要求、授权或积极地允许个人的行为,法秩序的规范以个人的行为为内容。如果人们从字面上来理解这种空间比喻,就好像

在法秩序与(其行为被这一法秩序的规范所确定的)个人之间存在某种关系。但在某个规范与构成其内容的人类行为之间不可能存在什么关系,因为规范与它的内容之间是一个不可分割的整体。

从取向于法也即取向于法律规范之认知的立场出发,看到的也不是什么个人间的关系,而只是——被个人所创设或适用的——法律规范之间的关系,或者法律规范所确定的构成要件之间的关系,在其中人类行为只是一种特殊情形,即便是特别重要的情形。因为构成法律规范之内容的,不是个人,而是他们的作为与不作为;不是人类,而是特定的人类行为,且不仅是这些人类行为,也包括其他事实(但它们只有与人类行为相关时才会成为法律规范的内容)。在某种程度上,这一观点被表达在法律关系的定义之中——不是被定义为义务与权利主体 302
间的关系,而是被定义为法律义务和与之相应的反射权利之间的关系。但恰恰在这里,并不存在什么作为两种不同的具有法律关联性的现象之间关系的法律**关系**。因为正如在别的地方已经详述过的,具有法律关联性的事实已被穷尽性地描述为:义务行为是与构成某种制裁之条件的行为相对立的行为;某人拥有这样一项(反射)权利,即他人相对于他要以义务规定的方式来行为,这说的不外乎是,这一他人有义务相对于他以特定的方式来行为。这意味着,某人的反射权利与相对于他以特定方式来行为之他人的义务是等同的,反射权利的概念是多余的。反射权利仅仅是法律义务——从那些要履行义务之人的角度来看便是如此。因此,在某项法律义务与相应的反射权利之间终归不存在什么关系。

两个个人间的法律关系,更准确地说,是法律规范所确定的两个个人行为间的法律关系,存在于主观法(在这一语词的技术意义上)的情形之中,也即当法秩序赋予个人(他人相对于他负有义务以特定方式来行为)以法律权力,通过诉讼来启动一个导向有待法院制定之个别规范(由此决定了一般规范
303 所规定的、针对采取违反义务之行为的个人的制裁)的程序时。从而在被授予这一法律权力的个人与负有义务的个人之间就存在法律关系。但这种法律关系不外乎是行使这一法律权利的行为(诉讼)与制裁所针对之行为(不法行为)之间的关系;这是两个被法秩序确定为制裁条件的构成要件之间的关系。它是典型地被传统理论称为"私法关系"的法律关系。但只要私法关系与公法关系之间的区分以此区别为基础,即一方是上下位关系,而另一方是平等的关系,那么被赋予起诉之法律权力的个人与负有义务的个人(诉讼针对他提起)之间的关系就是一种公法关系,就像作为国家机关的法院与这个人之间的关系那样。因为诉权人的法律权力在于他的这样一种权能,即参与创设针对采取违反义务之行为的个人所决定之制裁的个别规范。如果法院的功能被作为法律共同体之机关的功能,也即归属于国家,而这一情形被阐释为在法院的功能之中国家作为高于被告的权威出现,那么——正如前文已经说过的——原告的功能同样可以作此解释;因为将这一法律功能归
304 属于法律共同体,指的不外乎是,这一功能由构成这一法律共同体的法秩序来确定。因为这种上下位关系——按照传统的观点,在此存在于法律共同体,即由法院来代表的国家,与被告之间——同样存在于原告和被告之间。这里所出现的上下位关系和法秩序与个人(法秩序调整其行为)之间的上下位关系没有差别,也即不外乎是对这种情形的形象化表述:这个人的

行为构成了法秩序之规范的内容。在这种形象化的表达中彰显出的权威就是法秩序的权威,它依照自身的规定被特定的个人所创设和适用,对其他个人施加义务和赋予权利。当国家被描述成高于个人时,这不外乎意味着,个人作为国家机关创设和适用着调整他人行为的规范,尤其是对他人施加实施特定行为之义务的规范;不使用空间比喻来说就是,法秩序确定着法律规范——它们将人类行为作为条件联结于作为后果的制裁——得以被创设的构成要件。

一种特殊的法律关系是:一个人相对于他人所负有的义务与他人相对于他负有的义务之间存在法秩序所确定的联系,如买卖合同的情形,在其中给付货物的义务就与给付价款的义务相联结。从而在向买方施加义务的规范与向卖方施加义务的 305
规范之间,或者买方与卖方之间,更准确地说,是法秩序所要求的某人的行为与法秩序所要求的另一人的行为之间就存在法律关系。

与主观法是一种受法律保护的利益这一理论相应,有人主张,法律关系是一种独立于法秩序而存在的生活关系,具有性的、经济的或政治的性质,它被法秩序在所谓的社会质料中所发现,通过法秩序只是获得了它的外部限定。但就像主观法并非通过法律规范来保护的利益,而是存在于这些法律规范之中的保护一样,法律关系也不是一种通过法律规范从外部被限定的生活关系和一种仿佛被装扮上法律形式的内容,而是这一形式本身,也即首先通过法律规范才被构成和设立的关系。例如,婚姻这种法律关系并非两个不同性别之个人间的性关系和经济关系的复合体,只是通过法才获得了一种特殊的形式。没有法秩序,就压根不存在像婚姻这类关系。作为法律关系的婚姻是一种法律制度,但这就意味着它是法律义务与技术意义上之主观法的复合体,也即是法律规范的复合体。这里所考虑的关系是法律规范间的关系,或法律规范所确定的构成要件之间
306 的关系。对于一种取向于作为规范体系之法的认知而言,不存在什么其他的法律关系。但即便是对于一种仅仅取向于实际上之现实的观察来说,也必须承认,通过法——这里指的是通过“人类拥有某个被预设为有效的法秩序”这一观念——能够创设出人们之间事实上的关系,离开这样的观念(作为行为的动机),这些关系从来就没有存在过,将来也不会存在。

33. 法律主体:人

a)法律主体

按照传统理论,法律主体(Rechtssubjekt)是某项法律义务或权利的主体。当权利不仅被理解为——由某项法律义务同时确定的——反射权利,而且被理解为通过诉讼来主张某项法律义务未被履行(这意味着参与创设司法裁判,即这样的个别规范,借此来决定实施作为针对义务未履行之反应的制裁)的法律权力时,且当考虑到某项法律权力——创设法律规范或适用法律规范的授权(权能)——的主体决非总是被称为法律的主体(Rechts-Subjekte)时,将法律主体的概念限于某项法律义务的主体,将某项法律义务之主体的概念与某项法律权力之主体的概念区别开来,就是合适的。一旦像在传统法律语言中那
307 样将创设或适用法律规范的功能归属于法律共同体,那么法律

权力主体的概念就与法律机关的概念相等同了。* 这里要注意，说某人是一项法律义务的主体或者拥有一项法律义务，指的不外乎是，此人的特定行为被作为一项法秩序所规定之义务的内容，也即与此相对的行为被当作某个制裁的条件；说某人是一项法律权力、授权或权能的主体或者拥有一项法律权力、授权或权能，指的不外乎是，根据法秩序，通过此人的特定行为能创设或适用法律规范，或者此人的特定行为能参与法律规范的创设或适用。在一种取向于法律规范的认知看来（这必须被一再强调），不是个人本身，而仅仅是他们的由法律规范确定的作为和不作为才构成法律规范的内容。当人们说某人作为法律机关创设或适用了法，某人作为法律主体遵守或违反了法时，这只是以一种拟人化的语言表达出由法秩序确定的两类不同的人类行为之间的功能性差异。拟人性的概念“法律主体”和“法律机关”**对于描述法而言并非必要的概念。它们仅 308
仅是辅助概念，就像反射权利的概念那样用以使描述更为容易。使用它们是可以的，假如人们意识到了它们的这种性质的话。使人们意识到这一性质是纯粹法学说的任务。即便它还是使用了这些概念，它们也只是在这里所确定的意义上来使用的。

正如传统法律科学在主观意义上的法概念之中，将权利置于法律义务之前，它也将法律主体首先看作权利的主体，而只在次要的意义上才看作义务的主体。在传统理论中，法律主体的概念显然与作为权利之主观法的概念之间有着紧密关联。

---

* 但必须强调的是，法学语言用法是不连贯的，尤其是行使真正之法律权力的原告没有被称为机关。参见本书第 188~190 页。

** 参见本书第 191 页。

某个作为主观法(在权利的意义上)之承载者的法律的主体的概念在这里基本上只是对主观法概念的另一种用法而已,后者根本上是按照产权来量身定做的。就像主观法这一概念一样,法律主体的概念确定的是某个独立于法秩序之法律事物的观念,某个能所谓(无论是以个人的方式还是以某种集体的方式)去发现法的法律主体,他不得不去认可法,也必须要去认可法,假如它不想丧失其作为“法”的性质的话。客观意义上的法与主观意义上的法之间、法律客体性与法律主体性之间的
309 对立是一种理论上的逻辑矛盾,只要同时主张存在这两者。这一矛盾最为鲜明地体现在,客观法作为一种他治之规范的意义在于拘束,甚至是强制,而法律主体性的本质恰恰被说成是对一切拘束的否定,即自决或自治意义上的自由。例如,普赫塔(Puchta)就如此描述:“法的基本概念是自由……自由这一抽象的概念是:自我决定某事的可能性……人类之所以是法的主体,是因为他应得到那种自我决定的可能性,是因为他拥有某种意志”*,这意味着他是自由的。

对法律主体性概念的这种确定方式显而易见是虚构性的。因为如果终究还是可以在法律领域——如在所谓的私法领域,考虑到作为私法行为的合同这种创设法的构成要件 谈论个人(作为法律主体)的自我决定的话,自治也只是在一种

---

* G. F. Puchta, *Cursus der Institutionen*, 10. Aufl., 1873, Ⅰ. Band, S. 4, 5, 6. 自由被说成是法[在普赫塔看来,法也是“规定”(op. cit. S. 8),也即规范及其拘束]的基本概念,这一矛盾会由此进一步被激化,即这种法理论绝非仅将自由理解为经验上的自我决定,而是主要理解为形而上学意义上的意志自由,将人类的自由意志立基于他与神的相似性;但同时又使人类意志屈从于上帝的意志。普赫塔(op. cit. S. 1)说:“人类因为自由与神相似……”但同时(op. cit. S. 6)又说:“自由并非向人类如此给定,即他的意志将其本身作为目标且拥有其准则……”“人类拥有自由,他通过其自由的决定表达出上帝的意志……在对上帝的服从中存在真正的自由”。

十分有限和非固有的意义上存在。因为没人能够自我承认权
利的存在,因为某人的权利只有在他人之义务的前提下才能存 310
在,而在私法领域,根据客观法秩序,这种法律关系通常只能通
过两个人之间相符的意思表示来实现。而这一点之所以可
能,只是因为合同被客观法设定为创设法的构成要件罢了;故
而法律上的确定最终恰恰是以这种客观法,而不是以位于其下
的法律主体为出发点的,因而即便在私法中也不存在完全的
自治。

将法律主体在概念上确定为主观法的承载者,这种完全自
相矛盾的做法的意识形态功能是显而易见的:它是要来维系这
样一种观念,即作为主观法(私有财产权)之承载者的法律主
体的存在是一种超越于客观法,也即实证的、可由人类创造和
变更的法的范畴,是这样一种制度,法秩序的内容塑造在这种
制度中会遇见不可逾越的门槛。如果保障私有财产制度的法
秩序被承认为一种可变的且总是自我变革的秩序,是由人类专
断所创设且并非基于上帝的永恒意志、理性或自然的秩序,那
么一种独立于客观法的法律主体(作为主观法之承载者)的概
念会越发重要:尤其当这种秩序的创设以民主程序来进行
时,就更是如此了。独立于客观法而存在之法律主体(作为主
观法的承载者,这种主观法相比于客观法并非在更低的程度上
甚或可能在更大的程度上是“法”)的思想会保护私有财产制
度免受法秩序的废弃。不难看出,为什么法律主体性的意识形
态与个人自由、自治的人格这些伦理价值相关,如果这种自由 311

总是将产权包含在内的话。* 一个不承认人类作为这一意义
312 上之自由人格的秩序,也即不保障产权这一主观法的秩序,终究不应被视为法秩序。

b)人:自然人

传统理论将法律主体的概念等同于人。它如此定义:人(Person)是作为权利和义务主体的生物人(Mensch)。但是,由于不仅只有生物人,而且其他存在者,例如某些共同体,如协会、股份有限公司、城市行政区、国家,都可以被展示为人,故而人们将人的概念定义为权利和法律义务的"承载者",在这里,不仅只有生物人,而且这些其他存在者都可以作为"承载者"起作用。在关于法律上的人(Rechtsperson)的传

---

* 在这一视角中十分有标志性的是黑格尔的法哲学(*Grundlinien der Philosophie des Rechts*. Sämtliche Werke, herausgegeben von Georg Lasson, Bd. VI, Der Philosophischen Bibliothek Band 24, Leipzig, 1921)。人格的本质在于自由意志。"这种对于自身而言自由之意志的一般性,在于体现于其具体性之中的与其自身间的形式上的、自我意识到的、一般而言无内容的简单关系——就此而言主体就是**人**(Person)。我的人格体现在,我……知道自己是无限的、一般的和自由的"(第35段)。"为了能成为理念,人必须自我给定其自由的外部领域"(第41段)。这种自由的外部领域就是产权。"为了不停留于抽象的层面,意志自由必须首先拥有一种此在,而这种此在的一开始是感官上的质料是事物,也即外部的东西(外物)。自由的首要方式是我们应当认可为**产权**的方式,形式的和抽象的法的领域……我们在此拥有的自由是我们称为人的东西,也即是自由的、尽管是相对于自身自由的且在事物中拥有此在的主体"(第33段附注)。"相对于外物的,是我拥有产权这种**理性的观念**"(第49段)。"只有在产权中才有作为理性的人"(第41段附注)。"人自我有别于他人,并只有作为彼此存在的所有人才拥有两者"(第40段)。从这一切可知,"只有**人格**才拥有对**事物**的权利,因而人格权本质上就是物权"(第40段)。进而可推知"私有财产权的必要性"(第46段附注),并将共产主义拒斥为违反法的本质的,拒斥为不法。"因为对我而言,我的意志通过产权在客观上会变成人格意志,因而变成个人的意志,所以它就获得了私有财产权的性质……柏拉图式的国家的理念将针对人的**不法状态**——它取消了私有财产权——作为普遍原则。人类与其**利益共同体**的一种虔诚的或友好的甚至是自我强迫的亲善,以及对私有财产权原则的放逐,可以轻易显露出这样的想法,它误识了精神自由和法的本质,也无法把握这种本质的特定特征"(第46段)。这种关于人的理论的政治倾向一目了然。

统理论中,权利和法律义务的"承载者"这一概念扮演着关键角色。如果生物人是这里所考察的权利和法律义务的承载者,那么人们就称为"自然人"(physische Person);如果这些其他存在者是这里所考察的权利和法律义务的承载者,那么人们就称为"法人"(juristische Personen)。在这里,人们将作为"自然造物"的自然人与作为一种"人工的"也即是法律科学构造出来的、非"真实的"人的法人相对立。尽管也有人试图证明法人也是"真实的",但这种努力越来越徒劳,因为进一步的分 313
析说明,即使是所谓的自然人也是法律科学的人造物,它也只是一种"法人"(法学上的人)而已。

如果说在法人的情形中,可以有生物人以外的某主体来"承载"权利和法律义务的话,那么在所谓自然人的情形中,"承载"权利和法律义务的主体也必然同样是自然人与法人所共有的,因为毕竟作为权利和法律义务之"承载者"的两者都是人,相关的承载者不是生物人,而是生物人与被称为法人的共同体所共有的东西。人们也会说,生物人拥有人格,法秩序赋予人们以人格,但并不必然赋予所有人以人格。奴隶就不是人(Person),他们没有法律人格。传统理论并不否认,人(Person)和生物人(Mensch)是两个不同的概念,但它同样相信能够主张,与古代法不同,在现代法上,一切生物人都是人,或拥有法律人格。

那么,传统理论用这一命题——法秩序赋予人们或某些人以法律人格,赋予他们成为人的资质——来标识的事实意味着什么呢?不外乎是,法秩序对人们施加义务、赋予权利,这意味着,它将人类行为作为义务和权利的内容。"成为人"或"拥有法律人格"等同于拥有法律义务和主观法。作为法律义务和

314 主观法之“承载者”的人并不是什么有别于法律义务和主观法(人被展示为它们的承载者)的东西:就像一棵树——人们用一种实质语言(它是对一种实质化思维的表达)说,它有树干、树枝、分枝、树叶和花朵——并不是什么有别于这个树干和这些树枝、分枝、树叶、花朵的实体,而只是这些要素的总和和统一体。“拥有”法律义务和主观法的自然人或法人(作为它们的承载者),**就是**这些法律义务和主观法,是法律义务和主观法的复合体,它们的统一体以人的概念得到了形象的表达。人只是这种统一体的人格化。

如果我们去特别地研究在传统理论中被展示为“法人之权利和义务”的事实,且将“法”理解为特殊的技术意义上的主观法,也即是一种通过司法诉讼来行使的法律权力或权能,那么就可得知,这些权利和义务与自然人的权利和义务完全一样,它们都以人类行为为内容,且在此也仅在此意义上是人类的权利和义务。只有通过人类行为才能行使权利、履行或违反义务。因此,与人类有关并不能成为区分自然人与法人或人造人的要素。因此,即便是所谓的自然人也不能——与法人相对
315 立——被定义为以任意方式来赋予资质的也即通过拥有权利和义务来限定的生物人。这种定义就像将主观法定义为受法律保护的利益那样要被拒绝。就像主观法并非一种——通过法来保护的——利益,而是对利益的法律保护那样,自然人也不是拥有权利和义务的生物人,而是权利和义务的统一体,它以人类的行为为内容。这种统一体同样体现在法律主体的概念之中,传统理论将这一概念等同于法律上的人的概念。正如在前文中重点强调的那样,生物人是法律主体,也即权利和义务的主体,只不过意味着人类行为是法律义务和主观法的内

容,也即相当于说,某个生物人是人或拥有人格。在这两种情形——自然人以及法人的情形——中实际上出现的,都是包含人类行为的法律义务和主观法,它们构成了一个统一体。法律上的人是法律义务和主观法之复合的统一体。因为这些法律义务和主观法由法律规范——更正确的说法是,由这些法律规范——来规定,所以人的问题最终是规范复合的统一体的问题。问题在于,在这种情形或那种情形中,获得这种统一体的要素是什么。

义务和主观法的统一体,也即这里所考察的法律规范(它们构成了自然人)的统一体是如此出现的:是同一个生物人的行为构成了这些义务和权利的内容,是同一个生物人的行为被 316
这些法律规范所确定。故而所谓的自然人并不是生物人,而是对同一个生物人施加义务和授予权力之法律规范的人格化统一体。它不是一种自然的实在,而是一种法学的或者说由法律科学创设出的构造物,一个用以展示具有法律关联性之构成要件的辅助概念。在此意义上,所谓的自然人也是法人。

c)法人(社团)

在传统法学中与所谓的自然人相对立的法人,其本质可以通过对这类法人之典型情形——拥有法律人格的社团(Körperschaft)——的分析来得到最直观的说明。这类社团通常被定义为这样一种生物人的共同体,法秩序对他们施加义务、赋予权利,这些义务和权利不能被视为属于这一社团之生物人(他们构成了这一社团的成员)的义务或权利。恰恰因为在这些义务和权利尽管以某种方式与构成社团之生物人的利益相关,但又——就像传统理论所假定的那样——不是他们的义务或权利,所以它们被说成是社团的义务或权利,从而这种社团被当作是人。

法人的法律关系可以以如下方式被展示:例如人们说,某个社团租用了一座房屋或购买了一块地。使用这座房屋的权
317 利,也即排除社团成员以外的人使用它的可能性,对这块地的所有权,也即使用这块地并且排除社团成员以外的人使用它的可能性,属于这一社团的权利,而非成员的权利。如果这项权利被侵害,是这一社团而非成员个人去有管辖权的法院那里提起诉讼;而对违法造成的损害进行补偿、通过民事强制执行所获的钱款将归属于社团的财产,而非成员个人的财产。向房屋出租人支付租金、向地产的出售人支付价款或向管理机关支付地产税,属于社团的义务,而非其成员的义务。因为一旦这些义务未被履行,也即社团从事了违法行为,那么出租人或出售人的起诉、税务机关的惩罚措施所针对的并不是成员,而是社团本身;而强制执行的也不是成员的财产,而是社团的财产。尽管在一些情形中,当社团的财产不足以赔付时,也可能会强制执行成员的财产,也即在一些情形中,为违法行为承担责任不限于社团的财产,成员及其财产也要为违法行为负责,但这种社团承担有限责任的情形恰恰看起来尤其清晰地证明了社团拥有法律人格的假定。

318 在将某个社团的法律关系展示为法人的过程中,出现了两个不同类型的命题:一个是,社团作为有行为能力的人实施了某些行为尤其是法律行为,它从事了某种私法行为,如签订合同、提起诉讼、履行法律义务或通过其活动违反了法律义务(从事了违法行为);另一个是,社团是法律义务和主观法的主体,因为法秩序向它施加了义务或赋予了主观法。借由第一种

类型的命题(它涉及作为有行为能力之人的社团)总是可以描述出特定生物人——法人通过他们来行为——的行为。终究是特定生物人的作为或不作为(它们被说成是社团的作为或不作为)被归属于与他们相关的法人。生物人——社团通过他作为法人来行动,他的行为被归属于社团——被称为社团的机关。社团作为有行为能力之人的问题就是——本书已经处理过的——共同体机关的问题,也就是将特定个体所发挥的功能归属于共同体的问题。就社团法人而言产生了这个问题:在何种条件下,某个生物人的行为被诠释为作为法人之社团的行为,可以归属于* 相关的法人;在何种条件下,某个生物人以其作为某个社团之机关的属性实施了某个作为或不作为。与此 319
具有最紧密关联的是社团作为义务和主观法之主体的问题。由于义务和主观法只能以人类行为为内容,法秩序只能对生物人施加义务或赋予权利。通过这一命题——某个社团作为法人是义务或权利的主体——描述出了如下的义务和权利:它们始终是特定生物人的义务和权利,只要恰恰是这些人的行为构成了它们的内容,但它们被诠释为相关法人(它们被归属于它)的义务或权利。所以看起来从一开始就排除了这种可能性(但关于作为法人之社团的传统理论却这样假定):法人的义务和权利并非——或并非同时是——生物人的义务和权利,也即(传统理论意义上的)自然人的义务和权利。

d)作为行为主体的法人

如果两个或两个以上的个人出于任意理由,在某个国家法

---

* 参见本书第 190 页及以下。

秩序的效力领域内想要去共同追求某些经济的、政治的、宗教的、人道的或其他目的,他们就以此方式组成了一个共同体:根据国家法秩序,他们在实现取向于这些目的的合作行为时使它从属于某个特殊的规范秩序,这一秩序调整着这种行为,故而构成了这一共同体。构成共同体的个人间的取向于实现共同
320 体目的的合作可以体现在一个分工协作的社团之中。如此一来,共同体就构成了社团。因为被人们称为社团的是一种有组织的共同体,也即由这样一个规范秩序构成的共同体,它规定,特定功能要通过个人来实现,后者是为了实现这些功能以章程确定的方式来任命的;这个规范秩序设置了这种类型的分工协作的机关。[*] 构成共同体的规范秩序是其章程,它是通过某个国家法秩序所确定的私法行为活动来生效的。如果只考虑国家法,而不考虑国际法,那么某个社团的章程就构成了一种部分法秩序,它有别于作为整体法秩序的国家法秩序。

章程调整着一群作为社团成员之生物人(只要他们的行为受到章程的调整)的行为,他们属于这一社团,组成了这一社团。这是一种形象化的表达,说的不外乎是,这些生物人的某种行为受到某个部分法秩序的调整。正如前面已经强调过的,并非这些生物人本身,而只是他们的由章程所确定的作为和不作为才属于被称作社团的、由章程构成的共同体。只有由章程确定的作为或不作为才能被归属于社团。因为将某个人
321 类行为活动归属于社团,指的不外乎是将这一行为关涉于确定它的、构成共同体的规范秩序,后者通过这种归属被人格化。因此,每个被规范秩序所确定的行为都可以被归属于由这一秩

---

* 参见本书第 193 页及以下。

序所构成的共同体，每个规范性的、调整着一群生物人之行为的秩序——即便是一个没有设置分工协作之机关的秩序——都可以被人格化，被当作有行为能力的人，因此由规范秩序所构成之共同体的每个“成员”都可以被视为是它的“机关”。但因为在语言习惯中，只有分工了的也即由为此所任命的个人来实施的功能才被归属于共同体，因而只有实施这种功能的、由章程确定的个人才被称为“机关”，所以可以将某个社团的“机关”与成员区别开来。这里要注意的是，根据章程，社团机关不仅能够实施法律功能，如修改章程、提起诉讼、提出申诉、从事私法行为，而且也能够实施——与各个社团自身之目的相吻合的——其他功能。如果人们将这些功能归属于社团，那么就是将后者展示为一个有行为能力的人。人们会说，社团在从事行为，尽管其实只是某个由章程确定的生物人作为机关实施了某个由章程确定的行为。就像在讨论社团的一般问题时已经说过的，通过这种拟人化的隐喻，人们就使用了这样一种拟制，它与将某个法定代理人的私法行为归属于被他代理的无行 322
为能力人是一样的。将这种拟人化的隐喻错误诠释为真实的存在者，诠释为一种超人或有机体是对一种思维替代物或辅助概念的不容许的实在化，它是为了简化和直观化地展现出一种复杂的法律事实而由法律科学构造出来的。这种实在化不仅使被描述的事实晦涩不明，而且也导致了虚假的问题，学界一直徒劳地去努力解决它们。当国家的法律人格被实在化，继而提出这一实在与法、与“它的”法之间的关系这一问题时，这些虚假问题就扮演了一种特别不幸的角色。对此我们后面再来谈。*

e)作为义务和权利主体的法人

但人们不仅将这一隐喻用于将社团视为具有行为能力的人,而且也用于将它视为义务和权利的主体,在此,依照传统语言习惯,"法"不仅被理解为技术意义上的主观法,即法律权力,而且也被理解为积极的允许。社团的这些义务和权利部分
323 由国家法秩序来规定,部分由基于国家法秩序授权的社团章程来规定。前者属于社团外部的义务和权利,后者属于社团内部的义务和权利。但章程同样可以规定成员的义务和权利,它们并不被诠释为社团的义务和权利,不被归属于它。外部的义务或权利有:某个社团缴纳特定赋税的义务,或某个社团从事私法行为的权利,或在相对于它存在的义务未被履行时通过诉讼来主张的权利,或某个社团参加政治选举的权利,或某个社团从事特定经营活动的权利,等等。内部的义务或权利有:这一社团在成员之间分配盈利的义务,这一社团从成员那里收取特定成员费用的权利,等等。然而,相应获得盈利分红的权利和相应缴纳成员费用的义务被展示为成员的而非社团的权利和义务。对于作为法人之社团的本质这一问题来说,关键只在于被诠释为社团之义务和权利的是什么。

就像已经强调过的,义务和权利始终以特定的人类行为为内容。当国家法秩序施加义务或规定权利(它们被诠释为某个社团的义务或权利)时,当谈及某个社团的义务和权利时,涉及的只可能是由属于这一社团的个人的行为来履行或违

---

* 参见本书第 353 页及以下。

反的义务,以及由属于这一社团的个人的行为来行使的权利。而当这些义务和权利被归属于社团时,必然是由这些在其属性上作为社团之机关的个人履行或违反相关的义务,行使相关的 324
权利。因此,当国家法秩序——如人们所说的——对某个社团施加义务或确保权利时,它只是确定了构成这一义务或权利之行为的实质要素(materiale Element),而将主体要素(personale Element)——必须去履行义务或行使权利的生物人——的规定留给了章程,以至于国家法秩序与它所施加义务和赋予权利的法人之间的关系成为两个法秩序之间的关系:一个是整体法秩序,另一个是部分法秩序。由此,国家法秩序——用传统术语来说——对某个作为法人之社团施加义务和赋予权利的方式,就有别于国家法秩序对某个作为自然人之生物人施加义务和赋予权利的方式。在后一种情形中,国家法秩序不仅直接规定了(构成义务或权利之内容的)行为的实质要素,而且直接规定了它的主体要素。

在社团之内部义务和权利的情形中,章程不仅确定了构成义务或权利之内容的行为的实质要素,而且确定了它的主体要素。内部义务可以此方式被规定,即通过章程确定这样一种行为,国家法秩序将制裁联结于与之相反的行为。社团的内部权利可以此方式被规定,即通过章程规定成员的这种义务,当它未被履行时可以根据国家法秩序通过诉讼来主张,这种诉讼必 325
须由章程所确定的个人(以其作为社团之机关的属性)来提起。

α)法人的义务

在前文中曾假定,如果法秩序将与特定行为(它是某个人类个体的行为)相反的行为当作某项制裁的条件,那么它就规定了针对这种特定行为的义务,或要求实施这种特定行为;如果某人的特定行为构成了某项制裁(它是作为这一行为的后果针对这个人或其他人来实施的)的条件,那么此人就负有法律义务去实施与之相反的行为,他就是这一义务的主体。构成制裁条件的被禁止的行为是不法行为(违法行为),制裁是不法后果。故而法律义务的主体是通过其行为引发或避免制裁的个人,也就是能够犯下违法行为或不犯违法行为的个人,即潜在的违法行为人。假如这种法律义务的概念被接受,那么只有当个人具有违法能力时,他才能被视为具有义务能力。*

法秩序规定了某项义务,它被诠释为某个作为法人之社团的义务,这一事实体现在,法秩序确定了某一行为,它将某项制
326 裁联结于与之相反的行为,但在此将谁可以通过他的这种行为来避免或引发制裁留给某个社团的章程来规定,并以此方式来确定制裁,即将它诠释成不是针对这一个人而是针对社团来实施的。也就是说,为履行义务所应承担的责任、对呈现为制裁之恶果的承受,可以被归属于社团。这种归属的基础何在将随后再被研究;这里首先要来确认的只是,义务——在不借助于归属这种拟制的前提下——只是个人的义务,他可以通过其行为来履行或违反这一义务,但在这一义务未被履行时,并不是由这个人,而是由另外一人或多人以其人格或财产来承担责任。通过章程来确定可以通过其行为来履行或违反义务的个人,通过它赋予这个人也只有这个人以实施这一行为的资格(这意味着最宽泛意义上的授权),它就同时也——间接地——确定了这一行为。因此,如此被确定之人的这种履行或

* 参见第200页以下、第203页以下。

违反义务的行为，以及由此被履行或违反的义务就可能涉及章程，也就是涉及规范性的、构成社团的部分秩序。当这一义务被归属于作为法人之社团，社团被诠释为这一义务的主体，事实上履行或违反义务的个人被诠释为社团的机关时，出现的就是这种情形。通过这种拟制性的归属，法人就被展示为具有义务能力和违法能力的主体。

必须再次万分强调的是，作为法人之社团的义务能力的问 327
题以及被频繁讨论的、与此密切相关的违法能力问题是归属的问题，而归属是——正如前文已经强调过的——一个思维操作的问题，它可以这样来操作，但绝非必须这样来操作，因为相关的事实同样可以在不借助这一思维操作（它在一切情形中，尤其是在将某个违法行为归属于某个社团的情形中包含着拟制）的前提下被描述。由于违法行为是一种人类行为活动，因而始终只能由某个特定的生物人犯下。事实上，正如语言习惯所显示的，将某个由规范秩序确定的人类行为归属于由这一秩序构成的共同体，这一操作方式并不十分连贯，因为它不是按照相同的标准来进行的。因为它——正如已经强调过的——只是表达出，某个人类行为在构成社团的规范秩序中被确定为条件或后果，所以人们可以或宽或窄地将某个在此秩序中被确定的行为归属于由这一秩序构成的共同体。如果只有以特殊的方式分工协作的个人才被视为共同体的"机关"——只要他从规范性的、构成共同体的秩序那里获得狭义上的授权去实施特定行为*——那么就可以假定，当其行为从构成共同体的规 328
范秩序那里没有获得狭义上的授权时，这个人就不是作为共同

---

* 参见本书第192页以下。

体的机关来行为的;并且人们假定,社团的章程只授权其机关履行而非违反国家法秩序规定的义务,并且基于国家法秩序只能授权去履行而非违反这一义务,从而社团就不具有违法能力。但因为将对义务(机关被章程授权去履行此义务)的履行归属于社团并不存在任何障碍,所以它可以被视为某项(它能履行但不能违反之)义务的主体,它在此有限的意义上就可以被称作具有义务能力,而不包括违法能力。这种反对意见——这与这里所提出的法律义务概念不相容,后者指的是,只有具有违法能力者才具有义务能力——是错失标的的,因为根据真实的(在不借助拟制性的归属操作来描述的)事实,不是社团而只有个人才负有法律义务和具有义务能力,只有他能够通过其行为来履行和违反义务。人们在前一种情形中将他视为社团的机关,也即在此情形中将其行为归属于社团,从中并不能必然地推出,人们在后一种情形中也如此视之,也必须在后一种情形中将其行为归属于社团。这种归属始终只是可能的,而非必然的。但事实上社团被视为具有违法能力。也就是说,在
329 语言习惯中,事实上会将对国家法秩序所规定之某些义务的不履行归属于它。人们说,作为法人的社团没有缴纳它要承担的赋税,从而犯下了可处以刑罚的违法行为;人们说,作为法人的社团没有为它租用的房屋支付租金,没有为它购买的货物支付价款,从而犯下了民事违法行为。这意味着,人们将相关的违法行为归属于社团,人们将社团视为违法行为人,因而它同样可以被视为通过这些违法行为所违反的——或履行的——义务的主体;这意味着,人们同样可以将这些义务归属于它。但如果人们不仅将对义务的履行,而且将对义务的违反也归属于社团,那么当章程为履行这一义务而授权的个人在这种狭义上

的授权来行为时,当他没有履行社团所施加的义务而是通过其行为违反了这一义务时,也必须让他作为社团的机关。这是完全可能的,假如人们认识到,将人类行为归属于社团只是意味着这一行为以任意方式被构成社团的章程所确定,归属于社团的过程只是表达出了与章程的关系。就如前文已经说过的,违反义务的行为(国家法秩序将某项制裁联结于它)在章程中由此被确定,即章程确定了能通过其行为履行或违反义务的个人。例如,如果章程规定,国家法秩序规定的社团的赋税要由某个特定的社团机关来缴纳,那么只有这一机关才能违反纳税 330
这一社团的义务;故而这种违反社团义务的、由国家法秩序直接确定的行为也同样被章程——间接地——一并确定了。

如果某个为国家法秩序所禁止的行为,某个违法行为不被归属于某个社团,那么这是因为,在狭义上授权实施这类行为的章程,就好比一份向当事人施加从事法律所禁止之行为义务的合同,根据国家法秩序通常是无效的或可废止的。但这并非必然如此。不无可能的是,在某个国家法秩序中,某个授权从事这一法秩序所禁止之行为的章程是有效的。如果社团机关被章程授权去从事根据国家法秩序被禁止的行为,甚或被施加这么做的义务——在后一种情形中,这意味着章程将某项被国家法秩序所认可的(对这一行为引发的损害的)赔偿义务联结于相反的行为——那么就会出现已经提到过的情形*:某个特定的行为以及与之相反的行为都被当作某项制裁的条件,即前一个行为被当作针对机关之制裁的条件,后一个行为被当作针

* 参见本书第34页以下。

对社团之制裁的条件[5]。* 这种情况可以用两个法律命题来
331 描述,它们彼此在逻辑上并不矛盾。但这种有待描述的情况在法政策学上是十分不受欢迎的。为了避免出现这种情况,国家法秩序可以规定,根据章程的(狭义上的)授权,尤其是根据章程所施加的义务去从事某个国家法秩序禁止的行为要被视为没有效力,也即是无效的或可废止的。如果它没有这样做,那么社团机关所实施的与章程相吻合的违法行为就要被归属于由这一章程所构成的社团本身,即便这种归属要限于由这一章程所进行的狭义授权的行为。事实上,当某个社团章程的规范授权进行违法的行为时,它并非总是被视为无效或可废止的。股份有限公司的股东大会可能会基于其法律顾问的鉴定意见作出决议,不缴纳特定的赋税,并托付给社团的主管机关相应的任务。如果据此赋税没有被缴纳,但税务机关通过针对这家股份有限公司的税收程序裁决认为,不缴纳赋税构成违法行为,并因此判处这家股份有限公司缴纳赋税和一笔罚金,在公司不缴纳的情况下对其财产进行了强制执行,那么具有权能的社团机关所实施的、由章程或由某个基于章程制定之规范授权
332 的违法行为就要被归属于社团,而不是假定:违法行为逾越了章程的授权,实施这一行为的个人并非作为社团的机关,也即并非以某种可归属于社团的方式来行为的,授权实施这一行为的章程尤其是授权机关不缴纳赋税或施加这么做的义务的个

[5] "前一个行为被当作针对机关之制裁的条件,后一个行为被当作针对社团之制裁的条件"应被修正为"机关履行章程施加给它的义务的行为被当作某项针对社团之制裁的条件,机关违反章程施加给它的义务的行为被当作某项针对机关之制裁的条件"。

* 这种情况也出现于后面将要来处理的情形之中:国际法秩序禁止国家从事特定行为,而国家法秩序则向某个国家机关施加了实施这一行为的义务。参见本书第403~405页。

别规范是无效的。

如果这一点——将某个共同体的机关或成员所犯下的违法行为归属于共同体——取决于不法行为是被构成共同体的秩序(在狭义上)所授权的,那么要注意的是,对这一问题——归属于共同体是否可能——的回答取决于这种秩序的解释。这一问题在审判由某个政治社团的机关或成员所犯下的政治犯罪时会变得很现实。即便这一社团的章程不包含任何明确规定,授权实施有待审判之犯罪行为,也可以假定:如果社团的机关或成员是在尽管没有被明确规定但却默认为社团目标的意义上实施了犯罪行为,那么这种犯罪行为也是根据章程所犯的。

此外,将某个被章程授权的违法行为归属于社团,也可以基于某个无效的章程来进行。因为这种高度任意的思维操作并不具有与法律相关的性质,所以从法秩序的立场来看无效的章程可以被用作诠释图式。当人们将虽然为法律所禁止,但根 333
据秘密遵守的、授权其机关或成员实施政治犯罪的章程来从事的犯罪行为归属于政治社团(人们称为颠覆性的犯罪社团*)时,就是这种情形。

就像已经确认过的,如果在不借助这种归属的前提下来回答某项义务(它被称为社团的义务)之"主体"的问题,那么义务的主体本身就只是能通过其行为来履行或违反义务的个人,也即社团的主管机关。如果考虑到,这里主要考察的财产法义务并非用机关自己的财产来履行,而是用被诠释为社团的

---

* 《国际法院规约》(它构成了所谓《关于控诉和惩处欧洲轴心国主要战犯的伦敦协定》的组成部分)第9条规定:"在审判任何团体或社团的任何个人成员时,法院可以(联系于个人所犯下的任何罪行)宣告个人作为其成员的团体或社团为犯罪社团。"

财产来履行,而在不借助这种归属的前提下——正如我们将会看到的那样——可以被视为成员的共同(集体)财产,那么社团的义务就可以作为社团成员的共同(集体)义务。这意味着,相关的义务与社团的法律人格一样都可以被归属于社团的
334 成员。但要注意的是,对于描述当前的事实而言,这两种归属都不是必要的。

就像被归属于社团的义务并非用社团机关自己的财产而是用被诠释为社团的财产来履行那样,在这一义务未被履行的情形中,国家法秩序所规定的制裁,即强制执行,针对的也不是机关的财产,而是被归属于社团的财产。基于这种归属,可以称为针对社团的制裁以及未履行义务(这是章程所确定的个人以其作为社团机关的属性必须履行的义务)时社团应承担的责任。

β)法人的责任

排除社团的违法能力不等于排除社团承担责任的可能性;只是此时并非社团为自己的(可归属于社团的)违法行为而承担的责任,而是为他人的违法行为承担的责任,也即为由章程为履行义务所确定的个人所犯的违法行为承担的责任。要为违法行为担责的是这样的个人,即以此违法行为为条件、作为制裁起作用的强制行为是针对他实施的。假如制裁在于强制剥夺财产价值,那么可以支配这笔财产且强制行为针对其实施的个人及其人格,且作为由这笔财产(强制执行必须针对这笔
335 财产来进行)构成之权利的主体的个人及其财产,就要为此承担责任。在社团的情形中,对相关财产的支配权在社团机关手里。如果强制执行——它是对未履行国家法秩序施加于社团之义务的回应——针对这笔财产发生,那么强制行为就是针对

这一机关的,它只以其人格为未履行义务的行为承担责任;而如果社团被视为这一财产的主体,那么人们就可以说,社团以其财产来承担了责任。事实上,社团被视为这笔财产的主体,这意味着,在通常的语言用法中会将由这笔财产构成的权利归属于它。但正如我们将会看到的,人们也可以将这种权利诠释为社团成员的共同权利或集体权利。也就是说,它们可以作为集体权利被归属于社团成员。这种诠释无论如何要比那种建构出一个拟制的人来作为权利享有者的做法更为现实。从而人们可以说,社团成员要为未履行国家法秩序向社团施加之义务以其集体财产来承担责任,而这是通过社团机关来进行的。如果人们论及社团为未履行由民事强制执行构成之义务承担责任,那么他们所想的是这样一个事实:对财产(强制执行必须针对这笔财产来进行)有支配权的机关以其人格,且社团或社团成员以这笔财产(它可以被诠释为社团的财产或社 336
团成员的集体财产)来承担责任。如果人们论及社团的责任,那么他们是将对这样一种恶的承受归属于社团,它强制剥夺了一笔被诠释为社团之财产或社团成员之集体财产的财产价值。如果履行国家法秩序所规定的义务被章程作为相关机关之义务的内容,也即将某项针对这一机关实施的惩罚联结于未履行这一机关义务的行为,那么就在(在刚刚所标识之意义上的)社团责任之外补充了机关的这种刑法上的个人责任。[6]

如果社团被视为财产权的主体,那么社团要为违法行为(它是针对财产实施之强制执行的条件)承担责任这一观念就

〔6〕“将某项针对这一机关实施的惩罚联结于……这种刑法上的个体责任”应被修正为“将某项针对这一机关实施的制裁联结于……这种个体责任”。

没有任何障碍。当抛出这一问题时,就会产生这种观念:是否可以让社团为这种违法行为承担责任,它构成了其他制裁即自由刑甚或死刑的条件,并由——无论是有效的还是无效的,但实际上具有实效的——公开或秘密的章程对此进行了(狭义上的)授权的个人所犯下。对社团执行自由刑或死刑,这实际上看起来是个荒谬的想法。只有人类才能被强制剥夺自由或生命以作为刑罚。将对这种恶的承受归属于某个社团看起来是不可能的。但只要考虑到,对某家公司处以罚金刑的说法完
337 全不让人感到荒谬,而这不外乎是说强制执行公司的财产(更现实的诠释是:公司成员的集体财产),从而"公司要因违法行为被处以刑罚"这一表述只是意味着成员要为违法行为集体承担责任,那么对某个共同体处以自由刑或死刑的想法就会丧失其悖论的性质。国家法秩序可以偏离在刑法领域被通常维系的个人责任原则,规定:假如某人以其作为某个——无论是被禁止的还是未被禁止的、秘密的还是公开的——社团成员或机关的属性从事了犯罪行为,那么不仅这一个人,而且这一社团的所有成员或某些特别重要的机关都应当因此被处以监禁或死刑。这意味着,法秩序可以规定通过自由刑或死刑来实现的集体责任。如此一来,将社团成员的这种集体责任视为可对社团执行的刑罚(将对刑罚之恶的承受归属于共同体),就不会比这些情形更为荒谬:将针对社团财产的强制执行(由此也只是实现了成员的集体责任)诠释为针对社团的执行,以及在罚金刑的情形中说是法人被处刑罚。但有可能的是,如果一部刑法规定了这里所标识的集体责任,那么与此相关的生物人所承受的自由刑或死刑就不被归属于社团,语言上就会抗拒在这

种情形中用归属这种思维操作来表达。* 338

γ)法人的权利

如果将某项技术意义上的主观法,也即通过诉讼来主张某项义务未被履行(意思相当说:对某项反射权利的侵害)的法律权力归属于某个社团,那么这种法律权力要由国家确定的某个机关来行使。这种权利的主体是这一机关。它被归属于社团的意思是,对这种法律权力的行使要由章程来确定。如果它是一种给付义务(它未被履行要通过这种法律权力来主张),那么给付就必须要对章程规定的必须领受这一给付的社团机关来进行。如果它是一种容忍义务,尤其在所有权的情况下是容忍使用特定物的义务,那么依据章程是由社团的机关来使用特定物,也是相对于社团的机关存在容忍的义务。章程可以规定由成员来使用此物,但这样一来就必须调整成员使用此物的方式,从而就必须容忍这种关于物的使用的规整。如果人们论及针对某个社团的义务或社团的某项反射权利,那么这种 339
归属表达的是,章程确定了相对于哪些个体存在给付义务或容忍义务。它是与被如此人格化了的、构成社团的部分法秩序之间的关系,就像将法律权力归属于作为法人之社团的情形那样。

考虑到上述法律权力是为了社团成员的利益而被行使的,且履行构成反射权利的义务最终有利于社团成员,那么它们同样可以被归属于这些成员,我们也可以来谈论这些成员的

---

* 但要注意的是,在考虑到国际关系的情况下,人们会发现这么说是理所当然的:某个国家对另一个国家发动了战争,虽然战争所展现的强制行为(杀人、杀伤和逮捕)只是针对作为国家成员的生物人的,但人们却将对这种恶的承受归属于作为国家法律人格的社团。参见本书第 394 页以下、第 398~399 页。

集体权利。继而,构成这种权利的财产可以与被诠释为作为法人之社团的财产一般被诠释为社团成员的集体财产,而针对这一财产进行的、被称为社团责任的强制执行也可以被诠释为社团成员的集体责任。

故而传统法学中归属于作为法人之社团的义务和权利,就像一切义务和权利那样都是生物人的义务和权利。也就是说,它们以特定生物人的行为为内容。它们并不因为不能被视为生物人(社团成员)的义务和权利,才必须被归属于作为其承载者的社团法人,因为正如所说的,它们可以作为集体义务
340 和集体权利被归属于这些成员。但毕竟这些义务和权利与依照传统理论不被归属于作为法人之社团的义务和权利之间还是存在差别的。后者不像前者那样属于成员的集体义务和权利,而是——与集体义务和权利相对的——个人的义务和权利;而为不履行传统理论上归属于社团之义务承担的责任是成员的集体责任。这些成员以其集体财产承担责任。然而,人们可以但非必须规定,只能为不履行归属于社团之义务承担这种集体责任。就像已经提到过的那样,在这种集体责任之外,也可以补充社团机关的个人责任,履行由国家法秩序向社团施加之义务通过章程成为这一机关的义务;而社团的责任并不必须限于成员的集体责任。毋宁是,一旦当社团财产或成员的集体财产不足以涵盖因不履行归属于社团之义务而引发的损害时,可以来规定成员的个人责任,也即是成员以其个人财产承担的责任。这里存在社团的有限责任与社团的无限责任之间的区分。

将有待某个社团机关履行的义务和由社团机关通过诉讼来主张的权利归属于社团,与将有待法定代理人履行的义务和

由法定代理人通过诉讼来主张的权利归属于被代理的无行为 341
能力人,在类型上是一样的。区别只在于,在机关的情形中,归属是对于被设想为法人的社团而非对于人类个体发生的。社团机关"代理"(或代表)了社团法人。如果认识到,上述义务和权利可以作为集体义务和权利被归属于社团成员,那么社团机关就可以被视为由章程指定的社团成员的代理人。设立章程就是这样一种私法行为,由此创设出社团机关和社团成员间的这种关系。被频繁讨论的机关与代理之间的差别问题是一个归属的问题。代理与机关一样都是归属;只要某人的行为以及通过这一行为履行的义务和行使的权利被归属于另外一人,他就是代理人;只要某人的行为以及通过这一行为履行的义务和行使的权利被归属于某个作为法人的社团,也即归属于某个规范秩序的统一体(它通过这种归属被人格化),他就是机关。

f)作为法律科学之辅助概念的法人

前文对法人进行分析的结论是,法人与所谓的自然人一样
属于法律科学的构造物。如此,它就不那么是一种社会现 342
实,而是——就像有时人们假定的那样——一种法的创造。当人们说法秩序赋予生物人以法律人格时,这只是意味着,法秩序将生物人的行为当作义务和权利的内容。是法律科学用与生物人的概念有别的自然人概念来表达这些义务和权利的统一体,人们可以但非必须用这一概念作为辅助概念来展示法,因为法秩序所创造出的这种状况同样可以在不借助这一概念的前提下来描述。当人们说法秩序赋予某个社团以法律人格时,这意味着法秩序规定了以生物人(他们是由某个章程构

成之社团的机关和成员)的行为为内容的义务和权利,并且可以很好地借助于构成社团之章程的人格化来描述这一复杂的事实,因为它相对来说更简单。但这种人格化及其结果,也即法人这一辅助概念,是对法进行描述的科学的产物,而非法的产物。即便是创设法的权威,也即立法者,可能会使用法律科学创设的这个概念或任何其他概念,也不会改变这一事实。就像在前文中已经强调过的,一切调整一群个人之行为的规范秩序都可以被人格化,它所确定的行为以及通过这一行为来履行
343 的义务或被主张之权利(其统一体与这一秩序相关)可以被归属于如此建构出的法人。当我们(就像有时会做的那样)区分拥有法律人格的共同体(协会)与不拥有这类法律人格的共同体(协会)时,其原因在于人们在狭义上使用了法人的概念,也即只有当法秩序作了特殊规定,例如,当成员只是首先或完全以其集体财产来承担责任时,才使用法人的概念。但即便是这种狭义上的法人概念也是法律科学的构造物,也是一个人们可以但非必须使用来展示法的辅助概念。法创设了义务和权利,它们以人类的行为而非人为内容。就像法的功能不得被认为是法律科学的功能,法律科学的功能也不得被认为是法的功能。

g)对客观意义与主观意义的法之二元论的扬弃

在传统法学的观念中,法律主体——作为自然人或法人——及“其”义务和权利构成了一种主观意义上的法;被称为主观法的权利只是这种广泛观念的一个特殊情形。而这种宽泛的主观意义上的法是与客观法,也即法秩序(规范体
344 系,作为一个有别于主观法的领域)相对立的。纯粹法学说取

消了这种二元论，它将人的概念消解为法律规范之复合体的人格化，将义务和（技术意义上的）主观法还原为法律规范，后者将某项制裁联结于某人的特定行为，使对这项制裁的强制执行依赖于针对此的诉讼；这意味着，所谓主观意义的法可以回溯到客观法上去。由此，它放弃了关于法的主观主义态度（主观意义的法的概念服务于这种态度），也就是那种辩护人的视角，它只从当事人利益的立场来看待法，也即只考虑法对于个人的意义，它在多大程度上对他来说是有利的（服务于他的利益），或者在多大程度上损害了他的利益（以某种恶对他相威胁）。这是罗马法学的特殊立场，它从根本上肇始于回应鉴定式法律实务的法律人，它与罗马法一起被继受了下来。与此相反，纯粹法学说的立场完全是一种客观主义—普遍主义的立场。它从根本上深入具有客观效力的法的整体中去，它只在与所有其他具体现象的体系性关联中去寻找每一个具体现象，在每个法律部分中去把握法律整体的功能。在此意义上，它是一种真正有机的法律观。但当它将法作为有机体时，它并不是将法理解为任意一种超个人的、超越经验之形而上学的实体——这种观念的背后主要隐藏着伦理—政治的假设，而完全只是：法是一种秩序，因而一切法律问题都要被认为是秩序问题，并作为秩序问题来解决。故而法理论将变成一种脱离于一切伦 345
理—政治价值判断的、对实在法尽可能精确的结构分析。

346

V. 法动态学

34. 规范秩序的效力基础：基础规范

a）效力基础问题的意义

如果法被理解为规范秩序，理解为调整人类行为的规范体系，那么就会出现这一问题：众多规范的统一性基础何在？为什么特定规范属于特定的秩序？而这个问题与另一个问题之间具有紧密联系：一个规范为何有效？它的效力基础何在？

一个涉及某人之行为的规范“有效”，就意味着它具有拘束力，意味着此人应当按照规范确定的方式来行为。在前文中已经详述过，规范为何有效也即为何此人应当如此行为这一问题无法通过对某个实然事实的确认来回答，某个规范的效力基础不可能是这种事实。从某事**是**什么无法推出某事**应当**是什么；就像从某事**应当**是什么也推不出某事**是**

什么那样。一个规范的效力基础只可能是另一个规范的效力。构成了另一个规范之效力基础的规范可以被形象地称为相对于一个低位阶规范的高位阶规范。尽管看起来人们能以此事 347
实来证立某个规范的效力，即它是由任意一个权威、一个人类或超人类的存在者制定的。例如，人们以此事实来证立"十诫"的效力，即上帝耶和华曾在西奈山上颁布它们；或者人们说"应当爱你的敌人"，因为耶稣这个上帝之子曾在他的《登山宝训》中如此命令。但在这两种情形中，虽未言明，但却被预设为前提的效力基础并不是这个事实：上帝或上帝之子曾在特定时间、特定地点制定了某个特定的规范，而是这样一个规范，即人们应当服从上帝的命令，以及人们应当服从上帝之子的命令。然而，在这个三段论——它的大前提是这个陈述高位阶规范的应然语句：人们应当服从上帝的命令（或上帝之子的命令），结论句是这个陈述低位阶规范的应然语句，即人们应当服从"十诫"（或"爱你的敌人"这一命令）——中，确认某个实然事实的语句，即上帝曾颁布"十诫"（或上帝之子曾命令去爱你的敌人）作为小前提构成了一个重要的部分。大前提和小前提都是结论句的条件。但只有大前提，即应然语句，相对于结论句来说才是**充分条件**（*conditio per quam*），后者同样是应然语句；这意味着，大前提所说出的规范是结论句所说出的规范的效力基础。作为小前提的实然语句相对于结论句来说只是**必要条件**（*conditio sine qua non*）；这意味着，小前提所确认的实然事实并非结论句所说出的规范的效力基础。

大前提所说出的规范，即人们应当服从上帝（或上帝之 348
子）的命令，被包含于这一前提之中，即效力基础存疑的规范来自某个权威，也即某个有资格能够（拥有权能）制定有效规范的主体;这一规范赋予了制定规范的人格以制定规范的“权威”。任何人命令做任何事这一事实,并不是将此命令视为有效的也即对规范受众而言具有拘束力的规范的理由。只有某个拥有权能的权威才能制定有效的规范;而这种权能只能基于某个授权制定规范的规范之上。被授权制定规范的权威要服从这个规范,就像个人有义务服从权威所制定的规范一样。

正如已经提过的,构成另一个规范之效力基础的规范相对于前者是一个位阶更高的规范。但对某个规范之效力基础的追寻不能像对某个结果之原因的追寻那般没有止境。它必须在某个规范那里终结,这个规范被预设为最终的、最高位阶的规范。作为最高位阶的规范,它必须要被**预设**,因为它不可能是由某个其权能必然基于某个更高位阶之规范的权威来**制定**的。它的效力不再能从一个更高位阶的规范中推导出来,它的效力基础不能再被质疑。这样一种被预设为最高位阶的规范在这里被称为基础规范(Grundnorm)。对此我们已经在本书的其他地方作过提示了。* 其效力可以追溯至同一个基础规
349 范的所有规范构成了一个规范体系,一个规范秩序。基础规范是所有属于同一个秩序之规范的共同效力渊源,它们共同的效力基础。特定规范之所以属于特定秩序,是因为它最终的效力基础是这一秩序的基础规范。这一基础规范构成了众多规范的统一性,因为它是所有属于这一秩序之规范的效力基础。

b)静态原则与动态原则

根据效力基础的性质,可以区分出两类不同的规范体系:

---

* 参见本书第11、30、58~59页。

一类是静态的,另一类是动态的。第一类秩序的规范因为其内容而有效,即它们确定的人类行为被视为是应当去做的:因为它们的效力可以追溯至这样一个规范,它的内容可以涵摄构成这一秩序之规范的内容,两者是一般涵摄特殊的关系。例如,这些规范——不得撒谎、不得欺诈、信守承诺、不得作伪证——都可以从一个要求真实(求真)的规范中推导出来。从“应当爱你的邻人”这个规范中可以推导出这些规范:不得向你的邻人施恶,尤其是不得杀死他、不得贬损他的身体或道德、当他身处困境时应当伸出援手。或许人们相信,求真的规范与邻人之爱的规范还可以追溯至一个更高位阶的一般规范,如这 350
个规范:与宇宙保持和谐,从而可以基于此建立一个广泛的道德秩序。因为这类秩序的所有规范都已被包含在被预设之规范的内容之中,所以它们可以通过一种逻辑操作,借由从一般到特殊的推论,从后者中演绎出来。这一被预设为基础规范的规范既为通过逻辑操作从中推导出的规范提供了效力基础,也为它们提供了效力内容。一个其效力基础和效力内容都从某个被预设之基础规范中推导出来的规范体系,是一种静态规范体系。证立这类体系之规范效力所遵循的原则,是一种静态原则。

只有当其内容被假定为可以直接查明时,这一规范——依据从一般到特殊的方式,从其内容可以同时根据其效力基础和效力内容推导出其他规范——才能被视为基础规范。事实上,很多时候某个道德体系之规范的效力基础和效力内容都可以追溯至某个被视为可直接查明的规范。某个规范可直接查明,意味着它存在于理性之中,与理性共存。可直接查明之规范的概念以实践理性(制定规范的理性)的概念为前提;而这一概念——就像将要指明的——是站不住脚的,因为理性的功

能在于认知,而不在于意愿,但制定规范是一种意志行为。因
351 此不可能存在什么可直接查明的规范。[1] 如果某个规范(从中可推导出道德规范的效力基础和效力内容)[2]被主张为可直接查明,那么之所以如此,是因为人们相信,它是由上帝或其他超人权威的意志制定的,或者因为它由习惯创设,因而被认为——像所有习惯性事物那样——是不证自明的。它的效力最终只能通过某个被预设的规范来证立,据此,人们应当采取符合制定它之权威的命令或习惯创设之规范的行为。这一规范只能为它所证立的规范提供效力基础,而非效力内容。这些规范构成了一个动态规范体系。证立这类体系之规范效力所遵循的原则,是一种动态原则。

动态类型(之规范体系)的特征在于,被预设的基础规范仅仅包含着对创设规范之构成要件的设定,对制定规范之权威的授权或——同样的意思是说——这样一个规则,它规定了基于这一基础规范之秩序的一般规范与个别规范应当如何被创设。我们能举个例子来说明这一点。一位父亲命令他的孩子去上学。对于这一问题,即为什么我应当去上学,回答可能在于:因为父亲曾下达这个命令,而孩子应当服从父亲的命令。如果孩子进一步问:为什么我应当服从父亲的命令?回答可能在于:因为上帝曾命令服从父母,而人们应当服从上帝的命令。如果孩子问,为什么人们应当服从上帝的命令,也即他质疑这
352 一规范的效力,那么回答是:人们恰恰不能质疑这一规范,也即

[1] "因此不可能存在什么可直接查明的规范"应修正为"因此不可能存在什么规范,是仅凭其可直接查明的内容而有效的"。

[2] "从中可推导出道德规范的效力基础和效力内容"应修正为"它规定了特定的人类行为"。

不能去寻找它的效力基础,人们只能预设这一规范。初始规范的内容——孩子应当去学校——无法从这个基础规范中推导出来。因为基础规范限于委任制定规范的权威,也即建立一个创设这一体系之规范的规则。构成相关出发点之规范之所以有效不是因为其内容,它无法通过一种逻辑操作从被预设之基础规范中演绎出来。它必须由父亲的行为来制定并有效(以惯常的方式来表述),因为它被如此制定,更正确的表述是:因为某个基础规范被预设为有效,它最终规定了这种规范制定的方式。一个规范属于某个以此基础规范为基础的秩序,因为它是以基础规范确定的方式被创设的,而不是因为它具有特定的内容。基础规范只为构成这一体系之规范提供效力基础,而非内容。它们的内容只能由这样的行为来确定,借此基础规范授权的权威以及由这一权威授权的权威制定了这一体系的实在规范。另一个例子是:在某个社会共同体、某个部落中流行这样一个规范,即娶少女为妻的男人必须向新娘的父亲或叔叔交付特定的聘礼。如果他问,为什么他应当这么做,回答是:因为在这一共同体中迄今为止都要交付聘礼。也就是说,因为存在一个交付聘礼的习惯,且因为不证自明地被预设的是,个人应 353
当像共同体所有其他成员惯常行为的那样去行为。这就是构成这一共同体的规范秩序的基础规范。它将习惯设定为创设规范的构成要件。这两个例子展示了动态类型的规范体系。

如果被预设的基础规范依据动态原则仅仅授权了某个制定规范的权威,且如果这个权威或者被其指定的权威不仅制定委任其他制定规范之权威的规范,而且也制定那些要求服从规范之主体实施特定行为的规范(且可以通过逻辑操作从中演绎出其他规范,两者是一般与特殊的关系),那么静态原则和动态原则就在同一个规范体系中被结合起来。“十诫”不仅指定了父母作为制定规范的权威,而且也颁布了一般规范,从它们中可以合乎逻辑地推断出特殊规范,而不需要制定规范的行为,例如这个规范:你不应该画自己的肖像,等等。从基督之爱的命令中可以合乎逻辑地推导出一批特殊的道德规范。在对从上帝的命令和基督的命令中合乎逻辑地推导出的规范进行证立时,使用的是静态原则;在用这一基础规范——应当服从上帝的命令——来对上帝之命令的效力,或者用这一基础规范——应当服从基督的命令——来对基督之命令的效力进行证立时,使用的是动态原则。

354 c)法秩序的效力基础

构成某个法秩序的规范秩序在本质上具有动态的性质。某个法律规范之所以有效,不是因为它具有特定的内容,也即因为它的内容可以通过逻辑推断从某个被预设的基础规范中推导出来,而是因为它是以特定的方式,并最终是以某种被预设之基础规范所确定的方式创设出来的。因为如此,也只因为如此,它才属于法秩序(它的规范根据这一基础规范被创设出来)。因此,任意内容皆可为法。不存在任何人类行为,本身因为其内涵被排斥成为某个法律规范的内容。它的效力不会因此被否定,也即它的内容违反了某个不属于法秩序(它的基础规范是前述规范的效力基础)的其他规范。某个法秩序的基础规范不是一种实质规范,后者因为其内容被视为是可直接查明的而被预设为最高位阶之规范,并且可通过逻辑操作——依据从一般到特殊的方式——推导出关于人类行为之规范。

某个法秩序的规范必须由特殊的制定行为来创设。* 是被制定的也即实在的规范,构成了某个实在秩序的要素。如果人们 355
将某个法律共同体的宪法理解为这样一个规范或诸规范,即它们规定了构成这一共同体之法秩序的一般规范如何(由什么机关、通过何种程序——通过有意的法律制定,[3] 尤其是立法,或者是习惯)来创设,那么基础规范就是这种规范:当习惯(借此宪法形成)或特定人有意的制定行为、立宪行为在客观上被诠释为创设规范之构成要件——在后一种情形中,创制宪法(法秩序以此为基础)的个人或个人集会被视为制定规范的权威——时,它就被预设了。在此意义上,基础规范就是对法律创设之基础构成要件的设定,并可以在此意义上被称为法律逻辑意义上的宪法,以有别于实在法意义上的宪法。它是实在 356
法创设程序的出发点。它本身并不是(通过习惯或某个法律机关之行为)被制定的实在规范,而是一种被预设的规范,只要立宪机关被视为最高位阶的权威,因而不能再被视为是被某

---

* 门格尔(Menger,op. cit. ,S. 20/21)否认从某个法秩序之基础规范中合乎逻辑地推导出具体法律规范的可能性。这无疑是正确的,但却与纯粹法学说无关,因为后者主张:从基础规范中只能推导出具体法律规范的效力基础,而非它们的内容。因此,当韦德贝格(Wedberg)主张(op. cot. ,S. 256)"凯尔森认为,每个法律体系都包含着唯一的基础规范,这一休系的所有其余规则都被其所蕴含"时,他就误解了基础规范理论。基础规范并不被"包含于"某个实在法秩序之中,因为它并不是一个实在的、也即被制定的规范,而是一种在法学思维中被预设的规范;而当韦德贝格通过主张"其余规范被基础规范所'蕴含'"认为,法秩序的规范——也包括其内容——可从基础规范"推出"时,这是不对的,因为从基础规范只能推出这些规范的客观效力,而推不出具有特定内容的规范。韦德贝格反对基础规范理论认为:"如果我们拥有一组特定的规则 $P_1 \cdots P_n$,那么我们总是可以将它们组合成一个合取式规则 $P_1 \& \cdots \& P_n$。当强调每个法律体系都被一个唯一的规则所蕴含时,凯尔森是希望说,每个这类体系都被一个不等于许多规则之合取式的基础规则所蕴含吗?"基础规范自然不等同于某个法秩序之所有实在规范的集合。它是有别于这些规范的、构成它们效力基础的、被预设的规范,而非被制定的规范。("而非被制定的"应修正为"而非通过某种现实的意志行为被制定的"。)

[3] 应删去"通过有意的法律制定,"。

个更高位阶之权威制定的规范所授权去进行立宪的。

如果去追问某个属于特定法秩序之法律规范的效力基础,那么答案只能追溯至这一法秩序的基础规范,也即这样一个命题:这个规范是根据基础规范来创设的。后文主要只考虑国家法秩序,也即这样一种法秩序,它的效力限于特定的空间,即所谓的领土,而且它被视为拥有主权,也即不从属于任何更高的法秩序。某个国家法秩序之规范的效力基础问题首先要在不考虑国际法秩序(它究竟是高于国家法秩序还是低于国家法秩序)的前提下被讨论。

某个属于特定国家法秩序之法律规范的效力基础问题——正如在前文中已经提到过的——起源于强制行为,例如当某人强制剥夺他人的生命,通过绞刑来处死他,从而被提出这个问题:为什么这一行为是法律行为,是对某个刑罚的执行,而非谋杀。只有当这个行为被某个法律规范也即被某个个
357 别法律规范所规定(被设定为应当去做的),同时被某个构成司法判决的规范所规定时,它才能被诠释为法律行为,也即作为对某个刑罚的执行,而非谋杀。从而出现了这些问题:这种诠释在什么条件下是可能的?为什么前述情形涉及的是司法裁判?为什么由此被规定的个别规范是有效的,也即是一个有效的法律规范,它属于一个有效的法秩序因而应当被适用?对此问题的回答在于:因为这一个别规范是在适用刑法时被制定的,后者包含着一个一般规范,据此,在出现上述情形的条件下应当处以死刑。如果人们去追问这部刑法的效力基础,那么就会得到这个回答:刑法有效,是因为它是被立法机关通过的,而后者被国家宪法之规范授权来制定一般规范。如果人们去追问国家宪法——所有一般规范和根据这些一般规范来创设之

个别规范的效力都基于此——的效力基础，也即去追问调整一般规范之创设的规范——它们规定，由什么机关、通过何种程序来创设一般规范——的效力基础，也许就会遇到一部更古老的国家宪法；这意味着，人们以此方式来证立既有的国家宪法的效力，即它是根据先前的国家宪法的规定，通过一种合乎宪法的宪法变更方式，也即根据某个实在的、被某个法律权威制定之规范来产生的；如此，最终就会遇到历史上第一部国家宪 358
法，它不再以这种方式产生，因而其效力不再能追溯至某个实在的即由某个法律权威制定的规范，这部国家宪法是革命性的。也就是说，它与先前的国家宪法存在断裂，或是在某个以前并非国家宪法（以及以此为基础的国家法秩序）效力范围的范围内生效。如果在只考虑国家法秩序（不同时考虑国际法）的前提下去追问历史上第一部宪法——这部宪法并非根据先前之国家宪法所规定的变更方式来产生的——效力基础，那么答案——如果人们放弃这种做法，即将国家宪法的效力，以及根据它创设之规范的效力都追溯至由某个元法律的[4]权威（meta-rechtliche Autorität），如上帝或自然制定的规范——就只能是：这部宪法的效力（它是一种有拘束力的规范这一假设）必须要被**预设**，如果将根据它实施的行为诠释为创设或适用有效的一般法律规范，以及将在适用这些一般法律规范时所实施的行为诠释为创设或适用有效的[5]个别法律规范应当是可能的。由于某个规范的效力基础只能是另一个规范，那么这种预设就必须是一个规范：不是由某个法律权威制定的规

---

〔4〕“某个元法律的”应修正为“某个事实上存在或被相信在事实上存在的元法律的”。

〔5〕“适用有效的”应修正为“适用客观上有效的”。

范,而是被预设的规范,也即是当立宪之构成要件的主观意义和根据宪法制定之创设规范的构成要件的主观意义被诠释为
359 它们的客观意义时,必须要预设的规范。因为它是某个法秩序(某个规定强制行为的秩序)的基础规范,所以描述上述国家法秩序中的这一规范的语句(基本语句)说的就是:强制行为应当在历史上第一部国家宪法以及根据它制定之规范所规定的条件下,以它们规定的方式来实施。(更简洁的形式是:人们应当以宪法规定的方式去行为。)某个法秩序的规范(它们共同的效力基础在于这一基础规范)——正如在前文中展示的回溯到基础规范上去的过程所显示的——并非是在效力中彼此并列的复合体,而是相互间具有上下位关系之规范的阶层构造。法秩序的这种结构将随后再被进一步研究。

d)作为先验逻辑预设的基础规范

如果要认清基础规范的本质,就必须首先意识到,它直接关涉某部特定的、事实上被制定的、通过习惯或创制被创设出来的、大体上有实效的宪法,间接关涉根据这部宪法创设的、大体上有实效的强制秩序,因为它证立了这部宪法以及根据它创
360 设之强制秩序的效力。* 故而基础规范不是自由发明的产物。对它的预设不是在此意义上任意而为的:当人们将立宪行为以及根据这部宪法实施之行为的主观意义诠释为它们的客观意义(诠释为客观上有效的法律规范)时,人们可以在不同的基

---

* 存在一种特殊情形,也即某个基础规范并非直接关涉宪法,也不只是间接关涉根据它创制的法秩序,而是直接关涉这一法秩序,对此我们将随后再来谈。参见本书第406页以下。下文一开始并不考虑这种特殊情形。它只考虑通常情形:某个基础规范直接关涉某部宪法。

础规范中加以选择。只有当人们预设了关涉某部完全确定之宪法的基础规范时,也就是说,只有当预设,人们应当根据这部完全确定之宪法来行为时,才可以将立宪行为以及根据这部宪法实施之行为的主观意义诠释为它们的客观意义(诠释为客观上有效的法律规范),将这些规范构成的关系诠释为法律关系。

这里并没有考虑,这部宪法以及在其基础上设立之国家法秩序具有何种内容,以及这一秩序是否公正;也没有考虑,这一法秩序事实上能否确保在它所构成的共同体内建立一种相对和平的状态。对基础规范的预设并不会肯认任何超越实在法的价值。

只要只有通过预设基础规范才能将立宪行为以及根据这部宪法实施之行为的主观意义诠释为它们的客观意义(诠释为客观上有效的法律规范),那么基础规范就可以被法律科学称为是这种诠释的——如果可**以类比的方式**去运用康德认识 361
论的概念的话——先验逻辑条件(transzendental - logische Bedingung)。故而,就像康德的追问,即用自然科学所表述的自然法则来对我们的感官中呈现的事实做一种脱离一切形而上学的自由诠释如何可能,或者是纯粹法学说的追问,即在不回溯到元法律权威(如上帝或自然)的前提下,将某些构成要件的主观意义诠释为可用法律命题来描述的客观上有效的法律规范体系如何可能?纯粹法学说提供的认识论上的答案是:在预设这一基础规范的前提下,人们应当以宪法规定的方式,也即以符合立宪之意志行为的主观意义、立宪者规定的方式去行为。这一基础规范的功能在于:证立某个实在法秩序(通过人类意志行为制定的、大体上有实效的强制秩序的规范)的客观效力,也就是将这些行为的主观意义诠释为它们的客观意义。对某个实在的即通过某个意志行为来制定的、要求实施特定行为的规范的证立,遵循一种三段论的程序。在这种三段论中,大前提是一个被视为客观上有效的规范(更正确的说法是:对这样一个规范的陈述),据此,人们应当服从特定之人的命令(应当采取符合这一命令行为之主观意义的行为);小前提是对这一事实的陈述,即这个人命令人们应当以特定方式来行为;而结论句是对这一规范之效力的陈述,[6]即人们应
362 当以这种特定方式来行为。其效力在大前提中被陈述出的规范将这一命令行为(小前提陈述出了它的存在)的主观意义正当化为它的客观意义。例如,人们应当服从上帝的命令,上帝命令要服从父母的命令,故而人们应当服从父母的命令。[7]

假如基础规范的客观效力不再被质疑,那么在服务于证立的大前提中被陈述为客观上有效的规范是基础规范。假如它的效力无法在一种三段论程序中被证立,那么它就不再被质疑。而假如对这一事实——这一规范是通过某人的意志行为制定的——陈述不可能作为某个三段论的小前提,那么它就无法被如此证立。假如此人(根据当前相关的规范人们应当服从他的命令)被视为最高权威,例如,当此人是上帝时,就出现了这种情形。如果某个规范的效力无法以此方式被证立,它就必须作为大前提被置于某个三段论的顶端,同时它本身又不能

〔6〕“是对这一规范之效力的陈述”应修正为“陈述出这一规范是有效的”。

〔7〕“人们……父母的命令”应修正为“‘人们应当服从上帝的命令’这一规范有效,‘上帝命令要服从父母的命令’这一语句为真,故而‘人们应当服从父母的命令’这一行为的主观意义同时也是它的客观意义,也即是一条客观上有效的规范”。

被说成是另一个证立其效力之三段论的结论句。这意味着，它被**预设**为基础规范。因而"应当服从上帝的命令"这一规范，作为对"应当服从父母的命令"这一规范之效力的证立，是一个基础规范。因为一种神学伦理学——它将上帝视为最高的规范制定机关——不能主张，是任一其他主体命令人们去服从上帝的命令。这就可能是地位高于上帝的权威。而当"应当服从上帝的命令"这一规范被假定为上帝制定时，它就不可 363
能是上帝所制定之规范的效力基础，因为它本身可能就是一个上帝制定的规范。即便是神学伦理学本身也不可能制定这一规范，也即命令人们去遵守上帝的命令，因为它作为知识不可能是任何制定规范的权威。故而"应当服从上帝的命令"这一规范作为基础规范，不可能是任何人的意志行为的主观意义。但如果基础规范不可能是某个意志行为之主观意义的话，那么它就只能是某个思维行为的内容。换言之，如果基础规范不可能是某个被意愿之规范，而在某个三段论的大前提中关于它的陈述对于证立规范的客观效力来说在逻辑上又不可或缺时，它就只能是一个被设想出来的规范。*

因为一种实证主义的法律科学将历史上第一位立宪者视为最高的法律权威，因而不可能主张，"应当服从这位立宪者的命令"这一规范是某个地位高于这位立宪者的机关——如上帝或自然——之意志行为的主观意义，它就不可能以三段论程序来证立这一规范的效力。一种实证主义的法律科学只能确认，这一规范——在刚刚阐明的意义上——要在证立法律规

---

* 一个被设想出来的规范并非内容可以被直接查明的规范。在下文中被表述之某个实在法秩序的基础规范绝非可以直接查明的。参见本书第 278 页。

范之客观效力,以及将某个大体上有实效之强制秩序诠释为一个客观上有效之法律规范的体系时被预设为基础规范。* 因为

364

---

* 恩吉施(Karl Engisch, *Die Einheit der Rechtsordnung*, Heidelberg, 1935, S. 11f.)尽管原则上接纳了基础规范理论,但却相信基础规范可以在实在的宪法中被找到。他说:“如果我们不想停留于形式性的事物之中”,我们就可以“在一种对被委任为最高造法机关进行正当化之规则——这样一种规则,例如它在代议制国家和今日之德国(1935 年)中授予帝国首相和元首最高的、代表其他所有人的法律制定权——的意义上来诠释”基础规范。“显而易见,我们认为‘基础规范’完全是内容性的,之所以如此,一是因为某部具体的宪法可以包含比关于造法规则多得多的东西,二是因为即便人们仅关注只处理法律创造的那部分宪法,很多时候它也只是对先前已默示地包含于某个——例如通过革命被宣告并获得承认的——基础规范之中的内容的进一步发展和具体化,此外还因为宪法即便在创造法律——恰恰是根据基础规范来进行的——时也可能进行基础规范未触及的具体变更。”这意味着,恩吉施只是在此意义上将基础规范“区分”于宪法,即它不等同于被称为“宪法”的文件,也即形式意义上的宪法;但他用“基础规范”来指称一种实在法规范,也即本书称为实质意义上之宪法的东西。据此,他拒绝“对基础规范作‘法律逻辑的’解释”。(实质意义上的)宪法构成了造法程序的实在法基础(在恩吉施的眼中不外乎意味着“基础规范”),是不言而喻的事,确认它并不需要什么特殊的基础规范理论。只有当提出这一问题时,纯粹法学说试图用基础规范理论来解决的问题才会出现:实在宪法的效力基础是什么;而构成这种效力基础的规范不可能是实在的也即被制定的规范,而只可能是一种被预设的规范。如果人们对提出这一问题的理论必要性视而不见,那么就必然也会对纯粹法学说之基础规范的“法律逻辑”性质不加理睬。

塔姆洛(Ilmar Tammelo, *Drei rechtsphilosophische Aufsätze*, Willsbach und Heidelberg, 1948, S. 13.)同样认为,“将基础规范仅仅视为一种法律逻辑上的或法律知识论上的事物,而不同时将它视为实在法规范,是不合适的,因为剥夺刚才提及的那种属性(也即实在性——译者注)将会导致这样的逻辑结论:基于它之上的实在法规范和规范体系同样没有实在性”。这种反对意见是错误的,因为某个法秩序的实在性并不基于基础规范之上,并不从后者那里推导出来。从基础规范中只能推导出某个实在的——也即事实上被制定且大体上有实效的——强制秩序的客观效力。实在性体现在规范的事实上的制定和实效之中。塔姆洛假定,基础规范属于这样的规范,“它们**默示地**存在于制定法文本以及习惯法的表述形式之中,且在对实在法材料进行加工时可以从中建构出来”。前文说明了,为什么基础规范不能被视为是在制定规范的意志行为尤其是在立宪行为中一并**制定了的**。真相只是,制定规范的机关预设了基础规范,如果它要将立宪行为以及根据宪法实施之行为的主观意义诠释为客观有效之规范的话。

帕特森(Edwin W. Patterson, *Jurisprudence. Men and Ideas of the Law*. Brooklyn, The Foundation Press, Inc., 1953, S. 262ff.)反对基础规范理论,认为:“宪法是有效的且依照它创造的法律也是也有效的……这一假设最终不仅依赖于创造宪法之官员的政治权威,也

这种基础规范不可能是被意愿的，因而也同样不可能是一种被法律科学（被进行法律科学研究的主体）所意愿的规范，而这一规范（更正确的说法是：对它的陈述）对于证立实在法规范 365
之客观效力来说在逻辑上是不可或缺的，所以它只能是一种被设想出来的规范，即这样一种规范：如果某个大体上有实效的 366
强制秩序被诠释为一个有效法律规范的体系，它就要被作为预设。因为基础规范不是被意愿的、同样也不是被法律科学所意愿的规范，而只是被设想出来的规范，所以法律科学在确认基 367
础规范时并没有扮演制定规范的权威。它没有规定，人们应当服从立宪者的命令。当它从认识论上确认，基础规范是将立宪行为的主观意义以及根据宪法实施之行为的主观意义诠释为

依赖于那些现在维持和坚守宪法的人的政治权威。它处于宪法或依照它创设之规范之外。"宪法以及据此被创设之规范是有效的，这一假设终究不依赖于立宪者的权威。因为宪法有效的假设等同于这一假设：立宪者是"权威"，是最高的法律权威。基础规范要回答的问题是，这一权威的基础何在。在此意义上，它确实"处于宪法之外"。维系（"维持和坚守"）宪法的人是谁？只能是制定宪法的人，以及适用这部宪法的人，因为他们在根据这部宪法创设规范并适用这些规范。这里体现了宪法以及根据它创设之法秩序的实效。帕特森显然指涉的是这种实效。基础规范将这种实效作为效力的一个条件。帕特森进一步说："法律体系的政治权威……同样依赖于现有的政治状况。"通过这一主张，他指涉的同样是法秩序的实效。正如纯粹法学说强调的，它是效力的条件而非理由。帕特森说："总的来说，如果人们必须要对此作简单说明，即是什么使一种纸面上的权力计划成为或变成有效的权力计划，那么奥斯丁和边沁的'服从习惯'看起来要比基础规范更高。"这清晰地说明，帕特森看到的问题是法秩序拥有实效的原因问题，而根本就不是效力的理由这一与之不同的问题。他的争辩并没有命中目标。

帕特森反对（S. 390）将基础规范视为先验逻辑预设，他认为："凯尔森的理论并没有告诉律师或官员，在创设新的法律时应追求什么样的目标。它缺乏一种法律价值论……"但即使是在这一方面，与康德的先验逻辑也是类似的。就像认知自然现实的先验逻辑条件决不能确定自然法则的内容那样，基础规范也不能确定法律规范或描述法律规范之法律命题的内容。就像人们只能从经验中获得自然法则的内容那样，人们也只能从实在法中获得法律命题的内容。基础规范并不会为实在法规定特定的内容，就像经验的先验逻辑条件也不会为这种经验规定某种内容那样。这里恰恰体现了康德的先验逻辑与他所拒斥的形而上学观点之间的区别，以及纯粹法学说与一种（自然法学说式的）形而上学的法理论之间的区别。

它们的客观意义(诠释为有效的规范,即便是被它们自己如此诠释的)*的条件时,它也依然是一种认知。

纯粹法学说并没有用它的基础规范理论来开创出一种新的法律认知方法。它在这么做时,只是提醒人们意识到了所有法律人都在做的事(大多数时候是无意识的):它并不将前面提及的构成要件理解为由因果规律来确定的事实,而是将它们的主观意义诠释为客观有效的规范并作为规范性法秩序,但同时并不将这一秩序的效力追溯至某个位阶更高的元法律——也即追溯至由某个地位高于法律权威之权威制定的——规范;
368 它将法仅仅理解为实在法。基础规范学说只是对这一程序进行分析的结果,它运用了迄今为止的实证主义的法律认知。

e)法秩序的逻辑统一性;规范冲突

因为基础规范是所有属于同一个法秩序之规范的效力基础,所以它构成了这些众多规范的统一性。这种统一性也体现在,某个法秩序可以用相互不矛盾的法律命题来描述。当然不能否认,法律机关事实上有可能会制定彼此冲突的规范。这意味着,它们制定了主观意义为应然的规范,当这也要被诠释为客观意义时,且当它们要被视为规范时,这些规范就彼此发生了冲突。当一条规范规定应当做某个行为,而另一条规范规定

---

* 对于"是谁预设了基础规范"这一问题,纯粹法学说的回答是:是总是将立宪行为以及根据宪法实施之行为的主观意义诠释为它们的客观意义(诠释为客观上有效的规范)的人。这种诠释发挥的是认知功能,而非意志功能。因为法律科学作为知识只是描述规范,而非规定任何东西,也即不能制定规范,所以我有时("Was ist ein Rechtsakt?" Österreiche Zeitschrift für Öffentliches Recht,4. Bd. ,1952,S. 271)也表达过对这一假设的质疑:基础规范同样被法律科学所预设。这一质疑可以被本书中所展示的这一差别——制定某个规范与预设某个规范之间的差别——体现的洞见所消除。

应当做某个与此不相容的行为时，就出现了这种规范冲突。例如，当一条规范规定，离婚应当处以刑罚，而另一条规范规定，离婚不应当处以刑罚时，或者当一条规范规定，盗窃应处以死刑，而另一条规范规定，盗窃应处以监禁(不应处以死刑)时，就是如此。正如前文已经说过的，* 这种冲突并非严格意义上的逻辑矛盾，虽然人们习惯于说，两个规范相互“矛盾”。因为逻辑原则尤其是矛盾律适用于有真假的命题；而两个命题间的逻辑矛盾体现在，只有两个命题中的一个才可能为真；当 369 其中之一为真时，另一个必然为假。然而，规范既非真也非假，而是有效的或无效的。但描述某个规范秩序的命题，即根据这一秩序特定规范有效，尤其是描述某个法秩序的法律命题，即根据这一法秩序在特定条件下应当实施或不应当实施特定的强制行为，可以——正如所指明的——为真或假。因此，一般意义上的逻辑原则和特殊意义上的矛盾律可以适用于描述法律规范的法律命题，故而也可以间接适用于法律规范。故而说两个法律规范彼此“矛盾”并不是不合情理的。因此，两条规范中只有一条才能被视为客观上有效。A 应当存在同时又不应当存在，与 A 存在同时又不存在，是一样无意义的。规范冲突与逻辑矛盾一样显现出某种无意义的状态。

但因为对法的认知——如同一切认知一样——将其对象理解为有意义的整体，并用无矛盾的语句来加以描述，所以它的出发点在于这样一个假设：向它给定——更正确的说法是交付给它——的规范材料内部的规范冲突可以也必须通过解释来解决。因为法秩序的结构是规范间的一种上下位阶式的阶

---

* 参见本书第 96 页以下。

层构造(高位阶规范决定了低位阶规范的创设),所以某个法
370 秩序内的规范冲突问题可以根据涉及的是同一位阶规范之间的冲突,还是一个高位阶的规范与一个低位阶的规范之间的冲突,通过不同方式来提出。这里首先只来考虑同一位阶的规范之间的冲突。如果涉及的是同一个机关在不同时间制定的一般规范,那么后制定之规范的效力就将废止先制定的、与之相矛盾的规范的效力,依据是**新法优于旧法**(*lex posterior derogate priori*)这一准则。因为制定规范的机关——如君主或议会——通常被授权去制定可变更因而可废除的规范,所以**新法优于旧法**的准则假定被一并包含在这种授权之中。当彼此冲突的规范由两个不同的机关制定时,例如当宪法授权君主和议会通过一般规范来调整同一个对象时,或者当立法和习惯都被设定为创设法的构成要件时,也可能会适用这一准则。彼此冲突的规范可能被同时制定,也就是通过同一个行为且由同一个机关被制定,以至于**新法优于旧法**的准则不能被适用;故而当同一部制定法中存在两个相互矛盾的规定——如一个是离婚者应处以刑罚,另一个是离婚者不应处以刑罚;或者一个是犯制定法规定之违法行为者应当处以刑罚,另一个是14周岁以下者不得处以刑罚——时,就是如此。如此一来就产生了
371 如下解决冲突的可能:要么可以这样来理解这两个规定,即要留待被授权适用这部制定法的机关(如法院)在这两个规范之间加以选择;要么当——正如上述第二个例子所说明的——这两个规范只有部分相矛盾时,一个规范将限缩另一个规范的效力。描述法的法律命题说的并不是如果某人离婚,他就应被处以刑罚**且**他不应被处以刑罚,而是如果某人离婚,他就应被处以刑罚**或**他不应被处以刑罚;不是犯制定法规定之违法行为者

应被处以刑罚且 14 周岁以下者不应被处以刑罚,而是除 14 周岁以下者外,犯制定法规定之违法行为者应被处以刑罚。假如这两种解释都不可行,立法者就规定了某种无意义的内容,就出现了某个无意义的规范制定行为,故而也终究不存在这样的行为,它的主观意义可以被诠释为它的客观意义,故而也就没有出现任何客观上有效的法律规范;尽管这一行为是根据基础规范来实施的。因为基础规范并没有赋予每个行为以某个有效之规范的客观意义,而只是赋予这样一种行为以这种意义,它具有这种主观意义:人们应当以特定方式来行为。行为必须——在这种规范意义上——是有意义的。如果它具有另一种意义,例如某个命题(如一种在制定法中被阐明的理论)的意义,或者根本就不具有任何意义(如果制定法包含着毫无意义的语词或彼此不相容的规定),那么就不存在任何可以被诠释为客观意义的主观意义,也就没有出现任何其主观意义能通过基础规范得以正当化的行为。冲突也可能存在于两个个 372
别规范,如两个司法裁判之间,尤其是当这两个规范由不同机关制定时。一部制定法可能会授权两家法院就同一个案件作出裁判,但却没有赋予其中一家法院的裁判权力,去废止另一家法院的裁判。这虽然是一种十分不完备的法律技术,但并不是不可能的,而有时恰是如此。如此一来就有可能出现这样的情形,即一名被告人被一家法院判决有罪,而被另一家法院无罪释放。也就是说,他根据一个规范应被处以刑罚,而根据另一个规范则不应被处以刑罚;或者这样的情形,即一家法院支持某个诉讼请求,而另一家法院则驳回了同一个诉讼请求。也就是说,根据一个规范应当强制执行被告的财产,而根据另一个规范不应当强制执行被告的财产。这种冲突要这样来解决,即让执行机关选择来遵照哪个裁判;也就是说,是实施还是不实施这一刑罚或民事强制执行行为,是遵照这个还是那个个别规范。如果强制行为(其中一个规范规定它应当被实施)被实施,那么另一个规范就会持久无实效并丧失其效力;如果这一强制行为未被实施,如果宣告被告人无罪释放或驳回诉讼请求的规范被遵照,那么规定这一强制行为应被实施的另一个规范就会持久无实效并丧失其效力。这种诠释是合乎基础规范的。因为基础规范规定:强制应在这种条件下并以这种方式被
373 行使,就像它在大体上有实效之宪法以及根据这一宪法制定的、大体上有实效之一般规范和有实效的个别规范中被确定的那样。实效作为效力的条件被规定在基础规范之中。如果同一个司法裁判中存在冲突(原因基本上是法官发生了精神紊乱),那么这也同样是一种无意义的行为,故而——如前面所说明的那样——根本就不存在任何客观上有效的法律规范。故而基础规范使人们有可能将交付给法律认知的材料诠释为有意义的整体,而这意味着以相互间在逻辑上无矛盾的语句来加以描述。

在某个高位阶的规范与某个低位阶的规范之间,也即是某个规定另一个规范之创设的规范与这另一个规范之间不可能存在冲突,因为这个低位阶规范的效力基础在于那个高位阶规范。如果某个低位阶规范被视为是有效的,那么它就必须被视为符合某个高位阶规范。至于何以如此,我们将在阐述法秩序之阶层构造时再来说明。*

---

* 参见本书第 278 页及以下。

f)合法性与效率

当某部宪法没有以合乎宪法的方式被变更,而是以革命的方式被另一部宪法所取代时,当直接基于此宪法的整个法秩序的存在——也即它的效力——存疑时,基础规范的意义就体现 374
得尤其明显。

正如在前文中详述过的,某个规范的效力范围,尤其是它的时间效力范围可以受到限制。也就是说,其效力的起点和终点可以由它自己或另一个位阶更高的、调整其创设的规范来确定。只要某个法秩序之规范的效力没有以合乎这一法秩序之规定的方式被终止,它们就是有效的。由于法秩序调整着其自身的创设和适用,所以它确定了属于它的法律规范之效力的起点和终点。成文宪法通常包含着只涉及它自己如何被变更之程序的特殊规定。某个法秩序的规范直到它的效力以这一法秩序规定的方式被终止或者被这一法秩序的另一个规范的效力所取代为止都有效,这一原则是合法性原则(Prinzip der Legitimität)。

然而,这一原则只能十分有限地适用于国家法秩序。它不适用于革命的情形。广义上的革命(包括政变在内)指的是任何不合法的,也即不合乎宪法规定的宪法变更或者用另一部宪法取代它。从法学的立场来看,这种法律状况的改变无论是通过对合法政府的暴力夺权还是通过这一政府的成员自身引发的,无论是通过民众的群众运动还是通过一小群人引发的,都
无所谓。关键在于,现行宪法是以迄今为止有效的宪法没有规 375
定的方式来变更的或者是被一部新宪法所完全取代的。通常在一场这种意义上的革命之后,只会废除旧宪法以及某些具有政治重要性的制定法。就像人们习惯于说的,旧宪法之下颁布

的大部分制定法都会保留其效力;但这是一种不正确的表述。如果这些制定法在新宪法之下被视为有效,那么只能是因为革命政府明示或默示地让它们在新宪法之下生效。这里所发生的并不是完全新创一种法,而是通过另一个法秩序来继受了某个法秩序的规范;例如,德国法继受了罗马法。但即便是这种继受也同样是法的创设。因为在新的、通过革命建立的宪法之下被继受之法律规范的直接效力基础不可能再是旧的,已被废除的宪法,而只可能是新的宪法。这些规范的内容虽然没变,但它们的效力基础已经改变了,并且不仅是这些规范,而且整个法秩序的效力基础都已经改变了。随着新宪法开始具有实效,基础规范——也即这种预设,根据它能将立法构成要件以及根据宪法设定的构成要件诠释为创设法律规范和适用法律规范的构成要件——发生了改变。例如,如果旧宪法具有君主专制的性质,而新宪法具有议会共和制的性质,那么描述基
376 础规范之法律命题说的不再是应当在此条件下、依此方式来实施强制行为,即像在旧的、不再有实效的宪法中所规定,故而像在根据这部宪法行使职权之专制君主及其委任的机关所创设和运用之一般规范和个别规范中所规定的那样,而是应当在此条件下、依此方式来实施强制行为,即像新的宪法中所规定,故而像在根据这部宪法选出的议会及其通过规范委任之机关所创设和运用之一般规范和特别规范中所规定的那样。新的基础规范不可能——像旧的基础规范那样——将特定个人视为专制君主,而是将由民众选出的议会视为法律权威。根据某个国家法秩序的基础规范,有效率的政府(它根据一部有实效的宪法制定了有实效的一般规范和个别规范)就是合法的国家政府。

基础规范随着被诠释为创设和适用有效的法律规范之构成要件的变化而变化。基础规范只涉及这种宪法,它通过某个立法行为或习惯在事实上被制定,并具有实效。如果根据某部宪法制定的规范大体上被适用和被遵守时,这部宪法就是有实效的。从这一刻开始——因为旧宪法已丧失其实效,而新宪法已具有实效。也就是说,一般规范不再由依据旧宪法有权能的君主而是由依据新宪法有权能的议会来创设,不再是由君主,而只是由议会颁布的制定法才被根据这些制定法(而非根 377
据君主颁布之制定法)任命的机关来适用——那些具有创设或适用法律规范之主观意义的行为不再在旧的基础规范,而要在新的基础规范之前提下被诠释。在旧宪法之下颁布但没有被继受的制定法不再被视为是有效的,根据旧宪法任命的机关不再被视为是有权能的。假如革命没有成功,也就是说,如果革命的——并非根据旧宪法产生的——宪法不具有实效,如果它规定的机关没有颁布任何这样的制定法(它们被这些制定法规定的机关在事实上所适用),而是旧宪法在此意义上保持了实效,那么就没有任何理由预设一个新的基础规范来取代旧的基础规范。继而,革命就不能被诠释为一种创设新法的程序,而要——根据旧宪法以及基于此仍被视为有效的刑法——被诠释为叛国罪。这里所运用的原则被称为效率原则(Prinzip der Effektivität)。合法性原则受到效率原则的限制。

g)效力与实效

这种限制显现了对于实在法理论而言非常重要的、在前文中已多次强调过的法的效力与实效(Geltung und Wirksamkeit des Rechts)之间的关联。正确地确定这种关系属于实证主义 378

法理论中最重要的同时也是最困难的问题。它只是法律规范之应然与自然现实之实然间关系的一种特殊情形。因为制定某个实在法律规范的行为同样也是——就像法律规范之实效那样——一种实然事实。实证主义的法理论的任务在于,在两个都站不住脚的极端之间发现正确的中间道路。一个极端是这个命题:在作为应然之效力与作为实然之实效之间不存在任何关系,法的效力完全独立于它的实效。另一个极端是这个命题:法的效力等同于它的实效。前一种解决问题的办法倾向于一种理想主义的理论,而后一种解决问题的办法倾向于一种现
379 实主义的理论。* 前者是错的,因为不能否认,假如某个法秩序

---

* 这种现实主义理论的典型例子是阿尔夫·罗斯的著作《迈向一种现实主义法理学》(参见本书第 24 页以下,脚注 *)。罗斯试图将效力和实效的二元论作为"现实"(reality)和"效力"(validity)的二元论来克服。但这种努力导向了一种自相矛盾的理论。罗斯(就像他自己认为的那样)的出发点在于这样一种假设:法律科学的目标在于认知事实上的人类行为,因此是心理学和社会学:"我从这一假设出发,即法律科学属于人类行为学说的一个分支,因此现象必须要在心理学和社会学的领域中去寻找"(第 78 页)。如此一来,罗斯就预设了他通过其"现实主义的"法理论想要证明的东西:在描述法——或者像罗斯所说的那样,即法律现象——时不可能存在什么实然与应然、**现实**和**效力**的二元论,因为法律现象仅仅具有实然和现实的性质,法不是应然,因而不是具有效力的规范,而只是事实行为。因为"效力"只能由某个应然规范而非某个实然事实陈述出来,所以罗斯就能够在他所接受的前提——但也只能在此前提——之下主张,不存在什么像"效力"这样的东西来作为规范的特殊存在:"在其字面含义上,在与现实相协调之'存在'这种范畴或领域意义上的效力是胡说八道:效力(价值或义务)不是什么客观的或可想象的东西,它没有意义,仅仅是一个语词"(第 77 页)。罗斯相信能揭露出,法律规范之客观应然效力这一概念是对某些心理学事实的"错误的"、"认识论上不可能的"甚至是"无意义的"理性化(第 89、91、95 页),他将这种做法称为"行为态度"或"行动的动力"(第 77、81 页)。

这一观点的不可避免的结论是,"效力"的概念不能被法的概念所接纳,法不能被描述为有效规范的体系,而必须被描述为人类行为之事实活动的集合,就像在罗斯的"现实主义"法理论之前早就被其他自称为现实主义的理论所试图去做的那样。但罗斯坚决拒绝这些尝试。对于这些理论将法理解为纯粹事实的尝试,他认为:"这会导致法概念的完全分裂。因为会出现这样的问题:法这种社会行为如何能精确界分于所有其他社会行为。如果不回到它试图避免的效力的概念,就无法进行这种界分"(第 49 页)。罗斯进一步主张,将效力的概念排除于法概念之外就是消除了特殊的法律要素,也即固有的要素,

不再具有实效，那么它在整体上连同属于它的具体法律规范都会丧失其效力；而只要实在法律规范为了具有效力必须由某个 380

关键的标准在于那些构成法律科学之研究对象的行为，“仅仅通过从法概念中驱逐所有的效力概念是无法获得一种真正的现实主义的法律学说的。那将意味着不可避免地驱逐法律的特殊要素，它恰恰是构成法学研究对象的那部分人类行为的决定性标准”（第 145 页）。因而罗斯必须承认，他的现实主义法学说的目标不在于取消效力的概念，而只是在于对这一概念作新的解释。“我们决定法概念时的目标不在于驱逐规范性观念，而在于对它们作不同的解释，解读其本意，表达出某些特殊的心理—物理经验（它们是法律现象的基础要素）”（第 49 页）。

罗斯同样不否认，“效力”一词指称出了法概念的本质性要素，他强调不能将规范性观念排除于法概念之外。“规范性观念”只可能意味着一种与实然事实相对立之应然规范的观念。但罗斯主张，对于法而言具有本质性的“效力”要素并不是一种“应然”，也即并非某种规范性的东西，而是一种实然事实，即这种心理学事实：生活于某个法秩序之中的人将制定法的机关视为“权威”（因为认为其有制定法的权能）。“强制执行法的权威……必须被当作权威，或他们拥有**法律权能**来建立法和行使强制力”（第 80 页）。换言之，被人们称为对于法而言具有本质性的“效力”要素、称为其规范性质的，是这一实然事实：人们将法视为是一种规范秩序，它的规范具有客观效力。这种观点被罗斯称为“中立的行为态度”。对它进行理性化的就是客观效力的概念。如果这种理性化——像罗斯强调的那样——是错误的，那么相信法律制定机关之权威或权能，以及法是客观上有效之规范的观点就也必然是错误的。除了这一事实——人们担心法秩序规定的强制行为即制裁（会加于己身）（罗斯称这一事实为“利益导向的行为态度”）——外，罗斯将“中立的行为态度”视为守法者的一个动机，也即视为法具有实效的一个原因。如果人们接受这一理论，就必须认定法是那种由错误的观念——人们应当以符合某个客观上有效之规范秩序的方式来行为——所造成的人类行为。

对于这一理论可以反对认为，如果人们用“错误”相信应然效力这一实然事实来取代应然效力，那么就不是——像罗斯主张的那样——重新解释了效力的概念，而是取消了它，也就是恰恰做了罗斯认为是错误的事：“驱逐了规范性观念”或“从法概念中驱逐所有的效力概念”，而完全以另一个概念取而代之，后者不能也被称为“效力”，因为这具有误导性。但罗斯不认为排除应然效力的概念——他在其理论中就是这么做的——与其理论相矛盾，因为他从根本上承认，离开应然效力之概念的帮助，人们就不能确定法的概念，但却基于某种原因消除了这一观点。

如果效力，也即被罗斯称为“效力”的心理—逻辑事实，即相信制定法律机关的权威或权能（“对权威的信仰”“中立的行为态度”），故而相信人们应当以符合作为客观有效之规范的法的方式来行为——正如罗斯所主张的——构成了法概念的本质要素，那么当出现法律现象时就必然一再出现这一事实。但实情显然并非如此。在许多人们采取合法行为——这类事实行为体现了法律现象，如果法不是规范，而是事实上的行为的话——的情形中，行为的动机并不是上述信念；因为对于采取合法行为的人来说，大多数时候压根就没有意识到制定法律的机关是否具有“权能”这一问题。在许多情形中，他们采取合法行为的动机既不是相信法律制定机关的权威，也不是担心受到法

381 实然行为来制定,那么在法律规范的应然与自然现实的实然之
382 间就同样具有关系。后一种解决办法也是错的,因为不能否

的制裁,而仅仅是担心受到上帝的制裁;而在大量的情形中,只是出于避免某些社会不利后果(它们事实上与违法行为联系在一起,但不具有法律制裁的性质;如在不清偿债务时会丧失信用,或在从事谋杀、盗窃、欺诈和其他违法行为的情形中会被逐出社会)的愿望。但是,如果法是事实上的行为,也即合法行为,而合法行为的动机绝非总是被罗斯称为"效力"的实然事实的话,那么这种"效力"就不可能是法概念的本质要素。作为法概念的本质要素,"效力"不外乎是"应然"效力。罗斯拒绝了纯粹法学说所主张的要求,即法概念必须把握法针对个人(它调整着他的行为)所具有的意义,因此必须被认定为应然规范;因为——罗斯如此主张——"应然"并非真正的意义,而只是被伪称的意义。但他同时又说:"然而,借此我的意思并不是说,法律命题——就像某些人相信的那样——可以被重新解释为关于未来(可能)会发生什么的(以陈述句模态来表达的)陈述。事实上,这会忽视关于'什么是有效的'的法律命题的倾向"(第 106 页)。但如果法不是应然,不是规范,而是实然(现实),因而是事实上的行为,那么关于法的陈述(只要它关涉行为)就只可能是关于未来可能会发生之行为的陈述。"法律命题的倾向"是关于法的陈述的意义。如果这种陈述的意义取向于"什么是有效的",那么它就不可能是关于某种事实的陈述,因为实然事实是不会有效的。它只可能是关于某个应然规范的陈述,不是人们以错误的方式相信应当合法行为这一陈述,而是他们应当合法行为这一陈述。

但是,客观应然效力是法概念的本质要素,并不意味着这种效力真的存在,并可以像某个对象的可以通过感官来察觉的属性那样被确认。在这一点上,罗斯是对的,因为他从一种只取向于现实的心理学—社会学观察出发指出,**效力**不是"某种客观给定的东西"(第 77 页)。但他并没有说出什么纯粹法学说——尽管是从它取向于应然之观察的立场出发的——没有主张过的东西。因为它重点强调过,法拥有客观效力(也就是说,制定法律之行为的主观意义也是其客观意义)这一命题只是对这一行为的一种可能的(只在特定**前提**下是可能的)而非必然的诠释,完全有可能不赋予法律制定行为这种意义。但这不是认为法的客观应然效力这一概念是对相信法律制定机关之机关或权能的错误理性化的理由。这一概念——如果它是法概念的本质要素的话——不是对这种信念的理性化,因为在大多数存在"现实主义"理论意义上之法律现象的情形中,这种信念压根就不存在。而这种理性化——如果它终究是一种理性化的话——也不是错误的。因为只有当被理性化的信念错误时,当一种错误的信念出现时,它才有可能是错误的。但根本就不存在什么错误的信念(如就像相信上帝存在的情形那样)。因为相信法律制定机关的权威,也即相信法的客观应然效力,并不是相信存在某种并不存在的实体。它是对现实行为之意义的特定诠释。这种诠释不可能是错误的,它只可能是没有根据的。但当人们(就像纯粹法学说指明的那样)预设某个基础规范(它将法律制定行为的主观意义正当化为它们的客观意义)时,它就是有根据的。罗斯称为"错误的理性化"的东西,不外乎是纯粹法学说确认过的客观法律效力的有限性。

认——就像前文所指明的那样*——存在大量的情形,在其中 383
法律规范被视为是有效的,尽管它没有实效或尚未具有实效。纯粹法学说建议的解决问题的办法是:就像应然规范作为制定它的实然行为之意义不等于这一行为那样,某个法律规范的应然效力不等于它的实然实效;法秩序整体上的实效和某个具体法律规范的实效都是——就像规范制定行为那样——效力的条件,而实效在此意义上构成了它的条件,即当某个作为整体的法秩序和具体的法律规范不再具有实效时,它们也就不再被视为是有效的。同样,某个法秩序的实效就像制定它的事实那样都不是效力的理由。效力的理由,也即对这一问题的回答:为什么要遵守和适用这一法秩序的规范,是被预设的基础规范,据此人们应当以符合某个事实上被制定且大体上有实效的
宪法,因而符合根据这部宪法事实上被制定且大体上有实效的 384
规范来行为。制定和实效在基础规范中被当作条件;这里指的是这种意义上的实效,即它必须加入制定之中,以便法秩序整体如同具体法律规范那般不会丧失其效力。条件与被它所限定的事物不可能是等同的。例如,人为了生存必须出生;但为了能继续生存,必须要满足其他条件,例如他必须获得营养。但生存既非与出生相等同,也非与获得营养相等同。

在证立某个法秩序之效力的规范三段论中,陈述出基础规范的应然语句“人们应当按照事实上被制定且具有实效的宪法来行为”构成了大前提;陈述出事实的实然语句“宪法事实上被制定了且具有实效(根据它制定的规范大体上被适用和遵守)”构成了小前提,而应然语句“人们应当按照这一法秩序

* 参见本书第 14 页以下、第 114 页。

去行为(这一法秩序有效)”构成了结论句。某个实在法秩序有效,是**因为**构成创设它的基本规则的基础规范被预设为有效,而不是因为它有实效;但只有**当**(也仅仅当)这一法秩序有实效时,它才有效。只要宪法也即基于它制定的法秩序整体丧失其效力时,法秩序甚至它的每个具体规范都会丧失其效力。

385 但法秩序不会因为某个具体法律规范丧失了它的实效(压根就不被适用,或在具体情形中未被适用)就丧失其效力。当某个法秩序的规范**大体上**有实效时,也即事实上被遵守和适用时,它就被视为是有效的。同样地,当某个具体法律规范只是在具体情形中没有实效,也即没有被遵守或适用(尽管它应当被遵守和适用)时,它也不会丧失其效力。就像在其他地方强调过的,被某个规范规定为应当之事与事实上发生之事之间的对立可能是必不可少的,一个规范只将人们从一开始就知道根据自然法则必然会发生之事规定为应当之事的规范是无意义的。也就是说,这类规范不会被视为有效的规范。但另一方面,如果一个规范从未被遵守或适用过,那么它同样不会被视为是有效的。事实上,法律规范会因长久未被适用或遵守——通过所谓的**废弃**(*desuetudo*)——丧失其有效性。**废弃**就好比是一种消极的习惯,它的根本功能在于废止某个既有的规范的效力。如果习惯终究是一种创设法的构成要件,那么制定法就同样可以被习惯法所毁损。如果上文所提出之意义上的实效不仅构成作为整体之法秩序的效力条件,而且也构成具体法律规范的效力条件,那么至少当考虑到**废弃**的消极功能时,习惯创设法的功能就不能被立法排除掉。

刚才所展示的效力与实效之间的关系涉及的是一般法律
386 规范。但是,就像前面提到的两个司法裁判之间相互冲突的情形所证明的那样，* 当个别法律规范（它规定了一次性的强制行为，就像司法裁判或行政决定那样）因持久未被执行故而没有实效时，它们就会丧失其效力。

实效是效力的条件，而不是效力本身。这一点必须被重点强调，因为一再有人尝试将法的效力等同于它的实效；而人们之所以会被诱使去做这种等同，是因为这种等同看起来会从根本上简化理论处境。但这种尝试必然会失败。这不仅是因为——正如从前文所说显而易见的是——某个相对无实效的，也即在某种程度上无实效的法秩序或法律规范，也可以被视为有效，而某个绝对具有实效的规范（它绝对不能被违反）会被视为无效（因为根本就不被视为是规范）；而且尤其因为，如果人们主张法的效力（法的特殊存在）是任何自然的现实，那么人们就无法把握住这种固有的意义——法通过它指向现实，也恰恰如此才能和与之相符或相矛盾的现实（只有当这种现实与法的效力不等同时才有相符或相矛盾的问题）相对立。正如不可能在确定效力时不考虑实效，也不可能将效力与 387
实效相等同。如果人们用权力的概念来替代实效的概念（作为法秩序的实效），那么法秩序之效力与实效之间的关系问题就相当于是——熟悉得多的——法与权力之间的关系问题。如此一来，这里所尝试的解决办法就只是对这个古老真理进行了学术上更精致的表述而已：虽然法无法离开权力而存在，但它也不等同于权力。它是——在这里所提出的意义上——一种特定的权力秩序（或社团）。

---

* 参见本书第 258~260 页。

h)国际法的基础规范

如果人们同样将国际法秩序及其与具体国家法秩序之关系考虑进来,那么就会——像经常做的那样——假设,如果只有当国际法被某个国家——被其政府基于国家宪法——所承认时,它相对于这个国家才有效(如果终究有效的话),那么对于法的效力基础问题迄今为止的回答——它是一种被预设的、关涉某部有实效之国家宪法的基础规范——就依然成立。因为如此一来,国际法就只被认为是拥有主权之国家法秩序的一个组成部分,它的效力基础是关涉有实效之宪法的基础规范。作为国家宪法的效力基础,它同时也是基于国家宪法的——对

388 于国家有效之国际法的——效力基础。但如果人们不将国际法视为国家法秩序的组成部分,而是视为一个高于所有国家法秩序的、在其效力范围方面与它们彼此界分的、本身极具有主权的法秩序,如果出发点不是具体国家法秩序的优先性,而是国际法秩序的优先性时,[*]情形就不同了。国际法秩序事实上包含着一个规范,它构成了具体国家法秩序的效力基础。因此,具体国家法秩序的效力基础可以在实在国际法中被找到。如此一来,是一个被制定的而不仅仅是被预设的规范构成了这一法秩序的效力基础。构成国际法的这一效力基础的规范通常会以这样的命题来描述:按照一般国际法,独立于其他政府且对特定土地上的人口实施了有效控制的政府构成合法政

389 府,在这个政府下生活于这片土地上的民众构成一个国家;且无须顾及,这个政府是基于某部此前已然存在的宪法,还只是

---

* 参见本书第 410 页及以下。

基于某部它自己通过革命建立的宪法来实施这种有效控制的。翻译为法律语言就是:一般国际法的某个规范授权某个人或某群人,基于某部有实效的宪法来创设和适用某个作为合法政府的规范性强制秩序;如此,它将这种强制秩序合法化为在其事实上之实效的领土范围有效的法秩序,并将由这一强制秩序构成之共同体合法化为国际法意义上的国家;在此无须顾及,政府是基于某部此前已然存在的宪法来合法获得政权的,还是通过革命的方式夺取政权的。根据国际法,这种权力被视为一种法律权力。这意味着,国际法将成功的革命合法化为法的创设程序。如果国际法的某个实在规范在适用于国家宪法(具体国家法秩序建立在其基础上)时被承认为具体国家法秩序的效力基础,那么基础规范的问题就转移了。因为如此一来,具体国家法秩序的效力基础就不再在于某个被预设的规范,而在于某个实在法上被制定的国际法规范;如此一来,就会出现这个规范的效力基础以及国际法秩序——这样一个规范是这一法秩序的组成部分:具体国家法秩序之权威建立在它的基础上,它构成了这个法秩序的直接效力基础(尽管不是终极的效力基础)——的效力基础问题。这种效力基础只可能是国际法的基础规范,它也是国家法秩序的间接效力基础。作为真正的基础规范,它不是被制定的而是一个被预设的规范。它构成了这样一种预设,据此,所谓的一般国际法——调整所有国家之相互行为且大体上有实效的规范——被视为对这些国家有拘束力的法律规范。这些规范以习惯的方式——它由这些国家事实上的行为(根据国家法秩序发挥政府职能的人的行为) 390
构成——被创设。它们之所以被诠释为对国家有拘束力的法律规范,是因为预设了这样一个基础规范,它将国际习惯(“诸国习惯”,Staatengewohnheit)指定为创设法的构成要件。它说的是:国家(国家的政府)在它们的相互关系方面应当以符合某个既有之国际习惯*的方式来行为。或者说,国家针对他国的强制应当在此条件下,以此方式来行使,就像某个既有之国际习惯的内容那样。这就是国际法的——法律逻辑意义上的——宪法。**

一般国际法的某个以习惯的方式被创设之法律规范,授权国家通过合同来调整它们相互之间的关系。以合同的方式被创设之国际法规范在这一以习惯法的方式被创设之规范中找到其效力基础。它同样被表述为这样一个语句:**契约应被遵守**(*pacta sunt servanda*)。国际法之被预设的基础规范(它将国家习惯指定为创设法的构成要件)表达出了这样一个原则(它是一切习惯法的基本预设):个人应当像他人(他们认为应当如此来行为)惯于行为的那样行为。它适用于国家间的相互
391 行为,也即是根据国家法秩序以特定方式被授予机关资格(也即政府机关资格)的人的行为。***

即便是国际法的基础规范,也没有肯认任何超越实在法的价值;同样不包括这种和平的价值,后者是由通过习惯被创设的一般国际法和基于合同法律规范被创设之特殊国际法所保障的。并非只有当国际法和——在其具有优先性的前提下——从属于它的具体国家法秩序实现了和平的价值时,它们

* 关于国际习惯的构成要件,参见本书第395页及以下。

** 至于为什么不能假定存在任何以习惯的方式创设的实在法规范(它们将国家习惯这一事实指定为创设法的构成要件),参见本书第283页以下。

*** 我拒绝许多学者——一开始也包括我自己在内——主张的学说,也就是将“契约应被遵守”视为国际法的基础,因为只有借助于这一拟制才能维系它:国际习惯是一种默示的契约。

才有效。而是只有当它们有效时,它们才能实现这一价值;而当人们预设了这一基础规范——它将国际习惯指定为创设规范的构成要件,无论如此被创设之规范可能具有何种内容——时,它们才有效。如果国家法秩序的效力基础要在国际法秩序的某个规范中被找到,那么后一秩序就要被理解为相对于前一秩序位阶更高,故而是最高的且是主权性的法秩序。虽然国家——这只是意味着,国家法秩序——被称为“拥有主权”,但国家的这种“主权”只是意味着,国家法秩序只屈从于国际法秩序,或者用惯常的术语来表达就是,国家是国际法直接(管辖的)共同体。

i)基础规范理论与自然法学说 392

如果实在法的效力基础问题——也就是为什么某个有实效的强制秩序之规范应被适用和遵守这一问题——的目标在于为这种强制秩序作伦理—政治上的辩护,也就是取向于这样一种固定的标准,据此某个实在法秩序可以被判断为公正的,因而是有效的,或是不公正的,因而是无效的,那么纯粹法学说所确认的基础规范就不能提供这样一种辩护,不能提供这样一种标准。因为正如已经提到过的,* 只有通过某个规范或规范秩序——实在法据其内容不仅可以与之相符,也可以与之不相符,也即既可能是公正的,也可能是不公正的——才能来为实在法进行辩护。但是,被纯粹法学说确认为客观法律效力条件的基础规范证立了每个实在法秩序——每个通过人类行为制定、大体上有实效之强制秩序——的效力。根据纯粹法学

* 参见本书第 87 页及以下。

说(作为一种实证主义的法理论),没有任何实在法秩序可以因被视为不符合其基础规范从而被视为无效。某个实在法秩序的内容与其基础规范完全无关。因为——正如必须强调的——从基础规范中只能推导出法秩序的效力,而不能推导出法秩序的内容。每个大体上有实效的强制秩序都可以被诠释
393 为客观上有效的规范秩序。没有任何实在法秩序可以因其规范的内容被剥夺效力。这是法律实证主义的根本要素;而恰恰是通过其关于基础规范的理论,纯粹法学被证明属于实证主义法学说。它将实在法——每个大体上有实效之强制秩序——描述成一种客观上有效的规范秩序,并确认,这种诠释只有在预设某个基础规范——据此,法律制定行为的主观意义也是其客观意义——的前提下才是可能的。从而它将这种诠释标识为一种可能的而非必需的诠释,并将实在法的客观效力展示为受限的(受到某个实在法秩序之基础规范限定的)效力。人们只能而非必须预设某个实在法秩序的基础规范。这意味着,人们可以将相关人际关系诠释为规范性的关系,也即诠释为由客观上有效之法律规范构成的义务、授权、权利、权能等,但不是必须这样做;人们也可以在无预设——不预设基础规范——的前提下将它们诠释为命令者与服从者或不服从者之间的关
394 系,这是社会学的而非法学的诠释。* 因为——正如指出

* 以前我为了阐明基础规范仅仅是可能而非必须被预设的曾举过一个例子:无政府主义者没有预设基础规范,但这是误导人的。无政府主义在情感上拒绝作为强制秩序的法,他不赞成它,他希望有一个无强制的、不由任何强制统治秩序构成的共同体。无政府主义是一种基于特定希望的政治立场。不预设基础规范的社会学诠释是一种理论立场。即便是一位无政府主义者也可以(作为法律人)将实在法描述为有效规范之体系,同时不赞成这一法秩序。一些教科书将资本主义法秩序描述为由义务、授权、权利、权能等构成的规范体系,法律人可以描述它,但同时在政治上不赞成这一法秩序。

的——基础规范作为在证立实在法之效力时被设想出的规范只是这种规范性诠释的先验逻辑条件，所以它不发挥任何伦理—政治的功能，而只发挥一种认识论功能。*

一种连贯的自然法学说与实证主义法学说的区别在于，它去与实在法有别的自然法中，故而去实在法在内容上可以与之相符或不相符的某个规范或规范秩序中寻找实在法（某个大体上有实效的强制秩序）的效力基础；故而当它不符合这一规范或规范秩序时，就必须被视为是无效的。因此，根据真正的自然法学说，并非——就像作为一种实证主义法理论的纯粹法学说主张的那样——每个大体上有实效的强制秩序都要被诠释为客观上有效之规范秩序。自然法与实在法（某个有实效 395
的强制秩序）之间的冲突可能性也包含了将这一强制秩序视为无效的可能性。只有当实在法（某个大体上有实效的强制秩序）在内容上不仅可以与自然法相符，也可以与之不相符，故而不仅可能是公正的，而且也可能是不公正从而是无效的时候，自然法才可能被用作对于实在法的伦理—政治价值标准，因而用作对实在法之可能的伦理—政治辩护。但这恰恰是自然法的根本功能。如果某个自称为自然法学说的法理论如此来表述构成实在法之效力基础的规范或规范秩序，以至于排除掉它与实在法之间的冲突，例如它主张，自然要求去服从每

---

* 因此，基础规范学说——就像它有时被错误理解的那样——是一种承认理论。这种理论主张，如果实在法被从属于它的个人所承认时，也就是说，如果这些个人愿意人们应当以符合实在法规范的方式来行为，那么它就是有效的。这种承认被认为是事实上存在的，如果没法被证明，那就是作为“默示的”承认起作用的。承认理论——有意或无意地——预设了作为自决之个人自由的理想，也即这样一个规范：个人只应当成为他自己想要成为的样子。这就是这种理论的基础规范。不难看出它与纯粹法学说所主张的实在法秩序之基础规范理论之间的差别。

个实在法秩序,无论这一秩序规定的行为是什么,那么它就自我放弃了作为自然法学说也即正义论(的地位)。从而它放弃了对于自然法而言具有根本性的一种伦理—政治价值标准的功能,从而也放弃了对实在法之可能的辩护。

根据实证主义法学说,实在法的效力在于某个基础规范(它不是被制定的而是一种被预设的规范,故而不是任何实在法——它证立了这种实在法的效力——规范),而根据自然法学说,实在法的效力也在于某个并非任何实在法——它作为这种实在法的价值标准起作用——规范的规范,这两者之间存在
396 某种从法律实证主义原则那里提炼出的界限;人们可以将实证主义法学说与自然法学说之间的差别称为仅仅是相对的而非绝对的。但是两者间的差别之大足以排除掉忽视这种差别的观点,即纯粹法学说所主张的关于基础规范的实证主义理论是一种自然法学说。*

j)自然法的基础规范

由于作为实证主义法理论的纯粹法学说及其确认的实在法的基础规范没有对这一法的正义或不正义提供任何标准,因此也没有对它进行任何伦理—政治的辩护,它很多时候被视为是不令人满意的。人们要寻找的是一种能将实在法判断为公正或不公正但首先是能够为其公正辩护的标准。只有当其展示的自然法规范(它将特定行为规定为公正的)具有它所声称的绝对效力时,也即是当它排除了将相对立之行为规定为公正

---

* 当我偶尔用“法律逻辑上的自然法”(rechtslogisches Naturerecht)这一——不是十分好的——表述时,我看到的是基础规范的认识论、而非伦理—政治功能。有关将纯粹法学说视为自然法理论的诠释,参见附录第 546~548 页。

的规范之效力时，自然法学说才能提供这样一种固定的标准。但自然法学说的历史证明并非如此。只要自然法学说开始着手确定内在于自然的、从自然中演绎出之规范的内容，它就会 397
陷入最尖锐的对立之中。它的代表们宣告的不是**一种**自然法，而是众多大相径庭、彼此矛盾的自然法。对于所有权和国体这些基础问题而言尤其如此。按照一种自然法学说的观点，只有个人所有权才是“自然的”即公正的，而按照另一种自然法学说，则只有集体所有权才是“自然的”即公正的；按照一种自然法学说，只有民主制才是“自然的”即公正的，而按照另一种自然法学，则只有独裁制才是“自然的”即公正的。每个与一种学说的自然法相符因而被判断为公正的实在法，都可能违反另一种学说的自然法因而被判断为不公正的。自然法学说——就像它事实上被提出而不可能以其他方式被提出的那样——远远不能提供对它所期待的那种固定的标准。

但即便是这一假设——自然法学说能为实在法效力基础的问题提供一种绝对的答案——也是基于幻觉之上的。这类学说认为实在法的效力基础在自然法之中，也即一种被自然设定为位居人类立法者之上的最高权威的秩序之中。在此意义上，自然法同样是被制定的也即实在的法，但不是由人类而是由超人类的意志制定的法。尽管自然法学说可以作为事实来主张说——即便它无法证明这一点——自然命令，人类应当以特定方式来行为，但由于事实不可能是某个规范的效力基础，所以逻辑上正确的自然法学说没法否认，只有当人们预设这一规范——人们应当服从自然的命令——时，与自然法相符 398
的实在法才能被诠释为有效的。这是自然法的基础规范。即便是自然法学说也只能为实在法之效力基础问题给出一种有保留的回答。如果它主张,“人们应当服从自然的命令”这一规范是可直接查明的,那么它就错了。这一主张是无法接受的,不仅在一般的意义上如此——因为它无法给出关于人类行为的可直接查明的规范,而且在特殊的意义上也是如此——因为这一规范与其他被主张可直接查明的规范相比还要不那么能够被直接查明。因为对于科学而言,自然是一个通过因果法则来确定的要素体系。它没有意志,因此也无法制定任何规范。只有当人们假定自然中存在上帝的意志时,规范才能被假定内在于自然之中。上帝通过作为其意志显现的自然——或者以任何其他方式——命令人类以特定方式来行为,这是一种形而上学的假定,一般意义上的科学与特殊意义上的法律科学都不能接受,因为科学认知不能将任何主张超越所有可能之经验的事件作为其对象。

35. 法秩序的阶层构造

a) 宪法

前文已反复提示过法的特性,即它调整着自己的创设。这可
399 能以此方式发生:某个规范只是确定了另一个规范被创设的程序。但有可能被创设之规范的内容——在某种程度上——也同时被确定了。因为就法的动态性而言,某个规范之所以有效,是因为也只因为它以特定的方式,也即由另一个规范确定的方式被创设,后者构成了前者的直接效力基础。调整另一个规范之创设的规范与根据规定被创设之规范之间的关系可以被展示为上位阶和下位阶的空间图像。调整创设的规范是上

位规范,根据规定被创设的规范是下位规范。法秩序不是一种同位阶的、彼此并立之规范的体系,而是一种不同层级之法律规范的阶层构造。它们的统一性是由此关联建立起来的,这种关联产生自:根据另一个规范被创设之规范的效力建立在另一个规范的基础上,后者的创设又由其他规范所确定;这种递归最终导向了——被预设的——基础规范。故而这种——在此意义上是——假言性的基础规范是最高效力基础,它促成了这种创设关联的统一性。

如果只考虑国家法秩序,那么宪法就构成了实在法的最高位阶。宪法在此只作实质意义的理解。也就是说,这个词只被理解为这样一个或多个实在规范,它或它们调整着一般法律规范的创设。宪法可以通过习惯,或者通过某个人或多个人的取 400
向于此的行为(立法行为)被创设。因为在后一种情形中它总是被记载于一部文件中,人们称为"成文"宪法,以区别于不成文的、通过习惯创设的宪法。实质宪法也可以部分由成文规范,部分由不成文的、以习惯的方式创设的规范来组成。不成文的、以习惯的方式创设的宪法规范可以被法典化;而如果这种法典化由某个法律创设机关来进行因而具有拘束性的话,就会变成一部成文宪法。

实质意义上的宪法必须区别于形式意义上的宪法,后者是一部被称为"宪法"的文件,它——作为成文宪法——不仅包含调整一般法律规范之创设(立法)的规范,也包含涉及其他政治上重要事项的规范,此外还有这样的规定,据此包含于这部文件也即宪法典中的规范只能在难度更大的条件下通过特殊的程序才能被废除或修正。这些规定展示了宪法的形式,它们作为形式能够容纳任意内容,并且主要被用于稳定化这里被称为实质宪法且构成整个国家法秩序之实在法基础的那些规范。

在现代国家法秩序中,实质意义上的宪法所调整的对一般
401 法律规范的创设具有立法的性质。宪法对它的调整包含关于被授权创设一般法律规范——制定法与法规——之(单数或复数的)机关的规定。如果法院被视为被授权也去适用习惯法,那么它必须要——完全与适用制定法那般——就此取得宪法的授权;这意味着,宪法必须将习惯[它由服从于国家法秩序之个人——国民(或臣民)——的习惯性行为构成]设定为创设法的构成要件。如果法院对习惯法的适用被视为是合法的,尽管成文宪法并不包含这类授权,那么这种授权——就像我们随后会看到的那样*——并不是由不成文的、经由习惯形成之宪法中的某个规范给出的,而必须是**被预设的**,就像必须预设成文宪法具有客观上有拘束力之规范的性质,如果根据它颁布的制定法和法规要被视为有拘束力的法律规范的话。如此一来,基础规范——作为法律逻辑意义上的宪法——不仅将立法者的行为,而且将由服从于根据宪法创设之法秩序的主体之行为构成的习惯也设定为创设法的构成要件。

国家宪法——作为成文宪法——可以特殊的宪法形式出
402 现,也即不像普通制定法那样被废除或修正,而是在难度更大的条件下通过特殊的程序才能被废除或修正。但并不必须如此;如果压根就不存在任何成文宪法,如果宪法以习惯的方式(也即通过服从于国家法秩序之个人的合乎习惯的行为)来产生且也没有被法典化,那么情形就非如此了。如此一来,具有

---

* 参见本书第283~284页。

实质宪法性质的规范也可以通过普通制定法或习惯法来废除或修正。

有权颁布、废除和修正特殊形式意义上之宪法文件的机关有可能不同于有权颁布、废除和修正普通制定法的机关。例如,前面提到的那种功能可能会被委托给一个特殊的、在组成和选举程序方面都与有权行使后面提到的那种功能的机关不同的机关,比如一个制宪议会(更准确的说法是,制定宪法文件的议会)。但在多数情况下,两种功能都由同一个机关来行使。

调整一般规范之创设的宪法同样可以确定未来制定法的内容;而实在宪法这么做的绝非少数,它们会规定或排除掉某些内容。在前一种情形中,多数情况下只是对有待颁布之制定法的预告,而非负担颁布这类制定法的义务,因为至少出于法律技术方面的原因,就不能将某项制裁联结于不颁布具有被规定之内容的制定法(的行为)。相反,更有效的做法是通过宪
法排除特定内容之制定法。构成现代宪法之典型组成部分的 403
基本权利与自由权目录在本质上与不让这类制定法出现的努力没有区别。更有效的做法是,当这类制定法——如一部违反所谓的人身自由或良心自由或者平等的制定法——被颁布时去追究参与颁布之特定机关——国家元首、部长——的个人责任,或者存在撤销或废除这类制定法的可能。但这么做的前提在于,普通制定法不拥有毁损确定其创设和其内容之宪法文件的能力,后者只有在难度更大的条件(如达到特定的多数、更高的人数比例等条件)下才能被修正或废除。这意味着,宪法针对它的修正或废除规定了一种有别于通常立法程序的、难度更大的程序;除了制定法的形式外,还存在一种特殊的宪法

形式。

b)立法与习惯

位居宪法的下一阶层的是由立法或习惯创设的一般法律规范。现代国家的宪法无一例外地设立了特殊的立法机关,后者负有创设由法院和行政机关适用的一般规范的权能;故而在立宪的阶层之下的是立法的阶层,而在其之下的是司法诉讼和行政程序的阶层。然而,这种三阶层的划分并不是必然的。有
404 可能宪法没有设立任何特殊的立法机关。也就是说,宪法直接授权法院和行政机关去创设它们认为可合乎目的或公正地适用于具体情形的规范本身。对于这种可能性随后我们再来谈。以下首先只考察通常情形:设立了特殊的立法机关的法秩序。立法机关的特性是确定所谓国体的最重要的要素之一。如果它是某个具体的个人、一位世袭君主或一位通过革命攫取政权的独裁者,那么就会出现专制;如果它是全体民众的集会或被民众选举出来的议会,那么就会出现民主制。只有在民主立法的情形中才有必要,就立法程序——也即对国民大会或议会选举的参与、其成员的数量、其决定等——的调整作出规定。所有这些规定都属于实质意义上的宪法,即便它们并非总是以宪法的形式出现,而是以普通制定法的形式出现。如果在通常的立法机关外还存在与这一机关有别的立宪机关,而由这一机关颁布的某部宪法文件(如某部修正立法程序的制定法)授权通常的立法机关,通过普通制定法来颁布一部选举条例,那么实质宪法的阶层本身就又被切分为了两个阶层。

通过立法被创设的一般法律规范是有意被制定的(被创制
405 的)规范。构成立法之构成要件的行为是规范创设的行为、规

范制定的行为。这意味着,它的主观意义是一种应然。通过宪法,这种主观意义被提升为客观意义,立法这一构成要件被设定为创设法的构成要件。但宪法同样可以将习惯这种经特殊限定的构成要件设定为创设法的构成要件。正如在前文中已详述过的,* 这种构成要件的特征在于,属于法律共同体的人在某种相同的条件下以某种相同的方式来行为,这一行为在足够长的时间内被反复实践,由此在通过其行为构成习惯之个人中间就形成了这样一种集体意志,即人们应当如此行为。如此一来,构成习惯之构成要件的主观意义就是一种应然,是这样一种意义:人们应当采取合乎习惯的行为。但只有当被认定为 406
习惯的构成要件被宪法设定为创设法律规范的构成要件时,习惯之构成要件的主观意义才能被诠释为客观上有效的法律规范。

人们依循传统法学的观点** 假定,**必要确信**(*opinio necessitatis*)是习惯法构成要件的一个根本性要素。这意味着,构成习惯的行为必须遵循这样的观念,即它们必须被实施。但这种观念以某个个人或集体的意志行为为前提,后者的主观意义是,人们应当采取合乎习惯的行为。如果习惯法就像制定法那样是实在法,也即被创设的法,那么就必须存在某个个人的或集体的意志行为,它的主观意义是一种被诠释为客观上有效之规范、被诠释为习惯法的应然。

就像已经强调过的那样,只有当法律适用机关能被视为被授权去适用习惯法时,这一机关才能适用习惯法。如果实在法

---

* 参见本书第 11 页以下、第 69 页以下。

** 关于必要确信学说的起源,参见 Paul Guggenheim:*Contribution à l' histoire des sources du droit des gens*. Académie de droit international, Recueil des Cours, t. 94, 1958 Ⅱ, S. 52。

意义上的宪法没有给予这种授权,也就是说,如果合乎资质的习惯没有被实在法意义上的宪法设定为创设法的构成要件,那么,假如适用某个习惯法尤其是适用毁损制定法的习惯法被视为合法时,就必须预设,基础规范(作为法律逻辑意义上的宪法)已经将习惯设定为创设法的构成要件。这意味着,必须预设某个基础规范,它不仅将立宪这一构成要件,而且也将合乎资质的习惯设定为创设法的构成要件。

当法律共同体的宪法并非通过创制而是通过习惯产生,且法律适用机关被授权适用习惯法时,就同样是如此。这一情形不能被诠释为,习惯被通过习惯创设的(也即实在法意义上的)宪法设定为创设法的构成要件。这可能是一种**乞题**(*petitio principii*)。因为如果实在法意义上的宪法,也即调整
407 着一般规范之创设的规范可以通过习惯被创设,那么在之前就必须预设,习惯是一种创设法的构成要件。这种预设只可能是基础规范,也就是法律逻辑意义上的宪法。如此一来,就会出现早前已经提过的情形:* 基础规范作为法律逻辑意义上的宪法并非直接关涉实在法意义上的宪法且只是间接关涉根据它制定的法秩序,而是直接关涉这一以习惯的方式被创设的法秩序。对于一般国际法秩序的基础规范而言尤其如此,这种秩序的规范是由国际习惯创设并由具体国家的机关来适用的。**

制定法与习惯法根据**新法优于旧法**的准则相互毁损。但如果说一部形式意义上的宪法文件不能被一部普通制定法而也只能被这样一部宪法文件所废除和修正时,那么习惯法同样

---

* 参见本书第 250 页以下,脚注 * 。

** 参见本书第 270 页及以下。

相对于形式性的宪法文件拥有毁损的效果；甚至相对于一部明确排除习惯法之适用的宪法文件来说也是如此。

与习惯是一种创设法的构成要件这一观点相对的是另一种观点，据此这一构成要件不具有构成性的性质，而只具有一种宣告性的性质。就像萨维尼（Savigny）所说的："习惯是实在法的标记，而不是它的形成基础。"* 由此只是表达出了德国历 408
史法学派所主张的理论，即法既不能通过立法也不能通过习惯，而只能通过民族精神被创设，无论是通过哪种程序都只能确认某个此前已生效之法的存在。同样的理论也为法国社会学法理论所主张，差别在于，法不是由民族精神而是由某种所谓的"社会连带关系"（solidarité sociale）创设的。**

依照这两种理论，通过立法或习惯——并非被创设，而仅是——被宣告式地确认的法可以主张其效力，因为且只因为它是对某种先前存在之法的复述。两种理论在根本上都只是自然法学说的变种，后者所主张的二元论——一种是自然所创设的法；另一种是人类创设的法——反映在被民族精神或"社会连带关系"复述的法与被立法和习惯复述的法这一二元论之中。对于自然法学说所说的，也同样可以适用于这两种理论。从一种实证主义法学说（它既不能赞同存在某种想象出来的民族精神，也不能认同存在同样是被想象出来的"社会连带关系"）的立场来看，习惯的构成性功能（也即创设法的功能）与立法一样不容置疑。

对于创设法之习惯的构成要件是否出现的问题，只能由法 409

---

* Friedrich Karl von Savigny, *System des heutigen Römischen Rechts*, 1840, S. 35.

** Vgl. Léon Duguit, *L'Etat le droit objectif et la loi positiv*, 1901, S. 80ff., 616.

律适用机关来决定。有时人们会从这一点推出,表达出合乎习惯之人类行为的规则只有在被适用这一规则的法院所认可时才会变成法律规范,因而习惯法规范只有通过法院才能被创设。然而法律适用机关(尤其是法院)与习惯法规范间的关系和它与制定法规范间的关系并无二致。因为必须适用由习惯创设之规范的机关必须来确认习惯的构成要件,也即决定这一问题,即它要适用的某个规范是否事实上通过习惯被创设了;与此一样,必须适用由立法创设之规范的机关必须确认立法的构成要件,也即决定这一问题,即它要适用的某个规范是否通过立法被创设了。对这一问题的判断可能相对简单,因而相比于这一问题——某个规范是否是通过习惯形成的——就不那么清晰地被这一机关所意识到,尤其是当制定法被公布在官方公报上时。但法律适用机关的功能,即确认有待适用之规范的存在,也即它的合宪性创设,在两种情形中是一样的。而在这两种情形中都存在在法律适用行为之前已创设之一般法律规范。正如我们还将要进一步阐述的,虽然法律适用机关对这种
410 构成要件的确认是构成性的,但这种构成性的确认具有溯及既往的力量。这种构成要件在法律适用机关所确认的时刻点就已然有效了,而不是直到确认的时刻点才被制定。*

某个法律共同体内部之习惯法的效力会受到限制,如果由习惯创设的一般规范只能通过被创制之法——因为只能通过由法律适用机关制定的个别规范,尤其是在存在法院的地方,通过构成个别规范之司法裁判——适用于具体案件时。**

---

* 参见本书第 298 页以下。

** 参见本书第 296 页以下。

制定法与习惯法之间在政治上的一个重要差别在于,前者通过一种相对集权的程序被创设,而后者通过一种相对分权的程序被创设。制定法由特殊的、为此目的被设定的、分工协作的机关来创设。习惯法的规范则通过服从于法秩序之主体的特定行为来形成。在前一种情形中,制定规范的权威与服从规范的主体不是同一个;在后一种情形中,他们是同一个,至少在某种程度上如此。故而创设法之习惯的构成要件的产生,并不必须要由所有——通过习惯创设的规范对其施加义务、授予权利的——个人来参与习惯的形成。与有待调整之关系相关的大多数个人参与习惯的形成就足矣;以至于完全有可能个人在 411
受到某个由习惯创设之规范的拘束同时却没有参与这一规范的创设。尤其是当涉及长期以来一直有效之习惯法的规范时,就会出现这一情境。出于这一理由,将习惯法诠释为——就像有时人们在特别考虑到国际法上的习惯法时所认为的那样——默示契约是不对的。

c) 制定法与法规

多数时候,(通过宪法来调整之)一般法律创设的阶层在具体国家秩序的实在塑造中又会被划分为两个或更多的阶层。这里只强调制定法(Gesetz)与法规(Verordnung)的划分,它在这种情形中特别有意义:宪法将一般法律规范的创设在原则上托付给某个由民众选出的议会,但允许通过某些行政机关颁布之一般规范来对制定法作进一步的细化规定;或者当出现特定的例外情形时,授权政府代替议会来颁布所有必要的或某些一般性的规范。并非来自议会而是来自行政机关的一般规范被称为法规,它们是细化制定法或替代制定法的法规。人们同样

将后者称为具有制定法效力的法规。由此出现了——就像一
种特殊的宪法形式那样——一种特殊的制定法形式。人们称
412 为形式意义上的制定法,以区别于实质意义上的制定法。它指
称的是任何这样一些一般法律规范,它们要么是具有制定法形
式的一般法律规范,也即议会通过的一般法律规范以及根据大
多数宪法的典型规定以特定方式公布的一般法律规范,要么泛
指所有以此形式出现的内容。因而“形式意义上的制定法”这
一称呼是多义的。清晰的只有制定法形式的概念,其中不仅能
出现一般规范,而且也能出现其他内容,包括那些其主观意义
根本就不是规范的内容。如此一来,就会出现某种与法律无关
的制定法内容。某种法律形式具有与法律无关之内容这一问
题,这样的内容——它的主观意义并非某个一般或个别的规
范,因而与法律无关——不仅能出现在制定法程序中,而且也
能出现在任何创设被创制之法(das gesatzte Recht)[*]的程序
中,这一点已经在别的地方被处理过了。[**]

d)实体法与形式法

通过法律创制(作为制定法或法规)或通过习惯被创设的
一般规范由对此具有权能的机关,即法院和行政机关来适用。
这些法律适用机关必须由法秩序来确定,这意味着,必须确
413 定,在何种条件下某个特定的人承担起法院或行政机关的功
能。但也必须确定发挥其功能,也即适用一般规范的程序。为
了能被适用,一般规范(它将某项抽象的后果联结于同样抽象

---

[*] 此处的“被创制之法”是包括宪法、制定法与法规在内的上位概念。但由于没有专有名词可以指代,所以作者采取了这样一种说法。——译者注

[**] 参见本书第67页以下。

的构成要件)需要个别化。必须确定,是否**具体**出现了某个一般规范以**抽象**的方式规定的构成要件。因而将一般规范适用于具体案件的过程就体现为对个别规范之创设,体现为一般规范的个别化(或具体化)。因而有待适用之一般规范的功能也可能体现为对个别规范(它通过司法行为或行政行为,即司法裁判或行政决议被创设)之内容的确定。因此,被司法机关或行政机关适用的一般规范具有双重功能:(1)确定这些机关以及它们要遵守的程序;(2)确定通过这些司法或行政程序被创设之个别规范的内容。

这两种功能吻合人们通常会区分的法律规范的两个范畴:
形式法规范与实体法规范。形式法指的是调整司法和行政机
关之组织与程序的一般规范,即所谓的民事诉讼法、刑事诉讼 414
法、行政程序法。实体法被理解为确定司法行为和行政行为之
内容的规范,它们被简单地称为民法、刑法和行政法,尽管调整
法院和行政机关之程序的法同样是民法、刑法和行政法。人们
想到这些机关所适用的规范时,大多数时候想的也只是实体性
的民法、刑法和行政法,尽管如果不同时适用形式法(也即调
整适用实体性的民法、刑法和行政法之程序——通过这些程序
实施了司法或行政行为——的法),实体性的民法、刑法和行
政法就无法被适用。实体法与形式法是不可分割地联系在一
起的。只有通过它们的有机联系,它们才构成了调整其自身的
创设与适用的法。每个对这样的法进行充分描述的法律命题
都必然同时包含形式要素和实质要素。比如,某个——还是已
经十分简化了的——刑法命题必须以以下方式被表述:如果某
人实施了某个一般法律规范确定的违法行为,那么某个由一般
法律规范确定的机关(某家法院)就应当通过某个由一般法律

规范确定的程序,来规定某项由前面提及的一般法律规范确定的制裁。稍后我们将会看到,如下这种更复杂的表述也是必要
415 的:如果由某个一般法律规范确定任命的机关,通过某个由一般法律规范确定的程序确认出现了某个构成要件(一般法律规范将特定的制裁联结于它),那么这一机关就应当通过由一般法律规范确定的程序来规定前面提及的一般法律规范确定的制裁。刑法命题的这种表述显现了——它体现了对法进行描述之法律命题的一种根本功能——所谓的形式法与所谓的实体法之间、对不法行为和制裁的确定与对法律适用机关及其程序的确定之间的体系性关联。

通过创制或习惯被创设的一般法律规范和法院或行政机关对其适用之间的关系,在根本上与宪法和由其确定的一般法律规范的创设之间的关系是一样的。一般法律规范的创设同样是对宪法的适用,就像法院和行政机关对一般法律规范的适用也是对个别法律规范的创设那样。正如通过创制或习惯被创设的一般法律规范由宪法规范——也即由更高位阶的规范(在形式方面、有可能也在实体方面)——予以确定,通过司法和行政行为创设的个别规范由通过被创制或以习惯的方式被创设的一般规范——也即由更高位阶的规范——在形式以及
416 实体方面予以确定。但形式要素与实体要素之间的关系在这两种情形中是不同的。(实质意义上的)宪法通常只确定立法的机关和程序,而将制定法内容留给立法机关去确定。只是在例外情形中,现实有效的做法只是在消极的意义上,它才会确定有待颁布之制定法的内容,也即将某些内容排除掉。

一旦考虑到通过习惯的法律创设,宪法就只可能对被概括为习惯的程序进行授权。在此,宪法不可能将以习惯的方式被

创设之法律规范的特定内容给排除掉,因为宪法本身——即便是形式意义上的成文宪法——可以被以习惯的方式被创设之法律规范所修正。但根据宪法被创设的一般法律规范多数时候不仅确定适用它们的机关和程序,也同样——当然是以不同的程度来——确定由司法裁判和行政决议构成之个别规范的内容。在刑法领域,对司法裁判之内容会在很大程度上进行预先确定,以至于只给刑事法庭在创设(裁判构成之)个别法律规范时的自由裁量权留下了相对较小的判断余地。在行政法领域,这种判断余地大多数时候非常大。换言之,宪法主要是一种形式法,而直接位居其下的法律创设的阶层既是形式法又是实体法。

e) 所谓"法源" 417

立法和习惯经常被称为法的两种"渊源",在此"法"只是被理解为国家法的一般规范。但个别法律规范同样属于法,与一般法律规范(个别法律规范基于它们被创设)一样都是法秩序的组成部分。而如果考虑到一般国际法的话,那么便不是立法而只有习惯和条约才能被视为这种法的"渊源"了。

法源(Rechtsquelle)是一种形象化的表达,它的含义不止一个。人们不仅可以用它来指称上面提到的法律创设方法,而且可以用它来一般性地指称一切法律创设方法,或者每个相对于下位规范的上位规范(这个上位规范调整着这个下位规范的创设)。因此,法源同样可以被理解为某个法秩序的效力基础,尤其是最终的效力基础——基础规范。但事实上只有某个法律规范在实在法上的效力基础,也即位阶更高的、调整其创设的实在法律规范才被称为"渊源"。在此意义上,宪法就是通过立法或习惯被创设之一般法律规范的渊源,一般法律规范就是适用它们的、构成个别规范之司法裁判的渊源;但司法裁判同样可以被视为它为争议双方规定的义务和权利或对执行这一裁判之机关进行授权的渊源。在实在法的意义上,法的渊源只可能是法。

418 但这一表述也在非法学的意义上被使用,人们用它来指称一切事实上影响法律创设和法律适用功能的观念,尤其是道德原则和政治原则、法律理论、专家鉴定意见等。然而,这些渊源必须明确区分于实在法上的渊源。它们之间的区别体现在,后者具有法律拘束力而前者没有——只要没有任何实在法规范授权它们作为法源,也即使它们具有拘束力。但如此一来,它们就具有了更高位阶之法律规范的性质,它们确定着下位法律规范的创设。"法源"这一术语的多义性使它看起来没有多大用处。恰当的做法是用一个没有歧义的表述而非这幅容易误导人的图像来指称人们所看到的法律现象。

f) 法律创设、法律适用与法律遵守

正如前文已然确认的,法秩序是一个由一般和个别之规范组成的体系,这些规范以这样的方式彼此联结:每个属于这一体系的规范的创设都由体系的另一个规范来确定,并最终由它的基础规范来确定。这种递归的过程最终导向了基础规范,它不再根据另一个规范的规定被制定,因而必须是被预设的。如果人们谈论的不仅是法秩序,而且也包括——它所构成的——
419 法律共同体的话,人们就可以说:当某个法律规范由这一共同体的机关创设(因而由这一共同体创设)时,它就属于特定法秩序。但是创设规范的个人是——正如已经说过的那样*——法律共同体的机关，因为且只因为他的功能由构成共同体之法秩序的某个规范来确定，因而可以被归属于共同体。法律创设（Rechtserzeugung）之功能与法律共同体之间的关系，或者更正确地说，即法律创设之功能与构成法律共同体之法秩序的统一性之间的关系，人们将这种功能归属于这一共同体的思维操作，完全基于确定这一功能的法律规范之上。正如法的共同体（Rechts-Gemeinschaft）只体现为法的秩序（Rechts-Ordnung）那样，某个规范之所以属于某个法秩序是因为它被法律共同体的某个机关所创设，这一命题说的不外乎是，某个规范属于某个法秩序是因为它是根据这一法秩序的某个规范、最终是根据这一法秩序之基础规范的规定被创设的。当涉及国家法秩序，因而涉及人们所看到的法律共同体即国家时，当涉及对这一司空见惯之主张——是国家创设了法——的真意的理解时，这种观点就特别重要。

确定其他规范之创设的规范，被由它确定创设之其他规范所适用。法律适用（Rechtsanwendung）同时也是法律创设。这两个概念并非像传统理论所假设的那样是决然对立的。区分 420
法律创设行为与法律适用行为是不对的。因为抛开临界情形——基础规范的预设与强制行为的执行（法律过程在这两端之间展开）——不论，每个法律行为都同时是对某个更高位阶之规范的适用以及由这一规范确定的对某个更低位阶之规范的创设。如果只考虑国家法秩序而不考虑位居其上的国际法，那么基础规范在事实上确定宪法之创设的同时，本身并不

* 参见本书第 189 页及以下。

是对某个更高位阶之规范的适用。但宪法的创设是对基础规范的适用。立法和习惯适用了宪法,也创设了一般法律规范;司法裁判和行政决议既适用了这些一般规范,也创设了个别规范。只有对由这些个别规范规定的强制行为——法律创设程序中最终端的行为——的执行才仅仅是对确定它的个别规范的适用,而非同时是对某个规范的创设。故而法律适用要么是根据某个位阶更高的规范创设某个位阶更低的规范,要么是对某个规范所规定之强制行为的执行。

正如已经强调过的,通过位阶更高的规范来创设位阶更低的规范可以在两个方向上被确定。高位阶规范可以确定创设低位阶规范的组织和程序,但它也可以确定这一规范的内容。
421 即便高位阶规范只是确定了创设低位阶规范的机关(也即个人),而将有待创设之规范的程序和内容的确定都留给了这一机关的裁量权,这一高位阶规范也在创设低位阶规范时被适用了:确定机关是在确定高位阶规范与低位阶规范之关系时的最低条件。因为某个其创设根本就不由高位阶规范来确定的规范不可能是在某个法秩序之内被制定的规范,因而也不属于这一法秩序;而如果某人不由构成共同体之法秩序的某个规范来确定。也就是说,如果他没有获得这样一个高位阶规范的授权来发挥其功能,那么他就不能被视为法律共同体的机关,他的功能就不能被归属于这一共同体。每个法律创设行为都必须是一个法律适用行为,也即必须是对某个先在于此行为之法律规范的适用,以便能作为法律共同体的行为起作用。因此,法律创设必须被理解为法律适用,即便某个高位阶规范只是确定了主体要素,也即发挥法律创设功能的个人。这一确定机关的高位阶规范被这一机关的每个行为所适用。在柏拉图的理想国中,法官可以根据其充分的自由裁量权(不受任何立法者颁布的一般规范的限制)来裁判一切案件,然而他的每一份裁判都是对这个一般规范的适用:它确定在何种条件下个人被授权去发挥法官的功能。只有基于这一规范,他才能被视为理想国 422
的法官,他的裁判才能(作为理想国内作出的裁判)被归属于这一理想国。

高位阶规范可以在不同程度上决定低位阶规范的创设。但它不能规定得如此之少,以至于相关行为不再能被视为法律适用行为;它也不能规定得如此之多,以至于这一行为不再能被视为法律创设行为。即便——就像在基于制定法得出司法裁判的情形中那样——被确定的不仅是有待作出之裁判的机关和程序,也包括其内容,发生的也不仅是法律适用,同样也是法律创设。某个行为是否具有法律创设或法律适用的性质,这一问题无关乎实施这一行为之机关的功能被法秩序预先确定的程度。但的确有一些行为,仅仅是法律适用,而不是法律创设。这就是前面提到的执行法律规范所规定之强制行为的行为,而有一种实在法的创设行为并不是对某个实在法律规范的适用:对历史上第一部宪法的制定,它适用的是并非被制定而是被预设的基础规范。

法律创设和法律适用必须区别于法律遵守(Rechtsbefolgung)。法律遵守是这样一种行为,制裁这种强制行为被联结于与之相反的行为。它首先是避免这种制裁的行为,是对由这种制裁构成之法律义务的履行。法律创设、法律适用和法律遵 423
守是最宽泛意义上的法律功能。对某种积极允许的实施也可以被称为法律遵守。但只有法的创设和适用才被称为狭义上的或特殊意义上的法律功能。

g)司法

α)司法裁判的构成性

传统法学主要(如果不仅仅是的话)将民事法庭与刑事法庭的裁判活动作为法律适用的场合,事实上,当法庭在处理争议或对犯罪者判处刑罚时,通常是在适用通过立法或习惯创设的一般法律规范。然而,法律适用——就像从前面所说可知的——同样也存在于立法和习惯对一般法律规范的创设、行政机关的决议以及——正如我们还将看到的那样——私法行为活动之中;而法院以此方式来适用一般法律规范,即它们制定了其内容由一般规范确定的个别规范,其中规定了某项具体的制裁,也即民事强制执行或刑罚。

从取向于法动态学之观察的立场出发,法院对个别规范的制定构成了这样一个过程的中间性阶段,它以宪法的创立为开
424 端,经过立法和习惯到司法裁判,再从后者直到制裁的实施。这一过程(在其中仿佛法一再自我创设出新法)是从一般(或抽象)到个别(或具体)的。它是一个不断个别化或具体化的过程。

为了使被它适用的一般规范得以个别化,法院必须首先来确认,在它面临的案件中,一般法律规范**抽象地**确定的不法后果的条件是否**具体地**出现了。这种对构成不法后果之条件的构成要件的确认包含对有待适用之一般法律规范的确认,也即是这种确认:某个一般规范(它将某项制裁联结于当前的构成要件)有效。法院不仅要回答**事实问题**(*quaestio facti*),也要回答**法律问题**(*quaestio juris*)。在进行了这两种确认后,法院就必须**具体地**来指示一般法律规范**抽象地**规定的制裁。这些

确认以及这种指示是司法裁判的根本功能。在此，在民事法院的裁判与刑事法院的裁判之间存在某种差别，因为民事裁判通常附条件地指示具体制裁。民事法院判决被告向原告为特定的给付，并且只是在这种条件下才指示制裁：这一给付没有在特定期限内实现。对刑罚的指示通常是无条件的。然而这种指示就此而言也可能是附条件的，也即当被判刑者在特定期限内再次从事违法行为时它才被执行。

司法裁判并非纯粹具有宣告性（就像有时被假定的那 425
样）。法院要做的不仅仅是去发现和说出一种先前已被完全固定了的、在其创设过程中完成了的法。法院的功能并不仅在于在这种宣告的意义上去进行纯粹的法律“发现”或“说出”法*。法律发现仅体现在对适用于具体案件之一般规范的确认。但即便是这种确认也不仅具有纯粹的宣告性，而是具有一种构成性。法院——它必须将某个法秩序中有效的一般规范适用于具体案件——必须来回答这一问题：它适用的规范是否合宪，也即是否是通过宪法确定的立法程序或通过被宪法授权的习惯创设的。** 这种有待法院确认的事实与有待法院确认的另一事实——有人从事了违法行为——一样都是有待它在具体案件中来规定之制裁的条件。描述这一事实的法律命题（如在适用某个民主法秩序之刑法规范的情形中）说的是：如果根据宪法选举出的议会通过宪法所确定的程序通过了一部制定法，据此某个特定行为应作为犯罪以特定方式被惩罚，且

---

* 在德语中，司法（Rechtsprechung）由词根 Recht（法）和 Sprechung（说话、说出）组成，直译就是“说出法”。——译者注

** 关于对法院和其他法律适用机关的这种所谓的审查权（Prüfungsrecht）的实在法限制，参见本书第 336~338 页。

如果法院确认,某个特定的人实施了这一行为,那么法院就应
426 判处制定法确定的刑罚。这一法律命题的表述可以表明这样的立场,它在某个法秩序的框架中拥有所谓的宪法性法律(Verfassungsrecht)(调整着一般法律规范之创设的规范)。它们并不是独立和完整的规范,因为它们只是确定了其他规范所规定之强制行为的诸多条件之一。它们只有与这些法律规范相互联系才能展示出来。因此,宪法性法律规范没有规定任何强制行为这一状况并非——就像有时被假定的那样——拒绝将法定义为强制秩序的充分理由。只有通过司法裁判来确认,某个有待适用于法院所面临之案件的一般规范有效(而当它根据宪法被创设时它就有效),这一规范才可适用于具体案件,并由此对于这一案件创造出一种在裁判前并不存在的法律状态。

对具体制裁的指示具有构成性,这一点几乎不需要什么进一步的证立。规定针对特定之人应当施加特定制裁的个别规范只有通过司法裁判才被创造出来,此前并非有效。只是对司法裁判之规范性功能的无视、认为法仅由一般规范组成的前见、对个别规范的忽视使司法裁判只是法律创设过程的继续这一事实晦涩不明,并导向了只在其中看到一种宣告性功能的错误。

427 但最具有意义的是这一认识:即便是对违法事实的确认也完全是法院的一种构成性功能。当法秩序将特定后果联结于作为条件的特定事实时,它必须同样来确定在具体案件中确认条件性事实之存在的机关和程序。法秩序可以授权这一机关,按照自己的裁量权来自主确定这种程序;但机关和程序还需——直接或间接地——由法秩序来确定,由此一般规范(它

将某项后果联结于这一事实)就可以被适用于具体案件,也即被个别化。相对于被法秩序确定为某项后果之条件的构成要件,法律人的第一个问题必然是:根据法秩序,哪家法律机关有权能在具体案件中确认这一构成要件,而法秩序所确认的进行这一活动的程序又是什么?只有通过这种确认,构成要件才能落入法的领域,只有通过它构成要件才能从某种自然构成要件变成法律构成要件,它在法律上才算被创设出来。如果有人提出相反的意见,认为法律构成要件被视为存在的时刻点与自然构成要件存在的时刻点等同,那么就可以反驳道,法律适用机关是溯及既往地确认了构成要件。这一构成要件并非直到被确认时才被确立,而是在被法律适用机关所确认的时刻点,也即当自然构成要件——根据法律适用机关的确认——被确立 428
时就被确立了。故而法院对构成条件之构成要件的确认无论如何都具有构成性。如果某个一般法律规范将特定的刑罚联结于谋杀行为,那么当某人犯了谋杀罪这一事实被展示为制裁的条件时,这一事态就没有得到正确的描述。不是某人从事了谋杀行为这一事实本身,而是这一事实——某个根据法秩序有管辖权的机关通过某个法秩序所确定的程序确认,某人从事了谋杀行为——构成了法秩序规定的条件。当人们说,法院已确认,特定之人从事了特定的谋杀行为(尽管"实际上"这个人并没有从事这种谋杀),或者法院已确认,特定之人没有从事特定的谋杀行为(尽管"实际上"这个人从事了这种谋杀),那么这意味着,法院确认了某个在法律上没有管辖权的其他人确认为不存在的构成要件存在,或者法院确认了某个在法律上没有管辖权的其他人确认为存在的构成要件不存在。

从被人类所适用之法秩序的立场来看,只有关于特定之人是否从事了特定谋杀行为的人类观点才是相关的。这些观点可靠程度不一,它们可能彼此矛盾,被视为是谋杀犯的人可能自己会承认或否认事实的存在。如果一般法律规范应被适
429 用,那么就只能有**一种**观点有效。哪种观点有效必须由法秩序来确定。那就是由法院的裁判所表述出来的观点。只有它才具有法律上的关联性;所有其他人的观点都是法律上无关的。但毕竟当司法裁判所包含的对构成条件之事实的确认被法秩序所授权的诉讼当事人认为并不正确时,他们就可以在各个审判层级中对这一司法裁判提出异议。这意味着,这一裁判行为的主观意义尚不必然确定地被承认为它的客观意义。只有当司法裁判——它确认,特定之人从事了特定的谋杀行为,并指令应当对他判处特定的刑罚——具有既判力时,也即当它不再可能通过其他诉讼程序被挑战时,它才会具有客观意义。如此一来,此人被无辜入罪——要么因为法院所确认的谋杀压根就没有发生或是被判有罪者以外的其他人所犯下的,要么因为被判有罪者犯的不是谋杀罪,而是其他罪行——的观点就从法律上被排除掉了。因为法律命题说的并不是如果特定之人从事了谋杀行为,就应当对他判处特定的刑罚;而是如果有管辖权的法院通过法秩序所确定的特定程序以具有既判力的方式确认了特定之人从事了谋杀行为,那么法院就应当对此人判处特定刑罚。在法律思维中,在非法律思维中构成强制行为之条件的事实本身的位置上出现的是根据程序所确认的事实。只有
430 这种确认本身才是“事实”,而对于它是否在具体案件中出现,究竟它是否被主管机关通过被规定的程序所确认这一问题,就像对于这种确认是否“正确”那样可能有不同的观点。例如,就像一个司法裁判会基于对特定违法行为被特定之人所

从事这一事实的不正确确认在审级中被挑战那样，对制裁的强制执行会基于不存在某个司法裁判，也即由于[8]这一机关没有管辖权或程序上的瑕疵在审级中被挑战。根据当事人的观点，指令强制实施某个制裁却没有经过司法程序，这一情形类似于另一情形，即法院已确认某个违法行为被实施，尽管根据当事人的观点根本就不存在什么违法行为。在此情形中，可以通过上诉程序再次确认这一违法行为被实施，或者当上诉法院确认违法行为不存在时，强制执行制裁的指令就被推翻了。在这种情形中，在上诉程序中可以确认当事人所争议的事实，即指令强制执行制裁是某个司法程序的结果；或者，一旦没有如此确认，就要引入某个司法程序。根据当事人的观点，司法裁判是由某个没有管辖权的法院或通过某个有瑕疵的程序作出的，这一情形类似于另一情形，即违法行为是由被判有罪者以外的人犯下的，或者被判有罪者事实上所从事的违法行为并非他因为此被判有罪的那种违法行为。在所有这些情形中，某个 431
司法程序都是另一个司法程序的对象。如果这种从一个司法程序向另一个司法程序的上诉受到实在法秩序的限制，那么就有一个司法程序不可能再是其他司法程序对象。也就是说，在某个司法程序之事实的位置上就不可能再出现这一程序的合乎程序被确认的事实，因此，某个作为事实**本身**之终极司法程序这一临界情形就必须得到认可。当终审法院的裁判产生既判力时，情形就是如此。这意味着，如今终审裁判行为的主观意义必须被承认为它的客观意义。如果这一裁判确认了当事人否认的事实，即指令强制执行制裁经过了某个司法程序，或

〔8〕“也即由于”应被修正为“或者由于”。

者当事人否认的下级法院的管辖权存在,或者当事人声称的下级法院的程序瑕疵并不存在,那么每种与之不同的观点都从法律上被排除了。

虽然司法程序(通过它确认了构成制裁之条件的事实)不是法律认知程序,而是法律创设程序,但在这一程序与对自然事实(作为这种认知的对象)进行认知的程序之间还是存在对应关系。在这种对应关系中,与构成性认知程序的主体相应的是构成性司法程序的机关。正如这种认知的对象在认知程序中"被创设",构成制裁之条件的事实也在司法程序中被创设。
432 正如作为事实的司法程序本身也可以是某个司法程序的对象,认知程序的事实本身——在认识论中——也可以成为某个认知程序的对象。但将其作为事实的本身当作对象的认知不可能再成为——作为事实——某种认知的对象了;从认知程序的事实向另一个认知程序(它将这一事实作为对象)的递归是受限的。存在认知程序的临界情形,它必须被承认为事实**本身**,也即承认为某种不再是通过认知程序被创设的事实。

β)司法裁判与待适用之一般法律规范的关系

确立司法裁判这种个别规范的行为是——就像说过的——主要是由形式法以及实体法的一般规范预先确定的。假设如此,那么在某个有待法院裁判的具体案件中就会产生两种可能性。要么法院确认,被告或被告人从事了原告或公诉人所主张的、由某个一般法律规范确定的违法行为,故而其行为违反了法秩序施予他的义务,如此一来法院就支持了起诉或控诉,因为它指示了这一一般法律规范所规定的制裁。要么法院确认,被告或被告人没有从事不法行为,因而其行为没有违反
433 法秩序施予他的义务,这要么是因为法院所确认的被告或被告

人的行为没有满足原告或公诉人所主张的违法行为构成要件，要么是因为不存在什么有效的一般法律规范将某项制裁联结于这一构成要件；如此法院就驳回了起诉或宣告被告人无罪，也即指示，不应制裁被告或被告人。无论是在法院支持起诉或控诉的情形中，还是在法院驳回起诉或宣告被告人无罪的情形中，司法裁判都是对现行法秩序的适用，尤其是在法院驳回起诉或宣告被告人无罪的情形中如此，因为按照法院的观点，不存在什么有效的一般法律规范将某项制裁联结于原告或公诉人所主张且可能事实上的确存在的被告或被告人的行为，也即向被告或被告人施加从事相反行为的义务。就像在前文中已经详述过的，* 法秩序不仅积极地调整着人类行为，因为它要求特定行为，也即施加从事这一行为的义务，而且也消极地调整着人类行为，因为它通过不对特定行为加以禁止来允许这一行为。法律上不被禁止的，就是法律上被允许的。通过
驳回起诉或宣告被告人无罪，法院适用了这种法秩序，它允许 434
被告或被告人从事这样的行为（在法秩序中没有依据的起诉或控诉所反对的行为）。

就像在前面已经详述过的，某人的法律上未被禁止且在此意义上被允许的行为以此方式得到了法秩序的保障，即其他人有义务容忍这种行为，也即不妨碍或以其他方式损害这一行为。当存在针对使用暴力的一般禁令且将这种对暴力的运用保留给法律共同体时，就总是会出现这种情形。但完全可能的是，某人不被禁止且在此意义上被允许的行为与他人的并非运用暴力的行为相对立，后者同样不被禁止且在此意义上被允

---

* 参见本书第 19 页及以下。

许。就像已经强调过的,如此一来就会出现一种法秩序未能预防的利益冲突;也没有任何法秩序能预防所有可能的利益冲突。如此一来,当起诉针对被告的某个被允许的(也即不被禁止的)行为——借此原告的某个被允许的(这同样意味着是不被禁止的)行为(在不使用暴力的前提下)被妨碍或以其他方式被损害了——时,法院也必须要驳回起诉;即便当被告人的行为(公诉人针对这一行为提起公诉)具有这一性质时,法院也必须要宣告被告人无罪。在此情形中,司法裁判也同样是在适用法秩序,它也是法律适用。对现行法的适用可能在这类情形中被认为是不令人满意的,因为它没有去保护某个从任一角
435 度看来都值得保护的利益。但由于法秩序并不能保护所有可能的利益,而总是只能保护十分特定的利益(因为法秩序禁止侵害它们),所以总是存在的对立利益就必然得不到保护;如果起诉只能因此被驳回或被告人只能因此被宣告无罪,即他的行为不被禁止,因而其行为所侵害的利益并没有由法秩序通过一般规范(它将某项制裁联结于相对立之行为)[9]来保护,那么某人被允许之行为与其他被允许之行为间的冲突就是不可避免的,也总是存在的。

但也有可能的是,法秩序授权法院,如果它无法确认一般法律规范向被告或被告人施加了义务(原告或公诉人主张这种义务被违反),也可以不驳回起诉或不宣告被告人无罪,而是当它认为缺少这种一般法律规范不公正和不适当(也即认为不令人满意)时支持原告或对被告人作出有罪判决。这意

〔9〕“将某项制裁联结于相对立之行为”应被修正为“将某项制裁联结于他人的这一行为”。

味着,法院被授权为它面对的案件创设这样一种个别法律规范,其内容没有以任何方式被通过立法或习惯创设之实体法一般规范所预先确定。在此情形中,法院并没有适用这类法律规范,而是适用了授权法院去创新实体法的法律规范。人们习惯于说,法院被授权来像立法者那样发挥作用。这并不十分正确,如果立法被理解为一般法律规范的创设的话。因为法院只
是被授权去创设一种个别的、针对它所面对的具体案件有效的 436
规范。但这种个别规范是法院在适用它认为值得追求的、"公正的"一般规范(实在的立法者没有确立它)时创设的。只有作为对这样一种非实证之一般规范的适用,法院所确立的个别规范才能被证成为是公正的。

法院——像人们所说的那样——被授权像立法者那样发挥作用,与法院在缺少预先确定司法裁判之内容的实证的实体法一般规范时驳回起诉或宣告被告人无罪,这两种情形之间的差别只是程度性的。这不只是因为,即便在前一种情形中,法院也在适用一般性的、即便不是实证的实体法规范,而且尤其因为,在后一种情形中,法院的功能也在于法律创设,即创设个别规范。只是在后一种情形中法院的裁量权要远远小于前一种情形,在前一种情形中它——实际上——受到的限制是如此之少,与立法者在创设一般法律规范时宪法通常所赋予的裁量权可有一比。但即便在此情形——法院所创设之个别法律规范的内容由实证的一般法律规范预先确定——中,法院的法律创设功能也必须被保留一定的自由裁量余地。实证的一般法律规范无法预先确定所有的要素,它们只有通过具体案件的特
殊性才会产生。例如,法院所确认的损害程度(它要通过法院 437
所指令的对被告财产的强制执行才能得以弥补);或者有期徒

刑开始执行的起始点与终止点、死刑被执行的时刻点，都是如此。在实证的一般法律规范被个别化的程序中，适用一般法律规范的机关总是必须来确定在一般法律规范中尚未被确定也无法被确定的要素。一般法律规范终归只是一个框架，在其中个别法律规范得以创设。但这一框架可窄可宽。当实证的一般法律规范只是包含创设个别法律规范的授权而没有预先确定其内容时，这种框架就是最宽泛的。

这里要注意的是，当法院所创设的个别法律规范在内容上没有以任何方式被实证的一般法律规范所预先确定时，这一个别法律规范就具有溯及力。当法律规范用以联结不法后果的构成要件不只是在其生效后而是在此前就被确立时，也即在此时刻点还不是不法行为，而只是在此后被这一法律规范当作不法行为时，法律规范就具有溯及力。当法院将其自身创设的个别法律规范(它的内容并非由实证的一般法律规范所预先确定)适用于它所面对的案件时，即当这一个别法律规范将某种不法后果联结于被告或被告人的行为(它在它所发生的时刻
438 点还不是不法行为，而只是被司法裁判这种个别法律规范被当作了不法行为)时，情形就是如此。

γ)所谓法中的“漏洞”

从前所述可知，法秩序总是可以被法院适用于具体案件，哪怕在法院看来法秩序不包含任何对被告或被告人的行为以积极的方式——以这样的方式：向他施加从事某个行为的义务，但按照原告或公诉人的主张他没有实施这一行为——加以调整的一般规范的情形中也是如此。因为在这种情形中，他的行为被法秩序以消极的方式来调整，也即他的行为在法律上不被禁止且在此意义上被允许。但这种情形在传统法学——在

某些情形——中被诠释为法秩序的“漏洞”。

评判漏洞理论的关键在于，确定根据这一理论出现法中之“漏洞”的情境。根据这一理论，当没有任何与具体案件相关的一般法律规范时，现行法就不可适用于这一案件。因此，有义务裁判案件的法院必须通过创设相应的法律规范来填补这一漏洞。这一论证的要点在于，适用现行法——作为从一般到特殊的推论——在这一情形中是逻辑上不可能的，因为它缺乏必要的前提，即一般规范。这一理论是错的，因为它忽略了这 439
一事实：当法秩序没有规定某人从事特定行为的义务时，它就允许这一行为。对现行法秩序的适用在传统理论假定存在漏洞的情形中并非逻辑上不可能的。尽管在这种情形中不可能适用具体的法律规范，但适用法秩序（这也是法律适用）却是可能的。法律适用不可能在逻辑上被排除。事实上，人们绝非假设在一切这样的情形——在其中原告或公诉人所主张的被告或被告人的义务没有由任何现行法规范来规定——中都存在“漏洞”。如果仔细观察就会发现，只有当缺乏这类法律规范被法律适用机关视为法政策学上不可取之事，因而对现行法的逻辑上可能的适用基于这种法政策学上的原因被拒绝（因为被法律适用机关认为是不适当的或不公正的）时，才会假定存在“漏洞”。然而，不仅当现行法秩序不包含任何对被告或被告人施加特定义务的一般规范时，而且当它包含这类法律规范时，适用现行法秩序都可能被视为是不适当的或不公正的。法秩序没有包含对偷电行为施加刑罚的法律规范，这一事实可能与另一事实一样不那么适当或不那么公正，即法秩序包含这样一个规范，它以与适用于这一情形——儿子基于父亲自己的意愿杀死了饱受无治愈希望之病痛折磨的父亲——同样的方

式适用于杀人越货的行为。逻辑上不可适用现行法这一意义
440 上的漏洞在这两种情形中都没有出现;在一种情形中而不在另一种情形中假定存在漏洞,至少是不连贯的。此外,缺乏具有特定内容的法律规范是不适当或不公正的,这一判断是一种高度相对的[10]价值判断,它绝无法排除相对立的价值判断。如果法秩序没有包含这样一个法律规范,它对企业主(其营业活动引发了这一损害)施加了补偿由其雇员引起之损害的义务,因而法院必须驳回针对企业主的起诉,而只能支持针对雇员提起的诉讼,那么对现行法秩序的适用在社会主义者看来就会是不令人满意的判决,而在自由主义者看来却会是十分令人满意的判决。缺乏一般法律规范(这导致驳回起诉或宣告被告人无罪)大多数时候在被告人或被告看来是令人满意的,因而是适当的或公正的,而在原告或公诉人看来则是不令人满意的,因而是不适当的或不公正的。

尽管有这些反对意见,漏洞理论——这样一种假设:在一些情形中现行法无法适用,因为它没有包含任何可适用于此情形的一般规范——在当代立法技术中扮演着重要角色。典型的是《瑞士民法典》的规定:“凡依本法文义或解释,有相应规
441 定的任何法律问题,一律适用本法。本法无相应规定的,法院应依据习惯法裁判;如无习惯法的,得依据自己如作为立法者应提出的规则裁判。”这一规定以此可能为前提,即瑞士法在逻辑上无法适用于某个有待瑞士民事法院裁判的具体案件。但由于这在事实上是不可能的,因为法秩序总是可适用的,而当法院必须基于以下理由——因为法秩序不包含任何对被告

〔10〕“相对的”应修正为“主观的”。

施加原告所主张之义务的一般规范——驳回起诉时，它也被适用了，所以这一前提（上述所引的规定以此为出发点）是一种拟制。它体现为，基于主观的道德-政治价值判断的法秩序内特定法律规范的匮乏被展示为它在逻辑上不可能被适用。

对这一拟制的运用可能是由立法者的这种认识引起的：在某些它没有预见且不可预见的情境中适用它制定的一般规范[11]会导致令人不满意的结果，因而恰当的做法是授权法院，在这类情形中不是预先确定其裁判之内容的一般规范，[12]而是由法院自身去创设与立法者未能预见之情境相匹配的个别规范[13]。假如它以一种理论上正确的方式——也即非拟制的方式——来表述这一授权，那么它就必须确定：如果依照法院的道德—政治观点，在它所面对的案件中适用现行法秩序不令人满意，法院就可以按照自身的裁量权来裁判案件。但这样一种表述显然赋予了法院过于宽泛的权限。法官可能会被授 442
权，一旦他认为适用现行法秩序不令人满意，尤其是当他认为适用这种一般法律规范——它对被告或被告人施加了义务，而按照原告或公诉人的主张这一义务被违反了——不令人满意时，可以按照其裁量权来作出裁判。取代立法者之道德—政治观点的是法官的道德—政治观点，立法者让位于法官。将这种授权限于立法者未曾预见之情形的企图在遭遇这一事实时必然会失败：立法者恰恰不可能确定这些情形；如果他能确定它

---

〔11〕“在……的情境中适用它制定的一般规范”应被修正为“在……的情境中适用它颁布的制定法”。

〔12〕“不是预先确定其裁判之内容的一般规范”应被修正为“不是去适用预先确定其裁判之内容的一般规范”。

〔13〕“相匹配的个别规范”应被修正为“相匹配的未由制定法确定的个别规范”。

们,他自己就会以积极的方式来调整它们。法院的假定,即某种情形没有被立法者所预见,如果立法者预见到了这一情形他就会以不同的方式来塑造法,多数时候基于不可证明的猜测之上。只有当在立法者所创设的法中得到明确表述时,立法者的意图才可以充分的确定性来把握。因此,为了对他认为必不可少的对法院的授权进行限制,立法者使用了这一拟制:(不是出于一种主观的道德—政治理由,而是)出于一种客观的逻辑上的理由,现行法秩序在某些情形中不能被适用,只有当法有漏洞时,法官才能作为立法者起作用。

但由于现行法在逻辑上总是可适用的,由于它没有这一意义上的"漏洞",所以(如果人们认清了它的拟制性的话)这一
443 公式并没有对赋予法院的授权提供有意的限制,而是自我扬弃了。但如果法院也接受了这一假定,即法中存在漏洞,那么这种理论上站不住脚的拟制就可能拥有被意图的效果。因为法官——尤其是被任命的、处于上级法院控制之下的法官(他轻易不会乐意自己承担新创法的责任)——只会十分例外地承认漏洞的存在,因而只会在极少的情形中去运用赋予他的授权(以替代立法者的角色)。

有时人们会在原本的漏洞(也即所谓的真正漏洞)之外区分出技术性的漏洞,后者甚至会被那些从实证主义的立场出发否认存在真正漏洞的人认为是可能的。当立法者没有去规范他必须要去规范的某事,且当在技术上应当完全有可能适用制定法时,就会出现这种技术性的漏洞。只是,人们称为技术性漏洞的东西,要么是一种原初意义上的漏洞,也即实在法与愿

望法(Wunschrecht)之间的分歧;要么是那种产生自规范[14]之框架性的不确定性。例如,如果制定法(据此,在买卖合同的情形中,卖方有义务交付货物,或者当他没有交付货物时有义务赔偿由此造成的损害)——就像人们所说的那样——对此没有规定,即当被售出的货物出于并非当事人过错的原因在交付前灭失时由谁来承担风险,那么就会出现前一种情形。只是立法者并非对此“没有”规定,而是他没有规定,卖方可以免于交 444
付货物或给付损害赔偿之义务;这一规定显然被在此主张存在“漏洞”的人认为是值得期待的;但为了使制定法可适用并非必须要考虑作此规定。因为制定法对于由卖方承担交付货物或给付损害赔偿之义务,即便对于前面提到的情形也没有创设例外,所以它规定的是由买方来承担风险。例如,如果制定法规定,应当通过选举来创制一个机关,但却没有调整选举的程序,那么就会出现后一种情形。这意味着,任意类型的选举,即根据比例代表制抑或是多数选举制,公开的抑或是秘密的,等等,都是合乎制定法的。被授权实施选举的机关可以依照其裁量权来确定选举程序。关于选举程序的规定被留给了下位阶规范。另一个例子是,一部制定法规定,一个咨询委员会的活动必须由其主席来召集,但同时又规定由它自己来选举主席。如果这一规范没有获得这一意义,即只要没有主席,任意类型的集会都是合乎制定法的,而只是获得了这种意义,即便在此情形中咨询委员会也必须由其主席来召集,那么这一咨询委员会就无法以合乎制定法的方式(通过适用制定法)来运作。但即便在这里也不存在“漏洞”。因为制定法恰恰希望,即使当

〔14〕“规范”应被修正为“一般规范”。

咨询委员会没有主席时也应当由主席来召集。如果它对于这
445 一情形没有作出规定,那么任意集会都可能是合乎制定法的。制定法在此恰恰规定了无意义之事。但这并非不可能的,因为制定法毕竟是人类作品。

δ)通过法院创设一般法律规范:作为立法者的法官;法的灵活性与法的安定性

法院尤其是终审法院不仅可能被授权运用其裁判来创设个别的、只对当前案件有拘束力的规范,而且也可能被授权运用其裁判来创设一般规范。当司法裁判创造了所谓的先例案件时,也即当对某个具体案件的裁判对于同类案件之裁判具有拘束力时,就是如此。当通过司法裁判确立之个别规范的内容没有由通过立法或习惯创设之一般规范来预设确定,或者没有清晰地加以确定因而允许作不同的解释时,裁判就具有这种先例的性质。在前一种情形中,法院通过其先例性的裁判创设了新的实体法;在后一种情形中,裁判所采取的解释具有一般规范的性质。在这两种情形中,创造了先例案件的法院完全如同被宪法授权立法的机关那样扮演着立法者的角色。对具体案件的司法裁判由此会对同类案件之裁判具有拘束力,即它构成的个别规范被一般化了。这种一般化,也即一般规范的表
446 述,可以由创造先例案件的法院自身来进行,但它也可以留给受先例性裁判拘束的其他法院来进行。如此一来,就不排除这种可能,即不同的法院以不同方式来对先例性裁判进行一般化;这无益于这一制度的目的,也即统一的司法实践的实现。由于先例性裁判只能对同类案件的裁判具有拘束力,因而某个案件与先例案件是否同类这一问题就具有决定性意义。由于没有任何案件与其他案件在所有方面都相同,(这里所考虑

的）两个案件的“同等性”只能体现为，它们在某些根本点上相一致，如两个构成要件规定了相同的违法行为——并非在所有点上而只是在某些根本点上相一致。因此，只能基于通过先例性裁判被创造之一般规范来决定，两个案件是否同类。这一一般规范的表述构成了先例案件之裁判能够对“同类”案件之裁判产生拘束力的前提。

当法院被授权也可以通过先例性裁判来创设一般规范时，法院无论如何都拥有的法律创设的功能就体现得尤为清晰。当法院尤其是终审法院被授权在某些情形中不去适用已然有效之实体法的一般规范，而是根据其裁量权来裁判某个案 447
件时，也即被授权去创设一个其内容不由任何实在法之一般规范预先确定的个别法律规范时，它被给予这一授权*的事实就体现得特别清晰。赋予这种裁判以先例的性质，只是对法院之法律创设功能的连贯扩展。

如果法院不仅被授权创设个别法律规范，而且被授权创设一般法律规范，它就与宪法指定的立法机关形成了竞争关系；而这意味着立法功能的分权化。在此角度下，也即考虑到立法机关与法院之间的关系，要区分两种不同技术类型的法律体系。根据第一种类型，一般法律规范的创设完全是集权化的，这意味着保留了一个核心立法机关，而法院被限于将立法机关创设的一般规范经由被它们创设的个别规范适用于具体案件。由于为了能有效运作，立法程序尤其是议会民主制的立法程序必须克服形形色色的阻力，这一体系的法只能艰难地与变迁中的关系相匹配。这一体系具有缺乏灵活性的缺陷。为

* “这一授权”指的是授权创设一般规范。——译者注

此它具有法的安定性的优势,这体现在,法院的裁判在某种程度上是可预见和可测算的,服从法律的主体可以根据可预见的
448 司法裁判来调整自己的行为。用(某个核心立法机关事先创设之)一般规范来拘束具体案件之裁判的原则,可以逻辑一致地被扩张至行政机关的功能。它在一般性的意义上展现了法治国原则,它在根本上就是法的安定性原则。与这一体系完全对立的是另一种体系,据此压根就不存在任何核心立法机关,而是由法院和行政机关根据自由裁量权来裁判具体案件。对它的辩护在于这一假定:没有任何案件与其他案件是完全相同的,因而适用一般法律规范——它们预先确定了司法裁判或行政行为,故而阻止了相关机关去权宜具体案件的特殊性——会导致令人不满的后果。它属于自由法律发现的体系;这种体系曾被柏拉图(Platon)在其《理想国》中建议过。由于与之相关联的法律创设的极端分权化,这一体系的特征表现为极大的灵活性,但却由此缺少任何法的安定性。因为在这种法律体系中,相关的个人根本就无法预见具体案件(他们作为被告或被告人、作为原告或控诉人参与其中)的裁判。因此,它们从一开始根本就不可能知道,法律上禁止或允许他们去做的事是什么,在法律上他们被授权或不被授权去做的事是什么。他们只有通过裁判才能获知这一点,通过裁判他们被判处某种刑罚或
449 从控诉中脱罪,他们的起诉被驳回或获得支持。

保障法的灵活性的自由法律发现的要求有时以正义(被预设为绝对的正义)之名被提出。在此意义上,仅当对具体案件的裁判顾及案件的所有细节时,它才是公正的。但由于没有任何案件与其他案件完全相同,每个案件无论如何都与所有其他案件不同,所以将一般规范适用于具体案件时从来就不会导致

公正的裁判。因为一般规范必然以案件的同等性为前提，而这一点事实上并不存在。因此，一切法都只具有个别性，对具体案件的裁判压根就不能受一般规范的拘束。

对于自由法律发现的这种证立可以提出以下反对意见：当对具体案件的裁判并不受通过立法或习惯创设之一般法律规范的拘束时，事实上发生的绝非是将一般规范完全排除于法律创设程序之外。如果面对有待裁判之具体案件的机关应当作出"公正的"裁判，那么它就只能以此方式来实现，也即适用一个它认为是公正的一般规范。由于这样一个一般规范并非已通过立法或习惯被创设，所以被委任进行法律发现之机关的做法就与这样一个立法者相同，他在表述一般规范时受到特定的正义理念的引导。由于不同的立法者可能受到大相径庭的正 450
义理念的引导，所以他们所实现的正义的价值只可能是相对的；因而一般规范的正义（被委任裁判具体案件的机关受到其引导）也同样是相对的。从——只可能作为相对价值之——正义理念的立场出发，自由法律发现的体系与受制定法或习惯法拘束之体系之间的区别在于，替代实在法之一般规范以及引导立法者之正义理念的一般规范的，是被委任进行法律发现之机关的正义理念的一般规范。

如果对具体案件的裁判应当是"公正的"，这一一般规范的前提——正如已提及的——就必不可少。因为特定裁判为何公正这一问题产生于证成这一裁判，证立它所确立之个别规范的需求。而这种证成或效力证立之所以可能，不外乎是去证明，这一个别规范合乎被预设为公正之上位阶一般规范。构成正义价值的规范在本质上具有一般性。*

最近提出自由的、不受任何一般规范拘束之法律发现这一
451 要求的特殊变种,是在存在主义哲学的影响下发展出的学说。** 据此,本质上具体的现实既不能用抽象概念来把握,也不能用一般规范来调整,而只能被"体验"。由于有待法院裁判的具体案件大相径庭,正确的——也即顾及案件的所有细节的——裁判就无法在某个从外部带入的一般规范中被找到,而只能在具体案件的现实本身中被找到。正确法(das richtige Recht)内在于社会现实,只能通过对这一现实而非任何国家制定法的细致分析被找到。在此视角下,存在主义法学说只是自然法学说的一个变种,也像后者那样徒劳地试图进行从实然推导出应然(这是逻辑上不可能的推论)。

位于这两种理想类型——一种是受国家制定法拘束的司法,另一种是不受国家制定法拘束的司法——之间的是这样一些类型,在其中尽管建立了某个核心立法机关,但法院被授权,不仅可以在这一立法机关创设的一般法律规范的框架内制定个别法律规范,而且也可以——在某些上面提及的情形中——在这一框架外制定个别法律规范;最终还有这样的体系,在其中法院被授权以先例案件的形式来创造一般法律规
452 范。这些不同的体系展现了法律创设功能的不同程度的集权化与分权化,因而也展现了对法的灵活性原则(它与法的安定性原则处于相反的关系)的不同实现程度。

---

* 参见附录,第448页以下。

** Georg Cohn, *Existenzialismus und Rechtswissenschaft*. Basel, 1955. 也可参见 Kelsen, "Existenzialismus in der Rechtswissenschaft?", Archiv für Rechts - und Sozialphilosophie, 43. Band, Heft 2, 1957, S. 161ff。

在特殊的体系中，一般法律规范不由或不主要由核心立法机关创设，而是由习惯来创设，并由法院适用。由于在以习惯的方式来创设有待法院适用的一般法律规范时，相比于通过核心立法机关来创设一般法律规范的情形，法适应自我变迁的关系更加困难，所以习惯法体系特别有利于先例性司法的形成。因而可以理解的是，它尤其是在英美**普通法**的领域中被发展起来，普通法在本质上就是习惯法。

正如已经强调过的，*法院适用通过习惯创设之一般法律规范与通过立法机关创设之一般法律规范的区别在于，相比于确认通过立法者创设的、在官方公报上公布之规范的效力，对有待适用之规范效力的确认（也即确认存在某种创设法律的习惯）在法官的意识中扮演着突出得多也清晰得多的角色。因此可以理解的是，有时人们会主张这一观点：习惯法是由法院创设的法。如果法院（就像在英美**普通法**领域中那样）必须 453
主要来适用习惯法并且拥有裁判先例案件的权力，那么基于此土壤就可以轻易地形成这一理论：一切法都是法院法，也即通过法院创造的法，在司法裁判之前不存在任何法，一个规范只有被法院适用时才能变成法律规范。** 这种理论只能由此得以维系，即法院所适用的规范不被视为是法，而是仅仅被视为法的“渊源”，在此这一形象化的表述用来指称一切在事实上能够影响司法裁判的要素，如道德—政治价值判断、专家鉴定意见，等等。在习惯法和先例司法体系内的法院具有突出意义这一印象之下，这一理论忽略了具有法律拘束力的法的“渊

---

* 参见本书第 286 页以下。

** 这一理论的提出之处参见 John Chipman Gray, The Nature and Sources of the Law, 2nd ed., 1927；参见 Kelsen, General Theory of Law and State, S. 150ff。

源”与不具有法律拘束力的法的“渊源”之间的根本差别。它错了,因为它没有认识到,法的渊源,也即法的来源、法所创生之处、创设法的事物,只能是法,因为是法调整着自身的创设。

这种基于英美**普通法**的土壤成长起来的理论,即只有法院才创设法,就像这种基于欧陆制定法成长起来的理论一样是片
454 面的:法院压根就不创设法,而只是去适用已被创造出来的法。后一种理论导致了只存在一般法律规范的结论,而前一种理论导致了只存在个别法律规范的结论。真相在于两者之间。法院创设法,虽然——通常来说——是个别法;但在指定了立法机关或承认习惯为创设法律之构成要件的法秩序内,它是通过适用此前已由立法或习惯创造之一般法来做到这一点的。司法裁判是法律创设过程的赓续,而非起点。

如果人们从一种法政策学的立场出发,在受通过立法或习惯创设之一般规范拘束的司法与不受这类规范拘束的自由司法之间的差别中看到了两类法律体系的根本对立,那么要注意的是,这种对立通过司法裁判之既判力制度被极大地弱化了。(至于在多大程度上是如此,将随后再来说明。)*

h)私法行为

α)作为创设法律之构成要件的私法行为

司法裁判构成的个别法律规范规定了具有(在刑事司法裁判的情形中)刑罚性质或(在民事司法裁判的情形中)民事强
455 制执行性质的制裁。民事制裁的目的是赔偿,尤其是损害赔

---

* 参见本书第 331 页及以下。

偿。* 引发损害的行为是违法的，是一种民事违法行为，只要它构成了民事强制执行的条件。根据它的产生是与先前发生的私法行为相关还是不相关，可以区分出引发此类损害的两类原因。例如，当某人出于故意或过失损坏或损毁了某个属于他人财产的对象，或者当某人通过犯罪行为（如伤害身体或盗窃）给他人带来损害时，第二类致损原因就出现了。在后一种情形中，民事制裁附加于刑事制裁之上。又如当两个人订立了一份合同，而一个合同当事人由此给另一个合同当事人带来损害，即他没有履行合同义务时，第一类致损原因就出现了。在此情形中，构成民事制裁条件的构成要件由两个部分组成：合同的订立以及违约行为；或者更一般的表述是，私法行为的完成以及违反私法行为的行为。

某个行为之所以违反私法行为，是因为构成私法行为之单一行为或诸行为的主观意义是一个规范，因为私法行为是一种创设规范的构成要件。在传统法律语言中，“私法行为”一词既被用来指称创设规范的行为，也被用来指称由这一行为创设 456
的规范。典型的私法行为就是合同。在合同中，缔约双方约定，他们彼此之间应当以特定的方式来行为。这种应当是私法行为的主观意义。但它也是它的客观意义。这意味着，当且仅当法秩序赋予这一构成要件以这种资质时，这一行为就是创设法律规范的构成要件；而法秩序以此赋予这一构成要件这种资质，即它将私法行为之构成要件的确立与违反私法行为之行为一起当作某项民事制裁的条件。一旦法秩序将私法行为指定为创设法律的构成要件，它就授权服从法律的个人，在由立法

---

* 参见本书第 142~144、159~161 页。

或习惯创设之一般法律规范的框架内,通过以私法行为的方式创设的规范来调整彼此关系。这些通过私法行为创设的规范——它们规定的不是制裁,而是这样的行为,即与其相反的行为构成了一般法律规范所规定之制裁的条件——并非独立的法律规范。它们只有与规定制裁的一般法律规范联系在一起才是独立的法律规范。对产生自某个私法行为的争议案件作出裁判的民事法院,不仅要确认一般法律规范(私法行为据此完成)的效力,而且要确认这些事实:私法行为已实施、存在某个违反这一私法行为的行为、由此造成的损害没有得到赔
457 偿,进而要基于这些确认确立这一个别规范,即如果法院确定的损害在一定期限内没有得到赔偿,那么就应当实施有待法院适用之一般法律规范所规定的制裁。一般法律规范所规定的制裁构成了这一主要义务,即不去实施违反私法行为的行为以及由此造成的损害,以及这一替代性义务——对因为不履行主要义务所造成的损害进行赔偿。这种制裁可以通过以下方式中的一种被避免,即要么履行私法行为直接构成的义务,要么在这一义务违背履行的情况下来履行替代性的赔偿义务(在此情形中它属于替代性义务)。当损害并非由某个违反私法行为但也不可刑罚的行为造成时,也是一样的。假如相反,损害由构成某项刑事制裁之条件的行为(如严重的身体伤害)造成,那么这种制裁就无法通过履行对可刑罚之违法行为造成的损害进行赔偿这一义务得以避免;因为如此一来会在刑事制裁(它构成了不实施可刑罚之违法行为的义务)之外补充上构成这一义务的民事制裁。赔偿义务并非这一义务*的替代性

* "这一义务"指的是"不实施可刑罚之违法行为"。——译者注

义务。

如同违反私法行为之违法行为以及不赔偿由此造成之损害的违法行为一样,私法行为也是民事制裁的条件。它与违法行为的区别在于,它根据法秩序创设规范(规范是它的意义),而违法行为不是由法秩序指定的创设规范的构成要件。
民事制裁的强制行为并不针对实施某个私法行为的个人,而只 458
针对私法行为实施完成后以违反私法行为的方式来行为的个人,或者不对由违反私法行为的行为造成之损害进行赔偿的个人。

β)合同

根据私法行为这一构成要件是由一个人的行为还是由两个或多个人的行为构成,可以区分出单方私法行为与多方私法行为。现代法中最具有意义的私法行为是合同这一双方或多方私法行为。

合同这一构成要件由两个或多个人之间一致的意思表示组成,它们指向这些人的特定行为。为了构成具有法律拘束力的合同,也即创设出向订立合同的个人施加义务和赋予权利的规范,法秩序可以但非必须规定这些表示必须具备的特定形式,如表示必须以书面的形式,而不仅是口头的形式或通过手势来进行。无论如何,当事人都必须以某种方式表达出他们的意思,也即使之表露出来。否则合同被订立的事实就无法在适用法律的程序中,尤其在司法程序中被确认了。

一方当事人事实上的意思与他以某种形式进行的表示之
间可能会存在分歧,因为这种表示会被另一方合同当事人或适 459
用法律的机关附加上有别于前一方当事人本身在表露其表示时所意愿的意义。这种分歧的后果只能由法秩序而非由法律科学来确定。法秩序可能会规定,当一方当事人能够证明,他的表示所意图的意义有别于另一方当事人所附加的意义时,就没有达成一份创设法律的合同。但法秩序也可能会规定,这种分歧对于通过合同创设之规范的效力来说没有任何意义,它与法律无关,在发生争议时按照法律适用机关的观点通常只考虑另一方当事人能够附加于这一表示的意义。法秩序可以更加倚重表示而不是事实上的意思,也可以更加倚重事实上的意思而非表示。对于这里出现的问题,这两种解决办法中的哪一种优先,取决于立法者确定的法政策学原则。交易安全的理念会导向其中一种解决办法,而个人自由的理念则会导向另一种解决办法。

为使合同成立,一方当事人的表示必须指向另一方当事人,并由后者在指向前者的表示中予以承诺。因而正如人们所说,合同表现为动议或要约及其承诺。要约是这样一种动议,通过对其承诺某个规范(它调整着缔约双方的相互行为)
460 生效。如果这一规范规定了要约人的义务,要约就具有允诺的性质。要约与承诺的区别预设了这两种表示并非同时进行。要约必须先于承诺。故而就出现了这一问题,即发出要约的当事人是否直到承诺的瞬间必须维持在其表示中表达出的意思,以至于在承诺的瞬间双方当事人的意思必须一致,因而当并非如此(因为发出要约者改变了他的意思,而这种意思改变已通过撤回要约表达出来)时就没有达成任何合同;或者在要约发出后出现的意思改变是不是不相关的,也即要约不可以被撤回;而如果它不能被撤回,发出要约者在多长时间内要受到其要约的拘束。这些问题同样只能根据实在法秩序的规定来作出回答。如果它允许在作出承诺前的任何时刻撤回要约,那么不在场者之间订立合同就会十分困难。为了克服这一困难,法秩序有时会规定,发出要约者在某些情形中要在特定时间内受到其要约的拘束。这意味着,如果要约在这段时间内被承诺,那么合同就有效成立,即便发出要约者改变了他在要约中表达出的意思。如此就可以通过对要约的承诺来创设出一个规范,它拘束着发出要约者,即便这有违他的意思。

为使合同成立,必须出现缔约双方一致的意思表示,也即据此双方当事人意欲相同之事的表示。通过这一构成要件会 461
创设出一个规范,其内容由一致的表示来确定。作为创设法律规范之构成要件的合同(行为)以及通过这一构成要件创设出的(合同)规范必须被清晰地区别开来。但在传统术语中,"合同"一词被同时用来指称这两者。人们在谈论合同的订立时想到的是构成创设规范之构成要件的行为。人们在谈论合同的效力时想到的是根据这一构成要件被创设之规范;因为只有规范——而非行为——才有"效力"。通过合同创设之规范的时间效力范围可以在其内容中被确定;一个被订立的合同可以相对于特定时间段有效。规范也可以包含这样的规定,即合同的效力随时都可以因合同一方当事人的单方表示而被终止。根据现行法,如果被订立的合同相对于不特定的时间有效,情形也是一样的。如果通过合同创设之规范的效力期间由其自身来确定,它就不能因合同一方当事人的单方表示而被终止。如此一来,在特定的时间终结之前,它就只能由相同的合同双方创设的一个规范来终止,或者换一种说法就是:如此一来,这一合同就只能通过相同的双方当事人订立的另一份合同来废除。

通过合同创设之规范通常只能规定合同双方的义务和权

利。由此就表达出了所谓的私人自治原则。但法秩序同样可
462 以允许有所谓的第三人负担或第三人受益合同,也即通过合同创设的向并没有参与确立创设法律之构成要件的个人施加义务或赋予权利的规范。通过合同创设的规范可以向合同双方施加相同的义务,给予他们相同的权利。但它也可以向不同的合同当事人施加不同的义务,或只向一方合同当事人施加义务,并只给予另一方当事人权利。但这种内容必须总是为所有的合同当事人所意愿,或者被包含在所有合同当事人的一致表示之中。通过合同创设的规范具有个别性,如在买卖合同的情形中,一方当事人有义务一次性交付特定的对象,而另一方当事人有义务一次性支付特定数额的款项。

但合同也可能具有一般性,也即它施加的并非是一次性的给付或者给付和对待给付,而是不特定数量的给付或者给付和对待给付之义务;如这样一份合同,其中一家保险公司对于特定个人有义务在发生一切疾病的情况下向他支付医疗措施费用,而这个被保险人有义务向这家保险公司按月给付特定的保险费。

在国际法中,在一些条约中被采纳的加入条款(Beitrittsklausel)发挥着作用。通过这样一个条款,任何一个国家或特定国家都可以被授权加入合同。加入可以通过单方表示来进
463 行,也可以通过这样的申请,它必须被已存在的合同当事人、他们的大多数或由合同规范指定的机关所接受。在后一种情形中,加入是通过新的条约来进行的;在前一种情形中则是通过单方服从条约规范来进行的。通过加入,条约规范就对加入方生效。

一种特殊类型的合同(借此创设一般规范)是这样的合

同,据此——根据国家法——社团章程或——根据一般国际法——国际社团(如国际联盟或联合国)的社团法得以建立。如此人们就称为协议。加入一个社团或国际社团就是加入建立这一社团或国际社团的协议。如果只有在社团或国际社团的机关同意的情况下才能加入这一社团或国际社团,那么这种加入就建立在社团或国际社团与加入的成员之间订立的合同的基础上,这种合同的内容就是社团的章程或国际社团的社团法。如果加入可以通过加入者的单方表示来进行,那么就出现了对现行的部分法秩序之服从。通过加入行为,社团章程或国际社团的社团法规范就对加入的主体生效,而这意味着创设出了针对这一主体的效力。

私人这样加入某个社团,国家这样加入某个国际社团,
是——有别于合同的——单方私法行为。民法领域中所谓的 464
悬赏广告也属于这种单方私法行为,它是对特定给付给予酬劳的公开允诺。在这两种情形中,通过某个主体的行为创设了一个或多个规范,通过它们实施这一行为的主体被施予义务。由此单方私法行为就区别于立法行为、司法裁判和行政行为,通过这些行为创设出的是向实施这些行为的主体以外的主体施加义务的规范。

i)行政

在传统理论中,除了立法和司法之外,行政被称为国家三大根本功能之一。立法和司法属于狭义上的法律功能,也即这样的功能,通过它们国家法秩序的规范被创设和适用,在此对某个法律规范的适用同时是对另一个规范的创设或对某个规

范规定之强制行为的执行。[*] 发挥这些功能的个人就是法律机关。他们作为这些国家机关,也即他们的功能被归属于“国家”。或者说,由国家法秩序构成之法律共同体,意味着,他们涉及构成这一共同体之强制秩序的统一性。这一强制秩序是
465 一种“国家”法秩序,因为且只因为它为这些法律功能指定了分工协作的(被直接或间接地委任去发挥其功能的相对集权的)机关,就其属地效力范围而言被限制在固定界分的空间——也即所谓的国家领土——之内,并被预设为最高的或低于国际法秩序的秩序。但必须注意的是,法律功能,也即对国家法秩序之规范的创设和适用,不仅由核心机关来进行,也通过分权化的程序来进行;如通过习惯创设一般法律规范以及通过私法行为创设个别的和一般的法律规范就是如此。发挥这些法律功能的个人就像立法机关或法院一样都是法律机关,而他们的功能可以像立法和司法一样涉及国家法秩序的统一性,被归属于由这一法秩序构成的共同体(国家)。然而——正如在前文中已然说明的——传统术语与之并不相符。由习惯或私法行为创设的法律规范并不被称作是由国家创设的法,尽管这些规范如同由立法或司法裁判创设的规范那般属于国家法秩序。传统术语拥有前面已经刻画过的那种倾向,即只将或多或少集权式的法律机关称为国家机关,也即只将由这些机关行使的功能归属于法律共同体即国家。这一关系的特点——
466 正如已经提到过的——在于,只有议会而非全体选民或选民个人才被视为是国家机关。[**]

---

* 参见本书第 193~194 页。

** 参见本书第 197 页以下。

被称为国家行政的活动有很大一部分与立法和司法(也即创设和适用法律这一狭义法律功能)属于同一类型。最高行政机关即政府(Regierung)的功能在于它被宪法所委任的参与立法,在于行使它被宪法赋予的签订国际条约的授权,在于以合宪的方式向从属于它的行政机关和臣民发布法规和行政命令——也即在于创设和适用一般的和个别的规范。在这样一部行政法——它通过规定制裁在健康、职业或交通事业的领域向服从法律的主体施加了从事特定行为的义务——与一部刑法或民法之间不存在法律技术上的差别。隶属于政府的行政机关(尤其是作为警察机关)必须适用规定了一般刑事制裁的法律规范,而这一功能有别于法院的司法,并不是因为其内容,而只是因为发挥功能之机关的性质。法官在功能上独立于上位机关,也即只受有待他适用之一般法律规范的拘束,而行政机关在行使其功能时必须遵照上级机关下达的指示。然而,这一差别绝非绝对,因为最高行政机关——不再有上级机 467
关了——就像法院一样独立。除了司法机关的独立性之外,法院的功能(如在盗窃案件中判处有期徒刑,或在诽谤案件中判处罚金刑)与行政机关的功能(如在违反税收、卫生或交通法规的情形中指令强制执行类似的制裁)之间没有差别。此外,对制裁的强制执行是一种行政行为(即便它是由法院指令的),执行机关不是司法机关,而是行政机关。

当强制行为不具有制裁的性质,当适用的是这样的法律规范——它们规定了对病患的强制隔离,对财产的强制征收或毁灭,以及类似的强制行为(它们并不构成对法秩序所确定之人类行为的反应)*——时,司法功能与行政功能——但总还是狭义上的法律功能,因为是对法律规范的创设和适用——之间的功能区别就显现出来了。

与迄今为止提及的国家行政活动类型(它们构成了狭义的法律功能)根本有别的,是这样一种类型,它并非体现为对法律规范的创设或适用,而体现为具有特殊资格的——也即具有
468 "国家官员"资格的——个人对法律规范的遵守。这种被称为国家行政的活动与私人的经济活动和文化活动属于同一类型。例如,与他们一样,国家可以建造和运营铁路,建立学校和养老院,教授课程和治愈疾病。作为国家行政,这些活动与同类型之私人活动之间的区别不在于其内容,而在于从事这些活动的个人在法律上被赋予国家官员的资格。这意味着,在特定条件下,也即当这些功能由具备特定资格的个人来行使时,它们不被归属于行使它们的个人,而被归属于国家。如何赋予这些资格,将随后再来说明。** 这里必须强调的是,这些被诠释为国家行政的活动是特殊职责的内容。这些职责由这样一些法律规范构成,它们将特殊的刑罚,即纪律处分(Disziplinarstrafe)联结于不行使或不当行使职务功能的行为。根据惯常的语言用法,只有为了满足某种职责而行使的功能而非这一职责才被归属于国家;就像因为不履行这一职责而判处的纪律处分不被视为是针对国家的那样。如果某部制定法决定,国家应当建造和运营铁路,而这一规定被诠释为国家的"义务",那么它就不是这里所考虑之机关的被归属于国家的职责。即便当根据制

* 参见本书第 51 页及以下。

** 参见本书第 365 页以下。

定法的文义,国家只是被授权建造和运营铁路时,这些职责也 469
存在。当人们谈论国家义务时,这不是严格的法律意义上的义务。* 如果被诠释为国家行政的活动并不在于对法律规范的创设或适用,而在于官方机构对法律规范的遵守即对职责的履行,也即归属于“国家”的并非法律创设或法律适用的功能,而是法律遵守的功能,那么根据主流的语言用法,被归属于作为法律共同体之国家的行为,不仅必须被构成这一共同体的法秩序所确定,而且也必须是由法秩序为此确定的、以特殊方式分工协作的且被委托行使其功能的、在其个人法律地位上被赋予“官员”资格之个人的功能。然而要注意的是,法律创设和适用的功能也可以成为具有如此资格之个人的职责。不仅行政机关行使着司法功能,而且独立的法官也可能具有官员的性质;而属于国家之行政活动的还有创设法律规范的私法行为,如履行通过这类私法行为创设的义务,以及行使通过它们创设的权利。这意味着,这些功能同样可以作为官方机构之法律义务的内容(故而作为法律遵守功能)被归属于国家,被诠
释为国家行政的行为。它们主要具有法律遵守功能的性质,因 470
为它们发生于官方机构履行职责之时,而——只要涉及私法行为活动——只是在次要的意义上才具有创设法律规范之功能的性质。

调整这些个人之行为的规范(它们向他们施加了特定的职责、赋予了特定的职权)在整个法秩序(它调整着所有生活在其领土效力范围内的个人的行为)内构成了部分法秩序,构成了只包括具有国家官员资格之个人的部分共同体:作为官僚机

---

* 参见本书第 371 页以下。

构的国家以及位于其顶端的国家政府。这种狭义的国家概念必须与广义的国家概念(所有生活在其领土上的个人都属于它)区分开来。后者包含前者。后者是调整所有生活在其领土上之个人行为的整体法秩序的人格化,前者则只是调整具有官员资格之个人功能的部分法秩序的人格化。将这些功能归属于国家意味着涉及这一部分法秩序的统一性。但由于这些功能涉及部分法秩序的统一性,它们同时也涉及包含这一部分法秩序之整体法秩序的统一性。归属于狭义上的国家蕴含着归属于广义上的国家。

如果人们将此视为国家法秩序的目的(或视为国家的目
471 的),即引发避免制裁的、履行义务的合法行为或通过规定技术意义上的权利以及积极允许来使特定行为在法律上成为可能,那么这一国家目的(只要这一行为不被归属于国家)就不被诠释为国家功能,只能间接地通过国家(或法律)功能(它体现在规定和执行强制行为)来实现。但如果——正如在这样的国家行政情形(它主要不具有法律创设或法律适用的性质,而具有法律遵守的性质)中那样——官方机构的行为被归属于国家,被诠释为(狭义上的)国家的功能,那么(广义上的)国家的目的就会通过这一(狭义上的)国家的功能来直接实现。如此一来,人们就可以在此意义上将一种间接的国家行政(它的功能与司法无异,而是——与后者一样——都在于法律创设和法律适用的功能)区别于直接的国家行政(它与司法功能根本有别,因为是法律遵守的功能);只要它也是法律创设的功能,具有私法行为而非司法的性质。

由此可知,从对法律结构之分析的立场来看,以国家行政之名所指的是两种彼此不同的功能,这两种功能间的界限在于这一领域的中间，它在传统理论中作为国家行政区别于被称作司法或司法裁判的国家功能。传统的区分关心的不是功能的区别，而是——被称为司法机关和行政机关的——两个机构的 472
区分，它们在现代国家中的形成只能通过历史来说明，而无法通过法律体系来辩护。

j）不同阶层之规范间的冲突

α）“违法的”司法裁判

由于法秩序是一种上下位规范的阶层构造，由于当且仅当某个规范与确定其创设的更高位阶规范相符时它才属于特定法秩序，所以就出现了上位规范和下位规范之间的可能冲突问题，也即这样一个问题：如果某个规范与确定其创设之规范尤其是当它与预先确定其内容的规范不符时，依法该当如何。当人们从字面上去理解某些在传统法学中常见的表述时，看起来就会出现这种冲突。因为传统法学谈论“违法的”司法裁判以及“违宪的”制定法，并给人造成这样一种印象，就好像可能有一般意义上的违反规范的规范，以及特殊意义上的违法的法律规范那样。是的，看起来法本身考虑到了违法的法，并由此来证实其存在：它作出各式各样的预防措施，废除违法之法被视为其目的。但如果真的有违法之法这样的事物，那么规范体系（它被表述为法律体系的概念）的统一性就会被废弃。但“违反规范的规范”是一种自相矛盾；而这样一个法律规范——对 473
此可以主张说，它与确定其创设之规范不相符——不能被视为有效的法律规范，它可能是无效的，也即根本就不是法律规范。无效之事物无法以合法的方式被废除。废除某个规范，不意味着废除（其意义是这一规范的）行为。事实上发生之事无法变为不发生。废除某个规范意味着,剥夺其主观意义为某个规范之行为的客观规范意义;而这意味着,通过另一个规范来终结这一规范的效力。如果法秩序出于任一理由使某个规范可被废除,那么它就必须首先让这一规范——正如随后的分析将要说明的——作为客观上有效的规范,也即作为合法的法律规范来发生效力。

就像这一问题——在某个具体案件中是否存在某个构成要件,法律规范将特定后果联结于它——必然与另一问题——谁负责对前面提及的问题作出回答——相联系一样,这一问题——由某个法律机关创设的规范是否与确定其创设甚或其内容的更高位阶规范相符——同样无法与另一问题分割,即谁被法秩序授权来对前面这一问题作出决定。就像前一个问题一样,后一个问题也只能由法秩序为此确定的机关通过法秩序确定的程序来决定。某个司法裁判或行政决议是违法的,只可能意味着,创设个别规范的程序与确定这一程序的(由制定法
474 或习惯创设之)一般规范不符,或者其内容与确定其内容的(由制定法或习惯创设之)一般规范不符。这里出于简化的目的只研究这样的情形,其问题在于:司法裁判这一个别规范是否与为它所适用的、确定其内容的一般规范相符。如果法秩序授权每个人去决定这一问题,那么就难以产生拘束当事人的司法裁判。因此,这一问题——根据国家法——只能由法院自身或由上级的法院来决定。如果法院裁判了某个具体案件,并主张在此适用了一个特定的一般法律规范,那么这一问题就在实证的意义上被决定了,且只要这一裁判没有被上级法院的裁判所废除,它就已然是被决定了的。因为初审法院的裁判——也即通过这一裁判创设之个别规范——根据现行法并非无效,即

便它被对决定这一问题有管辖权的法院视为“违法”。它只是可废除的,也即它只能通过某个法秩序确定的程序被废除。只有当法秩序规定了这样一种程序时,裁判才能被诉讼当事人提起上诉,如果他们质疑裁判的“合法性”的话。但如果这种程序(在其中司法裁判可以被撤销)有终点,如果存在终审法院(它的裁判不再能被撤销),如果出现了某个已具有既判力的裁判,那么这一裁判的“合法性”就不能再被质疑。但法秩序
赋予终审裁判以既判力这一事实意味着什么呢?它意味着,当 475
有待法院适用的一般规范(它预先确定了通过司法裁判创设之个别规范的内容)有效时,即便终审法院创设的某个个别规范的内容与这一一般规范不符,它也可能有效。法秩序赋予终审司法裁判以既判力,这一事实意味着,不仅预先确定司法裁判之内容的一般规范有效,而且这样一个一般规范(据此法院可以自己来确定有待它创设之个别规范的内容)也有效。这两个规范构成了一个统一体;故而终审法院被授权,要么创设一个其内容由通过立法或习惯创设之一般规范预先确定的个别法律规范,**要么**创设一个其内容没有被如此预先确定而是要由终审法院自己来确定的个别法律规范。但是,这一事实——初审法院的裁判以及每个并非终审法院的裁判,根据法秩序的规定都只是可废除的,也即直到它被某个更高的审级废除前都是有效的——意味着,这一机关被法秩序授权,要么创设一个其内容由一般法律规范预先确定之个别法律规范,**要么**创设一个其内容没有被预先确定而是由这一机关自己来确定的个别法
律规范;与这些个别法律规范的效力仅是暂时性的(也即可以 476
通过特定程序被废除)不同,在由终审法院创设的、具有既判力的个别规范的情形中并非如此。它的效力是确定的。但前

一种个别规范的暂时效力就像后一种个别规范的确定效力一样基于法秩序之上,也即基于某个先于其创设的先在的一般规范之上,后者(如果它确定这些个别法律规范之内容的话)提供了这里所给定之意义上的选择(二选一)。* 司法裁判——只要它是有效的——不可能是违法的。故而就不能称其为由司法裁判创设之个别规范与有待法院适用的、由立法或习惯创设之一般规范之间的冲突。在初审法院的可撤销的——也即可废除的——司法裁判的情形中也不存在此类冲突。其可废除的客观理由不在于——就像提起上诉的当事人甚至上诉法院可能会主张的那样——它的违法性,也即这样的事实:它与被它适用的一般规范不符(如果它如此,它就可能是无效的,也即在法律上不存在,而不仅仅是可废除的),而在于法秩序所规定的这种可能,即通过某个为此确定的程序来使被撤销之裁判没有实现的另一种选择具有确定的效力。如果由司法裁判创设的个别法律规范终归可被撤销,那么不仅当初审法院利用了这
477 一选择,即自己来确定它所创设之规范(具有暂时的效力)的内容,而且当根据法秩序规定的另一种选择,初审法院创设之个别规范的内容与预先确定它的一般规范相符时,它都可以通过具有既判力之终审裁判的规范来废除。如果司法裁判终归可被撤销,那么它就可以——在客观上——在这两种情形中被诉讼当事人提起上诉,并被上级法院所废除,即便诉讼当事人在主观上以这一事实来证立这一上诉(或许根据现行诉讼法只能如此来证立):裁判与预先确定其内容的一般规范不相

* 此处的选择(二选一)指的是“要么创设一个其内容由一般法律规范预先确定之个别法律规范,要么创设一个其内容没有被预先确定、而是由这一机关自己来确定的个别法律规范”。——译者注

符。诉讼当事人可能会考虑这一事实:如果根据现行法,终审裁判具有了既判力,那么就无法阻止某个个别法律规范(其内容不由任何一般法律规范预先确定)生效。他们只有在某个司法裁判不符合他们的利益时才会利用对这一裁判提起上诉的可能。他们在主观上究竟认为这一裁判是合法的还是违法的,根本就是无所谓的;即便当制定法规定,司法裁判只能出于这样的理由被撤销,即它从任意角度来看是"违法的",也即被诉讼当事人认为是违法的,也同样如此。因为裁判是否"违法"的问题并非由诉讼当事人而是由上诉法院来决定,而终审裁判无论如何都具有既判力。如果说谈论"本身"合法或违法的司法裁判可能有什么意义的话,就必须承认,即便是合法的 478
裁判也可能通过具有既判力的裁判被废除。

然而这就说明,法院所创设之个别规范由通过立法或习惯创设之一般规范来预先确定的可能性是大大受限的。但这一事实并没有证成前面提过的观点,即在司法裁判作出前根本就不存在法,所有的法都是法院法,根本就没有什么一般法律规范,而只有个别法律规范。

β)"违宪的"制定法

一部有效的制定法是"违宪的",这一命题犯了形容词矛盾(contradictio in adjecto);因为制定法只能根据宪法有效。如果有理由假定一部制定法是有效的,那么它效力的理由必然在于宪法。但对于一部无效的制定法,我们不可以说它是违宪的,因为无效的制定法压根就不是制定法(因为它在法律上不存在),因而对此不可能提出任何法律命题。假如在传统法学中惯用的关于违宪之制定法的主张要具有可能之法律意义的话,它就不能从文义上来理解。它的意义只可能是,根据宪

法,相关的制定法不仅可以通过惯常的程序——也即根据**新法优于旧法**的准则——被另一部制定法所废除,而且也可以通过
479 宪法规定的特殊程序被废除。但只要它尚未被废除,它就必须被视为是有效的;而只要它还是有效的,它就不可能是违宪的。

由于宪法调整着立法的机关和程序,有时也在某种程度上确定了未来制定法的内容,立宪者就必须考虑到,宪法规范——以通常方式来表述——并非总是会被遵守,也并非会完全被遵守,会出现提出创设某部制定法之主观宣称的行为,尽管形成这一行为的程序或通过这一行为创设之制定法的内涵与宪法规范不符。由此就出现了这一问题:宪法应当授权谁来决定,在具体案件中与宪法规范是否相符,某种工具(其主观意义在于成为宪法意义上之制定法)是否据其客观意义也可以作为制定法生效。

如果宪法授权每个人去决定这一问题,就难以形成拘束法律主体和法律机关的制定法。如果要避免出现这种状态,宪法只能为此对某个特定的法律机关进行授权。当只建立了**一个**核心立法机关时,与司法程序类似的审级就被排除掉了。如此一来,只有立法机关本身或某个与之不同的机关——如必须适用制定法的法院,或者特殊法院——才能被授权去决定制定法
480 的合宪性问题。如果宪法并没有包含由谁来审查制定法之合宪性的规定,被宪法授权适用制定法的机关尤其是法院,就由此被授权去进行这种审查。由于它们被授权去适用制定法,它们就必须确认,其主观意义在于成为制定法的事物是否也在客观上具有这一意义;而只有当它与宪法相符时,它才具有这种客观意义。

但宪法可以授权机关去适用制定法,与此同时这一授权明

确地排除掉对有待适用之制定法的合宪性审查。宪法有时包
含这种规定,即法院和行政机关不得对有待它们适用之制定法
的合宪性进行审查。但这种限制只有在某种程度上才有可能。
被委任适用制定法的机关无法以理性的方式被授权,将一切在
主观上作为制定法发布的事物都作为制定法来适用。它们必
须被允许有最低限度的审查职权。当根据宪法,制定法(为了
具有拘束力)必须由政府在官方公报中公布时,对审查职权的
限制就只意味着,被委任适用制定法的机关尤其是法院只能去
审查,主观意义为制定法的事物作为制定法被公布在公报之
上,也即公布在应政府委托打印的文件之中。被委任适用制定
法的机关没有被授权去审查,被作为制定法公布者是不是由根
据宪法对此有管辖权的机关通过宪法规定的程序通过的,并具
有宪法确定的内容。被委任公布(制定法)的、与立法机关有 481
别的政府机关可以被授权去审查这些问题。但这一机关同样
只能在某种程度上被剥夺这种审查权。主管公布(制定法)的
政府机关或者——假如官方公布并非必要的话——被委任适
用制定法的机关必须能够去审查,主观上被当作制定法的事物
是否终究由被宪法委任去立法的机关所通过,如果主管这种有
限审查的机关也没有职权去审查,它被通过的程序或决议的内
容是否合乎宪法;这一机关没有义务将一切在主观上被当作制
定法的事物作为制定法来公布或作为制定法来适用。如此就
只有立法机关自身才被授权来决定,它通过的制定法是否合
宪,也即它通过制定法的程序以及它给定制定法的内容是否符
合宪法;如此一来,对这一问题的正面决定就被包含在了立法
机关颁布制定法(的行为)之中。这意味着,立法机关作为制
定法颁布的一切都必须作为宪法意义上的制定法来生效,构成

立法机关之行为的主观意义的规范具有法律规范的客观意义,即便当制定法——根据任何一人的观点——与调整立法程序和制定法内容的宪法规范不符时也是如此。这样一来,立法机关就处于与终审法院类似的情境之中,后者的裁判具有既判力。但这就意味着,调整立法之宪法规范的意义并不是有效的
482 制定法只能以宪法直接确定的方式来形成,而是它也能以立法机关自身确定的其他方式来形成。宪法授权立法者,可以通过与宪法规范直接确定之程序不同的程序来创设一般法律规范,也可以给予这些规范有别于宪法规范直接确定的内容。这些宪法规范只是宪法所创造的两种可能性中的一种。另一种可能性是由宪法借此创造出来的,即它留待立法者而非别的机关去决定这一问题:被它作为制定法来颁布的规范是不是宪法意义上的制定法。调整立法的宪法规定具有选择性规定(二选一规定)的性质。宪法既包含对立法的直接调整,也包含对立法的间接调整;而立法机关可以在两者之间选择。这一情境可能既没有被立宪者也没有被立法者所意识到或充分意识到。但对宪法(它将对制定法之合宪性审查权委任给了立法者而非别的机关)所——有意或无意——创设之法律状况的客观描述不会得出别的结论。

当宪法将对这一问题——制定法是否与直接调整立法之宪法规定相符——的审查和决定委任给了立法机关以外的机
483 关,且这一机关被授权去废除被它认为"违宪的"制定法时,法律状况就会有根本不同。这一功能可以被委任给一家特殊的法院、最高法院或所有法院。正如已经确认过的,它被委任给所有被授权适用制定法的机关尤其是法院,如果这种审查权没有被这一授权所明确排除的话。如果每家法院都被授权去审

查它在具体案件中适用之制定法的合宪性,那么当它认为某部制定法“违宪”时,它通常只有权拒绝将这部制定法适用于具体案件,也即只能废除它相对于具体案件的效力;但这部制定法对于所有其他相关的案件依然有效,也要被所有法院适用于这些案件,只要这些法院没有拒绝将它适用于具体案件。如果对制定法之合宪性的审查权被保留给唯一的法院,那么这家法院就可以被授权去废除被认为“违宪的”制定法,不仅相对于具体案件,而且相对于这部制定法所涉及的所有案件(也即废除制定法本身)。但直到此刻为止这部制定法都是有效的,也被所有法律适用机关所适用。在被主管法院作为“违宪”废除前,这部制定法可以常年有效且被适用。但这就意味着,涉及废除制定法(它们与直接调整立法的宪法规定不符)的宪法条款具有这一意义:即便是与这些规定不符的制定法也应当有效,只要它没有以宪法所规定的方式被废除。所谓“违宪的” 484
制定法是合宪的但可通过特殊程序被废除的制定法。在这些情形中,调整立法的宪法规定同样具有上面所刻画的那种选择性,立法机关可以在这两种方式之间加以选择:由宪法直接确定的方式和由立法机关自己确定的方式。但两者的差别在于,基于第二种方式形成的制定法虽然有效,但可通过特殊程序被废除。

由此表达出,宪法虽然也不能排除第二种方式,但却更喜欢第一种方式。这也可以此方式来发生:某些根据宪法在议会之外参与立法程序的人,如国家元首或对其行为进行副署的部长,可能要在特殊法院面前为在其参与下产生之制定法的所谓违宪性承担责任,且要被处罚。这一程序可以但非必须与某个致力于废除这一制定法之程序相绑定。

机关对于由它创设之规范的合法性的个人责任不那么体现在宪法与制定法间的关系之中,而更多体现在宪法和法规以及制定法和法规间的关系之中。宪法可能会授权某些行政机关,尤其是政府,在非常确定的条件下以法规的形式颁布一般
485 法律规范,它们不是对已经存在之制定法的进一步贯彻,而是替代制定法去调整某些对象。如果政府在有别于宪法确定的条件下颁布了这样一部法规,那么曾颁布这一法规之政府的成员就可能要为此承担责任并被处罚。这一程序可以但非必须与某个致力于废除这一法规的程序相绑定。同样,被授权基于制定法颁布法规的行政机关可能要为颁布违法的法规遭受处罚,同时不必必须废除"违法的"法规。如果这一法规直到它被废除为止一直有效或根本就未被废除,那么这就意味着,这一行政机关同样被授权去颁布它;但立宪者和立法者更喜欢颁布与宪法的直接规定相符或维系在制定法之内的法规。

在所有这些情形中,某个由此创设出有效法律规范的行为构成了违法行为,因为它是某项制裁的条件。这些情形说明,在传统法学中很多时候被假定为普遍有效的"**不法行为不产生法(权利)**"(*ex injuria jus non oritur*)原则是有例外的。

前文已经确认,由主管制定法之公布或制定法之适用的机关来审查制定法的合宪性只有在某种程度上才会受到限制,而无法被完全排除,至少要由这些机关来回答这一问题:在主观
486 上作为制定法发布的事物是否由宪法为此委任的机关确立了。如果这一问题被主管机关作出了否定的回答,如之所以如此,是因为伴随成为有拘束力之制定法这一宣称出现的事物并非由宪法为此委任的议会颁布,而是由一位篡权者所颁布,那么主管审查的机关就会拒绝公布或适用。如果这并没有发

生,而这位篡权者所颁布的一般规范以此方式具有了实效,那么就出现了对宪法的一种革命性变革,从而出现了一部与新宪法相符的合宪的制定法。

正如对主观上被展示为制定法之事物的公布或适用可以被主管公布或制定法适用之机关所拒绝,对主观上被展示为最高法院之裁判的事物的执行也可以被主管执行司法裁判的机关因此而拒绝,即根据这一机关的观点,裁判不是由根据宪法构成最高法院的个人或个人的集合体作出的,而是由妄称具有最高法院之地位的个人作出的。但如果它的裁判被执行并因而具有实效,那么出现的就不是——像在前一种情形中那样的——对宪法的革命性的彻底变革,而只是一种革命性的部分变革,故而出现了一份合宪的司法裁判。

一般性地表述来说,司法裁判之合法性或制定法之合宪性的问题是这样一个问题:伴随创设某个规范这一宣称出现的行为是否与规定了其创设甚或其内容的上位规范相符。如果这 487
一问题由某个对此有管辖权的——也即由某个有效规范对此进行了授权的——机关来作出决定,那么同样可能会出现这一问题:实际上作出这一决定的个人是不是主管机关,也即由有效规范对此进行了授权的机关。这一问题可以再由另一个机关来决定,恰恰因此它要被视为上级机关。然而这种回溯到上级机关那里去的做法必须有一个终点。必须要有最高的机关,关于它的管辖权不再能有更高的机关来作出决定,它作为最高的立法机关、政府(行政)机关、法院机关的性质不再能被质疑。它们由此证明自己是最高机关,即它们所确立的规范大体上具有实效。因为如此一来,授权它们去确立这些规范的规范就会被预设为有效的宪法。某个规范只能由主管机关——

也即由某个规范对此进行授权的机关——来确立的原则,就是合法性原则。正如已然确认的,它要受到效率原则的限制。

从以上分析可知,在制定法与司法裁判、宪法与制定法、宪法与法规、制定法与法规之间,或者一般性地说,在法秩序之上位规范与下位规范之间不可能存在冲突,这种冲突会终止这一规范体系的统一性,因为它使人们不可能用彼此不矛盾的法律命题来描述这一体系。

488 k)无效与可废除性

由上同样可知,在法秩序内部不可能存在像无效(Nichtigkeit)这样的事,属于某个法秩序的法律规范不可能是无效的,而只可能是可废除的(vernichtbar)的。但这种由法秩序规定的可废除性可能具有不同的程度。法律规范通常只会被废除针对未来的效果,因而不会触及在其下已然出现的法律效果。但它也可能溯及既往地针对过去被废除,因而所有在其下出现的法律效果都会被废除;例如,在废除某部刑法的同时废除所有在此基础上颁布的司法判决,或在废除某部民法的同时废除所有以此为基础的私法行为和民事司法裁判。但制定法直到它被废除前都是有效的;它并非自始无效。因而当废除制定法的决定被称为"无效宣告"(Nichtigkeitserklärung)时,当废除制定法的机关在其决定中将制定法说成是"自始无效"时,这是不对的。它的决定并不仅具有宣告性,而是具有一种构成性。废除某个规范(也即废止其效力)之行为的意义,就像创设某个规范之行为的意义那样,是一个规范。法秩序可以只授权特定机关去废除其他机关创设的规范,但它也可以授权每个人去决定,伴随成为某个法律规范这一宣称出现的事物在

客观上是否拥有这种意义，也即这一规范是否以法秩序确定的 489
方式被创设并具有法秩序所确定的内容，因而对他具有拘束力。如果这种决定由此被分权化（当法秩序，如一般国际法，没有设立创设和适用法律规范的分工协作的机关时，就是这种情形），那么它就可能在结果上大相径庭。这个人可能会宣告相关规范为有效的法律规范，那个人则可能会否认它具有这一性质。因而，只要某个法律规范的效力终归存疑，这一决定就具有构成性。有疑问的规范并非自始无效。对于作决定的主体而言，关于它"无效"的决定是溯及既往地废除了它。即便在某个相对集权化的国家法秩序内部，也不能排除这种可能：任意个人认为某个在主观上构成法律规范的事物是"无效的"。但这个人这样做时就可能要招致自身的风险，也即面对这种风险：主管机关将他认为无效的事物宣告为有效的法律规范，因而指令去执行这一法律规范所规定的制裁。

不可否认，在一些情形中，某个伴随成为法律规范（也即通过合乎基础规范之行为确立的规范）这一宣称出现的事物，尤其是命令，无须被视为得到任何人的支持，同时也不会有法秩序为此对任何人的授权，根本也不必有[15]法秩序加以特别规定的废除行为。例如，当某个被拘禁于精神病院的人颁布了一部"制定法"时，就是如此。如果假定在这些情形中，**先验**
地（*a priori*）存在无效，那么这就落于法的领域之外。同时也 490
根本不可能从法律上对这些情形加以确定。法秩序无法规定，在什么条件下某个伴随成为法律规范这一宣称出现的事物必须被**先验地**作为无效的规范（它要在法秩序所确定的某个

[15] 原文此处有一处拼写错误，"das"应被修正为"dass"。

程序中被废除),即不作为规范生效。例如,如果法秩序规定,某个没有被主管机关或被某个根本就不具有机关性质之个人确立的规范,或者某个具有被宪法所摒弃之内容的规范,要被视为是**先验**无效的,因而不必有任何废除它的行为,那么它就必须规定,必须由谁来确认这种无效的条件是否出现;而由于这种确认具有构成性,由于存疑规范之无效是这种确认的效果,在进行这种确认前在法律上不可能被如此主张,所以这种确认就意味着对直到那时为止被视为有效之规范的溯及既往的废除(即便它是以无效宣告的形式进行的)。在此角度下,法就好比是米达斯国王。就像这位国王触摸过的一切都变成了金子,法所涉及的一切事物都具有了法的性质。在法秩序内部,无效只是最高程度的可废除性而已。

Ⅵ. 法与国家 491

36. 法的形式与国体

法秩序的阶层构造学说把握住了运动中的法,这一运动是其自我创设之持续自我更新的过程。它是一种动态的法理论,有别于一种静态的法理论,后者试图在不考虑其创设的前提下将法只理解为被创设之秩序,并以此去理解其效力、效力范围等。法动态学问题的核心在于法律创设的不同方法或法的形式问题。如果人们去考察那些构成了法秩序之主要组成部分的法律规范,也即将强制行为作为制裁联结于特定人类行为的法律规范,并认识到,某人由此对特定行为负有法律上的义务,即将相反的行为当作某项制裁的条件,那么人们就可以区分出规定此种法律义务的两类法律规范:负有义务之人参与其创设的法律规范和在没有他们参与的前提下形成的法律规范。作为这一区分之基础的原则是自决(Selbstbestimmung)意义上的自由原则。从服从规范之人的角度而言,具有决定性的问题是:承担义务是否符合其意愿,甚或最终
492 违背其意愿。这一差别通常被称为自治与他治之间的对立,通常也在根本上为法学说在国家法领域中所确认。在此,它作为民主与专制或者共和制与君主制之间的对立出现;也在此,它提供了关于国体(Staatsformen)的通常分类。只是,人们作为国体来把握的对象终归仅是法的形式(Rechtsform)的一种特殊情形。它是法秩序之最高位阶的法的形式,也即法律创设方法,它位于宪法的领域。用国体的概念刻画出了由宪法调整的一般规范的创设方法。如果人们只将国体理解为作为立法(也即对一般法律规范的创设)之形式的宪法,故而——通过国体的概念——将国家等同于作为一般法律规范之创设形式的宪法,那么就只是遵从了关于法的通常观念,人们毕竟只是将其视为一般规范的体系,而没有考虑到,对一般法律规范的个别化、从一般法律规范到个别法律规范的进展也必然落入法秩序的框架之中。将国体等同于宪法完全符合"法包含于制定法之中"这一成见。但国体问题作为法律创设方法的问题不仅产生于宪法的层面,故而不仅对于立法而言存在,而且产生于法律创设的所有层面,尤其对于确立个别规范之不同情形——行政行为、司法裁判、私法行为——也存在。

493 ## 37. 公法与私法

作为特别典型的例子,可引入对于现代法律科学体系学而

言具有基础性的区分——公法与私法的区分,这一区分在前文中已多次强调过了。众所周知,迄今为止尚未成功获得关于此区分的完全令人满意的规定。根据最为流行的观点,它涉及的是法律关系的分类。例如,私法是平等的、在法律上等重的主体之间的关系,而公法是上下位主体之间的——这样两个主体(其中一个主体相对于另一个主体在法律上分量更重)之间的——关系。典型的公法关系是国家与臣民之间的关系。人们同样将私法关系称为绝对法律关系,称为原本和狭义上的"法律"关系,以便使它们与作为"权力"或"支配"关系的公法关系相对。私法与公法之间的区分总的来说似乎具有这种倾向,它假定了法与非法的甚或只是半法的权力之间尤其是法与国家之间对立的意义。如果现在人们进一步去考察,被赋予某些主体的更多分量、它对于其他主体的更高地位体现在哪里,就会发现,这里涉及的是创设法律之构成要件间的区别。而关键性的区别与作为国体之分类基础的区别是一样的。被 494
赋予国家(也即其机关)相对于臣民的法律上更多的分量体现在,法秩序赋予了具有国家机关之资格的人甚或某些位于他们之下的所谓政府机关这样的能力,即通过单方意思表示(命令)让臣民负担义务。公法关系的典型例子是行政命令,它是由行政机关确立的这样一种个别规范,借此规范受众在法律上负有采取合乎命令之行为的义务。与此相反,典型的私法关系是私法行为尤其是合同,也即由合同创设的这样一种个别规范,借此订立合同的当事人在法律上负有采取某种相互行为的义务。如果说对此负有义务的主体参与了施加义务之规范的创设——这里恰好体现了通过合同进行的法律创设的本质——的话,负有义务的主体在公法行政命令中并没有参与施加义务之规范的创设。这是专制的规范创设的典型情形;而私法上的合同则构成了一种极其明显的民主的法律创造方法。因此,即便是旧理论也将私法行为领域称作私法自治领域。

38. 公法与私法二元论的意识形态性质

如果将私法与公法的关键性区别视为两种法律创设方法
495 的区别,认识到所谓的国家公共行为与私人法律行为是一样的
法律行为,特别是洞察到,构成法律创设之构成要件的行为在两种情形中都只是所谓国家意志构造之过程的延续,与政府命令一样,私人法律行为也只是对一般规范——在前一种情形中是行政性法律,在后一种情形中则是民法典——的个别化,那么看起来就不会那么自相矛盾的是:纯粹法学说从其一再取向于法秩序之整体而非所谓国家意志的普遍主义立场出发,将私人法律行为同样视为政府命令那样的国家行为,也即视为可归属于法秩序之统一性的法律创设的构成要件。由此纯粹法学就对传统法学严格对立起来的私法与公法进行了相对化,将它从一种体系外的差异——也即法与非法、法与国家之间的差异——变为了一种体系内的差异;也恰恰由此维系了其作为科学的地位,即它同样摆脱了与上述对立之绝对化联系在一起的意识形态。如果人们将公法与私法的对立展现为权力与法或至少是国家权力与法之间的绝对对立,那么就会产生这种观念:就好像在公法领域,尤其是——政治意味尤其显著的——宪法和行政法领域,法的原则就没有像在私法领域(人们认为
496 其属于所谓法的固有领域)中的那种意义上和那种强度上的

效力。有别于后一领域,在前一领域中占支配地位的据说不是那么严格的法,而毋宁是国家利益、公共福祉;而这种利益和福祉无论如何都必须被实现。因此,一般规范与公法领域的执行机关之间的关系据说就有别于它与私法领域之执行机关之间的关系:不像在后一领域中那样将制定法拘束性地适用于具体情形,而是在紧急情况下(也即在国家紧急状态法的情形中),[1]仅在制定法的框架内甚至反于制定法去自由地实现国家目的。然而,批判性的研究显示,这整个区分在实在法中没有任何基础;如果它想要说明的不止是,立法机关、政府机关和行政机关的活动受制定法拘束的程度通常要比法院的活动来得低,多数时候后者相比于前者在实在法上被赋予的自由裁量权要来得小。此外,这种认为公法与私法之间具有本质差异的学说也陷入了这一矛盾之中:它将法的自由(它为公"法"领域而非国家的生活领域提出的主张)宣称为法的原则,宣称为公法的特殊属性。因而最多它能够谈论两个以不同技术来塑造的法律领域,而非国家与法之间绝对的本质性对立。但这种在逻辑上完全站不住脚的二元论并不是理论性的,而是意识形态性的。它是从宪法学说中发展起来的,要确保政府以及从属于 497
它的行政机构拥有一种——仿佛是从事物本质中演绎出来的——自由;一种并非来自法(这或许最终是不可能的),而是来自制定法、来自由民众代表创造或在其实质参与下创造之一般规范的自由;不仅在此意义上,即对政府和行政机关广泛的制定法拘束被认为有违其功能的本质,而且在此意义上,即假如存在这种拘束必要时可以被推翻。而这种倾向——体现为

[1] 原文少了一个逗号,后来被添上了。

政府与议会之间常见的对立——不仅可以在君主立宪制中被发现,而且在民主共和制中也可以被发现。

另一方面,公法与私法之间对立的绝对化也会产生这种观念:就好像只有公法领域,尤其是宪法和行政法领域,才是政治统治的领地,而它可以完全从私法领域中排除出去。在前文中已然指明,这种“政治的”和“私人的”之间的完全对立在主观法领域中并不存在,私法与人们习惯于(仅将此)称呼为政治法的法在同样的意义上是政治法,因为两者都参与了所谓的国家意志构造,也即政治统治,尽管方式有所不同。公共的(政治的)法律领域与私人的(非政治的)法律领域之间的原则性差异会妨碍这种洞见:由作为私法行为的合同产生的“私”法
498 不亚于通过立法和行政创设之公法,也是政治统治的舞台。只是,被人们称为私法的规范集合(位于其中心的是个人的即所谓私有财产这一法律制度),从处于法律整体结构中的这部分法秩序所拥有之功能的立场来看,是充分适应资本主义经济体系之个别法律规范的创设形式。它符合自决原则,并在此意义上具有民主性。但在一般法律创设的层级上,这一经济体系既可能具有专制性,也可能具有民主性。我们时代最主要的资本主义国家尽管拥有民主宪法,但私有财产制度以及基于自决原则的个别法律规范创设同样也可能存在于君主专制制度之中,而且事实上也存在于它们之中。在社会主义经济体系之法秩序内部,只要它只容许存在集体财产制,个别法律规范之创设就可能具有专断性,因为公法上的行政行为替代了私法上的合同。但就像与以民主的方式来创设一般法律规范一样,这种体系与以专断的方式来创设一般法律规范也是相容的,也即与

民主的或专断的国家宪法都是相容的。* 缺乏对法的阶层构造之洞见也阻碍了这种认识：同一个法秩序之不同层级可能适 499
用不同的法律创设形式，以民主的方式创设一般法律规范可以与以专断的方式创设个别法律规范相联系，反之，以专断的方式创设一般法律规范也可以与以民主的方式创设个别法律规范相联系。**

39. 传统上国家与法的二元论

在传统法学说所假定的公法与私法的对立之中，已经以最清晰的方式凸显了这样一种顽固的二元论，它支配着现代法律科学以及我们的整个社会思维：国家与法的二元论。当传统法与国家的学说将国家作为一种有别于法的实体与之对立起来，但同时又主张它是一种法律实体（Rechtswesen）时，它是由此做到这一点的：它将国家视为法律义务和权利的主体，同时宣布它拥有一种独立于法秩序的存在。

就像私法理论最初对个人的法律人格所假定的——它在逻辑上和时间上先于客观法，也就是法秩序——那样，国家学说也假定，国家作为集合统一体（它作为某种意愿和行动的主体出现）独立于甚至先于法存在。但人们说，国家由此来履行 500

---

* Vgl. Kelsen, "Foundations of Democracy", Ethics, An International Journal of Social, Political and Legal Philosophy, published by the University of Chicago Press, Vol. LXVI, Number 1, Part II, 1955, S. 1–101.

** Vgl. Kelsen, Allgemeine Staatslehre, 1925, S. 361ff.，以及 Kelsen, General Theory of Law and State, 1945, S. 283ff.

其历史使命,也即它创造出了法,“它的”法,也即客观法秩序,为的是随后自己去服从于它,也即自己通过自己的法来施加义务和赋予权利。故而国家作为元法律实体、作为一种强大的巨人或社会有机体构成了法的前提,同时也构成了以法为前提(因为服从于它)、由它施加义务和赋予权利的主体。这就是国家的双面理论和自我负担义务的理论,它尽管有着显而易见的矛盾之处(因此它一再遭受谴责)但却以空前的韧性反抗着所有的反对意见。

40. 国家与法二元论的意识形态功能

传统国家与法的学说无法放弃这一理论,无法放弃在其中彰显的国家与法的二元论。因为它提供了一种特别重要的、远没有被高估的意识形态功能。国家必须被想象为一个以有别于法的人,从而法才能够为——创设这种法并自我服从于它的——国家进行辩护。而只有当法被预设为一种与国家具有本质差别的、与后者的原初性质(权力)相对抗的,故而在任一意义上正确或公正的秩序时,它才能为国家进行辩护。如此国
501 家就从一种纯粹的权力的事实变成了法治国(Rechtsstaat),后者由此得到辩护,即它制造了法。就像对国家的宗教—形而上学辩护并无实效那样,这种法治国理论也必然同样只是对国家的可能辩护。这种“理论”将国家作为法律认识和国家法学说的对象(只要它宣称国家是法人),同时竭尽全力强调,国家(因为作为权力是与法在本质上相异之物)无法在法学上被把握:这一矛盾无损于它。就像矛盾对于意识形态理论(它们必然

附着于这些理论)来说并不意味着严肃的障碍那样。因为意识形态的目标原本就不在于深化认识,而在于规定意志。这里的关键不在于去把握国家的本质,而毋宁在于强化其权威。

41. 国家与法的同一性

a)作为法秩序的国家

一种对国家的去意识形态,故而从一切形而上学和神秘主义中解放出来的认识不外乎可以如此来抓住其本质,即它将这种社会构造物(正如已在前面的研究中发生的那样)理解为一种人类行为的秩序。将国家标识为一种政治组织是司空见惯的事。但由此只是表达出,国家是一种强制秩序。因为这一组织的特殊“政治”因素体现为人对人所行使的、由这一秩序所调整的强制,体现为这一秩序所规定的强制行为。恰恰是这些 502
强制行为被法秩序联结于后者所确定的条件。作为政治组织,国家是一种法秩序。但并非每种法秩序都是国家。原始社会的前国家的法秩序以及超国家(或国家间)的国际法秩序都不是国家。为了成为国家,法秩序必须具有狭义和特殊意义上之组织的性质。也就是说,它必须指定分工协作的机关来创设和适用构成它的规范;它必须显现出某种程度的集权化。国家是一种相对集权化的法秩序。

通过这种集权化,国家法秩序就区别于原始人的前国家的法秩序和超国家(或国家间)的一般国际法秩序。在后两种法秩序中,一般法律规范不是由某个核心立法机关,而是以习惯的方式被创设的,这意味着一般法律创设的程序是分权化的。

前国家的法秩序与超国家（或国家间）的法秩序都没有指定法院来主管一般规范对具体案件的适用，而是授权服从于法秩序的主体自己去发挥这一功能，尤其是通过自力救济来执行法秩序规定的制裁。根据原始人的法，被谋杀者的家族成员可对谋杀者及其家族成员进行血亲复仇，也即被授权去执行原始的刑
503 罚；债权者可以对迟延履行的债务人亲自动手，以便例如通过扣押——这种原始形式的民事强制执行——来履行（债务）。根据一般国际法，成员国政府被授权针对违反了法的国家——也即针对其政府违反了法的国家这一主体——发动战争或报复（这是国际法上的制裁）。虽然在前国家的法和超国家（国家间）的法这两种情形中，以习惯的方式创设法和适用法（执行法规定之制裁）的个人都是法律机关，并由此成为法律共同体的机关，但它们并不是像国家法秩序所指定的政府、立法机关和法院那样的分工协作的集权式机关。原始社会的法秩序以及一般国际法秩序是完全分权化的强制秩序，因此才不是国家。

如果国家被理解为一种社会共同体，那么正如前文已经讲过的，* 这种共同体就只能由某个规范秩序构成。由于一个共同体只能由这样一个秩序构成（与这一秩序等同），构成国家的规范秩序就只能是相对集权化的强制秩序，我们将其认可为国家法秩序。

作为社会共同体，国家——根据传统国家学说——由三个
504 要素组成：国民、领土和所谓国家权力（它由某个独立的国家政府来实施）。所有这三个要素都只能通过法律来确定，也就

---

* 参见本书第 112 页以下、第 190 页以下。

是说，它们只能被理解为某个法秩序的效力和效力范围。

国民（Staatsvolk）是属于某个国家的人。如果人们去问，为什么某个人与其他人同属于某个特定的国家，标准就只能在于，他与其他人都服从某个特定的、相对集权化的强制秩序。一切寻找其他联系——它可能根据语言、种族、宗教和世界观将因阶级对立或其他各种各样之利益冲突分离开来的不同的人捆绑在一起，联结为一个统一体——的努力都必将失败。尤其不可能指明任意类型的心灵上的相互作用，它能独立于任何法律上的联系，将属于某个国家的所有人都以这种方式联结起来：它能够与属于其他国家的、通过类似之相互作用联合起来的其他人区分开来，作为两个相分离的群体。不能否认的是，没有任何这类相互作用能将所有只属于某个国家的人联系起来；假如真的能观察到这种相互作用，那么属于不同国家的人彼此之间的联系可能要比属于同一个国家的人彼此之间的联系紧密得多。因为他们只是在法律上属于这个国家。他们确实可能——就像人们惯于说的那样——也与他们的国家之间具有心灵上的联系，他们可能会爱它，甚至崇拜它，愿意为它献出生命。但即便当他们没有这样去做时，当他们恨它，甚 505
至背叛它或者对它完全无动于衷时，他们同样属于它。某人是否属于某个国家这一问题不是心理学问题，而是法律问题。构成国民之人的统一体不外乎要通过这一事实被认知，即同一个法秩序对这些人都有效，他们的行为由同一个法秩序所调整。国民就是国家法秩序的对人效力范围。

领土（Staatgebiet）是以特定方式被分割的空间。它不是以特定方式被分割的地表土块，而是一种三维空间，由所谓国家界限封闭起来的疆域之下的底土和位于其上的空间都属于它。

很明显,这一空间的统一性不是自然地理的统一性。属于同一个国家空间的可能有这样的领土,它们由并非属于**一个**国家领土的海洋,或者由另一个国家的领土分离开来。自然科学的知识无法回答这一问题,而只有法学知识才能回答这一问题,也即国家空间的界限如何确定(这构成了它的统一体)。所谓国土只能被定义为某个国家法秩序之空间效力范围。*

构成国家秩序之规范的空间效力范围这一问题的一种特殊情形(那种产生自国家领土划分之法律构造物的本质),是
506 集权化和分权化的问题,**在此视角下也可以来把握行政分权、自治团体、州、国家碎片(Staatsfragmente)***等,尤其也同样可以来把握一切联邦。此外,传统国家学说忽视了,国家并不仅具有空间的存在,而且也具有时间的存在,如果空间必须被视为国家的要素,那么时间也必须被视为国家的要素,国家的存在既受到空间的限制,也受到时间的限制,因为国家可以形成和消逝。正如国家在空间中的存在是国家法秩序的空间效力范围,国家在时间上的存在是国家法秩序的时间效力范围。而如同国家的空间界限问题一般,它的时间界限问题,也即某个国家始于何时、终于何时的问题是一个法律问题,而非可以凭借一种取向于自然现实之知识可以回答的问题。正如我们还将要看到的,是一般国际法确定了成员国法秩序的空间效力范围与时间效力范围,使它们彼此分割,从而使诸国家在空间

---

* Vgl. Kelsen, *Der soziologische und der juristische Staatsbegriffe*; 2. Aufl., Tübingen, 1928.

** 参见本书第 384 页及以下。

*** 指的是不完整意义上的国家,或者国家的一部分,如两德统一前的东德和西德就都是这种意义上的部分秩序或国家碎片。——译者注

中的彼此并立以及它们在时间上的前后相续在法律上成为可能。

几乎不言而喻的是,所谓的国家权力(Staatsgewalt)(它由某个国家政府在领土范围内对国民行使)并不仅是一种任何人在事实上对其他人所拥有的权力,并体现为前者有能力促使他人去从事他所希望的行为。这类事实上的权力关系所在多 507
有,无须将那些对他人拥有这类权力的人都视为国家或国家机关。使被称为国家权力的关系与其他权力关系区分开来的关键在于,它受到法律的调整。也就是说,作为国家政府行使权力的人得到了某个法秩序授权,通过创设和适用法律规范来行使这一权力,国家权力具有规范性。所谓国家权力就是某个有实效之国家法秩序的效力。行使这种国家权力的国家政府必然是独立的。这意味着,它不能受到任何其他国家法秩序的拘束,如果国家法秩序终究要从属于另一个法秩序的话,那就只能是国际法秩序。

人们习惯于在国家权力的行使过程中看到一种权力的表达,人们认为它对于国家而言是如此本质性的属性,以至于人们将国家直截了当地称为权力,用"权力"来谈论国家,即便涉及的并不是"强大的权力"(强国)。国家的"权力"只能由这种供政府使用的特殊权力手段来表述:堡垒和监狱、大炮和绞刑架,穿制服的人(警察和士兵)。但这些堡垒和监狱、这些大炮和绞刑架是无生命的对象;只有当它们被人根据政府向他们下达的命令来操作时,只有当警察和士兵遵从调整其行为的规范时,它们才会变成国家权力的工具。国家的权力不是什么隐 508
藏在国家或它的法背后的神秘力量或主宰者;它不外乎是国家法秩序的实效。

故而国家(它的本质要素是国民、领土和国家权力)要被确定为一种相对集权化的、在其空间和时间效力范围上受限的、主权的或直接从属于国际法的、大体上有实效的法秩序。

b)作为法人的国家

国家作为法人——作为行为主体以及义务和权利主体——的问题,在根本上与作为法人之社团的问题是同一个问题。国家也是一种社团,也即由某种规范秩序构成的共同体,它指定了分工协作的、被委任直接或间接地发挥其功能的机关;而构成这种共同体的秩序就是法秩序,有别于国际性的(国际法的)秩序,它被称为民族的或国家的法秩序。正如由章程构成的社团处于国家法秩序(它向作为法人的社团施加义务和授予权利)之下,国家也可以被视为处于国际法秩序(它向做为法人的国家施加义务和授予权利)之下。故而可以像在指涉处于国家法秩序之下的社团那样,在指涉作为处于国际法之下之社团的国家时区分出外部义务和权利与内部义务
509 和权利:前者由国际法规定,而后者由国家法秩序规定。后文首先只涉及作为法人之国家的问题,而不考虑向它施加义务和授予权利的国际法。

α)作为行动主体的国家:国家机关

如果将国家展示为行动主体,如果说国家做了这个或那个,那么就会出现这一问题:将特定人实施的行动归属于国家,认为这些行动具有国家行动或国家功能的资格标准何在,或者(这等于说)为什么特定人在实施特定行动时要被视为国家机关。对这些问题的回答与前文中对于涉及从属于国家法秩序之社团的法人地位这一类似问题给出的回答相同。

将特定个人的行动归属于由法秩序构成之国家共同体的过程只是表达出，这一行动在构成国家共同体之法秩序中被确定为条件或结果。由于国家作为行动主体尤其是作为履行法律义务和行使主观法之人的问题是一个归属问题，人们必须意识到这一思维操作过程的本质，以便把握问题的真正意义。

特定行动是不是国家的行动，尤其是特定行为是不是国家 510
行为，特定功能是不是国家功能，也即是不是国家（在此作为人实施了一个行为）发挥了某种功能的问题，不是一个取向于某种事实之存在的问题，就像这个问题一样：特定人是否从事过特定行动。假如问题具有这种意义，它就永远无法得到肯定的回答。因为事实上从事行动、实施特定行为、发挥特定功能的从来就不是国家，而总只是特定的生物人（Mensch）。只有当人们将作为行动之人的国家想象为某种有别于人的实体，想象为某种超人，也即将人（Person）这一辅助性构造予以实体化时，某个国家行为、某种国家功能是否出现这一问题才会具有取向于某种事实之存在的问题的意义，对这一问题的回答才会是，特定行为或特定功能**是**或**不是**国家行为或国家功能。在此意义上，国家法文献才会例如去讨论这个问题：立法是不是国家功能，并有时作出肯定的回答，有时作出否定的回答。但由于作为行动之人的国家并非实体，而是一种法学思维上的辅助性构造，所以某种功能是不是国家功能的问题就不能取向于某种事实的存在。如果它在此意义上被提出并被回答，那么它就被错误地提出并被错误地回答了。在正确的提问方式中，其意义只能是，特定人所发挥的某种功能是否可以并在何种条件下可以被归属于国家。

从某种取向于法之观察的立场出发，只有由法秩序确定的 511

功能,也即狭义或广义上的法律功能才能被理解为国家的功能。由于在将法秩序所确定的、由特定人发挥的功能归属于国家的过程中,只是表达出了与确定这一功能的法秩序之统一性的关系,所以可以将法秩序确定的每种功能都归属于作为这一法秩序之拟人化的国家。这意味着,人们可以——如果运用一种隐喻的话——对法秩序确定的每种功能说,它是由作为人的国家所发挥的。因为由此说的不外乎是,这一功能是由法秩序确定的。人们可以但非必须运用这一隐喻,因为人们也可以在不运用这种隐喻的前提下展示出事实;而人们之所以运用它,是因为人们出于任意理由认为这么做是有好处的。由于国家作为行动之人的问题是归属问题,而这种归属要以语言习惯来表达,故而当特定功能是否是国家功能这一问题有待回答时,首先要确认的是,在语言习惯中这一功能是否被归属于国家。但这种语言习惯不是统一的,也不是连贯的。一般来说——让我们回到立法是不是国家功能这一问题上来——立法会被展示为国家功能,也即被归属于国家。但一些学者并不
512 这么做。他们拒绝将立法诠释为国家的功能。* 这由他们来决定。但如果他们由此认为,立法(为了区别于其他功能)事实上没有被国家所执行,尽管国家可以订立条约、惩罚犯罪、运营铁路,但却无法制定法律的话,他们就错了。他们拒绝这么做的真正意义在于,出于任意理由,他们在立法的情形中没有利用这里同样存在的归属于国家的可能性,就像人们通常不将法秩序确定的不法构成要件归属于国家,尽管这在相同的意义

---

* 我自己在《国家法学说的主要问题》一书中(第 465 页及以下),就没有将立法诠释为国家的功能,而是将其诠释为社会的功能。

上也是可能的(借此任意功能被归属于国家)。也就是说,这恰恰表达的只是,相关的构成要件被构成国家共同体的法秩序确定了。

如果去研究相关语言习惯,也即人们试图去确认,在法律语言中,当人们说国家——通过作为其机关的特定人——发挥着特定功能时,在何种条件下某些被国家法秩序确定的功能被归属于国家,那么就可以指出:一般来说,只有当法秩序所确定的功能由根据法秩序被委任去这样做的分工协作的个人所发挥时,它才会被归属于国家,才被诠释为国家功能;或者——意思是一样的——只有当某个人在通过法秩序确定的程序被委任去发挥这一功能时,他才被视为国家的机关。因为这一功能涉及确定它的法秩序的统一性,进而被归属于由这一法秩序构 513
成的共同体即国家,被展示为国家的功能,所以这一法秩序就被拟人化了。作为社会秩序的国家是前面所定义的国家的(有别于国际的)法秩序。作为人的国家是对这一秩序的拟人化。但正如已经详述过的,要注意的是,除了国家的这种概念外,人们还运用另一种与之相异的但与它紧密相关的、被它所包含的国家的概念,当它被展示为行动之人时,它也只是法秩序 并非整体法秩序(它调整着一切生活于其属地效力范围内的个人的行为,故而构成作为法律共同体的国家,所有这些生活于特定领土之上的人都属于这一共同体),而是部分法秩序[它由那些民族(国家)法秩序的规范构成,它们调整着那些具有分工协作且具有“官员”之资格的机关性质之个人的行为]——的拟人化。这一部分法秩序构成了只有这些个人属于它的部分共同体。被归属于这一部分共同体的只有这些个人的功能。它是作为官僚机构及其顶端(政府)的国家。由于

这一对于法人的归属问题已经在前文分析在国家法秩序之下
514 所建立的社团的法律人格时讨论过了,所以在展示国家人格者
问题时不可避免会有所重复。这是合理的,因为关于这一操作
方式之性质的洞见(它在法律思维中扮演着重要角色)造成了
对传统观点的重大修正。由于这一洞见摧毁了这种完全具有
误导性的观念,即将国家人格者作为某种与法不同的实体,所
以它不足以令人印象深刻地被意识到。

按照传统国家学说,可归属于国家的功能可分为三组范
畴:立法、行政(包括统治)和司法。所有这三种范畴——正如
已说明的——都属于法律功能,无论它们是狭义上——法律创
设和法律适用功能意义上——的法律功能,还是广义上的、包
含法律遵守功能意义上的法律功能。之所以立法——(相对
较高层级上的)一般法律规范的创设——被诠释为国家功
能,是因为这一功能被通过法秩序所确定的程序选举出的议会
(也即以分工协作的方式)所发挥;这里要注意,确定立法功能
的个人,即议会的成员不具有——对于将其他功能归属于国家
而言具有决定意义的——国家官员的资质。但根据传统的语
言习惯,通过行使赋予他们的权利选举出议会的个人并不被称
为国家机关,他们的功能也不被称为国家功能。虽然人们会
说,国家造出了制定法,但人们不会说,国家选举出了议会;尽
515 管人们可以像说国家造出了制定法一样这么去说。因为这里
所考虑的功能,即立法机关的创设,构成了创设制定法之程序
的一个本质性组成部分。这一程序大体上可分为两个阶段:通
过选举程序创设机关以及这一机关通过立法程序创设一般规
范。对于在主流语言习惯中彰显出之归属(将国家作为行动
之人的观念以此为基础)来说十分独特的是,通过习惯创设一

般法律规范不被归属于国家，不被诠释为国家的功能。习惯法甚至被那些主张国家与法属于两个彼此不同现象的人引证为支持这一点的论据，即法并非或并非必然由国家创设，有的法可以完全独立于国家形成。但由于习惯与立法一样都是法秩序所确定的一般法律创设的构成要件，前者如后者一样都可以被归属于国家。如果习惯法的创设不被归属于国家，那么只能是因为，它不像立法那样属于某个分工协作的、通过特殊程序被委任发挥这一功能之机关的功能。但正如强调过的，将立法功能归属于国家并不依赖于分工协作的机关具有国家官员的资格。这里同样要回忆起已经在其他地方提及过的情形：尽管确立构成司法裁判的个别法律规范被当作国家的功能，但提起私人诉讼（它构成了创设这一个别规范之程序的本质性组成 516
部分）并不被当作国家的功能；由此说明的只是，只有法院而非起诉人才是分工协作的、被委任去发挥这一功能的机关。但如果——就像在刑事诉讼中那样——司法裁判以由国家政府任命的公诉人提起的诉讼为条件，那么这一功能就也会被诠释为国家功能，因为它由某个分工协作的、被委任去发挥这一功能的机关所行使。人们说，国家控告了罪犯，就像人们说，国家审判了罪犯。基于相同的理由，通过私法行为创设一般和个别的法律规范不被称为国家功能，只要它不由为此委任的、分工协作的、具有国家官员资格的机关所行使，尽管“私人”的私法行为活动完全与立法和司法裁判一样是法秩序所确定的狭义法律功能。

就像在前文中已经阐释过的，* 被称作国家行政的活动由

---

* 参见本书第 325 页及以下。

两个在其法律结构上不同的部分组成。政府(也即国家元首和内阁成员、部长或国务秘书,以及很大部分从属于政府的行政机关)的功能是特殊的、狭义上的法律功能,也即创设和适
517 用一般和个别的法律规范,借此服从法的个人即臣民负有义务去从事特定行为,因为某项强制行为(它的执行被归属于国家,因为它由某个分工协作的机关来实施)被联结于相反的行为。如果人们假定构成(由制裁构成之)法律义务之内容的行为被法秩序所意图,即因为它由制裁的威胁所引发,且人们将法秩序的目的阐释为国家目的(例如,将法秩序的属地效力范围阐释为国家的领土),那么就可以说,这一国家目的是被间接实现的,它不被归属于国家,因为它是通过个人的义务性行为来实现的。但部分——在发展过程中不断增强的程度上——被诠释为国家行政的活动却构成了对国家目的的直接实现。因为是被归属于国家的行为,构成了法律义务的内容。被归属于国家的功能不是法律创设和法律适用,而是法律遵守的功能。其遵守(被诠释为国家的功能)被归属于国家的义务是在法律地位上具有特殊资格,也即具有"官员"资格之分工协作的机关的义务。当——正如人们所说的——国家不限于由此来引发某种特定的状态,即创造出这样的制定法(在其中服从于制定法的个人有义务去从事某种构成这一状态的行
518 为),且将这一制定法适用于具体案件并执行制定法所规定的制裁,而是由国家自己(也即通过它的机关,或者根据主流语言用法来说,以可归属于它的方式)去引发它所意图的状态时,当国家去建造和运营铁路、设立学校和养老院、教授课程、治疗病患,简言之,像私人那样去开展经济的、文化的、人道主义的活动时,就会出现直接实现国家目的的国家功能,或者说

直接的国家行政。这些活动的“国家化”意味着它的官僚化，也即由具备官员资格的、分工协作的机关来实施。这种资格体现在哪里呢？

首先体现在，这些个人被委任去发挥交付给他们的政府功能，或通过行政行为获得此授权的行政机关的功能，并在法律上从属于政府；尤其是体现在，行使其功能被当作某种特殊的义务，即公职义务（职责）的内容，对此义务的履行是通过纪律规定来保障的。这里要注意的是，构成直接国家行政的活动可以以此方式成为某个机关的职责，即给这一机关在履行这种义务时留有或多或少的自由裁量余地。这种余地可以如此宽泛，对机关之裁量权的限制可以如此少，以至于义务的要素看上去几乎消失了。但只要职责被视为官员性质的一种根本要素，它就必须被假定依然是存在的（即便被缩减至最低限度）。继而，这些机关不仅只是偶尔和临时地发挥其功能，而是长久 519
地、最终直到达到退休年龄为止都将此作为了职业性的（也即排除了其他职业行为的）因而是有偿的活动。他们由国家发给薪水，也就是说，他们服务的对价（在现代国家中这是以金钱来体现的）来自国家财政，即所谓的国库，这是一笔核心资金，它的设立、使用、流进和流出都受到法律的调整。它从根本上是由服从法律之个人（他们被制定法施加了缴纳税收的义务）的纳税构成的，并由国家官员来管理。这种国家财政不仅涵盖了国家官员的薪水，也涵盖了国家行政的其他支出。如果被诠释为直接公共管理的活动，如运营铁路或国家烟草专卖局，构成了商业性的（经济性的）经营活动，那么这些经营活动的资产和负债都将归属于国家财政。这里显现出了直接行政这种归属于国家的活动和类似的、不归属于国家的私人活动之间的重要差别。国家财政、所谓国库的法律性质将随后再来研究。

如果将内部限于立法、司法以及制裁之执行的国家称为司法国家(Gerichtsstaat)的话,那么就可以说,随着直接国家行政的建立,国家就从司法国家变成了司法和行政国家。这是一种长久以来发展的结果,它与法秩序不断地集权化尤其与核心政
520 府机关的形成及其权能的扩张有着紧密关联。行政国家的机关是经过完整培训的那类国家官员。但还有大量并不完全具有上述特征的中间层级,还有这样的国家机关,他们并非由政府任命,而是由议会或人民选举产生;还有这样的国家机关,他们并非被长期雇用,没有固定的薪水或根本就没有任何薪水,而是作为荣誉官员发挥作用。这些国家机关不是通过行政行为而是通过民事合同被雇用的。

国家功能的官僚化与从司法国家向行政国家的过渡相伴而行。它首先抓住的是某些狭义法律功能,尤其是强制行为的执行,如国家内部的警察功能与外部关系方面(国际法上)的战争功能(常设军队及职业军官)。但一旦这类官僚机构被创设,它也可能被委托去发挥特殊和狭义之法律功能以外的法律功能。国家行政会越来越倾向于直接实现国家目的。但这同样也只是广义上的法律功能,即法律遵守功能。即便是在直接国家行政中,国家也保留了它的法律性质。由于构成狭义之国家——作为以政府为其顶端之官僚机构的国家——的那部分
521 法秩序是整体法秩序(它构成了广义上的国家,这个国家的臣民是这一法秩序的对人效力范围,它的领土是这一法秩序的属地效力范围,它的权力是这一法秩序的实效)的一个统一化组成部分,所以对狭义国家的归属(作为对这一部分法秩序之统

一性的指称)蕴含着对广义国家的归属(作为对整体法秩序之统一性的指称)。

与向行政国家之过渡以及与此相应之官僚机构的重要性不断增加相关的,还有这样一种趋势,它将国家机关的概念限于官僚机构的概念,也即将对国家的归属限于法秩序所确定的,由分工协作和具备官员资格之个人来发挥的功能。一些学者不愿意将议会立法(作为非官僚机关所发挥的功能)称作国家功能,这种做法就可以回溯到上述趋势上去。然而,议会有时还是会显现出类似于官僚机构的特征,例如,当它的成员从国库中支取酬金时就是如此。君主专制国家或君主立宪制国家的国家元首就是国家机关,即便他没有什么公职义务。民主共和制国家的国家元首以及君主制和共和制国家中的内阁成员必须发挥其作为公职义务的功能(在本质上是法律功能);但这并不是由一般性的官员纪律法,而是由规定特别责任的特殊规定构成的。他们同样也是国家机关,并非作为国家官员,而只是他们以分工协作的方式发挥着某种法秩序确定的功能。

β)代表 522

将前文中描绘的功能归属于国家这一拟制的人绝不是唯一可能的方法。事实上,在惯常的语言用法中,人们也使用另一种与对国家人格者之归属紧密相关但没有被后者所包含的方法。那就是人们通过代表这一概念(Repräsentation)来进行的归属。有时国家的机构(Staat-Organschaft),也即通过国家机关的概念来进行的对于国家人格者的归属,被等同于代表,因为人们会说,国家机关"代表了"国家。但在某种特殊的意义上,人们使用代表的概念只是为了表达出将某种功能归属于人民(而非国家的人格)。人们会说,某些机关,如议会,在行使其功能时代表了人民,但却并没有因此排除掉对国家之人格的归属(它们被标识为国家机关)。虽然多数时候,只有当这一功能由某个人民所选出的机关来发挥时,人们才会谈论对人民的代表,但这种语言用法并不连贯。代表也被用来称呼对并非通过选举任命之机关功能的归属,并且,不仅是对人民的归属,而且也包括对其他机关的归属。例如,对于专制君主以及通过篡位夺权的独裁者,人们也会说他代表了人民,而对于在从君主专制国家向君主立宪制国家转变的过程中由君主任
523 命的法官,人们也会说他代表了君主。“代表”的含义与代理是一样的。人们说:有行为能力人[2]尽管自己没法采取行为,但他可以通过他的法定代理人来行为。这意味着,人们将法定代理人的行为归属于无行为能力人,因为前者必须通过其行为实现被代理人的利益。* 当人们说,某个机关在行使其功能时代表了人民,也即构成国家共同体的个人,当人们因此将其功能归属于这些个人时,人们想的是,个人(他的功能同样可以被归属于国家的人格,因而他可以作为国家的机关起作用)受到法律或仅仅是道德的拘束,他只能为了人民(也即构成国家共同体之个人)的利益去行使功能。由于人们在法学语言习惯中将利益或多或少等同于意志(因为人们假定,人“想要”的就是他的利益所在),所以人们相信代表的本质在于:代表者的意志就是被代表者的意志,代表者以其行动实现的不是自己的意志,而是被代表者的意志。这是一种拟制,即

〔2〕“有行为能力人”应修正为“无行为能力人”。

* 参见本书第 204 页以下。

便当代表者的意志或多或少受到拘束时——例如,在意定代理的情形中,或者在某部等级式宪法(据其规定,各等级的代理人要受到其选民之指示的拘束,且在任何时候都可以被后者罢免)下代表的情形中——时,也是如此。因为即便在这些情形中,代理人或代表者的意志也是与被代理人或被代表者的意志不同的。当代理人或代表者的意志不以任何方式受到被代理人或被代表者之意志的拘束时,就像在对无行为能力人之法定代理或通过现代议会(它的成员在行使其功能时在法律上是 524
独立的)来代表人民的情形中,这种意志等同性的拟制意味就更加明显了;人们习惯于以此来标明这一点,即他们拥有一种“自由委任”(Freies Mandat)。当人们这么说——在君主立宪制国家中,法官代表了君主,法官的判决就是君主的意志,由此有时进一步主张,君主在眼下是不可见的在场者(因为法官作出了判决)——时,出现的同样是拟制。正如前文中强调的,归属依其本质总是包含着一种拟制,无论人们是否将个人(他事实上发挥着这种功能,并事实上拥有由此被实现的意志)的这一功能或由此被实现的意志归属于其他个人或法人。议会由人民选举产生、法官由君主任命,这不能改变通过代理或代表的概念来进行之归属的拟制性。因此,创设某个机关的方式方法,对于将其功能归属于其他机关或人民之可能性来说是不相关的。关键只在于这个假设,即这一功能要出于那个或那些人(这一功能被归属于他或他们)的利益来行使。因此,某些政治学说所主张的观点——专制君主或独裁者*是人 525

---

* Vgl. Kelsen, The Political Theory of Boshevism, Third Printing, 1955, S. 51 und “Foundations of Democracy”, S. 6ff.

民“真正的”代表——构成了一种归属,其拟制的特性与这一理论不相上下,根据后者,人民选出的议会代表了人民,存在这种议会的地方就存在人民的制定法,(就像一些民主共和国的宪法所称的那样)法以人民为出发点。

问题只在于,在什么样的条件下人们能够在对法进行科学阐述时使用拟制,来服务于将特定个人所发挥的功能归属于法人或其他个人的活动。换言之,在什么样的条件下使用机构、代理或代表这些概念在科学上是正当的。答案是,在此前提下:人们意识到了归属的本质,且通过对法人的归属,也即通过机构,想要表达出的不外乎是这一功能与确定它的、构成共同体之法秩序的统一性之间的关联;通过对其他单个或诸多个人,尤其是构成国家共同体的一切个人,也即国民的归属,也就是通过不外乎此的代理或代表——行使这一功能的个人在法律上或仅在道德—政治上受到拘束,要为了这单个或诸多的个人(这一功能恰恰因此被归属于他或他们)的利益去行使这一
526 功能。当通过将某种功能归属于某个法人,也即通过这一命题——社团或国家这类法人通过机关发挥功能,履行义务或行使权利——想的是,作为这一功能之承载者的法人(作为通过这一功能所履行之义务和通过这一功能所行使之权利的主体)是一种现实的、与社团或国家的成员不同的存在者时,或者,当在对某个无行为能力人进行法定代理的情形中虚构了他的权利能力,或通过将议会阐释为人民的代表掩盖了实质的异变——它由此来体验人民自决这一民主原则,即后者被限于通过在不同程度上扩大的国民团体来进行议会选举——时,或者,当通过这一主张,即某位专制君主或独裁者代表了人民,事实上完全被抛弃了的民主原则被伪装为有效时,使用这种拟制

就是不科学的。因此，上文中提及的拟制（独立的法官代表了君主）就决不是可证成的。因为人们不能，也没有由此认为，法官必须为了君主的利益去行使其功能，而只能认为，这一功能原本就属于君主，他只是基于某些原因将它留给了他所任命的法官。但是，即便当立法者本人使用了这种拟制，当制定法指示法官“以君主之名”来颁布其判决时，它也与实在法存在矛盾。这种拟制的政治目的不外乎在于由此提升君主的权威，即将某种在从君主专制国家向君主立宪制国家过渡时明确 527
剥夺了的功能归属于他。

γ）作为义务与权利主体的国家

作为法人之国家（其结构将在下文中来分析）的义务和权利并不是由一个更高的法秩序即国际法所施加的义务或保障的权利；它们是由国家法秩序规定的义务和权利。国际法规定的义务和权利（它们类似于在这一法秩序之下的社团所拥有的国家法秩序所规定的义务和权利）将在阐述国际法与国家法的关系时再来处理。

α_1）国家的义务：国家义务与国家不法；国家的责任

人们经常在一种不精确的法学意义上谈论国家的义务，也即就此并未使用一种精确定义的法律义务概念。如果预设了这样一种尤其是这里被接受的概念（据此，当法秩序将某种强制行为作为制裁联结于某种相对立之行为时就存在某项对于特定行为的法律义务），那么大多数时候就没有出现可归属于国家的法律义务，而只是出现了一种道德—政治义务。例如，如果人们说，国家有义务惩罚犯罪分子，尽管公布法秩序联 528
结于某项违法行为的刑罚并不构成法律义务之内容，因为不公布这一刑罚并不被当作某项制裁的条件，那么法律适用机关就只是被授权而非有义务去公布这一刑罚。如果存在这种作为法律适用机关之职责的义务,那么只有当对它的违反也被归属于国家时,它才能被——前后一致地——归属于国家,因为法律义务的主体是那种可以通过其行为违反这一义务的主体,也即潜在的违法行为人。如果惩罚犯罪分子的职责由刑事制裁构成,且(正如通常发生的那样)没有任何可惩罚的违法行为(假如终归还是有违法行为的话)被归属于国家,那么相关的义务就同样也不能被——前后一致地——归属于它。但在惯常的语言用法中,被归属于国家的,压根就不是机关的这种职责。作为职责,它被视为个人的义务,其行为构成了这一义务的内容。从而就满足了存在某个义务的"承载者"这一需求;因而也就无须归属于国家这一法人。因此,人们并不认为国家的刑罚义务是机关的这种职责,而认为国家的刑罚义务只是表达出了一种取向于法秩序的道德—政治假定:将作为制裁的刑罚联结于危害社会的行为。

人们常常将宪法保障的所谓国家臣民的基本权利和自由权与相对应的国家义务对立起来,不通过制定法去侵害构成这
529 种权利之内容的平等或自由。换言之,不通过制定法侵入被如此保护的个人领域(这一领域会通过制定法被限制,甚至被放弃)。在前文对这种基本权利和自由权进行分析时*曾指出,它们本身并不是什么主观法,禁止颁布某些侵害宪法保障之平等或自由的制定法的"禁令",并没有创造出立法机关的法律义务,而只是创造出了通过某种特别程序废除违宪之制定法的可能性。由于立法机关没有法律义务不去颁布侵害宪法

* 参见本书第179页及以下。

保障之平等或自由的制定法,而可能存在的国家元首或内阁成员的法律义务,即不通过批准、公布或副署来参与这类制定法,被视为这些机关的义务,因而无须被归属于国家这一法人,所以尊重臣民的平等和自由这一国家的义务只意味着上述刻画的宪法保障这一取向于法秩序的道德—政治要求。

如果假定只有当法秩序将与特定行为相反的行为当作某项制裁的条件时,才存在从事这一行为的法律义务,故而如果这样的个人负有从事特定行为的法律义务:他不仅可以通过其行为履行义务,尤其也可以通过其行为违反义务,那么归属于国家之义务就是这样的个人,他——作为国家机关——必须通 530
过其行为履行这一义务,因而可以通过其行为违反这一义务;故而这么做就可能是连贯的(正如在分析社团这一法人时所强调过的):只有不仅当机关对义务的遵守,而且当机关对义务的违反都被归属于一般意义上的法人和特殊意义上的国家法人时,当人们假定国家同样能从事不法行为时,法律义务才可能被归属于它们。但由于归属只是一种可能而非必要的思维操作,且始终包含着拟制,由于现实中履行或违反法秩序所规定之义务的从来就不是作为法人的国家,而完全是特定的生物人,所以在语言习惯中,可以在将某项义务以及构成其履行的行为归属于国家的同时,却不同时将对义务的违反也归属于国家;可以——为了国家的权威,也即其统治的利益——维系这种观念,即国家虽然可以从事——合乎义务的——合法行为,但却不可以从事——违反其义务的——不法行为。虽然,只要不法行为是这样一种构成要件,它由作为高于国家法秩序之法秩序的国际法秩序来确定,且体现为对这样一种义务的违反:它是国际法秩序向作为法人的国家所施加的,将违法行为归属于国家在传统语言用法中就没有任何问题。因为——正如我们随后将会看到的——国家法秩序可以在此意义上授权某个国家机关去从事国际法秩序所禁止的行为,即它
531 要求或积极地允许实施这一行为。被讨论的这种行为只是根据国际法而非根据国家法才构成一种违法行为。授权实施违反国际法之行为的国家法秩序规范不能根据国际法来废除。一般国际法只是将它的某种不法后果联结于这一行为:特定国家(相对于这一国家存在国际法规定的义务)的战争或报复。国家违反了它的国际法义务,这一命题在主流语言用法中没有遭遇任何抵抗;这一命题同样如此,即国际法规定的制裁针对从事违法行为的国家本身,也即国家为它所犯的违法行为负责。*

当要来回答这一问题——国家法秩序确定的违法构成要件是否可以被归属于作为这一法秩序之**拟人化**的国家人格者,某项国家法秩序规定的制裁是否可以被诠释为针对国家——时,情形就不同了。这里显现了这种趋势,即只将在国家法秩序中不被确定为违法行为的行为归属于作为法律共同体的国家,只有当其行为不构成国家法秩序所确定之违法行为时,被委任以分工协作的方式来发挥功能的个人才被视为国家的机关。这种趋势通过这一公式来表达:国家不能做不法行为。人们借此来证立这一公式,即想要法的国家(因为法是它
532 的"意志")不可能想要不法,因此不可能做不法行为。如果发生了某个不法行为,它就只可能是某个生物人的不法行为(他通过其行为犯了这一不法行为),而不是国家的不法行为;只

---

* 参见本书第394、397~400页。

有当这个人的行为在此意义上获得了法秩序的授权——它是法律创设,法律适用或法律遵守,而不是违法——时,这个人才能被当作国家的机关。违法位于国家机关所获得的授权之外,因而不可归属于国家。实施不法行为的国家被认为是自相矛盾的说法。

将对国家的归属进行这种限制是完全可能的。但它并不必然意味着将不法行为归属于国家是一种逻辑矛盾。法是国家的"意志",为国家所"意愿",是一种隐喻,由此说出的不外乎是,法秩序构成的国家共同体以及对这一法秩序的拟人化就是国家这个人;而不法并不是——就像在拒绝国家有可能实施不法行为这一观念时所假定的那样——对法的否定,而是(正如所说明的)法将特殊后果联结于其上的一个条件。某个行为"违"法这一命题所表达的并不是这一行为与"合"法行为之间的逻辑对立,而是两者之间的一种目的论对立,只要人们假定,法秩序试图要避免的是前一种行为而非后一种行为,因为它将某项制裁——它针对的是如此行为的个人(或者某个与这一个人有特定关系的个人)——联结于前者。由于不法行为是法秩序所确定的构成要件,所以它当然可以指涉这一法秩 533
序之拟人化了的统一体,但这就意味着可以被归属于国家。这一点也的确发生在某些情形中。在惯常的语言用法中,国家不可能做不法行为这一原则并非没有显著的例外。

由其刑事制裁构成的违法行为通常不被归属于国家。人们将通过其行为违反义务的个人视为这一义务(某项刑罚被联结于违反这一义务的行为)的主体。由于根据主流语言用法,只有能由这些个人——他们作为分工协作的机关,根据法秩序获得此任命——来履行的义务才被归属于国家,所以会假定,当这样的个人违反了有待他作为国家机关来履行的、受刑事制裁威胁的义务时,他就不是作为国家的机关在行为。只有当他通过其行为履行了这一义务时,它才作为机关来行为。一旦只有履行义务的行为而非违反义务的行为被归属于国家,也即并非国家而只有行动者个人才被视为潜在违法行为人时,被归属于国家的就只是它能够履行而不能违反的义务。在前文中已然说明,* 为什么这种反对意见——这种归属与本书提出的法律义务概念是不相容的——是错失焦点的。

事实上,只有当国家法秩序所规定之义务以财产法上的给
534 付为内容时,当它可以通过国家财产来履行且可以针对国家财产进行强制执行(只要终归存在这种强制执行)时,对这种义务的违反——也包括这些义务——就可以被归属于国家。法秩序可以规定,一旦通过某个司法程序确认对某个无辜者实施刑罚,那么不仅要废除这一刑事判决,因而对自由或生命的强制剥夺不能被当作刑罚,而且要通过来自国家财产的给付对由此相关个人(或其亲属)造成的损害进行赔偿。执行这种给付是特定国家机关的义务。如果不进行这种给付,那么就可以——人们说——对国家提起诉讼,而国家将被法院判决进行这一给付;而如果——这事实上很少发生,但却是可能的——这一判决没有得到遵守,就可以强制执行国家财产。在此情形中,人们说,国家违反了它的这项义务:对由执行刑罚给无辜者造成的损害进行赔偿。这意味着,人们既将义务又将其履行和违反归属于国家;而在此前提——相关财产被诠释为国家的财产——下,人们也将遭受制裁归属于国家。当个人通过其作为

---

* 参见前文第 227~229 页。

国家机关的属性,也即通过某种可归属于国家的行为,从事了某项私法行为(由此创设了要通过被诠释为国家之财产来履行的国家义务)时,进行的就是相同的归属。将体现为未履行义务的违法行为归属于国家人格者是可能的,因为违法构成要 535
件被国家法秩序确定为制裁的条件,也即确定为对国家财产进行强制执行的条件。但如果(正如我们将会看到的)人们可以将相关财产诠释为属于被称为国家之法律共同体之个人的集体财产,那么人们就同样可以将这一义务归属于这些个人,并称之为国家成员的集体义务。当机关因未履行国家之义务或(这是同一个意思)国家成员之集体义务而违反其职责时,必须区分于这一义务。因为后者由对国家财产可能的强制执行构成,而前者则由针对违反职责之机关的纪律制裁构成。是前者而非后者被归属于国家(或国家成员)。

当强制行为本身被归属于国家,因而针对国家财产的强制执行似乎要被诠释为国家针对自己采取的强制行为时,对国家财产的强制执行看起来就是对可能发生之事实的荒谬诠释。然而这种诠释是可以避免的。实际发生的事实是,强制执行必须反于机关(管理相关的财产份额属于其权能范围内的事)的意志来发生。他拒绝遵守国家行政机关之命令的行为违反了他的职责。强制行为(假如这是必要的话)或许事实上是针对这一个人的。由于归属只是一种可能而非必要的思维操作,所 536
以如果人们想要避免产生国家针对自身之强制行为这一观念的话,将遭受构成强制行为的恶归属于国家就决不是必要的,也可以不发生。如此一来,强制执行就针对国家的财产来发生,但却不被诠释为是针对国家的人格的。针对其强制执行某份财产的个人,不必然是这一财产构成之权利的主体。

故而当我们不借助于归属来进行阐述时,国家在财产法上的给付义务就是国家机关(其行为构成了这些义务的内容)的义务。这些义务要由被诠释为国家财产的财产来满足。它们由制裁也即强制执行的规定构成,后者被诠释为针对国家的这一财产,而非针对国家的人格。这种强制执行针对的是管理这一财产之国家机关的人格。如果这一财产被归属于作为构成这一财产之权利的主体的国家,那么国家就以其财产为这种不法行为负责,它是由个人因为未履行他因其作为国家机关之属性而必须履行的义务所犯下的。如果说在由国际法向国家所施加之义务的情形中,不仅义务而且遭受构成这一义务之强制行为都被归属于国家人格者的话,在由国家法秩序向国家所施加之义务的情形中,就只有义务而非遭受构成它的强制行为才
537 被归属于国家人格者。根据主流语言用法,作为法人的国家可能会实施不法行为,因为它未履行,故而违反了国家法秩序施加给它的某项给付义务;但针对国家财产的强制执行(国家法秩序将其作为制裁联结于国家的这一不法行为)并不被诠释为是针对国家的人格的。这意味着,国家并不以其人格而仅以其财产来对归属于它的不法行为负责;而从事了违反义务之行为的机关则以其人格为国家的这一不法行为负责。正如随后将要指明的,如果国家财产可以被诠释为国家成员的集体财产,那么国家的责任就是其成员的集体责任。

β_1)国家的权利

如果将主观法理解为反射权利,并配之以在前文中刻画过的这种法律权力,即主张未履行与这一反射权利等同的义务,且如果权利的主体是法秩序赋予这种法律权力的个人,那么被诠释为国家权利的权利就是这些个人的权利,他们以其作

为国家机关的属性必须来行使这些法律权力。对于国家的归属表达出了与国家法秩序的联系,它规定,这种法律权力要由特定个人来行使。其未履行通过这一法律权力被主张的义务,也被诠释为相对于国家而存在的义务,与这一义务等同的反射权利也被诠释为国家的反射权利。事实上,某个生物人的 538
义务性行为只能相对于另一个或多个生物人来发生。但对反射权利的行使(它由这一义务性行为同时确定的一个或多个生物人的相应行为,义务就针对他或他们存在)可能是拥有国家机关之资质的个人的功能;这意味着,这一行为可以被归属于国家。对于某些给付义务而言就是如此,如服兵役的义务或纳税的义务。兵役由国家军事机关受领,金钱给付由国家税务机关受领,而这些受领就构成了它们职责的内容。但(人们这么说)它们并不是**为**自己受领给付,就像作为雇佣者的个人为自己受领被雇佣者的给付,或作为债权人的个人为自己受领债务人的金钱给付那般。它们是"为了国家"受领给付。这意味着,受领被诠释为归属于国家的国家功能。此外,在纳税义务的情形中,金钱给付并不纳入作为国家机关起作用之个人的财产,而是要纳入被诠释为国家财产的财产之中。服兵役的义务和纳税义务被视为公法义务。但相同的情境也出现于私法给付义务的情形中,这种义务是由私法行为(国家也即作为国家机关的特定个人被法秩序授权去从事这种行为)创造的。这种法律权力——引入导致强制执行制裁(它被法秩序规定为针对未履行这里所考虑之义务的反应)的程序——同样由具 539
备国家机关之资格的个人来行使,并作为国家功能被归属于国家。如果考虑到,这些义务不是为了受领给付确切主张其未被履行之个人的利益而规定的,且假定,是国家的利益要通过规定这些义务来保障,那么由此——因为只有有生命的生物人才能拥有利益——所指的就只是,这些义务是为了全体的利益——也即一切属于这一法律共同体的个人的利益——来规定的。如此一来,就可以将对给付的受领和对法律权力的行使都归属于属于法律共同体的个人,而非归属于国家这一拟制的人,这意味着,受领给付的个人不仅被称为国家的机关,而且被称为构成国家之人民的机关,也即属于法律共同体之个人的机关。就此而言,就可能将相关权利诠释为这些个人的集体权利。

有时构成刑法很大一部分的不作为义务会被诠释为,它们不仅直接相对于通过对它们的违反而相关的人存在,而且间接相对于国家也存在,因而人们会(尤其是考虑到,主张违反这些义务的是作为国家机关的公诉人)去谈论国家对于不做这些违法行为的权利。相对于国家不做违法行为以此假定为前
540 提:它不仅是一种危害直接相关之个人的行为,而且也是具有公共危害性的行为,也即侵害所有属于法律共同体之个人的行为,这一点恰恰体现为,它并非由直接受害者来追究,而是由作为法律共同体之机关起作用的个人来追究,这一个人维护的是这一共同体也即它的一切成员的利益。基于这一考量,在这一情形中同样可以称之为国家成员的集体权利。

有时人们也称之为国家惩罚犯罪分子的权利。只有当存在某项容忍刑罚的法律义务,也即当这一行为——借此个人逃避对他判处的刑罚——与额外的刑罚相联结时,才会出现这种权利(作为反射权利)。

特别重要的是国家的物权,尤其是国家所有权。因为它们构成了被诠释为国家财产之财产的核心,而国家财产——正如

前文所指明的——在归属于作为官僚机构之国家的归属过程中(因而在对那种被称为直接国家行政之功能的归属过程中)扮演着主要角色。

个人对于某物的所有权体现为,一切其他个人都有义务容忍这一个人对某物事实上的支配,包括对它的使用、不使用甚至摧毁,而这一个人(其他人相对于他存在容忍义务)拥有这种法律权力:既可以通过私法行为来支配此物,也可以对其他个人未履行容忍义务的行为提起诉讼。在通常情形中,同一个 541
个人既有事实上和私法行为上的支配权,也可以行使这种法律权力。这一个人就是此物的所有人。如果不借助归属去描述被诠释为国家对某物之所有权的事实,那么就必须说,对此物事实上和私法行为上的支配以此方式被保留给特定的个人(他们以分工协作和履行职责的方式实施这些支配行为),即所有其他个人都有义务容忍这些行为,故而被排除于对此物的支配之外,对不履行这种容忍义务的行为提起诉讼的法律权力同样被赋予特定个人,他们与那些保留事实上和私法行为上之支配权的人拥有相同的资质。被赋予对此物之事实上和私法行为上之支配权的个人,与行使这一法律权力的个人,显然不是同一个人;这些功能是分配给不同的个人的。这里要注意的是,即便是对被诠释为国家财产之物的事实上的支配尤其是对它的使用,也不是赋予作为国家成员的所有个人的。属于国家的房屋、属于国家的运输工具可以只由特定个人以法律调整的方式来使用。但即便所有上述功能聚集于具有上述资格之个人之手(事实上很少如此),人们也不会将这一个人视为所有人,因为人们可能会假定,在此情形中与在其他所有情形中那 542
样,这些功能被委托给各个行使它们的个人时也不是为了他们自己的利益,而是为了整体也即所有属于由法秩序构成之共同体的个人的利益;换言之,相关权利不是被用以保护上述个人的利益,而是用以保护某个共同体的利益。这种——与事实情境相符的或仅是虚构的——共同体利益的假定,提供了对特定个人以其作为国家机关之属性来发挥的相关功能进行归属,从而将相关权利归属于共同体成员的标准。事实上,在所有权归属的情形中,这种对国家共同体之成员的归属被包含在对国家之拟制人格的归属之中。财产的国家化始终被理解为财产的共同体化、社会化。这两个表述在同义上被使用。在此意义上,国家所有就是集体所有,国家财产就是国家成员的集体财产,这意味着归属可以像对国家人格者发生那样对真实的人来发生,这些人构成了被称为国家的、由法秩序构成的共同体。在这两种情形中都包含着拟制。在通常的语言用法中,一种拟制被包含在另一种拟制之中。如果人们强调其中一个,就会说,发挥财产功能的个人是国家的机关,财产是国家财产;如果人们强调另一个,则会说,他们代表着人民,财产是人民的财产。

543 c)所谓国家自我承担义务;法治国

只有基于上述对国家概念的透彻分析,才能正确地理解传统理论称为"国家自我承担义务"者的所指以及它所描述的这种事实:独立于法而作为社会现实存在的国家先是创造了法,继而——所谓自愿地——屈从于这一法。唯有如此,它才是法治国(Rechtsstaat)。首先必须要确认的是,不屈从于法的国家是不可想象的。因为国家只能通过国家行为而存在,后者是人所实施的、被归属于作为法人的国家的行为。而这种归属只有基于以特殊方式确定这些行为的法律规范才有可能。国家创造法，只是意味着人（其行为根据法被归属于国家）创设法。但这意味着，法调整着它自身的创设。先于法而存在的国家创造了法、继而屈从于法，这种事没有发生过，也不可能发生。不是国家从属于它所创造的法，是法调整着人的行为，尤其也调整着他们取向于法的创设的行为，从而使这些人屈从。

只有在此意义上才能称为国家自我承担义务，即被归属于国家人格者的义务和权利恰恰是由法秩序（它的拟人化就是国家的人格）规定的。正如必须被一再强调的，这种对国家的归属，也即与某个法秩序之统一性的关联，以及对它由此进行 544
的拟人化，都是一种纯粹的思维操作和一种认知的辅助工具。作为认知之对象存在的，只是法而已。

如果国家被清晰地辨认为某个法秩序，那么每个国家就都是法的国家（Rechts-Staat）*，这一语词就构成了赘言。但事实上，它被用来指称某种特殊类型的国家，即那种符合民主和法的安定性之要求的国家。在此特殊的意义上，“法治国”是这样一种相对集权化的法秩序，据此，司法和行政要受制定法也即一般规范的拘束，后者是由人民选出的议会（在或不在作为政府最高层级之国家元首的参与下）通过的，政府成员对其行为负责，公民的某些自由权尤其是信仰和良心自由以及思想表达自由得到保障。

---

* 也就是“法治国”。在德语中，“法治国”（Rechtsstaat）从字面上看就是“法的国家”。——译者注

d)集权与分权*

如果国家被理解为一种人类行为的秩序,从而被理解为规范(它们既具有时间效力,也具有空间效力)的体系,那么将国家领土划分为省域或所谓成员国的问题就是构成国家秩序之
545 规范的空间效力范围的一个特殊问题。国家的规范观念以这一简单的前提为出发点,即构成国家秩序的一切规范都以同样的方式对整个国家领土有效,或者——只要人们将它们与规范制定权威的人格关联起来——从某个单一的层级出发,即某个单一的层级从核心出发统治着全部国家领土。当然,在这后一种观念——也即所谓的统一国家的观念——中,规范制定机关之统一性与多样性的思想与构成国家秩序之规范的空间效力范围的思想融合在了一起。但这两种思想必须被清晰地区分开来。而只要"统一国家"的概念表达出了集权与分权之间的对立,只要统一国家作为集权化的法律共同体与分权化的法律共同体相互对立,这一对立就完全可以首先在构成国家秩序之规范的空间效力范围——也即静态的、不借助规范制定机关之统一性或多样性这些动态要素的前提下——这一视角下被展示。

国家规范以同样的方式对整个国家领土有效,这一观念得到了这一假设的助力:国家法秩序只由一般规范组成,国家秩序等同于通过制定法形式制定的规范。因为这一情形十分常见,即国家制定法对于整个国家领土都有效,从而没有任何国家制定法是仅针对国家的部分领土生效的。如果只将立法权

---

* Vgl. Kelsen, *Allgemeine Staatslehre*, S. 163ff.

视为国家权力,那么国家作为某种——据其本质——集权化之
法律共同体的观念就会与历史上的法律现实、与实在法陷入无 546
法自拔的冲突。但如果把握住了通过行政行为和司法判决制
定的、对一般制定法规范进行具体化了的个别规范(因为它们
与前者一样都属于国家秩序),那么就将表明,实在国家从来
就极少符合作为集权观念之统一国家的观念。因为即便一般
制定法规范在颁布时具有针对全部国家领土的效力,制定法通
常也要被具体化为(在任何一种意义上)只对部分领土有效的
个别规范,这些个别规范由对于规范制定只有空间上有限——
限于部分领土——之权能的机关制定。历史上的国家,也即实
在的具体国家的法秩序,总只是部分集权化的和相应地部分分
权化的;它们有时更接近于一种理想类型,而有时则更接近于
另一种理想类型。

根据这一理念,集权化的法律共同体是这样一种法律共同
体,它的秩序仅仅由只对全部法域(Rechtsgebiet)有效的法律
规范组成;而分权化的法律共同体则是那样一种法律共同
体,它的秩序由只对于部分领土有效的规范组成。将某个法律
共同体划分为部分领土,意味着这一秩序的规范或某些规范只
对部分领土有效;在后一种情形中,构成这一法律共同体的法
秩序由具有不同空间效力范围的规范组合而成。在完全分权
化而非只是部分分权化的情形中,除只对部分领土有效的规范 547
外,不可能存在任何对全部领土都有效的规范。由于领土的统
一性是由规范效力的统一性确定的,故而存在一个显而易见的
问题:在理想情形中,还能否一般性地去谈论全部领土和**一个**
国家秩序的纯粹分权化?因为只有当涉及对同一个法律共同
体、同一片领土的划分时,才会出现分权的情形。假如分权被

推展至这样的情形,即具有独立的(彼此分离的)空间效力范围的多个法律共同体、多个法秩序彼此并立,且这些领土不能被视为某个整体领域的部分领土(缺少任何一种即便是十分松散的共同体),那么分权能够企及的最外的边界看起来就被逾越了。只有多个彼此并立的法律共同体或法秩序,而没有一个包含它们所有在内且对它们进行彼此界分的、构成某个整体共同体的总体法秩序——就像还要被指明的那样*——是不可想象的。正如所有的国家(只要它们被视为彼此协调的法律共同体)都必然被作为某个广泛的国际法共同体的成员,所有国家领土[3]也必须被作为这个[4]普遍法秩序之空间效力范围的部分领土。

当出现完全的分权化时(根据上述理念,只有当压根就没有任何对全部领土有效的规范,才会出现这一情形),这(考虑
548 到秩序必然的统一性)只能被理解为:不存在任何对全部领土有效的被制定之规范;但至少被预设的基础规范对于全部领土(根据受基础规范委任之部分秩序,它被划分为部分领土)都有效。至少在这一基础规范中,必然存在全部领土的统一性,以及将所有作为部分秩序之法律共同体包含在内的整体法秩序的统一性。故而分权的最极端的临界情形同时也是多个法律共同体并立这一临界情形。还可以谈论分权的最低限度前提,同时也是假定存在多个法律共同体的最低限度条件。如果人们维系这种基本认知,那么当全部领土的统一性由实在制定的规范而非仅由被预设之基础规范构成时,人们就同样可以

---

* 参见本书第405~407页。

〔3〕“国家领土”应被修正为“部分国家领土”。

〔4〕“这个”应被修正为“某个”。

称之为狭义上的分权。然而,这么做的意义有限,因为法律现实同样也没有逾越这一狭义的界限,而实在法上被考量的分权的极端情形,即将国际法律共同体划分为具体国家,同样符合这种狭义上的分权概念。

如果某个法秩序的规范具有不同的空间效力范围,那么就存在这种可能性(即便并非必要性):具有不同内容的规范适用于不同的部分领土。法域在形式上的统一性不必然与法的内容在实质上的统一性相关联。在理论上的临界情形中,当领土的统一性只是由被预设之基础规范构成,当所有被制定之规范都只对部分领土有效时,就存在这样一个统一的法秩序,它 549
没有任何实在的法的内容共同适用于全部领土。

基于不同的理由,可以相对于不同的部分领土产生法秩序之内容分殊的必要性。受法律调整之材料在地理上、民族上、宗教上的差异要求通过对法律共同体的领土划分来顾及;法域越大,有待规范之生活关系内部的差异可能性越大,就越是如此。这种与分权的本质完全相符的、法秩序在领土角度下的内容分殊必须与法秩序的仅仅涉及属人的内容分殊区分开来。对全部法域都有效的规范可以对不同"质"——例如,不同的语言、信仰、种族、性别等,但也包括不同的职业——的人制定不同的内容。假如在此情形中也可以谈论国家"划分"的话,那么它也是根据属人原则,而非——就像在固有和惯常意义上的国家"划分"一词所意味的那样——根据属地原则进行的划分。只要人们将纯粹从领土上界分的效力的部分领域称为省份,那么人们就同样可以称为"省域体系"(Provinzialsystem)。

正如迄今为止的论述所说明的,集权和分权的问题,作为法律共同体之领土划分问题,首先是构成法秩序之规范的空间 550

效力范围问题。只是在次要的意义上,才在规范之空间效力范围这种静态要素外添加上了第二种要素,即一种动态要素。然而,当论及集权和分权时,后者——尽管与前者完全不同,也独立于前者——是含混不清地与前者合在一起被使用的。如果说从前一种立场出发看到的仅仅是有效的规范以及不同的空间效力范围的话,那么从后一种立场出发的观察就取向于创设这些具有不同效力范围之规范的方式方法,取向于规范制定行为,因而取向于制定规范的机关。人们区分规范(它们对全部法域或仅对部分领土有效)是由某个单一的机关制定的,还是由多个机关制定的。尽管某个集权化或分权化的法律共同体(在静态意义上)既可能由单一的规范制定机关创设,也可能由多个规范制定机关创设,但人们还是认为集权的概念与关于这类(对全部法域有效的)规范——它们由某个单一的、仿佛构成共同体中心的、在空间上同样以任一方式占据中心位置的机关制定——的观念相关,而分权的概念则与关于多个不占据中心位置而是分散于全部法域之机关(它们只有权能来制定对部分领土有效的规范)的观念相关。

这里要注意的是,不仅是法律规范的创设,而且包括其适用,或者说法秩序所规定的所有功能都可以在这种动态意义上
551 被集权化或分权化,也即由某个单一的机关或多个机关来行使。当所有功能都只由某个单一的机关来行使时,尤其当某个法秩序的所有规范(无论是一般规范还是个别规范)都由同一个个人来创设和适用时,就达到了动态意义上最高程度的集权。当所有功能都能够由所有服从于法秩序的个人来行使时,就达到了动态意义上最高程度的分权。这两者都只是理想化的临界情形,它们在社会现实中不会出现。法秩序所规定的

功能从来就不可能被所有的个人所行使,也从来不可能只由单一的个人来行使。

e)法与国家二元论的消解

如果我们承认,国家作为人类行为之秩序是一种相对集权化的强制秩序,国家作为法人是对这种强制秩序的拟人化,那么国家与法的二元论就会被证明是这样一种重复操作而消解掉,这种操作源于认知将由其构成之认知对象的统一性——而这种统一性的表述就是人(Person)的概念——实体化了。如此一来,从认识论的立场出发来观察,国家人格者与法秩序的二元论就与这个同样充满矛盾的神学二元论——上帝与世界——形成了对照关系。* 正如神学宣称权力和意志是上帝的本质,国家与法学说的权力和意志也被视为国家的本质。正 552
如神学一边宣称上帝相对于世界的超越性,一边又宣称上帝内在于世界,国家与法学说的二元论也宣称国家相对于法的超越性,它在元法律上的存在,**同时却又宣称它内在于法。正如在化身为人的神话中,创造了世界的上帝来到了世界之中,服从世界的法则(这意味着,服从自然秩序),必须降生、遭受病痛和死亡,在其自我承担义务的学说中,国家也必须服从于它自己创造的法。而正如通往一门真正的自然科学之路只有从这种泛神论——将上帝等同于世界,也即等同于自然秩序——中解脱出来,将国家与法相等同,认识到国家是一种法秩序也是一门真正的法律科学的前提。但如果人们看清了国家与法

* Vgl. Kelsen, *Der soziologische und der juristische Staatsbegriff*, S. 205ff.

** 这里指的是国家相对于法处于更高的层次,即元层次(后设层次)。——译者注

的同一性,如果人们理解了,法,实在的、不能视为与正义相等同的法,恰恰就是那种从某种认知——不是陷于拟人论的图景之中,而是穿过拟人化的面纱触及由人类行为制定的规范——看来等同于国家的强制秩序,那么就绝不可能用法来为国家进行辩护。正如不可能用法为法进行辩护,如果这个词不是一会儿在实在法的意义上被使用,一会儿又在正确法也即正义的意
553 义上被使用的话。如此一来,将法正当化为"法治国"("法的"国家)的努力就被证明是完全不合时宜的,因为——正如已经强调过的——每个国家在此意义上都是法治国,因为每个国家都是一个法秩序。但这并不构成一种政治上的价值判断。前文已经提到过,将法治国的概念限于符合民主和法的安定性之要求的国家,包含着这样的假定:只有被如此构造的法秩序才能被视为"真正的"法秩序。但这种假定是一种自然法的偏见。即便是这样一种相对集权化的强制秩序——它具有专制色彩,由于无限的灵活性而决无法提供法的安定性——也是法秩序,(而只要人们将秩序与共同体相等同)由这种强制秩序构成的共同体也是法律共同体,在此意义上就是国家。从一种连贯的法律实证主义的立场出发,法(完全与国家一样)只能被认为是人类行为的强制秩序(由此并没有说出其道德或正义价值)。因此,在法学上,国家就可以不多不少恰好被理解为法本身。

通过方法论批判消解了国家与法的二元论,同时也不留情面地摧毁了一种最具实效的正当性意识形态;因此会遭到传统法与国家理论针对纯粹法学说所证立之国家和法的同一性命题的狂热反抗。

Ⅶ. 国家与国际法 554

42. 国际法的本质

a) 国际法的法性

国际法——根据惯常的概念规定——是这样一组规范,它们调整着国家(国际法的特殊主体)之间的相互行为。国际法的主体是国家这一命题意味着什么,以及只有国家才是国际法的主体——国际法只调整国家的行为——这一点对不对,将随后再来研究。这里首先要来回答这个问题:被称为国际法的规范集合是否——就像在前文中未作进一步的检验就假定的那样——与国家法是同等意义上的法,因而终究可以成为法律科学的研究对象。

按照本文所阐明的法概念的规定,如果国际法是一种被预设为具有主权性之人类行为的强制秩序,如果将它所确定的强制行为作为后果联结于它所确定的作为条件的构成要件,因而(就像国家法那样)可以用法律命题来描述,那么所谓的国际法就是法。

555 随后将会指明,国际法(即便它调整的是国家的行为)规范人类行为。这里有疑问的是,它是否以此方式调整着这种行为,也即它以某项作为不法后果的制裁来回应作为不法行为的特定行为。故而关键问题在于:国际法是否规定了作为制裁的强制行为?

本文迄今为止假定的是,国际法上的特殊制裁是报复和战争。就提到的前一种法律回应而言,这一假定是正确的,这一点很容易说明。因为一般国际法的一个原则是,当某个国家相信自己的某些利益被他国的行为所侵犯时,有权对这个国家采取报复行为。报复被理解为一种在其他情形中为国际法所禁止的对某个国家之利益范围的侵犯,这种侵犯是在缺乏甚至违背这个国家之意志的前提下发生的,在此意义上是一种强制行为,即便它——在相关国家未作抵抗的情况下——没有使用外在强制,也即运用武力。然而,并不排除使用外在强制的可能。报复同样可以(当必要时)通过运用武力来实施。然而,只有当武装力量的行动没有——就其范围和强度而言——演变为战争的性质时,这种强制行为才具有报复的性质。

通过武力实施的报复与战争之间的区别仅仅是一种量的区别。报复是一种对他国的限于特定利益范围的侵犯,而战争是一种不受限制的对他国利益范围的侵犯。在此,“战争”被
556 理解为一个国家针对另一个国家通过武力来实施的行为,前者没有顾及后者是否也会通过采取同类行动,也即通过反抗战

争,来对它作出回应。* 由于报复只被容许作为对于他国侵害一国之特定利益的回应,所以它们就具有制裁的性质,而构成其条件的利益侵害就是对国际法的侵害,也即是一种国际不法行为。对此方式,国际法保护了服从它的国家的某些——而非所有可能之——利益。一般国际法所保护的某个国家的利益恰恰是这样一些利益,当它们被侵害时,国家被国际法授权去针对侵害这些利益的国家进行报复。对某国利益范围之有限侵犯(它被容许作为对某个违法行为的回应,也即被容许作为报复),如果不被作为这种回应来实施的话,本身也是国际法上的违法行为。据此,这种侵犯要么是一种制裁,要么——如果不是制裁,也即对某一违法行为之回应的话——是一种违法行为。

但对某国利益范围之不受限制的侵犯(被人们称为战争)也同样如此么?在此角度下,在理论中存在两种彼此正相反的观点。根据一种观点,战争既不是违法行为,也不是制裁。每个国家总是可以根据一般国际法,出于任何理由去发动战争,并不由此就违反国际法。根据另一种观点,根据一般国际法,战争同样只有在作为对于侵害国际法(对于侵害某国利益)之回应时才被容许,对于这种侵害行为,这个国家被一般 557
国际法授权通过报复或战争来作出回应。就像报复那样,战争——如果并非制裁的话——本身也是违法行为。这就是所谓的**正义战争**(*bellum justum*)原则。

这一原则是国际法的组成部分,这种观点曾经奠定了结束第一次世界大战并包含着国际联盟章程之和约的基础。从那

* Vgl. Kelsen, *Principles of International Law*, New York, 1952, S. 25ff.

时以来,这一原则通过《白里安—凯洛格公约》(Briand-Kellogg-Pakt)* 和《联合国宪章》毫无疑义地成为条约的内容,其中之一即《白里安—凯洛格公约》,几乎所有国家都成为它的缔约国,而另一个条约——《联合国宪章》在此角度下主张对世界上所有国家都有效。鉴于这一事实,今天几乎没可能主张,根据现行国际法,某个在条约上未负有相反行为之义务的国家,能够出于任意理由去发动针对[1]任一国家的战争,同时又不违反国际法,也即是否认**正义战争**原则的普遍效力。**故而,战争与报复一样都是国际法的制裁措施,这一假定看起来是有根据的。

如同国家法的制裁一样,这些制裁体现为对生命、自由和人类的其他利益尤其是经济利益的强制剥夺。在战争中,人类被杀死、致残、被俘虏,国家或私人的财产被摧毁;通过报复的方式,国家或私人的财产被没收,其他法益被侵害。国际法的
558 这些制裁在内容上与国家法的制裁没有差别。但它们是——正如人们所说的——针对国家实施的。当战争和报复具有制裁的性质,而这些制裁被称为是针对国家实施(尽管它们直接针对的是人类)的时候。也就是说,当对制裁的承担被归属于国家时,这种归属就表达出了,实际上遭受制裁之恶的人类从属于国家,也即服从于这样的法秩序,它的拟人化就是作为国

---

* 即《关于废弃战争作为国家政策工具的一般条约》,又称《巴黎非战公约》。1927年由法国外长 A. 白里安和美国国务卿弗兰克·B. 凯洛格倡议,1928 年 8 月 27 日由比利时、捷克斯洛伐克、法国、德国、日本、意大利、波兰、英国、澳大利亚、加拿大、印度、爱尔兰、新西兰、美国、南非等 15 个国家和地区的代表在巴黎签订,1929 年 7 月 25 日生效。——译者注

[1] 此处有语法修正。

** Op. cit. S. 33.

际法主体因而也作为国际法上违法行为(它构成了制裁的条件)之主体的国家。

b)作为原始法秩序的国际法

尽管国际法作为强制秩序显现出与国家法相同的性质,但它有别于后者,且由此体现出与原始社会的法的某些相似之处:它(至少作为对所有国家施加普遍义务的法)没有指定任何分工协作的机关来创设和适用其规范。它仍处于高度分权化的阶段。它正位于这样一种国家法已然走过之发展的开端。一般规范通过习惯或条约来形成,也即通过法律共同体成员自身而非特殊的立法机关来形成。一般规范对具体案件的适用同样如此。是相信自身权利遭受侵害的国家本身来决定,是否 559
出现了某种不法的构成要件,而另一个国家要为此负责。而当后者否认这一被主张之不法行为,且当事国就不法构成要件是否存在没有协定时,就缺乏一种客观的层级,通过受法律调整的程序来对这一争议进行裁判。同样是自身权利遭受侵害的国家本身,被授权针对违法者运用一般国际法指定的强制行为,即运用报复或战争作出回应。这是自力救济的技术,具体国家法秩序的发展同样是以此为起点的。

c)国际法的阶层构造

国际法由这些规范组成,它们最初是通过国家——也即通过根据具体国家秩序对此有管辖权的机关——为调整国家间关系的行为而被创设出来的,也即通过习惯的方式。它们属于一般国际法规范,因为它们对所有国家都施加义务、赋予权利。它们中特别重要的是这一规范,人们通常以“**条约必须遵守**”

(*pacta sunt servanda*)这一公式来标识它。它授权国际法共同体的主体,通过条约来调整它们间的相互行为,也即它们的机关以及臣民的相对于其他国家的机关及其臣民的行为。这一过程体现为,通过两个或多个国家的对此有管辖权的机关之间
560 被宣告出的合意创设出这样的规范,由此缔约国被施加义务、赋予权利。除了某些例外外,今日有效之国际条约法就有特殊的性质。它的规范并非对于所有国家有效,而是要么只对于两个国家,要么对于或大或小的国家集团有效。它们仅构成部分共同体。这里要注意的是,特殊的国际条约法和一般的国际习惯法不能被视为并立的规范集合。由于一者的基础在于属于另一者的一个规范,两者处于上位阶与下位阶的关系之中。而如果人们也将这些法律规范——它们由国际法院以及通过条约创造的其他国际机关创设——考虑进来,那么在国际法的结构中就还有第三个阶层。因为这种创设国际法之机关的功能本身又是基于某个国际法条约之上的,也即基于属于国际法第二阶层的某个规范之上的。正如前文中已经阐释过的,由于这种第二阶层的国际法——通过国际条约创设的国际法——基于一般国际习惯法(它相对来说是最高的层次)的某个规范之上,这样一个规范就必须作为国际法上被预设之基础规范起作用,它将由国家间的相互行为构成的习惯指定为创设法的构成要件。

d)国际法仅仅赋予间接的义务与权利

国际法对国家施加义务,也向国家赋予权利。它对国家施加从事特定行为的义务,因为它将前面提到的制裁(报复或战
561 争)联结于与之相反的行为,因而将这一相反的行为作为违法

行为加以禁止，而要求实施特定的行为。违法行为与制裁之间并非以此方式相联结，即特定违法行为只以其中一种制裁为后果，其他违法行为则以另一种制裁为后果，而是以此方式相联结，即其权利被侵害的国家可以在两者之间选择。根据一般国际法，这一国家也没有义务而只是被授权运用某种制裁对违法行为作出回应，也即针对对于它违反了国际法从而违反了其义务的国家采取在其他情形中被禁止之强制行为。某个国家的反射权利（它等同于其他国家相对于这个国家的义务）被配之以对它的这一授权，即针对违反其义务的国家采取国际法上规定的制裁。这里体现了它的主观法。

它与主观私法的区别在于，制裁并非要由司法裁判来指示，并由某个分工协作的机关来执行，因而国家（相对于它的义务被违反）没有法律权力引入针对这一制裁的司法程序，而是由法律权力去自行决定，在目前的情形中对某个国家（它相对于前一个国家违反了其义务）进行制裁，并自行执行这一制裁。

这并不意味着——就像人们多数时候所假定的那样——国际法就不对个人施加义务、赋予权利。由于从根本上说，一切法都是对人类行为的规整，能作为法律义务和权利之内容的都不外乎是人类行为（其他构成要件只有与人类行为有关时 562
才能成为法的内容）；而这又不外乎是个人的行为。说国际法向国家施加义务、赋予权利，只是意味着，它并非——像具体国家的法秩序那样——直接地而是间接地向个人施加义务、赋予权利，即以具体国家的法秩序为中介（它的拟人化表述只是“国家”）。国际法向国家施加的义务和赋予的权利，与具体国家法秩序向作为法人的社团所施加的义务和赋予的权利具有相同的性质。国家是法人,而国际法的规范(借此国家本身被施加义务、赋予权利)是不完整的、需要补充的规范。它们只规定了人类行为(它们必然以此为内容)的实体要素,而没有规定它的主体要素。它们只是规定:什么是应当做的、什么是不应当做的,但没规定应当由谁来做或不做,也即哪个人类个体必须来实施被规定的作为或不作为。这一个人被国际法留给了具体的国家法秩序来规定。国际法所要求或禁止的、构成对义务之履行或违反的该人的行为以及这一义务被归属于国家,也即被指涉国家法秩序的统一性,只要这一行为在国家法秩序中被规定为这一个人的以分工的方式来行使的功能(这一个人由此作为国家的机关起作用)。对于这样的行为来说同样如此:这种行为体现为对反射权利的行使以及对这一授权
563 的使用,即当与这一反射权利等同的义务被违反时,运用某种制裁(报复或战争)来加以回应。将国际法上被禁止的行为归属于国家,也即假定国家具有国际法上的违法行为能力,并没有任何困难。国家法秩序完全可以授权某个国家机关去实施某一行为,甚至让它负有这么做的义务,而这一行为却被国际法秩序与某项制裁相联结。在此视角下,国际法秩序规定的违法行为与国家法秩序规定的违法行为之间的差别,已经在前文中被指明了。*

正如已经提到过的,战争和报复是针对国家实施的国际法制裁,意味着,对这一制裁之恶的遭受(它实际上由属于国家的人来遭受)被归属于国家的人格。但以上事实可以在不借助这种虚构的归属的前提下被更现实地展现出来。只要国际

---

* 参见本书第371页及以下。

法上的违法行为(它构成了制裁的条件)是由作为国家政府起作用的人所犯下的,而制裁却不是针对此人而是针对其他人实施的,人们就可以认为,“制裁是针对国家实施的”这一命题的意义在于,一般国际法规定的制裁(战争和报复)构成了国家成员对于由政府所犯之国际法上的违法行为的集体责任。*

这种集体责任属于结果责任,因为不法构成要件终归不是 564
由制裁这一强制行为所针对的个人来实施的,因此由这一不法构成要件所引起的利益侵害也不会是由这些个人出于故意或过失造成的。〔2〕

就这种集体责任而言,一般国际法与原始人共同体的法也是一样的。

根据一般国际法,构成战争之构成要件的战斗行为应只针对武装力量(它属于国家的机关)的成员。因此,将他们遭受(的恶)归属于国家同样可以表达为,它们是针对国家机关来实施的。但不排除这种可能:这些行为事实上涉及了不属于武装力量之成员的人;而这一点在今日之交战技术中已不再能被避免。

国际法委托国家法秩序去规定,由何人通过其行为来履行或违反国际法规定之义务、行使国际法规定之权利,这穷尽了国际法的那种特点——据此国际法“只向国家施加义务、赋予

---

* 非常独特的情形是将这种归属用于内战。对于其类似于战争的行为,起义者并不说它是针对国家的,而说它只是针对当时的政府的;这意味着,他们并不将他们的行为使人遭受的恶归属于国家。但根据起义者的说辞,革命行为所针对的政府(也是——只要它处于有效的控制之中——合法的、代表国家的政府)却会将这一行为称为“危害国家的”也即针对国家的行为,这与一些刑法的语言用法相符。

〔2〕 原文拼写有误。原文为“hergeführt”(被……带来,被……领来),应被修正为“herbeigeführt”(造成、引发)。

565 权利”,或者,据此只有“国家才是国际法的主体”——的法学意义。由此表达出的只是,国际法向个人所施加和赋予的,仅是间接的——也即以具体国家之法秩序为中介的——义务和权利。

此外,国际法对个人行为只作这种间接掌控也只是通常情形。在这一方向上,不仅在一般国际习惯法的领域中,而且在特殊的国际条约法的领域中,都有大量的例外情形,在这些情形中,国际法规范直接向个人施加义务,因为从国际法规范不仅可直接得知什么应当做、什么不应当做,而且也可直接得知,哪个人类个体必须去实施国际法所要求的行为,也即在这些情形中,个人直接作为国际法的主体出现。

事实上,国际法并非以此方式直接对个人施加义务,即将这一个人的特定行为与国际法上的特殊制裁(报复和战争)相联结。国际法直接对个人施加的义务,由国家法上特殊的制裁(刑罚和强制执行)构成。国际法可以将对这些制裁的规定与执行留给国家法秩序,就像对于海盗这一国际法上之违法行为的情形那样。但这些制裁同样可以被规定在通过国际法条约创设的规范之中,而对它的适用则被委托给通过国际法条约所
566 创设的国际法院,例如就像根据 1945 年 8 月 8 日的《伦敦协定》[*]对战争犯的刑事追诉那样。

国际法在多大程度上通过其规整对迄今为止只由具体国家法秩序所规范之材料进行渗透,它直接向个人施加义务和赋

---

* 即《关于控诉和惩处欧洲轴心国主要战犯的协定》,于 1945 年 8 月 8 日由苏、美、英、法四国签署。它规定,凡是应对暴行和罪行负责或同意施行暴行和罪行的德国军官、人员、纳粹党员,都将被押解回他们犯下罪行的国家受到法律的审判和惩处。——译者注

予权利之趋势就必然在多大程度上得以增强。但由此也必然在多大程度上以个人责任和过错责任来替代集体责任和结果责任。由此相伴而行造就了——今天只是在特殊的国际法共同体内部可观察到的——创设和执行法律规范的核心机关。这种集权化——与具体国家法秩序的发展轨迹完全一样——首先涉及的是司法；它的目标在于形成一种国际性的司法管辖权。

43. 国际法与国家法

a) 国际法与国家法的一体化

刚才提到的法律技术化运动的最终趋势为，国际法与具体国家法秩序之间界线的模糊化，以至于真实的、越来越集权化的法律发展的最终目标看起来是要在组织上一体化为一个普遍的世界法律共同体，也即形成一个世界国家。然而现在谈论这个还为时尚早。现在有的只是所有法在认识上的统一性；这意味着，完全像人们习惯于将具体国家法秩序视为统一体那 567
样，人们也可以将国际法与具体国家法秩序合在一起理解为统一的规范体系。

这与传统观念相悖，后者想将国际法和具体国家法视为两个不同的、彼此独立的、相互隔离的规范体系，因为它们基于两个不同的基础规范之上。然而，这种二元论的——或者，考虑到具体国家法秩序之多样性，更好的称呼是"多元论的"——建构仅在逻辑上就站不住脚，因为不但国际法规范而且具体国家法秩序规范都应被视为同时有效的规范，也即应同样被视为法律规范。这种同样为二元论学说所分享的观点已经蕴含着这种认识论要求:通过体系——从同一个立场出发作为自我闭合的整体——来理解一切法。因为法学认知想要将被刻画为国际法的材料(完全像被呈现为具体国家法的材料那样)理解为法,也即理解为有效法律规范的范畴,所以它就面临着这一——完全与自然科学一样的——任务:将其研究对象展示为统一体。这种统一体的消极标准在于无矛盾性。这一逻辑原则也适用于规范领域的认知。人们不能以此方式来描述某个规范秩序,即主张:“A 应当如何”这一规范有效,同时“A 不应当如何”这一规范也有效。确定国家法与国际法之关系时首
568 先涉及的是这一问题:在这两个规范体系间是否可能存在不可化解的冲突。仅当这一问题必须被作出肯定回答时,国家法与国际法的一体化才被排除。如此一来,确实只能对国家法与国际法之间的关系进行一种二元论的或多元论的建构了。但如此一来,就不能说两者同时有效了。它显露了法与道德的关系。在此,这类冲突事实上是可能的,例如当某个特定的道德秩序在一切情形中都禁止杀人,而某个实在法秩序规定了死刑并授权政府在国际法所规定的条件下发动战争时,就是如此。如此一来,将法视为有效规范之体系的人就必然不考虑道德,而将道德视为有效规范之体系的人则必然不考虑法。人们以此来表达这一点,他们会说:从道德的立场出发,死刑和发动战争是被禁止的,但从法的立场出发,两者是被要求的或至少是被允许的。但由此说的只不过是,不存在任何这样的立场,从此出发可以将道德和法同时视为是有效的规范秩序。

“没有人能服务于两位主人。”* 如果国际法与国家法之间存在不可化解的冲突，因而一种二元论的建构必不可少，那么当人们将国家法视为有效规范之体系时，人们就不仅可以不将国际法视为法，而且压根就不将它看成是有拘束力、与国家法一样有效的规范秩序。人们只能要么从国家法秩序的立场出发、要 569
么从国际法秩序的立场出发来诠释这里所考虑的关系。只要某个理论——它相信必须假定国际法与国家法之间存在不可化解的冲突，且国际法不能被视为法，只能被视为某种国际道德——是这么想的，或许对此提不出什么逻辑上的反对意见。但大多数二元论的主张者却认为必须将国际法和国家法同时视为有效的法秩序，它们在效力上能够彼此独立，且能够陷入相互冲突之中。这一理论是站不住脚的。

b) 国际法与国家法之间不存在冲突

国家法与国际法是两个彼此不同且效力相互独立的法秩序，证成这一观点的根本理由在于两者之间存在不可化解的冲突。但进一步的研究表明，被视为国际法规范与某个国家法规范间的冲突根本就不是规范冲突，这一事实可以用毫无逻辑矛盾的法律命题来描述。

这种冲突主要体现为国家的一部制定法可能与某个国际法条约相对立，例如，某国被条约赋予义务保障少数派成员享有与多数派成员同等的政治权利，而这个国家的一部制定法却剥夺了少数派成员的一切政治权利，但这种对立既没有影响这 570
部制定法的效力，也没有影响条约的效力。这一事实可以在具

---

* Matthäus VI,24.

体国家法秩序中找到十分类似的情形,但人们却不会由此对后者的统一性产生任何怀疑。即便是所谓违宪的制定法也是有效的制定法,也继续会是有效的制定法,同时也不必由此就将宪法视为被废除了,或被修正了。即便是所谓违法的判决也是有效的规范,并会长期维系其效力,直至它被另一份判决所废除。我们早前已然澄清,某个规范的“违反规范性”并不意味着下位规范与上位规范间的冲突,而只是意味着下位规范的可废除性或对某个负责机关的可惩罚性。这里尤其要注意的是,“违反规范”之规范的制定可能是这样一种违法构成要件,法秩序将其特殊的强制行为作为制裁联结于它。从前面所说可知,即便是违法行为也不是——像“不法”一词所说出的那样——对法的否定,不是某种与法相对立的不是法的东西,而只是一种法将特殊后果与之相联结的特殊条件,也即是说,在所谓的“不法”与法之间没有任何矛盾。故而这一点没有任何逻辑上的困难:通过具有违法行为性质的行为创设出有效的法律规范。规范的制定可以与制裁相联系,但被如此制定的规范却是有效的;说其有效不仅在此意义上,即直到它通过
571 法秩序为此目的规定之特殊程序被某个法律行为所废除为止,它都是有效的,也在此意义上,即它根本就无法通过这种程序被废除,因为法秩序没有规定任何此类程序。在国际法与具体国家法的关系上就是如此。说国际法向国家施加了从事某些行为的义务尤其是制定特定内容之规范的义务,其意义只是:从事相对立的行为或制定内容相反之国家规范构成了这样的条件,国际法将其特殊制裁,即报复或战争这些不法后果与之相联结。在“违反”国际法的情形中创设的具体国家法秩序规范依旧有效;即便从国际法的立场来看也是如此。因为后者

并没有规定任何废除“违反国际法”之具体国家法秩序规范的程序。这种可能性只在特殊国际法领域中才存在。国际法与所谓违反国际法之具体国家法秩序规范间的关系，和具体国家的宪法（它——例如通过其基本权利清单——规定了未来制定法的内容）与某部因违反基本权利而违宪的制定法间的关系是一样的；只要这部宪法没有指定任何可以出于其违宪的理由废除制定法的程序，而是限于这种可能，即某些机关为出现所谓违宪的制定法承担个人责任。国际法对具体国家法秩序的内容进行规定，与一部没有规定宪法司法化的宪法在某种替代 572
的意义上规定未来制定法之内容的做法是完全一样的。有别于被规定之内容的可能性无法被排除，甚至恰恰由此——即便只是在次要的意义上——被委任（去这么做）。它之所以不适格仅仅是因为，制定这类规范尽管无损于其效力，但却会被定性为国际法上的违法行为。这种违法行为以及由此被创设的、被称为“违反国际法”的规范与国际法之间没有任何逻辑矛盾。故而这一方面并不构成国际法与具体国家法一体化之假定的障碍。

c）两种规范体系的相互关系

然而在认识论上，国际法与国家法的一体化可以通过两种不同的方式被建立起来；如果人们将两者视为同时有效之有拘束力的规范秩序，那么就只能将此理解为，两者（以这一方式或那一方式）属于**一个**可通过无矛盾之法律命题来描述的体系。

像国际法秩序与国家法秩序这样两个动态型的规范集合体，可以此方式来构成一个统一的体系，即证明一个秩序从属于另一个秩序,因为其中一个秩序包含着规定创设另一个秩序之规范的规范,故而后者的效力基础存在于前者之中。如此,上位秩序的基础规范就同时也是下位秩序的基础规范了。但这两个规范集合体也可以此方式来构成一个统一的规范体
573 系,即两个秩序看起来处于同等位阶,也即它们的效力范围彼此界分。但这就预设了第三个同时也是更高位阶之秩序,它规定着其他这两个秩序的创设,它们的效力范围彼此界分,故而首先相互协调。确定效力领域就是——正如从前文所说可知的——由上位秩序来确定下位秩序的内容要素。对创设程序的规定可以是直接的,也可以是间接的,端视是上位规范本身规定了创设下位规范的程序,还是它限于指定某个层级,授权它根据其自由裁量来为特定领域创设有效的规范。人们称这种情形为委任(Delegation);而上位秩序与下位秩序相联结所体现的统一性具有委任关系(Delegationszusammenhang)的性质。由此可知,上位秩序与被其所委任之下位秩序间的关系,必然同时是某个整体秩序与它所包含的部分秩序间的关系。因为,由于作为下位秩序之效力理由的规范构成了上位秩序的组成部分,所以可以认为前者作为部分秩序被包含于作为整体秩序的后者之中。上位秩序的基础规范——作为总体法秩序的最高层级——构成了一切规范(也包括下位秩序之规范)的最高效力基础。

如果国际法与具体国家法构成了一个统一体的体系,那么就必须通过这里所提出的方式之一来塑造它们彼此间的关系。国际法必须要么被理解为被国家法秩序所委任的因而要被归
574 入后者的法秩序,要么被理解为对国家法秩序进行委任的、位阶高于后者的、将所有国家法秩序都作为部分法秩序包含在内

的整体法秩序。这两种对国际法与国家法之间关系的解释都属于一元论建构。其中一种解释意味着具体国家法秩序的优先性，而另一种解释则意味着国际法秩序的优先性。

d）一元论建构的不可避免性

α）国际法被成员国所认可：国家法秩序的优先性

正如已经强调过的，二元论建构的代表将国际法视为这样一个有拘束力之法律规范的体系，它与国家法规范一样有效。因此他们必须回答这一问题：为何国际法规范能将具体国家联系在一起（这是它们有效的理由）。为了回答这一问题，他们以被他们理所当然预设的自己国家秩序之效力为出发点。但如果人们以某个国家法秩序之效力为出发点，就会产生这一问题：如何能以此为出发点来证立国际法的效力；如此就必须在国家法秩序中去找到国际法的效力基础。这么做需要借助于这一假设，即只有当一般国际法被某个国家承认（如此被承认，就像它在承认的瞬间通过习惯被塑造出来那样）对其有拘束力时，它才适用于这一国家。这种承认可以明示地通过立法 575
或政府行为，或默示地通过事实上对国际法规范的适用、缔结国际法上的条约、对国际法规定之豁免的尊重来实现。由于事实上所有国家都这么做，所以国际法事实上对所有国家都有效。但只有通过这种明示或默示的承认，国际法才对国家生效。这种观点在英美法学中占主流地位，并被表达在现代宪法之中，后者包含着这样的规定，据此一般国际法必须作为国家法秩序的组成部分而有效；由此一般国际法就被承认，并被当作国家法秩序（它的宪法包含这样一个规定）的组成部分。这里要注意的是，具体国家对国际法的承认并非由国际法本身规定的条件,它使其对于具体国家的效力有赖于这一条件。国际法的某个有效规范可能并没有规定这种条件,因为这个规范的效力本身可能并不依赖于这一条件。但是这么做并没有什么障碍:只有当国际法被某个国家承认为对其有拘束力时,这个国家的法院和其他法律适用机关才将它视为是对其国家有拘束力的。这一观点的后果是:如果某个国家并不承认国际法对自己有拘束力,国际法对它就无效。国际法对某个国家无
576 效,它与其他国家间的关系并不服从于国际法,这种观点并非不可理解。

根据现行国际法,只有在此条件下它才可适用于某个国家与其他共同体之间的关系:这一共同体被前一国家承认为国际法意义上的国家;这里要注意,这种被国际法所预设的对某个共同体作为国家的承认,也即这一确认——某个共同体满足了国际法规定的条件,据此共同体要被视为国际法意义上的国家——不得与国家对国际法的承认相混淆。如果人们在回答国际法之效力基础的问题时从自身国家法秩序的效力出发,如果人们问,为什么国际法对于已被视为有效法秩序的国家有效,回答不外乎可能是,国际法必须被这一国家所承认,以便对于其有效。在这一提问中已经包含这一假设:国际法的效力基础必须要在国家法秩序中去寻找,这是自身国家法秩序之优先性(也即其主权)的假设,或者说国家(对其国际法的效力存疑)主权的假设。

国家主权对于国家法秩序之优先性而言是关键要素。这种主权并非某个真实对象之可察知的或以其他方式在客观上可识别的性质,而是一种预设:某个规范秩序作为最高的、其效
577 力不可由任何更高秩序推导出之秩序的预设。国家是否拥有

主权，这一问题无法通过对自然现实的研究来作出回答。主权并非现实权力的最大值。相比于大国根本就没有什么相关的现实权力的国家，与那些大国一样拥有主权。国家是否拥有主权的问题是这个问题：人们是否将国家法秩序预设为最高秩序。如果人们并不将国际法视为高于国家法秩序而是视为是被国家法秩序所委任的法秩序，也即，如果只有当国际法被国家所承认时人们才将它视为对国家有效，那么人们就这么做了。这是可能的，就像那也是可能的（但今天不再是常见的了）一样：国家法秩序只有在此前提下才被视为对具体的人有效，即它被此人所承认。如果人们认为国家法秩序的效力基础在于个人（这一秩序对此人有效）对这一秩序的承认，那么人们就是以个人的主权（其自由）为出发点的；就像人们认为国际法的效力基础在于其被具体国家所承认（国家主权以此为出发点）。国家拥有主权，不外乎意味着历史上第一部宪法的制定被预设为创设法律的构成要件，同时又无须国际法的某个规范将这一构成要件指定为创设法律的构成要件。

据此，国际法——从国家法秩序优先（或者说国家主权） 578
的立场来看，只有它被某个国家承认为对其有拘束力时它才有效——看起来就不是某种超国家的法秩序，但也不是某种与自身国家秩序无关的、与之相孤立的法秩序，而是——只要终归还是法——自身国家法秩序的组成部分。人们称为“外部国家法”（äußeres Staatsrecht），并从此假设出发，即它从“外部”调整着国家与其他国家的关系。但国际法不能根据其规范所调整之对象来确定。正如已经阐述过的，国际法不仅调整着国家的行为，因而间接调整着个人的行为，而且也直接调整着个人的行为。国际法只能根据其规范被创设之方式方法来确定。

它是这样一种法律规范的体系,这些规范通过国家习惯、国家条约以及国际组织(它们通过国家条约设立)来创设。如果只有当如此被创设之规范通过承认成为某个国家法秩序之组成部分时,它们才有效,因而它们最终的效力基础就是这一法秩序被预设之基础规范,那么国际法与国家法的一体化就——不是建立在国际法秩序优先的基础上,而是——建立在具体国家法秩序优先的基础上。

基于国际法被理解为某种有效法律规范之集合体的必要性,二元论建构就通过其必不可少的假设,即国际法对于某个国家的效力依赖于其被这一国家的承认,被迫走向自我毁灭。
579 因为如果国际法只能作为某个国家法秩序的组成部分,它就不可能是一个有别于国家法秩序的、其效力依赖于国家法秩序的法秩序;如此一来,两者之间就不可能存在任何冲突了,因为两者——用传统法学的语言来表述就是——都是基于同一个国家的“意志”之上的。

β)国际法秩序的优先性

建立国际法与国家法一体化认知的第二种方式,以国际法作为有效的法秩序为出发点。正如前文中确认的,如果人们从某个国家法秩序的效力出发,就会产生这样的问题:如何从这一出发点出发来证立国际法的效力,而这种效力无非只有通过国家(国际法对其有效)的承认才能被证立。这意味着国家法秩序的优先性。如果人们从国际法的效力出发,就会产生这一问题,即如何从这一出发点出发来证立国家法的效力;如此这种效力基础就必然要在国际法秩序中被找到。这之所以可能,是因为——正如在其他地方已经提及的*——实效性原则(这是实在国际法的一个规范)既规定了具体国家法秩序的效力基础,也规定了具体国家法秩序的属地、属人和时间效力范围,因而具体国家法秩序可以被理解为国际法委任的,从而从 580
属于后者且被作为一个普遍之世界法秩序的后者所包含的部分法秩序,只有国际法才能使它们在空间上彼此并立,在时间上前后相续。这意味着国际法秩序的优先性。这一点与这一事实也是相容的:某个国家的宪法包含着这样一个规定,据此一般国际法应作为国家法秩序的组成部分有效。如果人们从不要求获得国家承认之国际法的效力出发,那么刚才提及的那种宪法规定也并不意味着国际法由此对于相关国家生效,而是意味着它——通过一般条款——被转化为了国家法。如果根据宪法,国家的机关尤其是它的法院只被授权去适用国家法,因而只有当国际法的内容披上国家法的形式(制定法的形式、法规的形式)——也即被转化为国家法——时,它才能被适用,那么这种转化就是必要的。如果缺乏这种转化,在具体案件中就无法适用某个与此案件相关之国际法规范,那么——如果人们从国际法的效力出发——这并不意味着,这一国际法规范对于这个国家无效,而只是意味着,如果它因未被适用而导致国际法被国家的行为所违反时,国家就将遭受国际法规定为后果的制裁。

由于国际法调整着国家的行为,也即基于国家法秩序作为国家政府起作用之人的行为,所以国际法必须规定,国际法意 581
义上的国家是什么,也即它必须规定,在什么条件下,人要被视

---

* 参见本书第 270~271 页。

为某个国家的政府,故而强制秩序(他们根据它发挥功能)要被视为有效的法秩序,他们的行为要被视为国家行为,即被视为国际法意义上的法律行为。实在国际法规定,当某些人独立于其他同类政府并具有资格,强制秩序(他们根据它发挥功能)设法获得了其行为受这一强制秩序调整之人的持续服从时,也即当这一位居国际法之下的相对集权化的法秩序大体上有实效,而在其基础上作为政府机关发挥作用的人以何种方式取得其地位并无所谓时,这些人就要被视为某个国家的政府。这意味着,由这一强制秩序构成的共同体就是国家,构成它的强制秩序就是一种国际法意义上的有效法秩序。国际法进一步规定,国家法秩序持续有实效的范围有多大,这一国家的领土或这一秩序的空间效力范围就有多大,所有生活在这片土地上的人(除了某些国际法所规定的例外)都服从于这一——而非其他——国家法秩序。这意味着,根据国际法,每个国家原则上只有在其自身领土内(也即它为国际法所确保的领土内)才能显露出其作为强制机构的属性,或者不用图像化的方式说
582 就是:具体国家法秩序只应针对其为国际法所同意的效力空间规定其特殊的强制行为,这些强制行为只在这一空间实施才不会违反国际法。以此方式,多个国家也即多个强制秩序才有法律内的可能在空间上彼此共存。但不仅是空间内的彼此共存,而且时间上的前后相续也即具体法秩序的时间效力范围也由国际法确定。国家法秩序的起始与终止都遵循实效性的法律原则。从这一立场来看,国家的形成与消亡显现为与某个在内国法框架内作为法人之社团的成立与解散相同的法律现象。但即便是就具体国家法秩序的内容效力范围而言,国际法也具有意义。由于它的规范尤其是通过国际法上的条约创设的规

范,可以包含一切可能的对象,因而也包括那些迄今为止由具体国家法秩序来调整的对象,所以它限制着具体国家法秩序的内容效力范围。尽管具体国家在国际法之下仍然在原则上有资格规范一切,但只有当国际法没有强占某个对象,因而没有剥夺通过具体国家法秩序进行自由规整的可能时,它们才保有这种资格。如果人们将国际法预设为超国家之法秩序,那么具体国家法秩序就不再拥有至高的权能。但它拥有只有国际法才能限制的完整性诉求;这意味着,它并非从一开始就被国际 583
法限制于特定的对象,就像其他紧邻国际法的、由国际法上的条约构成的法秩序或法律共同体那样。如此一来,国家在其法律存在的任何方向上看起来都是由国际法确定的,也即看起来是一个其效力及其效力范围都由国际法秩序所委任的法秩序。只有国际法秩序而非国家法秩序才是主权性的。如果国家法秩序或由它构成的法律共同体,即国家,被称为"主权性的",那么这也只是意味着,它仅仅是位居国际法秩序之下的、紧邻国际法的。

可以预料到会有这样的反对意见,即具体国家不能被理解为国际法所委任的秩序,因为从历史的角度来看,国家也即具体国家的强制秩序必然先于通过国家习惯创设之一般国际法的出现而存在。只是这种反对意见的基础在于不区分事实的历史关系与规范的逻辑关系。国家作为法律共同体也要比——包括许多家庭在内的、集权化的——国家更为古老;尽管如此,是国家法秩序在今天构成了家庭法秩序之效力的基础。同样,某个成员国法秩序的效力基于联邦国家的宪法之上,尽管后者的出现在时间上居于从前独立的、只是随后才被合并为联邦国家的具体国家之后。人们不能混淆历史关系与规范逻辑关系。

584 如果人们以作为有效法秩序的国际法为出发点,国家的概念就无法在缺乏对国际法指涉的前提下被定义。从这一立场出发来看,它就是一种紧邻国际法的、相对集权的部分法秩序,它的领土和时间效力范围受到国际法的限制,且它在内容效力范围方面提出了一种只受国际法保留限制的完整性诉求。

γ)两种一元论建构方式的差异

这样的国际法——从国家法秩序优先的立场出发,它被某个国家所承认构成了其对这个国家有效的条件,因而它只能作为某个国家法秩序的组成部分——与那样的国际法——从国际法秩序优先的立场出发,它是一种高于一切国家法秩序的、对它们进行委任的法秩序——在内容上是一样的。对国际法与国家法间关系的这两种一元论建构的区别只涉及国际法的效力基础,而非其内容。根据其中一种建构(它以某个国家法秩序的效力为出发点),国际法的效力基础在于这样一被预设的基础规范,据此,国家(它的秩序构成了建构的出发点)历史上第一部宪法的制定是一种创设法律的构成要件。根据另一种建构(它不以某个国家法秩序为出发点,而以国际法为其出
585 发点),国际法的效力基础在于这一被预设之基础规范,据此,国家习惯是一种创设法律的构成要件。即便在只是作为某个国家法秩序之组成部分的国际法框架内,国家习惯同样是一种创设法律的构成要件。但在这里,并非由于某个纯粹被预设的规范(据此国家习惯是一种创设法律的构成要件),而是由于某个通过承认行为被实在地制定的规范(它的效力基础最终在于国家法秩序之被预设的基础规范)构成了建构的出发点,而国际法则作为其组成部分起作用。

由于国际法在这两种情形中具有相同的内容，它在这两种情形中也拥有相同的功能：它通过其实效性原则确定了国家法秩序的效力基础和效力范围。这些国家法秩序中的一个，是作为预设这一国家法秩序之优先性的建构的出发点；也就是这样一个国家法秩序，根据这一建构，它将国际法作为其组成部分包含进来。它终归只能是**一个**国家法秩序，虽然可以是任何一个。如果人们将国际法视为某个国家法秩序的组成部分，那么就必须区分出狭义上的国家法秩序与广义上的国家法秩序。狭义上的国家法秩序包括宪法的规范以及根据这一宪法通过立法、司法和行政行为制定的规范。广义上的国家法秩序包括构成建构之出发点的法秩序，只要它也将被承认的国际法，也即通过国家习惯和国家条约创设的规范包含在内。构成这一 586
国家法秩序之组成部分的国际法，通过其实效性原则确定所有国家法秩序的效力基础，不仅包括那些并非这一建构之出发点的国家法秩序，也包括构成这一建构之出发点因而将国际法作为其组成部分的国家法秩序。但在后一种情形中，它——作为广义上国家法秩序的组成部分——只有在关涉狭义上国家法秩序的前提下才能履行这一功能。由此，这一广义上之国家法秩序的这两个组成部分间的关系就不能被视为彼此并立的关系，而要被视为上下位秩序的关系了。这一国家法秩序中构成国际法的那个部分要高于构成狭义上之国家法秩序的那个部分。人们可以此方式来进行形象化的表述：承认国际法的国家以此屈从于国际法之下。但构成国家法秩序之组成部分的国际法的实效性原则并非这一狭义上之国家法秩序的终极效力基础。是这一法秩序之被预设的基础规范，同时构成了成为其组成部分的国际法的终极效力基础。只有在这种广义上的国家法秩序与它所包含的国际法秩序之间,才存在这里标识为国家法秩序优先的国际法与国家法间的关系。

国际法通过其实效性原则所发挥的另一种功能,即限制国
587 家法秩序的效力范围,同样只有在关涉这一法秩序之其他组成部分也即狭义上的国家法秩序的前提下,才能由作为某个具体国家法秩序之组成部分的国际法来发挥。只是狭义上之国家法秩序的效力范围会受到国际法(广义上之国家法秩序的组成部分)的限制。而这一国际法的实效性原则也不是这种限制的终极效力基础。是这一国家法秩序之被预设的基础规范,将国际法作为了这一国家法秩序的组成部分。

一旦从构成这一建构之出发点的、包含国际法在内的国家法秩序的立场出发来考虑其他国家法秩序,那么它们与国际法之间的关系就只能以此来区别于根据国际法优先原则所体现之关系:国际法的实效性原则并非其效力和对其效力范围进行限制的终极基础;从国家法秩序(它构成了建构的出发点)的立场出发来看,终极基础是这一国家法秩序之被预设的基础规范。因此,只有这一国家法秩序——就其广义上、包含被承认之国际法在内的意义上而言——才拥有最高法秩序意义上的主权,没有任何其他法秩序再被预设为居于其上。然而,由于在这一广义上的国家法秩序内,其中的一个组成部分,也即狭义上的国家法秩序,从属于另一个组成部分,即国际法秩序,所以狭义上的国家法秩序就并非主权性的,而——就像其他并非
588 建构之出发点的国家法秩序那样——只是紧邻国际法的。鉴于作为其组成部分的国际法(的存在),构成建构之出发点的国家法秩序就成为了一个对一切其他国家法秩序进行委任的、将它们全都包含在内的普遍法秩序。最终结果与国际法秩序

的优先性所导致的结果相同:一切现行法的认知统一性。但如果说在国际法优先的情形中建构的出发点只能如此的话,那么在国家法秩序优先的情形中建构的出发点——正如已经提及的——就可以是任意的,但无论如何都只能是**某一个**国家的法秩序。而只有当国际法与国家法之间关系的建构以某个国家法秩序为其出发点时,才必须要假设这一国家法秩序的优先性,或者说已经预设了这一优先性。

正如强调过的,在国际法与国家法间关系的这两种建构方式之间进行选择,对于国际法的内容没有影响。作为某个国家法秩序之组成部分的国际法,在内容上与作为高于国家法秩序之法秩序的国际法是一样的。但即便是国家法的内容也与建构其与国际法的关系无关。因此,当(这一再发生)从一种建构或另一种建构中推演出只能基于实在国际法或实在国家法得出的决定时,就是对这些建构方式的误用。例如,国际法秩序优先的代表者可能会主张,从这一点——国际法高于国家 589
法,相对于它是更高的法秩序——可推出,当两者发生冲突时国际法优先,也即与之相矛盾的国家法是无效的。但从前面所述可以清晰地看到,国际法与国家法之间的这种规范冲突压根就不可能出现。国家法的规范不可能是无效的,而只可能是可废除的,而只有当国际法或国家法秩序本身规定了导致其被废除的程序时,它才可以由于"违反国际法"被废除。一般国际法并没有规定这类程序。它被认为高于国家法,这一事实无法替代缺乏某个相应规范(的事实)。人们相信,从国际法高于国家法这一点可以推知,国家的主权会从根本上受到限制,并由此可能创设一个有实效的世界法组织。国际法优先在和平主义这种政治意识形态中扮演着关键角色。完全排斥国际法之优先性的国家主权完全不同于受国际法限制的国家主权。前者意味着最高的法律权威;后者意味着国家的行动自由。国际法无论是被设想为超国家的法秩序,还是被设想为包含于国家法秩序之中的法秩序,它都可以对国家进行相同的限制。无论在这两种建构方式中哪一种之假设的情形中,有实效之世界法组织都是有可能的。

590 基于国家主权之假设的国家法秩序优先性,要比国际法优先性更可能进行这种误用。从这一点——国际法只能因为其被国家所承认即只能作为国家法秩序之组成部分而有效,或者(这里的意思是一样的)国家拥有主权——可推出,国家并不必然受它所缔结之条约的拘束,或者说这与国家的本质不相容;屈从于某家具有强制管辖权的国际法院(即便这是某个它所缔结的条约规定的),或受到某个合议制机构之多数决的拘束(即便这一机构及其程序是由国家缔结的某个条约所建立的)。正如国际法的优先性在和平主义的意识形态中扮演着关键角色一样,国家法的优先性或者说国家主权在帝国主义的意识形态中扮演着关键角色。后一种情形与前一种情形一样
591 主张了主权概念的歧义性。但如果国家承认了国际法,故而国际法对这个国家有效,那么它就与当它作为超国家之法秩序时一样有效。如此一来,国家要受它们所缔结之条约的拘束这一国际法规范就是有效的,无论它们给予通过条约创设之规范的内容是什么。没有任何内容可以根据国际法,基于这一理由从某个通过国家条约所创设的规范中被排除出去:因为它与缔结条约之国家的本质不相容,尤其与其主权不相容。国家主权不受任何高于它的国际法限制,这一事实与另一事实,即国家(它运用其主权承认了国际法,故而使后者成为国家法秩序的

组成部分)由此对其主权也即其行动自由进行了自我限制,是完全相容的,因为它承担了由一般国际法和它缔结之条约所规定的义务。主权国家的主权在多大程度上可以受到它所承认的国际法的限制,这一问题只能根据国际法的内容来作出回答,而无法从主权的概念中推演出来。但实在国际法却没有为作为国家行动自由之国家主权的限制设定任何界限。通过国际法上的条约可以创造某个国际组织,它是如此地集权化,以至于它本身也具有国家的性质,从而使缔结条约的国家(它们划归属于这个国际组织)丧失了其作为国家的性质。然而,某个国家政府在多大程度上应当或可以通过国际法上的条约来限制其国家的行动自由,属于政治问题。对它的回答既不能从国际法的优先性也不能从国家法的优先性推演出来。

44. 法律观与世界观

对国际法与国家法间关系的两种一元论建构方式之间的对立,也即获得对一切现行法之认知统一性的两种方法,与主观主义世界观和客观主义世界观之间的对立具有引人注目的
对应性。就像主观主义观点从拥有自我主权的“我”出发去把 592
握外部世界,因而可以不将它理解为外部世界,而只理解为内部世界,理解为“我”的观念和意志那样,被称为国家法秩序优先的建构方式从拥有自我主权的国家出发去理解法的外部世界,即国际法和其他国家法秩序,因而可以只将这种外部法理解为内部法,理解为自身国家法秩序的组成部分。就像主观主义的、自我中心的世界诠释会导致唯我论——这样一种观点:

只有“我”自身才作为主权的存在者存在,而其他所有事物都只是在“我”之中且只从“我”出发才存在,故而其他存在者所提出的他们也是一个主权性的“我”的主张无法兑现——那样,(主张)自己国家法秩序的优先性会导致,只有自己的国家才能被理解为主权性的,因为一个国家也即自己国家的主权排除了所有其他国家的主权。在此意义上,(主张)自己国家法秩序的优先性可以被称为国家主观主义,甚至被称为国家唯我论。就像客观主义世界观从真实的外部世界出发来理解“我”——并非只是观察者自我,而是每一个“我”,但由此这个“我”就无法作为主权性的存在者和世界的中心而存在,而只能作为世界之整全性的组成部分而存在——那样,被称为国际法秩序优先的建构方式从法的外部世界——作为有效法秩序的国际法——出发,去理解具体国家的法律存在;但由此这些国家就不能被理解为拥有主权的权威,而只能被理解为归属于
593 国际法的部分法秩序了。就像对世界的科学认知决不会被这种对立所触及,世界作为这种认知的对象依然没变、描述它的自然法则也是没变,无论这个世界是被设想为“我”的内部世界还是在世界之内的“我”那样,两种法学建构方式之间的对立对于法(无论是国际法还是国家法)的内容没有任何影响,描述其内容的法律命题没变,无论人们是认为国际法被包含于国家法之中,还是认为国家法被包含于国际法之中。

人们同样可以将这两种法学建构方式之间的对立与另一种对立相比较,也即托勒密式的地心说世界图景与哥白尼式的日心说世界图景之间的对立。就像根据其中一种建构方式,自己的国家处于法律世界的中心那样,在托勒密式的世界图景中,我们的地球处于中心,太阳围绕其旋转。就像根据另一种

建构方式,国际法处于法律世界的中心那样,在哥白尼式的世界图景中,太阳处于中心,我们的地球围绕其旋转。但两幅世界图景之间的这种对立只是两个不同的参照系之间的对立。马克斯·普朗克(Max Planck)*对此评论道:"例如,如果人们采用了与我们的地球有固定联系的参照系,那么人们就必然会说,太阳在天空中运动;相反,假如人们将参照系置于某颗恒星上,那么太阳就会被发现处于静止状态。在这两种表述方式的对立中,既不存在矛盾之处,也不存在不清晰的地方,而只涉及两种不同的观察方式。根据物理学上的相对论(如今它在科 594
学中占有主流地位),这两个参照系以及与之相符的观察方式是同等正确、同等合理的,原则上不可能在不运用意志专断的前提下,通过任意的测量或计算在它们中作出决定。"这段话也适用于那两种对国家法与国际法间的关系进行法学建构的方式。它们间的对立基于两个不同的参照系之上。一个与自己国家的法秩序绑定在一起,而另一个则与国际法秩序绑定在一起。两个体系都是同等正确和同等合理的。人们不可能基于法律科学上的考量,在这两者之间作出法律科学上的决定。法律科学只能对两者进行这样的展示和确认:如果要确定国际法与国家法之间的关系,那么就必须接受这一个或那一个参照系。这一决定本身处于法律科学之外。它只能通过科学以外的考量、只能通过政治考量来确定。认为国家主权观念有价值的人(因为他在其增强的自我意识中认同这个国家),会偏爱国家法秩序的优先性甚于国际法秩序的优先性。认为世界法组织的理念更有价值的人,会偏爱国际法的优先性胜于国家法

* Max Planck, Vorträge und Erinnerungen, Stuttgart, 1949, S. 311.

的优先性。正如已经强调过的,这并不意味着,国家法秩序优先的理论相比于国际法秩序优先的理论更不利于世界法组织
595 的理想。但看起来它为这样一种政治提供了辩护,后者拒绝对国家的行动自由进行任何广泛的限制。这种辩护基于这样一种谬论之上,在其中主权概念的歧义性——有时是最高的法律权威,有时是不受限制的行动自由——以不幸的方式起了作用。但这种谬论现在已成为——正如已指出的——以国家主权的教条来运作的帝国主义政治意识形态的当然组成部分了。对国际法秩序优先的偏好而言——**在其他条件不变的前提下**——也是一样的。它相比于具体国家法秩序优先,并非更不利于尽可能不受限制的主权(在国家行动自由的意义上)这一理想而言;但相比于国家法秩序的优先性,它看起来更能为对国家行动自由进行广泛限制提供辩护。这同样是一种谬论;但这种谬论事实上也在和平主义的政治意识形态中扮演着关键角色。

因为纯粹法学说揭露出了这些谬论,揭下了它们逻辑证明(它们本身像是不可反驳的)的伪装,并将它们还原为政治论据(对于它们可以用相同类型的对立论据予以反驳),所以它打开了通往这种或那种政治发展的自由之路,但却没有预设这种或那种政治发展或对它们进行辩护。因为作为理论,它相对于它们完全是中立的。

Ⅷ. 解释 596

45. 解释的本质;真意解释与非真意解释

当法被某个法律机关所适用时,后者必须确认它所适用之规范的意义,而且它必须对这些规范进行解释。故而解释是一种精神过程,它伴随从高位阶向低位阶进展的法律适用的过程。在谈及解释的大多数情形中,即在制定法解释的情形中,应当回答这一问题:制定法的一般规范在适用于具体构成要件时被推演出的个别规范(司法判决或行政决定)具有何种内容。但也存在对宪法的解释,只要宪法也须——通过立法程序,在颁布紧急法令或其他宪法之下的行为时——在更低的层级上被适用;也存在对国际法上之条约或一般国际习惯法之规范的解释,如果前者或后者在具体情形中要由某个政府或者某家国际的或国内的法院来适用的话。同样

也存在对个别规范(司法判决、行政命令、私法行为等)的解
597 释,简言之,对一切法律规范的解释,只要它们应被适用。

但必须(不是适用,而是)遵守法的个人(他们实施着避免制裁的行为)同样必须去理解被他们所遵守的法律规范,因而去确认其意义。最后,法律科学也必须解释其规范,如果它要对实在法进行描述的话。

因而就有两种类型的解释,它们必须被清晰地区分开来:法律适用机关的法律解释,以及并非由法律适用机关而是由私人尤其是法律科学所进行的法律解释。这里首先只考虑法律适用机关的解释。

a)法律适用行为的相对不确定性

法秩序之高位阶与低位阶之间的关系,就如同宪法与制定法或制定法与司法判决间的关系一样,是一种确定关系或条件关系:高位阶规范调整着——就像已经阐释过的那样——创设低位阶规范的行为或执行行为(如果更多只是涉及后者的话);在此,它不仅确定低位阶规范被制定或执行行为被实施的程序,最终也确定有待制定之规范或有待实施之执行行为的内容。

598 但这种规定从来就不是完整的。高位阶规范可以不在所有方面都对适用它的行为进行拘束。总是会留下或大或小的自由裁量的余地,以至于高位阶规范相对于适用它的规范创设行为或执行行为,总是只具有某种要通过这一行为来填补之框架的性质。即便是一个在细节上规定得十分细致的命令也必然会留待执行它的人去作各种确定。如果 A 机关作出了这一规定,即 B 机关应当逮捕臣民 C,那么 B 机关就必须根据自己

的裁量权来决定,它想要在何时、何地、以何种方式去实现这一逮捕令,这一决定依赖于作规定的机关未曾预见到且在很大程度上也无法预见到的外部环境。

b)法律适用行为的有意不确定性

由此可知,每个法律行为,无论是法律创设行为还是纯粹的执行行为(借此法被适用),只是部分地被法确定,而其他部分则未被确定。这种不确定性既可能涉及作为条件的构成要件,也可能涉及被条件限定的后果。这种不确定性完全可能是有意的,也即出于制定有待适用之规范之机关的意图。故而对纯粹一般规范的制定——与其本质相符——总是以此为前提,即在适用它时发布的个别规范赓续了这种决定——它构成了法律规范之层级次序所展开的意义——的过程。一部卫生 599
法规定,当爆发流行病时,某个城市的居民必须采取某些预防措施来阻止这一疾病的传播,否则要进行惩罚。行政机关被授权根据不同的疾病以不同的方式来确定这些预防措施。刑法针对某种特定犯罪行为的情形规定了罚金刑或自由刑,并留待法官去决定,在具体案件中是采取这一刑罚还是那一刑罚,并留待他去确定(刑罚的)程度;对此,制定法本身也可以划定一条最高界限和一条最低界限。

c)法律适用行为的无意不确定性

只是法律行为的不确定性也可能是法律规范(它应被相关行为所适用)之状态的无意的后果。这里首先存在某个语词或语序(规范要通过它们来表达)的多义性:这一规范的语言意义并不清晰;必须适用规范的机关面对着多种可能的含义。

当规范执行者相信能够假定,在规范的语言表达与由此表达出的制定规范之权威的意思(这里完全不考虑,这种意思能以何种方式被确认)之间存在分歧时,情形也是一样的。无论如何,必须可能从有别于规范语言表达自身的其他渊源出发来研
600 究它,只要这种语言表达可以被假定为与规范制定者的意思不符。所谓立法者的意思或某个从事私法行为之当事人的意图与(在制定法或私法行为中说出的)语词不符,这在传统法学看来是十分常见的现象。意思与表达之间的分歧可以是完全的分歧,但也可能只是部分的分歧;当立法者的意思或当事人的意图至少与(规范的语言表达所含有的)多种含义中的一个相符时,就会出现后一种情形。最后,有待实施之法律行为的不确定性同样可能是这一事实的后果:两个同时主张有效——例如因为它们被包含于同一部制定法之中——的规范完全或部分地相互矛盾。

d)待适用的法是可以容纳多种适用可能的框架

在所有这些下位阶之有意的或无意的不确定的情形中,都有多种法律适用的可能。执行性的法律行为可以被如此塑造,以至于它与法律规范之不同语言含义中的这个或那个相符,与无论以何种方式被确认的规范制定者的意思或由其选择的表达相符,与两个相互矛盾的规范中的这个或那个相符,或者被如此决定,就好像这两个相互矛盾的规范已经彼此废除了
601 一样。待适用的法在所有这些情形中都只是构成一个框架,在这个框架内有多种适用的可能,维系在这一框架内、以任何可能的意义对这一框架进行填补的每个行为都是合法的。

如果人们将“解释”理解为对有待解释之对象的意义进行

合乎认识的确认,那么法律解释的结论就只能是对有待解释的法所展示的框架的确认,因而是对存在于这一框架内的多种可能的认识。如此一来,对制定法的解释就不必然会导致唯一正确的决定,而可能会导致多个决定,它们都——只要只以有待适用之制定法为标准来衡量它们——具有同等的价值,即便它们中只有唯一的一个通过法律适用机关(尤其是法院)的行为变成了实在法。通过制定法来证立司法判决,事实上不外乎意味着将它维系在制定法所展示的框架之内,这并非意味着**某个特定的**个别规范可以在一般规范的框架内被创设出来,而只是意味着**有一个**个别规范可以在一般规范的框架内被创设出来。

然而,传统法学却相信,可以期待解释不仅能确认有待实施之法律行为的框架,而且可以期待它来履行进一步的任务;甚至它倾向于认为后者才是解释的主要任务。解释应当提出某种方法,它使我们可能来正确地填补被确认了的框架。通常的解释理论相信,当制定法适用于具体案件时总是只能提供**一** 602
个正确的决定,并通过制定法本身来证立这一决定在实在法上的"正确性"。它们如此来展示这种解释的过程,就好像它涉及的只是澄清或理解这种智力行为,好像法律适用机关只应运用其知性而非其意志,好像通过一种纯粹知性的活动就能够在已存在的诸种可能性中作出符合实在法的、在实在法的意义上正确的选择那般。

e)*所谓解释方法*

仅仅从某种取向于实在法的立场出发,无法给出这样的标准,据此在有待适用之法的框架内的诸种可能性中的一个能够优先于其他的可能性。绝对没有任何——可以在实在法上被概括出的——方法,能帮助我们从某个规范之多种语言含义中标识出一个唯一“正确”的含义;当然这里预设的前提是,它涉及多种可能的也即与制定法或法秩序的所有其他规范相关的意义诠释。可尽管传统法学作出了诸多努力,但迄今为止仍没有成功地以一种有利于意思或有利于表达的客观有效的方式来化解两者的冲突。迄今为止,所有被提出的解释方法都只能
603 导致一种可能的而非唯一正确的结果。无论是忽视词义而坚守立法者的可能意思,还是严格遵守词义,从而不考虑——大多数时候成问题的——立法者意思,(从实在法的角度来看)完全是等值的。如果出现同一部制定法的两个规范相矛盾的情形,那么从实在法的角度来看,前面提到过的诸种法律适用的逻辑可能性就站在同一条起跑线上。想要排除其他可能,对一种可能“从法律上”进行证立,是一种徒劳的努力。**反向论证**(*argumentum a contrario*)和类比这两种常见的法律解释手段完全没有价值,从这一点就可充分推知了:这两种解释手段会导致相对立的结果,也不存在任何标准来告诉我们,什么时候应当运用这种解释手段,而什么时候又应当运用那种解释手段。所谓的利益权衡原则同样只是对这里所呈现之问题的表述,而不是解决问题的办法。它没有提供客观标准来对相对立的利益进行比较,从而对利益冲突作出决定。这种标准尤其无法从待解释之规范、包含这一规范的制定法或者整个法秩序中取得,就像所谓利益权衡学说所认为的那样。因为“解释”之所以是必要的,恰恰是由于待适用的规范或规范体系公开容许多种可能性,这意味着它对此尚未包含任何决定:游戏中的利益何者具有更高的价值,这一决定毋宁是将这种关于利益次序的确定留给了某个还有待实施的法律创设行为(如司法判决)。

46. 作为认知行为或意志行为的解释 604

作为传统解释理论之基础的观念，即待适用之法律规范无法提供的对待实施之法律行为的规定可以通过对已经存在的法的任一类型的认知来获得，是一种充满矛盾的自欺欺人，因为它违背了某种解释之可能性的前提。在待适用之法的框架存在的诸种可能中哪一种是“正确的”，这一问题——根据前提——根本就不是什么对实在法进行认知的问题，不属于法理论问题，而属于法政策学问题。这一任务——从制定法中获取唯一正确的判决或唯一正确的行政行为——在根本上与另一个任务——在宪法框架内创制唯一正确的制定法——是一样的。就像人们几乎不可能从宪法出发通过解释获得唯一正确的制定法，人们也无法从制定法出发通过解释获得唯一正确的判决。在这两种情形之间肯定存在差别，而它只是一种量的差别，而非质的差别，它只体现为：从实质的角度来看，对立法者的拘束要远少于对法官的拘束，前者相比于后者在进行法律创造时要相对自由得多。但法官同样是法的创造者，他在行使这一功能时也是相对自由的。正因如此，通过制定法适用的程序进行的个别规范的获取属于意志的功能，只要由此填补了一般规范的框架。如果说在进行制定法适用时，除了要由此对待实施之行为应维系之框架进行必要的确认外，法律适用机关的其 605
他认知活动还可能占有一席之地的话，那么它就不是对实在法的认知，而是对其他在此可汇入法律创设过程之规范的认知；道德规范、正义规范、社会的价值判断，也就是人们习惯用民众福祉、国家利益、进步等关键词来描述的东西。实在法对于它们的效力和可确认性保持了沉默。从此出发来看,对所有这类规定都只能作消极的刻画:它们是不以实在法本身为出发点的规定。相较于此,[1]法律行为的实施在待适用之法律规范的框架内是自由的,也即处于为实施该行为所指定之机关的自由裁量范围内;这可能是因为,实在法本身对诸如道德、正义等元法律规范进行了授权。但如此一来,这些规范就转变成了实在法规范。

如果不仅要对法院和行政机关的制定法解释而且要对法律适用机关的一般法律解释进行标明的话,那么就要说:在法律机关进行法律适用时,对待适用之法的认知性解释与某个意志行为相连,借助后者法律适用机关在通过认知性解释所指明的可能性之间作出选择。通过这一行为,要么创设了某个更低位阶的规范,要么执行了待适用之法律规范所规定的强制行为。

这种意志行为使法律适用机关的法律解释区别于任何其
606 他解释,尤其是由法律科学进行的法律解释。

法律适用机关的解释总是真意解释。它创制了法。虽然只有当解释采取制定法或国际法上之条约的形式并具有一般性时,也即不仅针对某个具体情形而且针对一切相同的情形来创制法时。或者说,当被称为真意解释的行为构成对一般规范的创设时,人们才称之为真意解释。但即便当法律适用机关仅针对某个具体情形来创制法时,也即当这一机关只创设了某个个别规范或执行某项制裁时,法律适用机关的这种解释也是真

---

〔1〕 此处有语法修正,即将"diesem"(单数)修正为"diesen"(复数)。

意解释,也即在创制法。这里要注意的是,通过真意解释,也即法律机关(它必须适用这一规范)对某个规范的解释,不仅能实现通过对待适用之规范的认知性解释所指明的可能性中的一个,而且能创设出这样一个规范,它完全处于待适用之规范所构成的框架之外。

通过这样一种真意解释,不仅能在彼情形——在其中解释具有一般性,也即出现了惯常意义上的真意解释——中创制法,而且在此情形——在其中某个法律适用机关创设出一个个别法律规范,只要法律适用机关的行为不再可能被废除,只要它已具有既判力[2]——中也能创制法。通过这种真意解释新法——尤其是通过终审法院——会一再被创制出来,这是个众 607
所周知的事实。

有别于法律适用机关的解释,其他任何解释都不是真意解释,也即不创制法。

当某人在遵守某个调整其行为的法律规范时,也即当他想要由此——他实施了这样的行为,法律规范将某项制裁联结于与之相反的行为——来履行施加给他的法律义务时,那么这个人就同样必须在不同的可能性之间进行选择,如果这一行为并没有被他所遵守的规范清晰规定的话。但这种选择不是真意的。它对于适用这一法律规范的机关而言不具有拘束力,因而总是要冒这样的风险,也即会被这一机关视为是错的,以至于以此为基础的个人行为被判断为违法行为。

---

〔2〕“只要法律适用机关的行为不再可能被废除,只要它已具有既判力”应被修正为“只要这些规范的效力不再可能被废除,只要它们已具备既判力”。

47. 法律科学的解释

但首先必须将法律科学进行的法律解释作为非真意解释,与法律机关的解释最鲜明地区分开来。它是对法律规范之意义的纯认知性确认。有别于法律机关的解释,它不是法律创设。有可能通过对现行法的纯认知性解释获得新法,这种观点是(纯粹法学说所拒绝的)所谓概念法学的基础。因而法律科学
608 学的纯认知性解释同样没有能力去填补所谓法中的漏洞。填补所谓法中的漏洞属于一种创设法律的功能,它只能由法律适用机关来行使;*而这一功能并不是通过对现行法的解释[3]来发挥的。法律科学的解释能做的,不外乎是强调指出某个法律规范的可能含义。作为对其对象的认知,它无法在它所指明的可能性之间作出决定,它必须将这种决定留给根据法秩序主管法律适用的机关。一位律师(他为了其当事人的利益只向法院就适用于此案之法律规范的多种可能解释中的一种提出建议),一位学者(他在一部评注书中将多种可能解释中的十分特定的一种称赞为唯一“正确的”),行使的不是法律科学的功能,而是一种法政策学的功能。他寻求对法律创设施加影响。当然没有什么会禁止他这么做。但他不能以法律科学之名去这么做,虽然经常会发生这样的事。法律科学的解释必须要小心翼翼地避免进行这种虚构,即法律规范总是只容许作一种诠

* 参见本书第306页及以下。

〔3〕 此处有漏词,“通过对现行法的解释”应被修正为“通过法律科学对现行法的解释”。

释,作特定的"正确"诠释。这是一种虚构,传统法学用它来维系法的安定性的理想。鉴于大多数法律规范的多义性,这种理想只能以近似的方式被实现。不应否认,从任何一种政治立场 609
出发来看,这种法律规范之单义性的虚构都可能具有莫大的好处。但没有任何政治上的好处能为此进行辩护:在对实在法进行科学展示时要运用这种虚构,因为某种解释——从一种主观政治的立场出发,它要比另一种逻辑上同样可能的解释更受欢迎——从一种客观的科学立场出发被宣称是唯一正确的。因为如此一来,只是一种政治价值判断的东西就被虚假地呈现为科学真理了。此外,对国家制定法或国际法上的条约所作的严格的科学解释(基于批判性的分析,它指出了所有可能的意义,也包括政治上不受欢迎的、压根就未曾被立法者和条约缔结方所意识到的但被包含于他们所选用的语词之中的意义)具有一种实践效果,它进一步抵销了单义性虚构所带来的政治上的好处:这种科学解释可以向制定法律的权威指明,他们的作品在多大程度上落后于这种法律专业的要求,即尽可能清晰地来表述法律规范,甚或这样来表述法律规范,以至于使不可避免的多义性限于最低的程度,以此获得最大可能的法的安定性。

附　录

正义问题

本文详目*

---

* 在最初的版本中既没有标题(除了最高一层的章节划分外)也没有单独的目录。出于能更加一目了然和更好的可操作性的目的,读者面前的这个学生版译出了法文译本[Hans Kelsen, Justice et Droit naturel, übersetzt von Étienne Mazingue, in: Annales de Philosophie politique 3(1959),S. 1-123],并组合为一份目录。至于凯尔森在其著作被译为意大利语之际于1965年7月20日所表达的修改愿望所造成的对标题的修正,将在随后的脚注中予以注明。

** 或者(根据凯尔森于1965年7月20日所作的修正)可表述为"正义原则"。

*** 或者(根据凯尔森于1965年7月20日所作的修正)可表述为"作为原则与人类行为之评价标准的正义"。

**** 或者(根据凯尔森于1965年7月20日所作的修正)可表述为"各种正义原则"。

---

* 或者（根据凯尔森于 1965 年 7 月 20 日所作的修正）可表述为“各种自然法学说之间相互冲突的结论”。

Ⅰ. 正义规范[1]

1. 正义是一种针对不同对象说出的属性。首先是针对人类。人们说，一个人，尤其是一位立法者或法官是公正的或不公正的。在此意义上，正义被描述为人类的一种美德。就像一切美德那样，正义的美德也具有道德性；就此而言正义位于道德的领域之内。

但人类所拥有的正义的属性或美德表达在他的行为之中，表达在他的相对于他人的行为，也即他的社会行为之中。当与某个规定此类行为（被制定为应然）的规范（故而它构成了正义价值）相符时，某人的社会行为就是公正的。当与某个规定特定行为的规范相悖[2]时，某人的社会行为就是不公正的。某人的正义就是其社会行为的正义；而其社会行为的正义体现为，它与某个构成正义价值并在此意义上公正的规范相符。这一规范可

〔1〕“规范”应被修正为“原则”。

〔2〕“相悖”应被修正为“不符”。

被称为正义规范。由于道德规范是社会规范,也即调整人们相对于其他人之行为的规范,正义规范就是一种道德规范;故而
614 在此角度下,正义的概念也落入了道德概念的领域。

但并非每个道德规范都是正义规范,也并非每个道德规范都构成正义的价值。只有规定他人如何以特定方式来**对待**某人,尤其是规定立法者或法官如何对待某人时,这一规范才能作为正义规范起作用。“不得自杀”这一规范可以是某种道德规范,它出于其对于共同体的邪恶效应而禁止这一行为,但这一规范不可能是一种正义规范,因为它并没有规定他人如何对待某人;这意味着,自杀可以被判断为不道德,但不能被判断为不公正。但人们不将自杀者安葬于公墓,而是隔离安葬,或者对未遂的自杀行为进行惩罚,这可以被判断为是公正的或不公正的,也即根据这样一个规范加以判断,它规定了(也即要求或禁止)对人类的特定对待方式,故而构成某种正义价值,具有正义规范的性质。

2. 故而正义是某种特殊的人类行为的属性,这种行为体现在对他人的对待方式之中。这一行为是公正的抑或不公正的判断是对这一行为的评估或评价。行为,也即在时空中存在的实然事实,被与规定了某种应当的正义规范相对比。结论是这样一个判断:它说的要么是,这一行为如其——根据正义规
615 范——应当所**是**,也即这一行为是有价值的,即具有某种积极的正义价值;要么是,这一行为并非如此,因为与之相反的行为才如其——根据正义规范——所是,也即这一行为是反价值的,即具有某种消极的正义价值。这种评估或评价的对象是某个实然事实。只有实然事实(当与某个规范相对比时)才能被判断为有价值的或反价值的,才能具有某种积极的或消极的价

值。换言之,被评价的、可以是有价值或反价值的、可以具有积极价值或消极价值的,是现实。

3.这看起来与这一事实是矛盾的:正义——以及非正义——也被说成是规范的属性,当人们谈论好的或糟糕的、公正的或不公正的实在法时,人们同样将规范判断为好的或糟糕的、公正的或不公正的。看起来人们由此将实在法规范与某个正义规范相比较,也即以一个规范来评价另一个规范,并由此得出这一判断:如果实在法规范与这一正义规范相符它就是公正的,只要它规定了这一正义规范所规定的内容,或者,如果它与这一正义规范不符时它就是不公正的,只要它规定的内容与这一正义规范所规定的内容相反。这里的前提在于,正义规范与实在法规范同时被视为有效。但当这两个规范相互矛盾,也即彼此冲突时,这就是不可能的。[3] 如此一来,就只能将两者 616
中的一个视为是有效的了;与某个被预设为有效的正义规范相对,某个与之相悖的实在法规范不能被视为是有效的,与某个被预设为有效的实在法规范相对,某个与之相悖的正义规范不能被视为是有效的。这里的"效力"要被理解为客观效力。某个实在法的,也即由人类行为制定之法的规范"有效",意味着,"人类应当以特定方式行为"这一行为的主观意义也被诠释为它的客观意义。每种命令行为都具有这一主观意义:此一命令所指向的每个人都应当以特定方式来行为。但并非每个

〔3〕 由于规范不可能有真假,而只可能有效或无效,所以规范冲突并非严格意义上的逻辑矛盾。对此参见本书第34页。当我们谈论彼此"矛盾"的规范时,指的是相互冲突的规范,也即一个规范规定人们应当以特定方式来行为,另一个规范规定人们不应当如此行为。一个规范的效力与另一个规范的效力不相容。因此,两者不可能同时有效。在此意义上,康德同样运用"矛盾"一词。参见本书第457页以下。

命令行为的主观意义都被诠释为它的客观意义,即有拘束力的规范。由此,某个劫匪的命令行为就得以区分于法律机关的命令行为。前文中已然指明,在何种条件下某个命令行为的主观意义要被诠释为它的客观意义,被诠释为有拘束力的规范。

将实在法评判为公正或不公正的做法尤其来自自然法学说的立场,据此,只有当实在法与构成某种绝对之正义价值的规范相符时,它才是有效的。如果假定这一点,那么违反自然
617 法的实在法规范就不能被视为是有效的。只有与自然法相符的实在法规范才有效。如果实在法规范只有符合自然法时才有效,那么在实在法规范中有效的就只是自然法了。事实上,这就是自然法学说的结论,它主张自然法拥有实在法之外的甚至超越实在法之上的效力,由此认为实在法的效力基础在于这种自然法。但这就意味着,按照这一理论,实际上只有自然法而非实在法**本身**才能被视为是有效的。

故而这里压根就不存在用自然法来评判实在法的问题,也即通过一个有效的规范来评判另一个规范的问题。就像规范也构成了一种价值(每个有效的规范都构成某种价值),某种价值如何能被评价?某种价值如何能具有某种价值甚或某种消极价值?有价值的价值是一种赘语,违反价值的价值则是自相悖。

4. 从这一观点出发必须来检验这一事实:当人们谈论公正的或不公正的实在法时,当人们主张正义或不正义是有效的实在法规范的属性时,当人们说,人们根据某个正义规范来评判实在法规范,将某个正义规范作为评价其公正或不公正的标准,但同时假定,这些实在法规范的效力独立于它们与正义规范之间的关系时,就出现了这一事实。实在法规范的效力相对

于其与某个正义规范间关系的独立性，体现了自然法学说与法律实证主义的根本差别。 618

正义规范规定了人对人的特定行为。这一行为可以存在于规范的制定之中。只要正义规范涉及实在法，它就会要求对其规范进行特定的内容塑造；它规定要**制定**具有特定内容的规范。但这就意味着，它指向了实在法的创设。它所规定的行为，也即它的对象，是制定规范的行为。这些行为可能与正义规范相符，也可能与之相悖[4]。当它们制定的规范具有正义规范规定要制定的内容时，它们就与正义规范相符；当它们制定的规范具有相反的内容时，它们就与正义规范相悖[5]。由于正义或非正义体现为制定行为的相符或相悖[6]，故而是这些制定实在法规范的行为，是制定实在法规范之人的行为，也即实然事实，构成了通过正义规范进行评判的对象，用这一正义规范的标准来衡量，它们被评价为公正的或不公正的，具有某种积极的或消极的正义价值。但规范制定行为的这种正义价值明显区别于法的价值，后者是由实在法规范构成的。从法律实证主义的立场来看，这类规范之所以构成某种积极的法的价值，不是因为它是由某种具有积极的正义价值的行为制定的，即便当它由某种具有消极的正义价值的行为制定时，它也 619
构成某种积极的法的价值。如果实在法规范的制定与正义规范相符，那么由前者构成之法的价值就与由后者构成之正义价值相一致。如此人们就会说，实在法的规范是公正的。如果实

〔4〕“相悖”应被修正为“不相符”。

〔5〕“相悖”应被修正为“不相符”。

〔6〕“相悖”应被修正为“不相符”。

在法规范的制定与正义规范相悖[7],那么正义价值与法的价值就将相分离;如此人们就会说,实在法规范是不公正的。但正义以及非正义——它被说成是实在法规范的属性,这种实在法规范的效力独立于它的这种正义或非正义——并不是——至少并非直接是——这一规范的属性,而是制定它的行为的属性(这一规范是这一行为的意义)。例如,如果某个被预设为有效的正义规范规定,所有人都应当被相同对待,那么某个立法行为——由此制定出这类规范,它们规定要对人作不平等对待,因为它们规定,法院只惩罚从事某类违法行为的行为,但不惩罚其他人,并且它们应当剥夺小偷的自由、剥夺谋杀者的生命——以及法院适用这一制定法的行为就是不公正的。如此一来,人们就会说,制定法的一般规范和适用制定法之司法裁判的个别规范都是不公正的。它们的不公正体现在,制定它们的行为与某个正义规范相悖[8],这意味着,根据这一规范就不
620 应当被制定。但依据实在法秩序它们应当被制定。但某事同时既应当又不应当,这是不可能的。因此,人们可以从某个被视为有效之正义规范的立场出发,不将某个与之相悖的实在法规范视为是有效的;而从某个被视为有效的实在法规范的立场出发,不将某个与之相悖的正义规范视为是有效的。当某个实在法规范的效力存疑时,不必考虑某个与之相悖的正义规范的效力;当某个正义规范的效力存疑时,不必考虑某个与之相悖的实在法规范的效力。因此,没有任何被视为有效的实在法规范,可以从某个同样被视为有效的正义规范的立场出发被评判

---

〔7〕“相悖”应被修正为“不相符”。

〔8〕“相悖”应被修正为“不相符”。

为不公正。因此,无论从哪种立场出发,不公正的实在法规范都不可能是有效的。因此,某个有效的实在法规范无论从哪个角度出发都不可能被视为是不公正的。尽管可能某个行为的主观意义是一种应当,而这一行为从某个被视为是有效之正义规范的立场出发可以被判断为不公正,但是这一行为的主观意义(如果这一正义规范被视为是有效的话)不能被视为这一行为的客观意义,因而也不能被视为客观有效的规范。从某个被视为有效之正义规范的立场出发,某个与之不符的实在法规范是无效的;而如果这一行为的主观意义(因为这一行为是根据法秩序的基础规范制定的)被视为其客观意义,也即被视为客观有效的规范,那么这一正义规范就不能被视为是有效的。如 621
果从某个被视为是有效的正义规范的立场出发,没有任何不公正的实在法是有效的(因为从这一立场看不公正的法不可能是有效的法),那么从这一立场出发,同样没有任何公正的法本身是有效的。当从某个被视为是有效的正义规范的立场出发,只因为某个实在法秩序的制定符合这一正义规范它才有效时,就出现了这一情形。因为如此一来(就像已经评论过的),实在法秩序的效力就只是正义规范的效力,实在法**本身**就没有任何自己的效力了。而如果从某个被视为是有效的实在法规范的立场出发,与这一规范相悖的正义规范都不能被视为有效,故而从这一立场出发也没有任何不公正的实在法规范能够有效时,那么从这一立场出发,也没有任何与某个实在法规范相符的正义规范可以被视为是有效的。但是,当实在法规范的效力存疑时,人们不必考虑与某个实在法规范相悖之正义规范的效力;当实在法规范的效力存疑时,人们也不必考虑与之相协调的正义规范的效力。假定实在法可能是公正的但不可能是不公正的,这或许毫无意义。如果实在法不可能是不公正的,那么它也不可能是公正的。它只能要么是公正的,要么是不公正的,或者既不可能是公正的,也不可能是不公正的。
622 不考虑那种正义规范——既包括与某个实在法规范相悖的,也包括与某个实在法规范相协调的正义规范——的效力,也即假定实在法规范的效力独立于正义规范的效力,或者说人们不将这两类规范同时视为是有效的,是**法律实证主义**的原则。

通过这一分析可知,“某个实在法规范是公正的或不公正的”只能意味着,当人们将某种特定的正义规范预设为有效时,制定特定实在法秩序之规范的行为,也即其主观意义为这一规范的行为,是公正的或不公正的,衡量的标准是,这一行为是否与正义规范相符。这一行为的存在与正义规范的效力并非是不相容的。即便是与某个规范不符的行为也能存在。但如果某个实在法秩序之规范的效力存疑,也即,如果这一行为的主观意义是否也能被视为其客观意义存疑,且如果它之所以被视为其客观意义,不是因为这一行为与正义规范相符,而是因为它是根据法秩序的基础规范制定的,也即如果它的主观意义与正义规范不符,那么这一正义规范就不能与这一实在法规范同时被视为是有效的。

5. 正义规范,或——正如我们将会看到的那样,更正确的表述是——诸正义规范具有一般性。如果某个规范并非——像个别规范那样——对个别情形有效,而是对事先无法确定数
623 量的同类情形有效,也即在事先无法确定数量的同类情形中被遵守或适用,那么它就是一般性的。在这一方面,它类似于抽象概念。然而,一般规范不能与抽象概念相等同,就像偶尔——基于随后再来讨论的理由——会发生的那样。抽象概

念确定了具体对象的要素或质,如果它落入这一概念之下的话。概念并没有规定,这一对象**应当**具有这一属性。概念并不——像规范那样——构成某种价值。如果某个对象具有由某个概念所确定的属性,它并不因此拥有积极的价值;如果它不具有这种属性,也不因此拥有消极的价值。就像个人的行为,如果与某个规范相符(这意味着就像规范所规定的那样,也即按照规范应当如此),它就拥有积极的价值;某个行为,如果与某个规范相悖[9](这意味着并非像规范所规定的样,也即按照规范并非应当如此),它就拥有消极的价值、无价值。因此,人们无法像所谓概念法学所错误尝试的那样,从概念推导出规范。一个规范只能从另一个规范中推演出来,一种应然只能从另一种应然中推衍出来。

6. 假如人们着手进行这种逻辑运算[10],即将某个个别规范的效力推断自某个一般规范,那么这里同样会出现一种实然判断,即对某种事实的主张。例如,陈述出某个个别规范之效力的语句"我应当说真话"[11],只有借助于某种实然,借助于主张某种事实的命题"我是人",才能从陈述出某个一般规范之效力的语句"所有人都应当说真话"[12]中推断出来。结论句 624
"我应当说真话"推断自大前提"所有人都应当说真话",这意味着,结论句已被包含于三段论的大前提之中。但结论句只可能被包含于大前提之中,不能被包含于小前提"我是人"之

〔9〕"相悖"应被修正为"不相符"。

〔10〕"逻辑运算"应被修正为"运算"。

〔11〕"陈述出某个个别规范之效力的语句'我应当说真话'"应被修正为"个别规范'我应当说真话'的效力"。

〔12〕"陈述出某个一般规范之效力的语句'所有人都应当说真话'"应被修正为"一般规范'所有人都应当说真话'的效力"。

中,因为只有大前提才像结论句那样是一种应然语句和关于说真话的命题,而小前提是一种实然语句和关于是人的命题。两个前提,即大前提和小前提,都是结论句的条件:如果所有人都应当说真话,且如果我是人,那么我就应当说真话。但在这两个前提之间存在刚才说过的那种差异。只有通过大前提陈述出的一般规范才是通过结论句陈述出的个别规范的效力基础。[13]

规范三段论(das normative Syllogismus)的逻辑结构与理论三段论(das theoretische Syllogismus)是一样的:大前提——所有人都会死;小前提——我是人;结论句——我会死。结论句推断自它已被包含于其中的大前提;而且它只能被包含于大前提之中,不能被包含于小前提之中,因为只有前者而非后者才是关于会死的命题。规范三段论与理论三段论之间的差别只体现在,在前者那里大前提与结论句都是应然语句,而在后者那里所有三个语句都是实然语句。

625 7. 规范的效力无法建立在实然事实的基础上,这一逻辑原则也适用于这一情形,也即当这一事实是某种意志行为(其主观意义是,人们应当以特定方式来行为)时。这种十分流行的论证——人们应当以特定方式行为,因为立法者或上帝意愿也即命令人们应当如此行为——是一种谬误。只有当人们预设了这一规范,即人们应当像立法者或上帝所意愿人们应当行为的那样去行为时,这一推断才是有效的。我已经在其他地方指

---

〔13〕 Vgl. Ch. Perelmann, De la justice, Bruxelles, 1945, S. 57ff. 佩雷尔曼称为“命令三段论”,其中大前提和结论句都是应然语句,小前提是实然语句。它有别于“理论三段论”,其中大前提、小前提和结论句都是实然语句。

出过[14],我们从这一事实,即某个劫匪命令我们将我们的钱交给他,完全无法推断出,我们应当将我们的钱交给他,应当服从他的命令;之所以不能,是因为我们并没有预设任何规范,据此劫匪之行为的主观意义也是其客观意义。某个实在的,也即通过意志行为被制定之规范的效力基础并不在于制定这一规范或某个高位阶规范的行为,也即这样的行为,其客观意义是这一低位阶或那一高位阶的规范,而在于那一被预设为客观有效的高位阶规范,它恰恰由此对这一低位阶规范提供了证立:它将制定这一规范的行为的主观意义正当化为其客观意义,也即正当化为客观有效的规范。

但规范效力证立的程序必然要导向某个终点,导向某个最高的、最一般的、不再能被证立的规范,导向所谓客观效力被预设的基础规范,如果作为任意行为之主观意义的应然要被正当 626
化为其客观意义的话。假如并非如此,假如规范效力证立的程序就像因果说明的程序那样(根据因果的概念)没有终点,无法导向任何终极的原因,无穷无尽,那么我们应当如何行动这一问题就将得不到回答。我们将某人对待他人的方式判断为公正的,如果这种对待方式与某个被我们视为公正的规范相符的话。我们为什么将这一规范视为公正的问题最终将导向某个被我们所预设的基础规范,它构成了正义价值。

8. 事实上,有大量彼此大相径庭且相互间部分对立的正义规范被预设为有效。我们必须要从这些正义规范,故而从人们事实上在今天和过往所拥有的称为“公正的”、称为正义的观念或概念出发,来对正义问题进行科学处理。它的任务在

---

〔14〕 参见本书第240~242页。

于,对人们(当他们将它们评价为“公正”之物时)事实上视为有效的不同规范作客观分析。作为科学,它无须来决定什么是公正的,也即规定人们应当如何行动,而是要去描述事实上被评价为公正之物,同时自己并不去认同这些价值判断中的一种。它可以尝试去确认不同正义规范的共同要素,以便获得关
627 于正义的一般概念。[15] 但这——正如我们将会看到的那样——就是本质上一般性的规范的概念,它规定了特定条件下对人类的特定对待,但却没有陈述出关于这种对待的方式方法,也即在这一方面完全留白了。

9. 要区分两类正义规范:形而上学的和理性的。形而上学的正义规范的特征在于,它据其本质被装扮成来自某个超验的、超越一切合乎经验(基于经验)之人类认知而存在的层级,也即本质上预设了对这类超验层次之存在的信仰。它们不仅就其来源而且就其内容来说都是形而上学的,只要它们无法为人类理性所理解。人们必须信仰它们所构成的正义(就像对它们所来自的那个层级的信仰那样),但人们无法理性把握这种正义。这种正义的理念就像它所来自的层级那样是绝对的;根据其固有的意义,它排除了其他正义理念的可能。这里
628 被称为——与“形而上学的”相对的——“理性的”正义规范的特定在于,它在本质上并不预设任何对某种超验层级存在的信仰,它被认为是由经验世界中实施的人类行为所规定的,并可以为人类理性所理解,也即可以被理性所把握。但这并不意味

[15] 佩雷尔曼对“最流行的”正义概念作了出色的分析,并试图去界定一种“形式的”或“抽象的”正义概念,它包含着一切“具体的”正义概念的共同要素。他说(同上引,第22页):“对正义概念的逻辑研究要想真正对澄清其混淆有所贡献,就必须指出正义的不同构造之间有何异同。”关于“形式的”正义概念的定义,参见本书第490~492页。

着,这些规范可以由人类理性——作为所谓的“实践”理性——所制定,或可以在这种理性中被找到。这些规范同样不可能像有些人所主张的那样,对“什么是公正的”这一问题提供了直接和合理的回答。[16]

虽然在此被称为理性的正义规范也可以被设想为是由某个超验的层级所制定的;而且它们中的一些,尤其是报复这一正义规范,被描述为上帝的意志,但这对于它们来说并不是本质性的,而它们在内容上也可以保持理性,也即它们可以被人类理性所理解,被理解所把握。

如果对于正义问题从某种科学理性的、非形而上学的立场出发,并认识到,存在大量不同的、彼此矛盾的正义理念,其中没有任何一个可以排除掉余者的可能性,那么就只能让由这些理念构成的正义价值作为相对的价值来起作用。

我们的分析应当从理性的正义规范开始。

10. 被最频繁地使用的正义公式是著名的“**各得其所**” 629
(*suum cuique*),也即这样一个规范:应当分配给每个人他该当的(Seine)、他所应得的(他对此有请求权或拥有权利)。很容易就可以发现,对于适用这一规范而言关键性的问题,即什么是“该当的”(这是每个人应得的、他的权利),并没有被这一规范所确定。由于每个人所应得的就是应当分配给他的,所以“各得其所”的公式导向了这样一种同义反复:应当分配给每个人他应当被分配的。对这一正义规范的适用预设了某个规范秩序的效力,它规定了每个人“该当的”是什么,也即他所应得的是什么、他对什么拥有权利,因为根据这一秩序,其他人拥

〔16〕 参见本书第513页及以下。

有相应的义务。但这就意味着,每个这类秩序都总是要规定义务和权利,尤其是每个与“**各得其所**”这一正义规范相符并因而被判断为公正的实在法秩序。这种保守的功能体现了它的历史意义。这一规范所构成的正义价值等同于由这一秩序尤其是法秩序的规范所构成的单一或诸种价值,这是在它们适用时被预设的。

11. 所谓黄金法则也是同样的:“己所不欲,勿施于人。”积极地表述,它描述了这样一个正义原则:人们应当像希望自己被如何对待那样去对待他人。如果从此字义上去理解这一公式,马上就可以发现,它会导向使用它的那些人显然无意得出
630 的结论。如果人们应当像希望自己被如何对待那样去对待他人,那么对为恶者的任何惩罚都将被排除在外,因为没有任何为恶者希望遭到惩罚。没有人希望被责备。没有责备的可能性,就没法进行教育。许多人希望他们被人恭维;对于大多数人来说,都不希望面对令他们尴尬的真相。他们希望被欺骗。由此可推出,他们有义务或是仅仅有权利去恭维他人或欺骗他人么?**人乐于受骗**(*Mundus decipi vult*)。由此推出:**那就让它被骗**(*ergo decipiatur*)。这不很讽刺吗?从道德或法的立场来看被禁止的一些事情,对于一些人来说尽管不被希望,但也不是不被希望的。故而不足以提出这样的要求:不要像自己不希望被如何对待那样去对待他人。例如,道德要求不撒谎。但某人并不介意被别人欺骗,因为他自认为足够聪明,可以看穿他人的谎言;也自认为自己足够强大,可以保护自己免于不利的后果。如果同样在这里运用黄金法则,那么他就可以此来为对他人撒谎的做法进行辩护,因为他乐于被他人欺骗。大多数人都热爱他们的生命,因而希望人们不会要求他们采取威胁生命

的行为。但如果对他们提出了这样一种不被希望的要求,他们却可能因为克服了他们的恐惧而与之相符。根据黄金法则(如果从字义上理解的话),一个自己并不见得比大多数人更无畏的立法者不会制定将这类不被希望的行为规定为义务的道德或法律规范。如果黄金法则要求,每个人都应当像他主观 631
上希望他人对待他那样去对待他人,那么这里很显然预设了,他人也希望这样被对待。这是理所当然的(人们如此假定),因为每个人都希望被恰当对待。假如黄金法则被遵守,那么人们就其相互行为而言就会达成一致,故而也就不存在冲突了;社会和谐就会实现。但这终归是一种幻象,因为人们在判断主观上认为是好的事情时,也即在判断他们希望的是什么时,决无法达成一致。一个人在主观上认为是恰当的对待方式、希望被如此对待,因而根据黄金法则去如此对待他人,这个他人主观上却可能视之为糟糕的对待方式,也即他不希望被如此对待。一个人希望被恭维和欺骗,另一个人却不希望如此。但如此一来,就会在两者之间产生冲突。如果黄金法则被从字义上加以理解,如果每个人都应当也只应当像他希望被他人对待那样去对待他人,也即如果对于证成某个社会秩序而言某个主观标准是绝对性的,那么道德和法秩序都将变得不可能。如果黄金法则(根据其意图)被用作某个社会秩序的基础规范,那么它就必须被理解为这样一个规范:不是像人们事实上希望自己如何被对待那样去对待他人,而是像人们应当希望自己同样如何被对待那样去对待他人,也即像人们应当根据某个一般性的(不仅适用于某人自己、同样也适用于他人的)规 632
范被对待那样去对待他人。但人们应当如何被对待呢?这个一般规范的内容是什么?对于这个关键性的问题,黄金法则基本没有给出答案,就像“**各得其所**”这一公式也几乎没有对这一问题给出答案那样:对于每个人来说“该当的”是什么。前者与后者一样都预设了某个规范性秩序,它作出了关键性的决定,它规定了人们应当被如何对待。与“**各得其所**”公式一样,任一社会秩序,尤其是每个实在法秩序都符合黄金法则。

12. 与黄金法则具有近缘性的是康德的绝对命令(kategorischer Imperativ)。在它诸多不同版本中最流行的表述为:“只应当这样来行为,使你的意志所遵循的准则能同时成为一条普遍的法则。”〔17〕这一命令原本并非被设想为正义问题,而是被设想为道德的普遍和最高原则,正义原则被包含于其中。〔18〕

633 绝对命令要求特定的行为。它是对这一问题的回答:我应当如何行动才算是道德上恰当的行动。答案在于:当你依照一

---

〔17〕 Kant, Grundlegung zur Metaphysik der Sitten. Kant's gesammelte Schriften, herausgegeben von der Königlich [...] Preußischen Akademie der Wissenschaften, Bd. IV, S. 421. 本书所引康德的著述同样来自这一版本。

〔18〕 康德在其伦理学中并没有对作为道德的一个特殊原则的正义原则进行进一步论述。他有时说(*Die Metaphysik der Sitten*, Ⅵ, S. 490):“正义的概念无需进一步确定。”在《**纯粹理性批判**》(Ⅲ, S. 372/3)一书中可以发现这样一个表述,它可以被诠释为,康德认为正义原本就不可能存在于经验世界之中。众所周知,康德的伦理学以此预设为出发点,即只有当人是自由的时候,也即当他的意志不由因果决定时,道德归结才有可能。但由于康德必须承认,经验意义上的人、意义世界中的人及其意志,就像这个世界中的所有事物那样要由因果决定,所以他只能以此来挽救自由,即他用自由来指涉作为物自体的人,指涉知性的人。但由于恰恰是经验意义上的人可被道德归结,他的行为可从道德上被判断为贡献或罪过,而康德也明确说:“鉴于何种经验性,故而不存在自由”,康德就必须承认:“因而行为固有的道德性(贡献或罪过)一直与我们同在,即便对于我们自己的行为来说它完全是看不见的。我们的归结只可能指涉这种经验性。但其中有多少是单纯的自由的效果,有多少可被归属于纯粹的自然以及秉性的无辜错误或其幸运状态(*merito fortunae*),没人能够探查清楚,因此也没人能指向完全的正义。”在《**道德形而上学**》的“结语”部分(Ⅵ, S. 488ff.),康德谈到了正义,但只涉及了上帝的正义,对此他说,它“对于我们来说是必不可少的”。关于这一原则即一个人的自由应当与所有他人的自由相容(康德并没有称之为正义原则,而是称之为“法原则”),参见本书第480~481页。

个你意愿它成为一条普遍法则的准则来行动时,你就在道德上采取了恰当的行动。在此,"准则"指的是这样的规则,人们事实上想要据此去行动,自己决定据此去行动;"普遍法则"指的是这样的一般规范,他应当据此来行动。[19] 如果关键真的(就像根据前面所引的公式看起来的那样)在于,人们是否**可能**意愿,人们自己使之成为其行动的规则的东西变成一个普遍的法则,那么绝对命令就不必然会导向某种道德上恰当的行动。因 634
为一个人可能事实上意愿任一准则成为一个普遍法则。这可能在一些情形中——从某种已被预设的道德立场来看——应受谴责,但这并不是不可能的。康德相信能够以此来证明,人们并不会意愿某些准则成为普遍的法则:他试图指出,将不道德的准则(也即康德从一开始就已预设为不道德的准则)提升为普遍法则的意志,或者这一准则被提升为的法则,"将自相悖"[20]。例如,对于通过自杀来结束生命(如果它面临更多的恶而不能保证舒适的话)这一准则,他说:人们不会因此而意愿这样一个准则,即它会变成一条普遍的自然法则,因为"自然——它的法则或许在于通过相同的感受(它的规定性在于设法提升生命)来摧毁生命本身——与它本身相悖,故而不会作为自然存在,由此那一准则就不可能作为普遍的自然法则出现,继而与一切义务的最高原则(绝对命令)相悖"[21]。某人

---

〔19〕 Kant, Grundlegung zur Metaphysik der Sitten, Ⅳ, S. 420:"准则……是主体据此行动的原则;但法则……是他应当据此来行动的原则,也即命令。" *Metaphysik der Sitten*, Ⅵ, S. 225:"准则是行动的主观原则,它是主体自己当作规则的东西(就像他自己想要行动那样)。相反,义务原则(法则)对他来说是绝对的理性,故而是客观的要求(就像他应当行动那样)。"

〔20〕 Kant, Grundlegung zur Metaphysik der Sitten, Ⅳ, S. 424.

〔21〕 Op. cit. S. 421/2.

事实上会意愿,自行结束不可忍受的生命这一准则成为一条普
遍的法则,认真说来这是无可置疑的。如果这样一条法则有
效,那么生命应当得到维系这条法则的效力就会受到前一条法
635 则的限制。这种矛盾并不是必然的。只有在这一准则与康德
所预设的道德法则——在任何情形中都禁止自杀(据此上述
准则不应当被意愿、尽管可能被意愿成为一条普遍的法
则)——之间才会出现这种矛盾。

康德用绝对命令来检验其相容性的另一个准则是:在作出
承诺时就意图不去遵守它。康德说,人们会马上注意到,人们
不会意愿这一准则成为一条普遍的法则,“因为根据这样一条
法则,压根就不存在任何承诺”[22]。但为什么一个品德低劣的
人就不会意愿这种状态呢?如果他意愿他的准则成为一条普
遍的法则,那么他的意愿(如果预设了这一道德规范,即人们
应当信守承诺的话)就将被评判为低劣的,但它不能被视为是
不可能的。不想信守其承诺,从而同意没有人应当信守其承诺
的人,意愿了某种恶劣的事,也即他不应当意愿之事,但并非是
某种他不可能意愿之事。他的被当作一条普遍法则的准则不
必然会像康德在这里所说的那样“自我摧毁”,只要“自我摧
毁”被理解为自我矛盾。因为向他人承诺做特定行为,意味着
宣告人们意愿在将来如此行为。只有当承诺实施特定行为不
仅意味着人们意愿在将来如此行为,而且意味着人们应当在将
来如此行为——也即,当人们应当信守承诺这一规范被预设为
636 有效——时,“人们不应当信守其承诺”这条普遍法则才会自
相悖。这一规范被康德预设为理所当然的,因为他主张,人们

[22] Op. cit. S. 403.

不会意愿不信守承诺的准则成为一条普遍的法则。因为由此一来,康德就只能认为,人们不应当意愿这样一个准则成为一条普遍的法则。

对于明知道无力偿还也要借钱这一准则,康德说,人们不会由此意愿它,即这个法则会成为一条普遍的法则,因为将这个准则当作普遍的法则“必然自相悖”。这个准则所变成的法则必然“使承诺(偿还借到的钱)和人们这么做时可能拥有的目的本身变得不可能”[23]。故而不可能存在任何借款合同。想这么做无疑是可能的;只是人们不应当这么想。只有当在这条法则之外还有一条法则(它要求偿还借款)被视为有效时,矛盾才可能会出现。但这一法则在此情形中并不被意愿。康德认为,这里的准则“与一切义务的最高原则相悖”,也即与绝对命令相悖。但只有当人们能够由此推导出这一规范,即借款应当被偿还时,才会出现这一情形。但实情并非如此。这一规范被康德预设为理所当然。而只有基于这一预设,而非基于绝对命令,他才能作出这样的假定:人们不会意愿(而这意味 637
着不应当意愿)上述准则。

关于某人的这条准则,即他“宁愿随波逐流地享受,也不愿努力扩展和改善他的出色的天赋”,康德的说法十分有意思。人“不可能意愿”这条准则成为普遍的法则,“因为作为理性的生物,他必然意愿他的一切能力都得到发展,因为它们不仅有益于而且也能满足他各种可能的意图”[24]。一个宁愿享受其生活也不愿培养其能力的人,可能会意愿他的准则成为一

[23] Op. cit. S. 422.
[24] Op. cit. S. 423.

条普遍的法则,这完全是有可能的。作为理性生物的人在意愿他所有的才能得到发展时所既有的"必然性"显然不是因果必然性,而是一种规范必然性。人应当发展其才能。无论是随波逐流享受生活的准则,还是这一准则被提升为的法则,都不自相悖。但这一准则违背了一条道的法则,据此人们应当发展其所有的才能;而只有相对于这条道的法则,这一准则才是不道德的。但康德将这条道德法则预设为理所当然的。

对于某人的这条准则——它认为只要为自己的福祉而无需为他人的福祉做出贡献即可——也完全是一样的。康德说:"毕竟不可能意愿这个原则作为自然法则普遍生效。因为决定这么做的意志是自相悖的[25]",因为此人"通过这一来源于
638 其自己意志的自然法则将剥夺自己获得帮助(这是他自己所希望的)的一切希望"[26]。显而易见的是,一位利己主义者会意愿一条普遍的利己主义法则,由此合乎逻辑地放弃获得他人的帮助,因此他意愿他的准则成为一条普遍的准则也不会产生任何矛盾。这里所出现的矛盾是这个准则与康德所预设的一条道德法则(据此,人们应当为他人的福祉作出贡献)之间的矛盾。只有从这一预设出发,而非从绝对命令出发,才会推出,人不"可能会"意愿(而这就意味着不应当意愿)利己主义的原则成为一条普遍的法则。

故而很清楚的是,对绝对命令的"可能会意愿"指的是"应当意愿",绝对命令的真正意义是:应当这样来行为,使你的意志应当遵循的准则同时成为普遍的法则。但我应当意愿哪些

[25] "是自相悖的"应被修正为"是自相冲突的"。

[26] Op. cit. S. 423.

准则又不应当意愿哪些准则,来使它成为一条普遍的法则?绝对命令没有对这一问题给出回答。此外,有时康德在表述绝对命令时并没有采纳“可能会意愿”这样的语词。例如,“应当依照某个同时能作为普遍法则来起作用的准则来行为。”[27]但由于绝对命令并没有说,什么样的准则能作为普遍法则起作用,所以它就导向了这一公式:应当依照一条普遍法则来行为。它所要求的不外乎是行为的合法则性,也即行为与某个一般规范的相符性。康德自己也说:“由于法则之外的命令只包含这 639
一准则的必要性,也即合乎这一法则,但这一法则并不包含任何它受到限制的条件,所以留下的终归就只是某个法则[行为的准则应当要符合它,并且它认为只有命令(与它)的相符性才原本就是必要的]的一般性了。”[28]相符性的“必然性”属于应然,而这就是每个规范的意义。绝对命令在此之外说出的就只有,这一规范具有一种一般性,必然是一条普遍的法则。但对于一切伦理学而言关键性的问题,即这一准则应当符合的这条普遍法则的内容是什么,仍然留而未决。从依照一条普遍的法则去行为这一命令(其内容未被陈述出来)出发,同样无法推导出对特定行为作出规定的道德规范。

但康德的绝对命令学说却致力于进行这样的推导。在他给出的、在前文中已经分析过的例子的引言部分,康德说:“故而绝对命令只是一条……如果现在可以从这一条命令出发推导出所有作为来自其原则的义务性命令,那么我们至少可以指明我们由此所想的是什么,这一概念想要说出的是什么,即便

〔27〕 Kant, *Metaphysik der Sitten*, VI, S. 226.

〔28〕 Kant, *Grundlegung zur Metaphysik der Sitten*, IV, S. 420/1.

我们不去确定它,即便人们称为义务的东西终归只是一个空洞
的概念。”[29]这恰好意味着,从道德的最高原则出发(不顾其空
640 洞性,它至少不能被否定)可以推导出具体的道德法则,如这
样的规范:不得撒谎、不得自杀、应当偿还借款,等等。而这恰
也是康德在他所给出的例子中所试图去做到的。但正如所说
明的,如此尝试进行的推导建立在谬误的基础上。唯一可能的
是去检验,某个被预设为有效的具体道德法则与绝对命令是否
相容;而任一这类法则都是与绝对命令相容的,因为后者所要
求的不外乎是,行为的准则应当符合某个一般法则,因为对于
这些道德法则所说的不外乎是,它们必须具有一般规范的性
质。就像“各得其所”原则或黄金法则那样,绝对命令同样将
对此问题——人们应当如何行为才算是恰当的或公正的行
为——的回答预设为由某个既有秩序规定的。这一点不仅来
自康德自己所给出的那些例子,而且也为他——至少是间接
地——所承认,因为他宣称:“故而不需要科学和哲学就可以
知道,人们必须做什么才算是真诚的和恰当的,甚至是明智的
和有节操的”,“知道应当做什么,故而也知道每个人、包括每
个即便是最普通的人的职责是什么”;也因为康德去严肃地追
问,“将道德之事交由普通的理性判断,最多只是用哲学来更
完整和更易于理解地描述道德体系”[30],这是不是更适当一
641 些。换言之,善恶自可理解。这一问题无须道德科学来回答。
在康德认识论(他当然没有在其伦理学中维系它)的意义
上,逻辑一致的说法或许是,道德**科学**压根就无法回答这一问

[29] Op. cit. S. 421.
[30] Op. cit. S. 404.

题，它只能来确认，在什么逻辑条件下关于善恶的判断是可能的；而这一条件在于，将一般规范（它规定了特定的人类行为）预设为有效的。

13. 某个已然存在的道德或法秩序（它规定了什么是善、什么是恶，也即人们应当如何行为）被预设，相比于康德的绝对命令，在被一些道德哲学家尤其是托马斯·冯·阿奎纳[31]所使用的公式那里体现得更为明显，它说的是行善避恶；作为正义规范的是人应当为善，不应当作恶。由于人行“善”只能意味着，人应当像他们依照某个被预设为公正的规范那样来行为，而非意味着像他们希望被对待的那样来行为，这一公式本身同样完全是空洞的；终归只有在某个既有的或有待确立的规范秩序的前提下才能被适用；但如此一来，就可以在每个此类秩序的前提下被适用了，只要人们并没有——像托马斯·冯·阿奎纳那样——将某个绝对的、由上帝规定的善或某种上帝的正义秩序预设为有效。

14. 按照一种尤其是在相对原始的共同体内占支配地位的观念，相对于他人采取像共同体成员一直以来或长久以来彼此行为的方式那样，也即他们曾彼此对待的那样来行为，是对的，也是公正的（如果考虑到对人的对待方式的话）。这里预设了，共同体成员一直以来或长久以来都以特定方式来行为，因为人们应当如此行为。正义规范，即人们应当像共同体成员习惯上彼此对待的那样对待他人，这并非将任一秩序而是 642

[31] Thomas von Aquino，Summa theologica，I–II，94，Art. 2：“故而制定法的首要诫命为：**创造和追求善，并避免恶**。所有其他自然法则的诫命都建立在此之上。”［凯尔森在脚注中同时附上了引文的德语翻译，并指明出处：Thomas von Aquino，Summa theologica（Anm. 21），I–II，94，a. 2（Bd. 13，S. 74），字体加粗为原文所有］也可参见 II–II，79，Art. 1。

将特定规范秩序(它与共同体成员迄今为止习惯上的行为相符)预设为公正的。它构成了作为正义价值的习惯,它是对习惯法的辩护。

15. 作为正义规范,也即在适用于对人的对待方式时,也会出现节制这个一般性的道德规定,即这样一种观念:要不多不少地,也即体现为“黄金”中道的方式来坚守正确的行为。但什么是过多的“善”、什么是过少的“善”,就像人们习惯上说的那样,也即人们应当如何为善呢?确定这一点的规范被预设为理所当然的,但它绝不是理所当然的。亚里士多德伦理学的分析说明了这一点。它的目标在于一种美德的体系,其中正义是首要的美德,是完满的美德。[32] 亚里士多德确信,他已经找到了一种科学的——也即数学—几何学的——方法来确定美
643 德,也即回答这一问题:什么是在道德上善的。道德哲学家——亚里士多德如此主张——能够以相同的或者十分相似的方式去发现各种美德(他试图去确定它们的本质),就像几何数学家能够距一条直线的两个端点距离相等、将这条直接对半分成两部分的那个点一样。因为美德是两个极端,也即两种坏事情(过多和过少)之间的中点。[33] 例如,勇敢这一美德构成了胆怯这一坏事情(勇气过少)与胆肥这一坏事情(勇气过多)之间的中点。这就是著名的**中庸**(*Mesotes*)学说。为了能对这一学说进行评判,人们必须怀疑,只有在此前提下一位几何数学家才能将一条直线分为相同的两部分,即那两个端点先前已被给定。但假如这两个端点被给定,那么中点也就被同时

[32] Aristoteles, Nikomachische Ethik, 1129b.

[33] Op. cit. 1107a, 1106a, 1105b.

给定了,也即已经被预先确定了。如果我们知道什么是坏事情,我们就也已经知道了什么是美德,因为美德是坏事情的对立物。如果好说谎是一种恶习,那么好真理则是一种美德。但亚里士多德将关于坏事情的知识预设为关于某些理所当然之事的知识的前提;而他将他那个时代的传统道德所尖锐批评的事情预设为坏事情。这意味着,**中庸**学说的伦理学只是假装解决了它的问题,即是什么是恶的问题、什么是坏事情,从而解决了什么是善和美德么?因为什么是善的问题要通过什么是恶的问题来回答;而亚里士多德伦理学将这一问题留给了实在道 644
德和实在法(既定的社会秩序)去回答。是这一社会秩序的权威性——而非**中庸**公式——决定了什么是"过多"、什么是"过少",也是它确定了两个极端,也即两种坏事情,从而确定了位于两者之间的美德。这种伦理学将既定社会秩序预设为有效的。同义反复的**中庸**公式导向了这样一种确认:根据既存的社会秩序是好的东西是好的。这完全是一种保守的功能:对既存社会秩序的维系。

中庸公式的同义反复性特别明显地体现在它运用于正义美德的过程中。亚里士多德教导我们:公正的行为是不法的作为与不法的忍受之间的中点。因为前者意味着拥有得过多,后者意味着拥有得过少。[34] 在此情形中,"美德是两种坏事情之间的中点"就不是一种有意义的隐喻;因为人们所为的不法以及人们忍受的不法压根就不是两种坏事情或恶,它是同一种不法,它是一个人所为而另一个对于此人所忍受的。而正义就是这种不法的对立面。什么是不法这一关键问题无法通过**中庸**

〔34〕 Op. cit. 1133b.

公式来回答。答案是被预设的;而亚里士多德十分理所当然地将依照实在道德和实在法是不法之事预设为不法。**中庸**学说的固有作用不是来确定正义的本质,而是来强化既存的、通过
645 实在道德和实在法建立的社会秩序的效力。这里,它的这种保守的功能体现了它的政治作用。[35]

16. 或许历史上最重要的正义原则是报复原则。它要求对罪行或不法进行惩罚,就此而言在心理学上的根源在于人类的复仇本能。只要法是一种规定制裁的秩序,而制裁又体现为对于不法强制施加某种恶来作为回应,法——每种法——就与报复原则相符。但报复原则也要求劳有所值,故而是对感激这一道德命令的运用。如果它被表述为按功劳分配,那么只有当功劳同样被理解为无功劳,即不仅被理解为积极的价值,而且也被理解为消极的价值时,这一公式才是完整的。故而报应规范规定了,对为善者应施予善,对为恶者应施加恶。但这一公式就像"人们应当为善、不为恶"这一公式那样是空洞的,并且像后者那样预设了一种规范秩序,它规定了什么是善、什么是恶,也即人们应当做什么、不做什么,人们应当如何行为。而如果人们用"各得其所"这一公式指的是"给每个人他所应得的、他所值得的",那么报复原则也就同时被包含在内了。

a) 通常可以在报复原则中看到平等原则的运用,后者被许多人看作是绝对的正义原则。对此随后再来讨论。这里首先
646 只是来确认,如果平等这一正义规范说的是所有人都应被平等对待,那么报复原则就恰好是平等原则的对立面。因为它并不

---

[35] 对此也可参见我的论文:Aristoteles' Doctrine of Justice, in: Hans Kelsen, What is Justice? California University Press, Berkeley, 1954, S. 110ff。

要求对人的平等对待,而要求对人的不平等对待,因为它对为恶者规定了惩罚,对为善者规定了奖赏。但人们或许能在这里瞥见平等的理念:根据报复这一正义规范,当在两种情形中罪行相同时惩罚也应当相同,当在两种情形中功劳相同时奖赏也应当相同。这意味着,人们可以在报应规范中看出对这一原则的运用,即相同事物相同处理,或者,更一般性的表述为,在相同条件下应当发生相同的后果。这一原则要与平等这一正义原则联系在一起来处理。那里要去研究,两个构成要件或个人的相同性体现在哪里,并指出被谈论的原则不是某个正义规范的要求,而是其一般性的逻辑后果。

b)报复原则规定,对于特定行动(某人的善行或恶行)应当产生特定的回应(惩罚或奖赏)。人们可能试图在行动与回应的关系中识别出同等观念。因为报应规范要求善有善报、恶有恶报,也即等者等之。报复原则的最原始的形式——反坐——被表述为以眼还眼、以牙还牙。由于在原始人的意识中没有明确区分说明性诠释与规范性诠释,真理被等同于正义[36],所以同等的理念在此不仅作为行动规范起作用,而且也 647
作为认知规范起作用。按照原始人的观点,人们不仅应当以同等的方式来回报同等的事物,而且也只能通过同等的方式来认识同等的事物。[37] 然而,如果人们进一步观察,就会发现,在报复原则中,行动与回应不等同,也不可能等同,在公式"恶有恶报、善有善报"中,平等只存在于语言表达的层面,而不存在

〔36〕 当耶稣对彼拉多说,"我来是为了见证真理",他指的是:见证正义。

〔37〕 普罗提诺(Plotin)援引柏拉图的话"脸庞(眼睛)是最类似于太阳的知觉器官"(*Politeia*,Ⅵ,508)说(1. *Enneade*,B. 5,c. 9):"如果眼睛从未看到过太阳,那么它自己就可能不会有像太阳那样的性质,而如果心灵不是美的,那么他就不可能看到美。"

于事实的层面。行动与回应展示了价值,故而行动与回应的等同必然是一种价值的等同。但事实并非如此。当报应规范的前一部分要求恶有恶报时,行动的恶体现在,它违背了预设报复原则的规范,尤其是禁止谋杀、盗窃、欺诈等的规范。它是一种消极价值,一种客观意义上的无价值,因为它体现为相对于某个客观规范的不符性;这有别于主观意义上的价值或无价值,后者体现为与某人的某种——不是某个规范,而是——主观愿望相符或相悖,因为它引发了他的快乐或不快,被他感受为是善或恶。谁要是像他根据被预设之规范不应当行为的那
648 样去行为,就应遭受惩罚。但报应规范所规定之回应的恶不可能是这种客观意义上的无价值,因为回应,也即惩罚,恰恰是被报应规范制定为应当的,对它的执行符合这一规范,它不是什么无价值,而是一种价值。但这就意味着,回应不是(在行动作为恶的那种意义上的)恶,而是一种善,一种积极的而非消极的价值。它只有在这种主观意义上才是一种恶:它是某种不被相关者所希望之事,也即这些人感受为恶的事,因为它会引发他的不快;此外,这从来就不是什么必然的事,也绝非总是必然的事。可能会出现这样的情形(即便这只是例外情形):一个为恶者出于懊悔希望受到惩罚,因为惩罚能帮他从对恶的良心折磨中解脱出来。故而行动与回应——作为价值——绝不是等同的,而是不同的。

人们可能会反驳道,这种不等同只具有形式性;应被惩罚且由此被定性为罪行或不法的行为只因如此才应受惩罚,即它对于他人来说具有这样一种效果,后者在主观上将其感受为恶,以至于不仅惩罚而且罪行、不仅回应而且行动都构成一种主观意义上的消极价值,也即被相关者在主观上感受为恶的东

西。但即便是这一点也不是必然的和总是会发生的。某人相对于他人的行为完全有可能在道德上和法律上是被禁止的,尽管它为后者所希望;例如,应要求杀人也被认为是不道德的行为和犯罪,应病人将其从无法治愈的病痛中解脱出来的哀求而 649
造成病人死亡的医生也是可罚的,就属于这类情形。即便当人们只考虑通常情形(在其中无论是行动还是回应都构成一种主观的恶)时,根据报复原则,回应的恶也完全不必然等同于行动的恶。对于杀人绝非必然要对应以死刑;而当以监禁(强制剥夺自由)来惩罚盗窃(也即强制剥夺财产)时,两种十分不同的主观上的恶就相互对立起来。只有反坐原则(但这属于报复原则最粗糙的形式)才规定了行动和回应在主观上的恶的等同性。

c)十分类似的是报应规范的第二部分,即这样一种规定中的行动与回应之间的关系:劳有所值、善有善报。只是在这里,回应不仅在客观上,而且在主观上也具有一种积极的价值。但行动与回应所构成的这两种价值也可能在此情形中大相径庭。例如,当对勇敢行为的回报体现为用可佩戴于授勋者胸前的勋章所表征的荣誉时,就是如此。勇气与荣誉构成了两种完全不同的价值。同样的功劳应给予同样的回报并非为报复原则所固有,而是像同等罪行应被判处同等刑罚那样是报应规范的一般性所带来的后果。

d)报复这一正义规范中行动与回应的关系并非同等关系,而是合比例关系。它被表述为这样一个规范:罪行越大,刑 650
罚就应越严厉;功劳越大,回报就应越大。这里涉及行动和回应构成的积极价值或消极价值之间的合比例性。这种合比例性预设了这些价值可以具有不同的程度。但对于客观意义上的价值而言却并非如此。如果这一判断——某个行为具有积极价值,它是好的——意味着它与某个要求实施它的规范相符,而这一判断——某个行为具有消极价值,它是坏的(糟糕的)——以为和它与某个要求实施它的规范相悖,如果积极价值或消极价值体现为这种相符或相悖,那么它就不可能有程度的问题。一个行为不可能或多或少与某个规范相符或相悖,因而也不可能或多或少是好的或坏的。它只能要么相符、要么不相符,要么相悖、要么不相悖,也即在这种客观的意义上,它只可能要么好、要么坏,而不可能是或多或少地好、或多或少地坏,只可能是一种积极价值或消极价值,而不可能是或多或少的价值或无价值。

如果谋杀被视为是一种严重的犯罪,故而相较于盗窃被视为是一种更大的无价值,那么之所以如此,并不是因为相比于盗窃对禁止这一行为之规范的背离,谋杀对禁止这一行为之规范背离得更多。不同的程度不能用来指涉客观意义上的价值,它只能用来指涉主观意义上的价值。对某事的希求或不希求可以或多或少地强烈,它所引起的快乐或不快可以是或大或
651 小的。如果谋杀被社会评判为一种相比于盗窃更严重的罪行,那么这是因为前者相比于后者更多地被希求,因为在谋杀的情形中社会上所引起的不快和情感上的抗拒相比在盗窃的情形中更强烈。换言之,因为谋杀对社会所造成的伤害比盗窃所造成的伤害感受更为强烈,因为对于生命安全的渴望要比对财产安全的渴望更大。死刑相比于监禁是一种更严厉的刑罚,同样是因为维系生命要比维系自由更加被渴望,因为生命

相比于自由是一种更大的主观价值。[38]

严格意义上的合比例性只存在于主观意义上的价值(报复原则的行为与回应构成了它们)之间,如果两者间的关系以此方式来塑造的话,即只要行动的消极价值或积极价值增长 n 倍,那么回应的消极价值或积极价值就应当同时增长 n 倍。但或许只有当我们所考虑的价值可以来量化衡量时,这样一种合比例性才有可能。但事实并非如此。因此,我们无法在严格意义而只能在一种近似意义上来谈论报复原则之行动与回应之间关系的合比例性。

17. 有一个正义原则与报复原则就建立起行动与回应的关系而言比较接近,它可以被简要表述为按绩分配。这种给付(绩效),也即行动,可以是一种工作业绩,但如果从广义上来 652
理解这一规范的话,也可以是对货物的提供。在前一种情形中回应是一种酬劳,在后一种情形中则是价格。完整的规范说的是:如果某人做出了工作业绩或提供了某种货物,他就应当为此获得一种对价,对于工作来说就是酬劳,对于货物来说就是价格。按绩分配这一规范与报应规范的第二个部分,即劳有所值、善有善报这一规定的区别在于,行动,也即给付,并不构成一种客观意义上的价值,也即与某个要求它的规范相符的行为,故而涉及的并不是对"善"(在这种规范的意义上)的回应,而是在考虑行动时并未顾及某个要求这一行为(也即给付)的规范。虽然有时人们会如此来表述这里所指的规范:如果某人做出了工作业绩或提供了某种货物,他就应当获得与工作的价值相符的酬劳或与货物的价值相符的价格,也即公正的

〔38〕 参见本书第 27 页以下,脚注 *。

酬劳、公道的价格。这意味着,应当根据给付的价值来确定酬劳或价格。这就预设了这样一种自然法观点:给付的客观价值内在于其中,可以通过对实际事实的分析来加以确认。就像我们将会看到的,这一观点是站不住脚的。但只有当给付的价值内在于有待支付报酬的工作或有待付款的货物时,才能根据给付的价值来确定酬劳或价格。但并非工作业绩的价值决定了酬劳,或货物的价值决定了价格,而是反过来:工作业绩的价值
653 由酬劳决定,货物的价值由价格决定,它们是工作业绩或货物事实上趋向的目标。这里所考虑的价值是经济价值。它们,也即酬劳以及价格,在一种自由经济的框架中是由要约和询价来确定的,而在一种计划经济的框架中是由权威性调整来确定的。

就像这一原则会被主张与报复原则相关,即同样的罪行同样的刑罚,同样的功劳同样的回报,类似的原则也会被主张与给付(绩效)原则相关,即相同的工作业绩相同的工资,相同的货物相同的价格。它是对这个一般原则的运用:相同条件下应发生相同的后果。我们将在分析平等这一正义原则时再来对它进行研究。

18. 如果对工作业绩的酬劳是以金钱的方式来实现的,那么在给付与酬劳的关系上就可能存在严格的合比例性。在此角度下可区分出两种酬劳体系。一种体系的酬劳标准是工作时间,另一种体系的酬劳标准是劳动产品(计件工资体系)。如果确定,某人工作一小时或制造一件合格产品就应当获得特定的酬劳,那么他工作了 n 小时或制造了 n 件产品,就应当获得 n 倍酬劳。这种合比例性预设了,工作**一**小时或制造**一件**合格产品就要有特定标准的酬劳。如果某人工作一小时或制造

一件合格产品,那么他就应当获得特定的酬劳,这一规范是上述两种酬劳体系的基础。它表达出了给付(绩效)这一正义原 654
则。但这一规范本身并没有在工作业绩和酬劳的关系上建立起合比例性。这一关系可以任意方式被确定,且——就像已经提到过的——在一种自由经济的框架中由要约和询价、在一种计划经济的框架中由权威监管来确定。这种合比例性——它体现在,工作 n 小时或制造 n 件产品应得到 n 倍酬劳——的来源是,构成酬劳体系之基础的规范具有一般性,因此不仅在一个情形中,也即当只工作了一小时或制造了一件产品时,可以适用一次,而且当工作了 n 小时或制造了 n 件产品时,可以适用 n 次;而当它被 n 次适用时,恰恰可以得出 n 倍酬劳。但即便当没有出现这一情形,即工作时间多于一小时或制造的产品多于一件时,而是当事实上只是唯一一次工作了一小时或制造了一件产品时,故而当在工作业绩与酬劳的关系上终究没有出现合比例性时,给付(绩效)这一正义原则也同样可以适用。

对于货物和价格间的关系而言,不存在这一关系的合比例性问题。如果一件具有特定质和量的货物具有特定的价格,那么人们就不会认为,n 倍量的货物应当具有 n 倍价格是公正的。因为有时相符的做法是收少于 n 倍的价格。购买一百单
位货物的人,(公正的方式是)并不是去支付当他在买一单位 655
的此货物时曾支付价格的一百倍,而是会大大少于这个价格。特定货物的批发价要比零售价来得低。

19. 在对资本主义社会秩序进行批判时,卡尔·马克思

(Karl Marx)主张,[39]正义原则(它构成了这一社会秩序的基础)是这样一种要求:要确保相同的工作业绩获得相同的酬劳,也即相同份额的劳动产品。这就是这一经济体系所谓的"平等的法"。但实际上它是不平等的法,因为它并没有考虑人们在其工作能力方面的不平等;因而并不是一种公平的法,而是一种不公平的法。因为以劳动时间或劳动产品来衡量的相同工作量(一个是由强壮娴熟的人完成的,另一个是由虚弱生疏的人完成的)只是表面上相等;如果两者对于其劳动都获得相同的劳动产品,他们就会因不相同之事分得相同之物。真正的平等,因而也是真正而非表面上的正义或许只能在未来的共产主义经济中被实现,在那里适用这样一个原则:按能力分配、按需分配。[40]

656 由于现实中没有两个对象完全相同,也即在所有的方面都相同,所以它们只可能在某些方面相同。也就是说,如果人们

---

〔39〕"Zur Kritik des sozialdemokratischen Parteiprogramms", Aus dem Nachlaß von Karl Marx. Neue Zeit, Ⅸ. Jahrgang, I. Bd. (1890-1891), S. 561ff.

〔40〕在葡萄园雇工的比喻(《马太福音》20:1-16)(在其中耶稣将天国比作一位家主,他为其葡萄园雇佣雇工)中,耶稣让家主向那些在其葡萄园中工作整整12小时的人支付与向那些仅工作了9小时、6小时、2小时,甚至1小时的人相同的工资,即1格罗森。由于前一批人对此有牢骚,所以耶稣让家主说:"我的朋友,我并没有亏负你。你不是和我约定了1格罗森吗?拿上属于你的,然后走吧。但我愿意给这最后来的和给你的一样。难道不许我拿我所有的财物,行我所愿意的吗?难道因为我好,你就眼红吗?这样,最后的将会成为最先的,最先的将会成为最后的……"工作12小时并不令人满意,因为它们预设了这样一个一般规范,据此,每针对1小时的工作就应当支付1格罗森。只是家主(代表耶稣)拒绝这样一个规范的效力。它将这种不令人满意的状况引向了这样一个个别规范,它(通过与他们中的每个个人签订的合同)为12小时的工作规定了1格罗森。那些工作时间更少的人获得相同工资并不是不公正的,因为它并没有违反任何被预设为有效的规范。它是公正的,因为符合善的原则,也即爱的正义原则,耶稣将它与在这个世界的社会中有效的正义原则"按绩分配"相对立,作为即将来临的天国(在其中最后的将会成为最先的,最先的将会成为最后的)的革命性的正义原则。对此参见本书第479页以下。

忽略掉它们在其他方面的不同的话。马克思对于资本主义经济秩序的批评导向了这一要求,即人们在对工作给予酬劳时不应当忽视某些不同,也即具体个人在能力和需求方面的不同,而它们在资本主义经济秩序的酬劳体系中被忽略了。就这一体系并不构成一种"平等的"法而言,他的观点值得赞同,但并非出于这一理由,即因为它对不同事物相同对待,而是因为它对不同事物不同对待,因为根据作为其基础的绩效原则,工作更长时间或制造更多产品的人要比工作更短时间或制造更 657
少产品的人获得更多工资。即便是马克思所表述的共产主义经济体制的正义原则符合的也不是——就像他(将正义等同于平等)似乎所假定的那样——平等原则,也即平等对待所有人的要求,而是——恰恰相反——对不平等者不平等对待的要求。

a)"按能力分配、按需分配"这一公式由两个要求组成,它们可以被理解为:前者预设了一种个人的义务,也即按照其能力做出成绩的义务;后者预设了一种个人的权利,即满足其需求的权利。两者都取向于对某种社会秩序的塑造。前者在根本上等同于柏拉图在《**理想国**》(*Politeia*)[41]的对话中展示其理想国的宪法时所提出了那个原则:每个人都应当只根据合乎其本性——也即根据符合其能力——的方式来作出成绩。理所当然的是,按照能力分配这一要求不能被理解为,每个人要具备何种能力、根据这种能力他应作出何种成绩,这些问题要由每个人根据他自己的裁量来回答。我们无法严肃地否认,这些问题必须只由为此被授权的共同体机关根据共同体秩序的一般规范来作出决定。按能力分配这一要求预设了这样一种

〔41〕 Platon, Politeia, Ⅱ, 374, Ⅳ, 433, Ⅴ, 453f.

658 秩序；离开这一秩序它就无法被适用。但如此一来就出现了这一问题：当某人出于随便哪种理由没有作出根据其能力（依据这一秩序）应当作出的成绩时，会发生什么，这一秩序必须作出何种反应。如果只有当前一个要求（每个人应当按照其能力来做出成绩）被满足时，某个社会秩序才能确保满足后一个要求（按需分配），上述问题就会更加重要。马克思并没有对这一问题作出回答，他甚至都没有提出这一问题，因为他的出发点在于这个乌托邦式的假定：如果在共产主义社会中每个人的需求都得以满足，每个人都必须只按照其能力来做出成绩，那么这个社会秩序就没有被违反的风险，因为这一秩序让每个人承担的义务都会是他自愿作出的成绩，因而这一社会秩序无须将任何强制行为规定为制裁，故而构成了一种没有国家和没有法的共同体。如果我们承认存在这一社会秩序（即便只是在情形中）被违反的可能，就会出现这一问题：某个违反这一秩序之共同体成员的需求是否也得到了满足。在共产主义正义原则的精神中，它恰要得到肯定的回答，因为它与报复原则有意形成了对立。

b）相对于共产主义正义原则的后一个要求，即按需分类，同样出现了这一问题：由此是否就预设了一个主观的或客观的标准，“需求”是否要被理解为被每个个体事实上所感受
659 为需求的东西，尤其是，根据这一要求是否一切这一主观意义上的需求都应当得到满足；或者只有被社会秩序认为值得满足的需求，只以社会秩序所确定的次序、只通过社会秩序所确定的手段才应当被满足。有可能出于宣传的原因，某种前面提到的意义上的解释不能被明确排除在外。因为对某人所感受到的一切需求的满足体现了他的运气；而共产主义社会秩序（它

与这一正义规范相符)恰恰想要保障所有人的运气。故而按需分配这一要求作为共产主义正义原则的部分要求必须在一种主观意义上来加以理解,如果对共产主义社会的预言应当被理解为对它的一切成员之完美运气的承诺的话。但这是一个乌托邦式的幻象,就像认为在这一社会中所有人都会出于自愿去履行义务那样。人们主观上所感受到的需求彼此间的冲突是如此之大,以至于没有任何社会秩序能够满足所有这一切需求,除非以此方式,即某种需求要以另一种需求为代价才能得到满足——不仅某人的需求要以他人的需求为代价才能得到满足,而且某人的需求要以他自己的另一种需求为代价才能得到满足。

c)如果按需分配这一要求不应因为完全不可满足而被剔除于对理性主义类型之正义规范的分析之外,那么这一要求就 660
只能被理解为是对被要求之需求满足的一种客观标准的前提。共产主义正义原则的真意只可能是:每个人都应当根据其合乎社会秩序被确认的能力去进行社会秩序分配给他的工作;而对于每个人,其被社会秩序所承认的需求都应当以被社会秩序确定的次序、通过社会秩序确定的手段来满足。由于共产主义的社会秩序首先是一种经济秩序,所以考虑的主要是一切经济需求,如抚育、穿衣、住房的需求。共产主义的正义理念首先是保障一切共同体成员之经济条件的理念,它只能通过计划经济而非资本主义体系的自由经济来实现。共产主义的正义原则如同“各得其所”这一正义原则那样预设了一种社会秩序,离开这一秩序,它就无法被使用。但这一正义原则几乎没有说出这一秩序之规定的内容(没有它们,无论是按能力分配的要求还是按需分配的要求都无法被满足),就像“各得其所”这一公式也没有说出对于每个人来说他“应得的”是什么那样。

共产主义正义原则的后一个要求“按需分配”在某种程度上也符合非共产主义的社会秩序。例如,我们可以从这一要求
661 的视角来理解现代国家的社会政策立法。[42]

20. 如果按需分配这一要求指向的并不是制定规范的权威,尤其不是立法者,而是每一个个人,如果这指的是这样一个规范,它规定了每个人相对于每个他人应如何来行为、如何来行动,那么这一要求就会变成邻人之爱的命令。但如此一来,有待满足之需求的范围也就必须被进行根本性的限缩。邻人之爱的命令只是要求,将遭受痛苦的他人从其痛苦中解脱出来,减轻他的痛苦,尤其是帮助身处困境中的他人。就像在“人们应当满足他人的需求”这个一般性的表述中一样,在邻人之爱的命令——也即这样一个特殊的要求:满足他人从痛苦中解脱出来的需求和身处困境时获得帮助的需求——中,“需求”也可以在主观的或客观的意义上来理解。后者的情形是,邻人之爱的命令被诠释为,它只要求从非因个人过失造成的痛苦中解脱出来,在非因个人过失带来的困境中提供帮助。如此一来,这一命令就如同其他正义规范那样预设了某个社会秩序,据此可以来决定,何时某种痛苦或困境是非因个人过失带来的。如果根据邻人之爱的命令有待满足之需求的标准不是主观的,而是客观的,那么即便当邻人之爱应当相对其实现
662 的个人自己压根就没有遭受痛苦的感觉或不认为自己身处困境,而是当根据任一道德或宗教标准“遭受了”任一匮乏或受到任一之恶(或许是他所不知的恶)的威胁、处于“困境”之中

[42] 对此参见 Perelamn, op. cit. S. 17f。

时,这一命令也可以适用。通过求助于这一点:无神论者的心灵会遭受痛苦,因为它与真神相分离,它身处困境之中,因为它受到了地狱的威胁,基督教信徒在履行其邻人之爱的义务——甚至会使用暴力——时作出了使其改宗的努力。

邻人之爱的命令很容易被理解为,它要求帮助——无论是因个人过失还是非因个人过失造成的——在主观上遭受痛苦或身处困境中的每个人。如此一来,它在运用时就无须预设任何社会秩序,并以此区别于其他正义规范。但这并不是压根就不让被如此诠释的邻人之爱的命令作为正义规范起作用的理由,就像这偶尔会发生的那样。只有当人们将正义的概念限于诉诸规范制定权威的要求时,这种观点才是合理的。但如果人们将正义理解为这样一种规范(它规定了一个人如何对待另一个人,且并非必然指向规范制定的权威),那么邻人之爱的命令无疑可以被视为许多正义规范中的一个。[43] 这里要注意,邻人之爱的命令(它可以在脱离任何形而上学前提的情况下起作用,因为它要求人对人的爱)必须区别于上帝之爱的形 663
而上学原则,也即耶稣所宣告的正义原则,但这一原则也承认(与此不同的)邻人之爱的命令。

21. 但在其学说(在福音书中它以充满矛盾的方式被展示出来)中看起来还有另一个正义原则,它与邻人之爱的正义原

---

〔43〕 佩雷尔曼(op. cit. S. 58f.)声称,邻人之爱的命令与正义原则直接相对立("La charité est la vertu la plus directement opposée à la justice"),他的论据是,正义是一种规则,而邻人之爱并不是由规则确定的。但这无论如何是错误的。邻人之爱的命令是一个规则,即这样一个一般规范:如果某人遭受痛苦,人们就应当帮助他。佩雷尔曼自己将邻人之爱概括为:"人们在受苦,我们必须帮助他们(Des hommes souffrent, il faut les aider)。"在莱布尼茨看来,正义就是智者的邻人之爱。他说:"一个好人爱所有人,只要他保有理性。故而我们会将正义这种天性的主导性美德(它在希腊语中意味着'人之爱')确定为……智者之爱。" Gottfried Wilhelm Leibniz, Gott Geist Güte. Eine Auswahl aus seinen Werken, Gütersloh, 1947, S. 214.

则几乎不能相容。它要求,在这里属于第一批的人在未来的天国中应当成为最后一批人,[44]这里属于最后一批的人在那里应当成为第一批人;这里吃饱的人在那里应当挨饿,在这里挨饿的人在那里应当吃饱;[45]在这里看得见的人应当在那里眼瞎,在这里眼瞎的人在那里应当能看得见;[46]这里笑的人在那里应当哭,这里哭的人在那里应当笑。[47] 它是这样一个要求:如果应当实现公正,那么在未来一切都必须与当下相反;因为就像它现在如此这般,它是不公正的。这是完全颠倒既存事物的正义原则,字面含义意义上的革命。在耶稣的学说中,它要从这样一种信仰出发来理解,即当下的国家是撒旦的王国、邪恶的王国,要由善的国家、上帝的天国来接替,后者是正义的王
664 国,因为它使因不公而获益的幸运儿变得不幸,使遭受不公的命运的弃儿变成幸运儿。它是报复原则,就像它被命运抛弃者诠释为对于命运眷顾者的怨恨那般。

22. 一种在政治上具有极端重要性的正义原则产生自这样一个道德体系,个人自由在其中拥有最高价值。自由的原初理念具有纯粹的消极性。它是这样一种个人主义的要求:人应当是自由的。也就是说,人不应服从于任何调整其相对于他人之行为的因而限制其个人自由的规范秩序。它是这样一种规范,它排除掉了一切限制个人自由之社会规范的效力。在它的这种原初的型构中,自由的理念是一种非社会的甚至反社会的原则。作为道德的——也即作为社会的——尤其是正义原

---

〔44〕 Matthäus, XⅧ, 4, XIX, 30, XX, 16, 26; Markus, IX, 35, X, 44; Lukas, XⅢ, 30.

〔45〕 Lukas, VI, 21, 24, 25.

〔46〕 Johannes, IX, 39.

〔47〕 Lukas, VI, 21, 25.

则,自由的理念经历了变迁。规范秩序**的**自由必然转变为规范
秩序**下**的自由,个人自由必然转变为社会自由。[48] 如果必须
要有某种就人类的相互行为对人类进行拘束的规范秩序的话, 665
它就只应当是这样一种秩序,它是通过服从于这一秩序的人的 666
同意来建立的。因为人只应当[……]或[——]就像偶尔也会
被表述的那样——只能受到其自身意志的拘束。* 不受拘束
的自由会变成自我拘束或自我决定的自由。

---

〔48〕 关于自由理念的形变我曾在我的这本书中细致地阐述过(Vom Wesen und Wert der Demokratie,2. Aufl., Tübingen, 1929)。在其著作《道德形而上学》(Metaphisik der Sitten,VI,S. 230ff.)中,康德以"法的一般原则"之名表述了这一原则:"每个行动都是**合法的**,如果它或按照其准则每个人的专断的自由可以与任何人的自由依照一个普遍的法则共存的话。"做了如此限定后,自由原则就会从一种非社会的理念转变为一种社会的理念,但它本身与作为强制秩序之实在法是不相容的。因为只有当没有人可以对他人施加强制时,一个人的自由与所有其他人的自由才是相容的;而实在法却规定了人对于人的强制。由于康德试图将实在法这种强制秩序描述为与自由的理念相容并用后者来为其辩护,所以他对其法原则作如下解释:"故而这一普遍法则——外在如此来行动,以至于你对自身专断的自由使用可以与任何人的自由依照一个普遍的法则共存——虽然是这样一个法则,它对我施加了一种拘束力,但却一点儿也不期待、更不会要求,我**应当**完全为了这种拘束力**自行**将我的自由限于那些条件,理性说的只是,它在其理念中**是**受限于此的,事实上也可能受其他人的限制;而它将这一点说成是一种假定前提,根本就无法再作进一步的证明。"这意味着,从他所表述的法律原则中无法得出(但从他的语词中却事实上可以得出),个人相对于他人不得施加强制。对于实施不法行为的人,可以甚至应当——根据实在法——施加强制。为了使这 限制仍能与自由原则相容,康德必须将任何不法行为都诠释为"自由的障碍",并将针对不法行为人的强制诠释为与自由相容;这令人想起卢梭(Rousseaus)的那个十分矛盾的公式:可以强迫人们实现自由(*Contrat social*,livre I,chap. 7)。"法与强制权紧密相关。与对某种后果的妨碍相对的对抗是对这种后果的提升,是与它相协调的。因而一切不法的东西根据普遍法则都是对自由的妨碍:但强制是一种相对于自由发生的妨碍或对抗。结果是:如果对自由的某种使用本身根据普遍法则是对自由的妨碍(也即是不法的),那么与此相对的强制作为**对自由之妨碍**的阻止,根据普遍法则与自由是相协调的,也即合法的,因此同时还有一种授权与法相联系,即按照矛盾律去对有损于它的人实施强制。"故而强制与自由(也即它的对立面)将会变得相容。"严格的法(不在其中掺杂伦理的因素)同样可以被想象为依照普遍法则与每个人的自由相协调的相互普遍强制的可能性。"康德从自由这一正义规范出发,但却有意与之一起达成了对实在法强制秩序的辩护,达成了——就像根本别无他法那样——对它的扬弃。

* 该句应当是原文残缺。——译者注

23. 以这种自由理念为基础的是个人主义自然法学说的社会契约学说。只有获得服从于社会秩序者之认同的社会秩序,也即通过契约或一致决议形成的社会秩序才是公正的。自决的正义原则涉及的不是社会秩序的内容,而是它的创设。但它只能相对于首次建立社会秩序这一想象出来的情形而能得以维系,而不能被运用于变更它的程序。因为即便只允许通过服从者的契约或一致决议来变更既有的社会秩序,也可能会产生这种悖论情形(如果被希望的变更中,并非每一个都被赞同的话):根据自决原则建立的社会秩序与许多人的意志(因而与自决原则)陷入矛盾。这就导致了对自决原则的削弱。既存的社会秩序不应当获得所有服从于它之人的意志的认同,而应当只获得尽可能多的人的意志的认同,与尽可能少的人的意志相抵触。因而多数决原则(Majoritätsprinzip)就被接受了。自决的正义变成了民主的正义。它是正义的一种形式,但绝没
667 有确定以民主的方式创设之法秩序的内容。它甚至可能会以任意程度侵入服从于它的人的自由领域。多数决原则并不妨碍集权式民主。但原初的自由理念不能完全被由多数决原则削弱的自觉理念所排挤。它仍然足够强,甚至在19世纪的自由主义政治理论中,它可以让某种根据自决原则建立并可根据多数决原则来变更的社会秩序(因而让由这些原则构成的国家)看起来是一种——哪怕是必要的——恶。是这种原初的自由理念,也即具有规范拘束力的自由存在的反社会理想,导向了将国家权能限缩在最低限度的要求,也即如此来塑造构成国家法秩序之规范的内容,以至于服从于这一秩序之人的给个人自由尽可能少地受到限制。这就是自由民主的正义理想,它保障了经济自由、信仰自由、学术自由。

24. 与自由的正义原则完全不同,有时与之有矛盾且尽管时常与它在政治意识形态中相联系的,是平等的正义原则。这一原则被表述为这样一条规范:所有人都应当被平等对待。这一规范并没有预设所有人都是平等的这一点;相反,它预设了他们的不平等。但它要求,不应考虑任何对人的不平等对待。所有人都是平等的这一主张与事实明显是矛盾的。但当它被 668
提出来证立所有人都应被平等对待这一要求时,它只能意味着,事实上存在而无法被否认的对人的不平等对待是不相关的。[49] 只有当事实上在人与人之间存在的不平等不被考虑时,人(以及外部环境)才能被视为是平等的。或者换句话说,才存在平等的人(或平等的外部环境)。如果不平等终究不被考虑,那么所有人、所有环境都是平等的。在"没有人应被杀死"这一规范中,所有人都被平等对待,差异不被考虑;从这一规范的立场出发,所有人都是平等的。但这种平等只涉及不被杀死,并没有涉及一切可能类型的对待。在涉及刑罚时,必须恰当考虑犯罪的人与没有犯罪的人之间的差异。从这一规范——据此,犯了罪的人(也只有这样的人)才应被惩罚——的立场出发,所有人绝非都是平等的。 669

---

〔49〕 当自然法学说经常声称,从自然的角度出发人是平等的、他们"生"而平等时,它预设了这样一种观点:所有人从自然的角度出发都是好的,从自然或上帝的角度出发都是很好地被创设的,即便他们会因为任何外在的影响而变坏。西塞罗(Cicero, *De Legibus* I, X, 29)就如此说道:"因为没有什么会像我们自己彼此之间那样与他人如此类似、如此平等。如果生活习惯的病态和思想的虚妄并没有阻断脆弱的灵魂走向正确的道路,将其推向它们长久以来就已开始对准的方向,那么可能就没有人自己可以与任何他人如此相似。因此,对人的任意定义对于所有人都是共同的"[德语版参见 Marcus Tullius Cicero, De legibus = Über die Gesetze. Paradoxa stoicorum = Stoische Paradoxien, hrsg., übers. und erl. von Rainer Nickel, München und Zürich 1994, I, X, 29 (S. 35)]。这意味着,人可能是平等的,假如坏道德与错误思想不会使脆弱的灵魂发生偏移的话。

a)与“所有人都应被平等对待”——也即“**不**考虑任何不平等”——这一原则正相反的是这一原则:**所有**人都应被不平等对待,也即**所有**不平等都应被考虑到,因为每个个体与他人都是不同的,每个个体都可以要求被特殊对待。这一原则同样可作为正义原则出现,如当人们拒绝用通过习惯或立法制定的一般法律规范来拘束法律适用机关,当人们要求让它们保有完全的自由裁量权,从而它们可以在每一个具体案件中都可以根据其特殊性来采取行动时,就是如此。只有当每个特殊的案件都被根据其特殊性来对待时,这种对待才是公正的。这就是作为自由法律发现这种政策之基础的正义原则;柏拉图早就在其《理想国》中将它运用于这个国家法官的活动之中。它吻合了法的充分灵活性的理想,与法的刚性相对,后者是拘束法律适用机关之一般规范的结果。

“所有人都应被平等对待”这一正义规范并没有说出,这种平等对待的内容应当是什么,因而(如果终究要被运用的话)预设了某个确定这种内容的规范。只有当某部宪法规定,立法机关应由民众选举产生时,在适用平等的正义规范时才能要求,所有人都应当无差别地拥有选举权。只有当某个法
670 秩序规定了服兵役的义务时,在适用平等的正义规范时才能要求,这一要求要无差异地施加于所有人。

不言而喻的是,“所有人都被平等对待”,也即“不考虑任何事实上存在的不平等”的要求,无论根据被这一正义规范所预设的规范这种对待可能具有何种内容,都会导向荒谬的后果;事实上也没有任何道德体系包含这样的规范,它像对待成年人那样去对待儿童,像对待女人那样去对待男人,像对待精神健康者那样去对待精神病人,像对待爱好和平者那样去对待

暴力狂。在任何类型的对待中都不考虑任何不平等,是不可能的。某些不平等必须被考虑到。关键只在于,哪些不平等应当不被考虑,因而哪些个人可以被视为是平等的。

b)由于"所有人都应被平等对待"的原则无法被运用于社会现实,或者只能在极为有限的程度上被运用于社会现实,这样一个原则就要被主张为平等的正义原则,它通常被表述为:只有相同者才应被相同对待。但它在这种表述中是不完整的和具有误导性的。因为,如果只有相同者才被相同对待,且不仅存在相同者也存在不同者,那么不同者就必须被不同对待。因而这个原则的完整说法是:如果个人是相同的——更准确的说法是,如果个人和外部环境是相同的——他们就应被相同对待,如果个人和外部环境是不同的,他们就应被不同对待。这 671
一原则要求,在涉及某些特性时应考虑不平等,在涉及其他特性时不应考虑不平等。故而这一原则绝非是平等原则。它并不要求或者说并不**只是**要求平等对待,而且也要求不平等对待。因此,与这一原则相符的规范必须明确规定某些特性,当涉及它们时要考虑不平等,从而在涉及其他特性时可以不考虑不平等,因而终究可能存在"相同"的个人。那些在涉及被如此规定的特性时并非不平等的个人是"相同"的。终究可能存在"相同者",是这一事实的结果:即便并非所有,但也毕竟有一些不平等不得被考虑。例如,假如根据某个实在的选举法规,所有超过20周岁、精神健康且未因犯罪被剥夺政治权利的公民都有选举权,那么这就意味着,这些不平等——它体现为超过20周岁的个人与未满20周岁的个人、精神健康的人与精神病人、本国公民与非本国公民、被剥夺政治权利者与未被剥夺政治权利者——被考虑了,因为只有前者而非后者才享有选举权,故而两类人——其中一类显现出由选举法规所规定的四个特性,而另一类没有显现出这个或那个特性——被不平等对待,也即被不同于归属于第一类人的成员那般对待;相反,这些不平等——它们体现为男人与女人、基督徒与犹太教徒、医生
672 与牧师——在选举法规对待个人时并没有被考虑。选举权被无差别地赋予不同性别、不同宗教信仰者、不同的职业者。拥有选举法规所规定的四个特性者是"相同的",也即就这些特性而言是相同的,即便就他们事实上所拥有的所有其他特性而言是不同的。

就像已经强调过的,"相同者应被相同对待"这一原则只有与"不同者应被不同对待"这一原则相联系时才能发挥效力。然而,只有当两个或多个人拥有要被考虑的特性时,前一个原则才能适用,而他们之所以是相同的,是因为他们拥有这些特性,也即就这些特性而言不是不同的。但有可能实情并非如此,事实上只有唯一的个人拥有这些特性,因而对两个或多个人的相同对待根本无法发生,在有效的规范"相同者相同对待、不同者不同对待"中,前一部分,也即要求相同对待的部分,压根就无法适用。由此同样导致了,将"相同者相同对待"的原则视为是对平等的正义原则的适用是不正确的。唯一可以作为平等的正义原则来适用的规范是这一规范:所有人都应被平等对待,没有任何在他们之间事实上存在的不平等应被考虑到。

c)如果进一步审视就会发现,"相同者相同对待、不同者
673 不同对待"原则在一般意义上并非正义的要求,而是逻辑的要求。因为它只是任何规范——它规定特定个人在特定环境中应当以特定方式来行动,或者更一般性的表述是,它规定在特

定条件下应发生特定后果，尤其是特定的对待方式——之一般性的逻辑后果。

规范——它规定在特定条件下应发生特定后果——的一般性（正如已经提过的）体现为，规范根据其意图不仅应适用于唯一的情形，而且也应适用于事先不确定数量的情形；它的意义是，一旦它所确定的条件出现，它所确定的后果就应当同时发生。在此前提——正义只是在两个人的关系中才被考虑，正义规范只适用于人——下，正义规范是这样的规范，它们规定，在特定条件下人应当以特定方式被对待。它们的一般性体现为，它们规定：当某个存在者是人且当规范规定的其他条件出现时，规范所确定的某种对待方式就应当发生。如果某个规范以一般性的方式规定，在特定条件下特定后果应当发 674
生，那么在任何情形中，在相同的条件下就总是只应当出现相同的后果，因为恰恰这一规范只是确定了这一条件而非其他条件，这一后果而非其他后果，但却是以一般性的方式来确定条件和后果的。如果某个规范以一般性的方式规定，在特定条件下人应当以特定方式被对待，也即，如果作为人的存在者和其他特定条件出现，特定的对待方式就应当发生，因此在任何情形中，在相同条件下就应当有相同的对待方式。或者说，作为人的存在者在相同条件下被对待，也即相同者被相同对待，因为恰恰这一规范只是确定了这一条件而非其他条件、这一后果而非其他后果，但却是以一般性的方式来确定两者的。〔50〕 故而

〔50〕 当有人主张，当它只指涉相同属种的存在者——如只指涉人类——每个正义规范才是对平等原则的适用时，即便是这种平等，即存在者（正义规范要被适用于它）的平等，也只是规范一般性的逻辑后果。存在者（正义规范要被适用于它）的本质是被规定为后果的对待方式的条件之一：如果某个存在者是人（或者说，具有灵魂），且如果……那

平等——它体现为相同者应被相同对待——是一种逻辑要求,而非正义的要求。

"如果条件相同,则结果也应相同"这一原则尽管是规范——它规定,在特定条件下应当发生特定后果——之一般性的逻辑后果,但事实上,只有当规范——它以一般性的方式规
675 定,在特定条件下应当发生特定后果——实际上可以被适用于多于一个的情形时,故而当存在多于一个的情形,在其中一般规范所确定的条件出现时,这一原则才能适用,也即发生平等的对待。因为"平等的/相同的"是一种关系概念,而某个构成要件只有相对于另一个构成要件才是"平等的/相同的"。但有可能一般规范事实上只能被适用于**一个**情形,例如当某个一般规范规定,任何年收入超过一百万美元的人都应当缴纳90%的所得税,而只有唯一一个人在唯一一年获得这样的收入时,就是如此。这意味着,正义规范的一般性——它的逻辑后果是这个原则,即相同者应被相同对待——并不排除这一可能,即有时压根就不可能发生相同的对待。这一点同样说明,这一原则不得被等同于平等的正义原则。

由于一切正义规范[51]都具有一般性,且一切正义规范都规定,在特定条件下人应当以特定方式被对待,所以"相同者

么这一存在者就应当以特定方式被对待。个人(正义规范涉及他们)必然是相同的,这一主张无论如何无法以此来证立,即正义问题只存在于人与人之间的关系中,不存在于人与动物或人与植物的关系之中。因为在初民社会(在其中万物有灵的思想占支配地位)中,被视为公正的社会秩序规范同样适用于并非人类的存在者;比如报复原则同样适用于动物。参见本书第40~42页。

〔51〕"正义规范"应被修正为"正义原则"。

应被相同对待”的原则是一切正义规范[52]之一般性的逻辑后果。例如,“相同的罪责相同的刑罚”“相同的功劳相同的酬劳”就是报应规范[53]之一般性的逻辑后果,这一规范为罪责规定刑罚,为功劳规定酬劳,也即规定,当某人做了不法之事时他 676
应当被惩罚,当某人作出了功劳时他应当被酬劳。[54] 如果某个与报应原则相符的刑法规范将特定刑罚联结于特定的罪责,也即联结于特定的不法构成要件,例如将监禁刑联结于盗窃行为,且如果它是以一般性的方式来这么做的,也即如果它规定,当它确定的这种构成要件(盗窃)出现时,也总是应判处它所确定的刑罚(监禁刑),那么法官在任何情形中就必须总是将相同的刑罚(监禁刑)而非其他任何刑罚联结于相同的构成要件(盗窃),因为恰恰有待适用的刑法规范只是将这一——而非其他——刑罚(监禁刑)联结于这一——而非其他——构成要件(盗窃),但它是以一般性的方式来这么做的。如果将监禁刑联结于盗窃的规范被视为具有对于正义价值的构成性(因为被视为是对报应原则的适用),如果某法官在某个盗窃案件中判处监禁刑,而在其他盗窃案件中判处死刑或罚金刑,那么他的判决就是违法的[55],而在此,这就意味着同时也是不公正的,不是因为他在两个罪责相同的案件中判处了两种不同的刑罚,而是因为他违反了某个构成了正义价值的规范,它将监禁刑而非死刑或罚金刑联结于盗窃行为。只有他所

[52] “正义规范”应被修正为“正义原则”。

[53] “报应规范”应被修正为“报应原则”。

[54] 这里应插入一句话:“报应原则(或报应规范)必须明确区别于实在法规范。”

[55] “判决就是违法的”应被修正为“判决就是违法的(只要它仍不具备既判力)”。

作出的两份判决中的一份才是不公正的,即他违背了有待他适用的规范对盗窃判处死刑或罚金刑的那份判决,而非另一份他根据有待他适用的规范对盗窃判处监禁刑的判决。如果不正
677 义体现为法官没有在两个案件中判处相同的刑罚,那么他对盗窃判处监禁刑的判决就同样是不公正的;因为在此情形中,刑罚同样是不同的,也即不同于他在另一个案件中对盗窃所判处的刑罚。但他依循公正的、有待他适用的规范所判处监禁刑的判决并不是不公正的,而是公正的,尽管它——与那份不公正的判决相比——是不相同的。

适用于为特定的罪责规定特定刑罚的报应规范,也以类似方式适用于为特定功劳规定特定酬劳的报应规范,同样也适用于为特定给付规定特定报酬的正义规范。或者说,适用于所有规定在特定条件下人应当以特定方式被对待的正义规范。当"相同者应被相同对待"的原则被描述为对平等原则的适用时,"平等"(为了与这里相关)指的是那种人们在法学用语中称之为法律**面前**的平等(Gleichheit *vor* dem Gesetz),有别于法律**中**的平等(Gleichheit *im* Gesetz)。这里的"法律(制定法)"要被理解为一般规范,有别于体现为法律适用机关之裁判的个别规范。即便没有法律**中**的平等,也即当法律没有规定平等的对待方式时,法律**面前**的平等也可能存在。当法律只赋予男性以选举权,而没有赋予妇女以选举权,故而在这种关系中不存在法律中的平等时,法律面前人人平等的原则也依然可能得到
678 保障。法官在适用这部法律时判决男性有选举权而妇女没有选举权,并没有违反法律面前人人平等的原则,尽管他对两者作了不平等对待。但当他判决一个男性白种人拥有选举权而一个黑人男性没有选举权时,当有待适用的制定法在赋予选

举权时尽管考虑了性别的不平等,但却没有考虑种族的不平等时,他就违反了法律面前人人平等的原则。因为所谓法律面前的“平等”不外乎意味着合乎法律,也就是对制定法的正确适用,无论这部制定法的内容为何,即便这部制定法规定的不是平等的对待方式,而是不平等的对待方式。当制定法如同按照其意义应被适用那样被适用时,当法律适用机关只考虑了那些制定法规定要考虑的不同时,所谓法律面前人人平等的原则就得到了保障。故而法律面前人人平等根本就不是平等,而是合规范性(Normgemäßigkeit)。它体现为,个别规范——法律适用机关的裁判——的制定与某个一般规范相符。这种相符是逻辑正确性,与正义尤其与平等这种正义无关。

d)如果“相同者应被相同对待”的原则只有从根本上与“不同者应被不同对待”的原则相结合才能发挥作用,如果这一双重原则只是某个规范——它规定,在特定条件下应当予以 679
特定对待——之一般性的逻辑后果,故而是一种逻辑的要求而非正义的要求,那么这一原则就不能被视为平等的正义原则,而平等也不能被视为一切正义原则共有的要素。正义规范——正如我们已然明白的——是一种规范,它规定了对人的特定对待方式。如果正义规范没有规定,所有人都应被平等对待(除了唯一一个例外,根据一切正义规范,并非所有人都应被平等对待),正义就不是平等。就不同理性类型的正义规范规定的对待方式而言,无法在一般意义上确认任何共同的要素。这一类型的不同正义规范所规定的对待方式之间的差别是如此之大,以至于不同的正义规范必然会陷入彼此矛盾之中。例如,根据报应的正义规范,有罪者应受惩罚,有功劳者应当奖赏,但根据这一正义规范(它规定,每个人都应当按照其需求被对待),在此对罪责和功劳不作任何考虑;或者,大多数正义规范都预设了某个或多或少限制人的自由的实在道德秩序或法秩序,但根据自由的正义原则任何其他社会规范的效力都将被排除掉。一切理性类型的正义规范所共有的要素无法在它们所规定的对待方式中找到。它只体现为,它们都是这样
680 的一般规范,即在特定的——且被不同正义规范以大相径庭的方式确定的——条件下规定了特定的——且被不同正义规范以大相径庭的方式确定的——对待方式。就这一关键性的问题——人们应当被如何对待,如果这种对待方式应当公正的话——而言,一种一般性的正义概念只可能是完全空洞的,〔56〕
681 尤其是当这一概念也应当包含形而上学类型的正义规范时。

---

〔56〕 佩雷尔曼只考虑了理性类型的规范(Perelmann, op. cit, S. 22f.),他试图去定义一种一般性的正义概念,或者用他自己的话来说,一种“形式的”或“抽象的”正义概念,因为他发掘出了不同的“具体”正义概念所共有的要素。他将平等的理念称作是这种共同的要素:“正义的概念不可避免地意味着某种平等。”“我们可以把形式的或者抽象的正义定义为一种‘相同事物相同对待’的行动原则。”属于同一属种的存在者在这一关系中是平等的。故而在佩雷尔曼看来,“相同者应被相同对待”的原则就是正义的一般原则。但他的主张,即这一原则表达出了平等的理念,是不正确的,因为“相同属种的存在者应被相同对待”的原则无法与“不属于同一属种的存在者应被不同对待”的原则相分离,故而被考虑的原则不仅要求相同对待,而且也要求不同对待。此外,佩雷尔曼(S. 54f.)——与他的这一主张相矛盾:正义的概念蕴含着平等的理念——承认:“形式正义中的平等对待,只不过是实质正义规则的正确应用……”“和流行的观念相反的是,构成形式正义的并非平等本身。”“平等对待只是从规则中根据逻辑推导而来的结果而已。”佩雷尔曼称为“形式正义”的,是所谓法律面前的“平等”,也即某个一般规范之逻辑正确的适用。他说:“形式正义即是对规则的正确运用”(S. 56),他还正确地强调,这种正确性是逻辑性质的:“我们由此可知形式正义与逻辑的关系。实际上,对规则的适用必须正确,在逻辑上无可挑剔。一个正义的行为必须和我们所谓的命令三段论这种特殊的推理形式相符,因为其大前提和结论都以命令句的形式出现”(S. 57)。如果像佩雷尔曼在此所主张的那样,对属于同一属种者的平等对待原则是一种逻辑的要求,那么它就不是什么正义原则——哪怕是形式正义。康德的绝对命令也可以被理解为表述出一种普遍的、包含任何特殊道德规范之伦理原则的尝试。有特色的是,他认为这一原则所表述的不外乎是某个法则一般意义上的普遍性。参见本书第460页以下。

25. 这一类型的经典代表是柏拉图。[57] 正义是其全部哲学的核心问题。为了解决这一问题他提出了他著名的理念论(Ideenlehre)。理念是超验的存在,它们存在于一个有别于我们的感官能察知的世界,因而沉溺于感官世界的人无法进入其中。它们从根本上代表着这样的价值,后者在感官世界中虽然应被实现,但却永远无法完全被实现。[58] 首要理念,即那种将所有其他理念屈居于其下并从中获得它们所有的效力的理 682
念,是绝对善的理念;而这一理念在柏拉图的哲学中扮演着与上帝在任何一种宗教神学中相同的角色。善的理念将正义的理念包含于其中;对那种正义的认知构成了几乎柏拉图一切对话的目标。因而"什么是正义?"这一问题与"什么是好的或什么是善"这一问题是一致的。在其对话中,柏拉图做了大量的尝试去以一种理性的方式来回答这一问题。但这些尝试都没能导向一种终局性的结论。当任一定义看起来能成立时,柏拉图马上通过苏格拉底之口宣称,毋宁有必要进行进一步的研究。柏拉图一再指向一种抽象的、从一切感性观念中解脱出来的特殊思维方法,也即所谓论辩术(Dialektik),它使——正如他所主张的——掌握了它的那些人有能力去把握理念。但他自己也没有在其自身的对话中运用这一方法,或者说没有告诉

---

〔57〕 参见我的论文:Hans Kelsen,"Die Platoniche Gerechtigkeit",Kant - studien, Bd. 38,1933,S. 91ff。

〔58〕 但理念同时也作为在感官世界中存在的具体事物的抽象概念而起作用。具体事物与其抽象理念之间的关系被柏拉图描述为前者对后者的部分参与。理念是理想的原型,具体事物是与这一理想原型或多或少相符的摹写,它内含着与原型相符的倾向。只有理念是真实的,具体事物仅仅是表象的。后者与前者的关系就如一幅镜像与它所镜射的对象之间的关系(*Politeia* X)。有许多具体的桌子,但只有一个桌子的理念,它表达出桌子应当如何,它展示出了理想的桌子、桌子的规范。故而柏拉图的理念本身统合了概念的功能与规范的功能。将规范与概念相等同尤其是柏拉图式的。

我们这种论辩术的结论。对于这种绝对善的理念,他明确说,它超越一切理性认知,也即超越一切思维。在他的一封信件(第七封信)——在其中他考虑了其哲学最深层的动机和最终的目标——中,他宣称,压根不可能有什么概念认知,而只可能有某种对绝对善的直视,而这种直视是通过某种神秘的体验来进行的,只有少数人且只有通过上帝的恩典才能得到;但不
683 可能以人类语言的语词来描述这种神秘直视的对象,也即绝对善。因此——而这对于这种智慧而言是最终的推论——不可能存在正义之本质问题的答案。因为正义是一种上帝向——假如毕竟还是有的话,那就只是——少数被眷顾者透露的隐秘,且必须被保留为他们的隐秘,因为他们不得向其他人告知它。

26. 这位伟大的哲学家所教导的正义要求人类应当被如此对待,也即要与超验的、理性认知无法企及的善的理念相符。它等同于这样的正义,后者要求人类应当被如此对待,也即要与上帝的——但对人类而言玄妙莫测的上帝——意志相符,上帝命令为善,但也允许恶,他是全知全能的,故而不仅是善的缔造者,而且也是恶的制造者。它尤其等同于那位伟大的圣徒所教导的正义。由于耶稣坚定地拒绝“以眼还眼、以牙还牙”原则,也即报应原则,[59] 所以他将爱的原则宣告为新的、真正的正义:不是以恶报恶,而是以善报恶,不去抵抗恶,而是去爱为恶者,甚至爱敌人。[60] 这种正义超越了任何一种社会现实中

---

〔59〕 Matthäus, V, 38, 39. 尽管他在其布道时同样十分令人印象深刻地主张这一要求,即应当对善进行回报、对恶加以惩处(例如参见 Matthäus, V, 12, 46, Ⅶ, 21, XXⅢ, 35),但主要是报应原则被耶稣所预言的最后的审判所适用。参见 Matthäus, XXV, 31ff.。但耶稣将神的国度的正义(Matthäus, Ⅵ, 33)说成是神的国度的“隐秘”(Matthäus, XⅢ, 11)。

〔60〕 Matthäus, V, 38, 44.

可能的秩序；而爱（它是这种正义）不可能是我们称之为爱的 684
那种人类感受。不仅因为爱他的敌人有违人类本性，而且因为
耶稣明确拒绝了将丈夫与妻子、父母与孩子联系起来的人类之
爱。想要追随耶稣进去神的国度的人，必须要离开家园、父母、
兄弟姐妹、妻子和孩子。[61] 是的，不厌恶他的父亲、母亲、妻
子、孩子、兄弟、姐妹还有他自己的生活的人，不可能成为耶稣
的信徒。[62] 耶稣所教导的爱不是人类之爱。它是这样一种
爱，借此人类应当变得与其在天堂中的父一样完满，他让太阳
升起于善和恶的上空，让雨露普降于公正和不公正。[63] 它是
上帝之爱；如此就完全有别于完全属于人类的邻人之爱。这种
上帝之爱的最奇特之处在于，人们必须容忍它，将它视为与残
酷的甚至永恒的惩罚（它在最后的审判中对于罪人判处）相
容；因此也与人类能拥有的最深层的畏惧——对上帝的畏
惧——相容。耶稣并没有尝试去澄清这一矛盾以及其他一些
矛盾。而这也根本就是不可能的。因为矛盾只是对于有限的
人类理性而言的，而非对于上帝的绝对理性（它对于人类来说
是不可把握的）而言的。因此，基督教的第一位神学家保罗
（Paulus）教导说，对于这个世界来说是智慧的东西在上帝那里 685
就是蠢事，[64] 哲学，也即理性的逻辑知识，不是通往上帝正义
（它被包含于被隐藏的上帝的智慧之中[65]）的道路，这种正义
只能为某个信仰上帝的人所分享，[66] 这种信仰通过爱来发挥

---

[61] Lukas, XVIII, 29, 30.

[62] Lukas, XIV, 26.

[63] Matthäus, V, 45, 48.

[64] I. Kor. Ⅲ, 19.

[65] I Kor. II, 1ff.

[66] Phil. Ⅲ, 9.

作用。[67] 保罗坚守耶稣关于新正义即上帝之爱的学说。[68] 但他承认,耶稣所教导的爱是超越合乎知性的认知的。[69] 它是一种隐秘,是信仰的诸多隐秘之一。[70]

27. 柏拉图教导说,公正——也只有公正——才是幸福的;或者说,人们还是也必须将人类引向对这一点的信仰。而事实上,正义问题对于人类社会生活来说具有如此基本的意义,对正义的渴望是如此深深地扎根于他们的内心,因为它根本上源自他们对幸福的不可毁弃的追求。没有任何仅仅是相对的、可为人类理性所把握的正义可以实现这一目标。这种相对的正义只会导向一种(对目标的)十分有限的满足。因此,世界叫
686 着要实现的正义、"那种"完美的正义,是绝对正义。它是一种非理性的理想。因为它只能从某个超验的权威,只能从上帝出发。因此,正义的来源(从而也包括其实现)就必须从此在世界转移到彼在世界中,在尘世中就必须满足于一种仅仅是相对的正义,它可以在任何实在的法秩序以及在它或多或少确保的和平和安全状态中被看到。取代尘世间的幸福(为此正义如此痛苦地被要求,但它无法确保相对的尘世间的正义)的,是超越尘世间的幸福——永恒的幸福,它向那些相信它,从而相信上帝的绝对正义的人,允诺实现上帝的绝对正义。这是这种永恒幻象的诡计。

---

[67] Gal. V,6.

[68] Rom. XⅢ,8ff. ,I Kor. XⅢ,1f.

[69] Eph. Ⅲ,19.

[70] 然而,在其《罗马书》(Römerbrief XⅢ,1ff.)中,保罗同样主张报应正义的理性原则,它被适用于任何实在的法秩序。因为在这里,他将任何制定法律的当权者都辩护为是得到上帝授权的:"他是上帝的仆人,是对为恶者施加刑罚的复仇者。"对此也可参见我的论文:Hans Keslen,"The Idea of Justice in the Holy Scriptures"in:What is Justice,S. 25ff. 。

Ⅱ. 自然法学说 687

28. 正义的概念必须与法的概念相区分。正义规范规定,法(也即调整人类行为之规范的体系,它由人类行为制定且大体上具有实效,也即**实在**法)的内容应当如何塑造。由于正义规范规定的是对人类的特殊对待方式,所以它涉及——正如前文指明的——法的制定行为。因而正义不可能与法相等同。

对于法的效力问题,也即它的规范应否被适用和遵守的问题,人们所假定的正义与法之间的关系具有决定意义。就此而言,有两种彼此正相反的观点。一种观点认为,当且仅当某个实在法的制定与正义的要求相符时,它才能被视为是有效的。有效的法是公正的法,不公正的人类行为秩序没有效力,也不是法,只要法只被理解为一种有效的秩序。这意味着,正义规范的效力是实在法效力的基础。在另一种观点看来,实在法的效力独立于正义规范的效力。某个实在法并不会因为它是公正的而有效,也即不因为它的制定 688

与某个正义规范相符而有效,即便当它不公正时它仍然有效。它的效力独立于正义规范的效力。这是法律实证主义的观点,它是一种实证主义的或现实主义的法学说(与理念主义的法学说相对)的结果。

在此被考虑的另一组对立是相对正义与绝对正义间的对立。

规定对人类的特定对待方式的正义规范构成了某种绝对价值,如果它宣称自己是唯一有效之价值,也即如果它排除了任何这类规范——后者规定了有别于前者自身的对人类的对待方式——的效力可能性。这样一种构成绝对价值的正义规范只能——正如前文强调过的——从某个超验的权威出发,并由此与作为规范体系的实在法(它由人类行为在经验现实中被制定)相对。如此一来,就产生了一种典型的二元论:一种超验的、并非由人类制定且位阶高于他的理想秩序与一种由人类制定也即实在的现实秩序的二元论。这是一切形而上学的典型二元论:经验的领域和超验的领域(后者的典型型式是柏拉图的理念论),它作为此在与彼在、人类与上帝的二元论奠定了基督教神学的基础。理念主义法学说——与现实主义法学说相对——具有一种二元性主义的性质。相反,现实主义法学说是一元论的,因为它不像前者那样认为在一种现实的、由人类制定的法之外还有一种理想的、并非由人类制定的、从某
689 个超验权威出发的法,而只承认**一种**法:由人类制定的实在法。

29. 如果从科学认知的立场出发,拒绝假定有一种超验的、超越一切可能之人类经验而存在的客观实体,也即存在一种一般意义上的绝对事物和特殊意义上的绝对价值,而只承认相对价值的效力,那么就可以从一种科学法学说的立场出发,使实

在法的效力不依赖于它与正义的关系。因为只有当正义是一种绝对价值,当某个正义规范被预设为有效(它排除了任何与之相矛盾的规范的效力可能性)时,这种依赖性才可能存在。如果我们承认在此意义上存在许多不同且可能相互矛盾之正义规范的可能性,即尽管两个彼此矛盾的正义规范不可能同时被预设为有效,但毕竟可能有这个**或**那个不同的、可能相互矛盾的正义规范被预设为有效,那么正义价值就只可能是一种相对价值;而如此一来,每个实在法秩序都必然会与这许多正义规范中的任何一个陷入矛盾;而如此一来,就不可能有任何实在法秩序是不——当与这些正义规范中的任何一个发生矛盾时——必然被视为是无效的。但另一方面,每个实在法秩序也都可能与构成许多纯粹相对价值的正义规范相符,同时不必将 690
这种相符视为其效力的基础。

实证主义的——也即现实主义的——法学说并不主张(就像必须被一再强调的那样),不存在任何正义,而是说事实上有大量彼此不同且可能相互矛盾的正义规范被预设。它不否认,人们可以、通常也事实上通过许多正义规范中任何一个的观念来确定一种实在法秩序的样态。它尤其不否认,根据这许多正义规范中的一个来评价,任何实在法秩序——也即制定其规范的行为——都可以被判断为是公正的或不公正的。[1] 但它坚持认为,这些价值标准仅具有相对性,因而制定同一个实在法秩序的行为用一种标准来衡量可以被证成为是公正的,而用另一种标准来衡量则可能被判断为是不公正的;但实在法秩序的效力独立于正义规范(制定其规范的行为据此被评

〔1〕 参见本书第443页及以下。

价),因而实证主义法学说,也即实在法理论,与对其对象的评价无关。实证主义法学说不认为实在法秩序的效力基础在于许多正义规范中的任何一个,因为它无法给予它们中的一个优先于另一个的地位;而是——正如已经指明的——在于一种假
691 设的——也即在法律思维中被预设的——基础规范,据此人们应当如此来行为、应当如此来对待人,就像历史上第一部大体有实效的宪法所规定的那样,而无须顾及,根据这部宪法建立的法秩序是与任一正义规范相符还是不相符。一旦实在法的效力存疑,要考虑的就不是什么别的规范,尤其不是任何正义规范,而是这种基础规范。

30. 所谓自然法学说是一种理念主义—二元论的法学说。它在现实的(也即实在的)、由人类制定的因而是可变的法之外,区分出了理想的、自然的、不可变的法,它将后者等同于正义。故而它是一种而不是"那种"理念主义的法学说。它与其他理念主义—二元论的法学说的区别——正如它的名字所表明的——在于,它将"自然"视为是理想的、公正的法规范所产生的渊源。自然,也即一般意义上的本质或特殊意义上的人的本质*,作为规范性权威——也即作为制定规范的权威——在起作用。遵从其命令之人的行为是公正的。这些命令,也即公正行为的规范,是自然所固有的。因此,它们可以通过细致的分析从自然中推演出来,也即在自然中被找到(在某种程度上可以说是被发现,这也即意味着被识别出来)。故而它们不是通过人类的意志行为制定的专断任意的、可变的规范(就像实

* 德语"Natur"(如同英语"nature"),既可以被译为"自然",也可以被译为"本质"。——译者注

在法规范那样),而是在通过人类意志行为进行一切可能的制定之前就已存在于自然之中、根据其本质不可变的、永恒的规范。

31. 如果“自然”在一般意义上被理解为事实现象的经验 692
现实,或在特殊意义上被理解为存在于人类事实上的——内在的或外在的——行为中的本质,那么一种声称能够从自然中推演出规范的学说就犯了一种根本性的逻辑错误。因为这种自然(本质)是事实的整体,它们根据因果原则——也即作为原因和结果——相互联结,是一种实然;而从实然无法推导出应然,从事实无法推导出规范;实然无法包含应然,事实无法包含规范,经验现实无法包含价值。只有当人们使应然趋近于实然,规范趋近于事实,人们才能根据后者将前者判断为合乎规范,也即好的、公正的,或者判断为违反规范,也即坏的、不公正的;因此,人们才能对现实进行评价,也即将其定性为有价值的或违反价值的。相信能在事实中找到、发现或识别出规范,在现实中找到、发现或识别出价值的人,是在自我欺骗。因为他必须——即便是无意识地——将他以任意方式预设的、构成价值的规范投射到事实的现实中去,以便能从后者中将它推演出来。现实与价值属于两个彼此不同的领域。

32. 由于自然,也即事实现象的具体现实处于永恒的变化之中,自然的存在是一种演变过程,所以不可变的自然法规范只能体现为这一事实现象的有待观察的规律性;它们只可能是这样一些一般规则,据此,在具体自然现象的永恒变迁中,在相同条件下会出现相同的结果。自然法学说的不可变规范只可 693
能是自然规律。当自然法学说从自然中推演出关于公正行为的不可变的规范时,它就将实然规则转变为了应然规范,故而产生了一种内在于现实之价值的幻象。

如果内在于自然的规范被描述为自然设定的客观目的,也就是说,如果自然被诠释为一种合乎目的地组织起来的整体,如果假定有一种内在于自然的目的秩序,那么自然法学说就具有了一种目的论的性质。然而对自然的目的论诠释与规范性诠释只是术语上的区别而已。客观意义上的目的就是应当被实现之事。在此意义上,目的就是规范设定为应当的东西。

但无法否认,价值与现实彼此以任意方式从根本上相联系,价值内在于现实,这两种观点由来已久,在今天也仍然十分流行。这是因为,它有一种形而上学的宗教起源,它可以追溯到这种观念:自然现实是由某个超验的、表现为绝对道德价值的权威创设的,或者说现实的事实现象是由这一权威所操控的,如果自然受制于法则,那么这些法则就是超验权威的命令,也即规范;这种观念尤其构成了基督教神学的基础。如果
694 自然是由公正的上帝说创造或调控的,那么就能——也只有此时才能——从这一自然的法则中识别出规范,就能在这一自然中找到公正的法,或者说从这一自然中推演出公正的法。在目的论自然法学说那里,这一点体现得更加明显。只有当人们假定,自然现象被某个超验意志赋予目的时,自然才能被诠释为一种合乎目的地组织起来的整体。只有神学自然法学说才可能是目的论式的。

自然法学说——它在 17 世纪和 18 世纪占支配地位,在 19 世纪衰落之后,在 20 世纪第二次世界大战之后,同时通过宗教—形而上学的省视对国家社会主义、法西斯主义尤其是共产主义作出回应——再次居于社会哲学与法哲学的前台,这种自然法学说有着宗教—形而上学的起源,这是毫无疑问的。追随

斯多葛哲学,西塞罗(Cicero)早就教导说,[2] 自然法——有别于罗马或雅典的实在法,它是永恒且不可变的——以上帝为其缔造者、宣告者和审判者。奥古斯丁(Augustinus)将自然法视为“永恒的法律”,“它作为上帝的理性或意志要求遵守自然秩序,并禁 695
止逾越它”。[3] 他追问:“除了上帝,还有谁将自然法写进了人类的心中?”[4] 塞尔维利亚的伊西德(Isidor von Servilla)[5] 教导说:“一切法,要么是上帝的法,要么是人类的法。上帝的法建立在自然的基础上,人类的法建立在习惯的基础上。”[6]《格拉

---

〔2〕 Cicero, De Republica, Ⅲ, XXⅡ, 33:“但真正的法律是‘正确的理性’,它与(人类的)本质(自然)相适应,它适用于所有的人并且是不变而永恒的……这种法律不能通过反对性提案而被取消,也无法在任何时候通过变更申请被削弱或者完全被废除。无论元老院的决议还是民众的决定都不能解除我们遵守这一法律的义务,它也无须塞克斯图斯·埃利乌斯(Sextus Aelius)来加以说明或解释。它不会在罗马立一项规则,而在雅典立另一项规则,也不会今天是一种规则,而明天又是另一种规则。同一种法律将永恒不变地在任何时期拘束所有的民族,而且人类也只有一个共同的主人和统治者:上帝,他是这一法律的起草人、仲裁者和提案人。不服从他的人就是放弃了他的较好的自我,而否定了人的本质,将因此而受到最严厉的惩罚,尽管他已经逃脱了人们称之为处罚的其他后果。”[德语版参见 Marcus Tullius Cicero, De re publica = Der Staat, hrsg. und übers. von Rainer Nickel, Mannheim 2010, Ⅲ, XXⅡ, 33 (S. 247)]

〔3〕 Augustinus, Contra Faustum Manich. Lib. 22, C. 27:“Lex vero aeterna et ratio divina vel voluntas Dei ordinem naturalem conservari iubens et perturbari vetans”.

〔4〕 Augustinus, De serm. Dei in monte Ⅱ, c. 9, n. 32:“Quin enim scripsit in cordibus hominum naturalem legem nisi Deus?”See Alois Schubert, Augustins Lex-Aeterna-Lehre nach Inhalt und Quellen. Beiträge zur Geschichte der Philosophie des Mittelalters. Bd. XXIV, Heft 2, 1924, S. 5, 12.

〔5〕 Isidori Hispaniensis Episcopi Etymologiarum Libri XX. Liber V, Cap. II:“Omnes autem leges aut divinae sunt, aut humanae. Divinae natura: humanae moribus constant, ideoque hae discrepant, quoniam aliae aliis gentibus placent.”

〔6〕 在主文本中未被翻译过来的引文的最后一部分是:“因而后者同样彼此背离,因为不同的民族认为不同的事物是正确的。”

提安教令集》(*Decretum Gratiani*)[7]宣称,不可变的自然法同时通过上帝对人类作为理性存在者的创设而形成。[8] 托马斯·冯·阿奎纳教导说,世界是由神意——也即由上帝的理性——来统治的,这种神的统治就是永恒的法律,具有天赋理性的神造物分享了上帝的理性,因而就此而言也分享了这种永
696 恒的法律,因为他们从中获得了某些关于行动和目标的自然倾向(它们与这一永恒的法律相符)。"理性造物对永恒法的分享就被称为自然法。"[9]这种可以从上帝植入人类的自然倾向中推演出来的法就是自然法。它起源于上帝。就因为它起源于上帝,所以它是绝对有效的,因而是不变的。这种绝对和不变的效力是自然法的一个本质性要素;就像它内在于自然的性质一样,它只是其神圣起源的结果。

---

〔7〕 Decretum Gratiani. Prima Pars, Distinctio V, I. Pars:"在所有事物中,自然法都是第一位的,无论是从年代还是从次序的角度来说。它从一开始就与具有天赋理性的造物一起出现,且不会随着时间而改变,而是保持不变。"Prima Pars, Distinctio Ⅷ, Ⅱ. Pars:"但基于其尊严,自然法绝对优先于习惯和法令。有可能某些东西会变成惯例和习俗或者被皇帝的通告所采纳——假如它与自然法相矛盾,它就依然要被视为是无效的。"

〔8〕 See A. P. D'Entrèves, Natural Law, London, 1955, S. 34f.

〔9〕 Thomas von Aquino, Summa theologica, I-II 91, Art. 1:"法律……不外乎是一种主宰者(他指引着完美的共同体)指向行为之理性的指令。假如预设了世界是由神意来操控的(I 22, 1. 2; Bd. 2),那么整个宇宙显然就必须通过上帝的理性来引导。**故而统治一切事物的计划(它存在于作为宇宙主宰者的上帝那里)**就恰恰具有法律的性质。但因为神意并非在不同时间作不同把握,而是要作永恒的理解(Spr. 8, 23),所以人们就必须将这种法律命名为永恒的"[德语版参见 Thomas von Aquino, Summa theologica (Anm. 21), q. 91 a. 1 (Bd. 13, S. 17)——黑色加粗之处为原文所有]。I-II 91, Art. 2:"一切事物都以任何方式(参与了)永恒法,只要它们出于其印刻而拥有倾向去实施它们自己的行动和目标。在所有(造物)中,具有天赋理性的造物以一种更为出色的方式服从于神意,只要它自己也参与了这种天意,因为它能够'尊重'自己和其他造物。因而在它那里也可以找到对永恒理性(借此,它具有了一种合乎其本质的行动和目标的倾向)的参与。而**具有天赋理性的造物对永恒法的这种参与**就被称为自然法……所以很清楚的是,自然法不外乎是具有天赋理性的造物对永恒法的参与"[德语版参见 Thomas von Aquino, Summa theologica (Anm. 21), q. 91 a. 2 (Bd. 13, S. 20f.)——黑色加粗之处为原文所有]。

然而在自然法学说的内部有一种努力,它试图使自然法的效力独立于上帝的意志。格劳秀斯(Grotius)声称,[10]即便当人们必须承认不存在上帝时,他所描述的自然法也依然是有效 697
的;但却补充道,如果不是罪大恶极,人们也不会承认这一点。因为他是一位虔诚的基督徒(就像古典自然法学说的所有代表者那样),他同样没有(像看上去那样)意识到,离开对由公正的上帝所创造之自然的信仰,内在于这种自然之公正的法的假定也将是不可能的。此外,对由公正的上帝所创造之自然的信仰并不必然蕴含这一假定,即内在于自然的法是经由上帝的意志制定的。托马斯·冯·阿奎纳早就教导过,[11]上帝的法,也即起源于上帝的法,也要么是自然法,要么是被制定的法。在上帝的法中,也有一些是被要求的,因为它们是好的,有一些事情被禁止,因为它们是坏的;而另一些事情是好的,因为它们被要求,有一些事情是坏的,因为它们被禁止。这意味着,存在起源于上帝的规范,它们要求实施特定的人类行为,因为它本身是好的或坏的;也即这样的规范,它们的效力独立于上帝的意志。它们所构成的正义的价值,必须根据一种取向于

---

〔10〕 Grotius, De Jure Belli ac Pacis, Prolegomena § 11:"即便人们假定(当然如果不是罪大恶极这也不可能会发生)不存在上帝,或者他并不关心人类的境况,这里确定的(观点)也同样能成立"[语出胡果·格老秀斯关于战争和和平法的三书,其中自然法和国际法以及最重要的东西被宣称来自公法,übers. und erl. von Julius Hermann von Kirchmann, Bd. 1, Berlin 1869, Prolegmena § 11(S. 31)]。

〔11〕 Thomas von Aquino, *Summa theologica*, II-II 57, Art. 2:"上帝的法指的是由上帝发布的东西。它部分涉及自然公正的东西(但它的正义对于人类是隐而不见的);但它有时也涉及通过上帝规定为公正的东西。因此,上帝的法也可以像人类的法那样被区分为这两种类型。因为即便在上帝的法中,也有一些事情是被要求的,因为它们是好的,有一些事情被禁止,因为它们是坏的;当有一些事情是好的,因为它们被要求,有一些事情是坏的,因为它们被禁止"[德语版参见 Thomas von Aquino, Summa theologica. Die deutsche Thomas-Ausgabe, Bd. 18: Recht und Gerechtigkeit, Heidelberg u. a. 1953, II-II, q. 57 a. 2 ad 3 (S. 10)]。

托马斯·冯·阿奎纳的这种学说的神学被设想为是伴随上帝一起给定的。根据这种神学,[12] 它就像上帝本身那样不是
698 被——也不是被上帝——创造出来的,而是非创造性的。这些规范就是自然法规范,只要它们内在于上帝(他据其本质是公正的上帝)的本质。它们同样也不能被上帝的意志所更改,因为它们并不是经由上帝的意志制定的;它们是永恒不变的。就像内在于正义的上帝不能改变正义规范,这样一位上帝也不能创造公正的自然以外的东西。如果关于公正行为的规范内在于这种自然,那么这只是因为它是由上帝创造的,内在于正义。如何能与全知全能的上帝约定这一点,是这种神学要自我商榷的问题。[13] 一种科学的法学说只能确认,离开对由公正的上帝所创造之自然的信仰,内在于自然的公正法的假定就是不可能的;在此,从一种科学的法学说的角度来看,这种自然法(根据神学教义)是被想象为是由上帝的意志制定的,还是与上帝一起被给定的,也即已然内在于上帝的,是无所谓的。

33. 将自然法建立在人类本质基础上的努力清晰地说明,自然法学说其实预设了所谓从自然中推演出的关于公正行为的规范,并将其投射到自然中去。在此,人类的"本质"有时在其倾向、禀赋、本能,也即其天性中去寻找,有时则在其理性
699 或感受中去寻找。人类的这种本质从根本上说是其心理的而非其物理的本质,是他"内在的"状态。但在此也应考虑人类

---

[12] 参见 Deutsche Thomas Ausgabe, F. H. Kerle, Heidelberg, München, und Anton Pustet, Graz-Wien-Salzburg, Bd. 18, 1954, S. 10,以及乌兹的评论(A. F. Utz, OP, op. cit, S. 403f.)。

[13] 特色鲜明的是,对于作为**上帝法**的一部分的自然法,也即合乎自然的公正,托马斯认为,它"对于人类是隐而不见的",它是一种隐秘。只有上帝制定的法才可为人类所认识。参见本书第 505 页所引证的 II-II, 57, Art. 2。

的内在本质同样会外在显现出来的外部环境,人类基于其内在本质会通过外在行为对其作出回应。考虑到这些外部环境时,人们称为“事物的本质”(Natur der Sache),然而在此,身处外部环境之中的人(他借由其天性、其理性或其感受,通过其外在行为对环境作出回应)的本质是关键要素。

对于从人类本质中推演出关于公正行为之规范的努力,主要的反对意见(它也是在一般意义上针对自然法学说提出的)在于:从实然中无法推导出应然,从事实上无法推导出规范。如果人类本质就是其经验本质,是其事实上的状态(它产生自他的内在和外在行为,就如客观上在社会实然的现实中所观察到的那样),那么就无法从这种现实的本质中推知,哪些是人类的理想行为、人类应当如何行为——既非他应当如同他事实上行为那般去行为,也非他不应当如此行为,也即应当以任何其他方式来行为。如果人们从人类的现实本质中推出了与这一现实本质相符的规范,那么这种推论就不仅在逻辑上是错误的,而且也会导向实践中不可能的结论。因为如此获得的规范必然会相互矛盾[14],因而不可能构成任何公正的人类行为秩 700
序,因为压根就不构成任何人类行为的规范秩序。当人们试图将自然法建立在人类所固有的倾向、禀赋、本能。简言之,建立在其天性基础上时,这一点就是显而易见的。

34. 如果人们假定,人类所能观察到的天性就是人类的“本质”,故而它是自然的,并从某种天性的存在推出这样一个规范(据此,人类应当如同他们被这一天性所规定而行为的那样来行为),那么首先这个规范就完全是多余的。因为人类事

---

[14] “必然会相互矛盾”应被修正为“必然会彼此陷入冲突”。

实上就是如同他们被他们的天性所规定的那样来行为的;要求人类如同他们事实上在没有任何命令的情况下行为的那样去行为,是毫无意义的。但如此一来就要注意,人类的天性彼此处于冲突之中,不仅个人的自身内部是如此——他的行为常常是相互矛盾的天性(也即两个相互矛盾的天性中较强的那一方)的结果,而且在人们之间的关系上也是如此——在其中对一个人天性的满足于对另一个人天性的满足无法相容。

一个典型的例子是自我保存的天性,它在基于人类本质的自然法学说中扮演着重要角色。例如,托马斯·冯·阿奎纳就
701 曾从自我保存的天性中推导出禁止自杀这一自然法命令。[15]
但人类事实上并非总是在一切情形中都有保存其生命的天性,而是在某些情形中也有结束其生命的天性。绝非罕见的自杀的情形就说明了这一点。从给定的事实中,人们无法(假如非得推导出什么规范的话)推出这一规范:人类在一切情形中都应当保存其生命,而只能推导出这一规范:他在某些有待他确定的情形中应当保存其生命。只有当保存其生命的天性事实上存在时,人们才能认为这种天性是“自然的”。因此,人们必须认为有时同样会在事实上存在的结束其生命的人类天性也同样是“自然的”。如果人们从这一事实——人类有在某些情形中保存其生命的天性——推出,人类在这些情形中应当保存其生命,那么人们就无法拒绝从这一不可否认的事实——人

[15] Thomas von Aquino, *Summa theologica*, II-II 64,5:“自杀根本不被允许。这有三个方面的理由。首先,每个存在者在本质上都爱自己;因而每个存在者在本质上都试图在实然中自我保存,并对那些想要毁灭他的人进行抵抗,只要他能够这么做。故而自我剥夺生命有违自然天性,且有违每个人都必然自爱之爱。因此,自杀总是一种重大的罪过,因为它违背了自然法则和爱”[德语版参见 Thomas von Aquino, Summa theologica (Anm. 79), II-II, q. 64 a. 5(Bd. 18, S. 164f.)]。

类有时有结束其生命的天性——推出这一规范:人类有时应当结束其生命。但这就意味着,就人类针对其自己生命的行为而言,人们压根就无法从“自然”的自我保存天性的事实中——由于同样存在的同样“自然”的自我毁灭的天性——推出任何终局性的自然法规范。

对调整人对人之行为的正义规范(它规定了对人的特定对 702
待方式)而言,要考虑的只是人类的那种指向相对于他人之行为的天性。但人类自我保存的天性指向的是保存和提升人自己的生命,而非指向保存和提升他人的生命,很多时候可能只有以他人生命为代价或者以贬低他人生命为代价才能得以满足。这意味着,对某人自我保存天性的满足可能会与对他人自我保存天性的满足发生冲突,且在许多情形中的确发生了冲突。正义的问题在于,如何解决这种冲突。从事实上存在的、相互矛盾的天性无法推出任何确定这一冲突之解决办法的规范(假如毕竟有这么一个规范的话)。

35. 有些指向相对于他人之行为的人类天性(比如,自我保存的天性)具有利己的性质。但同样也有天性具有利他的性质。邻人之爱,与其同伴和平友善相处、得到他们尊重的愿望,对运用暴力的厌恶,肯定源自在许多人中起作用的天性。但谁又能否认,在许多人中这样的天性同样在起作用——它们指向恰相反对的行为,且(在现代心理学中以侵略的天性著称)被认可为人类“本质”的统一的组成部分呢?当人们相信
能从存在于许多人之中的邻人之爱的天性中推出邻人之爱的 703
命令,从存在于许多人中的和平意愿推出和平的命令时,人们就必须承认,从同样存在,因而同样自然的侵略的天性中,可以得出结论认为,人们要根据这一天性来行为。但会有自然法学

说乐意得出这样的结论吗?一个要求依循邻人之爱的天性的规范,能够与一个要求依循侵略的天性的规范一起生效吗?而对于人类本质来说如此重要的虚荣心,也就是超过他人从而轻视他人的天性,又当如何呢?

显然,一种想要从人类本质中推演出自然的——也即公正的——法的学说,无法在一切可能的人类天性中而只能在特定的天性中看到这种“本质”。它必须要对事实上存在的天性进行根本性的区分,事实上也是这么做的:这种天性(某个要求与这些天性相符之行为的规范可以建立在此基础上)与那种天性(没有这类规范可以建立在此基础上)之间的区分,也即人们应当与之相符与不应当与之相符的天性之间的区分,善的天性与恶的天性之间的区分。〔16〕 如果人们将天性视为指向某
704 种目的,如果人们假定包含天性的生物通过其天性致力于实现某种目的,那么这就只可能是一种主观目的,也即不是一种应当被实现的目的,不是一种客观目的,而只是这种生物想要实现的目的。这里清晰地表明,目的论自然法学说相信能在自然中找到的目的只是一种超验权威为自然现象设定的客观目的,但这就是说,只可能是自然法学说预设的规范。

能够对某种即便只在某种程度上具有批判性的精神隐瞒住这一点——善的天性与恶的天性、生物在其天性中想要实现

〔16〕 在这一角度下十分有特色的是托马斯·冯·阿奎纳的学说,他将自然法建立在自然本能的基础上。与本书已引述过的地方(*Summa theologica*,I-II,91,Art. 1 und 2)相联系,他说:由于一切屈从于神意的事物都受永恒法的控制,所以很清楚的是,在某种程度上一切事物都在此范围内参与了永恒法,即它们从它那里获得了某些倾向(本能、天性),后者指向这些行动和目标……尤其是上帝的理性造物在某种程度上参与了上帝的理性(也即永恒法),因为他们从中获得了一种对于这些合理的行动和目标的自然倾向。理性造物对永恒法的这种参与被称为自然法。“自然”倾向(naturalis inclinatio)仅仅是与永恒法(也即自然法)相符的倾向。

的目的与他应当实现的天性之间的区别无法在天性本身中被找到,它是被预设的,也即是说预设了这样的规范,它们要求应当与某些天性相符,而与其他天性不相符——吗?

36. 只有在此前提下,对于某种建立在人类"本质"基础上的自然法学说而言不可避免的区分——"自然的"天性与"非自然的"天性——才能成立,自我保存的天性才能被说成是自然的,自我毁灭的天性才能被说成是非自然的,邻人之爱的天性才能被认为是自然的,侵略的天性才能被认为是非自然的。 705
由于无法否认,自我毁灭的天性就如同自我保存的天性、侵略的天性就如同邻人之爱的天性那般存在于作为事实现实的自然之中,所以就会产生"自然的"自然与"非自然的"自然这种悖论式的区分。但这就意味着,"自然"的概念历经了激烈的意义变迁。替代现实的自然、如其所**是**的自然的,是一种理想的自然、如其——根据自然法——**应当**所是的自然。故而绝非自然法学说从自然中推演出了某种理念的法即所谓自然法的规范,而是这一学说从它在理念上所预设的法即所谓自然法中推演出了某种理念的自然,这一学说必须预设这种法,以便获得自然的概念、人类的良善和神圣本质的概念。

37. 一些自然法学说的代表试图以此来对抗这一反对意见:他们宣称,人类的本质(从中可推演出自然法规范)就是正常人的本质,"自然的"行为是人类的"正常"行为、所谓平常的行为,就像事实上可以观察到的那样。这意味着,自然法的本质在根本上与描述性自然科学的本质相同。就像自然中的一切都——通常——在特定条件下以特定方式发生,人类也——通常——在特定条件下以特定方式来行为。人类本质显现在他的这种规律性的正常行为之中。它是绝大多数人的行为。 706

构成这种本质的规则虽然不是什么——就像在以前观念中的因果法则那样——不容许有任何例外的规则,但可以说这些例外仍是少数。〔17〕

事实上,人类行为的这种规律性——也即社会现象的法则(即便它只是近似地等同于根据因果原则表述的自然规律)——无法或无法在这种范围内被确认,即在这些规则的基础上可以建立一种人类社会的自然法秩序。这一范围内的规律性只有在有限的局部群体内部且只相对于有限的时间段才能被观察到。这些规则被人们称为人类习俗,即他们的社会惯例、风俗。但它们在不同的时间、不同的地方差异过大,因而无法在一般意义上谈论某种自然的——也即正常的意义上的——人类行为。但即便人类行为的这种规律性(也即一个规则或诸规则)——人类无时无处事实上不据此来行为(就像金属体在受热时无时无处不膨胀那样)——能被确认,从这种实然规则中也无法推导出应然规则,无法推导出规范,实然意义上"正常"之事无法作为应然意义上的"正常"之事来生效。如果只考虑行为的规律性(它可以在有限的局部群体内部、相
707 对于有限的时间段被观察到),那么从实然意义上的"正常"之事到在应然意义上必须生效的"正常"之事的推论,就只有预设了这一规范才有可能:特定群体内部的人应当如此来行为,就像这一群体的绝大多数人长时间来通常习惯于行为的那样。但这只是许多相对的正义规范(它们在前文中已被分析过了)中的一个。它绝没有排除其他正义规范——它们规定

〔17〕 参见乌兹的详述(Utz, op. cit. S. 437),他说,自然法是一种"社会中活着的平常人"的秩序,"形式民主意义上的多数"。

了有别于多数群体成员通常被观察到的行为,并被带至与它们相矛盾的多数人的通常行为时会导向一种对人类本质的轻蔑评判——之效力的可能性。只有当涉及人类整体内部的多数人,且这一规范——人应当像多数人通常行为的那样来行为——能被赋予绝对效力时,这一规范才能被描述为自然法。前者是罕见的,后者只有在此前提下才有可能,* 即人们相信这是上帝的意志:人应当如此行为,因而人类的本质(他被上帝所植入的本质)体现在多数人的通常行为中(也只在此中,而非在少数人的行为中);故而人类本质通常是善的,只有在例外时才是恶的。事实上,有一个神学流派主张这一命题;但毫不奇怪的是,有另一个追随奥古斯丁的流派主张相反的命题,即这一消极命题——人类的本质是腐朽的,从原罪产生后我们所有人都是罪人。一种科学的法学说没有任何理由要在 708
这一或那一神学教义那里站队。它可以限于确认,将自然法建立在人类"正常的"、平常的本质之上的努力也必然会导向自然法学说的某种神学奠基。

38. 自然法学说内的一个卓越的流派是习惯上被称为"理性主义"自然法学说的流派,它的代表者试图从人类的理件中识别出其本质,并试图相应从理性推演出某种公正之法的规范。它假定,这些理性的规范是固有的,或者(其结果是一样的)作为规范制定权威、作为立法者的理性为人类规定了正确的也即公正的行为。这种自然法以理性法(Vernunftrecht)的面目出现。公正的就是自然的,因为它是理性的。

---

* 这里的"前者"指的是"涉及人类整体内部的多数人","后者"指的是"人应当像多数人通常行为的那样来行为这一规范被赋予绝对效力"。——译者注

39. 从经验心理学的立场来看,理性的特殊功能在于认识其被给定或被陈述出的对象。我们将人类的认知功能称为理性。但规范制定(也即立法)并非认知功能。制定某个规范并不是对已存之对象如其所是的认知,而是对某事应当如何的要求。在此意义上,规范制定是一种意愿的功能,而非认知的功能。制定规范的理性同时是认知性的和意愿性的理性,同时是认知与意愿。自相矛盾的**实践理性**(*praktische Vernunft*)概念,不仅在呈现为理性法学说的自然法学说中,而且还在伦理
709 学中扮演着关键性的角色。[18] 实践理性这一概念具有神学—宗教的起源。

如果进一步考察就会发现,自然法可从中推演出来的理性并不是人类的经验理性(就像它事实上发挥作用的那样),而是一种特殊的理性、"恰当的"理性,这种理性并非如它事实上那般,而是如它应当如此那般。西塞罗早就将自然法定义为"正确理性"(recta ratio)的产物,他十分清楚地区分了正确的(也即取向于善的)理性与不正确的(也即取向于恶的)理性。他说:"造物(他们从自然中获得了理性的天赋)同样也获得了正确的理性,从而获得了法的天赋"[19],在别的地方他将法定

---

〔18〕 参见 Alf Ross, Kritik der sogenannten praktischen Eerkenntnis. Kopenhagen, Leipzig 1933, S. 19:"实践认知是这样一种认知,它借由对终极目的(它是意志的绝对理由)的知识同时为意志设定这一目的,或构成这种理由本身。只是,这种规定是自相矛盾的;因为每种知识都是**对某事的**知识,故而与知识本身有别,也独立于后者而被给定。但如果知识本身应当设定目的(或构成理由),那么这种目的(理由)就不可能先于且独立于知识被给定;而后者反过来也不可能是对这一目的的认知。相反,如果这种知识应当是对目的知识,那么它就不可能自行设定这种目的。其中一个排除掉了另一个。"

〔19〕 Cicero, De Legibus, I, XII, 33:"因为被自然赋予理性者,同样也被它赋予正确的理性;故而它同样赋予他制定法,也即命令和禁止范围内的正确理性;如果被赋予制定法,那么就同样被赋予法。而所有人都拥有理性:因此所有人都被给予法"[德语版参见 Cicero, De legibus(Anm. 66), I, XII, 33(S. 39)]。

义为“与自然相一致的正确理性”[20]。但他将这种自然等同于上帝，因为他宣称上帝是这种永恒和不变之法的缔造者。[21] 710

而事实上，只有上帝的理性才能内含这种绝对有效的正义规范，也只有借鉴上帝的理性人们才能提出这一充满矛盾的命题：它同时是认知功能和意志功能，因为排中律这一逻辑原则不适用于具有上帝属性的命题。只有上帝的理性才可能是“实践”理性，也即立法性认知，只有对于上帝人们才能说，认知与意愿合二为一了。

40. 托马斯·冯·阿奎纳明确教导说，人类的理性（自然法学说可以从其理性本质中推演出其永恒不变的规范）是在人身上显现的上帝理性。他区分了理论理性与实践理性（*ratio speculativa* und *ratio practica*）。他认为**理论理性**的特殊功能在于：**定义**（*definitio*）、**阐明**（*enuntiatio*）以及**三段论与论证**（*syllogismus vel argumentatio*）。[22] 但他认为**实践理性**的功能在于：命令、立法、制定规定良善和公正行为的规范。[23] 制定法是关于什么应当做、什么不应当做的规则和标准。[24] 但人类的实践理性本身（*secundum se*）并不是这一规则或这一标 711

---

〔20〕 Cicero, De Legibus, Ⅲ, XXII, 33. 参见本书第 503 页，脚注〔2〕。

〔21〕 Cicero, ibidem.

〔22〕 Thomas von Aquino, Summa Theologica I–II, 90, Art. 1.

〔23〕 *Summa* Theologica I–II, 17, Art. 1：“命令是一种理性行为，尽管它以意志行为为前提。”I–II, 90, Art. 1：“由此可知，制定法是一种理性的事物”[德语版参见 Thomas von Aquin, Summa Theologica (Anm. 21), I–II, q. 90 a. 1 (Bd. 13, S. 5)]。

〔24〕 Summa Theologica I–II, 90, Art. 1：“制定法是活动的一种规则和标准，据此某人被引导采取行动或被阻止采取行动……但人类活动的规则和标准是理性，它是人类行动的首要实然基础……因为理性向我们施加了向构成行动之首要实然基础的目标努力的责任”[德语版参见 Thomas von Aquin, Summa Theologica (Anm. 21), I–II, q. 90 a. 1 (Bd. 13, S. 5)]。

准。它是输入它们——来自上帝的启示——中的原则。〔25〕只有当上帝的理性赐予它时,人类的理性才是实践理性,也即立法的、制定规范的理性。上帝的理性根据永恒法(人们必须认为它内在于这种上帝的理性)统治着世界。上帝创造的人拥有理性,只要他参与了上帝的理性,他从中获得了实施与永恒法相符之行为的天性。〔26〕"当与理性的规则相符时人类事务就是公正的,而正如我们已经明白的,理性的第一法则就是自然法。"〔27〕但自然法就是具有天赋理性的造物对永恒法的参与。理性(它的规则就是自然的法)是上帝的理性。〔28〕但上帝的理性等同于上帝的意志。〔29〕

---

〔25〕 Summa Theologica I-II,91,Art. 3:"人类理性本身并非事物的规则,但合乎自然地浸入其中的原则构成了关于一切人类有义务做之事的某些一般规则和标准"[德语版参见 Thomas von Aquin,Summa Theologica(Anm. 21),I-II,q. 90 a. 3 ad 2(Bd. 13,S. 25)]。

〔26〕 参见本书第 510 页,脚注〔16〕所引之处。

〔27〕 *Summa Theologica* I-II,95,2:"In rebus autem humanis dicitur esse aliquod justum ex eo quod est rectum secundum regulam rationis;rationis autem prima regula est lex naturae."

〔28〕 乌兹在对托马斯进行评论时强调了(S. 444)"人类实践理性的创设法的力量"。他说:"圣阿奎纳的自然法学说在实践理性的天然判断中看到了人权的紧邻立法者,从而他自己从上下达指令,也即下达给位于这一世界之上的永恒立法者。"如果人类的实践理性是立法者(它屈从于更高的立法者也即作为世界立法者的上帝),那么通过人类实践理性的立法就只能是一种上帝委任的立法,也即最终只是通过上帝理性的立法,故而只有当人类的理性参与了上帝的理性时,当它是显现在人身上的上帝理性时,人类理性才是"实践的",也即立法性的。

〔29〕 Thomas von Aquino,Summa Theologica I-II,93,Art. 4:"由于(上帝的意志)是其本身的本质,(它)既不(屈从于)上帝的世界统治也不(屈从于)永恒法;它毋宁是永恒法本身……换一个角度来看,在考虑到它本身时,人们倒不如称之为计划本身"[德语版参见 Thomas von Aquin,Summa Theologica(Anm. 21),I-II,q. 93 a. 4 ad 1(Bd. 13,S. 58)]。

这一自相矛盾的假定——人类的实践理性同时发挥着意志的功能和认知的功能——在托马斯那里表达在如下地方:Summa Theologica II-II,58,Art. 4,托马斯区分了作为**潜在认知**(*potentia cognoscitiva*)的理性与作为**欲望冲动的意志**(*voluntas* als *vis appetitiva*)。为了反对这一观点——"故而正义不以意志为其承载者,而不如说以理性为其承载者"[德语版参见 Thomas von Aquin,Summa Theologica(Anm. 79),II-II,q. 58 a. 4(Bd. 18,S. 29)]——他详述道:"但正义并不是为了去调控某种认知行为;因为我们并非因为认为某事是正确的,所以称之为'公正的'。故而正义的承载者不是具有认知能力的

41. 如果(自然法学说相信能从中推演出其公正的规范 712
的)理性是在人身上显现的上帝的理性,而不是其经验理 713
性,那么这种学说就无法被称为是理性主义的。自然法学说主张要通过分析人类理性来认识这些——并非由人类创造的、存

知性或理性。但由于我们是因为以恰当的方式来做某事而且活动的紧邻理由构成了欲求力,所以称之为'公正的',因此正义必然以某种欲求力为其承载者"[德语版参见 Thomas von Aquin, Summa Theologica(Anm. 79), II-II, q. 58 a. 4(Bd. 18, S. 30)]。继而,托马斯区分了作为**理性欲求**(appetitus rationalis)的**意志**与作为**感性欲求**(appetitus sensitivus)的**意志**;对意志主张它"在于理性之内"[完整的表述为"但存在双重的欲求能力:即存在于理性之内的意志与在感官察知之后发生的感官欲求能力"。德语版参见 Thomas von Aquin, Summa Theologica(Anm. 79), II-II, q. 58 a. 4(Bd. 18, S. 30)],并十分模糊地谈及:"出于与理性的相邻关系"[德语版参见 Thomas von Aquin, Summa Theologica(Anm. 79), II-II, q. 58 a. 4 ad 1(Bd. 18, S. 31)]。如果**理性**是一种**潜在认知**,而**意志**是一种**欲望冲动**,那么**意志**就不可能"**在理性之中**"。但**实践理性**(*ratio practica*)的概念建立在**意志**内在于**理性**的基础上。

Summa Theologica I-II, 90, Art. 1 进一步论述道:"理性的作品(必须)遵循理性活动自身(它体现为认识和推断)以及通过这一活动得出的结论。指向认识的理性,首先是概念确定,其次是命题,再次是推论程序或证明。现在,在活动领域内取向于行为的理性也使用了一种推论程序([q.]13, [a]3: Bd. 9)(亚里士多德);因而在指向行为的理性中有某事,它与活动的关系就如在指向认识的理性中命题与推断之间的关系一般。这些指向行为之理性的一般性命题(它们要被规整于这些活动)具有法律的性质;尽管这些命题一会儿自我观察,一会儿又如同理性的举止那般被坚持"[德语版参见 Thomas von Aquin, Summa Theologica(Anm. 21), I-II, q. 90 a. 1 ad 2(Bd. 13, S. 6)]。"理性从意志那里获得动力([q.]17, [a.]1: Bd. 9)。因为鉴于某人想要(实现)某个目标,所以理性会就什么会导向这一目标下达命令。但由此一来,意愿就具有了法律的性质,就什么被要求而言它需要通过理性判断来进行规制。故而可以理解的是,统治者的意志具有法律效力;否则统治者的意志就可能更多是不法,而非法律了"[德语版参见 Thomas von Aquin, Summa Theologica(Anm. 21), I-II, q. 90 a. 1 ad 3(Bd. 13, S. 7)]。

I-II, 91, Art. 3:"正如所说的([q.]90, [a/]1 Zu 2),法律是指向行为的理性的一种指令。但现在指向行为之理性的思考路径与指向认识之理性的思考路径是相似的:两者都从原理推展出结论句(同上引)。据此人们必须说:在指向认识的理性中,从不可证明的天然知晓的原理推导出不同学科的结论句(对它们的认知并没有天然地浸入我们之中,而是要靠理性的努力来加工)。同样,人类理性必须像从普遍和不可证明的原理出发那样,从自然法的命令出发过渡到对个人的指令。而这些针对个人的指令(人类理性发现了它们)被称为人法;在此当然要保留……属于法律之本质的其他……特征"[德语版参见 Thomas von Aquin, Summa Theologica(Anm. 21), I-II, q. 91 a. 3(Bd. 13, S. 23f.)]。

在于理性之中的——规范。如果这种理性是人类的经验理性,那么对自然法的认识就必然是人类的自我认识。只有如此,这一学说才会具有理性主义的性质。但只有当遵循托马
714 斯·冯·阿奎纳神学的自然法学说主张,尽管并非由上帝创造,但却存在于上帝的本质之中的、内在于上帝理性的自然法可通过某种被称为“上帝的自我认识”[30]的程序(就此而言,这一学说涉及严格的形而上学立场)来认识时,这种学说才是连贯的。如果它是制定规范、构成善的价值(因而也构成恶的无价值)的认知理性,那么区分善与恶就属于(制定规范的)认知,也即实践理性的功能。

区分善恶的能力很多时候反映出实践理性的本质。在这种版本中,这一概念可以追溯到知识之树的神话。善和恶的知识是因为不顾上帝的禁令享用了这棵树上的果子而带来的。[31]蛇对女人说:“上帝知道,如果你们吃了这棵树的果子,你们的眼睛就会明亮起来,那时候你们可以像上帝一样知道善恶。”[32]上帝的本质在于,他知道什么是善恶。因为他知道这一点,所以他也同样想要善行被实施,恶举被抑制。他的

如果实践理性的功能与理论理性一样,也即从一般性推断出特殊性,那么它就是认知功能,而非意志功能。如果实践理性从向其给定的、只能由其来认识的自然法规范出发,通过推断推导出了特殊规范,那么它就不能被称为制定规范的理性,对于它就不能够说:“命令是一种理性行为”[德语版参见 Thomas von Aquin, Summa Theologica, I-II, q. 17 a. 1]。

〔30〕 乌兹(Utz, op. cit, S. 403f.)强调,按照托马斯的神学,自然法并非由上帝创造,而是可以通过上帝的本质本身来证立,这一点最终说明:“在上帝的本质和上帝的自我认识中存在着对自然法之理性的最深层的证立。”但这是一种——从经验理性的立场来看——高度非理性的理性。

〔31〕 *Genesis*, II, 9, 16, 17.

〔32〕 *Genesis*, III, 4, 5.

知识就是他的意志。他的理性是一种实践理性。正是这种上帝的理性为——有原罪的——人类所学会和掌握。 715

42. 对逻辑上站不住脚的实践理性概念的伦理学冥想是如此顽固,这一点不仅可以从宗教—神学观念对于其施加的影响得到说明。这一概念满足了这种冥想的基本需求。如果构成伦理价值尤其是正义价值的规范以理性而非某种有别于理性的人类能力(其意志)为出发点,如果在某个道德规范(它将特定行为作为应然之事联结于特定条件)中,这种联结不是通过人类意志行为来进行的,故而——在此意义上——不是任意专断的,而是像自然法则中条件和结果间的联系那样独立于人类意志,那么在此角度下就不存在物理或数学法则与道德法则之间的区别,那么就可以主张有这样一种正义规范(人们伪称在理性中找到了它),它就像这一命题——加热会使金属体膨胀——或那一命题——二加二等于四——一样是无可争辩的。格老秀斯通过提出其主张——自然法规范是有效的,即便人们能够说(事实上人们是没法说的)不存在上帝——想要达成的目标是,这些规范的效力就像数学命题那样客观,也即在很大程度上脱离任何专断性,因而是无可争辩的:"虽然上帝的权力是无限的,但仍有某些东西处于这种权力之外……就像上帝也不能使得二加二不等于四,他不能使本质上(也即从自然出发)为恶的东西变得不是恶。"[33] 716

[33] Grotius,De Jure Belli ac Pacis,Lib. 1,Cap. I,Par. X,5:"自然法是如此不可变,以至于上帝自己也无法改变它。因为尽管上帝的权力是无法度量的,但人们依然可以说出它无法延及的具体事物,因为相同的事物只能被**说出**,却没有任何涉及某个对象的意义,而是自相矛盾。故而就像上帝几乎不能产生这样的影响,即二加二不等于四,他也不能产生这样的影响,即使得根据其内在本质很糟的东西变得不糟糕"[德语版参见Grotius,Recht des Krieges(Anm. 78),I,I,X,5(S. 74f.)——强调为原文所有]。

43. 在康德伦理学(它建立在实践理念概念的基础上,并以其作者之名的极大权威掩盖了这一概念)中,还添上了另一种动机。它的关键在于,借助于实践理性来“挽救”意志自由这一神学教条(他不可能让它在理论理性面前成立[34])。他说:“现在我主张:我们必须赋予每个理性生物(它具有意志)必要的自由理念,它只根据这种理念来行动。因为我们认为这种生物具有理性,它是实践的,也即就其客体而言具有因果性{这意味着——正如从大量的其他地方所得知的——一种立法
717 性的理性。}那么人们就不可想象有这样一种理性,它通过其自己的意识就其判断从他处来获得某种控制,因为这样一来主体就不会将判断力的确定归属于他的理性,而是归属于某种动力。它必须视自己为其原则的缔造者,独立于外在的影响;因而它必须被视为实践理性,或被其自身视为自由的某种理性生物的意志;这意味着,意志自身只有在自由理念下才能成为一种自我意志,故而在实践意图中必须被给予所有理性生物。”[35]意志是自由的,因为实践理性是自由的,而实践理性就是意志。实践理性是自由的,因为它同时是理论的、认知的、判

---

〔34〕 Kant, Kritik der reinen Vernunft, Ⅲ, S. 331:“可即便至多有一种先验能力屈服于自由,为的是开始改变世界,这种能力也必然处于世界之外(虽然这依然是一种冒险的自负,即假定在所有可能观点的整体外还有一个对象,它无法以任何可能的方式被察知)。只在世界本身中将这种能力赋予实体不再可能被允许,因为这样一来,必然根据普遍法则来确定的现象间的彼此联系(人们称之为自然),以及经验真的特征(它将经验与梦想区分开来)就会在很大程度上与它一起消失。”也可参见 *Grundlegung zur Metaphysik der Sitten*, IV, S. 448。

〔35〕 Kant, Grundlegung zur Metaphysik der Sitten, IV, S. 448. – Kritik der reinen Vernunft, Ⅲ, S. 521:“但理性本身是否通过这些行动——由此它规定了(实践)法则(它说的是应当发生什么)——还是要由其他影响来决定,在感官动力的意图中被称为自由的东西是否就更高和更远地起作用的原因而言可能仍然是自然,这与我们的实践并不相关(因为我们首先只是去询问涉及行为**规定**的理性),而只是一个纯理论问题,我们可以将它

断的理性。而判断理性是自由的,因为判断是这种作为认知能力——而不是别的能力,因为判断力是认知理性(也只是这种 718
理性)的一种力量——之理性的一种特殊功能。这里体现了它的"自由"。问题在于,理性基于对事实的认知作出的实然判断是否与它基于对由意志行为制定之规范的认知作出的判断属于完全不同的类型,理性的"自由"(它体现为,判断是其也只是其特殊的功能)就其判断而言是否是完全不同于意志自由(它体现为,意志不由因果决定)的东西。但在这里,这些问题可以放在一边。无论如何,康德似乎认为,理性的"自由"就其判断而言要比意志自由更为不言而喻、更不容易受人指摘。为了能将理性的"自由"就其判断而言(也即认知理性的自由)归于意志,康德必须将意志等同于理性。被等同于意志的理性就是实践理性。[36]

康德一再强调,实践理性是意志。他说:"意志不外乎是实践理性。"[37]他将"实践理性"等同于"意志",因为他在"实

放在一边,只要我们的意图指向的是行为或要求。故而我们通过经验将实践理性认识为一种来自自然原因的也即一种由意志规定的理性的因果性,然而先验自由要求这一理性本身(就其开启一系列现象的因果性而言)独立于感官世界的一切规定性原因,并因而看起来有违自然法则、因而也违背一切可能的经验。"这意味着,理性虽然是现象的原因,但本身却不是某个原因的结果。理性是自由的。

〔36〕 Thomas von Aquin, Summa Theologica, I-II, 17; Art. 1:"自由的根源是好比底座的意志;但作为它原因的是理性。因而意志可以自由涉入不同的事物,因为理性可以拥有关于善的不同观点。因而哲学家这样来确定自由(选择决定)意志的概念:它……是由理性自由作出的判断,就仿佛理性是自由的原因一般"[德语版参见 Thomas von Aquin, Summa der Theologie. Zusammengefaßt, eingel. und erl. von Joseph Bernhart, Bad. 2: Die sittliche Weltordnung, Stuttgart 1954, I-II, q. 17 a. 1(S. 103f.)]。自由的根源虽然是意志,但自由的原因却是理性。

〔37〕 Kant, Grundlegung zur Metaphysik der Sitten, IV, S. 312.

719 践理性”这一表述的后面加上了括号“(意志)”。[38] 只因为他在实践理性中看到了意志,所以他就可以将这种理性描述为立法性的。关于理性,他认为它“要求的是应当如何行动”[39],他提示我们注意“理性为我们规定的是什么”[40]。他说,理性本身为理性存在者规定了应然。[41] 道德形而上学是必要的,这是为了研究“存在于我们理性之中的实践原则”[42]。道德法则适用于人类,“因为它来源于我们作为智识的意志,故而来源
720 于我们的本我”[43]。康德承认,规范只有通过意志行为才能被

---

〔38〕 Kant, op. cit, S. 441.

〔39〕 Kant, Metaphysik der Sitten, VI, S. 216.

〔40〕 Kant, op. cit, S. 218.

〔41〕 Kant, Grundlegung zur Metaphysik der Sitten, IV, S. 460.

〔42〕 Kant, op. cit, S. 390.

〔43〕 Kant, op. cit, S. 461. 道德法则来源于人类作为智识的意志,这一点体现了意志的自治,康德将此宣告为道德性的最高原则(op. cit, S. 440)。根据自治这一原则,是人类的实践理性构成了道德立法者。在此角度下,看起来就可以将康德的实践理性与托马斯·冯·阿奎纳的**实践理性**(*ratio practica*)区分开来,后者在人类的实践理性中只看到了对上帝之理性的参与,上帝才是道德立法者。但康德无法维系人类的道德自治原则,因为他——恰恰是通过人类的实践理性——试图去证明作为最高道德立法者之上帝的存在。在他的《**判断力批判**》(V, S. 444)中,他说:“由于现在我们只承认人类是为创造目的的道德存在者,故而我们……关于在我们理性状态看来自然目的与合乎知性的世间原因之间的必然关系拥有**一种原则**,将其这一首要原因的本质与属性设想为目的王国的最高理由……从这一被如此确定的原初生物的因果原则出发,我们就必须不仅将它设想为智识且对于自然具有立法性,而且也必须将它设想为某个目的之道德王国中的立法首脑。”故而不是作为意志的人类智识,也非作为智识的人类意志,而是作为意志的上帝智识或作为智识的上帝意志,最终从中肇生出了道德法则;不是人类,而是上帝、是原初生物,才是道德立法者。在《**道德形而上学的奠基**》(IV, S. 455)中,我们可以读到:“故而道德应然本身是作为智识世界之成员的(人类的)必要意愿,只有当他同时将自身视为意义世界的成员时,道德应然才被其设想为应然。”对于作为智慧生物的人类而言,不存在什么应然,故而没有什么命令在发挥作用,因为意愿与应然是同起同落的。但这样一种智慧生物(其意愿对于经验生物而言是一种应然)只可能是上帝。康德也说(op. cit. S. 414):“因此,对于**上帝的**意志且在一般意义上对于**神圣**意志而言没有什么命令;**应然**在此错位了,因为意愿自身已必然与法则(也即与应然)取得一致。”依照《**批判力批判**》(S. 444),我们必须将上帝这种原初生物设想为“全知”“全能”“全善且公正”的。如果上帝

制定。他说:“法则来自于意志……”〔44〕因此,他只有由此才能来维系其命题(理性为人类规定道德法则),即他将作为实 721
践理性的理性等同于意志。但另一方面,康德又十分清晰地区分了作为认知能力的理性与作为欲求能力的意志。这一点从上面的引文中就可知晓,因为他以一种“拥有意志之理性生物”的观念为出发点,从而将理性与意志预设为人类的两种不同的能力。偶尔他会将人类称为“拥有理性和意志的生物”〔45〕。理性**和**意志,而非作为意志的理性。康德说,“作为实践能力的理性”是作为“应当对意志施加影响之”能力的理性。〔46〕只有当理性和意志是两种不同的能力,而非当两者等同时,理性才能对意志施加影响。在《**实践理性批判**》中,他说:在其实践运用中,“理性从事着确定意志之理由的活动”〔47〕。故而理性,即便在其实践运用中,也不是意志,它“忙于”意志及其确定理由。也就是说,它试图将意志断定为一种向它给定的对象。在其他地方又说:“故而意志是这样的欲求能力,它不

必须被假定为最高的道德立法者,那么道德义务就不能被标识为或无法被充分标识为人类自身的理性所下达的命令,而必须被视为上帝的命令,或至少也要被视为上帝的命令。虽然康德在《**道德形而上学**》(Ⅵ,S. 491)中说:“在伦理学(作为内在立法的纯粹实践哲学)中,只有人对人的道德关系对于我们来说才是可理解的,但上帝与人类之间的关系完全超越了这一界限,对于我们来说完全不可理解。”但在《**纯粹理性界限内的宗教**》(Ⅵ,S. 6)中,他说:“故而道德会不可避免地导向宗教,由此它被扩展为这样一种理念:除人类外还有拥有权力的道德立法者”;(S. 153):“(从主观角度来观察)宗教是将我们所有义务视为上帝之命令的认知。”而在“**康德遗著**”(dargestellt und beurteilt von Erich Adickes. Kant-Studium No. 50,1920,S. 802)一文中可以发现这样的句子:“道德—实践理性包含这样一个绝对命令,即将所有的人类义务都视为上帝的命令。”

〔44〕 Kant, Metaphysik der Sitten, VI, S. 226.

〔45〕 Kant, Grundlegung zur Metaphysik der Sitten, IV, S. 395.

〔46〕 Kant, op. cit, S. 396.

〔47〕 Kant, Kritik der praktischen Vernunft, V, S. 15.

仅(像专断那样)要被视为涉及行动,而且毋宁说它要被视为涉及关于行动之专断的确定理由;在它自身之前本就没有任何确定理由(也即它是自由的),而是理性实践本身,只要它能够
722 确定专断。"[48]"只有理性生物才拥有这种能力,即**根据**法则的**观念**(根据原则)来行动,或者一种**意志**。由于为了从法则推导出行为要求具备**理性**,所以意志不外乎是实践理性。"[49]故而实践理性的概念是对彼此根本上有别且同样被康德自己区分开来的两种人类能力之不[50]容许的混淆的后果。康得承认,

---

〔48〕 Kant, Metaphysik der Sitten, VI, S. 213.

〔49〕 Kant, Grundlegung zur Metaphysik der Sitten, IV, S. 412.

〔50〕 Kant, op. cit. S. 391. 如果像康德所主张的那样,理论理性与实践理性是同一种理性,且两者都是认知能力,那么就不可能从实践理性的角度出发将某事认定为真的或主张为存在的,只要它不能从理论理性的角度出发被认定为真的或主张为存在的,就像上帝存在、灵魂不朽,尤其是意志自由那样。康德说(*Kritik der Urtheilskraft*, V, S. 456):"故而最高道德立法者的现实只是对于我们理性的**实践运用**而言才是充分的,而非就他的存在作了某种理论上的规定。"这意味着,"上帝存在且制定道德法则"这一命题只有从实践理性的立场出发而非从理论理性的立场出发才是真的。康德明确区分(op. cit. S. 461ff.)了两种类型的"主张为真":人们将被证明之事当作是真的,但对于每种证明却要求,"它不是劝服,而是说服"。"基于说服的证明可以……是双重类型的……在第一种情形中它建立在针对确定性批判力之充分原则的基础上,而在第二种情形中仅仅建立在针对反思性批判力之充分原则的基础上。在后一种情形中,它(建立在纯粹理论原则的基础上)无法对确信发生影响;但如果它以某个实践理性原则为基础(因而它一般性地和必然地起作用),那么它就可以去主张一种在纯粹实践的意图中充分的也即道德的确信";但这就意味着主张为真。"对于作为某种神祇的原初生物或者作为某种不休之精神的灵魂的存在而言","即便只是为了对最低限度之真主张发挥作用,对于人类理性来说也没有任何证明在理论意图中是可能的"(op. cit, S. 466)。"相反,对我们发挥作用的最高终结目的(借此我们完全可以被评价为某种创造自身的终极目的)是一种理念(它对于我们来说在实践关系中拥有客观现实性)和事物;但这是因为我们无法出于理论意图去获得这一概念的现实性,而只能获得纯粹理性相信的事物(但同时还有与之相伴的上帝和不朽),以作为这样的条件,据此我们可以会根据我们(人类)理性的性状去设想我们自由的那种合乎法则之使用效果的可能性。但主张相信之事物为真是纯粹实践意图中的主张为真,也即一种道德信仰,它无法向理论理性认知,而只能向实践的、指向其义务之遵循的纯粹理性认知证明什么……""信仰(作为**习惯**而非**行动**)是在主张理论认知无法企及之事为真时理性的道德思维方式"(op. cit. S. 471)。故而康德关于理论理性与实践理性的区分最终被证明是这种双重真理学说(它在中世纪哲学中扮演着重要角色)的一个变

"最终只能有一种且是同一种理性,它只有在运用(为理论理性和实践理性)时才必须被区分开来"。如果它只是**一种**理性,那么它在它的两种运用情形中就都能被认可;那么它就只 723
能鉴于其对象(认知对象)被区分开来,当认知取向于实然、取向于现实的事实时,它就是理论理性,当认知取向于应然、取向于由意志制定的规范以及由这些规范构成的价值时,它就是实践理性。如果理论理性与实践理性是同一种理性,那么它就不能作为理论理性来认知,而只能作为实践理性来发挥一种与此 724
截然不同的功能,即意愿。

虽然康德将伦理学称为"科学"和"理性认知",并以此区别于物理学这种科学:后者"必然与自然及其法则相关",而前者与一切事物应当如何发生的法则相关,也即与规范(道德规范)相关,故而伦理学与物理学一样只能去认识向它给定的对象,但他主张,是伦理学赋予了作为具有理性天赋之生物的人类以法则。"运用于人类的道德哲学并非来自对人类最低限度的认知(人类学),而是给予他(作为理性生物)**先验**法则。"[51]被称为伦理学或道德哲学的理性知识是立法性的。伦理学与道德、知识与其对象被等同了。这是实践理性概念的后果。它同样被表达为,就像将伦理学与道德相等同那样,康德也将法律科学与法相等同。他说:"制定法的整体(对此一种外在立法是可能的)称为法学说(*Jus*)。假如这种立法实现

种:某事**根据理性与哲学**为真,但**根据信仰与神学**却为假。主张这一学说在根本上是出于这一目的,即为了捍卫哲学免于神学的侵犯。但在康德那里它却具有相反的功能:它要捍卫神学而反抗哲学。

〔51〕 Kant, Grundlegung zur Metaphysik der Sitten, Ⅳ, S. 389.

了,它就是实在法的学说。"[52]

康德认为,道德规范具有拘束力的理由"必然不在人类的本质或(他被创制的)世界的环境中去寻找,而只是**先验地**存在于纯粹理性的概念之中"[53]。故而看起来他——至少在伦理学的领域中——拒绝了一种自然法的论证。但由于在康德
725 看来,纯粹理性(他在这里指涉的就是这种理性,而非实践理性)是人类的认知能力,且由于他(就像从上文所引之处可知的那样)假定实践原则"存在于我们的理性之中",所以在他的伦理学与关于理性法的自然法学说之间存在一种十分紧密的亲缘关系。这种亲缘关系基于那两种共同的实践理性概念之上。

44. 从这一洞见——人类的行为最终并非由理性而是由其感觉来确定的——出发,最近又出现了这样的努力,即从人类的法感(Rechtsgefühl)出发推演出普遍有效的正义规范,故而去维系受相对主义、导向"怀疑和疑虑"的实证主义威胁的自然法学说。[54]

根据"法"(Recht)这个词在惯常语言用法中的两种不同含义(实在法与正义),"法感"一词被用来称呼两种大相径庭的现象,它们必须被清晰地区分开来。假如可以考虑的"感觉"涉及的是实证意义上的法,那么人们由此称呼的就是这种心灵立场:它要么表达为不赞成,借此生活于某个实在法秩序之下的人对(首先是自己的,但也包括其他人的)违法举措作

[52] Kant, Metaphysik der Sitten, VI, S. 229.

[53] Kant, Grundlegung zur Metaphysik der Sitten, IV, S. 389.

[54] Helmut Coing, Die obersten Grundsätze des Rechts. Ein Versuch zur Neugründung des Natuerechts. Heidelberg, 1947, S. 7, 11.

出回应;要么表达为赞成,借此他对(首先是自己的,但也包括其他人的)某种合法举措作出回应。人们可能首先会反对道,这种回应并非那么源于某种敏感的情绪,而更多是源于某种口味性的情绪。如果人们论及"法感"说,它"要求"察知自 726
身的法,但也"敦促"去承认他人的法,[55]那么人们由此想的是,用某种要求来表达"法感",故而不如说是作为希望或意志的法感。由于法秩序只能由此来保障权利,即它规定了相应的义务,所以所谓的法感是这种希望或意志:合法而非违法被对待。对于评判用法感来证立某种自然法学说的做法而言,更重要的是这一事实:对违法对待之不赞成一般而言要比对合法对待之赞成强烈得多,且首先在于这一事实:由于只有一种在所有人那里都可以被观察到的法感才能成为普遍有效之正义规范的基础,所以只有对某人自身遭受之违法行为的不赞成才被考虑进来。反抗德雷福斯(Dreyfuß)所遭受之不法的左拉(Zola),要比为自身的权利而斗争的米夏埃尔·科尔哈斯(Michael Kohlhaas)少得多。* 大多数人都将对他人所受之违法对待的不赞成留给这一他人去作出。拉罗什福科(La Rochefoucauld)**的箴言之一说的是:"对正义的热爱只是对遭

[55] Coing, op. cit. S. 22, 23. 他说(S. 21):法感"想要"看到理念被实现,并且(S. 24)法感"要求"相同对待。

* 爱弥尔·左拉(Émile Zola, 1840—1902),法国自然主义小说家和理论家,自然主义文学流派创始人与领袖。在著名的德雷福斯事件中,他以《我控诉》为通栏标题发表了一封致总统的公开信,痛斥政府的民族沙文主义和反犹主义。米夏埃尔·科尔哈斯,是德国剧作家海因里希·冯·克莱斯特(Heinrich Von Kleist, 1777—1811)现实主义代表作中篇小说《米夏埃尔·科尔哈斯》(1810)中的主人公,是16世纪德国农民战争时期的一个贩马者。——译者注

** 拉罗什福科公爵(1613—1680),法国思想家、投石党运动的先驱,编写有《箴言集》(1665)。——译者注

受不公正的恐惧。"[56]但首先要看到,这种所谓的法感并没有彰显出人类的本质,从中并不可以推演出自然法。不只是因为这里所考虑的法不是自然法,而是实在法,而首先是因为规范
727 (当其被违反时感觉以不赞成作出回应,当其被遵从时它以赞成作出回应)并非为这一感觉所固有,因而无法——像自然法的规范那样——从它之中被推演出来。规范为以其感觉作出回应之个人所知悉;它被他意识到而非感觉到。这里所考虑的法并非——像从法感中推演出的自然法那样——是这种法感的结果,恰恰相反,法感是——实在——法的结果。只因为如此,这种所谓的法感(或更正确地说,是由此被想到的要求)才能拥有一种被清晰确定的——也即由实在法秩序确定的——内容。

在第二种意义中,所谓法感是一种正义感。它表达为这样一种不赞成,借此某人对其自身所受、有时也对他人所受的他——在不考虑实在法的前提下——认为不公正的对待作出回应,或者表达为这样一种赞成,借此某人对他认为是公正的对待作出回应。显然,如果人们主张,它是一种每个人所固有的"原初感"(Urgefühl),它所"针对"的"原则"是正义,那么重建自然法的努力涉及的就是这种法感。[57] 如果某人合乎感觉地去反对对其自身或他人的特定对待方式,认为那是不公正的(如反对他或他人作为特定种族成员而被摒除政治权利),那
728 么这是因为他预设了这种正义规范:所有人都应当被平等对待,也即不考虑其种族。这一规范并非直接内含于对被认为不

[56] La Rochefoucauld, Maximes, 1665, No. 78.

[57] Coing, op. cit. S. 22, 29.

公正之对待方式的回应所引发的感觉之中。当回应针对某种与之相矛盾的对待方式作出时,这一规范必然已经出现在他的意识之中。因而它无法从这一感觉中推演出来。但如果人们去追问被预设之正义规范的来源,也即如果人们去问,为什么有人将这一规范预设为有效,因而认为对所有人(不考虑其种族)的平等对待是公正的且要求这种对待,当然人们就必须确认,这种预设具有情绪性的起源而非理性的起源。人们可以将关于什么是公正之观念的这种情绪性起源(在正义感的意义上)称为法感。但这种法感不可能成为自然法的基础。因为这种法感对于不同人而言大相径庭且相互矛盾。[58] 没有人能够否认,就像一个人的法感要求平等对待所有人而不考虑种族,另一个人的法感会要求考虑到种族时作不平等对待。人类的这种法感就像我们在前文中曾分析过的正义规范那样不同且彼此矛盾[59]。同样无法否认的是,在不同的社会中人类的法感大相径庭,且随着发展的过程会发生剧烈变迁。尤其无法否认的是,甚至在同一个社会、同一个时代,属于不同阶级、阶 729
层、职业的人的法感也是不同的,且可能连带其要求一道会陷入冲突,事实上也发生了冲突,因为恰恰是这些人所预设的正义规范(它们被呈现为放置于其正义感中的理念)大相径庭且彼此矛盾[60]。一位属于工人阶级的社会主义者基于其法感十分坚定地不赞成他不得不生活于其下的法秩序,认为它是不公正的剥削组织,而被这一法秩序赋予特权的有产阶级成员基于其法感恰恰赞成将这一法秩序视为是公正的。如果假定法感

〔58〕“且相互矛盾”应被删除。

〔59〕“彼此矛盾”应被修正为“相互冲突”。

〔60〕“彼此矛盾”应被修正为“相互冲突”。

极大地参与了法律创设，故而实在法秩序与统治群体（法秩序来源于这一群体）的法感相符，那么就只能以此来说明这一事实，即有效的法秩序是如此根本地不同（就像资本主义法秩序与共产主义法秩序、民主法秩序与专制法秩序那样）：塑造这些法秩序的人类法感是不同的。是的，甚至同一个人的法感也可能以大相径庭、彼此矛盾的方式作出回应。一个普通的士兵依照其法感可能不赞成军官获得更好的待遇，认为这是不公正的，因为这有违他所预设的正义规范，即所有人都应当被平等对待。当晋升为军官后，他就可能会基于其法感赞成这种差别对待，认为这是公正的，因为他现在——由情绪来确定——预
730 设了这一正义规范：每个人都应当按照其地位来被对待。只有当能够证明有某种特定的、在所有人那里都相同的法感内容时，当所有人的法感在相同情形中会要求相同的对待时，从人类法感中获得为塑造实在法所需的某些最高原则，从而获得对其进行评价的确定标准才能——假如毕竟能够的话——成功。但这一尝试是失败的，因为这种内容无法被证明，因为人类法感所要求的对待与许多彼此相异之正义规范中的任意一个相符。这一尝试之所以失败，还因为与表述某个“抽象”正义规范之尝试的失败一样，它规定了特定的对待方式，这种对待方式包含着不同具体正义规范所要求的对待方式共有的要素。这里涉及的基本上是同一种尝试。[61]

---

〔61〕 科殷（S. 22）说：法感“要求相同对待。只因为在它承认差异的地方，它也容许作不同对待，并认可‘各得其所’这一原则”。先不管这一原则只是诸多正义原则（它们来自于不同法感）中的一个，不同正义感也即从它们中肇生出的正义规范也承认大相径庭的差异是重要的。只有**一种**法感要求相同对待：预设了这一正义规范——所有人在所有情形中都应当被平等对待——之人的法感。所有其他法感都要求不平等对待。但的确没有一个人会允许其法感**完全**不考虑不平等的。

但首先,通过演绎法是无法从人类法感出发来证立任何自然法的。特定对待方式是被自然法所要求的,这意味着,这种 731 对待方式在客观上是公正的。从这一事实——人类具有主观感受,特定对待方式是公正的,因而根据其观点应当来施行——得不出,这种对待方式在客观上是公正的;即便当所有人的法感都相同时,也即在相同情形下会要求相同对待方式(视为是公正的)时,也得不出这样的结论。感觉,也包括法感,是一种实然事实;而从一种实然事实是无法推出任何应然规范的;但获得规范、正义规范、"法的最高原则"却是重建自然法的关键所在。

45. 由于自然法学说的目标是正义(某个公正之法的规范),且由于不像这一学说的主张者所相信的那样只存在一种正义规范,而是存在大量极尽不同且彼此对立的正义规范,进而,由于正义规范或正义诸规范并不像自然法学者所假定的那样内在于自然,因而不能在其中被发现或从中推演出来,而是被自然法学者所预设的,所以他们根据所预设的正义规范必然会得出大相径庭且彼此矛盾[62]的结论[63];自然法学说的历史证实了这一事实,它一直以来也与这种学说相对立。因此,不言而喻的是,自然法学说必然完全无法来回答我们时代的这两个关键性的正义问题,即民主抑或专制的问题,以及自由经济(资本主义)抑或计划经济(社会主义)的问题。如果人们相信 732 (因为人们如此预设)能在自然中发现(作为自决的)自由的正义规范,那么人们就会宣称民主和自由经济体制以及对私有制

[62] "且彼此矛盾"应被修正为"其相互冲突"。

[63] 参见我的论文:Hans Kelsen,"The Natural-Law Doctrine before the Tribunal of Science"in:What is Justice,S. 137ff。

的保障是唯一合乎自然的也即公正的社会秩序。如果人们相信(因为人们如此预设)能在自然中发现要求满足所有人的经济需求、他们的经济安全的正义规范,那么人们就只会将实现这一理想的社会秩序辩护为合乎自然的也即公正的,即便当(或恰恰因为)它只通过由生产资料集体所有制所确立的计划经济和专制方式来实现这一点。事实上,洛克(Locke)从自然中推演出了民主,菲尔默(Filmer)从自然中推演出了专制,坎伯兰(Cumberland)从自然中推演出了私有制,摩莱里(Morelly)从自然中推演出了集体所有制。借助自然法学说的方法,人们就正义问题可以证明一切,因而什么也证明不了。

46. 这一无可辩驳的反对意见——自然法学说迄今为止都无法表述出普遍的、时时处处在一切情形中都有效的正当行为的规范,也即确认一种不可变之自然法——导向了一种可变自然法的理论。人们承认,人类的社会行为规则(自然法可以立基于此)并非像自然科学所表述的自然法则那样是不可变的,而是随着社会生活、政治和经济环境的变化而变化。由此可以认为,人类的本质也在变化,就像它在不断变迁的政治和
733 经济环境中通过其对于此的回应所显现出的那样;故而压根就没有什么不可变的人类本质,因而也没有什么可从这一本质推演出的、不可变的自然法,而只有一种可变的,也即在不同时代、不同地点在不同社会中不同的自然法。但通过这一理论也只能认为,除了不可变的人类本质外还有一种可变的本质,因而就像从前者那里可推演出一种不可变的自然法那样,从后者那里可推演出一种可变的自然法。

首先,针对可变自然法理论可以提出一种与针对不可变自然法理论一样的反对意见:从一种可变的人类本质出发,就如

从一种不可变的人类本质出发一样(它们都是事实),无法推演出规范,人类社会行为之可变的实然规则就像不可变之自然法则那样无法被转化为应然规则。如果人类本质并非不可变,如果从中——假如终究可以推出规范的话,那么——无法推演出关于正当行为之不可变的规范,那么就不可能只有**一种**可被用作评价实在法塑造之固定和绝对标准的自然法,而必然存在不同的、可能彼此矛盾[64]的自然法,也即只构成相对价值的正义规范。这就是相对主义的实证主义(das relativistische Positivismus)的立场。不存在不可变的自然法、只存在可变的自然法,这一理论无法用来反抗这种相对主义的实证主义(就像它试图所做的那样);因为一但它放弃了绝对正义的观 734
念,从而放弃将自身作为自然法学说,它就站在了这种实证主义的土壤之上。[65]

47. 因而可以理解,可变的自然法大多时候只能被描述为一种在不可变之自然法之外或之下存在的规范体系,也即人们区分了人类的两种本质或人类本质的两个层面,其中一种是不可变的,另一种是可变的,一种可用来证立不可变的自然法,而

---

〔64〕“可能彼此矛盾”应被修正为“可能相互冲突”。

〔65〕科殷在其上文所引的著述中致力于重建的自然法是一种可变的自然法。科殷(Op. cit. S. 115)承认,随着“社会生活的变迁”,法感以及与之相伴的“标准”(据此对某个法秩序的价值作出判断)也发生着改变。由此他就离开了——就像所指出的那样——每种可能之自然法学说的土壤。他试图以此来维系自然法的立场,也即从法感出发获得固定的……客观的……标准的可能性:他主张,被用作标准的价值虽然是可变的,但它们独立于作出评价的人而存在,它们并不为他们所创造,而是被他们找到、“发现”(S. 116)。当价值(就像科殷在第11页所主张的)浮现于人类的感受之中,当(如他所说)人类的法感“想要看到这些价值被实现”,当它“要求”一种公正的对待方式时,这是如何可能的?如此一来,还是作出评价的人本身通过其“法感”制定了价值,以便于继而将它们——通过其法律“意识”——识别出来。

另一种可用来证立可变的自然法。例如，乌兹（Utz）[66]在其对
托马斯·冯·阿奎纳进行解释时，就区分了一种“普遍的人类
本质，即人类的特殊天性”——它是不可变的，基于此“普遍意
义上的自然法得以理解”，它构造出了一种自然法“本身”即不
735 可变的自然法；以及一种“具体的”人类本质，它“与历史心理
状态相应”，也即随着不断变迁之政治和经济环境而变化，具
体意义上的自然法在此基础上得以构造。它是一种有待“在
具体事实状态中”被发现的法，“它产生于现时现地的事实分
736 析”。[67] 一种只产生于对具体事实之分析的法，可能是与这种

---

〔66〕 Utz, op. cit. S. 401f.

〔67〕 这种可变自然法的概念是否可以在托马斯那里被找到，是值得怀疑的。在《神学大学》（*Summa theologica*, II-II, 57, Art. 2）中，可以读到：“对于拥有某种不变之本质者来说自然（naturalis）之事，必然时时处处是相同的。但人类本质是变化的。因而对于人类来说自然之事可能有时是错的”（“illud, quod est naturale habenti naturam immutabilem, opertet quod sit semper et ubique tale. Natura autem hominis est mutabilis; et idel id quod naturale est homini, potest aliquando deficere”）。但托马斯在这里将人类本质的可变性——显然与上帝之本质的不可变性相对——理解为这一事实：人类并不总是善的，而是有时是恶的，也即，其本质可以从善变成恶。托马斯详述道：“例如合乎自然的平衡（sicut naturalem aequalitatem habet）要求，将寄存物返还给寄存人；如果人类本质总是一种自然正义（而这就意味着取向于善），那么它就总是要得到遵守。”“但因为有时人类意志会‘堕落’（而这就意味着转向恶），所以就有这样一些情形，在其中寄存物可以不被返还，从而并非是‘自愿被误导’的人（而这就意味着其意志从善开始向恶回归的人）误用了它，就像例如一位癫狂者或国家公敌要求取回其寄存的武器时那样”（“Sicut naturalem aequalitatem habet un 规范 deponenti depositum reddatur: et si ita esset quod natura humana semper esset recta, hoc esset semper servandum. Sed quia quandoque contingit quod voluntas hominis depravatur, est aliquis casus in quo depositum non est reddendum, ne homo perversam voluntatem habens male eo utatur: ut puta si furiosus vel hostis reipublicae arma deposita reposcat”）。这意味着，人类本质（这一规范与之相符，即应当将某人寄存的物品归还给他）是人类的正义本质、人类的良善本质，它如其应当所是的本质而非其事实上所是的本质。而作为一个立基于**此**人类本质之上的规范，它总是有效的；因为它压根就不涉及拥有邪恶本质之人（因为他拥有邪恶意志）的情形。如果人类本质（从中可以推演出自然法规范）是人类的良善本质，那么人类的良善本质可能会变成邪恶本质这一事实就不能被用作支持一种可变之自然法的论据。如果人们不从人（寄存的物品应当被归还给他）的本质的角度出发来分析托马斯所举的例子，也会得出相同的结论。应当将寄存物归还给寄存者的规范只是对这个一般规范的适用：人们应当信守承诺，因为某个物品只是“被寄

正义规范相符的法:它要求考虑所有可能的不平等,因而在实在法领域中导向一种自由的、不受任何实在法一般规范限制的法律发现。[68]这种自然法事实上是可变的。它因个别情形而异,只表现为个别法律规范(它们由对具体案件的裁判构成)。只要自然法最终必须被运用于对具体案件的裁判,这种法就与一种不可变的、必然表述为一般规范的自然法完全不相容。 737

"具体的"自然法(它从某种具体境况中被推演出来,且体现为个别规范)就如同抽象自然法那样是不可能的,后者体现为一般规范(某些在社会现实中被观察到的实然规则被转化为了这些规范)。具体案件只有以此方式才能通过个别规范得到公正的裁判,即用(裁判机关所适用的)一般规范来处理它。这必然不是实在法规范,它也不可能内在于某种自由法律发现的体制之中,故而在此必然是其他类型的一般规范,一种一般性的正义规范;但可能在每一种情形中都是不同的正义规范。乌兹也说:"对规范的事实分析被判断为自然的",并确认,"这些规范是从'自然本身'中提炼出来的"。但这就是普遍不可变之自然法的规范。故而依据这一理论,在对具体事实状况进行"当时当地"的分析时,被运用的是这种自然法而非可变的自然法。"可变的"自然法是这些个别规范,借此在适用不可变自然法之一般规范时,具体案件得以被裁判。

存",如果这一物品的接收者承诺应给予者的希望归还它的话。不适用这一规范则是因为这一规范:人们不应当助纣为虐。一个规范限制了另一个规范的效力。然而反过来同样是可能的:不应当助纣为虐这一规范的效力受到信守承诺这一规范的限制。从本质无法推演出,这两种可能性中何者应当优先。如果这两个规范都被预设为有效,那么从一开始其中一个规范的效力就受到另一个规范的限制,而无须假定会发生任何变迁。

〔68〕 参见本书第484页以下。

48. 就一种可变自然法的可能性而言，对这一理论的批判性检验会得出相同的消极结论：它区分了人类本质中的不可变的“层面”与可变的“层面”，相信在不可变的自然法之外，能够
738 将有效的可变自然法建立在人类本质之可变的层面上。[69] 因为这一理论在提出时作出这种保留，即人类本质之可变的层面最终根源于人类本质之不可变的基础，因而可变的自然法规范是对不可变的自然法规范的运用。这一理论基于教皇庇护十二世(Papst Pius' XII)的一段讲话之上，[70]它说的是：“对历史和长久以来法律发展的研究告诉我们，一方面，经济和社会(很多时候还有政治)关系的变迁要求自然法假定采取新的形式，截至当时为止占支配地位的体系不再适应它，但另一方面，在发生这些变迁时自然的基本要求又不断复兴，并随着或多或少的紧迫性代代相传。”如果在“自然法假定的新形式”也即可变之自然法中，“自然的基本要求”也即不可变的自然法不断复兴，那么被运用的就总是只有这种不可变的自然法；且只因为——也只要——它以这种“新的形式”被运用，后者就可以被称为“自然法”。

49. 如果人们认为，自然法学说的努力——在自然中去寻找，从而推演出评价塑造实在法的绝对标准(也即绝对有效的
739 正义规范)——是失败的，从一种并非形而上学—宗教的观点出发也必然失败，那么人们就无法以此来为这种学说辩护，即它事实上是一种有益的学说，因为它对实在法的塑造发挥着改

---

〔69〕 参见论文：“Wandelbares Naturrecht” in：Orientierung. Katholische Blätter für weltanschauliche Information，No. 16，Zürich，August 1956，Seite 171ff。

〔70〕 发表于1955年10月13日，听众为意大利国际和解研究中心(Centro Italiano di Studi per la Riconciliazione Iternazionale)的成员。转引自Orientierung，1956，No. 15，S. 174。

良性的影响。也就是说,自然法学说必然会导致对在其影响下被塑造之实在法的改进。[71] 这种“改进”只能体现为,在自然法学说的影响下被改变的法从一种——或多或少——不公正的法变成了一种——或多或少——公正的法。但在这种假定中存在一种价值判断,它预设了某个正义规范;也就是那个规范,它要求与自然法学说相符,在其影响下实在法被改造。如果必须承认存在大相径庭且彼此矛盾的自然法学说[72],故而这里所考虑的价值判断只具有一种高度相对性,那么就不能否认,在特定自然法学说影响下对实在法进行的改造,从其他自然法学说之正义规范的立场看来并不必然是一种改进,而可能是一种恶化。故而这一主张——自然法学说对实在法的塑造发挥着一种有益的(因为是改良性的)影响——导向了同义反 740
复:如果某个实在法是依照特定自然法学的正义规范来塑造的,那么它——在这一正义规范的意义上——就是公正的。

如果考虑到由不同自然法体系构成之正义价值的相对性,那么就不能称其为“这种自然法学说”或“这种自然法”对实在法的塑造所发挥的“有益的”或“无益的”影响,而只有在排除各种价值判断后才能来研究,不同自然法学说之事实上的功能是体现为对现行实在法(符合任意正义理想)的改造还是——相反——维系其(作为与任意正义理想相应的)各自的形态,这种功能事实上具有一种动态性,也即(在价值无涉的

〔71〕 登特列夫(D’Entrèves, op. cit. S. 46)说:“自然法观念的真正影响似乎更多在于其功能,而非在于其学说本身。”他援引了梅因(Maine),后者在其著作《古代法》(1861)中声称,罗马法要优于印度法,因为前者而非后者是在自然法学说的影响下被塑造出来的。“自然法理论已赋予它一种有别于普通法律的卓越性。”

〔72〕 “且彼此矛盾的自然法学说”应被修正为“且相互冲突的自然法学说”。

意义上)改良性甚或革命性,还是一种静态性,也即保守性。

50. 这种研究表明,正如它们的主要代表事实上所描述的,自然法学说主要被用于将既有的法秩序及其主要的政治和经济制度辩护为与自然法相符,故而具有十分保守的性质;自然法的观念只有在例外情形中才发挥改良性甚或革命性功能;当后一种功能在18世纪末的美国和法国得以发挥时,马上开
741 始了一场反对这种自然法学说的精神运动,它在所谓的历史法学派(它是在整个19世纪占支配地位的法律实证主义的先驱)中找到了它的典型表述。

自然法学说极大的保守性是绝大多数自然法学者尤其是自然法学说的经典代表们就对于整个学说而言关键性的问题——自然法与实在法的关系——所秉持之立场带来的后果。[73]

a)从作为内在于自然且从中可推演出之人类行为公正秩序的自然法理念可知,实在的——也即由人类人为创设的——法完全是多余的,而由于具有与此相关的危险,即偏离唯一公正的自然法,这样一种努力(如果仍然被采取的话)也只能是有害的。没有什么比这一点更为典型了:无论以什么方式去考察,没有任何一位自然法学者会得出这样的结论,毋宁说所有

---

〔73〕 对此参见我的论文:Hans Kelsen, "Die Idee des Naturrechts", Zeitschrift für öffentliches Recht, 7. Bd., 1927, S. 221ff. 以及"Naturrecht und Positives Recht. Eine Untersuchung ihres gegenseitigen Verhältnisses". Internationale Zeitschrift für Theorie des Recht, Ⅱ. Bd., 2. Heft, 1928, S. 71ff。

自然法学者都十分强调实在法之不可或缺的必要性。[74]

b)如果——与自然法的理念相矛盾——承认实在法的必要性,那么从这一(被如此削弱了的)理念——只有当实在法与自然法相符时它才有效,因而可以主张被遵守——可知,与自然法不符的实在法是无效的,因而没有人有义务去遵守它。这一命题虽然在原则上被大多数自然法学者所遵循,但同时也有这样的论据被提出,它们致力于使自然法与实在法之间的冲突要么根本就变得不可能,要么变得十分不可信,而针对这种情形却仍然去确保实在法的效力。 742

这一目标可由此达到,即人们将实在法描述为得到自然法的授权,从自然推演出规范,各个实在法都应当得到遵循。实在法或多或少被等同于自然法,由此两者间的冲突被排除或被缩减至最低的限度。这种趋势早已清晰显现在斯多葛自然法学说以及深受其影响的早期基督教神学法学说之中。

---

〔74〕 在此角度下十分有特色的是,阿奎纳对这一问题(Thomas von Aquino, *Summa theologica*, I-II, 91, Art. 3)“**存在人法吗**?”[德语版参见 Thomas von Aquin, Summa Theologica(Anm. 21), I–II, q. 91 a. 3(Bd. 13, S. 22)——黑色加粗为原文所有]以及这一问题(I–II, 95, Art. 1)“**颁布人法是否有益**?”[Thomas von Aquin, Summa Theologica(Anm. 21), I–II, q. 91 a. 3 ad1(Bd. 13, S. 24)——黑色加粗为原文所有]都作出了肯定的回答。就第一个问题而言,他说:“人类理性[必然]进展至深入细节的制定法规”[德语版参见 Thomas von Aquin, Summa Theologica(Anm. 21), I–II, q. 91 a. 3 ad1(Bd. 13, S. 24)];就第二个问题:“有一些……桀骜不驯和沉溺于恶习的人,他们难以用言辞来驱动;这些人必须通过强制和恐惧来抵挡邪恶,从而他们至少可以如此来放弃他们的邪恶动机,不干扰他人的生活,最后通过这类习惯养成使自身自愿去做他们此前只是出于恐惧去做之事,如此形成美德。但这种由对惩罚的恐惧而强制形成的规矩就是法律的规矩。因此,为了**人际和平和美德**,颁布法律就是必要的……相比于通过强制,性善的人通过自愿遵从告诫更能坚守美德;相反,某些性恶者只有被强制才能找到通往美德之途”[德语版参见 Thomas von Aquin, Summa Theologica(Anm. 21), I–II, q. 95 a. 1(Bd. 13, S. 93f.)——黑色加粗为原文所有]。

也可参见我的著作 *What is Justice*?, S. 385, 所引之处来自 Melanchthon's Ethicae Doctrinae Elementoeum Libri Duo, 1560。

c)依照斯多葛的学说,自然法是上帝理性的表达。它不仅
743 是超验的,而且也是固有的,因为人类参与了它,甚或可以和应当曾参与它。在人类理性对上帝理性的这种事实上或道德上所预设的参与中,斯多葛看到了“人类的本质”。这并非人类的真实本质而是一种理想本质,它体现在,斯多葛假定有两种人类本质,一种是完美的、好的本质,一种是不完美的、恶的本质,相应也有两种自然法,一种是完美的自然法,一种是不完美的自然法。完美的自然法(唯一在原本和起源的意义上来自上帝之绝对正义的自然法)是一种普遍的,对所有以相同方式满足上帝理性之人具有拘束力的,不承认民族、种族或阶级之间的任何差别,任何个人所有制,因而贫穷与富裕、私人支配关系与公共支配关系(国家或奴隶制)之间任何差别的秩序。但这种秩序只有在黄金时代也即完美的人类时代才有效。完美的自然法来自人类的完美本质。但它已转变为邪恶,从而黄金时代以及与之相伴的完美自然法最终已属于过去。在黄金时代之后的历史阶段中人类的堕落使作为规定制裁之强制秩序的实在法,以及国家、阶级和地位差异,个人所有制,有产者与无产者、自由人与奴隶等之间的差异成为必要。这一实在法秩
744 序(它与黄金时代的自然法相对)来自于人类本质的堕落,就此而言也是自然法;不是完美的而是不完美的自然法,但终归是一种自然的法,本身也是公正的。人们曾将这种自然法称为“相对的”自然法。但可以轻易看出,实在法(它与原初的自然法直接对立)毕竟不是什么自然法,不完美之自然法的概念构成了一种内在矛盾。正如我们还将会看到的,对于今日一再被

使用的相对自然法的概念而言,[75]同样如此。双重自然法学说是一种充满自我矛盾的意识形态,它的根本意图在于为各个实在法进行辩护。它具有十分保守的性质。这一事实说明了这种保守性:斯多葛是一种上位者也即有产阶级的哲学,它获得了大体上赋予这一阶级特权的既有社会秩序的赞同。

d)从斯多葛那里,基督教会继受了人类的两种本质以及双重自然法的学说。《圣经》关于失落伊甸园的传说构成了从基督教神学通往非基督教哲学的桥梁。但在早期基督教(它是下位者也即无产阶级的宗教)神学中,几乎没有自然法学说(它将公正的秩序视为自然中的经验现实)的容身之所。因为这种自然(它在基督教神学中就是"世界",即与超世俗的天堂 745
相对立之世俗界)建立在邪恶的基础上。背离这一世界、禁欲,是这种神学的道德要求,它——就像柏拉图的哲学那样——假定本质现实与一种敌对的立场相对,后者在社会现实中只看到了与即将到来的上帝之国相对立的撒旦的王国(也即对公正的上帝秩序的激烈否定)。但一旦当基督教变成了上位者和有产阶级的宗教,甚至变成了国教,而基督教士变成了一个特权阶层,这种神学对作为人类及其社会之经验现实的自然的拒斥性立场就发生了改变。现在教会遵从了斯多葛的先例。它告诉我们,世界本身并不邪恶;它只是因为原罪而变得邪恶。只有在此之前,在最初生活于无辜状态中之人的伊甸园中,才适用完美的、上帝的自然法,即平等、自由和爱的共同体的自然法。但自从人类本质从善变成了恶,自从原罪降临世界,实在法以及其一切与伊甸园中无辜状态之自然法相矛盾的

〔75〕 参见本书第541页以下。

制度都成为必要。如果没有诞生原罪,直到今天为止都将仍在适用原初的自然法。但即便是在原罪诞生之后生效的实在法,也像所有是其所是的法一样都是被上帝所意愿的,都是自然法。因为它合乎根据上帝的意志变化的人类本质。就像它从善变成了恶,完美的自然法也转变成了不完美的自然法。但这种转变是根据上帝的意志发生的。实在法(它表达出了不
746 完美的自然法)是原罪带来的上帝所意愿看到的结果,同时也是他所施加的惩罚。它虽然不是完美的自然法,但毕竟也是——即便只是不完美的——自然法。尽管它不是绝对公正的,但也是相对公正的。但如果它是相对公正的,它就不是自然法了,因为后者——假如它要成为有别于实在法的事物的话——只能作为绝对公正的事物起作用。就像斯多葛一样,基督教神学同样通过其充满自我矛盾的双重自然法学说,在根本上致力于对实在法进行保守的证成。[76]

---

〔76〕 对此参见 Ernst Troeltsch,“Das stoisch-christliche Naturrecht und das moderne profane Naturrecht”, Historische Zeitschrift, 106. Band, 1911, S. 237ff.;以及 derselbe, Die Soziallehren der chrislichen Kirchen und Gruppen. Gesammelte Schriften, 1912, I. Bd., S. 52ff.,162。特勒尔奇(Treoltsch)称为斯多葛的“双重道德”。他说(op. cit. S. 105):“此外,双重道德思想在斯多葛那里有其对应物和现行者,它同样针对其生活所必要的严格性假定了一种较高的道德与一种较低的道德,一种完美的美德与一种中等程度的美德。这种对应关系不可被忽视。教育学家克莱门斯(Clemens, Ⅲ 11)和官员安布罗修斯(Ambrosius, I 36-37)已通过明确援引斯多葛继受了这一区分。”伦理学领域的双重道德对应于自然哲学领域的双重真理。参见本书第 524 页以下脚注〔50〕。在其论文“斯多葛-基督教自然法”(S. 251)中,特勒尔奇说:“如此一来,教会自然法看起来就像是对那种谦恭地顺从于这种权力之权威的礼赞:它只通过父权主义才缓和对国家、家庭、采邑制、农奴制领域之统治权的屈从。与此相关,它看起来就像是上帝的惩罚和上帝对历史的侵入,而它通常会得到一种作为上帝之任意专断设立的十分实证主义的外观。”在特勒尔奇看来,路德的自然法学说尤其具有保守性。他声称(Op. cit. S. 256):“路德的自然法是对统治权的高度保守的礼赞,也是对阶层和职业体系中父权主义的默认,而其自身内在的基督教内核与一切政治和社会事务在根本上无关——如果我们要去服从它们,并以其形

e)因为缺乏双重自然法理论的协助,霍布斯(Hobbes)更 747
为坚定地摒弃了自然法与实在法之间的任何冲突。他告诉我们,实在法从来就不可能陷入与理性和自然法的矛盾[77]之中,因为自然法与实在法彼此处于关联之中。自然法包含实在法,实在法是自然法的一部分。对实在法的服从是自然法的要求。[78]那些宣称自然法与实在法的冲突虽然在理论上是可能的、但在实践中却基本要被排除的自然法学家也没有走得更远,因为只有丧失一切理性的掌权者或者希望导致法律共同体
解体的人才会制定与自然法相悖的规范。[79]某个实在法秩序 748
大体上长久以来具有实效,故而构成某个法律共同体,这一事实证明,它与自然法并不对立。只要这种实效构成实在法的效力条件,这一论据就最终会导向实在法与自然法的等同。这种等同也是这一命题的结果:相对于有效的实在法总是存在这一假设,即它与自然法相符。[80]当人们主张**各得其所**原则是自然

式尽可能地去尽情享受爱欲感官的话。这就是留存至今的路德主义的本质:一种高度保守的、对权力进行礼赞的父权主义自然法和一种对固有宗教感的最隐秘的政治—社会性的中立,它在今日之社会关系中构成了路德教会主义的政治—社会虚弱。”

〔77〕“矛盾”应被修正为“冲突”。

〔78〕Hobbes, De Cive, chap. XIV, sec. 10:不可能“有任何民约(即实在)法(无论它是什么),不倾向于应答上帝……倾向于反对自然法”;以及 Leviatham, Part II, chap. XXVI:“自然法与民约法彼此包含,外延相同……自然法……是世界上所有英联邦国家的民约法的一部分。同样相互地,民约法也是自然诫命的一部分……英联邦中的每一个主体都立约遵守这种民约法……因而服从民约法也是自然法的一部分。”也可参见我的论文:Hans Kelsen,“The Natural Law-Doctrine before the Tribunal of Science”,载论文集:What is Justice?, S. 144f。

〔79〕例如参见普芬道夫;参见 What is Justice?, S. 145f。

〔80〕例如参见普芬道夫;参见 op. cit. S. 147。

法的正义规范时,也会得出相同的结论。[81] 因为——正如所说明的——只有在某个实在法秩序(也即任一实在法秩序)下它才能适用,所以每个实在法都可以被视为与这个原则相符。

f)某个实在法整体或这一法的特定规范是与实在法相符还是相悖[82],这个问题是对实在法的解释问题。故而关于某个实在法或它的特定规范出于与自然法的关系是要被视为有效还是无效的判断,要留待那些有权对实在法进行真意解释的人来作出。这可以是任何屈从于实在法的人;但解释也可以被保留给制定实在法的权威。如果是前一种情形,那么就存在完
749 全的无政府主义的危险。如果是后一种情形,那么实在法与自然法相矛盾[83]的判断就基本会被摒弃,甚或被缩减至最低限度。自然法学者现在指出了这种特别明显的倾向,即将对实在法就其与自然法之关系的解释保留给制定实在法的权威。[84] 虽然有时我们会被告知,必须拒绝服从某个与自然法相矛盾的法[85],但这一要求就此而言会受到极大的限制,即,如果对服从的拒绝是与不快或危险相联系的,那么它就不被视为具有拘束力。[86] 在此方向上还有这种大体上是拒斥性的立场,它是自然法学者针对所谓抵抗权所提出的。[87] 最后要提一提这种

---

〔81〕 Thomas von Aquina, Summa theologica, II-II, 58, Art. 11;关于普芬道夫参见"The Natural-Law Doctrine before the Tribunal of Science", op. cit. S. 147f。

〔82〕 "相悖"应被修正为"不相符"。

〔83〕 "实在法与自然法相矛盾"应被修正为"实在法会与自然法陷入冲突"。

〔84〕 例如,参见霍布斯和普芬道夫,参见 op. cit. S. 146ff. Thomas von Aquina, *Summa theologica*, I-II, 96, Art. 4; II-II, 12, Art. 2。

〔85〕 "某个与自然法相矛盾的法"应被修正为"某个与自然法陷入冲突的法"。

〔86〕 例如参见 Thomas von Aquina, *Summa theologica*, II-II, 104, Art. 6,也可参见:I-II, 96, Art. 4; II-II, 12, Art. 2。

〔87〕 Vgl. "The Natural-Law Doctrine before the Tribunal of Science", op. cit. S. 148f.

学说,它试图由此来确保实在法相对于与之相矛盾的自然法[88]的效力,即它将后者的功能还原为一种纯粹的“批判的—规范性理念”。[89] 用以衡量某个实在法的自然法虽然可以被用作评价这个法是否公正的标准,但它无法对其效力提出质疑。 750

综上所述,自然法学说——根据其理念,它必须否认实在法**本身**有任何效力——在其事实上的阐述中大大强化了这种实在法的权威。

51. 有时人们相信,自然法学说(它试图去解决绝对正义的问题)能够以此来证成,即这一问题是存在的,[90]且相对主义的法律实证主义没有能力来解决它。绝对正义的问题在此意义上存在:人类有——也可能总是有——这种需求,即将其行为辩护为绝对善的、绝对公正的,这不应被否认;同样无法否认的是,相对主义的法律实证主义无法提供这种辩护。但从存在某种需求的事实无法得出,这种需求能通过理性认知来满足,这一问题能以这种方式被解决。科学毋宁能够说明的是,它无法被如此解决,因为不存在——也不可能存在——对于理性认知的绝对正义,它涉及的是对于人类认知来说无法解决的问题,因而必须从这种认知的领域中被切割出去。科学认知的任务不仅在于回答我们关心的问题,而且在于教导我们可以提出哪些有意义的问题。

---

〔88〕 “与之相矛盾的自然法”应被修正为“与之相冲突的自然法”。

〔89〕 根据清教主义神学家埃米尔·布鲁纳的解释,这是改良论者的自然法学说(Emil Brunner, Gerechtigkeit, eine Lehre von den Grundgesetzen der Gesellschaftsordnung, 1943, S. 110)。参见我的论文:Hans Kelsen,“Die Idee der Gerechtigkeit nach den lehren der christlichen Theologie”, Studia Philosophica. Jahrbuch der Schweizerischen Philosophischen Gesellschaft, vol. Ⅷ, 1953, S. 199。

〔90〕 D'Entrèves, op. cit. S. 14.

751 摒弃法律实证主义、复兴自然法学说的做法同样无法以此得到证立,即前者有别于后者,它无法为评价实在法提供任何标准,因而当出现这一关键问题——某个实在法秩序是应当被维系、改良抑或运用权力去废除——时,它会对我们置之不理。[91] 作为相对主义的价值学说,实证主义同样为评价实在法的各种形态提供标准;[92] 只是这一标准具有相对性。这种实证主义对我们"置之不理",意味着它让我们意识到,对这一问题的决定取决于我们,因为关于什么是公正的、什么是不公正的这一问题的决定取决于对正义规范(我们将它们采纳为我们价值判断的基础,因而可以大相径庭)的选择;这种选择只能由我们自己、我们每一个个人来作出,而不可能由任何其他人、上帝、自然或者理性作为客观权威来替我们作出。这就是道德自治的真意。所有不自行作出这种回答的人和那些希望将选择权交由上帝、自然或理性的人会感到被相对主义弃之不顾。他们徒劳地求助于自然法学说。因为当要作出选择时,不同自然法学说就像相对主义实证主义一样会给出许多不同的回答。它们并不能让个人免于选择。但这些自然法学说中的每一个都会给予个人这样一种幻想:他所选择的正义规范
752 源自上帝、自然或理性,因而是绝对有效的,从而排除了其他与之相矛盾之正义规范的效力可能性;为了这种幻想,许多人进行了"**知性的牺牲**"(*sacrificium intellectus*)。

52. 对于纯粹法学说这种实证主义的法理论,有人曾反对认为,它本身只是一种自然法学说,因为它认为实在法的效力

---

〔91〕 Vgl. D'Entrèves, op. cit. S. 95ff.

〔92〕 至于这在何种意义上这是可能的,参见本书第442页及以下。

基础在于它所称的基础规范,也即在于某个位于实在法本身之外的规范。〔93〕 基础规范不是实在法规范,也即由立法或习惯制定的、大体上具有实效的强制秩序,这是对的。但这也是基础规范学说与自然法学说之间存在的唯一一点相似之处。在其他点上,两种理论都正相反对。自然法学说追问实在法的效力基础,也即某个实在法秩序是否以及为何有效,并以此来绝对地(也即无条件地)对这一问题作出回答:要么它是有效的,因为它的内容与自然法的内容相符,因而是公正的;要么它是无效的,因为它的内容与自然法的内容相矛盾〔94〕。实在法的效力基础在根本上与其内容相关。实在法之所以有效,是因为它具有特定内容,也因此是公正的;它之所以无效,是因为它具有相反的内容,也因此是不公正的。这种通过超越实在法的自然法来确定实在法内容的做法体现了自然法最根本的功能。
纯粹法学说同样追问实在法——也即通过立法或习惯创设的、 753
大体上具有实效的强制秩序——的效力基础。但它对这一问题没有给出任何绝对的也即无条件的回答,而只是给出了一种假言的、也即条件式的回答。它问的是:**如果**人们将实在法视为是有效的,那么人们就预设了这一规范,即人们应当如同历史上第一部宪法(实在法秩序据此被创设)所规定的那样去行为。这一规范被纯粹法学说称为基础规范。它并非通过某个法律权威之意志行为制定的——也即实在的——规范,而是一种在法律思维中被预设的规范。对它的预设构成了通过立法或习惯创设的、大体上具有实效之强制秩序被视为有效——被

〔93〕 登特列夫(D'Entrèves, op. cit. S. 108.)认为,凯尔森的基础规范"不外乎是自然法命题",因为由此就承认"法律效力的终极测试在于法律本身之外。"

〔94〕 "相矛盾"应被修正为"不相符"。

视为客观有效——的条件。基础规范仅仅确定了实在法的效力**基础**,而非它的效力**内容**。这种效力基础完全独立于效力内容。对实在法之内容的确定被基础规范留给了由宪法规定的实在法创设程序。确定实在法的内容属于其固有的功能。由实在法程序确定之法的内容是否公正,对于其效力来说是不相关的。实在法秩序的基础规范并非正义规范。因此,实在法——也即通过立法或习惯创设的、大体上具有实效的强制秩
754 序——绝无可能与其基础规范发生矛盾〔95〕,而这一秩序很有可能与自然法(它被描述为公正之法)发生矛盾〔96〕。因此,纯粹法学说的基础规范不可能——像自然法那样——是实在法的价值尺度,因而也不可能具有自然法相对于实在法可以发挥的那种(自然法学说因此与实在法学说相对的)功能,也即证成这种伦理—政治功能。因为实在法(更准确地说是它的制定)只有通过某个规范或规范秩序(这种制定不仅可以与之相符,也可以与之相矛盾〔97〕)才能得到证成。自然法学说是一种二元法学说;因为据此,除了实在法之外还存在自然法。但纯粹法学说是一种一元论法学说。据此只存在**一种**法,也即实在法。纯粹法学说确认的基础规范并非与实在法有别的法,它只是它的效力基础,是其效力的先验—逻辑条件,〔98〕本身并不具有伦理—政治的性质,而是具有认识论的性质。

---

〔95〕“矛盾”应被修正为“冲突”。

〔96〕“矛盾”应被修正为“冲突”。

〔97〕“也可以与之相矛盾”应被修正为“也可以与之不符”。

〔98〕登特列夫(D'Entrèves,a. a. O. S. 107.)评论道:“……有且必须有一个点,在此基础规范……被转变为事实”;“只有当主权者的命令事实上被遵守时……它才可能对法学家具有意义。”这并非是对实效要素根据这一学说对基础规范所具有之意义的正确描述。基础规范绝不会被转化为事实。事实不可能是某个规范秩序的效力基础。基础规范只涉及大体上具有实效的强制秩序。这种实效并非其效力基础。

译后记

汉斯·凯尔森（Hans Kelsen，1881—1973）与古斯塔夫·拉德布鲁赫（Gustav Radbruch，1878—1949）可谓20世纪德语法哲学天空里最耀眼的两颗行星。[1] 两人同为深受新康德主义传统影响的学者，分享了许多哲学上的前提预设（方法二元论和价值相对主义等），但却走向了不同的法哲学立场：凯尔森以其一以贯之的法律实证主义立场著称，而拉德布鲁赫则至少在晚年明确转向了自然法学说。相比而言，虽然凯尔森的国际影响力毫不逊色于拉德布鲁赫，但是拉德布鲁赫著作的整理和出版工作仍然要领先一

---

〔1〕 阿列克西曾将康德与黑格尔、萨维尼与耶林、凯尔森与拉德布鲁赫、哈贝马斯与卢曼称为“德语法哲学天空里特别闪耀的八颗行星”（[德]罗伯特·阿列克西：《德语世界的法哲学——“德语法学思想译丛”总序言》，载[德]赫尔曼·康特洛维茨：《为法学而斗争 法的定义》，雷磊译，中国法制出版社2011年版，第4页）。哈贝马斯与卢曼在20世纪固然也具有巨大的影响力，但从法学传统而非哲学或社会学的传统来看，凯尔森与拉德布鲁赫无疑在法学者中的聚焦度更大。

步:从 20 世纪 80 年代中期开始,阿图尔·考夫曼(Arthur Kaufmann)就开始总领《拉德布鲁赫全集》的编辑和整理工作,截至 2003 年已出完 20 卷(海德堡 C. F. 穆勒法律出版社出版)。而《凯尔森作品集》的编辑和整理迟至 21 世纪才由弗莱堡大学公法学者马蒂亚斯·耶施泰特(Matthias Jestaedt)启动,从 2007 年开始出版第一卷,到 2020 年出到了第八卷(八卷容纳了凯尔森 1905 年至 1922 年的作品)。可以说,这只是凯尔森著述的冰山一角,一方面是因为他论述的主题十分庞杂,涉及法哲学、国家(法)学、国际法学、政治学、社会学等诸多学科;另一方面则是因为他在各个学科都有大量的论述和大部头的专著。

在中文世界中,仅就法哲学领域而言,拉德布鲁赫的主要专著已全部翻译出版。[2] 而凯尔森的著作则仅有《纯粹法理论》(第一版,1934)[3]、《法与国家的一般理论》(1945)[4]和《共产主义的法律理论》(1955)[5]三种。尤其是凯尔森的主要代表作《纯粹法学说》(《纯粹法理论》第二版,1960)一直没有以中文出版,不能不说是学界的一大憾事。因为该书虽名为"第二版",但其实相比于第一版有非常大的改变(对此,本书

〔2〕《法学导论》(1910),米健译,中国大百科全书出版社 1997 年版(商务印书馆 2013 年版);《法律哲学概论》(《法哲学纲要》,1914),徐苏中译,上海法学编译社 1937 年版(陈灵海勘校,中国政法大学出版社 2007 年再版);《社会主义文化论》(1922),米健译,法律出版社 2006 年版;《法哲学》(1932),王朴译,法律出版社 2005 年版;《法哲学入门》(1948),雷磊译,商务印书馆 2019 年版。

〔3〕《纯粹法学》,刘燕谷译,中国文化服务社 1943 年版;《纯粹法理论》,张书友译,中国法制出版社 2008 年版。

〔4〕《法与国家的一般理论》,沈宗灵译,中国大百科全书出版社 1996 年版、商务印书馆 2013 年版;雷崧生译,台北中正书局 1993 年版。

〔5〕《共产主义的法律理论》,王名扬译,商务印书馆 1962 年版、中国法制出版社 2004 年版。

编者已在“导言”部分予以详细比较,在此不再赘述)。况且凯尔森著第二版时已近八旬,近乎为其一生法哲学思想的集大成之作,向为学界更加倚重,其重要性无论如何强调都不过分。我虽然对于本书早有涉猎,早年读书时粗粗翻阅过1960年的德语原本和1967年英译本(Max Knight译),但唯恐误读误信,一直未敢冒昧诠译。后来因为研究法律逻辑的缘故,从凯尔森身后编辑出版的著作《规范的一般理论》(1979)入手,由此回溯到《纯粹法学说》(第二版),经过数年的阅读和思考后,才算对凯尔森的理论有了更为全面和深入的把握。

2017年下半年,法律出版社编审高山拿着图宾根莫尔·西贝克出版社于当年出版的《纯粹法学说》(第二版/学生版)找到我,告知已解决该书版权,正在寻找合适译者。翻看之下,发现该书是根据1965/1966年意大利文译版的校正本(在译成意大利文时,凯尔森对一些观点及其表述进行了更精确化的处理,通过与译者的通信直接体现在了意大利文版之中),比之1960年原版更能准确体现凯尔森晚期的想法,不禁欣然允诺,决计以两年为期译成。至今两年有余,译事虽因各种原因时断时续,但大体按期出笼。关于本书内容,读者诸君当可在阅读后得之,“导言”亦已有交代,此处不必重复。只是对于几个关键用语的译法,在此作一交代。

一是本书书名。本书德语书名与第一版无异,均为Reine Rechtslehre。之所以未采用更为流行的译法“纯粹法理论”,考虑有三:(1)在德语中,Lehre和Theorie是两个不同的表述(“Lehre”在英语中虽也可译为“theory”,但更准确的对译是“doctrine”),虽然两者含义上没有太大差别。在第二版前言与正文中,凯尔森都在混用“Allgemeine Rechtslehre”和

"Rechtstheorie"来对自己的学说定性,如果将 Lehre 翻译为"理论",就会出现"一般法理论"(Allgemeine Rechtslehre)就是"法理论"(Rechtstheorie)的怪异结论。Allgemeine Rechtslehre 现在更经常被译为"一般法学说",因而相应也可以将 Reine Rechtslehre 译为"纯粹法学说"。(2)凯尔森在书中经常将自己的学说与传统法学的观点相对比,以凸显自身的独特性,颇有"成一家之言"的旨趣,因而用"学说"更为切近此意。(3)出于与已有的第一版中文译本在直观上相区分的考虑,用"纯粹法学说"可让读者明白本书与第一版的不同。此外,之所以也没有采用更古老的译法"纯粹法学",是因为在德语中 Lehre 与 Jurisprudenz 是不同的,而后者一般被译为"法学"。如概念法学(Begriffsjurisprudenz)、利益法学(Interessenjurisprudenz)。但凯尔森并没有称呼自己的学说为 Reine Jurisprudenz。

二是 Zurechnung 和 Zuschreibung,在本书中分别被译为"归结"和"归属"。Zurechnung 一般被译为"归责"。但是,基于两点理由,本书没有采用这一译法:(1)正如本书第一版译者张书友所言,"归责"一词在中文中具有明显感情色彩,仅适用于消极评价,且已成为部门法学责任理论之专业术语。〔6〕因为在汉语法理学中,"归责"指的是责任的归结,也就是对因违法、违约或法律特殊规定对于当事人责任的追究和减免活动。但是在凯尔森的理论中,它指的仅仅是法律规范中将"条件/行为"与"后果"联系起来的功能性关联,以便与"因果关系"相区别而已。(2)Zurechnung 虽然主要指将否定的或消极

---

〔6〕 参见[奥]凯尔森:《纯粹法理论》,张书友译,中国法制出版社 2008 年版,第 53 页,脚注②。

的后果(制裁)联结于特定条件,但也包括将肯定的或积极的后果关联于特定条件,比如书中提到的“尊重和纪念”(被归结于为祖国献身)、“感谢”(被归结于善举),因而用“归责”失之狭隘。但是,本书也没有采纳第一版的译法“归属”。这是因为在第一版中尚未区分“Zurechnung”和“Zuschreibung”这两个概念,后者指的是将行为或行为的法律后果归于某一主体,译为“归属”更为恰当。相应地,将 Zurechnung 译为“归结”,以示区别。

三是 subjektives Recht。现在的通译是“主观权利”,但本书亦没有采纳这一译法,主要理由为:(1)在德语中,因为“Recht”(法)一词的多义性,有时为了明确其更具体的含义,所以要在前面加上形容词(限定语),如 subjektives Recht 和 objektives Recht,前者通常指的是“权利”(主体的法、主观的法),后者指的是“法律规范”“法律秩序”(客观的法)。在传统上,“权利”本身即有“主观”的含义,所谓权利是主观的法,法是客观的权利。如果将 subjektives Recht 译为“主观权利”,有叠床架屋之嫌。(2)更为重要的是,在本书中,凯尔森对“subjektives Recht”赋予了比通常理解的“权利”多得多的内涵。它包括权利(Berechtigung)、授权[Ermächtigung,或法律权力(Rechtsmacht)]、积极允许(positive Erlaubnis)和政治权利(politische Rechte)等。基于此,本书将 subjektives Recht 直译为“主观法”。

译事既毕,后续全由读者评判。唯心下惴惴,恐学识有限、力有未逮,空损名著美誉、负友人所托。所能做者,只有尽心尽力、反复推敲,竭力呈现大作原貌,无求于“雅”,尽“信、达”而已。与以往一样,本书的翻译同样得到了一众学友的襄助:中国政法大学朱明哲副教授协助了几处法语翻译,郭逸豪讲师提供了数处拉丁语对译,2020 级法学理论专业博士研究生曾立城通读全稿并提出修改意见,在此一并致谢!与“法思读书小组”一众成员围绕《法与国家的一般理论》长达一年的阅读和讨论,对于本译稿的印证和完善同样助益甚多。至于高山编辑拳拳相邀之美意,以及许莹洁编辑认真细致的校对,亦铭感于心,无须赘言。

问学之道无止境,吾辈承泽先贤,得窥堂奥,不敢不兢兢业业、奋力前行!

雷　磊

2019 年 7 月 9 日一稿于京郊寓所

2020 年 5 月 13 日二稿于京郊寓所

补 记

本书于2021年3月首次刊印以来,5个月的时间即告售罄。这不啻是对作品和译者最大的肯定。

值此加印之际,译者对于译稿首次刊印时存在的文字错漏进行了更正。在此,特别要感谢最高人民法院审判管理办公室刘树德副主任！树德法官多年来致力于法学理论与司法实务的媒介和贯通,对于学界最新理论动向的关注与跟进丝毫不亚于吾辈学人。本书出版后,他第一时间予以通读并向我反馈了修订意见。此外,也要感谢中国人民大学纯粹基础规范读书小组的同学们！在我于人大参加一次相关主题讲座之后,他们通过书面形式向我反映了翻译中可能存在的问题。可见,译者在翻译本书过程中虽可谓尽心,但仍因种种原因而失之粗疏。借此机会亦向读者诸君表示歉意!

此刻忽而忆起朱熹《观书有感二首 · 其二》:“昨夜江边春水生,艨艟巨舰一毛轻。向来枉费推移力,此日中流自在行。”所谓治学如推舟,水满了自然会走,功夫不到入木三分的地步,不过是陆地推舟,枉费气力。治学如斯,遂译经典未尝亦不如此。学业无尽,译事难言。唯有细细推敲揣摩,日日不断精进,方不辜负前辈学者传道之心,无愧于后进学子习艺之热忱。当然,本书尽管再次进行了订正,错漏之处恐依然难以避免,恳请读者诸君多多指正,以便进一步完善。

雷　磊

2021 年 8 月 5 日

天 Borderless 下

图书在版编目(CIP)数据

纯粹法学说：第二版 / (奥) 汉斯·凯尔森著；(德) 马蒂亚斯·耶施泰特编；雷磊译. -- 北京：法律出版社，2021（2021.8重印）
书名原文：Reine Rechtslehre: Mit einem Anhang: Das Problem der Gerechtigkeit（2. Auflage）
ISBN 978-7-5197-4521-9

Ⅰ. ①纯… Ⅱ. ①汉… ②马… ③雷… Ⅲ. ①规范法学派 Ⅳ. ①D909.1

中国版本图书馆CIP数据核字(2020)第082547号

纯粹法学说（第二版）
CHUNCUI FAXUESHUO（DI-ER BAN）
［奥］汉斯·凯尔森　著
［德］马蒂亚斯·耶施泰特　编
雷　磊　译

责任编辑　高　山　许莹洁
装帧设计　贾丹丹

出版发行　法律出版社
编辑统筹　学术·对外出版分社
责任校对　郭艳萍
责任印制　陶　松
经　　销　新华书店

开本　A5
印张　20.25　**字数**　445千
版本　2021年3月第2版
印次　2021年8月第2次印刷
印刷　中煤（北京）印务有限公司

地址：北京市丰台区莲花池西里7号(100073)
网址：www.lawpress.com.cn
投稿邮箱：info@lawpress.com.cn
举报盗版邮箱：jbwq@lawpress.com.cn
销售电话：010-83938349
客服电话：010-83938350
咨询电话：010-63939796
版权所有·侵权必究

书号： ISBN 978-7-5197-4521-9　**定价：** 99.00元
凡购买本社图书，如有印装错误，我社负责退换。电话：010-83938349